Manual de Arbitragem

Manual de Arbitragem

2019

António Pedro Pinto Monteiro
Doutor em Direito
Professor Convidado da Faculdade de Direito da Universidade Nova de Lisboa
Advogado e Árbitro

Artur Flamínio da Silva
Doutor em Direito
Investigador do CEDIS – FDUNL
Árbitro

Daniela Mirante
Doutoranda em Direito
Investigadora do CEDIS – FDUNL
Mestre em Direito

ALMEDINA

MANUAL DE ARBITRAGEM

AUTORES
António Pedro Pinto Monteiro
Artur Flamínio da Silva
Daniela Mirante

EDITOR
EDIÇÕES ALMEDINA, S.A.
Rua Fernandes Tomás, nºs 76-80
3000-167 Coimbra
Tel.: 239 851 904 · Fax: 239 851 901
www.almedina.net · editora@almedina.net

DESIGN DE CAPA
FBA.

PRÉ-IMPRESSÃO
João Jegundo

IMPRESSÃO E ACABAMENTO

Junho, 2019

DEPÓSITO LEGAL

ALMEDINA | GRUPOALMEDINA

BIBLIOTECA NACIONAL DE PORTUGAL – CATALOGAÇÃO NA PUBLICAÇÃO

MONTEIRO, António Pedro Pinto, e outros

Manual de arbitragem / António Pedro Pinto Monteiro, Artur Flamínio da Silva, Daniela Mirante. – (Manuais universitários)
ISBN 978-972-40-7965-3

I – SILVA, Artur Flamínio da
II – MIRANTE, Daniela

CDU 347

NOTA PRÉVIA

No presente texto opta-se por não distinguir entre a primeira citação e as restantes, por não se considerar necessário repetir os dados das obras citadas que se encontram detalhadamente referidos na bibliografia final. Assim, as obras – monografias e artigos – são citados somente com o nome do autor, o título (abreviado, quando assim se justifique), as páginas e, quando indispensável, a edição/volume da obra.

Na lista de bibliografia final são indicados todos os dados essenciais que permitem identificar com facilidade as obras citadas ao longo do texto.

A utilização de itálico serve somente para destacar uma ideia, mantendo-se em caso de citação sempre o itálico original.

Nas notas de rodapé, quando sejam citados diversos autores, a ordenação dos mesmos obedece, em regra, ao seu grau de importância para a sustentação da ideia em causa ou do tema que se aborde a cada momento da obra. A legislação e a jurisprudência encontram-se disponíveis através de busca na *Internet*, a menos que os autores deixem indicações expressas do local de publicação. Quanto à jurisprudência dos tribunais portugueses remete-se para os seguintes sítios: (i) Tribunal Constitucional (www.tribunalconstitucional.pt); (ii) restantes tribunais (www.dgsi.pt).

Por último, alerta-se o leitor para o facto de o presente texto adoptar a grafia do anterior Acordo Ortográfico da Língua Portuguesa (de 1945). De todo o modo, nas transcrições efectuadas manteve-se sempre o texto original, independentemente do Acordo Ortográfico seguido.

ABREVIATURAS E SIGLAS

AAA – American Arbitration Association
AAFDL – Associação Académica da Faculdade de Direito da Universidade de Lisboa
APA – Associação Portuguesa de Arbitragem
ARBITRARE – Centro de Arbitragem para a Propriedade Industrial, Nomes de Domínio, Firmas e Denominações
ASA – Association Suisse de l'Arbitrage
BFDUC – Boletim da Faculdade de Direito da Universidade de Coimbra
BMJ – Boletim do Ministério da Justiça
CAAD – Centro de Arbitragem Administrativa
CAC – Centro de Arbitragem Comercial da Câmara de Comércio e Indústria Portuguesa
CAMARB – Câmara de Arbitragem Empresarial – Brasil
CBAr – Comité Brasileiro de Arbitragem
CC – Código Civil
CCI – Câmara de Comércio Internacional (Paris) ou ICC
CCILE – Centro de Arbitragem da Câmara de Comércio e Indústria Luso-Espanhola
CDFUE – Carta dos Direitos Fundamentais da União Europeia
CDP – Cadernos de Direito Privado
CEDH – Convenção Europeia dos Direitos Humanos
CEFA – Centro de Estudos e Formação Autárquica
CEPANI – Centre Belge d'Arbitrage et de Médiation
CFA – Comité Français de l'Arbitrage
Cfr. – Confrontar
CIETAC – China International Economic and Trade Arbitration
CIMA – Corte Civil y Mercantil de Arbitraje
CIMASA – Centro de Informação, Mediação e Arbitragem de Seguros Automóveis
CIMPAS – Centro de Informação, Mediação, Provedoria e Arbitragem de Seguros
Cit. – Citado

CJ – Colectânea de Jurisprudência
CJA – Cadernos de Justiça Administrativa
CNI – Convenção sobre o Reconhecimento e Execução de Sentenças Arbitrais Estrangeiras, celebrada em Nova Iorque em 10 de Junho de 1958
CNUDCI – Comissão das Nações Unidas para o Direito do Comércio Internacional ou UNCITRAL Commission
CONCÓRDIA – Centro de Conciliação, Mediação de Conflitos e Arbitragem da Concórdia
CPA – Código do Procedimento Administrativo
CPC – Código de Processo Civil
CPTA – Código de Processo nos Tribunais Administrativos
CRP – Constituição da República Portuguesa
DIS – Deutsche Institution für Schiedsgerichtsbarkeit
DUDH – Declaração Universal dos Direitos do Homem
Ed. – Edição
ETAS – Estatutos do Tribunal Arbitral du Sport
FDUC – Faculdade de Direito da Universidade de Coimbra
FDUCP – Faculdade de Direito da Universidade Católica
FDUL – Faculdade de Direito da Universidade de Lisboa
FDUNL – Faculdade de Direito da Universidade Nova de Lisboa
FDUP – Faculdade de Direito da Universidade do Porto
IAC – Instituto de Arbitragem Comercial da Associação Comercial do Porto
ICAS – International Council of Arbitration for Sport
ICC – International Chamber of Commerce (Paris) ou CCI
ICCA – International Council for Commercial Arbitration
ICDR – International Centre for Dispute Resolution (American Arbitration Association)
ILA – International Law Association
JAMS – Judicial Arbitration and Mediation Services
LAV – Lei da Arbitragem Voluntária
LCIA – London Court of International Arbitration
LEC – Ley de Enjuiciamiento Civil
LM – Lei da Mediação
LOSJ – Lei da Organização do Sistema Judiciário
LTAD – Lei do Tribunal Arbitral do Desporto
Nº / Nºs – Número / Números
NJW – Neue Juristische Wochenschrift
Op. cit. – Obra citada
p. / pp. – página / páginas
PCA – Permanent Court of Arbitration
PIDCP – Pacto Internacional sobre os Direitos Civis e Políticos Portuguesa
RDES – Revista de Direito e de Estudos Sociais
RIAC – Revista Internacional de Arbitragem e Conciliação

RICSUL - Revista do Instituto de Ciências Sociais da Universidade de Lisboa
RJAT - Regime Jurídico da Arbitragem Tributária
RLJ - Revista de Legislação e Jurisprudência
ROA - Revista da Ordem dos Advogados
SCC - Stockholm Chamber of Commerce
SchiedsVZ - Zeitschrift für Schiedsverfahren
SHIAC - Shanghai International Arbitration Center
SIAC - Singapore International Arbitration Centre
ss. - Seguintes
STA - Supremo Tribunal Administrativo
STJ - Supremo Tribunal de Justiça
TAD - Tribunal Arbitral do Desporto
TAS - Tribunal Arbitral du Sport
TCA Sul/Norte - Tribunal Central Administrativo Sul/Norte
TEDH - Tribunal Europeu dos Direitos Humanos
TFUE - Tratado sobre o funcionamento da União Europeia
TJUE/TJ - Tribunal de Justiça da União Europeia
TRG - Tribunal da Relação de Guimarães
TRL - Tribunal da Relação de Lisboa
TRP - Tribunal da Relação do Porto
UNCITRAL - United Nations Commission on International Trade Law ou CNUDCI
V. - Ver
VIAC - Vienna International Arbitral Centre
Vol. - Volume
WIPO - World Intellectual Property Organization
YAR - Young Arbitration Review
ZPO - Zivilprozessordnung

Capítulo I
Introdução

1. Noção de Arbitragem

A arbitragem é, em primeiro lugar, um meio de resolução alternativa de litígios[1], o que significa que, a par dos tribunais estaduais, aquela consubstancia uma outra via para as partes buscarem a composição dos seus conflitos. É, todavia, um instituto com traços bastante característicos: (i) é um mecanismo adjudicatório[2], na medida em que as partes em litígio atribuem o poder e a competência para a resolução do mesmo a terceiros; (ii) contrariamente a outros mecanismos deste tipo, a arbitragem consubstancia uma heterocomposição do litígio vinculativa para as partes, na medida em que a decisão que venha a ser proferida por árbitros obriga as partes, tendo, após o trânsito em julgado, um valor idêntico ao da sentença de um tribunal de primeira instância[3]; (iii) finalmente, este mecanismo integra expressamente o catálogo de tribunais constitucionalmente previstos[4].

Pese embora não exista uma definição completamente unânime de arbitragem[5], entende-se, para os efeitos do presente texto, que a arbitragem é um

[1] Cfr., entre outros, Mariana França Gouveia, *Curso de Resolução Alternativa de Litígios, cit.*, pp. 101, Luís de Lima Pinheiro, *Arbitragem Transnacional..., cit.*, p. 1, Gabrielle Kaufman--Kohler / Antonio Rigozzi, *International Arbitration: Law and Practice in Switzerland, cit.*, pp. 5 e ss., Bernhard Berger / Franz Kellerhals, *International and Domestic Arbitration in Switzerland, ci.t*, p. 1 e Reinhard Greger / Hannes Unberath / Felix Steffek, *Recht der alternativen* Konfliktlösung..., *cit.*, p. 3.

[2] Mariana França Gouveia, *Curso de Resolução Alternativa de Litígios, cit.*, p. 101.

[3] V. artigo 42º, nº 7 da LAV. A esta matéria voltaremos em momento posterior.

[4] Cfr. Artigo 209º, nº 2 da CRP. V., igualmente, António Pedro Pinto Monteiro, *O Princípio da Igualdade e a Pluralidade de Partes na Arbitragem..., cit.*, pp. 170 e ss., bem como Artur Flamínio da Silva, *A Resolução de Conflitos Desportivos..., cit.*, pp. 337 e ss.

[5] Gabrielle Kaufman-Kohler / Antonio Rigozzi, *International Arbitration: Law and Practice in Switzerland, cit.*, pp. 5 e Philippe Fouchard / Emmanuel Gaillard / Berthold Goldman, *Fouchard Gaillard Goldman On International Commercial Arbitration, cit.*, p. 10.

meio de resolução alternativa de litígios, no qual as partes atribuem voluntariamente por efeito da celebração de um contrato – a convenção de arbitragem – o poder para a resolução do seu litígio a árbitros, os quais são terceiros independentes e imparciais que actuarão enquanto verdadeiros juízes, proferindo uma sentença que produz efeitos jurisdicionais[6].

Da definição acima apresentada resulta, desde logo, que a arbitragem tem uma origem ou génese contratual, fundando-se na vontade das partes em recorrer a esta via de composição de conflitos[7]. Por outro lado, resulta claro que, pese embora a natureza privada que subjaz à sua origem, o resultado do processo arbitral – a sentença – consubstancia um acto jurisdicional que a aproxima, em certa medida, da figura dos tribunais estaduais. Ainda assim, não poderemos ignorar que a arbitragem consubstancia uma forma de justiça privada[8], não se confundido com o sistema judicial tradicional.

Podemos, por conseguinte, decompor a noção nos seguintes aspectos: (i) meio de resolução alternativa de litígios, (ii) de natureza voluntária; (iii) atribuição do poder para a resolução do seu litígio a árbitros; (iv) sendo o litígio finalizado por uma sentença. Com vista a contextualizar e compreender a presente definição, todos estes elementos são analisados com detalhe aos longo dos dois próximos capítulos.

A arbitragem pode ainda revestir diversas formas ou tipos: pode ser voluntária ou necessária, institucional ou *ad hoc*, interna ou internacional, sendo que cada uma delas comporta traços e características específicas. Analisaremos cada uma ao longo deste capítulo.

2. Delimitação e plano de exposição da obra

A presente obra toma como pressuposto fundamental centrar-se no estudo do Direito que rege a arbitragem vigente no ordenamento português. Entre outros diplomas especiais e avulsos, assumem a centralidade legislativa, a este respeito e no âmbito deste estudo, a LAV, o CPC e o CPTA.

Em consonância com este entendimento, procuraremos enquadrar o sistema jurídico nacional com os instrumentos normativos que se reconduzem a ordenamentos cosmopolitas a que o Estado português se encontra vinculado, pense-se, por exemplo, na CEDH, no Direito da União Europeia ou mesmo a

[6] V. Charles Jarrosson, *La Notion d'Arbitrage, ci.t*, p. 5 e Francisco Cortez, "A arbitragem voluntária em Portugal...", III, *cit.*, p. 555.

[7] Não se ignora a figura da arbitragem necessária, bem como a discussão sobre a sua natureza e regime jurídico. A temática será objecto de uma análise cuidada num ponto específico desta obra.

[8] Gabrielle Kaufman-Kohler / Antonio Rigozzi, *International Arbitration: Law and Practice in Switzerland, cit.*, p. 6.

Convenção de Nova Iorque. Por outro lado, serão, igualmente, abordados os problemas constitucionais da arbitragem em Portugal. O que não se deixa de efectuar é uma exposição multidisciplinar que perpassa a maioria dos ramos de Direito, compreendendo-se, assim, um estudo que aborda tanto o Direito Privado, como o Direito Público.

3. A arbitragem voluntária e a arbitragem necessária

3.1. A arbitragem voluntária

A arbitragem voluntária[9] assume-se, na sua natureza, como uma manifestação de uma jurisdição que, embora enquadrada legislativamente[10], deve ser considerada como puramente privada e não como "delegada" pelo Estado[11]. Na verdade, como se afirmou, trata-se de uma forma de resolução de litígios alternativa e substitutiva da jurisdição estadual, não sendo reconduzível a uma jurisdição pública[12]. Por conseguinte, enquanto consequência de uma relação de alternatividade, pressupõe uma opção deliberada de adjudicação de um litígio – pelas partes – a um terceiro (um árbitro)[13]. Por outro lado, esta jurisdição privada tem inequívoca legitimidade constitucional no artigo 209º, nº 2 da CRP. Contudo, ainda que não existisse essa menção expressa à legitimidade daqueles tribunais, a mesma também se poderia extrair implicitamente da autonomia privada.

Por seu turno, a arbitragem voluntária assume *duas dimensões essenciais*[14]: *(i) uma dimensão de Direito material*; (ii) *uma dimensão de Direito processual*. Em pri-

[9] O ponto que se segue tem inspiração directa, seguindo-se de perto, no que foi escrito em ARTUR FLAMÍNIO DA SILVA, *A Resolução de Conflitos Desportivos...*, *cit.*, pp. 345 e ss.

[10] Neste sentido, denotando implicitamente que a arbitragem pressupõe a conjugação do elemento voluntarístico com a lei, Cfr. PAULO OTERO, "Exercício de Poderes Públicos de Autoridade por Entidades Privadas com funções administrativas...", *cit.*, p. 848.

[11] Em sentido contrário, afirmando inclusivamente que: "(...) é totalmente incorrecto qualificar-se a arbitragem, julgue ela litígios de Direito Privado ou de Direito Público, como justiça privada", uma vez que se trata aqui de uma "modalidade de exercício da função jurisdicional do Estado", Cfr. FAUSTO QUADROS, "Linhas gerais da reforma...", *cit.*, p. 10.

[12] Como é precisamente reconhecido pelo TRG, no Ac. de 30/01/2014, processo nº 1257/13.2TBVCT.G1, "[l]egitimada a arbitragem pela vontade das partes e reforçada legalmente com alguns atributos antes considerados exclusivamente estaduais, a jurisdição arbitral caracteriza-se pelo exercício de funções pelos árbitros idênticas às dos juízes estaduais e em sua substituição".

[13] Cfr., em sentido aproximado e entre outros, a entrada "arbitrage" de OLIVIER POMIÈS, *Dictionnaire de l'arbitrage*, *cit.*, p. 31, SCHWAB / WALTER, *Schiedsgerichtsbarkeit*, *cit.*, p. 1, MARIANA FRANÇA GOUVEIA, *Curso de Resolução Alternativa de Litígios*, *cit*, pp. 119 e ss., MANUEL PEREIRA BARROCAS, *Manual de Arbitragem*, *cit.*, pp. 31 e 32.

[14] Neste sentido, v., entre tantos outros, CHRISTOPH STUMPF, *Alternative Streitbeilegung im Verwaltungsrecht*, *cit.*, p. 17, MARCELO REBELO DE SOUSA, "As indemnizações por nacionalização

meiro lugar, a arbitragem voluntária pressupõe um *fundamento contratual* que se assume como determinante: a convenção de arbitragem representa uma manifestação de autonomia privada e da liberdade contratual daqueles que a celebrem. Neste contexto, o exercício desta liberdade contratual *fundamenta* que as partes que celebram uma convenção de arbitragem possam abdicar da jurisdição estadual, nos termos legalmente previstos, de modo a que lhes seja permitido constituir um *tribunal privado*. Em segundo lugar, a arbitragem voluntária apresenta um cariz *jurisdicional*, uma vez que ao tribunal arbitral, constituído com base no exercício do direito potestativo que provém da convenção de arbitragem, cabe o *exercício efectivo da função jurisdicional*[15]. Por outro lado, ao Estado cumpre atribuir um conjunto de efeitos à convenção das partes e outorgar uma *equiparação* – constitucionalmente imperativa, desde que cumpridos os pressupostos garantísticos constitucionais – das decisões dos tribunais arbitrais às decisões tomadas pelos tribunais da jurisdição pública[16].

e as comissões arbitrais em Portugal", *cit.*, pp. 371 e ss., José Manuel Sérvulo Correia, "A Arbitragem Voluntária nos Contratos Administrativos", *cit.*, p. 231, Manuel Pereira Barrocas, *Manual de Arbitragem, cit.*, p. 45, Mariana França Gouveia, *Curso de Resolução Alternativa de Litígios, cit.*, 2014, p. 120. Referindo-se a uma natureza jurídica dual da arbitragem, cfr. Christophe Seraglini / Jérôme Ortscheidt, *Droit de l'arbitrage interne et international, cit.*, pp. 21 e ss., Schwab / Walter, *Schiedsgerichtsbarkeit, cit.*, p. 1. Em sentido contrário, afirmando que "não faz sentido (...) qualquer oposição entre teses contratualistas, jurisdicionais e mistas acerca da natureza jurídica da convenção arbitral", mas reconhecendo que "[a] arbitragem tem a natureza de jurisdição contratual privada", Cfr. Carlos Ferreira de Almeida, *Contratos IV..., cit.*, p. 17 e, especialmente, p. 301; do mesmo autor, cfr. Carlos Ferreira de Almeida, "Convenção de Arbitragem: Conteúdos e Efeitos", *cit.*, p. 83. No sentido de que a arbitragem é um "direito potestativo (...) cujo conteúdo consiste na faculdade de fazer constituir um tribunal arbitral", cfr. Raúl Ventura, "Convenção de Arbitragem", *cit.*, pp. 296 e ss. Para uma exposição sintética, sobre os argumentos invocados pela teoria contratual e da teoria jurisdicional, com indicações, cfr. Peter Schlosser, *Das Recht der internationalen privaten Schiedsgerichtsbarkeit, cit.*, pp. 34 e ss.

[15] Como reconheceu expressamente o TC no Ac. 230/86: "o tribunal arbitral voluntário, mesmo em doutrina pura, é tido e considerado como real e verdadeiro tribunal. É um tribunal que cabe na definição genericamente dada por Marcello Caetano, segundo a qual "tribunal é o órgão singular ou colegial que a requerimento de alguém, e procedendo com imparcialidade e independência segundo as fórmulas pré-estabelecidas, possui autoridade para fixar a versão autêntica dos factos incertos ou controversos de um caso concreto a fim de determinar o direito aplicável a esse caso em decisão com força obrigatória para os interessados". Por outro lado, acrescentou que "o tribunal arbitral voluntário é um órgão que, embora formado caso a caso, se constitui precisamente para exercer a função jurisdicional, para em suma praticar os actos jurisdicionais para que tiver sido solicitado dentro dos quadros da convenção de arbitragem".

[16] Cfr. o artigo 42º, nº 7 da LAV afirmando-se que: "[a] sentença arbitral de que não caiba recurso (...) tem o mesmo carácter obrigatório entre as partes que a sentença de um tribunal estadual transitada em julgado e a mesma força executiva que a sentença de um tribunal estadual".

Numa formulação pacificamente aceite pela doutrina[17] e pela jurisprudência[18], a arbitragem voluntária deve ser qualificada como: "contratual na origem, privada na sua natureza, jurisdicional na função e pública no seu resultado"[19].

3.2. A arbitragem necessária

A qualificação da "figura híbrida"[20] que é comummente designada como arbitragem "forçada"[21], "obrigatória"[22] ou "necessária"[23] é um pouco mais complexa. Nesta forma de arbitragem dispensa-se o elemento voluntarístico que é imanente à arbitragem tradicionalmente considerada[24]. Aquela deve, pois, ser considerada como a arbitragem *que, não derivando da autonomia da vontade das partes, é imposta por lei especial, confiando a árbitros a resolução de um litígio que passa a ser subtraído à jurisdição dos tribunais que, regra geral, deteriam a competência para julgar uma determinada causa*[25]. A falta do poder dispositivo das partes

[17] Cfr., por exemplo, José Luís Esquível, *Os contratos administrativos e a Arbitragem, cit.*, p. 79 e Mariana França Gouveia, *Curso de Resolução Alternativa de Litígios, cit.*, p. 120.

[18] Cfr., a título exemplificativo, o Ac. do STJ de 20/01/2011, processo nº 2207/09.6TBSTB.E1.S1, o Ac do STJ de 18/01/2000, processo nº 99A1015, o Ac. do TRP de 23 /03/2004, processo nº 0326177, o Ac. do TRG de 30/01/2014, processo nº 1257/13.2TBVCT.G1, o Ac. do TRL de 15/05/2007, processo nº 1473/2007-1.

[19] Cfr. Francisco Cortez, "A arbitragem voluntária em Portugal...", III, p. 555. A frase colhe naturalmente parcial inspiração na formulação de Charles Jarrosson, *La Notion d'Arbitrage, cit.*, p. 5, quando afirma que a arbitragem tem uma natureza mista que se manifesta por ser: "convencional na origem e jurisdicional na sua função".

[20] V. Paulo Castro Rangel, *Repensar o Poder Judicial..., cit.*, 1 p. 296.

[21] A locução é tipicamente usada pela doutrina de língua francesa, cfr., por exemplo, Charles Jarrosson, *La Notion D'Arbitrage, cit.*, p. 20, Christophe Seraglini / Jérôme Ortscheidt, *Droit de l'arbitrage interne et international, cit.*, pp. 15 e 16, Georges Fléchaux, "L'arbitrage du bâtonnier – Un exemple d'arbitrage force", *cit.*, pp. 100 e ss., Andrea Pinna, "Réflexions sur l'arbitrage forcé", *cit.*, p. 2, embora o autor também admita uma arbitragem "forçada" que decorre da unilateralidade imanente à arbitragem no Desporto (e que não diz respeito à modalidade de arbitragem que analisamos).

[22] Cfr. Pedro Romano Martinez, *Direito do Trabalho, cit.*, pp. 1164 e ss.

[23] Esta é, aliás, a fórmula mais frequentemente utilizada pela doutrina, legislador ou jurisprudência. Na doutrina, cfr., entre tantos outros, Pedro Gonçalves, *Entidades Privadas com Poderes Públicos*, cit., p. 570. A LTAD estabelece, por exemplo, no artigo 4º (respeitante à competência do TAD) a epígrafe com o título "arbitragem necessária". Mais recentemente, a locução "arbitragem necessária" foi inclusivamente utilizada no Ac. do TC nº 230/2013. Estes são, no entanto, só alguns exemplos entre muitos dos possíveis.

[24] No sentido, de que a expressão arbitragem necessária "contraria a teoria clássica sobre a arbitragem", Cfr. Fausto de Quadros, "Arbitragem "necessária", "obrigatória", "forçada"...", *cit.*, 2012, p. 257.

[25] Esta é uma noção geralmente aceite pela doutrina, cfr., entre muitos autores, Dário Moura Vicente, *Da Arbitragem Internacional, cit*, p. 27 e J. P. Remédio Marques, *Acção Declarativa à luz do Código Revisto, cit*, 2011, p. 58, Rui Medeiros, "Arbitragem Necessária e Constituição", *cit.*, p. 1305.

em poder optar entre a jurisdição estadual ou a jurisdição arbitral confere, deste modo, um cariz *eminentemente público* ao tribunal que, nestes termos, se constitua[26].

Por outro lado, cumpre, desde logo, esclarecer que mesmo que as partes possam nomear os árbitros (embora as dificuldades da arbitragem necessária sejam mais evidentes quando inclusivamente uma das partes não pode influir, em condições de igualdade, na constituição do tribunal arbitral)[27] não parece ser possível falar numa jurisdição "privada"[28]-[29], uma vez que inexiste o fundamento da *vontade* das partes em constituir aquele tribunal. Neste sentido, mesmo que o tribunal assim se constitua por expressa submissão do litígio das partes em disputa, estas não dispõem, neste caso, da opção de escolher entre tutelarem as suas posições jurídicas perante um tribunal estadual – sendo a existência de acesso a este uma responsabilidade estadual – ou perante um tribunal arbitral[30].

[26] Cfr., por exemplo, CHRISTOPH STUMPF, *Alternative Streitbeilegung im Verwaltungsrecht, cit.*, p. 210, considerando que os tribunais arbitrais necessários são "tribunais estaduais plenos".

[27] Foi, por exemplo, este o motivo para que a Comissão Europeia dos Direitos do Homem tivesse considerado que as disposições legais que estabeleciam um tribunal arbitral necessário, no qual uma das partes tinha um maior poder na escolha dos árbitros em relação à parte contrária, violavam o artigo 6º, nº 1 da CEDH. Deste modo, entendeu precisamente que, mesmo que as partes possam escolher os árbitros, o facto de inexistir o elemento voluntarístico de escolha (a convenção de arbitragem) entre a jurisdição arbitral e a jurisdição estadual obrigava, desde logo, a que ao tribunal arbitral necessário em questão fosse exigido o cumprimento das garantidas do artigo 6º, nº 1, da CEDH. Cfr. *Bramelid e Malmström contra Suécia*, processos nºs 8588/79 e 8589/79, ponto 37.

[28] Em sentido contrário, parece concluir precisamente JAROSSON ao afirmar que: o "árbitro é uma jurisdição", Cfr. CHARLES JAROSSON, "Arbitrage et Jurisdiction", *cit.*, p. 109. Cfr., igualmente contra, DÁRIO MOURA VICENTE, *Da Arbitragem Internacional, cit.*, pp. 27 e 28, afirmando que o determinante para a qualificação como jurisdição privada assenta no facto de "se tratar de uma forma de administração de justiça por meros particulares", nomeadamente, por ainda haver um espaço autonómico das partes na "nomeação dos árbitros".

[29] CHRISTOPH STUMPF admite ainda que possamos estar perante um tribunal arbitral quando, na nomeação dos árbitros, sejam assegurados os interesses das partes que participam no processo (o que, por sua vez, não significa que os árbitros sejam mandatários que prosseguem os interesses particulares daquelas), Cfr. *Alternative Streitbeilegung im Verwaltungsrecht, cit.*, p. 19. Neste sentido também, PEDRO GONÇALVES, embora admitindo que: "seja qual for a sua designação legal, o tribunal deslocado da organização hierárquica dos "tribunais comuns" e composto por pessoas não nomeadas pelas partes não parece dever qualificar-se como tribunal arbitral", afirma que: "(...) o tribunal imposto legalmente às partes" pode ser qualificado como tribunal arbitral, desde que as partes "tenham o poder de designação dos árbitros", Cfr. *Entidades Privadas com Poderes Públicos, cit.*, p. 571. Nesse mesmo sentido, parece concluir o Ac. nº 230/2013 que é no "poder concreto de designar os árbitros": "(...) que reside o fundamento material para a sujeição de uma certa categoria de litígios a uma jurisdição arbitral legalmente imposta".

[30] De forma elucidativa, CALAMANDREI identifica que a arbitragem pressupõe, em regra e por um lado, a liberdade das partes em acordar a substituição de jurisdição estadual pela jurisdição arbitral

Na verdade, esta realidade permite constatar que a falta do elemento contratual – que é determinante para que exista uma escolha, uma opção entre a jurisdição arbitral e a jurisdição estadual – aproxima esta forma de resolução de litígios da jurisdição estadual, embora com diferenças assinaláveis no funcionamento (por exemplo, decisões proferidas por árbitros e não por juízes de carreira ou a possibilidade de nomeação dos árbitros pelas partes).

Neste sentido, parece ser mesmo possível afirmar-se que se trata, neste caso, de uma *arbitragem aparente*[31], na medida em que, em sentido formal e processual, esta pode não prescindir (embora esta circunstância dependa da configuração do tribunal arbitral pelo legislador) de determinados elementos típicos da arbitragem voluntária, mas que, em termos substanciais, não assenta numa escolha e, por conseguinte, num autêntico acto de vontade das partes – ainda que devidamente enquadrada por acto legislativo – com a intenção de solucionar um litígio[32].

e, por outro lado, escolher livremente os árbitros, pelo que, em sentido, oposto haverá que considerar que não será o caso quando o legislador limita ou exclui uma destas duas prerrogativas das partes, uma vez que aí o interesse público (que fundamenta a arbitragem necessária) prevalece sobre os interesses privados. A arbitragem necessária afasta-se, assim, da "pura arbitragem" que assenta no elemento contratual. Cfr. PIERO CALAMANDREI, *Istituzioni di Diritto Processuale Civile*, *cit.*, p. 177.

31 Conforme foi reconhecido, entre nós, retirando consequências relativamente ao estatuto constitucional da arbitragem, v. ARTUR FLAMÍNIO DA SILVA, *A Resolução de Conflitos Desportivos...*, *cit.*, pp. 351 e ss. Com efeito, como denota precisamente JAN PAULSSON, a arbitragem necessária é uma "expressão paradoxal e uma afronta à essência voluntarística da arbitragem", Cfr. *The Idea of Arbitration*, *cit.*, p. 112. Nas certeiras palavras de SÉBASTIAN BESSON: "arbitration imposed on the parties by law (...) is just another name for court litigation", Cfr. "Arbitration and Human Rights", *cit.*, p. 398. É por este motivo que GOMES CANOTILHO / VITAL MOREIRA defendem que seja duvidoso que a arbitragem necessária se encontre legitimada pelo artigo 209º, nº 2 da CRP, Cfr. *Constituição da República Portuguesa Anotada*, Vol. II, 4ª Edição, *cit*, pp. 550 e 551. Em sentido idêntico, ANTÓNIO PEDRO PINTO MONTEIRO, "Do recurso de decisões arbitrais para o Tribunal Constitucional", *cit.*, p. 195, nota 33. No sentido de que a arbitragem necessária "deturpa a noção tradicional de arbitragem", cfr. PEDRO ROMANO MARTINEZ, *Direito do Trabalho*, *cit.*, p. 1166. Em sentido idêntico à defendida neste trabalho, entendendo que falar em "arbitragem necessária ou obrigatória é uma contradição nos termos", cfr. FAUSTO QUADROS, "Linhas gerais da reforma ...", *cit*, p. 12. Entendendo que os tribunais arbitrais são uma "entorse ao princípio geral segundo o qual a respectiva constituição depende da vontade livre das partes", LUÍS CABRAL DE MONCADA, "Modelos alternativos de justiça: a arbitragem no direito administrativo", *cit.*, p. 492. Numa visão mais radical, JOSÉ LEBRE DE FREITAS entende que os tribunais arbitrais necessários nem podem sequer ser qualificados como tribunais, sendo somente admissíveis no âmbito do artigo 202º, nº 4 da CRP (enquanto formas não jurisdicionais de conflitos), uma vez que a fonte de legitimação do poder dos árbitros reside em dois factos essenciais: (i) a vontade das partes; (ii) no artigo 209º, nº 2 da CRP, Cfr. *Introdução ao Processo Civil...*, *cit.*, pp. 85 e 86, nota 21.

32 Não aderimos, no entanto, ao argumento de DÁRIO MOURA VICENTE quando afirma que "à luz do direito português o regime processual das duas modalidades de arbitragem é fundamentalmente

4. A arbitragem *ad hoc* e a arbitragem institucionalizada

4.1. Distinção

A distinção entre a arbitragem institucionalizada e a arbitragem *ad hoc* não encontra acolhimento numa definição legal, mas aparece, por exemplo, pressuposta no texto da LAV, com menções expressas, a título de exemplo, no artigo 6º (relativo à remissão das partes para regulamentos de centros de arbitragem), no artigo 36º, nºs 6 e 7 (no domínio da intervenção de terceiros) e no artigo 62º (respeitante à autorização para a criação de centros de arbitragem).

Em sentido idêntico, também existem referências legislativas no CPTA, nomeadamente no artigo 187º, esclarecendo-se aí que também podem existir centros de arbitragem responsáveis pela administração de arbitragens que compõem litígios de natureza administrativa.

Por outro lado, a arbitragem institucional é, pelo menos tal como a conhecemos na actualidade, historicamente mais recente do que a arbitragem *ad hoc*. Recorde-se que aquela proliferou, em particular, no início do Séc. XX[33], tendo, desde aí, vindo a registar-se uma crescente criação de centros permanentes de arbitragem de um modo global. Importa, por conseguinte, distinguir estas duas realidades.

A arbitragem *ad hoc* caracteriza-se pela sua natureza efémera[34], perfeitamente delimitada no espaço e no tempo: as partes, na celebração da convenção de arbitragem, optam por, aquando do surgimento do litígio, constituir

idêntico", uma vez que não só existem, actualmente, regimes com algumas especificidades, tal como no caso do regime jurídico do TAD existe uma norma expressa que além de um regime processual próprio, consagra como normas de aplicação subsidiária as previstas no CPTA, Cfr. *Da Arbitragem Internacional, cit.*, p. 28. Em todo o caso, também parece de rejeitar o argumento da identidade entre a arbitragem necessária e arbitragem voluntária, desde logo, porque parece assumir que o legislador pode negar – sem mais – às partes o acesso aos tribunais estaduais, numa interpretação que, como se verá, manifesta evidentes dificuldades face ao direito fundamental de acesso aos tribunais (estaduais) previstos no artigo 20º. Cfr., defendendo, uma solução de total submissão da arbitragem necessária ao regime previsto na LAV, ANTÓNIO MAGALHÃES CARDOSO e SARA NAZARÉ, "A arbitragem necessária...", *cit.*, pp. 47 e ss.

[33] Com outros exemplos de modelos arbitrais idênticos à arbitragem institucional, v., por todos, HENRY S. FRASER, "Sketch of the History of International Arbitration", *cit.*, pp. 179 e ss.

[34] A expressão é utilizada por MARIANA FRANÇA GOUVEIA, *Curso de Resolução Alternativa de Litígios, cit.*, p. 123. Também neste sentido, LUÍS DE LIMA PINHEIRO considera que "na arbitragem *ad hoc* temos um processo inteiramente estabelecido para a decisão de uma controvérsia concreta", cfr. *Arbitragem Transnacional..., cit.*, 2005, p. 51. Outros autores afirmam ainda que esta categoria tem sido definida de forma residual e com recurso a um critério de exclusão: consubstanciam arbitragens *ad hoc* todas aquelas que não se reconduzem a arbitragens institucionalizadas. V. ULRICH G. SCHROETER, "Ad Hoc or Institutional Arbitration...", *cit.*, p. 146, bem como GARY B. BORN, *International Commercial Arbitration*, Vol. I, *cit.*, p. 170.

um tribunal arbitral especificamente para a resolução do mesmo[35]. Neste sentido, o tribunal apenas se vem a constituir quando uma das partes exerce o seu direito potestativo nesse sentido, extinguindo-se uma vez proferida a sentença e nos termos do artigo 44º, nº 3 da LAV. Não existe, pois, uma qualquer estrutura conexa com o mesmo com carácter de permanência.

A arbitragem institucionalizada, por sua vez, é aquela que decorre no âmbito de um centro arbitral, o qual conta com uma estrutura administrativa que existe em permanência e que, para além dessa componente, tem ainda um conjunto de regras e regulamentos próprios[36]. Nestes casos, as partes optam por desenvolver o seu processo arbitral sob os auspícios de um determinado centro, optando, igualmente, pela aplicação do regulamento desta instituição[37]. Esta escolha pode ser feita logo aquando da redacção da convenção arbitral, na qual as partes podem logo indicar a câmara ou centro arbitral em que pretendem que o processo tenha lugar[38], ou em momento posterior, mediante o acordo das mesmas[39].

Ainda que incluídas sob a mesma designação, podem verificar-se duas realidades distintas no que concerne à arbitragem institucionalizada, isto é, dois modelos de funcionamento[40]. Numa das hipóteses, os centros ou câmaras arbi-

[35] GARY B. BORN, *International Commercial Arbitration*, Vol. I, *cit.*, p. 169, aquando da definição de arbitragem *ad hoc* parece centrar-se, num conceito de relativa simplicidade: as arbitragens *ad hoc* não contam nem com um conjunto de regras processuais (e de outra natureza) pré-elaboradas, nem como benefício da designação do árbitro por parte da estrutura administrativa de uma instituição arbitral, dependendo, exclusivamente, do acordado pelas partes na convenção de arbitragem e no disposto na legislação nacional aplicável à arbitragem.

[36] Quanto a este tipo de arbitragem, cfr. NIGEL BLACKABY/ CONSTANTINE PARTASIDES / ALAN REDFERN / MARTIN HUNTER, *Redfern and Hunter on International Arbitration, cit.*, pp. 44 e ss.

[37] Tal como destaca GARY B. BORN, as arbitragens institucionais são conduzidas ao abrigo e de acordo com as regras de uma instituição arbitral, contando com o apoio e a supervisão de uma autoridade administrativa à qual cabem diversas responsabilidades, entre as quais a determinação dos honorários dos árbitros, determinados aspectos ligados à constituição do tribunal arbitral, entre outros. Cfr. *International Commercial Arbitration*, Vol. I, *cit.*, p. 169.

[38] Podem fazê-lo, inclusivamente, através da utilização de um modelo de convenção de arbitragem disponibilizado pelo próprio centro, o qual remeterá, quase necessariamente, para a adopção dos regulamentos de arbitragem em vigor, naquela data, na instituição em causa. Na actualidade, estes modelos ou propostas de convenções / cláusulas arbitrais são facilmente acessíveis, encontrando-se, regra geral, disponíveis nas páginas da internet. A opção pela utilização destas pode impedir, em alguns casos, a celebração de convenções arbitrais patológicas, na medida em que são textos relativamente simples, bem redigidos e pensados por práticos com vasta experiência no domínio arbitral. Voltaremos ao tema em momento oportuno.

[39] V. GARY B. BORN, *International Commercial Arbitration*, Vol. I, *cit*, p. 170.

[40] A distinção é feita por MARIANA FRANÇA GOUVEIA, *Curso de Resolução Alternativa de Litígios, cit.*, p. 125.

trais podem assumir a forma de uma estrutura administrativa que serve de suporte à constituição de tribunais *ad hoc* para a resolução de litígios. Ou seja, a entidade que existe em permanência não é o tribunal, mas, sim, o suporte administrativo do centro, o qual pode ser mais ou menos complexo. Deste modo, quando é accionada a convenção de arbitragem tem lugar a constituição do tribunal arbitral, o qual será sempre constituído *ex novo* para a apreciação e decisão de cada conflito. Assim, no centro realizam-se tantas arbitragens *ad hoc* – e constituem-se tantos tribunais arbitrais – como quantos litígios lhe sejam submetidos. É, portanto, uma lógica distinta dos tribunais estaduais.

O outro modelo de funcionamento apresenta-se como menos comum no plano da arbitragem internacional – ocorrendo na esfera nacional e no domínio da resolução de conflitos de consumo[41] – e aproxima-se do esquema judicial tradicional, na medida em que existe somente um juiz-árbitro que decide todos os casos que forem submetidos ao tribunal arbitral[42]. Ainda assim, é possível conceber este modelo como tributário do anterior, pois pode entender-se que, pese embora opte pelo regime de árbitro único e tenha dispensado a existência de uma lista de árbitros, ainda assim o centro conta com um tribunal constituído em permanência, consubstanciando cada processo um próprio tribunal. Aliás, só neste contexto se compreende que o artigo 44º, nº 3 da LAV determine que as funções do tribunal arbitral terminam com o fim do processo[43].

4.2. Centros de Arbitragem Institucionalizada

No plano internacional existem diversos centros de arbitragem institucionalizada com bastante destaque e com grande importância no plano do desenvolvimento da arbitragem. De entre os centros ou câmaras mais relevantes podemos destacar, entre muitos outros, a nível internacional: a Câmara de Comércio Internacional (CCI), o *London Court of International Arbitration*

[41] Ainda que não seja o modelo seguido por todos os centros de arbitragem de conflitos de consumo, dado que em alguns existe uma lista de árbitros e não um regime de árbitro único.

[42] De acordo com MARIANA FRANÇA GOUVEIA, "o centro (...) funciona como um verdadeiro tribunal instituído, com a sua secretaria e o juiz", cfr. *Curso de Resolução Alternativa de Litígios, cit.*, pp. 125. A título de exemplo, considere-se o artigo 13º do Regulamento do Centro de Arbitragem de Conflitos de Consumo de Lisboa, o qual dispõe no seu nº 1 que "o tribunal arbitral é constituído por um único árbitro".

[43] ANTÓNIO MENEZES CORDEIRO destaca que, quando a lei se refere a "encerramento do processo", tal locução deve ser interpretada num sentido amplo, incluindo o fim do processo através da prolação da sentença arbitral, mas igualmente todas as outras hipóteses que conduzam ao fim do processo. Por outro lado, o mesmo autor frisa ainda que nesta norma estão incluídas somente as funções jurisdicionais e não as administrativas. Cfr. *Tratado da Arbitragem..., cit.*, p. 417.

(LCIA), o *Tribunal Arbitral du Sport* (TAS/CAS) e o *World Intelectual Property Organization Arbitration and Mediation Center* (WIPO ADR). A nível nacional os centros de arbitragem institucionalizada também têm registado algum desenvolvimento, sendo dignos de nota, por exemplo, o Centro de Arbitragem Comercial da Câmara de Comércio e Indústria Portuguesa, o Centro de Arbitragem Comercial do Instituto de Arbitragem Comercial, o Centro de Arbitragem Administrativa e o Centro de Arbitragem de Propriedade Industrial, Nomes de Domínios, Firmas e Denominações – ARBITRARE, bem como os diversos centros de arbitragem de conflitos de consumo[44].

Atendendo à importância que estas instituições têm no desenvolvimento da arbitragem e da prática arbitral, é de utilidade fazer uma breve apresentação de algumas delas.

a) Corte Internacional de Arbitragem da Câmara de Comércio Internacional (CCI)

A Corte Internacional da Câmara de Comércio Internacional foi criada em Paris em 1923[45] e, tornou-se, um dos centros arbitrais mais reconhecidos e respeitados no plano comercial internacional.

De facto, e tal como já se referiu anteriormente, pese embora a sua designação de "corte" ou tribunal, o que aqui existe é um centro arbitral, composto por um presidente, vice-presidentes, membros, membros suplentes e uma secretaria (incluindo um secretário-geral)[46]. Não estamos, portanto, perante um tribunal (no sentido judicial do termo). Efectivamente, tal como resulta do artigo 1º do Regulamento de Arbitragem da CCI, "[a] Corte não soluciona ela própria os litígios. Compete-lhe administrar a resolução de litígios por tribunais arbitrais, de acordo com o Regulamento de Arbitragem da CCI". Entre as várias competências da Corte, merece destaque a consagrada no artigo 34º do Regulamento, de acordo com o qual cabe àquela a função de examinar previamente a sentença arbitral. Deste modo, "[a]ntes de assinar qualquer sentença arbitral, o tribunal arbitral deverá apresentá-la sob a forma de minuta à Corte. A Corte poderá prescrever modificações quanto aos aspectos formais da sentença e, sem afetar a liberdade de decisão do tribunal arbitral, também poderá chamar a atenção para pontos relacionados com o mérito do litígio. Nenhuma sentença arbitral poderá ser proferida pelo tribunal arbitral antes de ter sido aprovada quanto à sua forma pela Corte.".

[44] A lista actualizada dos centros de arbitragem de consumo pode ser consultada em www.consumidor.gov.pt.

[45] V. Gary B. Born, *International Commercial Arbitration*, Vol. I, *cit.*, p. 175.

[46] Tal como previsto no artigo 1º do Apêndice dos Estatutos da Corte Internacional da CCI.

Por outro lado, cabe à Corte assegurar todo um conjunto de funções que se revelam como fundamentais para o correcto e salutar desenvolvimento do processo arbitral, tais como: (i) confirmar, nomear e substituir árbitros, bem como decidir qualquer pedido de recusa ou afastamento dos mesmos[47]; (ii) assegurar o cumprimento dos prazos processuais;[48] (iii) garantir o pagamento de todas as custas processuais pelas partes[49].

b) London Court of International Arbitration (LCIA)

Em 1892 foi formalmente inaugurada a Câmara de Arbitragem da cidade de Londres[50] [51], cujo nome foi alterado para London Court of Arbitration em 1903[52]. Posteriormente, e ao longo de um caminho de evolução e modificação da instituição, em 1981 a instituição mudou o nome para *London Court of International Arbitration*, procurando, desse modo, reflectir a natureza do seu trabalho, o qual era predominantemente internacional.

No que concerne à sua organização interna, o LCIA conta com uma estrutura organizada em dois níveis[53]: o secretariado e o *court*, sendo que apenas o secretariado existe em permanência. O secretariado tem funções muito semelhantes às anteriormente referidas a propósito da Corte da CCI, entre as quais se destacam: o estabelecimento dos honorários dos árbitros ou árbitro[54], a composição do tribunal arbitral[55], proceder à substituição do(s) árbitro(s)[56] ou, por exemplo, decidir sobre o afastamento ou a recusa do(s) árbitro(s)[57].

c) Tribunal Arbitral du Sport (TAS/CAS)

O TAS é um centro permanente de arbitragem, sediado em Lausanne (Suíça)[58], no qual se desenvolvem arbitragens. O centro disponibiliza toda

[47] V. artigos 12º, 13º, 14º e 15º. do Regulamento de Arbitragem da CCI.

[48] Por exemplo, entre outros, o artigo 31º do Regulamento de Arbitragem da CCI.

[49] Cfr., entre outras hipóteses, o artigo 37º do Regulamento de Arbitragem da CCI.

[50] Tal como ensina Rémy Gerbay, o LCIA teve na sua criação a falta, sentida pela comunidade ligada ao comércio internacional, de um fórum eficaz e célere para a resolução dos seus conflitos. V., "The London Court of International Arbitration", *cit.*, pp. 51 e ss.

[51] City of London Chamber of Arbitration.

[52] Pese embora a mudança de designação, a estrutura administrativa do centro manteve-se, no geral, inalterada durante as sete décadas seguintes. Para mais detalhe, consulte-se http://www.lcia.org.

[53] Se considerarmos a *Company* LCIA, a estrutura será de três patamares e não dois.

[54] Artigo 28 (1) das Regras de Arbitragem da LCIA.

[55] Artigo 5 (5) das Regras de Arbitragem da LCIA.

[56] Artigo 9C das Regras de Arbitragem da LCIA.

[57] Artigo 10 das Regras de Arbitragem da LCIA.

[58] Cfr. o artigo S1 e R28 dos ETAS.

a "infra-estrutura necessária", garantindo "a constituição de painéis arbitrais" e "supervisionando" a "gestão eficaz dos processos" arbitrais[59]. Por conseguinte, o objecto do TAS é "permitir a resolução de litígios" que estejam relacionados com o Desporto através de mecanismos arbitrais[60]. Na estrutura administrativa do TAS existem duas entidades de maior relevo: o ICAS e a Secretaria. A primeira das entidades referidas, o ICAS, foi instituída com o objectivo de "facilitar" a resolução dos litígios desportivos por intermédio de recurso à arbitragem e mediação, bem como "salvaguardar a independência do TAS". É ainda da sua competência responsabilizar-se pela "administração e pelo financiamento do TAS"[61]. A outra entidade mencionada é a Secretaria, a qual é composta por um Secretário-Geral e um ou mais conselheiros, que o substituem quando for necessário, tendo como principal função assegurar o apoio administrativo do TAS[62], como por exemplo: (i) recepcionar as peças processuais e comunicá-las aos demandados, assegurando a comunicação das partes com o tribunal[63] ou (ii) a cobrança das custas processuais[64].

No exercício de funções arbitrais, os tribunais que se constituam sob a égide do TAS dispõem de duas câmaras: (i) a câmara arbitral ordinária; e (ii) a câmara arbitral de apelo. A primeira tem competência para decidir todos os litígios relacionados com o Desporto que não sejam atribuídos pelos ETAS à câmara arbitral de apelo; a segunda, por seu turno, resolve os litígios desportivos decorrentes de decisões de federações desportivas, associações e outras entidades desportivas, desde que esteja previsto nos estatutos ou regulamentos daquelas entidades (ou que exista uma convenção de arbitragem)[65].

Existem também câmaras ad hoc que se ocupam da resolução de litígios desportivos em competições com visibilidade, assumindo-se como câmaras arbitrais temporárias[66].

[59] Cfr. o artigo S12 dos ETAS.

[60] Cfr. o artigo S3 dos ETAS. No seio do TAS não se desenvolvem apenas arbitragens, mas também funções de mediação e de conciliação. Para mais desenvolvimentos sobre a mediação e a conciliação no desporto internacional, cfr., por todos, IAN BLACKSHAW, *Sport, Mediation and Arbitration, cit., passim*. Cfr., igualmente, CHRISTINE GUY-ECKABERT, "La médiation au Tribunal arbitral du sport, un processus à doper", *cit.*, pp. 555 e ss.

[61] Cfr. o artigo S2 dos ETAS.

[62] Cfr. o artigo S22 dos ETAS.

[63] Cfr., neste sentido, afirmando que se trata de atribuições "clássicas" de um secretariado, MATHIEU MAISONNEUVE, *L'arbitrage des litiges sportifs, cit.*, p. 41. Sobre o secretário arbitral, em geral, cfr. THOMAS CLAY, "Le secrétaire arbitral", *cit.*, p. 931 e ss.

[64] Cfr. o artigo R65.2 dos ETAS.

[65] Cfr. o artigo S20 dos ETAS.

[66] A criação destas câmaras arbitrais *ad hoc* cabe única e exclusivamente ao ICAS, segundo o disposto no artigo S6.8 do ETAS.

d) World Intellectual Property Organization Arbitration and Mediation Center (WIPO ADR)

O WIPO ADR (Centro de Arbitragem e Mediação da Organização Mundial de Propriedade Intelectual) encontra-se sediado em Genebra, na Suíça, estando também presente em Singapura. O centro tem como seu objecto principal a resolução de conflitos transnacionais relacionados com o comércio internacional, designadamente os que colidam ou envolvam questões de propriedade intelectual, tais como os relacionados com tecnologia e entretenimento[67]. As funções desenvolvidas pelo centro aproximam-se, em grande medida, das referidas a propósito dos centros arbitrais anteriormente referidos, motivo pelo qual não releva repetir as mesmas.

e) Centro de Arbitragem Comercial da Câmara de Comércio e Indústria Portuguesa (CAC)

No patamar interno, merece, desde logo, destaque o CAC[68], o qual, tendo sido fundado em 1987[69], se assume como o mais antigo centro de arbitragem português. Este centro foi instituído pela Câmara de Comércio e Indústria Portuguesa e, nos termos do artigo 2º do seu Regulamento, tem por objecto "[p]romover e difundir a resolução de litígios por via arbitral ou por meios alternativos de resolução de litígios", bem como "[a]dministrar arbitragens institucionalizadas e processos alternativos de resolução de litígios em matérias de carácter económico, público ou privado, internas ou internacionais e, ainda, "[p]restar serviços conexos com a administração de arbitragens".

f) Centro de Arbitragem Comercial do Instituto de Arbitragem Comercial (CACIAC)

A Associação Comercial do Porto e a Associação Comercial de Lisboa criaram, num esforço conjunto e no ano de 1989, o Centro de Arbitragem Comercial da Associação Comercial de Lisboa – Câmara de Comércio e Indústria Por-

[67] De acordo com as estatísticas disponibilizados pelo WIPO, os principais litígios submetidos à sua apreciação são acordos de licenciamento (por exemplo, marcas registadas, patentes, direitos autorais, software), acordos de pesquisa e desenvolvimento, acordos de transferência de tecnologia, acordos de distribuição, acordos de franchising, acordos de tecnologia da informação, contratos de processamento de dados, acordos de *joint venture*, acordos de consultoria, entre outros. Cfr. http://www.wipo.int/amc/en/center/caseload.html.

[68] Para mais informações, cfr. https://www.centrodearbitragem.pt.

[69] Instituído ao abrigo dos Despachos do Ministro da Justiça 9/87, de 29 de Janeiro, e 26/87, de 9 de Março. Posteriormente, essas autorizações foram atualizadas em 2004 e 2005 (Despachos 955/2004 e 26167/2005). Para mais detalhe, cfr. http://www.institutodearbitragemcomercial.pt.

tuguesa e da Associação Comercial do Porto – Câmara de Comércio e Indústria do Porto. Posteriormente, em 2004, aquelas duas associações fundaram o Instituto de Arbitragem Comercial, o qual veio suceder ao centro de arbitragem inicialmente instituído.

Sucede, porém, que em 2005, a Associação Comercial de Lisboa criou o seu próprio centro arbitral, o CAC, pelo que a Associação Comercial do Porto optou por prosseguir a sua actividade de arbitragem no âmbito do Instituto de Arbitragem Comercial. De acordo com o artigo 2º dos Estatutos, o Instituto tem por objecto a promoção e difusão da resolução de diferendos através do recurso à arbitragem ou outros meios alternativos de resolução de conflitos, bem como garantir o funcionamento de um centro de arbitragem.

g) Centro de Arbitragem Administrativa (CAAD)

O Centro de Arbitragem Administrativa[70] foi criado pelo Despacho nº 5097/2009, do Secretário de Estado da Justiça e tem por objecto a resolução de litígios de Direito público nos domínios administrativo e tributário. De acordo com o artigo 3º dos seus Estatutos, o centro "tem por objecto promover a resolução de litígios respeitantes a matérias administrativas e matéria fiscal (...) nos termos definidos pelo seu regulamento e que por lei especial não estejam submetidos exclusivamente a tribunal judicial ou a arbitragem necessária". No domínio do Direito Administrativo, o centro tem competência para a resolução de conflitos emergentes, bem como envolvendo entidades que não estejam pré-vinculadas ao CAAD, contanto que exista a celebração de um compromisso arbitral. No que à arbitragem tributária diz respeito, nos termos do artigo 2º do RJAT[71] a mesma pode tomar como objecto a apreciação da legalidade de actos em matéria tributária.

h) Centro de Arbitragem de Propriedade Industrial, Nomes de Domínios, Firmas e Denominações (ARBITRARE)

O ARBITRARE é um centro de arbitragem institucionalizada português, criado em 2009, sendo apoiado pelo Estado. De acordo com o artigo 3º dos seus Estatutos, o centro tem competência para decidir litígios "em matéria de propriedade industrial, nomes de domínio de .pt. e firmas e denominações". Por outro lado, o centro tem ainda competência para "a composição dos litígios emergentes de direitos de propriedade industrial quando estejam em

[70] Mais informações disponíveis em www.caad.org.pt.

[71] Decreto-Lei nº 10/2011, de 20 de Janeiro.

causa medicamentos de referência e medicamentos genéricos, submetidos a arbitragem necessária nos termos da Lei".

4.3. Os centros de arbitragem institucionalizada: configuração tendencial

A arbitragem institucionalizada[72] pode ser tendencialmente caracterizada por elementos que podem demonstrar de que realidade se trata. Comecemos por uma breve análise de cada um deles[73].

A primeira característica que merece ser realçada é a existência de uma *estrutura administrativa*. Com efeito, os centros de arbitragem institucionalizada dispõem de uma estrutura administrativa própria composta por meios humanos e técnicos que permitem desenvolver a sua actividade de administração de justiça privada. Cabendo-lhe administrar arbitragens, as competências dos centros de arbitragem são muito diversas, podendo, por exemplo, recepcionar o requerimento inicial do autor ou serem responsáveis por efectuar as comunicações entre os árbitros e as partes, nomeadamente notificar as partes do proferimento da sentença arbitral ou de um despacho, aproximando-se, quanto a este aspecto, de uma organização administrativa própria ou típica de um tribunal estadual[74].

O segundo elemento a merecer destaque reconduz-se à *regulamentação do tribunal arbitral e do processo arbitral*. Sendo certo que a escolha dos centros arbitrais é, em regra, uma prerrogativa das partes, que inserem nos seus contratos, por vezes, convenções de arbitragem propostas pelo próprio centro[75], a verdade é que com essa opção as partes passam a aceitar, na maioria dos casos, todo um corpo normativo que rege os litígios que são submetidos aos centros de arbitra-

[72] Sobre o tema no nosso ordenamento, entre as escassas referências bibliográficas, cfr., por exemplo, João Pacheco de Amorim / Bárbara M. Soares, "Algumas considerações...", *cit.*, pp. 203 e ss. e Armindo Ribeiro Mendes, "Contrato entre as Partes e o Centro de Arbitragem", *cit.*. V., ainda, sobre as diversas noções de arbitragem institucionalizada, Rémy Gerbay, *The Functions of Arbitral Institutions*, *cit*, pp. 6 e ss.

[73] Desenvolvidamente sobre as diferentes características da arbitragem institucionalizada, de entre uma das mais circunstanciadas análises, cfr. Rolf Schütze, *Schiedsgericht und Schiedsverfahren*, *cit.*, pp. 19 e ss.

[74] Denotando precisamente a função de administração e de organização do processo arbitral enquanto característica da instituição arbitral, v. Hellwig Torggler et alli, *Handbuch Schiedsgerichtsbarkeit*, *cit.*, pp. 108 e ss.

[75] Um desses exemplos é a cláusula proposta pelo Centro de Arbitragem da Câmara de Comércio e Indústria Portuguesa, no qual se dispõe o seguinte: "1. Todos os litígios emergentes deste contrato ou com ele relacionados serão definitivamente resolvidos por arbitragem de acordo com o Regulamento de Arbitragem do Centro de Arbitragem da Câmara de Comércio e Indústria Portuguesa (Centro de Arbitragem Comercial), por um ou mais árbitro(s) nomeado(s) nos termos do Regulamento. 2. A arbitragem terá lugar em [cidade e/ou país]. 3. A língua da arbitragem será [...]".

gem institucionalizada[76]. Entre estes encontram-se, por exemplo, os regulamentos processuais (que se ocupam das regras que irão regular o processo arbitral), os regulamentos de honorários dos árbitros (que dispõem o valor a pagar pelo serviço prestado pelos árbitros) ou os regulamentos de ética (que determinam os deveres deontológicos que impende sobre a actividade dos árbitros).

Por outro lado, pode, em terceiro lugar, considerar-se que os centros de arbitragem podem *participar na constituição do tribunal arbitral*. Na verdade, não é incomum que um conselho deontológico ou o presidente do centro de arbitragem tenham – sempre ou segundo determinadas circunstâncias – o poder de designar os árbitros que irão integrar o colégio arbitral[77]. Não é só neste momento que os centros de arbitragem podem ter impacto – ainda que indirecto – na constituição do tribunal arbitral: também o têm quando gerem uma lista de árbitros, em que os mesmos são recrutados segundo critérios fixados por si, limitando, assim, a escolha dos potenciais árbitros pelas partes em litígio[78].

Como última característica, é comum apontar-se a *independência em relação às partes*. Este é um pressuposto que, na doutrina, é muito reconhecido[79]. O centro de arbitragem permite, em teoria, que as partes beneficiem de mais garantias de independência, reflectindo-se numa neutralidade maior em relação às partes, o que, quando comparado com a arbitragem *ad hoc*, permite, desde logo, garantir um princípio básico do Estado de Direito (como veremos, esta conclusão não é sempre inteiramente correcta)[80].

[76] V. Hellwig Torggler et alli, *Handbuch Schiedsgerichtsbarkeit*, *cit.*, pp. 110 e 111. Denotando precisamente a estabilidade decorrente de um regulamento que regula, entre outros aspectos, o processo arbitral, v. António Menezes Cordeiro, *Tratado da Arbitragem...*, cit, pp. 484 e 485, bem como Tarkan Göksu, *Schiedsgerichtsbarkeit*, cit., pp. 17 e 18. Sobre a regulamentação do desenrolar da arbitragem enquanto vantagem, designadamente a previsibilidade da arbitragem, cfr. Bernhard Berger / Franz Kellerhals, *International and Domestic Arbitration in Switzerland*, cit., p. 7.

[77] Ou, por outro lado, o poder de recusar os árbitros, cfr., sobre este assunto, Rémy Gerbay, *The Functions of Arbitral Institutions*, *cit*, pp. 90 e 91.

[78] Sobre este aspecto, referindo-se a uma "função de controlo" do desenrolar da arbitragem, cfr. Christophe Seraglini / Jérôme Ortscheidt, *Droit de l'arbitragem interne et international*, *cit.*, p. 24. Em sentido idêntico, enunciando, porém, tratar-se de "funções de monotorização", v. Rémy Gerbay, *The Functions of Arbitral Institutions*, *cit*, pp. 96 e 97.

[79] Cfr., por exemplo, Mário Aroso de Almeida, *Manual de Processo Administrativo*, 3ª Edição, *cit.*, pp. 528 e ss.

[80] No sentido de que a independência institucional deve ser considerada menos exigente do que a independência do árbitro, dando como exemplo a possibilidade de existir uma resposta do centro de arbitragem às solicitações de uma parte sem que a contra-parte seja informada ou ouvida, v. Rolf Schütze, *Schiedsgericht und Schiedsverfahren*, *cit.*, pp. 21 e ss.

4.4. Regime jurídico: o Decreto-Lei nº 425/86, de 27 de Dezembro

4.4.1. Enquadramento

Para as partes poderem escolher a arbitragem institucionalizada pressupõe-se que submetam o seu litígio a um centro de arbitragem que tenha obtido um acto autorizativo emanado pelo Ministro da Justiça. Nos termos do artigo 62º, nº 1, da LAV[81], entende-se que "a criação em Portugal de centros de arbitragem institucionalizada está sujeita à autorização do Ministro da Justiça, nos termos do disposto em legislação especial". O diploma especial a que a LAV alude é o Decreto-Lei nº 425/86[82].

A única excepção a este princípio geral encontra-se, sem justificação plausível, no regime jurídico de centros de arbitragem criados legislativamente, a que corresponde, por exemplo, o Tribunal Arbitral do Desporto, nos termos da Lei nº 74/2013[83].

4.4.2. O sistema de "autorização estatal" e o eventual exercício de funções (jurisdicionais) públicas por privados

O sistema autorizativo e de delegação de funções públicas é, de certo modo, compreendido como uma contradição relativamente ao cariz voluntário da arbitragem[84]. Todavia, esta solução legislativa é vista como uma forma de credibilização da arbitragem através do exercício de um controlo administrativo

[81] O sistema autorizativo foi anunciado pela Lei nº 31/86, de 29 de Agosto, no qual se dispunha no artigo 38º que "O Governo definirá, mediante decreto-lei, o regime da outorga de competência a determinadas entidades para realizarem arbitragens voluntárias institucionalizadas, com especificação, em cada caso, do carácter especializado ou geral de tais arbitragens, bem como as regras de reapreciação e eventual revogação das autorizações concedidas, quando tal se justifique". Desta promessa de aprovação de um diploma que se ocuparia da regulação das autorizações na arbitragem institucionalizada resultou o Decreto-Lei nº 425/86.

[82] Cfr. o artigo 62º, nº 2, da LAV.

[83] Não existe uma lógica que justifique esta opção do legislador. Com efeito, ao contrário dos restantes centros de arbitragem em Portugal, o Estado não tem qualquer impacto na avaliação da qualidade das arbitragens desenvolvidas com o apoio administrativo deste centro de arbitragem. Numa área, como a do Desporto, onde a transparência e a seriedade assumem contornos particularmente importantes, não se vislumbra nesta solução um passo rumo à tão importante credibilização da arbitragem que neste centro se desenvolve.

[84] Colocando a questão da necessidade deste sistema, realçando que o mesmo não se aplica à arbitragem *ad hoc*, V. MARIANA FRANÇA GOUVEIA, *Curso de Resolução Alternativa de Litígios, cit.*, p. 124, afirmando precisamente que: "[e]ste tipo de diploma não é usual a nível internacional, podendo colocar-se dúvidas quanto à sua necessidade. Repare-se que a arbitragem *ad hoc* é controlada apenas pelos tribunais posteriormente à prolação da sentença, isto é, o controlo é feito casuisticamente. Fará sentido controlar de forma mais intensa a arbitragem institucionalizada?".

pelo Ministério da Justiça[85], que evita a existência de centros de arbitragem que não cumpram as regras básicas exigidas pela administração de justiça num Estado de Direito[86].

O regime jurídico que se ocupa da permissão de criação dos centros de arbitragem assume alguma simplicidade, mas com importantes reflexos práticos. Do pedido de "autorização" constam necessariamente (i) os motivos que as entidades interessadas entendem justificar a atribuição da "autorização"; e (ii) a delimitação do objecto das arbitragens que pretendem administrar[87]. Entre os requisitos indispensáveis para a aquisição da autorização encontram-se: (i) *a representatividade* e (ii) a *idoneidade* da entidade que pretenda executar a actividade "autorizada"[88].

São estes dois critérios, de aplicação prática nem sempre fácil, que devem basear a decisão de não atribuição ou retirada da "autorização", sendo proferido, em ambos os casos, um despacho com os fundamentos de tal decisão[89]. No primeiro caso deve ser especificado o cariz especializado ou geral do centro de arbitragem[90]. Na segunda situação deve comprovar-se, no despacho fundamentado, a ocorrência de "algum facto que demonstre que a entidade em causa deixou de possuir condições técnicas ou de idoneidade para a realização de arbitragens voluntárias institucionalizadas"[91].

[85] A competência para a instrução destes pedidos de autorização, pelas suas especiais atribuições, de acordo com o estabelecido no artigo 2º, nº 1 e 2, alíneas a), c) e d) do Decreto-Lei nº 163/2012, de 31 de Julho, cabe à Direcção-Geral da Política de Justiça e, em particular, nos termos do disposto da Portaria nº 389/2012, de 29 de Novembro, ao Gabinete de Resolução Alternativa de Litígios.

[86] Em sentido próximo, PEDRO METELLO NÁPOLES, *in* DÁRIO MOURA VICENTE *(coordenador)*, *Lei de Arbitragem Voluntária, cit.*, p. 184.

[87] V. o artigo 1º do Decreto-Lei nº 425/86.

[88] Cfr. o artigo 2º do Decreto-Lei nº 425/86. Entre a documentação necessária para instruir o pedido encontramos, de acordo com os critérios administrativos da Direcção-Geral da Política de Justiça: (i) apresentação, historial e caracterização da(s) entidade(s) requerente(s); (ii) os estatuto(s) da(s) entidade(s) requerente(s), com alterações (certidão da escritura de constituição e cópia da publicação no Diário da República); (iii) o relatório de atividades dos dois últimos anos da(s) entidade(s) requerente(s); (iv) o projeto de regulamento do processo de arbitragem; (v) o projeto de regulamento de custas; (vi) a lista de árbitros e respectivas qualificações; (vii) o documento com informação sobre estrutura, organização interna, meios humanos, técnicos e logísticos, afectos ao funcionamento do centro de arbitragem; (viii) a previsão orçamental de financiamento do Centro; (ix) a declaração comprovativa da situação fiscal regularizada da(s) entidade(s) requerente(s); (x) a declaração comprovativa da situação regularizada perante a Segurança Social da(s) entidade(s) requerente(s).

[89] Cfr. os artigos 3º e 5º do Decreto-Lei nº 425/86.

[90] V. o artigo 3º, do Decreto-Lei nº 425/86.

[91] V. o artigo 5º, nº 1 e 2, do Decreto-Lei nº 425/86.

Há quem considere, todavia, que o regime jurídico descrito não se resume a uma mera "autorização" para desenvolver uma actividade de administração da jurisdição privada de tribunais arbitrais.

A argumentação, que nos deixa muitas dúvidas, assume que se trata de uma forma de "privatização" da administração de justiça[92], em que existe uma delegação administrativa[93] do exercício de funções públicas em entidades privadas[94], que são, regra geral, pessoas colectivas de Direito Privado (designadamente, associações)[95], a quem através de um "acto autorizativo" – fundado em acto legislativo que admite a delegação de poderes públicos – são conferidos poderes para exercerem as funções que também poderiam ser prosseguidas pelo Estado[96].

A verdade é que sem um acto formal – a "autorização" – não pode sequer falar-se ainda na existência de um centro de arbitragem, sendo certo que o Decreto-Lei nº 425/86 dispõe precisamente que o acto "autorizativo" tem como função fundar a "criação dos respectivos centros"[97].

Neste sentido, os centros de arbitragem prosseguem uma actividade de administração de justiça privada que, embora com especificidades próprias decorrentes da configuração do exercício jurisdicional privado, dificilmente se reconduzem a uma manifestação do exercício de um poder público de autoridade, designadamente na prática de actos administrativos e na emissão de regulamentos administrativos[98].

[92] Sem prejuízo de estarmos a assistir a uma crescente proximidade do Estado em relação à organização administrativa de centros de arbitragem.

[93] A diferença entre a "delegação legal" – que ocorre sempre que o legislador confere os poderes públicos às entidades privadas "directa e imediatamente por um acto legislativo" – reside precisamente no facto de a delegação administrativa operar "com fundamento numa lei (acto legislativo) por um órgão administrativo, através de um acto ou de um contrato administrativo", conforme teorizado por PEDRO GONÇALVES, *Entidades Privadas com Poderes Públicos*, *cit.*, pp. 688 e ss. e pp. 1029 e 1028.

[94] Na doutrina, ANTÓNIO MENEZES CORDEIRO, *Tratado da Arbitragem*..., p. 485, critica a "presença do Estado" em centros de arbitragem (voluntária), admitindo mesmo que "[n]ão têm singrado, na arbitragem voluntária, tentativas públicas ou de entidades públicas de lançar "centros de arbitragem" privados. Não é essa a sua vocação e as iniciativas existentes não apresentam credibilidade".

[95] Fenómeno que é conhecido no nosso ordenamento, designadamente no caso das federações desportivas que adquirem o estatuto de utilidade pública desportiva, v., sobre este assunto e com amplas referências, ARTUR FLAMÍNIO DA SILVA, *A Resolução de Conflitos Desportivos*..., *cit.*, pp. 246 e ss.

[96] V. JOÃO PACHECO DE AMORIM / BÁRBARA M. SOARES, "Algumas considerações...", *cit.*, p. 214.

[97] V. o artigo 1º, nº 1 do Decreto-Lei nº 425/86. Cfr. JOÃO PACHECO DE AMORIM / BÁRBARA M. SOARES, "Algumas considerações...", *Op. cit.*, p. 215, denotando precisamente que o centro de arbitragem só existirá após o acto "autorizativo".

[98] Em sentido contrário, JOÃO PACHECO DE AMORIM / BÁRBARA M. SOARES, "Algumas considerações...", *Ob cit.*, pp. 214 – 219.

4.4.3. A não atribuição ou a revogação da "autorização"

O grau altamente indeterminado dos critérios de revogação ou de não atribuição da "autorização" exige a reflexão em torno das situações que, na prática, permitam apreender as razões que possam fundamentar a revogação ou a não atribuição da referida autorização. Entre os vários exemplos que podemos apontar para a revogação da autorização encontram-se, a este respeito, (i) *a inexistência de independência ou imparcialidade de um árbitro que se encontre na lista de um centro de arbitragem e o centro se recuse afastá-lo da mesma*; (ii) *a violação reiterada dos deveres deontológicos de um árbitro sem que o centro retire consequências desta circunstância*; (iii) *a agressão perpetuada por parte de um árbitro ou de um secretário do centro de arbitragem a uma das partes*; (iv) *a inexistência de competência legal no domínio de competência especializada do centro*[99].

A não atribuição da "autorização" – e, eventualmente, para quem o defenda, a inexistência de *delegação de poderes públicos* – depende de uma avaliação do cumprimento de princípios que devem nortear a administração de justiça, ainda que privada. Pense-se, a este respeito, na circunstância em que a entidade interessada na atribuição da "autorização" configura, de acordo com os regulamentos potencialmente aplicáveis, o futuro centro de um modo em que seja consagrado o poder de designação de todos os árbitros numa das potenciais partes, violando-se obviamente o princípio do direito ao processo equitativo.

De facto, um dos efeitos da necessidade de adquirir a "autorização", quer num momento inicial, quer num posterior, condiciona o funcionamento do centro ao cumprimento de um conjunto de pressupostos, que não existiriam se a entidade desenvolvesse a sua actividade exclusivamente segundo o Direito Privado[100].

[99] Foi o que sucedeu com as Comissões Arbitrais Paritárias, não se justificando que o Ministério da Justiça não tenha revogado a "autorização" deste centro de arbitragem, cujas competências deixaram de existir. Sobre este assunto, Cfr. Artur Flamínio da Silva e Daniela Mirante, "Arbitragem Voluntária e Contrato de Trabalho Desportivo", *cit.*, pp. 5 e ss.

[100] Sobre esta especificidade da delegação de poderes públicos em privados, v. Pedro Gonçalves, *Entidades Privadas com Poderes Públicos*, *cit.*, pp. 692 e ss. Sobre a possibilidade de um regime jurídico "impor" uma certa publicização da actividade do ente privado poder se reconduzir, designadamente que estiver em causa uma associação constituída segundo o Direito Privado, a uma intervenção legislativa inconstitucional, v. Artur Flamínio da Silva, *A Resolução de Conflitos Desportivos...*, *cit.*, pp. 253 e ss.

4.4.4. Os regimes jurídicos especiais de centros de arbitragem institucionalizada impostos legislativamente

O sistema autorizativo previsto no Decreto-Lei nº 425/86 não é suficiente para compreender o complexo normativo que se ocupa da arbitragem institucionalizada. Com efeito, em determinadas situações é o próprio Estado que cria centros de arbitragem, estabelecendo que o acesso à tutela jurisdicional de certo tipo litígios só pode ser efectuado por tribunais arbitrais geridos por determinados centros de arbitragem ou que certos centros de arbitragem beneficiam do apoio estatal, fixando, como contrapartida, condições especiais de acesso (por exemplo, uma tendencial gratuidade das custas) e maiores garantias (que, por vezes, em muito se aproximam dos tribunais estaduais) para os utentes deste serviço de arbitragem[101].

Um destes últimos exemplos é a Rede de Arbitragem de Consumo[102], criada nos termos da Lei nº 144/2015, de 8 de Setembro. A mesma assume-se como "a rede que integra os centros de arbitragem de conflitos de consumo autorizados para prosseguir as atividades de informação, mediação, conciliação e arbitragem destes litígios"[103] e é da sua competência "assegurar a coordenação, a utilização de sistemas comuns e a harmonização dos procedimentos seguidos nas atividades de informação, mediação, conciliação e arbitragem de litígios de consumo, pelos centros de arbitragem de conflitos de consumo que agrega", devendo, além disso, responsabilizar-se por "promover o funcionamento integrado dos centros de arbitragem de conflitos de consumo e a recolha de toda a informação estatística relevante relativa ao seu funcionamento prestada pelos centros"[104].

Noutras situações o recurso a arbitragem institucionalizada só pode ocorrer num centro de arbitragem com competência especializada criado pelo Estado. Por exemplo, no caso do Tribunal Arbitral do Desporto, criado pela Lei nº 74/2013, o legislador impõe que a tutela jurisdicional no domínio do Direito Administrativo do Desporto só pode ocorrer, pelo menos num primeiro momento, junto dos tribunais arbitrais que se constituam junto desta instituição arbitral. Esta solução tem, no entanto, alguns problemas. Inexistindo alternativa para as partes poderem optar pela submissão ou não do liti-

[101] V. relativamente a esta questão, o Capítulo VI, ponto 12.5.

[102] Sobre o tema, v. Jorge Morais Carvalho / João Pedro Pinto-Ferreira / Joana Campos Carvalho, *Manual de Resolução Alternativa de Litígios de Consumo, cit.*, p. 54 e ss.

[103] Cfr. o artigo 3º, alínea a).

[104] V. o artigo 4º, nº 1 e 2.

gio aos tribunais estaduais[105], impõe-se ainda um certo centro de arbitragem, o que, por sua vez, pela falta de transparência que rodeia as arbitragens que junto dele se desenvolvem, pode colocar a parte tendencial mais fraca numa franca posição não equitativa[106].

Também problemática é a solução do artigo 476º do Código dos Contratos Públicos (CCP)[107], introduzida pelo Decreto-Lei nº 111-B/2017, de 31 de Agosto. De acordo com o artigo 473º, nº 2, alínea a) do CCP, a arbitragem institucionalizada (podendo a Administração Pública escolher um centro de arbitragem autorizado com competência especializada no Direito Administrativo) assume-se como regra no domínio da arbitragem de conflitos relacionados com a contratação pública[108].

Com efeito, só nas situações enunciadas no artigo 473º, nº 3, é possível, excepcionalmente, optar pela arbitragem *ad hoc*. Entre estas encontram-se os casos onde: (i) "a elevada complexidade das questões jurídicas ou técnicas envolvidas, ao elevado valor económico das questões a resolver, ou à inexistência de centro de arbitragem institucionalizado competente na matéria, seja aconselhável a submissão de eventuais litígios à jurisdição de tribunal arbitral não integrado em centro de arbitragem institucionalizado"; (ii) "o processo arbitral previsto nos regulamentos do respetivo centro de arbitragem institucionalizado não se conforme com o regime de urgência previsto no Código do Processo nos Tribunais Administrativos para os contratos por ele abrangidos";

[105] Admitindo precisamente que a essência da autonomia das partes (na arbitragem) pressupõe sempre a escolha entre a arbitragem ad hoc e a arbitragem institucionalizada, Karl-Heinz Böckstiegel, "Party Autonomy and Case Management...", cit., pp. 1 e ss.

[106] Cfr., por todos, Artur Flamínio da Silva, *A Resolução de Conflitos Desportivos...*, *cit.*, pp. 457 e ss.

[107] Decreto-Lei nº 18/2008, de 29 de Janeiro, na redacção do Decreto-Lei nº 33/2018, de 15 de Maio.

[108] Trata-se aqui de uma situação em que a entidade adjudicante (uma das partes contratantes) tem um poder de determinar, na prática, o conteúdo da convenção da arbitragem e, em tese, muitos dos aspectos mais relevantes relacionados com a constituição do tribunal arbitral, como por exemplo, a escolha do tribunal arbitral ou dos árbitros. V. sobre este problema e a potencial inconstitucionalidade daí decorrente, por exemplo, Paulo Pereira Gouveia, "Arbitragem administrativa e CCP:...", *cit.*, pp. 68 e ss., Tiago Serrão, "A arbitragem no CCP revisto", *cit.*, pp. 1243 e ss. e Marco Caldeira, "A arbitragem no Código dos Contratos Públicos revisto", *cit.*, pp. 277 e ss. De forma diferente, no sentido de que a existência de recurso para os tribunais estaduais redunda em inconstitucionalidade deste regime, cfr. Rui Medeiros, "Stress tests à revisão do CCP", *cit.*, pp. 63 e ss. Cfr., ainda, sobre o tema, João Tiago Silveira, "A arbitragem e o artigo 476º na revisão do CCP", *cit.*, pp. 60 e ss. e, em geral, sobre o problema constitucional decorrente da posição de poder da Administração na celebração de convenções de arbitragem e na constituição de tribunais arbitrais, v. Artur Flamínio da Silva, *A Resolução de Conflitos Desportivos...*, *cit.*, pp. 441 e ss.

(iii) "se demonstre que a utilização de um centro de arbitragem institucionalizado teria como consequência uma resolução mais morosa do litígio; e (iv) se verifique "que a utilização de um centro de arbitragem institucionalizado teria como consequência um custo mais elevado para as entidades adjudicantes ou contraentes públicos".

Nestas circunstâncias, e nos termos do artigo 473º, nº 4, a opção pela submissão do litígio a arbitragem *ad hoc* implica que a Administração Pública elabore uma "avaliação de impacto dos custos que tal opção importa, designadamente quanto aos honorários de árbitros e advogados, taxas, custas e outras despesas".

4.5. Vantagens e desvantagens da arbitragem *ad hoc* e da arbitragem institucionalizada

O modelo de arbitragem *ad hoc* compreende vantagens que não podem deixar de ser mencionadas e contrapostas às resultantes da opção pela arbitragem institucionalizada. No mesmo sentido, também não se pode ignorar que, em ambos os casos, existem críticas e desvantagens evidentes[109]. Por outro lado, é de particular relevância analisar as desvantagens da arbitragem institucionalizada: com efeito, a opção por um dos modelos é, como regra, uma escolha das partes, mas uma análise das críticas à arbitragem institucionalizada torna-se ainda mais imperativa se atendermos ao facto de, nalguns casos, esta ser a única opção para obter tutela jurisdicional nalguns litígios (*v.g.* o caso dos conflitos desportivos) ou a única forma de permitir uma subtracção do litígio aos tribunais estaduais (como no caso dos litígios em matéria de contratação pública).

A primeira vantagem da arbitragem *ad hoc* diz respeito a uma potencial poupança de custos administrativos que, na hipótese da opção das partes pela arbitragem institucionalizada, seriam devidos à instituição arbitral[110]. No entanto, esta primeira vantagem não se apresenta como decisiva para poder ser qualificada como uma desvantagem da arbitragem institucionalizada. Efectivamente, este facto só assume relevo se estivermos perante litígios de

[109] Não se vão abordar todas as vantagens e desvantagens de ambos os modelos, pelo contrário, iremos centrar-nos nos problemas essenciais.

[110] V., a este propósito, Gary B. Born, *International Commercial Arbitration*, Vol. I, *cit.*, p. 171, afirmando que a menor onerosidade da arbitragem *ad hoc* se relaciona com o facto de permitir evitar (i) custos administrativos relativamente elevados, os quais se encontram ligados a estruturas administrativas que funcionam em permanência junto dos centros de arbitragem; (ii) a prestação de cauções para garantir os custos com os horários dos árbitros e outras despesas relacionadas com o processo; (iii) permite a negociação directa dos honorários dos árbitros entre estes últimos e as partes.

valor reduzido, sendo que nos processos de valor elevado a relevância desta vantagem da arbitragem *ad hoc*, que não se reflectirá num aumento substancial dos custos com o processo, não afastará decisivamente as partes do recurso a instituição do processo arbitral[111].

Outra das reconhecidas vantagens da arbitragem *ad hoc*, por contraposição à arbitragem institucionalizada, corresponde a uma maior tendencial confidencialidade do processo arbitral[112]. Neste sentido e ao contrário do que sucede com a arbitragem institucionalizada, só os árbitros – e o secretário – teriam acesso e contacto com o processo, ao contrário do que é prática na arbitragem institucionalizada, na qual a secretaria e os funcionários do centro arbitral podem ter com muita facilidade acesso ao processo e às informações aí constantes. Este argumento não é, todavia, convincente, uma vez que em ambas as situações existem (ou deverá estar consagrado na convenção de arbitragem ou no regulamento do centro) deveres de confidencialidade dos árbitros e dos funcionários do centro.

A maior vantagem da arbitragem *ad hoc* assenta, a nosso ver, na flexibilidade[113] que imprime a todo o processo arbitral[114], permitindo que as partes possam estabelecer, dentro dos condicionalismos da *lex arbitri*, todas as regras e os aspectos mais relevantes para a resolução do seu litígio, sendo, assim, um modelo mais adequado para enfrentar as especificidades de litígios mais complexos. No fundo, recupera-se aqui a ideia da real possibilidade de adequação da instância arbitral ao litígio objecto do processo, podendo as partes, através de uma cooperação frutífera, moldar o regulamento de arbitragem de acordo com as necessidades do conflito em apreciação[115]. Ora, o mesmo não sucede

[111] Sem contar que, por outro lado, na arbitragem institucionalizada existe uma previsibilidade das custas, o que pode não ocorrer na arbitragem ad hoc. V. Hellwig Torggler et alli, *Handbuch Schiedsgerichtsbarkeit, cit.*, pp. 119 e 120.

[112] Gary B. Born, *International Commercial Arbitration*, Vol. I, *cit.*, p. 171 e Bernhard Berger / Franz Kellerhals, *International and Domestic Arbitration in Switzerland, cit.*, p. 8.

[113] V. Bernhard Berger / Franz Kellerhals, *International and Domestic Arbitration in Switzerland, Ob cit.*, p. 7.

[114] Neste sentido, Nigel Blackaby/ Constantine Partasides / Alan Redfern / Martin Hunter, *Redfern and Hunter on International Arbitration, cit.*, p. 43, onde afirmam que, se o processo de escolha for conduzido de forma correcta e no âmbito de uma colaboração bem sucedida das partes, a diferença entre a arbitragem institucional e a arbitragem *ad hoc* é a mesma que existe entre um fato que se compra numa loja de pronto-a-vestir e um fato feito à medida: o primeiro pode não ajustar correctamente, ao passo que o segundo corresponde exactamente às medidas e necessidades do cliente.

[115] Remete-se, uma vez mais, para Nigel Blackaby / Constantine Partasides / Alan Redfern / Martin Hunter, *Redfern and Hunter on International Arbitration, Ob cit.*, p. 43.

com a arbitragem institucionalizada, dado que aqui as partes – ao escolherem o centro arbitral – aceitam todas as condições e regras de funcionamento do mesmo[116], tais como os regulamentos de custas e processuais do centro.

Não obstante, e naturalmente, a arbitragem *ad hoc* não comporta só vantagens, podendo as suas desvantagens ser agrupadas, de forma sintética, em três grupos de questões: (i) aquelas relacionadas com a celeridade do processo; (ii) as relativas ao estatuto dos árbitros e (iii) as que se prendem com a inexistência de um certo controlo da qualidade da arbitragem pelo centro arbitral.

Na primeira situação encaixam-se situações como aquela em que umas das partes paralisa o processo, não cooperando com o tribunal arbitral. Esta é, porventura, uma das maiores fragilidades da arbitragem *ad* hoc: a sua excessiva dependência da colaboração das partes envolvidas no processo arbitral[117]-[118], a qual pode relacionar-se com a nomeação dos árbitros, com a escolha da língua do processo ou mesmo com a negociação dos honorários dos árbitros[119]. Uma outra desvantagem da arbitragem *ad hoc* reside na inexistência de qualquer controlo relativamente à qualidade da actividade arbitral do tribunal, algo que existe, por exemplo, na arbitragem institucionalizada. De facto, neste contexto o centro de arbitragem pode, por exemplo, retirar um árbitro da sua lista, na sequência da violação de um dever deontológico fixado nos regulamentos do centro ou, à semelhança do que sucede em alguns centros no patamar internacional, a existência de um controlo formal da sentença por parte do secretariado do centro, de modo a evitar que a sentença denote problemas a nível formal[120]. Neste sentido, a arbitragem institucionalizada pode, em certa

[116] Regras estas que são externas às partes, na medida em que se destinam a conjunto alargado e indiferenciado de processos, não resultando, nessa medida, de análise apurada e cuidada das características de cada litígio.

[117] Em sentido concordante, cfr. Gary B. Born, *International Commercial Arbitration*, Vol. I, *cit.*, p. 170 e 171, bem como Nigel Blackaby / Constantine Partasides / Alan Redfern / Martin Hunter, *Redfern and Hunter on International Arbitration, cit.*, p. 43, os quais frisam, na p. 44, que será sempre bastante fácil para as partem poderem dificultar, de forma dilatória, o avançar dos procedimentos arbitrais.

[118] É a este propósito que Bernhard Berger / Franz Kellerhals, *International and Domestic Arbitration in Switzerland, cit.*, p. 7, afirmam que "a flexibilidade apenas se configura como uma vantagem quando exista um espírito mínimo de cooperação entre as partes".

[119] O nível de dependência da colaboração das partes estará sempre relacionado com a configuração da convenção de arbitragem: se o texto for de grande desenvolvimento e completude, no que respeita à previsão das características e normas aplicáveis ao processo arbitral, em princípio, não existirá uma necessidade tão intensa de envolvimento das partes na definição dos termos do mesmo.

[120] Exemplo desta situação é o artigo 34º do Regulamento de Arbitragem da CCI, onde se dispõe que "[a] Corte poderá prescrever modificações quanto aos aspectos formais da sentença e, sem afetar a liberdade de decisão do tribunal arbitral, também poderá chamar a atenção para pontos

medida, promover uma maior qualidade do exercício da função jurisdicional arbitral (ainda que não o faça necessariamente).

A arbitragem institucionalizada comporta, por seu turno, evidentes vantagens em relação à arbitragem *ad hoc*, desde logo a possibilidade de *previsibilidade*[121], a qual deriva de uma prática arbitral que segue os ditames de um quadro regulamentar previamente estabelecido, o qual permite que as partes possam confiar numa solução estável, consolidada e, acima de tudo, previsível do seu litígio. Também a existência de uma lista de árbitros com comprovada competência permite que as partes possam, de um modo previsível, confiar numa boa solução do litígio. Em simultâneo, o facto de o processo arbitral correr termos junto de um centro ou câmara de arbitragem possibilita, tal como se referiu anteriormente, que a tramitação do mesmo decorra sem os percalços inerentes àqueles que dependem indissocialvelmente da vontade das partes e que, desse modo, podem ser objecto de actuações dilatórias das mesmas[122].

Não se pode, porém, deixar de mencionar como desvantagem a falta de transparência e de independência de alguns centros de arbitragem, o que suscita uma desconfiança na sociedade portuguesa no que concerne à arbitragem institucionalizada[123].

Em último lugar, aponte-se também a já mencionada falta de flexibilidade da arbitragem institucionalizada, a qual se manifesta numa cada vez maior complexidade do quadro regulamentar que regem os mais diversos centros de arbitragem, podendo aqui ser vista como desvantagem a falta de liberdade que

relacionados com o mérito do litígio. Nenhuma sentença arbitral poderá ser proferida pelo tribunal arbitral antes de ter sido aprovada quanto à sua forma pela Corte".

[121] V. Gary B. Born, *International Commercial Arbitration*, Vol. I, *cit.*, p. 171 e Bernhard Berger / Franz Kellerhals, *International and Domestic Arbitration in Switzerland, cit.*, p. 7 e Hellwig Torggler et alli, *Handbuch Schiedsgerichtsbarkeit, cit.*, pp. 118 e 119.

[122] Um aspecto particularmente interessante da arbitragem institucionalizada é o facto de permitir, ao contrário da arbitragem *ad hoc*, evitar que as partes negoceiem directamente com os árbitros, existindo, desde logo, uma tabela de honorários, o que evita longas negociações – que podem ser complexas – e, por outro lado, também importa uma maior transparência para o plano arbitral. É neste contexto que António Menezes Cordeiro, *Tratado da Arbitragem..., cit.*, p. 484, considera que as arbitragens institucionais se apresentam mais garantísticas para os árbitros no que à sua remuneração diz respeito.

[123] Quanto a este aspecto, Artur Flamínio da Silva, *A Resolução de Conflitos Desportivos..., cit.*, pp. 379 e Gabrielle Kaufman-Kohler / Antonio Rigozzi, *International Arbitration: Law and Practice in Switzerland, cit.*, pp. 74 e 45, nas quais frisam com especial incidência a hipotética falta de independência dos árbitros integrados em listas fechadas.

deve ser concedida às partes na modelação da resolução do seu litígio, particularmente num domínio tão marcado pela autonomia privada das partes[124].

5. A arbitragem interna e a arbitragem internacional

Os processos arbitrais nem sempre têm uma natureza meramente interna, transcendendo, muitas vezes e de diversas formas, as fronteiras de um Estado[125]-[126]e, nessa medida, colocando em contacto diversos ordenamentos jurídicos. Neste sentido, uma classificação comum no plano arbitral diz respeito à distinção entre arbitragem nacional e arbitragem internacional.

Não obstante esta categorização ser clássica no plano da comunidade arbitral, a mesma não se apresenta como simples de operar[127]. Por um lado, não existe uma opção unitária dos diversos ordenamentos jurídicos quanto à determinação do carácter internacional da arbitragem, nem quanto à opção de regulamentação jurídica deste fenómeno nas suas respectivas legislações. De facto, existem ordenamentos dualistas – os quais distinguem entre arbitragem interna e internacional e, nessa medida, estabelecem regimes específicos para cada uma delas[128] – e sistemas monistas[129] que não consagram aquela distinção e que, portanto, têm um regime legal uno nesta matéria[130].

[124] Considere-se desde logo a génese contratual da arbitragem. Este ponto será retomado em momento posterior.

[125] NIGEL BLACKABY, CONSTANTINE PARTASIDES / ALAN REDFERN / MARTIN HUNTER, *Redfern and Hunter on International Arbitration*, *cit.*, p. 12. Para além deste factor, devemos considerar, igualmente, que a arbitragem é por excelência o instrumento de resolução de litígios do comércio internacional, tendo sido nesse domínio que a mesma começou por registar um maior desenvolvimento. Cfr., a este propósito, entre outros, MARGARET L. MOSES, *The Principles and Practice of International Commercial Arbitration*, *cit.*, p. 1, LUÍS DE LIMA PINHEIRO, *Arbitragem Transnacional...*, *cit.*, p. 23 e MARIA HELENA BRITO, "Arbitragem internacional. A propósito da nova Lei da Arbitragem Voluntária", *cit.*, p. 105. A. FERRER CORREIA afirmava, inclusivamente, que 80 a 90% dos litígios emergentes ou relacionados com o comércio internacional eram submetidos à decisão por árbitros, cfr. "Da arbitragem comercial internacional", *cit.*, p. 173. Para um maior detalhe sobre o desenvolvimento da arbitragem comercial internacional, cfr. por todos GARY B. BORN, *International Commercial Arbitration*, Vol. I, *cit.*, pp. 7-70, bem como a bibliografia aí referida.

[126] Sobre o desenvolvimento e a autonomia da arbitragem comercial internacional, cfr., entre outros, PHILIPPE FOUCHARD, "Où va l'arbitrage international?", *cit.*, pp. 435 e ss., JEAN-BABTISTE RACINE, "Réflexons sur l'autonomie de l'arbitrage comercial international", *cit.*, pp. 305 e EMMANUEL GAILLARD, *Aspects Philosophiques du Droit de l'Arbitrage International*, *cit.*, *passim*.

[127] A. FERRER CORREIA, "Da arbitragem comercial internacional", *cit.*, p. 177.

[128] Cfr. ANTÓNIO MENEZES CORDEIRO na obra *Tratado da Arbitragem...*, *cit.*, p. 491. Entre os países que mantêm a opção dualista encontram-se, por exemplo, Portugal, França e Suíça.

[129] Aqui incluem-se, entre outros, Alemanha e Espanha.

[130] Quanto ao monismo e ao dualismo, PIERRE LALIVE, "Un faux problème: monisme ou dualisme dans la législation arbitrale?", *cit.*, pp. 255-263, bem como PIERRE MAYER, "Faut-il distinguer arbitrage interne et arbitrage international?...", *cit.*, pp. 361 – 374.

Por outro lado, a falta de unicidade[131] no conceito "internacional"[132], variando consoante o ordenamento jurídico em causa, também causa alguma incerteza na determinação da natureza interna ou internacional de uma arbitragem. Com efeito, tanto pode ser qualificada como arbitragem internacional aquela que não se encontra vinculada à legislação interna de um Estado, mas também aquela que tenha como objecto um litígio internacional[133]-[134]. Por outro lado, também pode ser sustentado um conceito mais lato de arbitragem internacional, de acordo com o qual a arbitragem deverá ser qualificada como internacional a partir do momento em que todos os pontos de contacto – relevantes – do litígo envolvem mais do que um ordenamento jurídico, ou seja, diversos Estados. A adopção desta concepção lata traduz-se, na prática, em eleger um conceito meramente económico para o apuramento da natureza interna ou internacional do instituto: será internacional ou transnacional em sentido estrito a arbitragem que respeita ao comércio internacional[135].

131 Afirmando que não é um conceito unívoco, MARIA HELENA BRITO, "Arbitragem internacional. A propósito da nova Lei da Arbitragem Voluntária", *cit.*, p. 112. ANTÓNIO MENEZES CORDEIRO na obra *Tratado da Arbitragem...*, *cit.*, p. 476, considera que a tónica na definição da internacionalidade da arbitragem se encontra no facto de este instituto ter vindo a ser reconhecido sempre "em bases nacionais: variáveis de caso para caso".

132 ANTÓNIO MENEZES CORDEIRO na obra *Tratado da Arbitragem...*, *cit.*, p. 477, considera que qualificar uma arbitragem como estrangeira se apresenta como uma tarefa clara e fácil de executar, sendo, pelo contrário, dotada de alguma complexidade a sua adjectivação como internacional. Ainda sobre a problemática das arbitragens estrangeiras, MAURO RUBINO-SAMMARTANO, *International Arbitration – Law and Practice*, 2ª Ed., *cit*, pp. 26 e ss.

133 MARIA HELENA BRITO, "Arbitragem internacional. A propósito da nova Lei da Arbitragem Voluntária", *cit.*, p. 113.

134 Importa relacionar o conceito de arbitragem internacional com o de arbitragem transnacional, designadamente no sentido de perceber se estamos perante sinónimos ou expressões que traduzam uma realidade equivalente entre si. Com efeito, não podemos conceber toda a arbitragem transnacional como estando ligada ao comércio internacional, tal ensina LUÍS DE LIMA PINHEIRO. V. *Arbitragem Transnacional...*, *cit.*, p. 23. Nesta medida, podemos entender que existem dois sentidos da expressão arbitragem transnacional: (i) um sentido lato / amplo, o qual qualifica como transnacional toda arbitragem que, tendo diversos pontos de contacto relevantes com vários ordenamentos jurídicos, levanta problemas quanto à determinação do seu estatuto; (ii) um sentido estrito e que se reconduz, em geral, à arbitragem comercial internacional. Sobre esta matéria, LUÍS DE LIMA PINHEIRO. V. *Arbitragem Transnacional...*, *cit.*, pp. 37 e ss.

135 Neste sentido, PHILIPPE FOUCHARD, "L'autonomie de l'arbitrage comercial international", *cit.*, pp. 100 e ss. O mesmo autor aventa ainda a possibilidade de sustentar um sentido mais "revolucionário" da expressão arbitragem comercial internacional, entendendo-a, assim, como aquela que se encontra totalmente desligada de todos os quadros estaduais e, nessa medida, submetida em todos os aspectos aos padrões, normais e autoridades internacionais, supra-nacionais, extra-nacionais e a-nacionais. Cfr. PHILIPPE FOUCHARD, "L'autonomie de l'arbitrage comercial international", *cit.*, p. 100.

Atendendo a uma perspectiva de direito estrangeiro, podemos identificar, no essencial, dois critérios para determinar a natureza interna ou internacional da arbitragem: um de cariz objectivo ou substantivo e outro subjectivo ou formal[136]. O primeiro critério coloca a tónica no conflito objecto do processo, analisando a sua natureza, nomeadamente se estão em jogo os interesses do comércio internacional[137]-[138]. Afasta-se, deste modo, a relevância de quaisquer outros elementos de contacto com vários ordenamentos jurídicos, tais como o domicílio ou a sede das partes, a sua nacionalidade, a sede da arbitragem ou a lei aplicável ao processo[139]. O segundo critério, por seu turno, elege como pedra de toque um determinado aspecto relacionado com algum elemento do processo, como, por exemplo, o domicílio ou sede das partes. Assim sucede no ordenamento suíço, o qual, no seu artigo 176º, estabelece o domicílio ou a sede das partes à data da celebração da convenção de arbitragem como elemento essencial para a qualificação como internacional; veja-se, ainda, o artigo 1º, nº 3 da Lei-modelo da CNUDCI, que apresenta um conjunto de índices formais que denunciam o carácter internacional[140].

No que respeita à legislação nacional, a opção passou, desde um primeiro momento, pela adopção da lógica dualista[141], distinguido a nossa lei entre arbitragem nacional e internacional tendo, inclusivamente, consagrado algumas

[136] Propondo esta sistematização dos critérios de aferição da qualidade de internacional, GABRIELLE KAUFMAN-KOHLER / ANTONIO RIGOZZI, *International Arbitration: Law and Practice in Switzerland, cit.*, p. 68.

[137] Outros autores qualificam este critério como sendo meramente económico, na medida em que apenas se atende aos interesses do comércio internacional. V. CHRISTOPHE SERAGLINI / JÉRÔME ORTSCHEID, *Droit de l'arbitrage interne et international, cit.*, pp. 39 e ss.

[138] Sobre o critério objectivo, V. JEAN-FRANÇOIS POUDRET / SÉBASTIEN BESSON, *Droit comparé de l'arbitrage international, cit.*, pp. 31 e ss.

[139] Neste sentido, e a propósito da opção legislativa francesa, CHRISTOPHE SERAGLINI / JÉRÔME ORTSCHEID, *Droit de l'arbitrage interne et international, cit.*, p. 37.

[140] CHRISTOPHE SERAGLINI / JÉRÔME ORTSCHEID, *Droit de l'arbitrage interne et internacional, Ob cit.*, p. 39, qualificam este como um critério jurídico.

[141] DÁRIO MOURA VICENTE considera que o sistema português "não pode ser qualificado, com propriedade, como dualista", dado que a intenção que subjaz à construção da lei de arbitragem portuguesa não é, ao contrário do que sucede em França, a instituição de um regime totalmente autónomo e distinto – da arbitragem internacional em relação à arbitragem interna –, mas somente a aceitação das especialidades que a arbitragem internacional suscita em virtude da sua própria natureza e, nessa medida, a consagração de soluções específicas e adequadas às mesmas. Cfr. *in Lei da Arbitragem Voluntária Anotada, cit.*, p. 159. Outros autores referem-se a um "modelo semi-dualista", v. MÁRIO ESTEVES DE OLIVEIRA (Coordenação), *Lei da Arbitragem Voluntária, cit.*, p. 611.

disposições específicas aplicáveis a esta última[142]-[143]. Desta forma, em Portugal, a arbitragem internacional apresenta-se como um tipo especial de arbitragem[144] e, de acordo com o artigo 49º da LAV, encontra-se submetida a regras próprias – embora bastante reduzidas – consagradas no capítulo IX daquele diploma[145].

O critério legal consagrado para a determinação do carácter interno ou internacional da arbitragem em Portugal manteve-se inalterado desde a anterior lei da arbitragem voluntária, a qual, no seu artigo 32º, dispunha que seria arbitragem internacional aquela que colocasse "em jogo interesses de comércio internacional". Esta foi, com efeito, a mesma formulação acolhida pelo actual artigo 49º da LAV. A opção do nosso ordenamento jurídico buscou inspiração directa na sua norma congénere do Código de Processo Civil francês[146], a qual também elege como pedra de toque os interesses do comércio internacional.

Deste modo, podemos afirmar que o critério norteador do nosso ordenamento jurídico, quanto a esta matéria, é o que considera a natureza económica ou objectiva, atendendo meramente à transacção objecto do conflito e, nesse sentido, não convocando para o seu âmbito quaisquer outros elementos de internacionalidade que tenham relevância para o apuramento da natureza da arbitragem nos termos do artigo 49º da LAV[147].

Não obstante a aparente simplicidade da formulação legal, importa determinar com mais detalhe as realidades que se podem subsumir à expressão "interesses do comércio internacional", sendo que para tal se deve abordar cada um dos seus componentes em separado[148].

[142] Actualmente, a LAV dedica o seu capítulo IX à arbitragem internacional. Na versão anterior da LAV a arbitragem internacional era regulada no capítulo VII.

[143] A este propósito, cfr. António Menezes Cordeiro na obra *Tratado da Arbitragem..., cit.*, p. 493, Dário Moura Vicente, *Direito Internacional Privado, cit.*, pp. 339 e ss.

[144] Neste sentido, v. Maria Helena Brito, "Arbitragem internacional. A propósito da nova Lei da Arbitragem Voluntária", *cit.*, p. 113, bem como Dário Moura Vicente, *in Lei da Arbitragem Voluntária Anotada, cit.*, p. 159.

[145] Não obstante, e tal como resulta do preceito, são aplicáveis à arbitragem internacional, com as devidas adaptações, as mesmas regras aplicáveis à arbitragem interna, excepto quando a matéria se encontre expressamente regulada no capítulo IX da LAV.

[146] Actual artigo 1504º.

[147] Cfr. Philippe Fouchard / Emmanuel Gaillard / Berthold Goldman, *Fouchard Gaillard Goldman On International Commercial Arbitration, cit.*, p. 57. Os mesmos autores, abordando a norma francesa, consideram que, ao eleger este requisito para identificar a arbitragem internacional, o legislador não optou por "uma definição tautológica", dado que este critério impede que a arbitragem possa ser abstractamente internacional, exigindo-se, pelo contrário, a existência de uma disputa concreta que relacione as economias de mais do que um país.

[148] No que respeita à locução "põe em jogo", a mesma não suscita junto do intérprete grandes dúvidas, na medida em que significa que o litígio em causa tem por objecto ou, de algum modo,

Começando por analisar os "interesses" – a primeira parte da expressão – podemos considerar que estão aqui em causa bens concretos e que se assumem como essenciais ou indispensáveis aos sujeitos da relação, sendo que estes bens são, necessariamente, a base do conflito que opõe as partes[149]. Em suma, remete para o objecto do litígio que se encontra submetido à resolução por árbitros[150].

A locução comércio ou comercial é aquela que mais dúvidas tem suscitado na comunidade arbitral. Um primeiro aspecto fulcral tem que ver com o facto de, no âmbito da arbitragem internacional, a qualificação de uma determinada operação como comercial dever prescindir de qualquer ligação à categorização nacional de "comércio"[151]. Assim, não se convoca para este âmbito a distinção entre Direito Civil e Direito Comercial[152] ou, de outra forma, o conceito de comerciante ou de actos de comércio[153]. Estamos, portanto, perante um conceito desligado de conexão aos ordenamentos jurídicos nacionais e que, nessa medida, tem necessariamente que ser interpretado num sentido mais lato[154].

Foi, aliás, esta recomendação interpretativa que a CNUDCI adoptou no seu documento. De facto, e pese embora, ao contrário do que fez com a locução "internacional", não tenha consagrado expressamente nenhum sentido para a expressão comercial, numa nota ao seu artigo 1º recomenda-se que o termo comercial seja entendido num sentido lato [155]-[156].

afecta aqueles interesses. Cfr. no mesmo sentido, ANTÓNIO MENEZES CORDEIRO na obra *Tratado da Arbitragem..., cit*, p. 492.

149 GUILLAUME VEIELLARD, *La contribution..., cit.*, p. 42. O mesmo autor afirma que para o intérprete poder interrogar-se, com propriedade, sobre as necessidades e interesses do comércio internacional, deve, em primeiro lugar, compreender a sua essência, a sua razão de ser. Cfr. pp. 42 e ss.

150 ANTÓNIO MENEZES CORDEIRO na obra *Tratado da Arbitragem..., cit.*, p. 492.

151 GUILLAUME VEIELLARD, *La contribution..., cit.*, p. 128.

152 Já assim sustentava A. FERRER CORREIA, "Da arbitragem comercial internacional", *cit.*, p. 179.

153 Alguns autores consideram, inclusivamente, que a expressão consagrada "arbitragem comercial internacional" pode ser reputada como inapropriada para descrever a realidade de direito positivo, devendo sempre ser entendida num sentido amplo. V. CHRISTOPHE SERAGLINI / JÉRÔME ORTSCHEID, *Droit de l'arbitrage interne et international, cit.*, p. 35.

154 A. FERRER CORREIA afirmava que "a problemática deste instituto não pressupõe a natureza mercantil da matéria em litígio", pese embora se encontre fortemente ligada ao contexto mercantil, desde logo pela "necessidade do recurso a este meio [ser] sentida no mundo dos negócios e dos negociantes". Cfr. A. FERRER CORREIA, "Da arbitragem comercial internacional", *cit.*, p. 179.

155 A este propósito, v. MANUEL PEREIRA BARROCAS, *Lei da Arbitragem Comentada, cit.*, p. 190.

156 Deverão, assim, considerar-se incluídas na expressão "comercial" todos os conflitos resultantes de relações de natureza comercial, quer contratuais ou não, incluindo, entre outras: transacções para o fornecimento ou troca de bens e serviços; acordos de distribuição; representação comercial ou agência; factoring e leasing; contratos de empreitada; consultadoria; engenharia; licenciamento;

Por conseguinte, devem ser entendidas como comerciais todas as trocas de propriedade, serviços ou bens que envolvam ou coloquem em contacto as economias de, pelo menos, dois países distintos[157].

O último elemento a analisar é o termo "internacional" na expressão arbitragem comercial internacional. Para o preenchimento deste conceito deveremos recorrer aos critérios anteriormente mencionados[158] e, nessa medida, deveremos, para os efeitos da norma portuguesa, considerar como internacional toda a arbitragem cujo objecto do litígio coloque em contacto as leis de dois ou mais Estados. Por conseguinte, deverá ser qualificada como internacional a arbitragem "que se destina a dirimir um litígio emergente de uma operação do comércio internacional"[159-160]. Em suma, é a matéria litigiosa que permite definir a natureza da arbitragem e qualificá-la como interna ou internacional.

6. A arbitragem como meio de resolução alternativa de litígios

6.1. Noção de Meio de Resolução Alternativa de Litígios na CRP

Na Constituição da República Portuguesa não se encontra nenhuma definição do que se deve entender por meios de resolução alternativa de litígios (RAL). Não obstante e sem prejuízo da recepção de uma noção infra-constitucional para efeitos de interpretação constitucional deste conceito, é possível encontrar na Lei Fundamental um discurso que legitima a existência de tais mecanismos.

Com efeito, são essencialmente duas as normas do texto constitucional que permitem identificar a legitimação dos meios RAL. Por um lado, o dis-

investimentos; financiamento; matérias de natureza bancária; seguros; acordo de exploração ou concessão; *joint venture* e outras formas de cooperação industrial ou empresarial; transporte de mercadorias ou passageiros por via aérea, marítima, ferroviária ou rodoviária. Todavia, note-se que esta nota interpretativa não consubstancia uma regra imposta aos Estados, mas tão-só uma recomendação, ficando os intérpretes e os legisladores estaduais com total liberdade no preenchimento do mesmo. Cfr. Guillaume Veiellard, *La contribution...*, *cit.*, p. 405.

157 Esta concepção era já sustentada por Philippe Fouchard / Emmanuel Gaillard / Berthold Goldman, *Fouchard Gaillard Goldman On International Commercial Arbitration*, *cit.*, p. 54. Christophe Seraglini / Jérôme Ortscheid, por seu turno, acrescentam ainda que a Lei-Modelo tem, no conceito de comercial, somente em vista a existência de uma troca de valores económicos, pouco importando a afectação posterior dos mesmos. V. *Droit de l'arbitrage interne et international*, *cit.*, p. 35.

158 Objectivo ou substantivo e o outro subjectivo ou formal.

159 Assim também defendia A. Ferrer Correia, "Da arbitragem comercial internacional", *cit.*, p. 187.

160 Com igual posição encontramos Manuel Pereira Barrocas, *Lei da Arbitragem Comentada*, *cit.*, p. 190, quando defende estar aqui em aplicação um critério exclusivamente económico e se refere sempre ao comércio transfronteiriço.

posto no artigo 202º, nº 4 da CRP, quando determina que "a lei poderá institucionalizar instrumentos e formas de composição de conflitos", bem como, por outro lado, a expressa previsão no artigo 209º, nº 2 da CRP da legitimidade constitucional da possibilidade de existência de tribunais arbitrais e de julgados de paz.

No primeiro caso, encontramos a legitimidade de todos os mecanismos que não impliquem uma composição de índole jurisdicional, admitindo expressamente, assim, a existência de mecanismos consensuais e de auto-composição, como, por exemplo, a mediação, a conciliação e a transacção. Havendo, porém, nestes termos uma ampla liberdade de concretização desta norma constitucional pelo legislador infra-constitucional, nada se regula no que respeita ao modo consensual ou obrigatório da consagração legal de meios de auto-composição.

O que não invalida que se possa retirar que o consenso na escolha e no âmbito do meio de resolução de conflitos confere uma maior legitimidade em relação à conformação legal do mesmo do que se estes configurarem mecanismos obrigatórios e sem prejuízo dos mecanismos obrigatórios poderem ser, desde logo, legítimos, desde que não impeçam um controlo judicial posterior e generalizado pelos tribunais[161].

No segundo caso, por seu turno, a legitimidade constitucional destes meios estará, em princípio, sempre assegurada, desde que exista um elemento voluntário na escolha de pelo menos uma das partes. Neste sentido, parece admitir-se que a CRP aceita a legitimidade destes meios de hétero-composição, desde que se possa ainda considerar que existe um aspecto voluntário na

[161] A propósito do artigo 202º, nº 4 da CRP, dizem-nos J.J. GOMES CANOTILHO / VITAL MOREIRA que, pese embora a função jurisdicional se encontre reservada aos tribunais, que são órgãos públicos de soberania, daí não decorre qualquer impossibilidade ou proibição constitucional de "formas de composição não jurisdicional de conflitos". Deste modo, entendem os autores que, sem prejuízo dos tribunais judiciais consubstanciarem a via primária de acesso ao Direito, existe um reconhecimento da sua insuficiência para garantir uma resposta em tempo útil aos cidadãos, motivo pelo qual se admitem estas outras vias de composição de litígios. Cfr. *Constituição da República Portuguesa Anotada*, Vol. II, *cit.*, p. 511. Por seu turno, RUI MEDEIROS e MARIA JOÃO FERNANDES afirmam que a norma constitucional não se assume como "uma imposição legiferante em sentido estrito", significando isto que do texto constitucional não resulta para o legislador uma vinculação no sentido da adopção de meios de resolução alternativa de litígios, mas, tão somente, a possibilidade de, caso assim o decida, fazer essa opção. Acrescentam ainda os autores que esta norma não pode ser entendida como a "sede constitucional dos comummente designados meios alternativos de resolução de litígios (...) de todos eles"; o que este preceito constitucional consagra é a possibilidade de institucionalização "de instrumentos e formas de autocomposição ou composição autónoma de conflitos". Cfr. *Constituição Portuguesa Anotada*, Tomo III, *cit.*, p. 34.

escolha destes meios em substituição – pelo menos num momento inicial – da jurisdição estadual[162].

A questão coloca-se em termos diferentes no que respeita à arbitragem necessária para ambas as partes. Com efeito, a CRP pressupõe que os tribunais integrados na estrutura judicial do Estado são o modo regular de resolução de conflitos. Neste sentido, uma vez que se prescinde da voluntária subtracção da competência dos tribunais estaduais pelas partes, a jurisprudência do Tribunal Constitucional entende que os tribunais arbitrais necessários só serão legítimos à luz da CRP se, porventura, existir um controlo jurisdicional posterior e pleno das suas decisões.

Pese embora não exista um conceito constitucional de meios RAL, pode reconhecer-se que a CRP tem como pressuposto um postulado da legitimidade tendencial dos meios voluntários e necessários de auto-composição e hetero-composição de conflitos, que se desenvolvem fora da hierarquia dos tribunais do Estado.

6.2. Noção de Meio de Resolução Alternativa de Litígios

A conceptualização legal dos meios de resolução alternativa de litígios não é, entre nós, totalmente unânime. Podemos considerar que existem duas concepções essenciais: (i) *a noção de meios extrajudiciais de conflitos*[163]; (ii) *a expressão resolução alternativa de litígios*[164].

Ambas as realidades reflectem uma ideia de que existe uma via de resolução de conflitos situada fora do sistema judicial do Estado. O primeiro conceito coloca, porém, a tónica em dois aspectos: *(i) na noção de extrajudicialidade*; (ii) *na noção de conflito.*

A extrajudicialidade é uma característica basilar e indicia a existência de uma excepção à resolução tradicional (judicial) dos conflitos, podendo, por um lado, manifestar-se numa fractura com uma visão autoritária do processo,

[162] Quanto à previsão da existência de tribunais arbitrais, V. J.J. Gomes Canotilho / Vital Moreira, *Constituição da República Portuguesa Anotada*, Vol. II, 4ª Edição, *cit.*, pp. 550-552.

[163] Este conceito é usado no artigo 14º, nº 1 do Decreto-Lei nº 146/2000, de 18 de Julho, referindo-se expressamente às competências da Direcção-Geral da Administração Extrajudicial como "o serviço responsável pela promoção do acesso ao direito, dos meios extrajudiciais de resolução de conflitos, dos tribunais arbitrais e dos julgados de paz". No mesmo artigo, enumera-se exemplificativamente no nº 2 que a mediação, a conciliação e a arbitragem são meios extrajudiciais de composição de conflitos. Na Lei nº 144/2015, de 8 de Setembro, emprega-se no preâmbulo a expressão "mecanismos de resolução extrajudicial de litígios de consumo" para designar a mesma realidade.

[164] Paula Costa e Silva refere-se, ainda, à expressão "meios extrajudiciais de resolução de controvérsias", cfr. *A Nova Face da Justiça...*, *cit.*, 2009.

admitindo-se mecanismos de auto-composição que afastam as partes da resolução do conflito pelos tribunais judiciais ou, por outro lado, no expresso reconhecimento de que podem existir mecanismos de hetero-composição (consensuais ou obrigatórios) com características diferentes do aparato judicial do Estado[165].

Trata-se de uma mera declaração de princípio no que concerne a admitir que a resolução dos conflitos não se resume ao tribunal estadual. Contudo, daí não se retira qualquer juízo de relevo relativamente ao consenso ou à obrigatoriedade da utilização de meios extrajudiciais de composição de conflitos.

Por seu turno, a noção de conflito – que é muito mais abrangente do que a noção de litígio – destaca a amplitude e a multiplicidade de meios de composição de conflitos que podem auxiliar a alcançar a paz jurídica, mesmo que ainda só exista uma mera divergência de interesses entre as partes[166].

A expressão RAL assenta em dois vectores essenciais: (i) a alternatividade e (ii) a noção de litígio. A alternatividade pode, por vezes, ser empregue como forma de acentuar a escolha de uma ou de todas as partes de um meio de resolução de conflitos que implique uma parcial substituição ou um total afastamento da competência autoritária da jurisdição estadual.

Em todo o caso, também é possível encontrar referências em que a alternatividade é usada como um mecanismo diferente – e por isso extrajudicial – de resolução dos conflitos que podem, em condições normais, ser solucionados por um tribunal judicial. Trata-se de uma expressão sucedânea da extrajudicialidade[167].

Tem, assim, como principal função o reconhecimento da existência de diversos meios de composição de conflitos que permitem um afastamento da jurisdição estadual, estabelecendo-se a ideia de complementaridade entre a jurisdição estadual e a jurisdição privada[168] ou dos meios de auto-composição que evitem o recurso à primeira.

[165] V. DOMINGOS SOARES FARINHO, "As políticas públicas de resolução alternativa de litígios: da alternatividade rumo à seleção apropriada", *cit.*, pp. 331 a 368.

[166] ARTUR FLAMÍNIO DA SILVA, *A Resolução de Conflitos Desportivos...*, *cit.*, pp. 53 e ss.

[167] Cfr., por exemplo, o Decreto-Lei nº 163/2012, de 31 de Julho, estabelecendo no artigo 2º, nº 1 que à Direcção-Geral de Política de Justiça cabe "organizar e fomentar o recurso aos tribunais arbitrais, aos julgados de paz e a outros meios extrajudiciais de resolução de conflitos". Em sentido próximo dispunha o Decreto-Lei nº 127/2007, de 27 de Abril, que, criando o Gabinete de Resolução Alternativa de Litígios, este tinha "por missão promover o acesso ao direito, aos meios extrajudiciais de resolução de conflitos, aos tribunais arbitrais e aos julgados de paz".

[168] Cfr. A expressão usada no Decreto-Lei nº 243/84, de 17 de Julho e Decreto-Lei nº 425/86, de 27 de Dezembro, configurando a arbitragem voluntária como "uma alternativa para resolução dos litígios judiciais" e como "meio alternativo da justiça estadual" respectivamente.

Por outro lado, a noção de litígio é aqui compreendida não num sentido puramente técnico – enquanto conflito de interesses resolvido por um tribunal –, englobando não só os conflitos que se encontram submetidos a uma disputa judicial, mas também todos aqueles que evitam a existência desse conflito judicial.

Neste sentido, a expressão RAL engloba todos os mecanismos que permitam uma justiça diferente da judicial e que constituem, deste modo, uma resolução alternativa (e complementar em relação aos tribunais estaduais) dos litígios, incluindo aqui, igualmente, aqueles meios que possibilitem evitar a existência de um litígio nos tribunais estaduais.

a) Mediação

Começando, em primeiro lugar, pela conceptualização da mediação enquanto mecanismo de resolução de conflitos, pode reconhecer-se que esta é geralmente definida como um meio de resolução de conflitos *no qual as partes escolhem voluntariamente um terceiro imparcial que as auxilia a alcançar uma solução de compromisso*[169].

Neste sentido, a mediação tem, em regra, como notas tendencialmente caracterizadoras: (i) a revelação de um *elemento voluntarístico* de ambas as partes[170]-[171], na medida em que celebram a convenção de mediação[172] com o intuito

[169] No ordenamento jurídico português encontramos, no artigo 2º, alínea a) da Lei da Mediação, um conceito de mediação. Sobre a noção de mediação, cfr., por exemplo, Kimberlee K. Kovach, "Mediation", *cit.*, pp. 304 e 305, Simon Roberts / Michael Palmer, *Dispute Processes, cit.*, pp. 153 e ss., Lúcia Dias Vargas, *Julgados de Paz e Mediação, cit.*, pp. 55 e ss., Kenneth Kressel, "Mediation Revisited", *cit.*, p. 726, Dário Moura Vicente, "A directiva sobre a mediação em matéria civil e comercial e a sua transposição para a ordem jurídica portuguesa", *cit.*, pp. 100 e ss., Cátia Cebola, *La mediación, cit.*, pp. 134 e ss., Mariana França Gouveia, *Curso de Resolução Alternativa de Litígios*, cit., pp. 47 e ss., Dulce Lopes / Afonso Patrão, *Lei da Mediação Comentada*, cit., pp. 19 e ss.

[170] Sobre este, cfr., por todos, Jacqueline Nolan-Haley, "Consent in Mediation", *cit.*, pp. 3 e ss. No fundo, o que se trata aqui é de pressupor que "[o] procedimento de mediação é voluntário, sendo necessário obter o consentimento esclarecido e informado das partes para a realização da mediação, cabendo-lhes a responsabilidade pelas decisões tomadas no decurso do procedimento", nos termos do artigo 4º, nº 1 da Lei da Mediação ou, no mesmo sentido, exigir-se "os consentimentos livres e esclarecidos" das partes em disputa, utilizando, para o efeito, uma expressão prevista no artigo 3º, nº 5, da Lei nº 27/2007, de 12 de Junho relativa à mediação penal.

[171] Sobre a relação entre a arbitragem e a mediação, cfr., por exemplo, Günther J. Horvath, "Schiedsgerichtsbarkeit und Mediation – Ein glückliches Paar?", *cit.*, pp. 292 ss., José Miguel Júdice, "Arbitragem e Mediação: Separados à Nascença?", *cit.*, pp. 63 e ss. e Peter Röthemayer, *Mediation, cit.*, pp. 43 e 44.

[172] Ou simplesmente acordam no recurso a este meio, ainda que não preencham as formalidades necessárias à existência de uma convenção de mediação. V. artigo 9º da LM.

de chegar a um acordo sobre uma determinada divergência de interesses[173]-[174]; (ii) a pretensão das partes em obter *auxílio de um terceiro imparcial*[175], com o intuito de alcançar esse mesmo acordo; (iii) assumindo-se, em todo o caso, como um mecanismo *informal*[176] que não se encontra sujeito a uma teia jurídica intensa de regulação, sendo, portanto, um mecanismo de resolução de conflitos largamente entregue ao poder (*empowerment*) das partes[177].

No que respeita à característica da voluntariedade, não se ignora que, em determinados países, não são desconhecidos mecanismos excepcionais que estabelecem um recurso obrigatório à mediação. No entanto, essas manifestações impositivas de resolução de conflitos colocam sérias dúvidas face à sua conformidade constitucional.

No caso português, parece óbvio que, em primeiro lugar, a existência de uma mediação obrigatória será evidentemente violadora do direito fundamental à tutela jurisdicional efectiva (cfr. o artigo 20º e 268º da CRP) quando concomitante inexista um mecanismo de pagamento de custas pelo Estado

[173] Em geral, sobre a mediação obrigatória, cfr., entre outros, PAULA COSTA E SILVA, *A Nova Face da Justiça…*, *cit.*, pp. 44 e ss., MARIANA FRANÇA GOUVEIA, "Mediação e Processo Civil", *cit.*, pp. 30 e ss., JORGE MORAIS CARVALHO, "A Consagração Legal da Mediação em Portugal", *cit.*, pp. 280 e ss. Para uma apreciação crítica destes mecanismos no ordenamento jurídico alemão, cfr., mais recentemente, HORST EIDENMÜLLER, "Obligatorische außergerichtliche Streitbeilegung: Eine contradictio in adiecto?", *cit.*, pp. 539 e ss. De qualquer modo, em termos particularmente críticos, cfr. o conhecido texto de GERHARD WAGNER, "Obligatorische Streitschlichtung im Zivilprozeß: Kosten, Nutzen, Alternativen", *cit.*, pp. 836 e ss. Em Itália, a mediação obrigatória foi considerada inconstitucional pelo Tribunal Constitucional Italiano na decisão nº 272/2012, de 24 de Outubro de 2012. Sobre a constitucionalidade da mediação obrigatória em Itália, GIOVANNI SERGES, "La "mediazione civile" e la Constituzione", *cit.*, pp. 569 e ss. Cfr., ainda, sobre o regime da mediação obrigatória em Itália, cfr. MAURO RUBINO SAMMARTANO, "Trois médiations, dont une obligatoire (ombres et lumières de l'example italien)", *cit.*, pp. 366 e ss. Sobre a mediação obrigatória no Direito estrangeiro, cfr., com indicações, CARLOS ESPLUGUES, "General Report: New Developments in Civil and Commercial Mediation – Global Comparative Perspectives", *cit.*, pp. 15 e ss.

[174] Como denotam DULCE LOPES e AFONSO PATRÃO, a voluntariedade da mediação revela-se em quatro momentos essenciais: (i) *na liberdade de escolha da mediação*; (ii) *na liberdade de abandono da mediação*; e (iii) *na liberdade de conformação das partes no acordo*; (iv) *na liberdade de escolha do mediador*. Cfr. *Lei da Mediação Comentada*, *cit.*, pp. 28 e 29.

[175] Sobre a independência e imparcialidade na mediação, cfr., entre outros, MARIANA FRANÇA GOUVEIA, *Curso de Resolução Alternativa de Litígios*, *cit.*, pp. 60 e ss., FILIPPO DANOVI, "Per uno statuto giuridico del mediatore", *cit.*, pp. 771 e ss., PETER TOCHTERMANN, *Die Unabhängigkeit und Unparteilichkeit des Mediators*, *cit.*, pp. 30 e ss.

[176] Cfr., por exemplo, PETER RÖTHEMAYER, *Mediation*, *cit.*, p. 42.

[177] Acentuado o "pleno domínio das partes" na mediação, cfr. MARIANA FRANÇA GOUVEIA, *Curso de Resolução Alternativa de Litígios*, *cit.*, p. 48. Em sentido idêntico, por exemplo, J. P. REMÉDIO MARQUES, *Acção Declarativa à luz do Código Revisto*, *cit.*, p. 44.

em caso de insuficiência económica de uma das partes. Em segundo lugar, poderá ter como consequência a violação do mesmo direito fundamental quando implicar uma qualquer desvantagem ou diminuição manifesta das garantias constitucionais da plenitude de acesso aos tribunais. Todavia, a maior crítica que se pode potencialmente dirigir a uma opção legislativa deste género está relacionada com a sua oportunidade no Direito Administrativo. Em particular, deve ter-se presente que sujeitar as partes a um mecanismo legalmente obrigatório, mas que as pretende induzir a um acordo, pode significar uma perversão da dimensão participativa dos particulares que decorre do recurso à mediação.

Esta circunstância reflecte-se, em primeiro lugar, na necessidade de reflexão da sua utilidade de implementação e, em segundo lugar, sobre os termos em que poderá ocorrer o recurso a mecanismos informais deste género, mas acima de tudo relativamente às respectivas limitações legais e constitucionais. Neste contexto, a CRP estabelece expressamente no artigo 202º, nº 4, a possibilidade de o legislador "institucionalizar instrumentos e formas de composição não jurisdicional de conflitos"[178].

Face ao exposto, a diferenciação entre a mediação e a arbitragem surge quase como evidente. Em primeiro lugar, temos um meio totalmente voluntário e conduzido pelas partes, cujo traço principal é o *empowerment* destas últimas, o que significa que o processo pertence às partes: começa e termina quando as mesmas assim o determinarem[179]. Em segundo lugar, a mediação, ao contrário do que sucede na arbitragem, não termina com a prática de um acto vinculativo por parte de um terceiro (a sentença proferida pelos árbi-

[178] Esta credencial constitucional está, por outro lado, longe de ser um "cheque em branco" para o legislador, devendo, pelo contrário, verificar-se a compatibilidade do regime jurídico da mediação administrativa com os direitos fundamentais. Embora a discussão em torno desta questão não seja objecto do presente trabalho, podemos, desde logo, adiantar que têm sido recorrentemente apontadas como dificuldades (abstraindo, por ora, da nossa concordância com as mesmas) para a sustentação legal da mediação, entre outras, a suposta incompatibilidade (i) com o princípio da legitimidade democrática da Administração Pública; (ii) com o princípio da legalidade; e (iii) com os direitos fundamentais (colocando, desde logo, problemas com a igualdade de tratamento dos particulares, da protecção da posição jurídica de terceiros na actuação informal da Administração ou mesmo na submissão da Administração ao controlo pelos tribunais). Para uma apreciação geral destas e outras críticas dirigidas à legitimidade da mediação no Direito Administrativo, cfr., por todos, SASCHA FERZ, *Mediation im öffentlichen Bereich, cit.*, pp. 241 e ss. e MARKUS KALTENBORN, *Streitvermeidung und Streitbeilegung im Verwaltungsrecht, cit.*, pp. 106 e ss. Sobre esta regra constitucional como fundamento dos meios de resolução de conflitos não jurisdicionais, cfr. JOSÉ CARLOS VIEIRA DE ANDRADE, *A Justiça Administrativa*, 15ª Edição, *cit.*, pp. 775 e 76 e ss.

[179] Quanto a este aspecto, e na doutrina nacional, MARIANA FRANÇA GOUVEIA, *Curso de Resolução Alternativa de Litígios, cit.*, p. 48.

tros), mas, sim, com a decisão das partes em celebrar ou não um acordo de mediação, cujo conteúdo é também por si determinado[180]-[181].

b) Conciliação

À semelhança do que sucede com a noção de arbitragem, não existe um conceito de conciliação que mereça unanimidade por parte da doutrina[182]-[183]. Com efeito, e pese embora seja indiscutível que a conciliação, por um lado e tal como os outros meios já referidos, é um mecanismo de resolução alternativa de litígios, e, por outro lado, que consubstancia uma realidade distinta da arbitragem, não é fácil determinar quais os traços essenciais que permitam – de um modo inequívoco – identificar e qualificar este meio de composição de conflitos.

De facto, sob a expressão "conciliação" co-existem realidades distintas, ainda que com afinidades entre si, pense-se, a título de exemplo, na actividade que é desenvolvida pelo(s) árbitro(s) no âmbito do processo arbitral ou na que tem lugar, pela mão do juiz, no âmbito do processo judicial ou nos casos em que o conciliador é um terceiro imparcial e independente sem qualquer poder decisório futuro no caso [184]-[185]-[186].

[180] Veja-se quanto a esta matéria o artigo 20º da Lei da Mediação, no qual se estabelece o princípio da liberdade dos mediados na conformação do conteúdo do acordo celebrado. Note-se, no entanto, que existem limites à liberdade de fixação do conteúdo, desde logo os enunciados no artigo 14º, nº 3 da referida lei. Quanto a esta temática, V. Dulce Lopes / Afonso Patrão, *Lei da Mediação Comentada*, *cit.*, pp. 110 e ss.

[181] Ainda sobre as diferenças entre arbitragem e mediação, V. Craig A. McEwen / Richard J. Maiman, "Arbitration and Mediation as Alternatives to Court", *cit.*, pp. 712–726.

[182] Neste sentido, Mariana França Gouveia, *Curso de Resolução Alternativa de Litígios*, *cit.*, p. 103.

[183] Esta multiplicidade de realidades justifica, desde logo, a construção ampla do conceito de conciliação na Lei-Modelo da UNCITRAL sobre a Conciliação Comercial Internacional, de acordo com a qual a conciliação "é um processo, quer designado expressamente pela expressão conciliação, mediação ou outra expressão semelhante, no âmbito do qual as partes solicitam a uma terceira pessoa (o conciliador ou conciliadores) que os assista e apoie na sua tentativa de encontrarem uma solução amigável para o seu litígio." (artigo 1º, nº 3 da Lei-Modelo). Assim, para efeitos de aplicação deste diploma, os seus autores optaram por não diferenciar entre mediação ou conciliação, colando, antes de mais, o foco no cariz não vinculativo do procedimento.

[184] A este propósito, apresentando variadas hipóteses de situações reconduzíveis à conciliação, António Menezes Cordeiro, *Tratado da Arbitragem...*, *cit.*, p. 16. Note-se, no entanto, que de acordo com a concepção de meio de resolução alternativa de litígios de Mariana França Gouveia, no ordenamento jurídico português apenas a conciliação judicial pode ser individualizada enquanto conciliação e por oposição à mediação. Ou seja, segundo a autora apenas faz sentido individualizar a conciliação enquanto meio de resolução alternativa de litígios quando a mesma seja conduzida "por que tem poder adjudicatório [ou seja] pelo juiz ou pelo árbitro", configurando os outros meios (comummente designados como conciliação, mas que não se reconduzem a esta matriz) situações híbridas. Cfr. *Curso de Resolução Alternativa de Litígios*, *cit.*, pp. 23 e ss.

Sem prejuízo da multiplicidade de tipos de conciliação existentes, é um facto que esta última não se confunde com a arbitragem, sendo, pelo contrário, uma realidade bem distinta, desde logo pelo facto de a conciliação, ao contrário do processo arbitral, consistir numa negociação das partes, as quais são assistidas por um terceiro[187]. Deste modo, a voluntariedade é um traço constante na conciliação, podendo as partes decidir continuar ou terminar o processo a qualquer momento[188], sendo que tal não sucede com a arbitragem, a qual apenas tem como momento voluntário a celebração da convenção arbitral[189].

Por outro lado, e este é mais um ponto que diferencia a arbitragem e a conciliação, neste último meio são as partes processuais que determinam o conteúdo do acordo obtido, não podendo o conciliador (ainda que seja o juiz do processo) forçar à resolução "amigável" do litígio. Em sede arbitral, por seu turno, a decisão final cumpre aos árbitros, sendo a mesma vinculativa para as partes, tendo valor idêntico à proferida por tribunal de primeira instância (artigo 42º, nº 7 da LAV)[190].

Uma outra diferença pode ainda ser encontrada a propósito da actuação do conciliador e do árbitro: o primeiro tem como objectivo colocar as partes em diálogo, desenvolvendo as diligências necessárias e adequadas para que estas possam, entre si, chegar a um consenso que termine o conflito que as opõe[191].

[185] Com uma síntese ilustrativa sobre os conceitos de conciliação no domínio do Direito do Consumo em Portugal, V. Jorge Morais Carvalho / João Pedro Pinto-Ferreira / Joana Campos Carvalho, *Manual de Resolução Alternativa de Litígios, cit.*, pp. 163 e ss.

[186] Analisando a figura da conciliação no plano internacional, Linda C. Reif, "Conciliation as Mechanism for the Resolution of International Economic and Business Disputes", *cit.*, pp. 578-638.

[187] Afirmando que a mediação e a conciliação são, na sua essência, formas de negociação assistida, Cfr. Gabrielle Kaufmann-Kohler / Antonio Rigozzi, *International Arbitration – Law and Practice in Switzerland, cit.*, p. 6.

[188] Todavia, deixe-se, no entanto, uma breve nota quanto à conciliação judicial em Portugal: embora o processo seja, em bom rigor, voluntário, no sentido de que o juiz-conciliador não pode forçar as partes a obter um acordo, se no âmbito de um processo judicial as partes chegarem a acordo, nos termos das diligências promovidas ao abrigo do artigo 594º do CPC, será celebrada uma transacção, a qual seguirá o regime previsto no artigo 290º, nº 4 do CPC, assumindo carácter vinculativo para as partes e valendo com força de sentença.

[189] Uma vez celebrada uma convenção de arbitragem, as partes atribuem a competência decisória para dirimir o seu litígio ao(s) árbitro(s), apenas sendo possível revogar aquela por comum acordo das partes (artigo 4º, nº 3 da LAV). Sobre esta matéria e ainda problematizando a possibilidade de uma revogação unilateral, V., por todos, António Menezes Cordeiro, *Tratado da Arbitragem..., cit.*, pp. 115-116.

[190] Voltaremos a esta matéria em momento oportuno.

[191] Em sentido semelhante, Gabrielle Kaufmann-Kohler / Antonio Rigozzi, *International Arbitration – Law and Practice in Switzerland, cit.*, p. 7. Reinhard Greger, Hannes Unberath / Felix Steffek referem ainda que na conciliação há lugar, por parte do conciliador, a uma

O árbitro, por seu turno, ao assumir o encargo arbitral, tem como função a composição do litígio através da prolação de uma sentença, a qual será vinculativa para as partes[192].

Uma vez abordadas as dissemelhanças entre estes dois meios de composição de conflitos, importa, pois, determinar qual o conceito de conciliação a utilizar no âmbito da presente obra.

Por conciliação entende-se o meio de resolução alternativa de litígios no âmbito do qual as partes são auxiliadas por um terceiro – neutro e imparcial – na busca de uma solução para o conflito que as opõe, tendo esse terceiro – o conciliador – a função de árbitro ou juiz no âmbito do processo que, na ausência de acordo das partes, colocará fim à causa. Ou seja, a pedra de toque está no poder decisório que, num momento posterior, assiste ao conciliador para a resolução da causa[193]. Nesta concepção abrange-se quer a conciliação desenvolvida no âmbito do processo judicial, quer a que é praticada pelo árbitro aquando do processo arbitral[194].

proposta de resolução de litígio – não vinculativa – a qual é dirigida às partes após a avaliação do litígio. Cfr. *Recht der alternativen Konfliktlösung...*, *cit.*, p. 275.

[192] A propósito das diferenças entre a arbitragem e mediação – numa perspectiva totalmente transponível para a conciliação – V., entre outros, Sarah Rudolph Cole / Kristen M. Blankley, "Arbitration", *cit.*, pp. 319 e ss.

[193] Com entendimento semelhante, Mariana França Gouveia, *Curso de Resolução Alternativa de Litígios*, *cit.*, p. 23, Joana Paixão Campos, *A Conciliação Judicial*, *cit.*, p. 14. Jorge Morais Carvalho / João Pedro Pinto-Ferreira / Joana Campos Carvalho, *Manual de Resolução Alternativa de Litígios*, *cit.*, p. 169, defendem que sempre que o conciliador não disponha de poder decisório posterior sobre o objecto do litígio, a sua actividade configura mediação. Com entendimento contrário, defendendo que o conciliador deve ser desprovido de poderes decisórios, V. Bernhard Berger / Franz Kellerhals, *International and Domestic Arbitration in Switzerland*, *cit.*, pp. 54-55.

[194] A possibilidade de os árbitros desempenharem, no seio de um mesmo processo em que têm as funções de decisores, a tarefa de conciliadores não recolhe unanimidade junto da doutrina. São apontadas diversas críticas a esta opção, as quais se prendem, no essencial, com o seguinte: (i) este tipo de conciliação ameaça a independência e a imparcialidade dos árbitros, na medida em que estes não conseguirão, caso haja lugar à prolação da sentença arbitral, separar na sua mente as informações a que tiveram acesso aquando da conciliação e as que adquiriram somente na sequência do processo arbitral, o que pode levar a determinadas tomadas de posição (ainda que inconscientes); (ii) uma possível violação do *due process* como resultado de ter havido reuniões separadas e individuais com cada parte; (iii) as partes podem sentir-se coagidas em chegar em acordo (iv) as partes podem, por receio de o conciliador ser também o futuro árbitro, não revelar todos os factos relevantes no âmbito das sessões de conciliação, cfr., por todos, Gabrielle Kauffman-Kohler, "When Arbitrators Facilitate Settlement...", *cit.*, pp. 188 e ss., bem como Hilma R. Raeschke-Kessler, "The Arbitrator as Settlement Facilitator", *cit.*, pp. 523 a 536 e Harold I. Abramson, "Protocols for International Arbitrators Who Dare to Settle Cases", *cit.*, pp. 1 a 19.

c) Negociação

Numa primeira abordagem, este é o meio de resolução alternativa de litígios que aparenta ter a definição mais simples, dado que consubstancia "uma das formas mais básicas de interacção"[195] num contexto social, a qual se traduz no processo de cedências e avanços no caminho de comunicação que várias partes desenvolvem com vista a obter uma determinada finalidade[196].

Deste modo, podemos afirmar que, regra geral, todos os meios alternativos de composição de litígios comportam uma fase negocial: a negociação de uma convenção de arbitral (na arbitragem), a opção pela via conciliatória (na conciliação) ou, no exemplo mais óbvio, a própria construção do acordo de mediação (na mediação)[197]. Assim sendo, poderia entender-se que a negociação não teria o seu lugar enquanto um meio por excelência, ou seja, com princípios e técnicas próprias, consubstanciando, pelo contrário, somente uma fase procedimental de todos os outros. Discordamos desta visão, mas entendemos não ser este o local adequado para esse aprofundamento[198].

Finalmente, importa clarificar que negociação e arbitragem não se confundem, possuindo vários traços divergentes. Por um lado, a arbitragem tem uma natureza adjudicatória, dado que as partes atribuem a um terceiro o poder para decidir o seu conflito, sendo a decisão deste vinculativa e obrigatória para as partes. Tal já não sucede na negociação, pois aqui são as partes quem conduz e guia o processo, delineando o conteúdo do acordo – quando conseguem alcançar uma solução consensual – ou terminando o processo negocial quando quiserem (podendo qualquer uma delas determinar que assim seja). Deste modo, a negociação é um processo completamente voluntário em toda a sua extensão, ao contrário da arbitragem que tem, no plano da voluntariedade, as limitações atrás referidas.

d) Outras realidades que não se reconduzem à arbitragem

i) Arbitragem necessária

A resolução de litígios por intermédio de uma imposição legislativa que remete para um mecanismo que, formalmente, se aproxima de mecanismos

[195] Bruce Patton, "Negotiation", *cit.*, p. 279.

[196] Como bem ensinam Roger Fisher, William Ury / Bruce Patton, *Getting to YES...*, *cit.*, p. xvii, a negociação é um facto básico da vida, pelo que todos nós somos negociadores: é uma forma básica de conseguirmos dos outros aquilo que pretendemos ou necessitamos.

[197] A este respeito na doutrina nacional, V. Mariana França Gouveia, *Curso de Resolução Alternativa de Litígios*, *cit.*, pp. 42 e ss.

[198] A propósito dos vários modelos e da importância da negociação, cfr., entre muitos outros, Carrie Menkel-Meadow, "Toward another view of legal negotiation...", *cit.*, pp. 755-842, Bruce Patton, "Negotiation", *cit.*, pp. 279-303, Melvin Aron Eisenberg, "Private Ordering Through Negotiation...", *cit.*, pp. 637-681.

arbitrais, não corresponde, em bom rigor, a um autêntico modo de resolução de conflitos arbitral, uma vez que aí se prescinde da voluntariedade das partes na escolha do meio de resolução de conflitos, bem como, nalguns casos, da respectiva configuração concreta. A sua natureza reconduz-se a uma "arbitragem em sentido aparente"[199].

ii) Órgãos de resolução de conflitos no Direito Administrativo do Desporto
No domínio do Desporto é comum existirem órgãos disciplinares que as próprias federações assumem como sendo jurisdicionais[200]. Sucede, no entanto, que os Conselhos de Disciplina, a quem cabe "instaurar e arquivar procedimentos disciplinares e, colegialmente, apreciar e punir as infracções disciplinares em matéria desportiva"[201], cumprindo a finalidade legal de prosseguir um interesse público, não podem ser qualificados como tribunais arbitrais. É muito claro que a nomenclatura que a federação desportiva estatutariamente lhes atribui não transmuta a essência destes entes. Isto é, não basta que a federação desportiva os designe como "órgãos jurisdicionais" [202] ou que as decisões destes possam ser designadas como "acórdãos"[203].

Não surgindo entre as categorias de tribunais nacionais admissíveis, de acordo com o disposto no artigo 209º, nº 1 da CRP, nem sendo independentes institucionalmente ou pessoalmente das federações desportivas (que são responsáveis pelo pagamento dos honorários decorrentes das suas funções que são, por vezes, exercidas em exclusividade), não persistem dúvidas sobre a circunstância de não configurarem órgãos jurisdicionais e muito menos tribunais arbitrais. Em suma, as personalidades que integram os referidos órgãos são como que funcionários da federação desportiva e não juízes – ainda que exerçam ou tenham exercido essa profissão – praticando, em todo o caso, actos administrativos[204] para efeitos de impugnação junto dos tri-

[199] Conforme defende, entre nós, Artur Flamínio da Silva, *A Resolução de Conflitos Desportivos...*, *cit.*, p. 351.

[200] Sobre o tema, sendo que algumas das suas ideias são aqui retomadas, cfr. Artur Flamínio da Silva, *A Resolução de Conflitos Desportivos...*, *Op. cit.*, pp. 288 e ss. O autor adopta um conceito de órgão jurisdicional em sentido funcional conjugado com um elemento material.

[201] Cfr. o artigo 43º, nº 1 do Regime Jurídico das Federações Desportivas (Decreto-Lei nº 248-B/2008, de 31 de Dezembro, na redacção da Lei nº 101/2017, de 28 de Agosto).

[202] V., a este respeito, por exemplo, o artigo 2º, nº 1, do Regimento do Conselho de Disciplina da FPF que qualifica o Conselho de Disciplina como um "órgão jurisdicional".

[203] Cfr., por exemplo, o artigo 53º, nº 1, alínea b) dos estatutos da Federação Equestre Portuguesa.

[204] Conforme bem decidiu recentemente o STJ de 5/07/2018, 8671/14.4T8LSB.L1.S1, afirmando que: "[e]ntendemos também que os atos sancionatórios da FPF têm a natureza de atos administrativos, pelo que não vemos, com o respeito que nos merece opinião diversa, que possam ser tidos

bunais (nomeadamente do Tribunal Arbitral do Desporto e dos tribunais administrativos)[205].

iii) Procedimentos extra-judiciais de indemnização

Não integram o conceito de arbitragem, igualmente, os mecanismos extra-judiciais que se ocupam da reparação de danos naturais aos lesados[206], como aquele que se reporta ao pagamento, aos titulares do direito, de indemnização pela morte das vítimas dos incêndios ocorridos em Portugal Continental, nos dias 17 a 24 de junho e 15 e 16 de outubro de 2017. Ainda que de adesão voluntária, o referido mecanismo não se reconduz à resolução de litígio (que não existe) por um terceiro, mas antes num modelo de competências partilhadas entre um conselho, composto por um conjunto de personalidades a quem coube fixar os critérios a utilizar no cálculo das indemnizações a pagar pelo Estado aos titulares do direito à indemnização por morte das vítimas, bem como os prazos e procedimentos necessários para os titulares do direito poderem exercê-lo, nomeadamente elaborando a minuta de requerimento que deve posteriormente ser preenchida pelos titulares do direito, mas também de uma competência de proposta de indemnização que cabe ao Provedor de Justiça. Da proposta de indemnização existe, ainda, recurso para os tribunais judiciais[207].

como equivalentes a decisões judiciais capazes de gerar caso julgado do qual possa emanar, como efeito positivo, a autoridade de caso julgado que a sentença teve como verificada e na qual fundou a improcedência da ação".

205 Pressupondo este facto, encontramos na doutrina quem sugira, por exemplo, que a escolha de juízes dos tribunais estaduais para titulares dos órgãos de resolução de conflitos pretende somente traduzir-se na atribuição de um "ar mais sério, respeitável e imparcial a tais órgãos". Cfr. Pedro Gonçalves, "A 'soberania limitada' das federações desportivas", *cit.*, pp. 55, nota 6.

206 Estamos, assim, perante calamidades sociais que exigem uma resposta do Estado, nomeadamente, porque a sua dimensão manifesta um interesse público que, num primeiro momento, desperta a necessidade de proteção do risco imanente e, num segundo momento, porque a prevenção do risco não consegue ser alcançada, se exige a reparação dos danos decorrentes da efetividade da lesão de modo a permitir a manutenção da confiança da comunidade numa proteção estadual efetiva. Num sentido idêntico, cfr. Michael Faurte / Ton Hartlief, "Introduction", *cit.*, pp. 1 e ss.

207 Cfr. o ponto 7 da Resolução de Conselho de Ministros nº 179/2017, bem como o ponto 6 da Resolução de Conselho de Ministros nº 157-C/2017. No mesmo sentido, pode também concluir-se que a atribuição de indemnizações assumidas pelo Estado na consequência da tragédia que teve como resultado a queda de uma ponte que ligava Entre os Rios e Castelo de Paiva, nos termos da Resolução do Conselho de Ministros nº 29-A/2001, dando conta de um "plano de acção que permitirá ao Estado facultar aos particulares atingidos um procedimento extrajudicial célere e alternativo, para que possam obter indemnização pelas perdas e danos, morais e materiais, verificados, sem prejuízo de o Estado proceder ao apuramento da responsabilidade civil e criminal eventualmente existente e do correspondente exercício do direito de regresso", não pode ser configurada como mecanismo arbitral.

Capítulo II
Origem contratual

7. A origem contratual da arbitragem voluntária – razão de ser

Diferentemente da arbitragem necessária, na arbitragem voluntária são as próprias partes que – voluntariamente e através da celebração de uma convenção de arbitragem – se submetem a este meio de resolução alternativa de litígios. Significa isto que a arbitragem voluntária resulta de uma escolha, de uma opção voluntária das partes [208]. É essa a razão pela qual se afirma que a arbitragem voluntária tem uma origem contratual[209], assente na *autonomia das partes*. A referida origem contratual é uma questão fulcral: ela está no centro de muitas dos temas e especificidades que a arbitragem apresenta[210]. Segundo

[208] *Vide* Luigi Biamonti, "Arbitrato – Diritto processuale civile", *cit.*, p. 931.

[209] Sobre o tema, veja-se o que anteriormente escrevemos em António Pedro Pinto Monteiro, *O Princípio da Igualdade e a Pluralidade de Partes na Arbitragem...*, *cit.*, pp. 168 a 215 (capítulo que seguiremos de muito perto).

[210] Por exemplo, no que se refere à *pluralidade de partes*, a origem contratual da arbitragem voluntária é geralmente apontada como o grande factor que está por detrás das graves dificuldades que a pluralidade de partes enfrenta num processo arbitral, isto é, como o epicentro de todas essas dificuldades (*cfr.* Jean-Louis Delvolvé, "Final Report on Multi-Party Arbitrations", *cit.*, p. 27, Nigel Blackaby / Constantine Partasides / Alan Redfern / Martin Hunter, *Redfern and Hunter on International Arbitration*, *cit.*, pp. 31 a 33 e 141, Nathalie Voser, "Multi-party disputes and joinder of third parties", *cit.*, p. 350, Sigvard Jarvin, "Multi-party arbitration: identifying the issues", *cit.*, pp. 318 e ss., Dimitar Kondev, *Multi-Party and Multi-Contract Arbitration...*, *cit.*, pp. 21 a 23, e, na doutrina portuguesa, Manuel Botelho da Silva, "Pluralidade de Partes em Arbitragens Voluntárias", *cit.*, p. 512) – dificuldades estas que, como veremos, são em maior número e mais acentuadas nos tribunais arbitrais do que nos tribunais estaduais (a este respeito, vejam-se Bernard Hanotiau, *Complex Arbitrations...*, *cit.*, p. 3, Jorge Morais Carvalho / Mariana França Gouveia, "Arbitragens Complexas: questões materiais e processuais", *cit.*, p. 112, e Mariana França Gouveia, *Curso de Resolução Alternativa de Litígios*, *cit.*, p. 262).

vários autores, é, aliás, aqui que reside a principal diferença que separa a arbitragem dos tribunais estaduais[211].

Por outro lado, para além da sua importância, a origem contratual da arbitragem voluntária é um tema complexo e que, nessa medida, exige que sejam analisados outros pontos com ele relacionados: em particular, o facto de a arbitragem ser (ou não) jurisdição, assim como a dupla fonte de legitimação do poder dos árbitros (a origem contratual e a cobertura constitucional e legal da arbitragem). Só após a referência a estas questões prévias estaremos em condições de alcançar uma correcta compreensão da arbitragem como um todo.

7.1. Arbitragem e jurisdição

7.1.1. A cobertura constitucional e legal da arbitragem. A ausência de um monopólio estadual no exercício da função jurisdicional

É comum apontar à arbitragem voluntária quatro características fundamentais: (i) contratual na sua origem, (ii) privada na sua natureza, (iii) jurisdicional na sua função e (iv) pública no seu resultado[212].

A arbitragem voluntária é *contratual* na sua origem, na medida em que tem como fundamento (imediato) a vontade das partes, ou seja, é fruto da autonomia privada. Por outro lado, a arbitragem é *privada* na sua natureza, sendo o tribunal arbitral criado e constituído por particulares e desprovido de pode-

[211] Neste sentido, vejam-se, entre outros, PHILIPPE FOUCHARD / EMMANUEL GAILLARD / BERTHOLD GOLDMAN, *Fouchard Gaillard Goldman On International Commercial Arbitration*, *cit.*, p. 1, e NATHALIE VOSER, "Multi-party disputes and joinder of third parties", *cit.*, p. 350.

[212] *Cfr.* CHARLES JARROSSON, *La notion* d'arbitrage, *cit.*, p. 5. Importando a ideia para o ordenamento português, FRANCISCO CORTEZ, "A arbitragem voluntária em Portugal...", *cit.*, p. 555. Este entendimento tem sido sistematicamente reiterado na jurisprudência – vejam-se, por exemplo, (i) os acórdãos do Supremo Tribunal de Justiça de 18/01/2000 (Relator Aragão Seia, processo 99A1015), de 20/01/2011 (Relator Álvaro Rodrigues, processo 2207/09.6TBSTB.E1.S1) e de 06/10/2011 (Relator Álvaro Rodrigues, processo 454/09.0TVLSB.L1.S1); (ii) os acórdãos do Tribunal da Relação de Lisboa de 15/05/2007 (Relator Carlos Moreira, processo 1473/2007-1), de 06/10/2011 (Relator Jorge Leal, processo 193098/09.7YIPRT.L1-2), de 17/12/2013 (Relatora Ondina Carmo Alves, processo 659/13.9YRLSB-2) e de 30/06/2015 (Relator Pedro Brighton, processo 1934/12.5 TBCSC-A.L1-1); (iii) os acórdãos do Tribunal da Relação do Porto de 17/06/2014 (Relatora Márcia Portela, processo 182/13.1TVPRT.P1) e de 13/04/2015 (Relator Carlos Querido, processo 471/14.8TVPRT.P1); (iv) os acórdãos do Tribunal da Relação de Coimbra de 05/02/2013 (Relatora Maria José Guerra, processo 57/12.1TBMGL-A.C1) e de 21/04/2015 (Relator Henrique Antunes, processo 3486/12.7TBLRA.C1); (v) os acórdãos do Tribunal da Relação de Guimarães de 30/01/2014 (Relator Filipe Caroço, processo 1257/13.2TBVCT.G1) e de 25/09/2014 (Relator Jorge Teixeira, processo 403/13.0TCGMR.G1); e (vi) o acórdão do Tribunal Central Administrativo Norte de 25/11/2013 (Relatora Maria Fernanda Antunes Aparício Duarte Brandão, processo 01860/12.8BEBRG).

res de autoridade. Acresce que é *jurisdicional* na sua função, na medida em que o tribunal arbitral exerce a função jurisdicional, julgando litígios (o que aproxima a arbitragem do padrão judicial tradicional). Por fim, a arbitragem é *pública* no seu resultado, sendo esta, aliás, a grande diferença entre a arbitragem e os outros meios de resolução alternativa de litígios – falamos da equiparação pública da decisão arbitral à sentença de um tribunal estadual, tendo, nos termos do artigo 42º, nº 7, da LAV, o "mesmo carácter obrigatório entre as partes" (caso julgado) e a mesma força executiva que a sentença de um tribunal estadual[213].

Combinando estas características, é igualmente comum afirmar-se, por referência às diferentes teorias sobre a *natureza jurídica da arbitragem*, que esta tem uma natureza mista ou híbrida; é isso que resulta, na verdade, da sua componente contratual (na origem) e jurisdicional (na função e resultado)[214].

Neste sentido, e considerando agora, particularmente, esta última componente (jurisdicional), cumpre salientar o seguinte: o nosso sistema judicial, como se sabe, não é unitário, não existindo uma concentração da função jurisdicional numa única organização judiciária[215]. Deste modo, temos várias categorias de tribunais, separadas entre si, cada uma com a sua estrutura e regime próprios[216].

[213] A decisão arbitral proferida no território português constitui, assim, título executivo (artigo 42º, nº 7, da LAV, e artigo 705º, nº 2, do CPC), não sendo necessário requerer o *exequatur*, como sucede, por exemplo, em França (artigos 1487º e 1488º do CPC) e na Alemanha (§ 1060 do ZPO).

[214] A respeito da natureza jurídica da arbitragem, têm vindo a ser desenvolvidas as seguintes teses: contratual, jurisdicional, mista e, mais recentemente, autonomista (sendo a teoria mista aquela que reúne um maior consenso). Sobre as várias teses, vejam-se, por exemplo Luís de Lima Pinheiro, *Arbitragem Transnacional...*, *cit.*, pp. 181 a 195, Dário Moura Vicente, *Da Arbitragem Comercial Internacional...*, *cit.*, pp. 64 a 68, Manuel Pereira Barrocas, *Manual de Arbitragem*, *cit.*, pp. 42 a 47, Mariana França Gouveia, *Curso de Resolução Alternativa de Litígios*, *cit.*, pp. 119 e 120, Pedro Pina, "Arbitragem e Jurisdição", *cit.*, pp. 137 e ss., Maria João Mimoso, *Arbitragem do Comércio Internacional...*, *cit.*, pp. 162 e ss., José Luís Esquível, *Os Contratos Administrativos e a Arbitragem*, *cit.*, p. 79, Carlos Ferreira de Almeida, "Convenção de arbitragem: conteúdo e efeitos", *cit.*, p. 83, Cândida da Silva Antunes Pires, "Do Processo Arbitral Em Geral...", *cit.*, pp. 485 a 487, e, na cena internacional, Gary B. Born, *International Commercial Arbitration*, vol. I, *cit.*, pp. 214 a 217, Andrea Marco Steingruber, *Consent in International Arbitration*, *cit.*, pp. 53 e ss., e Mauro Rubino-Sammartano, *International Arbitration: Law and Practice*, 3ª ed., *cit.*, pp. 61 e ss.; para maiores desenvolvimentos sobre este ponto, veja-se, ainda, Peter Schlosser, *Das Recht der internationalen privaten Schiedsgerichtsbarkeit*, *cit.*, pp. 28 e ss.

[215] *Vide* J. J. Gomes Canotilho, *Direito Constitucional e Teoria da Constituição*, 7ª ed., p. 662, J. J. Gomes Canotilho / Vital Moreira, *Constituição da República Portuguesa Anotada*, vol. II, 4ª ed, *cit.*, pp. 546 e 547, e Maria João Mimoso, *Arbitragem do Comércio Internacional...*, *cit.*, p. 157.

[216] *Cfr.* J. J. Gomes Canotilho / Vital Moreira, *Constituição da República Portuguesa Anotada*, vol. II, 4ª ed, *cit.*, pp. 546 e 547.

Ora, de entre essas várias categorias encontramos os tribunais arbitrais, que são *verdadeiros e próprios tribunais*, estando expressa e constitucionalmente previstos como tal no artigo 209º, nº 2, da CRP (bem como nos artigos 29º, nº 4, e 150º da LOSJ)[217].

A consagração constitucional da arbitragem é algo que já vem, aliás, de muito longe. Com efeito, recorde-se que já na primeira Constituição Portuguesa (de 1822) se previa, expressamente, a possibilidade de constituição de tribunais arbitrais; o que se compreende, atendendo ao entusiasmo que a arbitragem – na sequência (e por influência) da Revolução Francesa de 1789[218] – despertou no liberalismo constitucional oitocentista[219].

Por outro lado, note-se que muito antes do advento do liberalismo e da referida consagração constitucional, a arbitragem já tinha, entre nós, uma cobertura legal, estando presente quer nas Ordenações Afonsinas de

[217] Sobre a natureza dos tribunais arbitrais dentro da organização judiciária portuguesa, vejam-se ANTÓNIO PEDRO PINTO MONTEIRO, "Do recurso de decisões arbitrais para o Tribunal Constitucional", *cit.*, pp. 194 e ss., e MIGUEL GALVÃO TELES, "Recurso para o Tribunal Constitucional...", *cit.*, pp. 209 e ss.

[218] A arbitragem foi defendida "acerrimamente em França pela doutrina e legislação pós 1789" (ISABEL GRAES, *O Poder e a Justiça em Portugal no Século XIX*, *cit.*, p. 706). A este respeito, veja-se, ainda, BRUNO OPPETIT, *Théorie de l'arbitrage*, *cit.*, pp. 26 e 27.

[219] *Vide* LUÍS PEDROSO DE LIMA CABRAL DE OLIVEIRA, "Arbitragem em direito público: tentativa de aproximação histórica ao caso português", *cit.*, pp. 21 e ss., FRANCISCO CORTEZ, "A arbitragem voluntária em Portugal...", III, *cit.*, pp. 377 a 380, JOSÉ A. A. DUARTE NOGUEIRA, "A arbitragem na história do direito português (subsídios)", *cit.*, pp. 26 e 27, ARMINDO RIBEIRO MENDES, "A Arbitragem na Jurisprudência do Tribunal Constitucional", *cit.*, p. 123, e "Balanço dos Vinte Anos...", *cit.*, pp. 14 e 15, FRANCISCO DE CASTRO CALDAS, *Portugal e a Arbitragem Internacional*, *cit.*, pp. 20 e ss., ANTÓNIO MENEZES CORDEIRO, *Tratado da Arbitragem...*, *cit.*, p. 23, e FILIPE BRITO BASTOS, "A arbitragem em Direito Administrativo...", *cit.*, p. 89. Além da Constituição de 1822 (artigo 194º), a possibilidade de as partes nomearem "Juízes árbitros" estava também prevista, expressamente, na Carta Constitucional de 1826 (artigo 127º) e na Constituição de 1838 (artigo 123º, § 3). De modo diferente, na Constituição de 1911 e na Constituição de 1933 apenas se referia a arbitragem no âmbito das relações internacionais, em particular como meio de dirimir litígios internacionais (artigo 73º e artigo 4º, § único, das Constituições de 1911 e de 1933, respectivamente).
Na actual CRP, como se sabe, foi só após a 1ª Revisão Constitucional (operada pela Lei Constitucional nº 1/82, de 30 de Setembro) que os tribunais arbitrais passaram a estar explicitamente consagrados entre as diversas categorias de tribunais (artigo 209º, nº 2). A redacção originária da CRP (1976) era, assim, omissa quanto à existência de tribunais arbitrais – o que, em todo o caso, conforme bem observaram os acórdãos do Tribunal Constitucional nºs 32/87 e 86/87, *cit.*, não significava que os tribunais arbitrais fossem, nessa altura, inadmissíveis ou inconstitucionais; neste sentido, vejam-se PEDRO COSTA GONÇALVES, "Administração Pública e arbitragem...", *cit.*, p. 779, MIGUEL GALVÃO TELES, "A independência e imparcialidade dos árbitros...", *cit.*, pp. 265 e 266, e ARTUR FLAMÍNIO DA SILVA, *A Resolução de Conflitos Desportivos...*, *cit.*, p. 345.

1446-1447[220], quer nas Ordenações Manuelinas de 1521[221], quer nas Ordenações Filipinas de 1603[222] (promulgadas, respectivamente, nos reinados de D. Afonso V, D. Manuel I e D. Filipe I) e, possivelmente, antes mesmo das referidas Ordenações, numa Lei de D. Dinis que surge reproduzida nas Ordenações Afonsinas[223].

A cobertura no plano legislativo continuou pela época liberal até aos dias de hoje, destacando-se nesta evolução (em paralelo com a consagração constitucional já mencionada e no que respeita à disciplina geral da arbitragem): (i) as três Reformas Judiciárias de 1832, 1836-1837 e de 1841 (com particular destaque para esta última)[224]; (ii) os três Códigos de Processo Civil de 1876, de 1939 e de 1961[225]; (iii) o Decreto-Lei nº 243/84, de 17 de Julho, que, pela primeira, vez, veio consagrar o regime da arbitragem voluntária num diploma autónomo (revogando, tacitamente, o disposto no CPC sobre esta matéria)[226];

[220] Ordenações Afonsinas, Livro III, Título CXIII ("Dos Juizes Alvidros").

[221] Ordenações Manuelinas, Livro III, Título LXXXI ("Dos Juizes Alvidros").

[222] Ordenações Filipinas, Livro III, Título XVI ("Dos Juizes arbitros").

[223] Sobre esta evolução histórica, vejam-se, particularmente, Francisco Cortez, "A arbitragem voluntária em Portugal...", III, *cit.*, pp. 371 a 377, e José A. A. Duarte Nogueira, "A arbitragem na história do direito português (subsídios)", *cit.*, pp. 12 a 25, bem como António Menezes Cordeiro, *Tratado da Arbitragem...*, *cit.*, pp. 22 e 23, Armindo Ribeiro Mendes, "Balanço dos Vinte Anos...", *cit.*, pp. 13 e 14, e Mário Esteves de Oliveira (coordenação), *Lei da Arbitragem Voluntária Comentada*, *cit.*, pp. 27 a 29.

[224] Referimo-nos, em concreto, à: (i) Reforma Judiciária aprovada pelo Decreto nº 24, de 16 de Maio de 1832, da autoria de Mouzinho da Silveira [artigos 30º e ss.]; (ii) Reforma Judiciária aprovada pelos Decretos de 29 de Novembro de 1836, 1ª parte, e de 13 de Janeiro de 1837, 2ª e 3ª partes [a matéria referente à arbitragem está especialmente regulada na 2ª parte, nos artigos 28º a 42º (título III, "Dos Arbitros")]; e (iii) Novíssima Reforma Judiciária aprovada pelo Decreto de 21 de Maio de 1841 [artigos 150º a 156º (título V, capítulo VII, "Dos Arbitros") e artigos 225º a 234º (título IX, capítulo único, "Do processo perante os Arbitros)] – *cfr.* Isabel Graes, *O Poder e a Justiça em Portugal no Século XIX*, *cit.*, pp. 151 e ss., Luís Pedroso de Lima Cabral de Oliveira, "Arbitragem em direito público...", *cit.*, pp. 22 e ss., Francisco Cortez, "A arbitragem voluntária em Portugal...", III, *cit.*, pp. 378 a 380, e José A. A. Duarte Nogueira, "A arbitragem na história do direito português (subsídios)", *cit.*, pp. 28 e 29.

[225] *Vide*, em particular, os artigos 44º a 58º do CPC de 1876, os artigos 1561º a 1580º do CPC de 1939 e os artigos 1508º a 1528º do CPC de 1961 (nas redacções originárias destes diplomas). A este respeito, vejam-se, ainda, Francisco Cortez, "A arbitragem voluntária em Portugal...", III, *cit.*, pp. 381 a 404, Armindo Ribeiro Mendes, "Balanço dos Vinte Anos...", *cit.*, pp. 15 a 18, e "A Arbitragem na Jurisprudência do Tribunal Constitucional", *cit.*, pp. 124 a 126, António Menezes Cordeiro, *Tratado da Arbitragem...*, *cit.*, pp. 23 e 24, e José A. A. Duarte Nogueira, "A arbitragem na história do direito português (subsídios)", *cit.*, pp. 29 e 30.

[226] O Decreto-Lei nº 243/84, de 17 de Julho, não teve uma vida feliz (nem longa), tendo sido declarada a sua inconstitucionalidade (orgânica), com força obrigatória geral, pelo acórdão do Tribunal Constitucional nº 230/86, de 08/07/1986 (Relator Martins da Fonseca, processo nº 178/84).

(iv) a Lei nº 31/86, de 29 de Agosto (anterior LAV)[227]; e, finalmente, (v) a Lei nº 63/2011, de 14 de Dezembro (actual LAV)[228].

Enquadrados por esta (longa) cobertura legal e constitucional, os tribunais arbitrais são, deste modo, como referimos, verdadeiros e próprios tribunais que exercem a função jurisdicional, julgando litígios, sendo a sentença arbitral equiparada à sentença de um tribunal estadual (artigo 42º, nº 7, da LAV). A arbitragem é, assim, uma "*actividade jurisdicional*", isto é, constitui um modo de resolução de controvérsias por forma unilateral e vinculativa, visando a tomada de uma decisão que produza os efeitos típicos de um acto jurisdicional (em concreto, caso julgado e força executiva)[229]. Existindo convenção de arbitragem, poder-se-á afirmar, portanto, que a "função jurisdicional declarativa é plenamente assumida pelo tribunal arbitral"[230-231].

Sobre este Decreto-Lei, que se terá inspirado, em parte, num projecto de diploma elaborado por Miller Simões, vejam-se FRANCISCO CORTEZ, "A arbitragem voluntária em Portugal...", IV, *cit.*, pp. 541 a 548, ARMINDO RIBEIRO MENDES, "Balanço dos Vinte Anos...", *cit.*, pp. 18 a 22, e "A Arbitragem na Jurisprudência do Tribunal Constitucional", *cit.*, pp. 126 a 128, JOÃO DE CASTRO MENDES, Direito Processual Civil, vol. I, *cit.*, pp. 381 a 386, e Direito Processual Civil, vol. II, *cit.*, p. 567, ANTÓNIO MARQUES DOS SANTOS, "Nota sobre a nova lei portuguesa...", *cit.*, pp. 256 a 258, ANTÓNIO MENEZES CORDEIRO, *Tratado da Arbitragem...*, *cit.*, p. 24, e ALEXANDRE MOTA PINTO, "As políticas de promoção da arbitragem", *cit.*, pp. 374 e 375; a respeito do projecto de diploma de Miller Simões, *vide*, em concreto, o parecer do Conselho Consultivo da Procuradoria-Geral da República nº I002131981 (data do despacho da PGR de 12/02/1982, Relator Miller Simões) e AMÉRICO DE CAMPOS COSTA, "5º Inquérito acerca da Reforma do Código de Processo Civil", *cit.*, pp. 266 a 331 (o projecto de diploma e a "informação-parecer" de Miller Simões encontram-se parcialmente reproduzidos nas pp. 304 a 328).

[227] A Lei nº 31/86, de 29 de Agosto, foi precedida da *Proposta de Lei nº 34/IV* (publicada no Diário da Assembleia da República, II Série, nº 83, de 02/07/1986, pp. 3195 a 3204) e teve por base um anteprojecto preparado por Isabel de Magalhães Collaço. Foi esta proposta que, com algumas alterações, se veio a converter na referida Lei nº 31/86. Sobre esta lei, *vide*, entre muitos outros, ISABEL DE MAGALHÃES COLLAÇO, "L'arbitrage international dans la récente loi portugaise...", *cit.*, pp. 55 a 66, ANTÓNIO MARQUES DOS SANTOS, "Nota sobre a nova lei portuguesa...", *cit.*, pp. 258 a 304, FRANCISCO CORTEZ, "A arbitragem voluntária em Portugal...", IV, *cit.*, pp. 548 a 585, ARMINDO RIBEIRO MENDES, "Balanço dos Vinte Anos...", *cit.*, pp. 22 a 35, JOÃO DE CASTRO MENDES, Direito Processual Civil, vol. II, *cit.*, pp. 567 a 575, ANTÓNIO MENEZES CORDEIRO, *Tratado da Arbitragem...*, *cit.*, pp. 24 e 25, e ALEXANDRE MOTA PINTO, "As políticas de promoção da arbitragem", *cit.*, pp. 375 a 377.

[228] Sobre a génese da actual LAV, e o importante papel desempenhado pela APA na elaboração da mesma, veja-se a doutrina indicada em ANTÓNIO PEDRO PINTO MONTEIRO, *O Princípio da Igualdade e a Pluralidade de Partes na Arbitragem...*, *cit.*, p. 39 (nota de rodapé nº 86).

[229] LUÍS DE LIMA PINHEIRO, *Arbitragem Transnacional...*, *cit.*, p. 189. Neste sentido, salientando que a "jurisdicionalidade é inerente à própria arbitragem", veja-se CÂNDIDO RANGEL DINAMARCO, *A Arbitragem na Teoria Geral do Processo*, *cit.*, p. 39.

[230] JOSÉ LEBRE DE FREITAS, "Alcance da determinação pelo tribunal judicial...", *cit.*, p. 570. Sublinhando o exercício da função jurisdicional pelos tribunais arbitrais, vejam-se ainda,

Ora, exercendo a função jurisdicional, como é amplamente admitido, seria, aliás, difícil dizer-se que os tribunais arbitrais não são verdadeiros tribunais. Sobretudo se considerarmos que o poder judicial, separado dos outros poderes, só pode ser exercido por tribunais, "não podendo ser atribuídas funções jurisdicionais a outros órgãos"[232].

O próprio Tribunal Constitucional tem sublinhado, de forma muito clara, a natureza jurisdicional dos tribunais arbitrais e o facto de estarmos perante verdadeiros tribunais[233]. Dir-se-á, a este propósito, que o árbitro não é, por

por exemplo, José Lebre de Freitas, "Algumas implicações da natureza da convenção de arbitragem", *cit.*, pp. 549 e ss., e "Anulação de sentença arbitral...", *cit.*, 615, João de Castro Mendes, *Manual de Processo Civil*, *cit.*, p. 164, e Direito Processual Civil, vol. I, *cit.*, p. 225, Mariana França Gouveia, *Curso de Resolução Alternativa de Litígios*, *cit.*, p. 119, M. Henrique Mesquita, "Arbitragem: competência do tribunal arbitral...", pp. 1391 e 1392, Jorge Miranda / Rui Medeiros, *Constituição Portuguesa Anotada*, tomo III, *cit.*, p. 34, Vital Moreira, "Tribunais arbitrais e direito de acesso à justiça...", *cit.*, pp. 132 e 133, Francisco Cortez, "A arbitragem voluntária em Portugal...", IV, *cit.*, p. 555, Fausto de Quadros, "Linhas gerais da reforma do Código de Processo nos Tribunais Administrativos em matéria de arbitragem", *cit.*, pp. 7 e 8, e "Arbitragem 'necessária', 'obrigatória', 'forçada'...", *cit.*, pp. 258 e 264, Mário Raposo, "A Sentença Arbitral", *cit.*, p. 30, Pedro Pina, "Arbitragem e Jurisdição", *cit.*, pp. 137 e ss., João Luís Lopes dos Reis, "Questões de arbitragem *ad hoc* II...", *cit.*, pp. 271 e 272, Diogo Freitas do Amaral, *Uma Introdução à Política*, *cit.*, p. 161 (nota de rodapé nº 32), J. P. Remédio Marques, *Acção Declarativa à luz do Código Revisto*, *cit.*, pp. 76 e 77, Artur Flamínio da Silva / Daniela Mirante, "Algumas notas sobre o estatuto dos árbitros do Tribunal Arbitral do Desporto...", *cit.*, p. 287, António Pedro Pinto Monteiro, "Do recurso de decisões arbitrais para o Tribunal Constitucional", *cit.*, pp. 194 e ss., assim como Bruno Oppetit, *Théorie de l'arbitrage*, *cit.*, p. 28, Cândido Rangel Dinamarco, *A Arbitragem na Teoria Geral do Processo*, *cit.*, pp. 37 a 41 e 210 a 212, e Carlos Alberto Carmona, *Arbitragem e Processo...*, *cit.*, pp. 26, 27 e 272 a 277.

231 A este propósito, note-se que já no ponto 4 da exposição de motivos da Proposta de Lei nº 34/IV – como mencionado antes, esta proposta veio a converter-se na Lei nº 31/86, de 29 de Agosto (anterior LAV) – se referia, expressamente, que "o tribunal arbitral constitui um *órgão participante na função jurisdicional*". O artigo 25º da Lei nº 31/86 fazia menção, ainda, ao "*poder jurisdicional dos árbitros*", no sentido de este findar "com a notificação do depósito da decisão que pôs termo ao litígio ou, quando tal depósito seja dispensado, com a notificação da decisão às partes".

232 J. J. Gomes Canotilho, *Direito Constitucional e Teoria da Constituição*, 7ª ed, *cit.*, p. 657; sobre esta questão, veja-se também Jorge Miranda / Rui Medeiros, *Constituição Portuguesa Anotada*, tomo III, *cit.*, pp. 24 e ss.

233 Vejam-se, particularmente, os acórdãos do Tribunal Constitucional nºs 230/86 e 52/92, ambos *cit.*, bem como os acórdãos do Tribunal Constitucional nºs 250/96, de 29/02/1996 (Relatora Maria Fernanda Palma, processo nº 194/92); 506/96, de 21/03/1996 (Relatora Maria Fernanda Palma, processo nº 137/93); 181/2007, de 08/03/2007 (Relator Paulo Mota Pinto, processo nº 343/05); e 42/2014, de 09/01/2014 (Relator Fernando Vaz Ventura, processo nº 564/12).

exemplo, um conciliador, não sendo a decisão arbitral uma transacção; o árbitro é um "juiz", sendo a sua decisão final uma sentença[234].

Ponto essencial que importa, neste âmbito, salientar, é o de que, muito embora a administração da justiça constitua, evidentemente, função e dever do Estado, este não exerce essa função em regime de *monopólio*[235]. Ou seja, não existe hoje um *princípio de monopólio estadual da função jurisdicional*, permitindo a nossa ordem jurídica que, em paralelo com os tribunais estaduais (função jurisdicional do Estado), existam tribunais arbitrais (*actividade jurisdicional privada*)[236] – algo que se compreende bem, atendendo às vantagens que, em muitas situações, a arbitragem poderá apresentar face à justiça estadual[237-238].

[234] *Cfr.* Francisco Cortez, "A arbitragem voluntária em Portugal...", IV, *cit.*, p. 555, Pedro Costa Gonçalves, "Administração Pública e arbitragem...", *cit.*, p. 782, e António Pedro Pinto Monteiro, "Do recurso de decisões arbitrais para o Tribunal Constitucional", *cit.*, p. 200.

[235] *Cfr.* A. Ferrer Correia, "Da arbitragem comercial internacional", *cit.*, p. 177; veja-se, ainda, Pedro A. Batista Martins, *Arbitragem no Direito Societário*, *cit.*, pp. 28 a 34.

[236] *Vide* Luís de Lima Pinheiro, *Arbitragem Transnacional...*, *cit.*, p. 194, e Artur Flamínio da Silva, *A Resolução de Conflitos Desportivos...*, *cit.*, p. 337. Embora, historicamente, o Estado tenda a chamar a si a jurisdição – tendo-se atingido, nos dois últimos séculos, a "especialização da função jurisdicional, como função do Estado" –, a verdade é que, com particular intensidade nos últimos tempos, e por influência exterior, "há um movimento contrário, que apela para a arbitragem e para meios extra-judiciais de solução de conflitos" (José de Oliveira Ascensão, *O Direito...*, *cit.*, p. 89)

[237] Conforme observa Ferrer Correia, "são tão grandes as vantagens de se abrir às pessoas a via da composição privada dos seus diferendos, que em toda a parte se admite, ao lado da justiça pública, a justiça ministrada por particulares designados pelos litigantes, a cuja decisão o Estado confere o mesmo valor e eficácia que às sentenças dos tribunais. Essa forma de justiça é a arbitragem privada" (A. Ferrer Correia, "Da arbitragem comercial internacional", *cit.*, p. 177). Deste modo, os próprios cidadãos tendem a assumir a resolução dos seus conflitos, quer dizer, "os cidadãos, organizados socialmente e utilizando o Estado como um dos instrumentos de vida em comum, têm vindo a erigir as suas vontades, colectiva e individual, como criadoras do seu 'direito' e da resolução dos seus conflitos" – Diogo Leite de Campos, "A arbitragem voluntária, jurisdição típica...", *cit.*, p. 45, e "A Arbitragem Voluntária (jurisdição dos cidadãos)...", *cit.*, pp. 227 e 228. Neste sentido, a justiça arbitral (voluntária) assenta numa *visão de auto-responsabilidade* e numa *cultura de escolha*, através da qual a ordem jurídica transmite aos cidadãos uma "mensagem de emancipação individual face aos tradicionais poderes estaduais" (Filipe Brito Bastos, "A arbitragem em Direito Administrativo...", *cit.*, p. 83) e que, por sua vez, "tem levado a pôr em causa a função jurisdicional do Estado, através dos juízes togados" [Diogo Leite de Campos, "A arbitragem voluntária, jurisdição típica...", *cit.*, p. 45, e "A Arbitragem Voluntária (jurisdição dos cidadãos)...", *cit.*, p. 228].

[238] Referimo-nos, particularmente, a vantagens ao nível da celeridade, da confidencialidade, da flexibilidade e da simplicidade (processo menos formalista), da previsibilidade, bem como à possibilidade que as partes têm de designar os membros do tribunal arbitral ou fixar o modo pelo qual estes são escolhidos (algo que, como dissemos anteriormente, leva a que, por norma, as partes

A própria CRP, no fundo, ao prever, expressamente, no artigo 209º, nº 2, a existência de tribunais arbitrais, "recusa a vigência de um princípio de monopólio estadual da função jurisdicional"[239]. Ou seja, é o próprio Estado que, ao fazer participar os tribunais arbitrais no exercício da função jurisdicional, acaba por romper com o velho dogma do monopólio estadual do exercício dessa função[240].

7.1.2. Os tribunais arbitrais são verdadeiros e próprios tribunais, mas não são "tribunais como os outros": não são órgãos de soberania e não têm *ius imperii*

Não existindo, como vimos, um monopólio estadual no exercício da função jurisdicional, significará isto, então, que os árbitros são iguais aos juízes estaduais, não havendo diferenças entre uns e outros? Isto é, será possível efectuar uma total equiparação entre árbitros e juízes?

A resposta é, obviamente, negativa[241]. Na verdade, embora sejam verdadeiros tribunais e exerçam a função jurisdicional, importa ter presente – conforme bem salientou o acórdão do Tribunal Constitucional nº 230/86 – que *os tribunais arbitrais não são "tribunais como os outros"*[242].

Para além de algumas diferenças evidentes (por exemplo, o facto de não serem órgãos estaduais e os árbitros não serem juízes de carreira), com esta

tenham uma maior confiança no tribunal arbitral); a isto acresce, ainda, uma maior adequação e especialização da justiça arbitral. Sobre as vantagens (e desvantagens) geralmente apontadas à arbitragem, vejam-se, por exemplo, Jens-Peter Lachmann, *Handbuch für die Schiedsgerichtspraxis*, *cit.*, pp. 34 a 54, Nigel Blackaby / Constantine Partasides / Alan Redfern / Martin Hunter, *Redfern and Hunter on International Arbitration*, *cit.*, pp. 28 a 39, Neil Andrews, "Global Perspectives on Commercial Arbitration", *cit.*, pp. 554 a 566, Jesús M. de Alfonso, "¿Mantiene el arbitraje sus ventajas hoy en día..." *cit.*, pp. 19 a 49, A. Ferrer Correia, "Da arbitragem comercial internacional", *cit.*, pp. 174 e 175, Maria Ângela Bento Soares / Rui Manuel Moura Ramos, *Contratos Internacionais...*, *cit.*, p. 321, Dário Moura Vicente, *Da Arbitragem Comercial Internacional...*, *cit.*, pp. 18 e 19, António Menezes Cordeiro, *Tratado da Arbitragem...*, *cit.*, pp. 63 e 64, Luís de Lima Pinheiro, *Arbitragem Transnacional...*, *cit.*, pp. 24 a 26, e Manuel Pereira Barrocas, *Manual de Arbitragem*, *cit.*, pp. 141 e 142.

239 Jorge Miranda / Rui Medeiros, *Constituição Portuguesa Anotada*, tomo III, *cit.*, p. 17.

240 *Vide* Francisco Cortez, "A arbitragem voluntária em Portugal...", IV, *cit.*, p. 555. Neste sentido, vejam-se, ainda, entre outros autores, Cândida da Silva Antunes Pires, "O Monopólio Estadual da Jurisdição...", *cit.*, p. 186, João Miguel Barros, *Sistema Judiciário Anotado*, *cit.*, pp. 531 e 532, Maria João Mimoso, *Arbitragem do Comércio Internacional...*, *cit.*, p. 159, e Eliana Calmon, "A arbitragem e o Poder Público", *cit.*, pp. 10 e 11.

241 *Cfr.* M. Henrique Mesquita, "Arbitragem: competência do tribunal arbitral...", *cit.*, pp. 1381 e 1382.

242 Acórdão do Tribunal Constitucional nº 230/86.

sua feliz expressão o citado acórdão refere-se, essencialmente, ao facto de os tribunais arbitrais não serem *órgãos de soberania*[243].

A este respeito, convém não esquecer duas das características fundamentais que apontámos *supra* à arbitragem voluntária: referimo-nos à circunstância de a arbitragem ser contratual na sua origem (na medida em que tem como fundamento imediato a vontade das partes, ou seja, é fruto da autonomia privada) e privada na sua natureza (sendo o tribunal arbitral criado e constituído por particulares). Deste modo, embora os árbitros exerçam uma função jurisdicional, não é em nome de um poder público que a exercem, mas a título *privado* (já que todos os poderes lhe advêm da convenção de arbitragem, sendo as partes que os investem desses poderes)[244].

Ora, destas características fundamentais da arbitragem voluntária decorre que os tribunais arbitrais não pertencem ao Estado, isto é, não são órgãos estaduais[245]. Mais: decorre, ainda, que os tribunais arbitrais não são órgãos de soberania[246] e não têm *ius imperii*[247] – recorde-se que "a soberania só ao Estado

[243] É essa, na verdade, a interpretação feita por vários autores ao citado acórdão – vejam-se MIGUEL GALVÃO TELES, "Recurso para o Tribunal Constitucional...", *cit.*, p. 210, e ARMINDO RIBEIRO MENDES, "A Arbitragem na Jurisprudência do Tribunal Constitucional", *cit.*, pp. 158 e 159.

[244] *Vide* A. FERRER CORREIA, "Da arbitragem comercial internacional", *cit.*, p. 206, JEAN-FRANÇOIS POUDRET / SÉBASTIEN BESSON, *Comparative Law of International Arbitration, cit.*, pp. 6 e 7, e ANTÓNIO PEDRO PINTO MONTEIRO, "Do recurso de decisões arbitrais para o Tribunal Constitucional", *cit.*, p. 200.

[245] *Cfr.* LUÍS DE LIMA PINHEIRO, *Arbitragem Transnacional..., cit.*, pp. 28, 29, 191 e 192, PEDRO COSTA GONÇALVES, "Administração Pública e arbitragem...", *cit.*, p. 780, VITAL MOREIRA, "Tribunais arbitrais e direito de acesso à justiça...", *cit.*, p. 133, PIRES DE LIMA, "Acórdão de 26 de Março de 1968" [anotação], *cit.*, p. 110, JOÃO MIGUEL BARROS, *Sistema Judiciário Anotado, cit.*, pp. 531 e 532, e SÓNIA MOURA, "A arbitragem executiva", *cit.*, p. 85. Na mesma linha, vejam-se, ainda, MAURO RUBINO-SAMMARTANO, *International Arbitration: Law and Practice*, 3ª ed, *cit.*, p. 67, e MANUEL PEREIRA BARROCAS, "A razão por que não são aplicáveis à arbitragem...", *cit.*, pp. 625 e 626.

[246] *Vide* VITAL MOREIRA, "Tribunais arbitrais e direito de acesso à justiça...", *cit.*, p. 133, PEDRO COSTA GONÇALVES, "Administração Pública e arbitragem...", *cit.*, p. 780, e MIGUEL GALVÃO TELES, "A independência e imparcialidade dos árbitros...", *cit.*, p. 265; no mesmo sentido, LUCINDA DIAS DA SILVA, "Os Custos da Justiça à luz dos Princípios Processuais", *cit.*, pp. 304 e 323. É este também, recorde-se, o entendimento de Miguel Galvão Teles e Armindo Ribeiro Mendes, por referência ao acórdão do Tribunal Constitucional nº 230/86, *cit.* (MIGUEL GALVÃO TELES, "Recurso para o Tribunal Constitucional...", *cit.*, p. 210, e ARMINDO RIBEIRO MENDES, "A Arbitragem na Jurisprudência do Tribunal Constitucional", *cit.*, pp. 158 e 159). Na jurisprudência constitucional, além do citado acórdão 230/86, vejam-se os acórdãos nºs 757/95, de 20/12/1995 (Relator Guilherme da Fonseca, processo nº 128/94), e 230/2013, de 24/04/2013 (Relator Carlos Fernandes Cadilha, processo nº 279/2013, declaração de voto de Maria João Antunes).

[247] Neste sentido, vejam-se, por exemplo, PIRES DE LIMA, "Acórdão de 26 de Março de 1968" [anotação], *cit.*, pp. 109 a 115, JOSÉ LEBRE DE FREITAS, *Introdução ao Processo Civil..., cit.*, pp. 84 e 85,

pertence"[248]. Os tribunais arbitrais não são, assim, no sentido preciso do artigo 202º, nº 1, da CRP, "órgãos de soberania com competência para administrar a justiça em nome do povo"; este preceito refere-se aos tribunais do Estado[249]. O mesmo se diga, aliás, para efeitos do nº 1 do artigo 110º da CRP: os órgãos de soberania enunciados neste preceito (Presidente da República, Assembleia

"Anulação de sentença arbitral...", *cit.*, p. 615, e "Alcance da determinação pelo tribunal judicial...", *cit.*, pp. 569 e 570, António Menezes Cordeiro, *Tratado da Arbitragem...*, *cit.*, pp. 16, 64, 156 e 330, Dário Moura Vicente, *Da Arbitragem Comercial Internacional...*, *cit.*, p. 66, Pedro Pina, "Arbitragem e Jurisdição", *cit.*, pp. 140, 141 e 144 e ss., Manuel Pereira Barrocas, "Poderes do Árbitro. Extensão e Limites", *cit.*, pp. 150 a 153, Maria João Mimoso, *Arbitragem do Comércio Internacional...*, *cit.*, pp. 55, 161, 180 a 186, Maria José Capelo, "A lei de arbitragem voluntária e os centros de arbitragem...", *cit.*, pp. 102 e 103, Francisco Cortez, "A arbitragem voluntária em Portugal...", IV, *cit.*, p. 555, bem como Christophe Seraglini / Jérôme Ortscheidt, *Droit de l'arbitrage interne et international*, *cit.*, pp. 327 e 328, Bruno Oppetit, *Théorie de l'arbitrage*, *cit.*, p. 30, Neil Andrews, "Global Perspectives on Commercial Arbitration", *cit.*, p. 553, Vicente Guzmán Fluja, "Artículo 7. Intervención judicial", *cit.*, p. 288, Víctor Moreno Catena / Valentín Cortés Domínguez, *Introducción al Derecho Procesal*, *cit.*, pp. 72 e 73, Sergio La China, *L'arbitrato: il sistema e l'esperienza*, *cit.*, pp. 21 e ss., Giovanni Verde, *Diritto processuale civile*, vol. 3, *cit.*, pp. 310 e 317 a 319, Rolf A. Schütze, *Schiedsgericht und Schiedsverfahren*, *cit.*, p. 62, Cândido Rangel Dinamarco, *A Arbitragem na Teoria Geral do Processo*, *cit.*, pp. 47 e ss. e 210, e Lino Diamvutu, *A Convenção de Arbitragem no Direito Angolano*, *cit.*, p. 188.

[248] M. Henrique Mesquita, "Arbitragem: competência do tribunal arbitral...", *cit.*, p. 1382.

[249] *Cfr.* Filipe Brito Bastos, "A arbitragem em Direito Administrativo...", *cit.*, p. 90 (nota de rodapé nº 45). Afirmando, de forma categórica, que "os tribunais arbitrais não são órgãos de soberania que administrem a justiça em nome do Povo", António Menezes Cordeiro, *Tratado da Arbitragem...*, *cit.*, p. 24 (parágrafo 72); sobre esta questão, veja-se também Pedro Costa Gonçalves, "Administração Pública e arbitragem...", *cit.*, pp. 777 e ss. Além do citado artigo 202º, nº 1, note-se que no capítulo I (princípios gerais) do título V (tribunais) da CRP encontramos, ainda, outros artigos que visam, igualmente, apenas os tribunais estaduais e não os tribunais arbitrais: é o caso evidente dos artigos 206º (audiências dos tribunais) e 207º (júri, participação popular e assessoria técnica).

A propósito do artigo 202º, nº 1, da CRP, importa acrescentar que a questão de os tribunais arbitrais serem ou não órgãos de soberania tornou-se mais controversa com a entrada em vigor da Lei Constitucional nº 1/82, de 30 de Setembro (a 1ª Revisão Constitucional). Com efeito, enquanto o artigo 205º da CRP (hoje artigo 202º, nº 1) manteve a primitiva redacção, o artigo 212º da CRP (actual artigo 209º) sofreu algumas alterações: referimo-nos, sobretudo, à inclusão dos tribunais arbitrais entre as diversas categorias de tribunais. Passou a verificar-se, assim, um aparente desfasamento entre estes dois preceitos, que não existia antes da 1ª Revisão Constitucional (nessa altura, verificava-se uma perfeita sintonia entre a definição de tribunais do então artigo 205º e as categorias de tribunais enunciadas no artigo 212º) – *cfr.* acórdão do Tribunal Constitucional nº 230/86, *cit.*, e António Pedro Pinto Monteiro, "Do recurso de decisões arbitrais para o Tribunal Constitucional", *cit.*, pp. 194 e ss. Para maiores desenvolvimentos sobre os tribunais enquanto órgãos de soberania com competência para administrar a justiça em nome do povo, veja-se A. Castanheira Neves, "Da 'Jurisdição' no actual Estado-de-Direito", *cit.*, pp. 177 a 227.

da República, Governo e Tribunais) são "órgãos da soberania do Estado"[250], não abrangendo, portanto, os tribunais arbitrais.

Isto significa que os árbitros não dispõem dos mesmos poderes que os juízes estaduais. Referimo-nos, por exemplo, ao facto de os tribunais arbitrais: (i) não terem competência executiva (como se depreende, desde logo, do artigo 47º, nº 1, da LAV); (ii) não terem competência para aplicar multas (sendo controvertido que possam aplicar sanções pecuniárias compulsórias, pelo menos nos termos da lei portuguesa – artigo 829º-A do CC); (iii) não poderem exigir o juramento de quem for chamado a depor; (iv) não poderem forçar uma determinada pessoa a comparecer perante si, nem condenar uma testemunha por depoimento falso; e (v) verem-se, por vezes, constrangidos em recorrer ao tribunal estadual em matéria de obtenção de provas (documental, testemunhal e/ou pericial – artigo 38º da LAV)[251].

[250] PEDRO LOMBA, "Artigo 110º", *cit.*, p. 38. Note-se, além do mais, que os órgãos de soberania revestem a natureza de órgãos, isto é, "assumem-se como estruturas de poder e competências institucionalizadas, para a prática de actos jurídicos e para a manifestação de uma determinada vontade funcional" (PEDRO LOMBA, *op. cit.*, pp. 37 e 38) – onde não nos parece que se possam incluir os tribunais arbitrais.

[251] *Vide* JOSÉ LEBRE DE FREITAS, *Introdução ao Processo Civil...*, *cit.*, pp. 84 e 85, nota de rodapé nº 20, M. HENRIQUE MESQUITA, "Arbitragem: competência do tribunal arbitral...", *cit.*, pp. 1382 a 1385, J. J. GOMES CANOTILHO / VITAL MOREIRA, *Constituição da República Portuguesa Anotada*, vol. II, 4ª ed, *cit.*, pp. 551 e 552, ANTÓNIO MENEZES CORDEIRO, *Tratado da Arbitragem...*, *cit.*, p. 330, DÁRIO MOURA VICENTE, *Da Arbitragem Comercial Internacional...*, *cit.*, p. 66, e ROLF A. SCHÜTZE, *Schiedsgericht und Schiedsverfahren*, *cit.*, p. 62. A questão de os tribunais arbitrais terem ou não competência executiva foi muito discutida na sequência do Decreto-Lei nº 226/2008, de 20 de Novembro, que, de forma muito polémica, e após a autorização concedida pela Lei nº 18/2008, de 21 de Abril (artigo 9º), veio prever a *arbitragem institucionalizada no âmbito da acção executiva* (artigos 11º a 18º). Esta ideia infeliz foi duramente criticada (e bem) por vários autores, não tendo chegado a ser criado nenhum centro de arbitragem com competências nesta matéria. De salientar que os artigos 11º a 18º do mencionado Decreto-Lei nº 226/2008 – que previam e regulavam a arbitragem institucionalizada na acção executiva – foram, entretanto, revogados pela Lei nº 41/2013, de 26 de Junho, que aprovou o actual CPC (artigo 4º, alínea e), da lei preambular). Quanto às críticas feitas, vejam-se MARIANA FRANÇA GOUVEIA, "A Novíssima Acção Executiva. Análise das mais Importantes Alterações", *cit.*, pp. 590 a 601, PAULA COSTA E SILVA, *A Nova Face da Justiça...*, *cit.*, pp. 93 a 104, ARMINDO RIBEIRO MENDES, "O Processo Executivo no Futuro Código de Processo Civil", *cit.*, pp. 118 a 120, FERNANDO AMÂNCIO FERREIRA, *Curso de Processo de Execução*, *cit.*, pp. 145 a 148, e ELIZABETH FERNANDEZ, "A (pretensa) reforma da acção executiva", *cit.*, pp. 33 e 34; sobre esta questão, *vide*, ainda, SÓNIA MOURA, "A arbitragem executiva", *cit.*, pp. 88 a 109, MARIANA FRANÇA GOUVEIA, *Curso de Resolução Alternativa de Litígios*, *cit.*, pp. 218 e ss., e, na vigência da anterior LAV, RAÚL VENTURA, "Convenção de Arbitragem", *cit.*, p. 329. Em sentido contrário, defendendo o regime da arbitragem institucionalizada no âmbito da acção executiva, veja-se JOÃO DE FIGUEIREDO SALVADOR, *A Arbitragem Institucionalizada na Acção Executiva*, *cit.*, e J. O. CARDONA FERREIRA, "Arbitragem: Caminho da Justiça?...", *cit.*, pp. 285 e 286. No que respeita

A isto acresce, como veremos, o facto de os tribunais arbitrais terem uma jurisdição limitada no que toca à intervenção de terceiros. Com efeito, diferentemente do que sucede com os tribunais estaduais, em relação aos quais, em princípio, estarão submetidas todas as pessoas a que a lei atribua personalidade judiciária (radicando a admissão da intervenção de um terceiro "nos *poderes de autoridade do tribunal* e na submissão de todos à sua jurisdição"), o tribunal arbitral não tem um poder jurisdicional sobre todos, mas apenas sobre aqueles que se tiverem submetido à sua jurisdição através da convenção de arbitragem[252] (sendo necessário, como se referirá mais à frente, que o terceiro esteja vinculado à mencionada convenção para que possa intervir no processo[253]). Os poderes dos árbitros são, deste modo, menos abrangentes[254].

Por outro lado, e ainda no que respeita à esfera de competência dos árbitros, note-se que, também quanto ao próprio litígio em si, esta competência é consideravelmente mais reduzida do que aquela que encontramos nos tribunais estaduais. Na verdade, como se sabe, nem todos os litígios podem ser submetidos a arbitragem[255]. Apenas aqueles que se enquadrem no critério de arbitrabilidade definido na lei – critério da natureza patrimonial da pretensão, conjugado com o da transigibilidade do direito controvertido – poderão ser cometidos pelas partes à decisão de árbitros (desde que, claro, não este-

à impossibilidade de os tribunais arbitrais aplicarem sanções pecuniárias compulsórias, tal como as conhecemos do artigo 829º-A do CC – preceito que, como se sabe, se inspirou no regime francês das *astreintes* (*cfr.* João Calvão da Silva, *Cumprimento e Sanção Pecuniária Compulsória*, *cit.*, pp. 353 e ss., 385 e ss., bem como António Pinto Monteiro, *Cláusula Penal e Indemnização*, *cit.*, pp. 117 e ss.) –, vejam-se Joaquim Shearman de Macedo, "Sanção Pecuniária Compulsória e Arbitragem...", *cit.*, pp. 811 a 829, e Mário Raposo, "Tribunais Arbitrais e Medidas Cautelares", *cit.*, pp. 46 a 49; em sentido contrário, defendendo a possibilidade de aplicação de sanções pecuniárias compulsórias (embora apenas por referência à arbitragem necessária), acórdão do Tribunal da Relação de Lisboa de 21/12/2015 (Relatora Maria do Rosário Gonçalves, processo 1546/15.1YRLSB-1). Sobre o tema, *vide*, ainda, Pedro Pina, "Arbitragem e Jurisdição", *cit.*, p. 148, Andrea Carlevaris, "The Enforcement of Interim Measures ordered by International Arbitrators...", *cit.*, pp. 15 e 16, e, especificamente sobre as astreintes na arbitragem, Jean-François Poudret / Sébastien Besson, *Comparative Law of International Arbitration*, *cit.*, pp. 467 e 468, e Laurent Lévy, "Les astreintes et l'arbitrage international en Suisse", *cit.*, pp. 21 a 36.

[252] Paula Costa e Silva / Marco Gradi, "A Intervenção de Terceiros...", *cit.*, p. 65.

[253] *Cfr.* Artigo 36º, nº 1, da LAV.

[254] Essa é uma das razões pelas quais, mais uma vez, não se pode afirmar, em rigor, que os tribunais arbitrais administram a "justiça em nome do povo", tal como previsto no mencionado artigo 202º, nº 1, da CRP. Na verdade, o tribunal arbitral só administrará a justiça em nome daqueles que estiverem submetidos à sua jurisdição por força de uma convenção de arbitragem.

[255] *Vide* Raúl Ventura, "Convenção de Arbitragem", *cit.*, p. 317.

jam exclusivamente submetidos, por lei especial, aos tribunais do Estado ou a arbitragem necessária)[256].

Em suma, o Estado partilha a *jurisdictio*, mas não o *imperium*. Os tribunais arbitrais têm, assim, o poder de *dizer o Direito*[257] (existindo, a este respeito, uma aproximação entre as figuras do juiz e do árbitro[258]), mas não têm *ius imperii*[259], não dispondo dos mesmos poderes que assistem aos juízes estaduais[260].

7.1.3. A relação necessária entre tribunais arbitrais e tribunais estaduais: o papel de apoio/assistência e a função de controlo

Uma segunda diferença essencial que faz com que os tribunais arbitrais não sejam "tribunais como os outros"[261] prende-se com a *relação necessária que se estabelece entre os tribunais arbitrais e os tribunais estaduais*; ou melhor, com a relação que os primeiros estabelecem com os segundos[262]. Referimo-nos, em concreto, ao relevante papel de *apoio e assistência* que, por vezes, os tribunais

[256] Artigo 1º, nºs 1 e 2, da LAV. Vejam-se, entre muitos outros autores, Dário Moura Vicente, *in* Dário Moura Vicente (Coordenador), *Lei da Arbitragem Voluntária Anotada*, *cit.*, pp. 30 e 31, António Menezes Cordeiro, *Tratado da Arbitragem...*, *cit.*, pp. 90 e ss., bem como António Pedro Pinto Monteiro "Da ordem pública no processo arbitral", *cit.*, pp. 619 e ss. Conforme salientam Philippe Fouchard, Emmanuel Gaillard e Berthold Goldman, é perfeitamente compreensível que, em qualquer sociedade, o legislador determine que a resolução de certo tipo de litígios não possa ser entregue a um mecanismo privado de resolução de litígios, como sucede com a arbitragem voluntária (*Fouchard Gaillard Goldman On International Commercial Arbitration*, *cit.*, p. 331). Isso acontece desde logo, e por exemplo, com as questões de estado (*cfr.* João Calvão da Silva, "Convenção de arbitragem – algumas notas", *cit.*, p. 535), bem como com o direito criminal. A questão que se coloca sempre é a de saber como determinar o que é ou não arbitrável. Algo que dependerá, essencialmente, do grau de confiança que o legislador tenha no sistema arbitral como modo de resolução de conflitos (*vide* Philippe Fouchard, Emmanuel Gaillard e Berthold Goldman, *Fouchard Gaillard Goldman On International Commercial Arbitration*, *cit.*, p. 331).

[257] É essa, aliás, a etimologia da palavra jurisdição (*juris* + *dicere*) – *vide* José de Oliveira Ascensão, *O Direito...*, *cit.*, p. 89.

[258] *Cfr.* Carlos Alberto Carmona, "Arbitragem e Jurisdição", *cit.*, pp. 835 e 836. Sobre a referida aproximação (e respectivas diferenças) entre os "juízes privados" (árbitros) e os juízes estaduais, veja-se, em particular, Pires de Lima, "Acórdão de 26 de Março de 1968" [anotação], *cit.*, pp. 109 e ss.

[259] A este propósito, como observam alguns autores, "exclusivo do Estado não é a decisão da controvérsia, mas a tutela coactiva dos direitos" (Salvatore Satta / Carmine Punzi, *Diritto Processuale Civile*, *cit.*, p. 876).

[260] É essa a razão pela qual alguns autores defendem que o árbitro se encontra numa posição inferior em relação ao juiz togado (*cfr.* Carlos Alberto Carmona, "Arbitragem e Jurisdição", *cit.*, pp. 837 e 838).

[261] Acórdão do Tribunal Constitucional nº 230/86, *cit.*

[262] A este respeito, *vide* Bruno Oppetit, *Théorie de l'arbitrage*, *cit.*, pp. 31 e 32.

estaduais são chamados a desempenhar no processo arbitral, bem como à *função de controlo* que estes exercem[263].

Na cena internacional, alguns autores costumam salientar, a este propósito, que muito embora a relação entre os tribunais estaduais e arbitrais seja uma relação de parceria, de cooperação, não é uma parceria entre iguais. Desde logo, "*os tribunais estaduais poderiam existir sem a arbitragem, mas a arbitragem não poderia existir sem os tribunais estaduais*"[264].

O facto de se atribuir competência a um tribunal arbitral não nos leva de imediato a concluir, assim, que a acção dos tribunais estaduais fique definitivamente afastada[265]. Na verdade, a legitimação e a eficiência do exercício da função jurisdicional pelos tribunais arbitrais carecem "desta dupla potencial intervenção dos Tribunais Estaduais (assistência e controlo)"[266] – potencial intervenção que, no fundo, funciona como um *mecanismo de salvaguarda do sistema arbitral*[267], onde o juiz estadual desempenha, naturalmente, um papel muito relevante[268].

263 Poder-se-á falar, a este respeito, de um "*cordão umbilical*" que liga a arbitragem aos tribunais estaduais (MARIA JOSÉ CAPELO, "A lei de arbitragem voluntária e os centros de arbitragem...", *cit.*, p. 104). Para maiores desenvolvimentos sobre a relação e a intervenção dos tribunais estaduais na arbitragem, vejam-se, por exemplo, NIGEL BLACKABY / CONSTANTINE PARTASIDES / ALAN REDFERN / MARTIN HUNTER, *Redfern and Hunter on International Arbitration, cit.*, pp. 415 a 439, JOSÉ CARLOS FERNÁNDEZ ROZAS, "Le rôle des juridictions étatiques devant l'arbitrage commercial international", *cit.*, pp. 23 e ss., FAUSTINO CORDÓN MORENO, *Arbitraje y jurisdicción: algunas cuestiones polémicas, cit.*, pp. 35 e ss., MARTIN ILLMER, *Der Arglisteinwand an der Schnittstelle von staatlicher Gerichtsbarkeit und Schiedsgerichtsbarkeit, cit.*, pp. 17 e ss., CARLOS ALBERTO CARMONA, "O processo arbitral", *cit.*, pp. 142 e 143, e, entre nós, JOSÉ LEBRE DE FREITAS, "Alcance da determinação pelo tribunal judicial...", *cit.*, pp. 570 a 572, PEDRO METELLO DE NÁPOLES / CARLA GÓIS COELHO, "A arbitragem e os tribunais estaduais...", *cit.*, pp. 195 a 219, DANIELA MIRANTE, *Os Efeitos da Anulação da Sentença Arbitral, cit.*, pp. 73 e ss., PEDRO SIZA VIEIRA / NUNO FERREIRA LOUSA, *in* DÁRIO MOURA VICENTE (Coordenador), *Lei da Arbitragem Voluntária Anotada, cit.*, pp. 77 e 78, MANUEL PEREIRA BARROCAS, *Manual de Arbitragem, cit.*, pp. 260 a 272, e JOAQUIM SHEARMAN DE MACEDO, "Assistência dos tribunais estaduais na obtenção de prova..., pp. 63 a 76.

264 NIGEL BLACKABY / CONSTANTINE PARTASIDES / ALAN REDFERN / MARTIN HUNTER, *Redfern and Hunter on International Arbitration, cit.*, p. 416.

265 *Cfr.* PEDRO METELLO DE NÁPOLES / CARLA GÓIS COELHO, "A arbitragem e os tribunais estaduais...", *cit.*, p. 197.

266 PEDRO METELLO DE NÁPOLES / CARLA GÓIS COELHO, "A arbitragem e os tribunais estaduais...", *cit.*, pp. 198 e 199.

267 Neste sentido, especificamente por referência à arbitragem comercial internacional e ao artigo 5º da Lei-Modelo da UNCITRAL, *vide* PETER BINDER, *International Commercial Arbitration..., cit.*, p. 64. Para este autor, por exemplo, não há dúvidas de que o sucesso da arbitragem comercial internacional não seria possível sem a mencionada assistência e controlo dos tribunais estaduais. Na mesma linha, veja-se, ainda, WILLIAM W. PARK, "The Nature of Arbitral Authority: A Comment on Lesotho Highlands", *cit.*, p. 483.

Em que consiste, então, a mencionada relação necessária? Isto é, como se concretiza o papel de apoio e assistência e a referida função de controlo?

Começando por esta última, importa salientar que o papel que os tribunais estaduais desempenham (ou podem vir a desempenhar) em vários momentos do processo arbitral passa, desde logo, por uma relevante *função de controlo* – função que se exprime, sobretudo, na acção de anulação da decisão arbitral[269]. A importância desta função compreende-se: a possibilidade de impugnação da sentença arbitral é uma condição necessária da sua equiparação pública à sentença de um tribunal estadual[270]; quer dizer, "o Estado só reconhece decisões vinculativas de privados se puder controlar a sua validade, designadamente se puder verificar que foram respeitadas as regras mínimas do processo justo"[271] (onde, como veremos, emerge com particular relevância o princípio da igualdade das partes). É essa a razão pela qual, aliás, nos termos da LAV, o direito de requerer a anulação da decisão arbitral é irrenunciável[272] – irrenunciabilidade que advém da própria ordem pública, não podendo o Estado demitir-se da possibilidade de controlo último da legalidade dos actos do procedimento arbitral[273].

[268] *Cfr.* Eric Loquin, "L'arbitrage: entre droit et équité", *cit*,, p. 627, e Maria João Mimoso, *Arbitragem do Comércio Internacional..., cit.*, pp. 332 e ss.

[269] *Vide* José Lebre de Freitas, "Alcance da determinação pelo tribunal judicial...", *cit.*, p. 571. A LAV consagra *três meios de impugnação da sentença arbitral*: acção de anulação, recurso e oposição à execução (ao qual se poderá ainda acrescentar, verificados os requisitos legais, a possibilidade de recurso para o Tribunal Constitucional) – *cfr.* Mariana França Gouveia, *Curso de Resolução Alternativa de Litígios, cit.*, p. 297. Ora, de entre estes meios, a acção de anulação é, sem dúvida, "o modo primordial de controlo da arbitragem" (Patrícia da Guia Pereira, "Fundamentos de anulação da sentença arbitral...", *cit.*, p. 1058). Basta ter em atenção que, em regra, a sentença arbitral não é recorrível (artigo 39º, nº 4, da LAV) e a oposição à execução só será, evidentemente, relevante caso estejamos perante a execução de uma sentença arbitral. Sobre a importância e a função da acção de anulação no processo arbitral, veja-se, por exemplo, António Pedro Pinto Monteiro, "Da ordem pública no processo arbitral", *cit.*, pp. 635 e ss.

[270] *Cfr.* Mariana França Gouveia, *Curso de Resolução Alternativa de Litígios, cit.*, p. 295.

[271] Mariana França Gouveia, *Curso de Resolução Alternativa de Litígios, cit.*, p. 295. Dir-se-á, a este respeito, que "o sistema de vias de impugnação de decisões arbitrais concebido pelo legislador ordinário é o teste último a que o intérprete deve sujeitar o instituto da arbitragem voluntária, de modo a aperceber-se da autonomia efectivamente atribuída a esta forma de resolução de conflitos" (Paula Costa e Silva, "Os meios de impugnação...", p. 180).

[272] Artigo 46º, nº 5, da LAV.

[273] *Vide* António Quirino Duarte Soares, "Impugnação de decisões arbitrais...", *cit.*, p. 14, António Menezes Cordeiro, *Tratado da Arbitragem..., cit.*, p. 455, e Artur Flamínio da Silva, *A Resolução de Conflitos Desportivos..., cit.*, pp. 344 e 345. Sobre a irrenunciabilidade ao direito de requerer a anulação da sentença arbitral, veja-se Paula Costa e Silva, "Anulação e Recursos da Decisão Arbitral", *cit.*, pp. 968 e 969.

O papel dos tribunais estaduais não se resume, em todo o caso, apenas a esta função de controlo. Com efeito, importa não esquecer o relevante *papel de apoio e assistência* que os mesmos podem vir a desempenhar, ainda, em vários momentos da arbitragem[274]: desde logo, na constituição do tribunal arbitral (com particular destaque para a designação dos árbitros[275]), no que respeita ao decretamento de providências cautelares[276], no âmbito da produção de prova[277], na execução de sentenças arbitrais[278] e no reconhecimento e execução de sentenças arbitrais estrangeiras[279]-[280]. O artigo 59º da LAV é, nesta matéria, bem elucidativo dos muitos momentos em que o tribunal estadual competente poderá ser chamado a intervir num processo arbitral[281].

Com excepção das mencionadas funções de controlo e de assistência (e dentro dos limites destas funções), note-se, porém, que a relação que necessariamente se estabelece com os tribunais estaduais não significa também, evidentemente, que estes se possam imiscuir no desempenho dos tribunais arbitrais[282]. Quer dizer, além de circunscrita, e dependente da iniciativa de algum interessado[283], a intervenção dos tribunais estaduais deverá limitar-se

[274] Repare-se que não se trata agora de controlar, mas sim de *assegurar o bom funcionamento dos tribunais arbitrais e do processo arbitral*.

[275] Artigos 10º e 11º da LAV.

[276] Artigos 27º a 29º da LAV. Especificamente sobre os muitos e interessantes problemas que se colocam a respeito do decretamento de providências cautelares, veja-se, na vigência da anterior LAV, Gonçalo Malheiro, *Os poderes concorrenciais dos Tribunais Arbitrais...*, *cit.*, e, na actual LAV, Pedro Caetano Nunes, "Arbitragem e medidas cautelares: algumas notas", *cit.*, pp. 99 a 118.

[277] Artigo 38º da LAV. A este respeito, *vide* Rita Nunes dos Santos, "A obtenção de documentos em poder da parte contrária em processo arbitral", *cit.*, pp. 252 e ss.

[278] Artigos 47º e 48º da LAV.

[279] Artigos 55º a 58º da LAV.

[280] Este papel de apoio e assistência dos tribunais estaduais verifica-se, obviamente, quer em arbitragens institucionalizadas, quer em arbitragens *ad hoc*, embora se faça sentir com mais intensidade nestas últimas.

[281] *Cfr.* Pedro Metello de Nápoles / Carla Góis Coelho, "A arbitragem e os tribunais estaduais...", *cit.*, p. 199. Sobre os vários casos de intervenção dos tribunais estaduais, vejam-se, designadamente, António Menezes Cordeiro, *Tratado da Arbitragem...*, *cit.*, p. 215, Isabel Alexandre, "O tribunal estadual competente...", *cit.*, pp. 117 e ss., Marta Alves Vieira, "A competência dos tribunais estaduais na arbitragem...", *cit.*, pp. 137 a 225, e, por referência à arbitragem internacional, Julian D. M. Lew, "Does National Court Involvement Undermine the International Arbitration Processes?", *cit.*, pp. 496 e ss.

[282] *Vide* José Lebre de Freitas, "Alcance da determinação pelo tribunal judicial...", *cit.*, pp. 570 e 571.

[283] Vejam-se Isabel Alexandre, "O tribunal estadual competente...", *cit.*, p. 118, Pedro Metello de Nápoles / Carla Góis Coelho, "A arbitragem e os tribunais estaduais...", *cit.*, p. 198 (nota de rodapé nº 7), e João Raposo, "A intervenção do tribunal judicial na arbitragem...", p. 111.

ao estritamente necessário[284], revestindo natureza excepcional[285]. Repare-se, aliás, que já na exposição de motivos da Proposta de Lei nº 34/IV – que, como referido, se converteu na Lei nº 31/86, de 29 de Agosto (anterior LAV) – se chamava a atenção para o facto de a arbitragem voluntária assentar na autonomia privada, devendo os tribunais arbitrais "desvincular-se de toda a desnecessária ou desrazoável intervenção dos tribunais judiciais"; a intervenção destes últimos estaria "reduzida a hipóteses muito contadas"[286]. E é justamente neste sentido que se deverá interpretar o actual artigo 19º da LAV, quando se dispõe que, "nas matérias reguladas pela presente lei, os tribunais estaduais só podem intervir nos casos em que esta o prevê"[287].

Várias são as diferenças que separam, assim, os tribunais arbitrais dos tribunais estaduais – tal como a referida circunstância de os primeiros não serem órgãos de soberania e não terem *ius imperii*, bem como a mencionada relação necessária que se estabelece com os segundos (sobretudo ao nível do papel de apoio e de assistência e da função de controlo, que acabámos de ver). Um

[284] *Cfr.* João Raposo, "A intervenção do tribunal judicial na arbitragem...", *cit.*, pp. 109 e 110. Na verdade, poder-se-á afirmar que, se, "podendo recorrer aos tribunais judiciais, as partes o não fizeram, tal desvio só poderá significar que pretenderam libertar-se da tutela estadual, limitando ao *mínimo* e ao *estritamente necessário* a intervenção dos tribunais públicos" (Pedro Pina, "Arbitragem e Jurisdição", *cit.*, p. 136). No mesmo sentido, veja-se, também, o acórdão do Tribunal da Relação de Lisboa de 18/05/2004 (Relator Jorge Santos, processo 3094/2004-7).

[285] Vejam-se Pedro Metello de Nápoles / Carla Góis Coelho, "A arbitragem e os tribunais estaduais...", *cit.*, p. 196, e Marta Alves Vieira, "A competência dos tribunais estaduais na arbitragem...", *cit.*, p. 140. A este respeito, defendendo – no âmbito da constituição do tribunal arbitral – que a intervenção dos tribunais estaduais deve ser *subsidiária*, *vide* Paula Costa e Silva, "Preterição do contraditório...", *cit.*, pp. 313 e 314, e Paula Costa e Silva / Nuno Trigo dos Reis, "A natureza do procedimento judicial de nomeação de árbitro", *cit.*, p. 970.

[286] *Cfr.* Ponto 3 da exposição de motivos. É essa a razão para que, muitas vezes, se prefira o termo "*colaboração*" ao termo "*intervenção*" dos tribunais estaduais (João Luís Lopes dos Reis, "Questões de arbitragem *ad hoc* II...", *cit.*, p. 267).

[287] Sobre o alcance e razão de ser desta norma, inspirada no artigo 5º da Lei-Modelo da UNICTRAL (e que, por sua vez, inspirou também o § 1026 do ZPO alemão e o artigo 7º da lei de arbitragem espanhola), vejam-se, especialmente, António Menezes Cordeiro, *Tratado da Arbitragem...*, *cit.*, pp. 213 a 216, assim como António Sampaio Caramelo, "A Competência da Competência e a Autonomia do Tribunal Arbitral", *cit.*, pp. 70 a 74, Isabel Alexandre, "O tribunal estadual competente...", *cit.*, pp. 126 e 127, e Pedro Siza Vieira / Nuno Ferreira Lousa, *in* Dário Moura Vicente (Coordenador), *Lei da Arbitragem Voluntária Anotada*, *cit.*, pp. 77 e 78; quanto aos correspondentes preceitos do ZPO alemão e da lei de arbitragem espanhola, *vide* Peter Schlosser, *in* Stein / Jonas (coordenadores), *Kommentar zur Zivilprozessordnung*, *cit.*, pp. 50 a 52, Karl Heinz Schwab / Gerhard Walter, *Schiedsgerichtsbarkeit: Kommentar...*, *cit.*, p. 273, Ben Steinbrück, *Die Unterstützung ausländischer Schiedsverfahren durch staatliche Gerichte*, *cit.*, pp. 258 a 260, Vicente Guzmán Fluja, "Artículo 7. Intervención judicial", *cit.*, pp. 286 a 306, e Fernando Mantilla-Serrano, *Ley de Arbitraje. Una perspectiva internacional*, *cit.*, pp. 70 e 71.

ponto essencial, todavia, importa não perder de vista: apesar dessas diferenças, a verdade é que, repita-se, os tribunais arbitrais não deixam de ser verdadeiros tribunais[288]; verdadeiros tribunais que exercem a função jurisdicional com a mesma dignidade que a exercem os tribunais estaduais[289].

7.2. A dupla fonte de legitimação do poder dos árbitros

7.2.1. A origem contratual e a cobertura constitucional e legal da arbitragem

É pressuposto inquestionável que, não obstante a arbitragem ser jurisdição, a competência do tribunal arbitral resulta de um acto de autonomia, ou seja, é através de um acto de *autonomia privada* (a convenção de arbitragem) que as partes conferem aos árbitros o poder para decidir um determinado litígio[290]. A arbitragem tem, deste modo, uma *origem contratual*, sendo fruto da autonomia privada[291]. Os tribunais arbitrais são, justamente, criados em conformidade com a vontade das partes, expressa na *convenção de arbitragem* – convenção que constitui a fonte dos seus poderes e delimita o âmbito da respectiva competência, aproximando os interessados das soluções[292].

Deste modo, enquanto a jurisdição dos tribunais estaduais se baseia na lei, a jurisdição dos tribunais arbitrais baseia-se, *sobretudo*, na convenção de arbitragem, isto é, na vontade das partes expressa na convenção de arbitragem (e daí que se diga que estes tribunais têm um fundamento semelhante ao do negócio jurídico)[293].

[288] *Vide* FILIPE BRITO BASTOS, "A arbitragem em Direito Administrativo...", *cit.*, pp. 89 e 90, MARIA JOÃO MIMOSO, *Arbitragem do Comércio Internacional...*, *cit.*, pp. 160 a 162, e, na jurisprudência constitucional, os acórdãos do Tribunal Constitucional nºs 230/86 e 757/95, ambos *cit.*, bem como os acórdãos nºs 259/97, de 18/03/1997 (Relator Tavares da Costa, processo nº 450/95), e 2/2013, de 09/01/2013 (Relatora Maria José Rangel de Mesquita, processo nº 478/12).

[289] *Cfr.* FAUSTO DE QUADROS, "Arbitragem 'necessária', 'obrigatória', 'forçada'...", *cit.*, pp. 258 e 264.

[290] *Cfr.* PAULA COSTA E SILVA / MARCO GRADI, "A Intervenção de Terceiros...", *cit.*, pp. 51 e 52.

[291] O fundamento da arbitragem "está na autonomia privada" (GIOVANNI VERDE, *Diritto processuale civile*, vol. 3, *cit.*, p. 308), sendo, portanto, *indiscutível* tal fundamento e base contratual (*cfr.* PHILIPPE FOUCHARD / EMMANUEL GAILLARD / BERTHOLD GOLDMAN, *Fouchard Gaillard Goldman On International Commercial Arbitration*, *cit.*, p. 29, e A. FERRER CORREIA, "Da arbitragem comercial internacional", *cit.*, pp. 205 e 206).

[292] *Vide* CARLOS FERREIRA DE ALMEIDA, "Convenção de arbitragem: conteúdo e efeitos", *cit.*, p. 82, e J. O. CARDONA FERREIRA, "Arbitragem: Caminho da Justiça?...", *cit.*, p. 275.

[293] *Cfr.* JOSÉ LEBRE DE FREITAS, *Introdução ao Processo Civil...*, *cit.*, pp. 84 e 85. A convenção de arbitragem deverá, assim, ser qualificada como um "*negócio jurídico processual*" – JOSÉ LEBRE DE FREITAS, "Algumas implicações da natureza da convenção de arbitragem", *cit.*, pp. 551 a 553, e "O Princípio do Contraditório na Nomeação de Árbitro...", *cit.*, p. 33, CARLOS FERREIRA DE ALMEIDA, "Convenção de arbitragem: conteúdo e efeitos", *cit.*, p. 83, e PAULA COSTA E SILVA / NUNO TRIGO DOS REIS, "A natureza do procedimento judicial de nomeação de árbitro", *cit.*,

Dizemos "sobretudo", uma vez que, convém não esquecer, a autonomia das partes tem por trás a referida cobertura constitucional e legal que é dada à arbitragem (e que a torna possível)[294]. Com efeito, se é certo que a arbitragem repousa na vontade das partes, é igualmente certo que é em virtude da lei que essa mesma vontade das partes pode produzir efeitos jurídicos[295]. Se nós temos arbitragem (tribunais arbitrais, processos arbitrais, etc.), é porque há um enquadramento constitucional e legal que o permite. Note-se que o efeito de caso julgado da decisão arbitral não advém da simples vontade das partes (nem poderia)[296].

A fonte de legitimação do poder dos árbitros é, desta forma, *dupla*: resulta da *conjugação da lei com a vontade autónoma das partes, expressa na convenção de arbitragem*[297]-[298]. Neste sentido, não obstante, como dissemos, a jurisdição

pp. 982 e 983 (nota de rodapé nº 56). Mais concretamente, poder-se-á afirmar que é um negócio processual *bilateral*, quer dizer, um "*contrato processual*" (Karl Heinz Schwab / Gerhard Walter, *Schiedsgerichtsbarkeit: Kommentar...*, *cit.*, p. 65, e Leo Rosenberg / Karl Heinz Schwab / Peter Gottwald, *Zivilprozessrecht*, *cit.*, p. 1098); sobre a matéria dos negócios processuais, e a sua subdivisão em unilaterais e bilaterais (falando-se, neste último caso, em "contratos processuais"), *vide*, em particular, Miguel Teixeira de Sousa, *Estudos sobre o Novo Processo Civil*, *cit.*, pp. 193 e ss.

294 Cobertura constitucional e legal que, como vimos, já vem de longe. Veja-se, a este propósito, a breve evolução histórica que fizemos antes.

295 Vejam-se Ousmane Diallo, *Le consentement des parties à l'arbitrage international*, *cit.*, p. 13, e Lucinda Dias da Silva, "Os Custos da Justiça à luz dos Princípios Processuais", *cit.*, pp. 322 e 323.

296 *Vide* José Lebre de Freitas, "Intervenção de terceiros em processo arbitral", *cit.*, p. 188. Neste sentido, vale a pena reiterar a interpelação que Rodrigues de Brito fez na sessão de 04/02/1822 no âmbito das Cortes Constituintes vintistas (de onde viria a resultar a Constituição de 1822): "Senhores: o juizo dos arbitros não eh uma simples convenção; he necessario dar-lhe a força de julgado, e fazelo exequivel; e para que seja exequivel he preciso que seja autorizado pela lei" (Diario das Cortes Geraes e Extraordinarias da Nação Portugueza, 1822, p. 81, *in* https://www.parlamento.pt/). Sobre o interessante debate que se travou nesta altura, veja-se Luís Pedroso de Lima Cabral de Oliveira, "Arbitragem em direito público...", *cit.*, pp. 29 e ss.; para maiores desenvolvimentos sobre as Cortes Constituintes, *vide* Isabel Graes, *O Poder e a Justiça em Portugal no Século XIX*, *cit.*, pp. 122 e ss.

297 *Cfr.* José Lebre de Freitas, *Introdução ao Processo Civil...*, *cit.*, p. 85, e Lucinda Dias da Silva, "Os Custos da Justiça à luz dos Princípios Processuais", *cit.*, pp. 322 e 323. Fazendo também referência a esta necessária conjugação, veja-se, ainda, Paulo Otero, " 'Exercício de poderes públicos de autoridade por entidades privadas com funções administrativas'...", *cit.*, p. 848. Na mesma linha, alertando para a importância da lei neste contexto, *vide* Manuel Pereira Barrocas, *Lei de Arbitragem Comentada*, *cit.*, p. 118, Maria João Mimoso, *Arbitragem do Comércio Internacional...*, *cit.*, p. 58, e Nigel Blackaby / Constantine Partasides / Alan Redfern / Martin Hunter, *Redfern and Hunter on International Arbitration*, *cit.*, p. 416.

298 A Proposta de Lei nº 34/IV [da qual resultou a Lei nº 31/86, de 29 de Agosto (anterior LAV)] fazia menção, a este propósito, ao "*carácter bifrontal do instituto da arbitragem voluntária*" (ponto 4 da exposição de motivos).

dos tribunais arbitrais se basear, sobretudo, na convenção de arbitragem, a verdade é que se poderá até afirmar que *é na lei* (desde logo, no artigo 209º, nº 2, da CRP e na LAV) – *e não na vontade das partes* – *"que reside a primeira fonte e o fundamento último de toda a arbitragem"*[299].

A convenção de arbitragem, no fundo, é o "impulso (contratual)" para que seja conferido aos árbitros o poder jurisdicional, que tem base legal[300]. Desta forma, os poderes do árbitro não derivam apenas da convenção de arbitragem; provêm também da lei[301] – lei que "prevê e enquadra juridicamente a arbitragem"[302].

7.2.2. A inexistência de um vazio jurídico na arbitragem. A lei substantiva e a lei processual

A cobertura constitucional e legal da arbitragem tem sido fonte de alguns equívocos (sobretudo no que se refere ao enquadramento jurídico que proporciona) cuja análise se revela essencial no contexto do nosso trabalho.

A arbitragem, como se sabe, não se desenvolve num *vazio jurídico*[303]. Pelo contrário: ela está *ancorada numa ordem jurídica*[304], com todas as implicações que isso representa. Isto é, a arbitragem "faz parte de um todo", pelo que "não caminha só" – convive em harmonia com a jurisdição estadual[305], com a qual mantém uma relação que poderemos considerar "umbilical"[306].

É certo que, à semelhança da Lei-Modelo da UNCITRAL e de muitas outras leis, a LAV delimita um espaço próprio para a arbitragem. Em todo o caso, é igualmente certo que a mesma se insere "numa ordem jurídica coerente e harmónica, a qual comporta valores e princípios cogentes, que não podem ser afastados"[307].

[299] Ousmane Diallo, *Le consentement des parties à l'arbitrage international*, *cit.*, p. 13

[300] Pedro Romano Martinez, "Análise do vínculo jurídico do árbitro em arbitragem voluntária *ad hoc*", *cit.*, p. 838.

[301] *Vide* M. Henrique Mesquita, "Arbitragem: competência do tribunal arbitral...", *cit.*, p. 1391.

[302] Pedro Costa Gonçalves, "Administração Pública e arbitragem...", *cit.*, p. 781 (veja-se, ainda, a p. 796).

[303] *Cfr.* Bruno Oppetit, *Théorie de l'arbitrage*, *cit.*, p. 83, António Pedro Pinto Monteiro, "Da ordem pública no processo arbitral", *cit.*, p. 636, e, especificamente por referência à arbitragem internacional, Nigel Blackaby / Constantine Partasides / Alan Redfern / Martin Hunter, *Redfern and Hunter on International Arbitration*, *cit.*, pp. 156 e 157.

[304] *Vide* António Sampaio Caramelo, "Anulação de sentença arbitral contrária à ordem pública", *cit.*, pp. 155 a 159.

[305] Francisco José Cahali, "Arbitragem e o Projeto de Código de Processo Civil", *cit.*, p. 277.

[306] Maria José Capelo, "A lei de arbitragem voluntária e os centros de arbitragem...", *cit.*, p. 104, e António Pedro Pinto Monteiro, "Da ordem pública no processo arbitral", *cit.*, p. 636.

[307] António Menezes Cordeiro, *Tratado da Arbitragem...*, *cit.*, p. 215.

A opção pela arbitragem não visa, assim, concretizar uma qualquer fuga ao direito positivo[308]. Na verdade, existe sempre um enquadramento legal. O que é importante é perceber esse enquadramento; e é justamente aqui que residem muitos dos equívocos que referimos.

Em primeiro lugar, importa salientar que se a arbitragem tiver lugar (ou sede) em território português[309], a LAV será, desde logo, aplicável; o mesmo sucedendo com o reconhecimento e execução, em Portugal, de sentenças proferidas em arbitragens localizadas no estrangeiro. É isso que dita o *princípio da territorialidade* previsto no artigo 61º deste diploma[310]. As chamadas arbitragens "deslocalizadas" (subtraídas a qualquer sistema jurídico) não são, deste modo, admissíveis no nosso país[311].

Esclarecida a inexistência de vazio jurídico, o passo seguinte passa pela distinção entre a *lei substantiva* e a *lei processual*.

A primeira vem regulada no artigo 39º da LAV (preceito que deve ser conjugado com o artigo 52º, previsto para a arbitragem internacional[312]). Aí se dispõe que os árbitros julgam segundo o "*direito constituído*" (nº 1), a menos que as partes determinem o julgamento pela equidade (nº 1, 2ª parte, e nº 2) ou "por apelo à composição das partes na base do equilíbrio dos interesses em jogo" (nº 3)[313]. Fruto da origem contratual da arbitragem, as partes têm uma grande liberdade nesta matéria[314].

308 *Cfr.* Mário Esteves de Oliveira (coordenação), *Lei da Arbitragem Voluntária Comentada, cit.*, pp. 455 e 456.

309 Note-se que o lugar da arbitragem é muitas vezes também designado por *sede da arbitragem* (*cfr.* António Sampaio Caramelo, "Da condução do processo arbitral...", *cit.*, p. 163). Sobre a importância da escolha do lugar (ou sede) da arbitragem (artigo 31º da LAV), veja-se, por exemplo, António Sampaio Caramelo, *op. cit.*, pp. 163 a 165.

310 O princípio da territorialidade que a LAV consagra é comum a outras ordens jurídicas: caso, por exemplo, da Alemanha [§ 1025 (1) do ZPO] e da Espanha (artigo 1º, nº 1, da lei de arbitragem); sobre estas disposições, *vide*, respectivamente, Adolf Baumbach / Wolfgang Lauterbach / Jan Albers / Peter Hartmann, *Zivilprozessordnung*, 72ª ed., *cit.*, pp. 2609 e 2610, e Carlos Esplugues Mota, "Artículo 1. Ámbito de aplicación", *cit.*, pp. 97 e ss.

311 Dário Moura Vicente, *in* Dário Moura Vicente (Coordenador), *Lei da Arbitragem Voluntária Anotada, cit.*, p. 183.

312 *Cfr.* António Menezes Cordeiro, *Tratado da Arbitragem..., cit.*, pp. 360 e 361.

313 Sobre a *composição amigável de interesses* prevista no nº 3 do artigo 39º da LAV, e o equívoco subjacente à sua consagração, vejam-se Mário Raposo, "Art. 35 da LAV ('composição amigável'): o grande equívoco", *cit.*, pp. 371 a 390, António Menezes Cordeiro, *Tratado da Arbitragem..., cit.*, pp. 377 e 378, e Mário Esteves de Oliveira (coordenação), *Lei da Arbitragem Voluntária Comentada, cit.*, pp. 466 e 467.

314 *Vide* Cândido Rangel Dinamarco, *A Arbitragem na Teoria Geral do Processo, cit.*, pp. 41 a 45.

Dois pontos essenciais, todavia, cumpre destacar a respeito do artigo 39º: (i) este preceito visa apenas o direito aplicável ao mérito ou fundo da causa (substância do litígio) e não as regras do processo arbitral[315]; e (ii) o "direito constituído" aqui mencionado é "Direito substantivo (civil, comercial ou administrativo), por oposição a Direito processual"[316] – ponto relevante que não pode ser confundido[317].

No que se refere à *lei processual* aplicável à arbitragem, importa começar por observar que, diferentemente do que sucede, por exemplo, com o processo civil, *o processo arbitral "não é obrigatória e exclusivamente regido pelas leis processuais do País"*[318]. Na verdade, sendo o processo arbitral um processo não estadual e que tem como fundamento central a autonomia privada[319], dir-se-á que é natural a *liberdade* de que as partes dispõem na fixação das regras do processo[320]. Referimo-nos, designadamente, à possibilidade de as partes (e, na sua omissão, os árbitros) poderem ajustar o processo arbitral às características e circunstâncias concretas do caso (com os limites que veremos *infra*), evitando os formalismos próprios da jurisdição estadual[321] e, em parte, o respectivo regime processual (regime que não se encontra desenhado para um determinado caso em concreto, mas sim para uma generalidade de situações).

315 *Cfr.* António Menezes Cordeiro, *Tratado da Arbitragem...*, *cit.*, p. 360, e Mário Esteves de Oliveira (coordenação), *Lei da Arbitragem Voluntária Comentada*, *cit.*, pp. 455 e ss. Conforme salienta António Menezes Cordeiro (*op. cit.*), são várias as razões neste sentido: desde logo, a própria sistematização da LAV (as regras do processo arbitral constam dos artigos 30º a 38º da LAV), bem como a origem do preceito (quer o artigo 22º da anterior LAV, quer o artigo 28º da Lei-Modelo da UNCITRAL, reportam-se apenas à lei substancial; sobre a correspondente disposição da Lei-Modelo, veja-se Maria Ângela Bento Soares / Rui Manuel Moura Ramos, *Contratos Internacionais...*, *cit.*, pp. 401 e ss.). Chamando igualmente a atenção para a distinção entre o mérito da causa e a lei aplicável ao processo arbitral, Manuel Pereira Barrocas, *Manual de Arbitragem*, *cit.*, p. 674.

316 António Menezes Cordeiro, *Tratado da Arbitragem...*, *cit.*, p. 361.

317 Essa confusão verificou-se, por exemplo, no acórdão do Supremo Tribunal de Justiça de 10/12/2015, (Relator Silva Gonçalves, processo 3486/12.7TBLRA.C1.S1), onde, de forma algo infeliz, se parece extrair a conclusão de que o CPC seria aplicável ao caso concreto pela referência ao "direito constituído" presente no artigo 35º, nº 1, do anterior Regulamento de Arbitragem do CAC (versão de 2008).

318 Cândido Rangel Dinamarco, *A Arbitragem na Teoria Geral do Processo*, *cit.*, p. 45.

319 Não envolvendo o exercício de *ius imperii* e estando sujeito à função de controlo pelos tribunais estaduais (função que, como vimos anteriormente, passa sobretudo pela acção de anulação).

320 *Vide* Cândido Rangel Dinamarco, *A Arbitragem na Teoria Geral do Processo*, *cit.*, p. 46. Sobre esta liberdade, vejam-se, ainda, Christophe Seraglini / Jérôme Ortscheidt, *Droit de l'arbitrage interne et international*, *cit.*, pp. 324 e ss., e Jens-Peter Lachmann, *Handbuch für die Schiedsgerichtspraxis*, *cit.*, p. 63.

321 *Cfr.* Luís de Lima Pinheiro, *Arbitragem Transnacional...*, *cit.*, p. 142, e Maria Helena Brito, "Arbitragem internacional...", *cit.*, p. 128.

Esta é, na verdade, uma matéria onde as partes tradicionalmente dispõem de uma grande liberdade[322]; liberdade que a LAV acolheu nos nºs 2 e 3 do artigo 30º. Deste modo, em consonância com inúmeras leis de arbitragem (a começar, desde logo, pela própria Lei-Modelo da UNCITRAL), também na LAV o *princípio da autonomia privada impera na definição das regras de processo a aplicar à arbitragem*[323]. Este princípio – em que assenta a origem contratual da arbitragem voluntária – desempenha, pois, um papel muito relevante não só ao nível da constituição, como do funcionamento do tribunal arbitral[324].

Neste sentido, a LAV consagra o conhecido "sistema de dois níveis" na definição das regras do processo arbitral – sistema onde as partes e, subsidiariamente, o tribunal arbitral assumem um grande protagonismo e que, mais uma vez, encontramos na Lei-Modelo da UNCITRAL (artigo 19º) e em muitas outras leis[325]. Em primeiro lugar, atribui-se às *partes* a possibilidade de acordarem sobre as regras do processo a observar na arbitragem[326]; tal possibilidade encontra-se, porém, condicionada temporalmente (sendo necessário que tal acordo ocorra até à aceitação do primeiro árbitro[327]) e está ainda sujeita ao respeito pelos princípios fundamentais consignados no nº 1 do artigo 30º e

[322] Veja-se, entre outros, António Menezes Cordeiro, *Tratado da Arbitragem...*, *cit.*, p. 263.

[323] *Vide* Maria Helena Brito, "Arbitragem internacional...", *cit.*, p. 128, Luís de Lima Pinheiro, *Arbitragem Transnacional...*, *cit.*, p. 142 (na vigência da anterior LAV), e, por referência a outras leis de arbitragem e ao artigo 19º da Lei-Modelo da UNCITRAL (onde os nºs 2 e 3 do artigo 30º da LAV encontram correspondência), Jean-François Poudret / Sébastien Besson, *Comparative Law of International Arbitration, cit.*, pp. 458 e 459, e Peter Binder, *International Commercial Arbitration...*, *cit.*, pp. 280 a 287.

[324] *Cfr.* Isabel de Magalhães Collaço, "L'arbitrage international dans la récente loi portugaise...", *cit.*, p. 57, e Luís de Lima Pinheiro, *Arbitragem Transnacional...*, *cit.*, p. 142.

[325] Peter Binder, *International Commercial Arbitration...*, *cit.*, pp. 280 e 281. Na Alemanha, veja-se o § 1042 (3) e (4) do ZPO; a este propósito, *vide* Klaus Reichold, *in* Thomas / Putzo, *Zivilprozessordnung: FamFG, Verfahren in Familiensachen, GVG, Einführungsgesetze, EU-Zivilverfahrensrecht, Kommentar*, 36ª ed., *cit.*, pp. 1342 e 1343. Note-se que este sistema já estava também presente na anterior LAV (artigo 15º, nºs 1 e 3).

[326] O acordo pode ter lugar na convenção arbitral ou em momento ulterior, podendo consistir num acordo específico das partes ou numa simples remissão para um regulamento de arbitragem de um centro de arbitragem institucionalizado, para uma legislação nacional ou para um outro instrumento normativo (*cfr.* António Menezes Cordeiro, *Tratado da Arbitragem...*, *cit.*, pp. 280 e 281, Mariana França Gouveia, *Curso de Resolução Alternativa de Litígios, cit.*, pp. 233 e 234, e António Sampaio Caramelo, "Da condução do processo arbitral...", *cit.*, pp. 154 a 156).

[327] Esta limitação compreende-se: antes de decidirem a aceitação do encargo, os árbitros têm o direito de conhecer o que foi acordado pelas partes a este respeito, sobretudo se tivermos presente que as regras processuais acarretam direitos e deveres para os árbitros – *cfr.* Manuel Pereira Barrocas, *Lei de Arbitragem Comentada, cit.*, p. 120, António Menezes Cordeiro, *Tratado da Arbitragem...*, *cit.*, p. 281, António Sampaio Caramelo, "Da condução do processo arbitral...", *cit.*,

pelas demais normas imperativas constantes "*desta lei*" (artigo 30º, nº 2, da LAV). Caso as partes não cheguem a acordo quanto às mencionadas regras, e na ausência de disposições da "*presente lei*", o *tribunal arbitral* conduzirá a arbitragem do modo que considerar apropriado, definindo as regras processuais que entenda adequadas, "devendo, se for esse o caso, explicitar que considera subsidiariamente aplicável o disposto na lei que rege o processo perante o tribunal estadual competente" (artigo 30º, nº 3, da LAV).

Não obstante a simplicidade da redacção da lei, a questão de saber quais os princípios e as regras processuais a observar na arbitragem é, no entanto, mais complexa do que parece. Em conformidade com o que dissemos anteriormente sobre o facto de a arbitragem não existir num vazio jurídico e de estar ancorada numa ordem jurídica, importa, desde logo, ter em atenção que, contrariamente ao que o teor literal do nº 2 do artigo 30º da LAV poderia indiciar, os *princípios fundamentais* que qualquer processo arbitral tem de respeitar não são apenas os elencados no nº 1 do artigo 30º da LAV. O mesmo se diga quanto às *normas imperativas* que as partes (e, subsidiariamente, os árbitros) terão de respeitar – também elas não se reduzem somente às que constam da LAV.

No que se refere aos *princípios fundamentais*, e como veremos melhor mais à frente[328], o nº 1 do artigo 30º da LAV é uma disposição incompleta, na medida em que não contempla todos os princípios fundamentais que qualquer processo arbitral terá de observar. Assim, para além dos princípios aí enumerados, existem outros – quer dentro da LAV, quer fora deste diploma (designadamente na CRP e na CEDH) – que serão sempre aplicáveis, independentemente da sua consagração expressa ou não na LAV[329]. Referimo-nos, particularmente, àqueles princípios que, além de serem direitos fundamentais processuais, "constituem também *princípios constitutivos de toda a ordem processual*"[330] (onde a arbitragem está naturalmente inserida) e sem os quais não se pode falar da existência de um processo – caso do direito ao processo equitativo e, em especial, do princípio da igualdade das partes e do princípio do contraditório[331].

p. 155 (nota de rodapé nº 15), e Mário Esteves de Oliveira (coordenação), *Lei da Arbitragem Voluntária Comentada, cit.*, p. 381.

328 *Cfr.* Capítulo VI, ponto 12.1.

329 É esta a razão pela qual, como veremos, em conformidade com o entendimento de Cândido Rangel Dinamarco poder-se-á considerar que o artigo 30º, nº 1, da LAV, é uma disposição algo inócua (*cfr.* Cândido Rangel Dinamarco, *A Arbitragem na Teoria Geral do Processo, cit.*, p. 25).

330 J. J. Gomes Canotilho, *Direito Constitucional e Teoria da Constituição*, 7ª ed, *cit.*, pp. 966 e 967.

331 Neste sentido, veja-se Juan Montero Aroca, *El Proceso Civil. Los procesos ordinarios de declaración y de ejecución, cit.*, pp. 233, 130 e ss., e Juan Montero Aroca / Juan Luis Gómez Colomer /

Quanto às *normas imperativas*, e conforme bem advertem alguns autores, importa começar por salientar que as regras relativas à *hierarquia das fontes de direito* não permitem afastar a aplicação de certas normas imperativas acolhidas em outras leis, convenções internacionais ou tratados[332-333]. Deste modo, ao contrário do que o teor literal do artigo 30º, nº 2, parte final, da LAV, poderia dar a entender, as normas imperativas que as partes (e, subsidiariamente, os árbitros) terão de respeitar – quando definam as regras processuais a seguir na arbitragem – não são apenas as normas imperativas "constantes desta lei". Para além da LAV, e dos limites impostos pela *ordem pública*[334], não deverá ser, assim, descurado o respeito por outras normas imperativas constantes por exemplo: (i) da CRP, da CEDH e de outras convenções internacionais ou tratados; (ii) de leis previstas para certas modalidades específicas de arbitragem que ao caso se apliquem (arbitragem administrativa, tributária, desportiva, sobre litígios emergentes de direitos de propriedade industrial quando estejam em causa medicamentos de referência e medicamentos genéricos, etc.)[335]; (iii) bem como de normas processuais de natureza imperativa[336].

7.2.3. A relação da arbitragem com a CRP e com o Direito Processual: sentido e alcance

Neste contexto, afigura-se particularmente relevante destacar a relação que, ao nível dos princípios fundamentais e das regras de processo a observar na arbitragem, se estabelece com a nossa *Lei Fundamental* e, em especial, com o *Direito Processual* (esta última fonte de alguns equívocos, que nos propomos analisar no âmbito deste capítulo do nosso trabalho).

SILVIA BARONA VILAR, *Derecho Jurisdiccional I. Parte General*, *cit.*, pp. 247 e ss. Salientando, também, a necessidade de observância, na arbitragem, de princípios vigentes na jurisdição estadual (em particular, "de todos aqueles que contendam com a natureza essencial da actividade desenvolvida e não com o concreto modo de exercício dessa actividade"), LUCINDA DIAS DA SILVA, "Os Custos da Justiça à luz dos Princípios Processuais", *cit.*, pp. 323 e 324 (bem como, pp. 305 a 307).

332 *Cfr.* MÁRIO ESTEVES DE OLIVEIRA (coordenação), *Lei da Arbitragem Voluntária Comentada*, *cit.*, p. 380. A este propósito, *vide*, ainda, ANTÓNIO MENEZES CORDEIRO, *Tratado da Arbitragem...*, *cit.*, pp. 280 e ss.

333 A respeito das normas imperativas em geral, veja-se, nomeadamente, JORGE MORAIS CARVALHO, *Os Limites à Liberdade Contratual*, *cit.*, pp. 167 e ss.

334 Sobre os limites impostos pela ordem pública na arbitragem, designadamente ao nível da convenção de arbitragem, no decurso do processo arbitral e quanto ao conteúdo da sentença arbitral, *vide* ANTÓNIO PEDRO PINTO MONTEIRO, "Da ordem pública no processo arbitral", *cit.*, pp. 589 a 673.

335 *Vide* ANTÓNIO MENEZES CORDEIRO, *Tratado da Arbitragem...*, *cit.*, pp. 280 e ss.

336 *Vide* JOSÉ LEBRE DE FREITAS, "O caso julgado na arbitragem internacional...", *cit.*, pp. 649 e ss.

No que se refere à relação com a CRP, há duas premissas essenciais que não deverão ser esquecidas. Os tribunais não podem, nos feitos submetidos a julgamento, aplicar normas que infrinjam o disposto na Constituição ou os princípios nela consignados (primeira premissa) – como, por exemplo, o princípio da igualdade. É isso que dita o artigo 204º da CRP, cuja obrigação aí estatuída vale para todos os tribunais, incluindo os tribunais arbitrais[337] (de outra forma, repare-se, seria então possível recorrer aos tribunais arbitrais para fugir ao disposto na CRP). Se essa aplicação for feita, será admissível o recurso para o Tribunal Constitucional da decisão arbitral (segunda premissa essencial)[338]-[339].

337 *Cfr.* J. J. Gomes Canotilho / Vital Moreira, *Constituição da República Portuguesa Anotada*, vol. II, 4ª ed., *cit.*, p. 521, Jorge Miranda / Rui Medeiros, *Constituição Portuguesa Anotada*, tomo III, *cit.*, pp. 55 e 117, Paulo Otero, *Direito Constitucional Português*, vol. II, *cit.*, p. 445, e "Admissibilidade e limites da arbitragem voluntária nos contratos públicos...", *cit.*, p. 86, Miguel Galvão Teles, "Recurso para o Tribunal Constitucional...", *cit.*, p. 210, Luís de Lima Pinheiro, *Arbitragem Transnacional...*, *cit.*, p. 195, Sónia Moura, "A arbitragem executiva", *cit.*, pp. 81 e 82, e António Pedro Pinto Monteiro, "Do recurso de decisões arbitrais para o Tribunal Constitucional", *cit.*, pp. 193, 201 e 202.

338 *Vide* António Pedro Pinto Monteiro, "Do recurso de decisões arbitrais para o Tribunal Constitucional", *cit.*, pp. 185 a 223, Miguel Galvão Teles, "Recurso para o Tribunal Constitucional...", *cit.*, pp. 199 a 220, Armindo Ribeiro Mendes, "A nova Lei de Arbitragem Voluntária e as formas de impugnação...", *cit.*, pp. 753 a 756, Jorge Miranda / Rui Medeiros, *Constituição Portuguesa Anotada*, tomo III, *cit.*, pp. 117 e 118, Mariana França Gouveia, *Curso de Resolução Alternativa de Litígios*, *cit.*, p. 297 (nota de rodapé nº 487), Paula Costa e Silva, *A Nova Face da Justiça...*, *cit.*, pp. 105 e 106, Pedro Costa Gonçalves, "Administração Pública e arbitragem...", *cit.*, pp. 797 e 798, Fernanda da Silva Pereira, *Arbitragem voluntária nacional...*, *cit.*, p. 100, José Robin de Andrade, *in* Dário Moura Vicente (Coordenador), *Lei da Arbitragem Voluntária Anotada*, *cit.*, p. 126, Teresa Violante, "A arbitragem tributária e o recurso de constitucionalidade", *cit.*, p. 105, e, na jurisprudência constitucional, os acórdãos do Tribunal Constitucional nºs 181/2007 e 42/2014, ambos *cit.* Para uma perspectiva constitucional da arbitragem no ordenamento jurídico espanhol, veja-se Elena Martínez García, *El arbitraje en el marco de la Ley 1/2000, de Enjuiciamiento Civil (Novedades, lagunas jurídicas y propuestas de futuro)*, *cit.*, pp. 75 a 84. No Brasil, referindo a "imperiosidade" de abrigar a arbitragem "sob o manto do direito processual constitucional", Cândido Rangel Dinamarco, *A Arbitragem na Teoria Geral do Processo*, *cit.*, p. 24 (bem como as pp. 17, 57, 212 e ss.); no mesmo sentido, Ada Pellegrini Grinover, "Arbitragem e litisconsórcio", *cit.*, pp. 48 e 53.

339 Embora não esteja expressamente prevista na LAV (por tal não se revelar necessário), a possibilidade de recurso para o Tribunal Constitucional aparece, todavia, no artigo 25º, nº 1, do Regime Jurídico da Arbitragem em Matéria Tributária (Decreto-Lei nº 10/2011, de 20 de Janeiro, subsequentemente alterado). Essa disposição é, a nosso ver, desnecessária, desde logo porque a delimitação dos casos em que cabe ou não recurso para o Tribunal Constitucional não é algo que esteja "inteiramente na mão do legislador" [José Casalta Nabais, "Reflexão breve sobre a introdução da arbitragem tributária", *cit.*, p. 99 (nota de rodapé nº 29)]; neste sentido, considerando mesmo "descabida" tal norma, José Casalta Nabais, "Reflexões sobre a introdução da

A cobertura constitucional da arbitragem não passa, deste modo, apenas pela previsão da existência de tribunais arbitrais no artigo 209º, nº 2, da CRP – vai mais longe do que isso.

Em segundo lugar, há uma relação próxima com o *Direito Processual* – em particular, com o *Direito Processual Civil* – que importa perceber devidamente e que tem sido fonte de vários equívocos; sobretudo no que respeita à questão de saber se o *CPC* deve ou não se aplicar subsidiariamente ao processo arbitral[340]. Com vista a esclarecer tais equívocos, algumas considerações adicionais se impõem a respeito, nomeadamente, (i) da inserção da arbitragem na teoria geral do processo e da relação de complementaridade (e não contrariedade) que existe entre a arbitragem e a jurisdição estadual, (ii) bem como sobre os numerosos pontos de contacto que existem com o Direito Processual Civil (e as implicações dos mesmos).

A arbitragem é, antes de mais, a "expressão particularizada de uma ciência mais ampla, que é a *teoria geral do processo*"[341], entendida esta, em consonância com a posição de Cândido Rangel Dinamarco (que aqui seguimos), como a "condensação metodológica dos *princípios, conceitos e estruturas* desenvolvidos nos diversos ramos do direito processual, considerados aqueles em seus respectivos núcleos essenciais e comuns a todos esses ramos, sem descer às peculiaridades de cada um deles"[342]. Neste sentido, a teoria geral do processo

arbitragem tributária", *cit.*, p. 256; para maiores desenvolvimentos sobre o recurso para o Tribunal Constitucional na arbitragem tributária, veja-se Teresa Violante, "A arbitragem tributária e o recurso de constitucionalidade", *cit.*, pp. 101 a 152.
Note-se que nos referimos aqui à possibilidade de recurso para o Tribunal Constitucional no pressuposto de ser aplicável a lei portuguesa e no quadro de uma arbitragem que tenha lugar (ou sede) em território português – a este respeito, vejam-se Miguel Galvão Teles, "Recurso para o Tribunal Constitucional...", *cit.*, p. 213, e António Pedro Pinto Monteiro, "Do recurso de decisões arbitrais para o Tribunal Constitucional", *cit.*, p. 218.

[340] A questão tem sido colocada, com mais frequência, a respeito da aplicação subsidiária do CPC. O que se compreende, pois a ligação é mais próxima com este código (recorde-se que, antes de ser autonomizada num diploma autónomo, a arbitragem voluntária esteve regulada no CPC, sendo certo que em alguns países, como veremos, ainda continua a ser assim). Por essa razão, iremos limitar a nossa análise subsequente apenas ao problema de saber se este diploma se pode ou não aplicar subsidiariamente à arbitragem.
De todo o modo, não podemos deixar de ressalvar que se estivermos, por exemplo, perante um litígio administrativo, a questão principal será a de saber se o *Código de Processo nos Tribunais Administrativos* se aplica ou não subsidiariamente à arbitragem (código que, em todo o caso, contém várias remissões para o CPC, mantendo assim relevante a primeira questão).

[341] Cândido Rangel Dinamarco, *A Arbitragem na Teoria Geral do Processo, cit.*, p. 13.

[342] Cândido Rangel Dinamarco, *op. cit.*, p. 21. A este propósito, veja-se, igualmente, Cândido Rangel Dinamarco / Bruno Vasconcelos Carrilho Lopes, *Teoria Geral do Novo Processo Civil, cit.*, p. 16.

"*transcende a dogmática processual, não lhe sendo própria a indagação ou formulação de regras ou normas de direito positivo*"; o seu estudo foca-se no "plano puramente abstrato das construções doutrinárias, sem postular uma imaginária, utópica e por certo inconveniente uniformização legislativa"[343].

A arbitragem faz, assim, parte de um todo[344], inserindo-se na teoria geral do processo[345]. É essa a razão pela qual, aliás, como se verá no capítulo VI (atinente ao processo arbitral), adoptamos a terminologia "pluralidade de partes" e não as conhecidas expressões, no mundo arbitral, de "arbitragem multipartes" e/ou de "arbitragens complexas"[346]. De facto, conforme salientam alguns autores, é importante o uso de uma linguagem adequada que seja compatível com a inclusão da arbitragem na teoria geral do processo e com o tratamento científico que a mesma merece[347].

Compreende-se, por isso, a referência que já constava do preâmbulo do Decreto-Lei nº 243/84, de 17 de Julho[348], no sentido de a jurisdição arbitral e a jurisdição estadual não serem jurisdições antagónicas, contraditórias ou concorrentes, mas sim jurisdições complementares[349] (como tivemos a oportunidade de comprovar aquando da menção que fizemos ao papel de apoio e assistência que os tribunais estaduais podem vir a desempenhar em vários momentos da arbitragem). É preciso é saber conjugar as duas jurisdições e é aqui que, por vezes, residem alguns dos equívocos que mencionámos antes.

Assente este primeiro ponto, o passo seguinte passa pela análise dos *numerosos pontos de contacto que existem entre o processo arbitral e o processo civil*[350].

[343] Cândido Rangel Dinamarco, *A Arbitragem na Teoria Geral do Processo*, *cit.*, pp. 21 e 22.

[344] *Cfr.* Francisco José Cahali, "Arbitragem e o Projeto de Código de Processo Civil", *cit.*, p. 277.

[345] Cândido Rangel Dinamarco / Bruno Vasconcelos Carrilho Lopes, *Teoria Geral do Novo Processo Civil*, *cit.*, p. 79.

[346] Veja-se, entre outros, Bernard Hanotiau, *Complex Arbitrations...*, *cit.*, pp. 1 e ss.

[347] *Vide* Cândido Rangel Dinamarco, *A Arbitragem na Teoria Geral do Processo*, *cit.*, pp. 19 e 20 (do mesmo Autor, veja-se também *Vocabulário do Processo Civil*, *cit.*, pp. 23 e ss.). Apelando, igualmente, a esta necessidade de um tratamento científico da arbitragem, António Menezes Cordeiro, *Tratado da Arbitragem...*, *cit.*, pp. 263 e ss.

[348] Decreto-Lei que, recorde-se, precedeu a anterior LAV (Lei nº 31/86, de 29 de Agosto) e veio a ser declarado inconstitucional pelo acórdão do Tribunal Constitucional nº 230/86, *cit.*

[349] Neste sentido, Eric Loquin, "L'arbitrage: entre droit et équité", *cit.*, p. 617, e Cândida da Silva Antunes Pires, *Lições de Processo Civil de Macau*, *cit.*, p. 25. Na verdade, à semelhança do que sucedeu em muitos outros países, é o próprio Estado que tem impulsionado (e muito) a arbitragem, assim como outros meios de resolução alternativa de litígios. A este respeito, veja-se Domingos Soares Farinho, "As políticas públicas de resolução alternativa de litígios...", *cit.*, pp. 331 a 368.

[350] Admitindo a existência destes pontos de contacto, veja-se António Sampaio Caramelo, "Da condução do processo arbitral...", *cit.*, p. 158 (nota de rodapé nº 24), e Manuel Pereira Barrocas, *Lei de Arbitragem Comentada*, *cit.*, p. 117.

Embora, como dissemos, o processo arbitral não seja obrigatória e exclusivamente regido pelas leis processuais do país[351], é inegável a sua relação de proximidade com o Direito Processual Civil (sobretudo com o CPC) – relação que já vem de muito longe. Basta recordar que, até 1984 (mais concretamente, até ao Decreto-Lei nº 243/84, de 17 de Julho), a arbitragem voluntária esteve regulada nos três Códigos de Processo Civil, de 1876, de 1939 e de 1961[352], sendo certo que a regulamentação (geral) da arbitragem necessária ainda está no CPC (se bem que com a remissão, no artigo 1085º, para o disposto na LAV)[353].

Esta relação de proximidade é, ainda, particularmente evidente no *direito comparado*. Com efeito, importa registar que, em muitos países, a regulamentação da arbitragem consta dos respectivos códigos de processo civil[354]. Nesses países, a LAV é, portanto, um capítulo do CPC (tal como foi no passado em Portugal) – com regras próprias é certo, mas sem que haja qualquer "complexo" quanto à sua integração no CPC. É esse o caso, por exemplo, da Alemanha[355], da França[356], da Itália[357], da Holanda[358], da Suíça[359] e da Polónia[360]. De modo diferente, como se sabe, outros países optaram por regular a arbitragem em diplomas autónomos; é o que sucede, designadamente, em Portugal[361], na Espanha[362], na Suécia[363], na Finlândia[364], na Dinamarca[365], no Brasil[366], em Angola[367] e em Moçambique[368]-[369].

351 *Cfr.* Cândido Rangel Dinamarco, *A Arbitragem na Teoria Geral do Processo, cit.*, p. 45.

352 Veja-se, a este respeito, a breve evolução histórica que fizemos anteriormente sobre a cobertura legal da arbitragem.

353 Artigos 1082º a 1085º do CPC (Livro VI, "Do tribunal arbitral necessário").

354 Note-se que nos referimos à regulamentação geral da arbitragem voluntária (equivalente à nossa LAV) e não à regulamentação de certas modalidades específicas de arbitragem. No ordenamento jurídico italiano, por exemplo, existe um regime próprio sobre a arbitragem societária que não se encontra previsto no CPC, mas sim no Decreto-Lei nº 5, de 17/01/2003, subsequentemente alterado; especificamente sobre este regime, vejam-se Crisanto Mandrioli / Antonio Carratta, *Diritto Processuale Civile*, vol. III, *cit.*, pp. 483 a 494, Carola Corrado, "L'arbitrato commerciale", *cit.*, pp. 153 a 175, Giovanni Verde, *Lineamenti di diritto dell'arbitrato*, *cit.*, pp. 55 a 57, e Stefano A. Cerrato, "Ambito di applicazione degli artt. 34 ss., d.lg. 17.1.2033, n. 5", *cit.*, pp. 1018 e ss.

355 Livro 10 do ZPO (§ 1025 a 1066).

356 Livro IV do *Code de procédure civile* (artigos 1442º a 1527º).

357 Título VIII do *Codice di Procedura Civile* (artigos 806º a 840º).

358 Livro 4 do *Wetboek van Burgerlijke Rechtsvordering* (artigos 1020º a 1076º).

359 Parte 3 do ZPO (artigos 353º a 399º). Note-se que este regime diz respeito apenas à arbitragem interna. Quanto à arbitragem internacional, rege o capítulo 12 da Lei Federal sobre o Direito Internacional Privado, de 18/12/1987 (subsequentemente alterada).

360 Parte 5 do CPC polaco (artigos 1154º a 1217º).

361 Lei nº 63/2011, de 14 de Dezembro (LAV).

362 *Ley 60/2003*, de 23 de Dezembro (subsequentemente alterada).

363 Lei de arbitragem de 1999 (SFS 1999:116).

Centrando-nos no ordenamento jurídico português, destacamos, ainda, na LAV, três notas adicionais que confirmam a proximidade com o nosso Direito Processual Civil e os pontos de contacto referidos.

A primeira prende-se com a utilização, na LAV, de *conceitos* próprios (embora não exclusivos) daquele ramo de direito[370] e que, a nosso ver, devem ser compreendidos à luz do nosso CPC (compreensão esta que, em todo o caso, importa desde já ressalvar, não significa que o respectivo regime legal do processo civil associado a esses conceitos seja aplicável ao processo arbitral[371], questão a que voltaremos adiante). É isso que sucede, desde logo, com os conceitos de *litisconsórcio* e *coligação*. O litisconsórcio voluntário e necessário é expressamente referido no artigo 36º, nº 3, alínea a), da LAV, a propósito do regime de intervenção de terceiros. Já a coligação não se encontra prevista na LAV, mas surge, por exemplo, no artigo 3º do Regime Jurídico da Arbitragem em Matéria Tributária (Decreto-Lei nº 10/2011, de 20 de Janeiro, subsequentemente alterado)[372]–[373]. Ora, o recurso a estes conceitos – que, como se sabe,

[364] Lei de Arbitragem de 1992 (967/1992), subsequentemente alterada.

[365] Lei de arbitragem de 2005 (Lei nº 553, de 24/06/2005)

[366] Lei nº 9.307, de 23 de Setembro de 1996 (subsequentemente alterada).

[367] Lei nº 16/03, de 25 de Julho.

[368] Lei nº 11/99, de 8 de Julho.

[369] Para uma perspectiva geral sobre a arbitragem em vários países de língua portuguesa, *vide* António Menezes Cordeiro, *Tratado da Arbitragem...*, *cit.*, pp. 42 a 54, Miguel Cancella de Abreu / Filipe Lobo D'Avila / Arafam Mané / Clara Moreira Campos, *A Arbitragem Voluntária e a Mediação de Conflitos...*, *cit.*, Fernando Dias Simões, *Commercial Arbitration between China and the Portuguese-Speaking World*, *cit.*, Luís Sáragga Leal, "Instrumentos de resolução extrajudicial de litígios nos países lusófonos...", *cit.*, pp. 75 a 94, e Gonçalo Malheiro, "Arbitration in Mozambique, São Tomé, Guinea Bissau, Cape Verde and East Timor", *cit.*, pp. 25 a 31.

[370] A este respeito, veja-se Manuel Pereira Barrocas, *Manual de Arbitragem*, *cit.*, p. 386.

[371] *Vide* Manuel Pereira Barrocas, "A razão por que não são aplicáveis à arbitragem...", *cit.*, p. 626, e *Manual de Arbitragem*, *cit.*, p. 386, assim como António Sampaio Caramelo, "Da condução do processo arbitral...", *cit.*, pp. 157 e 158.

[372] Sobre o regime de coligação (de autores) aqui contemplado, veja-se Jorge Lopes de Sousa, "Comentário ao Regime Jurídico da Arbitragem Tributária", *cit.*, pp. 145 e ss.

[373] Neste âmbito, cumpre, ainda, acrescentar que, na vigência da anterior LAV, a admissibilidade da coligação na arbitragem foi discutida no acórdão do Tribunal da Relação de Lisboa de 18/05/2004, *cit.*, bem como no processo arbitral que antecedeu o referido acórdão. O Tribunal da Relação de Lisboa considerou, naquele caso concreto, que a coligação era admissível nos seguintes termos: (i) "é admissível a coligação na lei de arbitragem voluntária, não havendo convenção em contrário e permitindo a cláusula compromissória a pluralidade de partes"; (ii) "não se vêem razões de tal modo fortes que tornem de todo desaconselhável ou inadmissível a coligação na arbitragem. Para além da cláusula compromissória prever a chamada 'multiparty arbitration' (com mais do que um requerente ou requerido), até porque são quatro os firmantes do acordo parassocial em causa, na previsão de que um ou mais pudessem ser demandantes ou demandados, o conhecimento conjunto

não são universais[374] – demonstra bem que o legislador português utiliza na arbitragem conceitos próprios do nosso Direito Processual Civil.

Por outro lado, como segunda nota adicional, cumpre salientar que, em alguns pontos, em particular no que respeita à intervenção de terceiros, é possível constatar uma certa *inspiração* na própria regulamentação processual do CPC[375]. Algo que parece evidente, sobretudo, nas alíneas a), b), c) e d) do nº 3 do artigo 36º da LAV. Com efeito, não obstante, como veremos, as muitas diferenças que o regime da intervenção de terceiros do artigo 36º da LAV apresenta, a verdade é que as mencionadas alíneas se inspiraram, respectivamente, nos incidentes de intervenção principal, oposição, intervenção principal provocada e intervenção acessória provocada do CPC[376].

A terceira nota, por fim, que julgamos relevante aqui invocar, em consonância com as anteriores, prende-se com a existência de algumas remissões expressas

pelo mesmo tribunal arbitral de pretensões dirigidas contra mais do que um demandado permite uniformidade de critérios e de decisões referentemente ao mesmo tipo de litígio concreto". De salientar, ainda, que, em anotação a este acórdão, António Sampaio Caramelo veio, expressamente, defender que a transposição dos conceitos de litisconsórcio e coligação para a arbitragem era legítima (*cfr.* António Sampaio Caramelo, "Jurisprudência comentada...", *cit.*, p. 46).

374 A distinção entre litisconsórcio e coligação é desconhecida de muitos ordenamentos jurídicos, que se limitam, "com maior simplicidade, a distinguir litisconsórcio voluntário (abrangendo a nossa coligação) e litisconsórcio necessário" – José Lebre de Freitas, *Introdução ao Processo Civil..., cit.*, p. 207 (nota de rodapé nº 2).

375 A referida inspiração nota-se, especialmente, em situações em que a LAV se desviou da Lei-Modelo da UNCITRAL, como sucede com a intervenção de terceiros (que não está prevista na Lei-Modelo).

376 Repare-se que a LAV é anterior à entrada em vigor do actual CPC. Pelo que a inspiração a que nos referimos provém do anterior CPC, mais concretamente, dos artigos 320º, alínea a), e 325º, nº 1 [intervenção principal da alínea a)], 342º, nº 1, e 347º [oposição da alínea b)], 329º, nº 2 [intervenção principal provocada da alínea c)], e 330º, nº 1 [intervenção acessória provocada da alínea d)]. No actual CPC, vejam-se, para cada um dos quatro incidentes mencionados, os seguintes artigos: (i) 311º, 316º, nº 2 e nº 3, alínea a); (ii) 333º e 338º; (iii) 317º, nº 1; e (iv) 321º, nº 1. Sobre esta questão, *vide* Armindo Ribeiro Mendes, *in* Dário Moura Vicente (Coordenador), *Lei da Arbitragem Voluntária Anotada, cit.*, pp. 114 a 116, Miguel Teixeira de Sousa, "A intervenção de terceiros no processo arbitral", *cit.*, p. 175, António Sampaio Caramelo, "Da condução do processo arbitral...", *cit.*, pp. 199 a 201, e Manuel Pereira Barrocas, *Lei de Arbitragem Comentada, cit.*, pp. 138 e 139. Sublinhando, igualmente, tal inspiração no CPC, vejam-se Mariana França Gouveia, *Curso de Resolução Alternativa de Litígios, cit.*, pp. 265 e 266, António Menezes Cordeiro, *Tratado da Arbitragem..., cit.*, p. 337, e Mário Esteves de Oliveira (coordenação), *Lei da Arbitragem Voluntária Comentada, cit.*, p. 427. A respeito da citada alínea c) do nº 3 do artigo 36º da LAV, importa acrescentar que a mesma prevê um caso de litisconsórcio voluntário activo, caso este que se encontra já inserido na alínea a) do mencionado preceito; a alínea c), deste modo, verdadeiramente, "não acrescenta nada relativamente às anteriores" (Mariana França Gouveia, *Curso de Resolução Alternativa de Litígios, cit.*, p. 273).

(e, eventualmente, implícitas) que a LAV faz para o CPC[377]–[378], não esquecendo igualmente as normas que o próprio CPC contém e que visam directamente a arbitragem[379]. O CPC será ainda relevante, convém relembrar, sempre que recorrermos aos tribunais judiciais no âmbito da função de controlo[380], bem como de apoio e de assistência[381], que os mesmos podem vir a prestar à arbitragem.

Tudo isto, em suma, faz com que alguns autores considerem que *as normas processuais portuguesas (em especial as de processo civil) são o "background" de toda a regulamentação da LAV*[382], isto é, o *padrão processual de referência*[383]. É certo que a

[377] Como *remissões expressas*, destacamos as que se encontram previstas nos artigos 47º, nºs 2, 3 e 4, e 48º, nº 3, da LAV, atinentes à execução da sentença arbitral, bem como a remissão presente no artigo 59º, nº 5, do mesmo diploma. Tais remissões, importa recordar, são feitas para o anterior CPC (encontrando, porém, correspondência no actual), atendendo ao facto de a LAV ser anterior à entrada em vigor do actual CPC. Poder-se-ão, ainda, ver algumas *remissões implícitas* em todos aqueles casos em que a correcta interpretação e compreensão de certas normas da LAV, e dos conceitos aí usados, deverá ser feita por referência ao CPC; será esse o caso, entre muitos outros, dos artigos 5º, nº 1 (regime da absolvição da instância), 41º (transacção), 42º, nº 3 (fundamentação da sentença), 42º, nº 7 (trânsito em julgado), 45º (rectificação e esclarecimento da sentença), e 46º, nº 3, alínea a), subalínea iii) (omissão e excesso de pronúncia), da LAV. Sobre tais remissões, vejam-se José Lebre de Freitas, "O caso julgado na arbitragem internacional...", *cit.*, p. 649 (na vigência da anterior LAV), e Armindo Ribeiro Mendes, "O novo Código de Processo Civil e a Lei de Arbitragem Voluntária", *cit.*, pp. 265 a 267 (na vigência da actual LAV e quanto às remissões expressas); defendendo a aplicação directa das regras do CPC (e do CC) à transacção em arbitragem (sendo a lei portuguesa aplicável), *vide* António Menezes Cordeiro, *Tratado da Arbitragem...*, *cit.*, p. 390.

[378] Note-se que nos referimos apenas a remissões sobre determinados pontos em concreto, não existindo uma remissão geral da LAV para o CPC.

[379] Além dos artigos 1082º a 1085º do CPC sobre o tribunal arbitral necessário, referimo-nos, sobretudo, aos artigos: (i) 85º, nº 3 (competência dos tribunais para a acção executiva); (ii) 96º, alínea b), 97º, nº 1, e 99º, nº 3 (preterição de tribunal arbitral como caso de incompetência absoluta); a este respeito, veja-se, ainda, o artigo 578º; (iii) 277º, alínea b), e 280º (compromisso arbitral como causa de extinção da instância); (iv) 361º e 716º, nºs 5 e 6 (liquidação por árbitros); (v) 550º, nº 2, alínea a) (previsão da forma de processo sumário nas execuções baseadas em decisão arbitral); (vi) 705º, nº 2 (exequibilidade das decisões arbitrais); (vii) 726º, nº 2, alínea d) (indeferimento liminar do requerimento executivo); e (viii) 730º (fundamentos de oposição à execução baseada em decisão arbitral), todos do CPC. Veja-se, a este propósito, Armindo Ribeiro Mendes, "O novo Código de Processo Civil e a Lei de Arbitragem Voluntária", *cit.*, pp. 267 a 269.

[380] Acção de anulação, recurso e oposição à execução.

[381] Designadamente ao nível do decretamento de providências cautelares, bem como no âmbito da produção de prova, da execução de sentenças arbitrais, do reconhecimento e execução de sentenças arbitrais estrangeiras, etc.

[382] José Lebre de Freitas, "O caso julgado na arbitragem internacional...", *cit.*, p. 649 (por referência à anterior LAV).

[383] Note-se, mais uma vez, que nos centramos no ordenamento jurídico português, no quadro de uma arbitragem que tenha lugar (ou sede) em território nacional.

LAV foi inspirada pela Lei-Modelo da UNCITRAL. Em todo o caso, não deixa de ser igualmente certo que a Lei-Modelo não encerra em si uma "dogmática acabada, nem uma técnica jurídica coerente"[384]. Ela é o resultado de uma negociação entre juristas de diversas culturas e formações, não obedecendo, por vezes, a uma lógica coerente e carecendo o seu texto de algumas precisões[385].

Compreende-se, por isso, o entendimento mencionado quanto ao *background* da LAV, e que em parte também perfilhamos, com a ressalva de que este *background* não se traduz numa aplicação das regras de processo (salvo normas processuais de natureza imperativa), referindo-se essencialmente a *conceitos e princípios*[386] e ao *apoio jurídico-científico* prestado[387]. Ou seja, em conformidade com o que afirmámos antes, o processo arbitral não é obrigatória e exclusivamente regido pelas leis processuais do país[388], embora estas constituam o seu *background* (nos termos e com a ressalva indicada).

Como veremos, estas conclusões revelam-se importantes para a compreensão de alguns conceitos básicos que utilizamos no nosso trabalho e que serão mais à frente desenvolvidos, tais como os conceitos de *parte*, *pluralidade de partes*, *litisconsórcio*, *coligação*, *terceiro*, etc.

7.2.4. O Direito Processual Civil e o CPC na arbitragem: a (não) aplicação subsidiária do CPC como regra

Não obstante a animosidade que, por vezes, existe para com o CPC[389], a existência de pontos de contacto com o mesmo é inegável. Fundamental é perceber o alcance e as implicações dessa ligação (o que nem sempre se afigura fácil e dá azo a alguns equívocos nesta matéria).

Com efeito, o CPC pode revestir utilidade em três níveis distintos: (i) ao nível da *cultura processual civil*, (ii) como *lei subsidiária* e, eventualmente, (iii) como *auxiliar de integração de lacunas*[390].

A importância da *cultura processual civil* já foi mencionada. Referimo-nos aqui, essencialmente, ao facto de os *conceitos básicos* do processo arbitral serem idênticos aos do processo civil[391].

[384] António Menezes Cordeiro, *Tratado da Arbitragem...*, *cit.*, p. 414.

[385] *Vide* António Menezes Cordeiro, *Tratado da Arbitragem...*, *cit.*, pp. 354 (parágrafo 5), 400 (parágrafo 49), 414 (parágrafo 9), 420 (parágrafo 5) e 426 (parágrafo 5).

[386] Ensaiando também esta distinção, veja-se António Sampaio Caramelo, "Da condução do processo arbitral...", *cit.*, pp. 157 e 158.

[387] *Cfr.* António Menezes Cordeiro, *Tratado da Arbitragem...*, *cit.*, p. 282 (parágrafo 54).

[388] *Vide* Cândido Rangel Dinamarco, *A Arbitragem na Teoria Geral do Processo*, *cit.*, p. 45.

[389] Veja-se António Menezes Cordeiro, *Tratado da Arbitragem...*, *cit.*, p. 264 (parágrafo 13).

[390] *Cfr.* António Menezes Cordeiro, *Tratado da Arbitragem...*, *cit.*, pp. 264 e ss.

[391] *Cfr.* António Menezes Cordeiro, *Tratado da Arbitragem...*, *cit.*, p. 264.

Por outro lado, haverá ainda alguns casos em que a correcta interpretação e compreensão de certas normas da LAV, e sobretudo dos conceitos aí usados, deverá ser feita por referência ao CPC (ou à lei processual que, em concreto, seja aplicável); por exemplo, no que diz respeito ao regime da absolvição da instância, à transacção, à fundamentação da sentença, ao trânsito em julgado, à rectificação e ao esclarecimento da sentença, à omissão e ao excesso de pronúncia, etc. (as remissões implícitas antes mencionadas).

Mais controverso é, porém, o papel do CPC como *lei subsidiária* (papel que não deverá ser confundido com o anterior e que importa distinguir). A este respeito, tendo presente que o CPC se aplica subsidiariamente a outros ramos de direito processual (como o penal, o laboral, o administrativo e o tributário)[392], duas questões pertinentes usualmente se colocam: na ausência de uma remissão geral da LAV para o CPC, será possível aplicar subsidiariamente o CPC ao processo arbitral? E fará sentido tal aplicação?[393]

Nos termos da LAV, a lei processual portuguesa – que poderá ser, consoante o caso, o CPC, o CPTA ou outro diploma – será subsidiariamente aplicável se as partes o previrem (e são livres de o fazer) ou se o tribunal arbitral, previamente, assim o determinar. É isso que resulta dos nºs 2 e 3 do artigo 30º da LAV, em conformidade com o "sistema de dois níveis" que vimos antes, onde as partes e, subsidiariamente, o tribunal arbitral assumem um grande protagonismo na definição das regras do processo arbitral.

E se nem as partes, nem o tribunal arbitral, estabelecerem essa aplicação subsidiária? Poderá, ainda assim, aplicar-se o CPC?

A parte final do nº 3 do artigo 30º da LAV contém uma resposta a estas questões, que não pode ser ignorada. De acordo com esse preceito, caso as partes não cheguem a acordo quanto às regras do processo a observar na arbitragem, e na falta de disposições aplicáveis, o tribunal arbitral conduzirá a arbitragem do modo que considerar apropriado, definindo as regras processuais que entenda adequadas, "*devendo, se for esse o caso, explicitar que considera subsidiariamente aplicável o disposto na lei que rege o processo perante o tribunal estadual competente*". Ao definir as regras processuais[394], o tribunal arbitral deverá, portanto, logo aí clarificar (se tal for o caso) que é subsidiariamente

[392] *Vide* PAULO PIMENTA, *Processo Civil Declarativo*, *cit.*, p. 11 (nota de rodapé nº 10).

[393] Note-se que nos referimos agora à aplicação das regras de processo e não apenas aos conceitos e princípios.

[394] A propósito da aparente dualidade de critérios consagrada no nº 3 do artigo 30º da LAV [leia-se, a dualidade *regras* ("definindo as regras processuais que entender adequadas") vs. *casuísmo* ("o tribunal arbitral pode conduzir a arbitragem do modo que considerar apropriado")], e sobre a melhor formar de a interpretar, vejam-se ANTÓNIO MENEZES CORDEIRO, *Tratado da Arbitragem*...,

aplicável a "lei que rege o processo perante o tribunal estadual competente" (CPC, CPTA ou outro). Caso não o faça, essa aplicação subsidiária não será possível; ou seja, e respondendo directamente às questões que formulámos, *o CPC só será subsidiariamente aplicável ao processo arbitral se os árbitros – ou, claro, as partes (artigo 30º, nº 2) – expressamente o disserem no momento próprio*[395].

A intenção da LAV, com a parte final do nº 3 do artigo 30º, é a de afastar a *aplicação subsidiária automática do CPC*[396]. É isso que resulta, de forma categórica, dos *trabalhos preparatórios da LAV*, onde a APA (a autora dos anteprojectos) fez questão de deixar bem claro que a redacção adoptada no nº 3 "destina-se a afastar, com maior clareza do que a proporcionada pela anterior redacção deste preceito, o *erróneo entendimento* que se encontra ainda muito difundido na prática da arbitragem no nosso país, segundo o qual as normas de direito processuais civis são subsidiariamente aplicáveis ao processo arbitral. A partir de agora só será assim, quando o tribunal assim o determinar, de forma explícita"[397].

Em todo o caso, note-se, mesmo que a ressalva na parte final do nº 3 do artigo 30º da LAV não existisse, ainda assim julgamos que a aplicação subsi-

cit., pp. 282 e 283, e Mário Esteves de Oliveira (coordenação), *Lei da Arbitragem Voluntária Comentada*, *cit.*, pp. 381 a 383.

[395] *Vide* Mariana França Gouveia, *Curso de Resolução Alternativa de Litígios*, *cit.*, p. 237, António Menezes Cordeiro, *Tratado da Arbitragem...*, *cit.*, p. 283, António Sampaio Caramelo, "Da condução do processo arbitral...", *cit.*, pp. 156 a 158, Mário Esteves de Oliveira (coordenação), *Lei da Arbitragem Voluntária Comentada*, *cit.*, pp. 383 a 385, e Armindo Ribeiro Mendes, *in* Dário Moura Vicente (Coordenador), *Lei da Arbitragem Voluntária Anotada*, *cit.*, p. 101. A este respeito, veja-se, igualmente, José Miguel Júdice, "The New Portuguese Arbitration is on the Right Track", *cit.*, p. 12.

[396] *Cfr.* Mariana França Gouveia, *Curso de Resolução Alternativa de Litígios*, *cit.*, p. 237.

[397] *Anteprojecto de LAV da APA (2010)*, notas justificativas ao artigo 30º, *cit.*, p. 193 (nota de rodapé nº 94). Conforme nos relatam alguns autores, no seio da APA "prevaleceu sempre o entendimento de que na preparação da nova lei de arbitragem se deveria evitar, *tanto quanto possível*, incorporar regimes e tramitações oriundos do direito processual civil (a fim de se marcar bem a diferença entre o ordenamento processual das arbitragens e o que rege a resolução de litígios submetidos aos tribunais estaduais)" – António Sampaio Caramelo, "A reforma da lei da arbitragem voluntária", *cit.*, p. 226. Isto mesmo foi reiterado pela APA no segundo anteprojecto (2010), onde, nas notas justificativas ao artigo 36º (intervenção de terceiros), se assinala, expressamente, o facto de todos os autores reconhecerem que não pode "transpor-se *directa e globalmente* para a arbitragem as soluções vigentes no processo civil aplicável nos tribunais estaduais" – *Anteprojecto de LAV da APA (2010)*, notas justificativas ao artigo 36º, *cit.*, p. 198; para a APA, é esta a razão segundo a qual a regulamentação da intervenção de terceiros "tem sido deliberadamente omitida nas leis de arbitragem mais recentes" (*op. cit.*, p. 198). Compreende-se, por isso, a redacção adoptada na parte final do nº 3 do artigo 30º da LAV, que se afigura congruente com a posição assumida pela APA nos trabalhos preparatórios da LAV.

diária *automática* do CPC (ou do CPTA) não seria possível (nem recomendável). Como ponto prévio, cumpre salientar que mesmo aqueles autores que mais se aproximam de uma posição favorável à aplicação subsidiária do CPC – como, por exemplo, Cândido Rangel Dinamarco, no Brasil –,[398] não deixam de ressalvar três pontos importantes. Essa aplicação apenas se verificará (i) se as partes ou os árbitros nada dispuserem sobre as regras processuais, (ii) na ausência de disposições da lei de arbitragem, (iii) e, acima de tudo, *as normas do CPC "só terão aplicabilidade na medida em que forem compatíveis com o sistema arbitral"*[399] (ressalva importante, pois demonstra o reconhecimento de que há normas do CPC que, pura e simplesmente, não serão compatíveis com o sistema arbitral e que, por essa razão, não lhe devem ser aplicadas).

De todo o modo, mais do que uma questão de compatibilidade, parece-nos que se deverá falar de uma questão de *adequação*. Grande parte das regras processuais acolhidas no CPC pura e simplesmente não serão adequadas, nem susceptíveis de transposição para o processo arbitral[400].

Neste âmbito, cumpre salientar o seguinte: vimos os muitos pontos de contacto que existem entre o processo arbitral e o processo civil. Mas isso não quer dizer, evidentemente, que não existam *diferenças* entre um e outro. Existem, são muitas e não deverão ser ignoradas. A origem contratual, o modo como o processo arbitral nasce, se organiza e se desenvolve, o método utilizado na sua condução, o facto de não serem órgãos estaduais e de não terem *ius imperii* (como vimos já), etc., tudo isto é revelador de características próprias que diferenciam o processo arbitral do processo civil e que dificilmente se coadunam com uma aplicação subsidiária do CPC[401-402].

[398] País onde não existe ressalva idêntica à que encontramos na parte final do nº 3 do artigo 30º da LAV. O artigo 21º da Lei nº 9.307, de 23 de Setembro de 1996 (subsequentemente alterada) – correspondente, em certa medida, ao nosso artigo 30º da LAV –, não contém essa ressalva.

[399] Cândido Rangel Dinamarco, *A Arbitragem na Teoria Geral do Processo*, *cit.*, p. 46.

[400] Fazendo referência a uma "manifesta inadequação" da lei processual civil, quando aplicada subsidiariamente ao processo arbitral, veja-se António Sampaio Caramelo, "Da condução do processo arbitral...", *cit.*, p. 157.

[401] *Cfr.* Manuel Pereira Barrocas, *Lei de Arbitragem Comentada*, *cit.*, p. 117, e, na jurisprudência, o acórdão do Tribunal da Relação de Lisboa de 19/02/2015 (Relator Ilídio Martins, processo 1422/14.5YRLSB.L1-8); salientando, também, que "o ambiente da arbitragem não deve ser equiparado ao ambiente dos processos que correm perante a jurisdição estadual", *vide* Miguel Teixeira de Sousa, "A intervenção de terceiros no processo arbitral", *cit.*, p. 149. Sobre as muitas diferenças existentes entre a arbitragem e a jurisdição estadual, veja-se, ainda, para maiores desenvolvimentos, Vicente Guzmán Fluja, "Artículo 7. Intervención judicial", *cit.*, pp. 288 e 289.

[402] Neste sentido, não se pode pretender aplicar o CPC a um processo arbitral como se não houvesse diferenças, como se um processo estadual e arbitral fossem exactamente iguais.

Por outro lado, o próprio *formalismo* e a *rigidez* que, por vezes, caracterizam o processo civil (compreensíveis no seio de uma máquina judicial pública, dirigida para um número indeterminado de casos e não para um litígio em concreto[403]), afiguram-se desadequados à arbitragem[404]. A este propósito, conforme salientam Jean-François Poudret e Sébastien Besson, importa recordar que uma das razões que compele as partes a escolherem o foro arbitral prende-se com a possibilidade de o processo ser adaptado ao caso em questão, evitando-se o formalismo das leis processuais estaduais[405]. Na verdade, isso faz com que a arbitragem seja mais *flexível*, *eficiente* e, consequentemente, mais *rápida*[406] (algumas das principais vantagens que este meio de resolução alternativo de litígios apresenta). Ora, essa flexibilidade, eficiência e rapidez não se conseguem (ou dificilmente se conseguem) com a aplicação subsidiária do CPC.

Não surpreende, por isso, que vários autores – designadamente Vicente Guzmán Fluja, por referência ao ordenamento jurídico espanhol – (i) defendam que "a arbitragem perderia cada vez mais o seu sentido e a sua essência" à medida que cada vez mais se fosse equiparando, na sua configuração e funcionamento, à jurisdição estadual[407], (ii) concluindo, depois, que se *deve evitar "a tentação de aplicar a LEC* [CPC espanhol] *para colmatar as 'lacunas' da arbitragem ou do processo arbitral"*[408].

Tais afirmações são compreensíveis. De facto, a aproximação excessiva à jurisdição estadual (nomeadamente ao CPC) faz com que a arbitragem perca

[403] Veja-se MÁRIO ESTEVES DE OLIVEIRA (coordenação), *Lei da Arbitragem Voluntária Comentada, cit.*, p. 384.

[404] *Vide* MARIANA FRANÇA GOUVEIA, *Curso de Resolução Alternativa de Litígios, cit.*, p. 235, e ANTÓNIO SAMPAIO CARAMELO, "Da condução do processo arbitral...", *cit.*, pp. 155 a 158.

[405] *Cfr.* JEAN-FRANÇOIS POUDRET / SÉBASTIEN BESSON, *Comparative Law of International Arbitration, cit.*, p. 457; veja-se, ainda, SUSANA LARISMA, "A Prova por testemunhas na Arbitragem Internacional...", *cit.*, pp. 98 e 99, bem como o acórdão do Tribunal da Relação de Lisboa de 14/07/2011 (Relatora Ondina Carmo Alves, processo 380/11.2YRLSB-2), que sublinha, expressamente, o facto de a arbitragem voluntária permitir uma "maior liberdade de criação de regras de tramitação processual mais flexíveis e *adequadas à resolução do conflito*, afastando as *formas rígidas do processo civil*, tendo como limite apenas os princípios consagrados no artigo 16º da Lei nº 31/86, de 29 de Agosto" (correspondente ao actual artigo 30º, nº 1, da LAV).

[406] *Cfr.* JEAN-FRANÇOIS POUDRET / SÉBASTIEN BESSON, *Comparative Law of International Arbitration, cit.*, p. 458.

[407] VICENTE GUZMÁN FLUJA, "Artículo 7. Intervención judicial", *cit.*, p. 289.

[408] VICENTE GUZMÁN FLUJA, "Artículo 7. Intervención judicial", *cit.*, p. 289 (nota de rodapé nº 9). Tal como vimos anteriormente, recorde-se que, à semelhança de Portugal, a Espanha optou por regular a arbitragem num diploma autónomo à *Ley de Enjuiciamiento Civil* (LEC), isto é, ao CPC espanhol.

a sua identidade, desvirtuando e mudando o paradigma da arbitragem. Além do mais, quando as partes recorrem a este meio de resolução *alternativa* de litígios (e alternativa é a palavra-chave), o que se pretende é uma *alternativa* aos tribunais estaduais e ao processo estadual[409]. Dir-se-á, a este propósito, que "se as partes optam pela arbitragem, pretendem, presumivelmente, regimes mais simples e adaptados, para o procedimento a seguir"[410] (e não a aplicação subsidiária do CPC que encontram nos tribunais judiciais). É essa a razão pela qual julgamos que a possibilidade que as partes e os árbitros têm de convencionar a aplicação do CPC (ou até de uma lei processual estrangeira), nos termos dos nºs 2 e 3 do artigo 30º da LAV, não será a melhor opção[411].

Contrariamente ao entendimento sufragado por alguns autores[412], note-se, porém, que isto não significa que o CPC seja irrelevante para o processo arbitral. De facto, para além do referido anteriormente, o CPC poderá, ainda, eventualmente, ser relevante como *auxiliar de integração de lacunas*[413] – o terceiro nível que vimos sobre a importância do CPC na arbitragem.

Com efeito, a não aplicação subsidiária do CPC não invalida uma *eventual aplicação analógica* deste diploma, que os árbitros entendam necessária para colmatar determinada lacuna[414]. Ponto essencial é que estejamos realmente perante uma lacuna, algo que, como se sabe, nem sempre será fácil de determinar.

A este respeito, importa começar por salientar que o processo arbitral é dominado pela *flexibilidade* e *simplicidade* das suas regras, sendo estas, geralmente, em *número reduzido*. A LAV, por exemplo, contém, propositadamente, pouco mais de meia dúzia de regras sobre o processo arbitral – mais concretamente, nove artigos no total (artigos 30º a 38º). A regulamentação processual

[409] Se as partes quiserem que o CPC se aplique, dir-se-á, à partida, que irão para os tribunais judiciais. Em sentido próximo, PEDRO PINA, "Arbitragem e Jurisdição", *cit.*, p. 136.

[410] ANTÓNIO MENEZES CORDEIRO, *Tratado da Arbitragem...*, *cit.*, p. 283.

[411] Neste sentido, vejam-se, JEAN-FRANÇOIS POUDRET / SÉBASTIEN BESSON, *Comparative Law of International Arbitration*, *cit.*, p. 460, MARIANA FRANÇA GOUVEIA, *Curso de Resolução Alternativa de Litígios*, *cit.*, p. 235, e ANTÓNIO SAMPAIO CARAMELO, "Da condução do processo arbitral...", *cit.*, pp. 155 a 158. Na verdade, conforme salienta Luís de Lima Pinheiro, "a remissão para uma lei processual civil não parece ser a solução mais conveniente, visto que implica a sujeição da arbitragem àqueles formalismos que geralmente se pretendem evitar com o recurso à arbitragem" (LUÍS DE LIMA PINHEIRO, *Arbitragem Transnacional...*, *cit.*, p. 143).

[412] *Cfr.* ARMINDO RIBEIRO MENDES, *in* DÁRIO MOURA VICENTE (Coordenador), *Lei da Arbitragem Voluntária Anotada*, *cit.*, p. 101.

[413] *Vide* ANTÓNIO MENEZES CORDEIRO, *Tratado da Arbitragem...*, *cit.*, p. 264.

[414] Admitindo também a analogia com o regime legal do processo civil (embora de forma bastante cautelosa), veja-se MANUEL PEREIRA BARROCAS, "A razão por que não são aplicáveis à arbitragem...", *cit.*, pp. 626 e 627.

na LAV está, assim, reduzida a um "nível mínimo"[415], algo que tem paralelo em muitas outras jurisdições[416]. A ideia, no fundo, é a de dar às partes (ou, na sua omissão, aos árbitros) a possibilidade de escolherem as regras processuais aplicáveis, adaptando tais regras às circunstâncias do litígio e do caso concreto[417]. Neste sentido, como referimos antes, as partes (ou, na sua omissão, os árbitros) podem, designadamente, definir as regras de processo a observar na arbitragem ou remeterem para o regulamento de arbitragem de um centro institucionalizado. Em qualquer um dos casos, todavia, por norma a regulamentação processual continuará a ser reduzida, sobretudo quando comparada com o CPC.

Ora, neste contexto, poder-se-á dizer que não é surpreendente o facto de, por vezes, no decurso do processo arbitral, as partes e os árbitros se depararem com uma determinada questão que não tenha sido contemplada nas regras de processo aplicáveis ao caso. Quando a aplicação subsidiária do CPC não tiver sido prevista, é aqui que este diploma pode, mais uma vez, ser relevante, agora como auxiliar de integração de lacunas.

É necessário, porém, fazermos aqui a ressalva de que nem todas as omissões que se possam verificar nas regras de processo arbitral se traduzirão em *lacunas*. Na verdade, como se sabe, perante uma omissão da lei não é imediata "a inferência de que há uma lacuna", uma vez que "pode a matéria não estar regulada e não o dever estar"[418]. Com efeito, não é de excluir que possamos estar apenas perante um *silêncio eloquente da lei*[419], isto é, perante uma "situação intencionalmente não inserida em previsão legal e não de omissão a carecer de integração analógica"[420].

[415] Mariana França Gouveia, *Curso de Resolução Alternativa de Litígios, cit.*, p. 233.

[416] Neste sentido, *vide* Cândido Rangel Dinamarco, *A Arbitragem na Teoria Geral do Processo, cit.*, p. 53, e José Luis González-Montes Sánchez, *El Control Judicial del Arbitraje, cit.*, p. 79 (Autor que sublinha o "claro antiformalismo" da lei de arbitragem espanhola).

[417] Note-se que esta possibilidade de adequação não significa "desordem processual ou anarquia procedimental, mas ordem exata na medida do objeto da arbitragem" (Francisco José Cahali, "Arbitragem e o Projeto de Código de Processo Civil", *cit.*, p. 276).

[418] José de Oliveira Ascensão, "Interpretação das leis. Integração das lacunas. Aplicação do princípio da analogia", *cit.*, p. 918. É importante ter presente que o *caso omisso* previsto no artigo 10º do CC "é realidade diferente do simples caso não regulado" (Pires de Lima / Antunes Varela, *Código Civil Anotado*, vol. I, *cit.*, p. 59).

[419] De facto, é importante não esquecer que "há silêncios da lei que podem ser significativos, isto é, podem traduzir uma resposta da lei a certa questão de direito" (João Baptista Machado, *Introdução ao Direito e ao Discurso Legitimador, cit.*, p. 201). Trata-se de um silêncio eloquente da lei ("ein 'beredtes Schweigen' des Gesetzes"), no dizer de Larenz (Karl Larenz, *Methodenlehre der Rechtswissenschaft, cit.*, p. 355).

[420] Acórdãos do Supremo Tribunal de Justiça de 21/09/2006 (Relator Salvador da Costa, processo 06B2904) e de 14/12/2006 (Relator Afonso Correia, processo 06A1984). Neste contexto, importa

As partes ou os árbitros podem, assim, não ter regulado determinada questão pura e simplesmente porque não o quiseram; caso em que não estaremos perante qualquer lacuna, susceptível de integração analógica. Tendo presente que uma das razões pela qual as partes escolhem o foro arbitral se prende com a flexibilidade e simplicidade das suas regras (que, em alguma medida, contrastam com as do CPC), com vista a garantir uma condução célere e eficiente do processo que lhes permita obter uma decisão em prazo (verdadeiramente) razoável, julgamos que, muitas vezes, a omissão que se verifique nas regras de processo arbitral não se traduzirá em qualquer lacuna[421-422]. Nestes casos, não

distinguir a "lacuna voluntária" da "lacuna involuntária" (RUI SOARES PEREIRA, *A Responsabilidade por Danos Não Patrimoniais do Incumprimento das Obrigações no Direito Civil Português*, *cit.*, pp. 268 e ss.).

421 A nosso ver, é essa a razão pela qual Vicente Guzmán Fluja, na citação que transcrevemos *supra*, de forma habilidosa coloca a palavra lacuna entre aspas, quando refere que se deve evitar "a tentação de aplicar a LEC [CPC espanhol] para colmatar as *'lacunas'* da arbitragem ou do processo arbitral" – VICENTE GUZMÁN FLUJA, "Artículo 7. Intervención judicial", *cit.*, p. 289 (nota de rodapé nº 9). Muitas vezes, de facto, não estaremos perante verdadeiras lacunas. Neste sentido, veja-se, ainda, MÁRIO ESTEVES DE OLIVEIRA (coordenação), *Lei da Arbitragem Voluntária Comentada*, *cit.*, p. 384.

422 O problema é mais facilmente compreensível através de uma situação prática. Pense-se, por exemplo, numa arbitragem que tenha lugar (ou sede) em território português, em que as partes – no que se refere às regras do processo arbitral – remeteram para um regulamento de um centro de arbitragem institucionalizada nacional (nada dizendo quanto a uma eventual aplicação subsidiária do CPC) e definiram que a sentença arbitral teria de ser proferida num prazo máximo de quatro meses (sem possibilidade de prorrogação desse prazo). Iniciada a arbitragem, e já após a apresentação dos articulados e da marcação da audiência final, uma das partes apresenta um *articulado superveniente*, invocando os artigos 588º e 589º do CPC (articulado que não está previsto no regulamento de arbitragem escolhido). Dentro do mesmo caso, imaginemos, ainda, que, durante a produção de prova testemunhal, e após se ter verificado uma oposição directa entre os depoimentos de duas testemunhas sobre determinado facto relevante, uma das partes pretende deduzir um incidente de *acareação*, nos termos dos artigos 523º e 524º do CPC (acareação também não prevista no regulamento de arbitragem escolhido). Ora, serão as mencionadas omissões verdadeiras lacunas, devendo os correspondentes preceitos do CPC ser aplicados analogicamente (aceitando-se o articulado superveniente apresentado e a acareação deduzida)?
O principal problema subjacente a estes incidentes (assim como em relação a muitos outros previstos no CPC, que se poderiam equacionar nesta hipótese concreta) é o das *perturbações* que os mesmos vão introduzir no processo arbitral (que, regra geral, se quer célere e eficiente). Neste sentido, repare-se que uma resposta afirmativa à questão *supra* enunciada implicava, quanto ao articulado superveniente, que se tivesse de notificar a parte contrária para responder em 10 dias (artigo 588º, nº 4), podendo ainda dar-se o caso de a audiência final ser interrompida nos termos da 2ª parte do nº 2 do artigo 589º. No que respeita à acareação, se as testemunhas não estiverem presentes, teria de ser designado um dia para essa diligência (artigo 524º, nº 1, do CPC). Ora, tudo isto gera *atrasos*, atrasos estes susceptíveis de comprometer o prazo para a sentença arbitral ser proferida (com a possível responsabilização dos árbitros pelos danos causados, nos termos do artigo 43º, nº 4, da LAV), frustrando a expectativa de as partes obterem a sentença arbitral no prazo que definiram (sobretudo se esse prazo for curto, como sucedia no exemplo indicado).

havendo lacuna, o tribunal arbitral deverá ter a liberdade de resolver o problema como entender (sempre com observância, claro, dos princípios fundamentais e das normas imperativas a observar em qualquer processo arbitral), procurando a solução que for mais adequada ao caso concreto.

Por outro lado, pode dar-se o caso de existir efectivamente uma lacuna e, no entanto, não existir caso análogo – hipótese em que a situação será resolvida "segundo a norma que o próprio intérprete criaria, se houvesse de legislar dentro do espírito do sistema" (artigo 10º, nº 3, do CC), ou seja, através de uma *norma "ad hoc"*[423].

A jurisdição dos tribunais arbitrais não se reduz, em suma, à sua origem contratual. Tem por detrás um (complexo) enquadramento constitucional e legal que é preciso compreender devidamente, em particular a ligação que existe entre a arbitragem e o Direito Processual Civil (sobretudo com o CPC, podendo este assumir relevância, repete-se, em três níveis distintos: cultura processual civil, lei subsidiária, auxiliar de integração de lacunas, nos termos e com as ressalvas indicadas para cada um destes campos). A compreensão deste enquadramento é, como veremos, fundamental no âmbito do nosso trabalho.

7.3. A origem contratual como força e fraqueza da arbitragem

A origem contratual da arbitragem voluntária é, por um lado, uma questão fulcral que está no centro de muitos dos temas e especificidades que a arbitragem apresenta e, por outro lado, uma questão complexa. Uma questão que não nos deve fazer esquecer: (i) por um lado, a cobertura constitucional e

É essa a razão pela qual não nos devemos precipitar na análise ao caso concreto, concluindo, de imediato, que uma determinada omissão que se verifique configura uma lacuna, carecendo de integração analógica com o regime legal do processo civil. Neste sentido, importa não esquecer que as partes, muitas vezes, ao recorrerem ao foro arbitral pretendem uma tramitação processual mais simples, sem os incidentes e formalismos previstos no CPC.
Note-se, em todo o caso, que não estamos com isto a defender a impossibilidade de apresentar um articulado superveniente ou de deduzir um incidente de acareação (ou outro) num processo arbitral em que essa possibilidade não esteja prevista. O exemplo indicado visa apenas demonstrar que a aplicação do regime legal do CPC poderá, muitas vezes, não ser a mais adequada.

[423] João Baptista Machado, *Introdução ao Direito e ao Discurso Legitimador, cit.*, pp. 202 a 205. No fundo, o que o legislador pretende é que "o julgador capte o problema jurídico no seu recorte específico, isolando-o 'preventivamente' das particularidades do caso concreto, para que ganhe altura e ascenda a um horizonte visual capaz de lhe permitir não só ver o problema na sua especificidade mas também, mediante a inserção no espírito do sistema da norma elaborada *ad hoc*, inserir igualmente nesse espírito a solução do caso, através de um adequado entendimento daquela norma como resposta àquele problema e através de uma 'concretização' da mesma norma – capaz de fazer o sistema concluso na direcção do caso – em função das particularidades da situação" (João Baptista Machado, *op. cit.*, p. 204).

legal da arbitragem (sobretudo as implicações e o alcance da mesma); (ii) por outro lado, as (muitas) especificidades deste meio de resolução alternativa de litígios, designadamente o facto de, não obstante a arbitragem ser jurisdição, os tribunais arbitrais não serem "tribunais como os outros"[424].

Dito isto, a arbitragem voluntária é, importa reiterar, contratual na sua origem, na medida em que tem como fundamento (imediato) a vontade das partes, ou seja, é fruto da autonomia privada.

Deste modo, em consequência da mencionada origem contratual, o "âmbito do poder de julgar é determinado pela vontade das partes"[425]. Assim se compreende a liberdade de as partes (e, na sua omissão, os árbitros) poderem ajustar o processo arbitral às características e circunstâncias concretas do caso, evitando os formalismos próprios da jurisdição estadual[426] e, em parte, o respectivo regime processual. Tal liberdade é, com efeito, muito ampla. As partes, verdadeiramente, podem moldar a constituição e o funcionamento do tribunal arbitral[427] e ter o processo que quiserem (dentro dos limites da lei e da ordem pública, claro). Através da convenção de arbitragem é possível *escolherem os árbitros*, as regras processuais, a lei aplicável, a sede do tribunal arbitral, a língua dos autos, o prazo para a decisão, etc.[428]. No fundo, as partes definem as regras do jogo[429], o que se compreende pois, recorde-se, "nem todo o direito que existe é constituído pela imediata mediação do Estado"[430], não se circunscrevendo o Direito "ao conjunto de normas estadualmente impostas"[431].

424 Acórdão do Tribunal Constitucional nº 230/86, *cit.*

425 J. J. Gomes Canotilho / Vital Moreira, *Constituição da República Portuguesa Anotada*, vol. II, 4ª ed., *cit.*, p. 550.

426 *Cfr.* Luís de Lima Pinheiro, *Arbitragem Transnacional...*, *cit.*, p. 142, e Maria Helena Brito, "Arbitragem internacional...", *cit.*, p. 128.

427 *Cfr.* Francisco Cortez, "A arbitragem voluntária em Portugal...", IV, *cit.*, p. 555.

428 As partes podem convencionar isto directamente ou remeter para um regulamento de um centro de arbitragem institucionalizada (nacional ou estrangeiro), que contenha regras que lhes sejam convenientes.

429 O conteúdo da convenção de arbitragem pode, de facto, ser o mais variado possível [*cfr.* Mariana França Gouveia, *Curso de Resolução Alternativa de Litígios*, *cit.*, p. 148, e Pedro A. Batista Martins, "Arbitragem e intervenção voluntária de terceiros: uma proposta", *cit.*, p. 587]; a este respeito, veja-se, ainda, António Pinto Monteiro, "O contrato na gestão do risco e na garantia da equidade", *cit.*, pp. 25 e 26.

430 Fernando José Bronze, *Lições de Introdução ao Direito*, *cit.*, pp. 165 e 166.

431 Lucinda Dias da Silva, "Os Custos da Justiça à luz dos Princípios Processuais", *cit.*, p. 308. A este respeito, vejam-se, ainda, Boaventura de Sousa Santos, *Para uma Revolução Democrática da Justiça*, *cit.*, pp. 135 a 142, Carlos Feijó, *A Coexistência Normativa entre o Estado e as Autoridades Tradicionais na Ordem Jurídica Plural Angolana*, *cit.*, pp. 102 e ss., e António Pinto Monteiro, "Resolução alternativa de litígios de consumo: breve apresentação", *cit.*, p. 10.

Ora, se é certo que esta origem contratual constitui um grande atractivo e uma grande vantagem face aos tribunais estaduais (na medida em que faz da arbitragem um mecanismo de resolução de litígios muito *flexível*, que atende aos interesses das partes e às circunstâncias do litígio[432]), é igualmente certo que a mesma leva a que, por vezes, se coloquem problemas que não se colocariam na jurisdição estadual[433] (ou que se acentuem esses problemas), sobretudo em casos de pluralidade de partes.

As dificuldades existentes no momento da *constituição do tribunal arbitral* são, como veremos, um bom exemplo disso mesmo. Com efeito, nos tribunais estaduais, as partes não escolhem o nome da pessoa que as irá julgar, pelo que não existe qualquer problema a este respeito – as partes múltiplas (a existirem) não têm de se entender com ninguém para nomear um árbitro; é todo um problema que, pura e simplesmente, não existe.

Neste sentido, pense-se, ainda, no seguinte: é muito vantajoso as partes – ao abrigo da ampla liberdade de que dispõem – poderem designar os árbitros ou fixar o modo pelo qual estes são escolhidos. Consegue-se uma justiça mais adequada e especializada (tendo as partes a possibilidade de eleger pessoas que se revelem mais aptas para decidirem o litígio e com uma maior sensibilidade em relação aos seus interesses), que faz com que as partes possam ter, à partida, uma maior confiança no tribunal arbitral e no desenrolar do processo.

Porém, a verdade é que, como se viu no famoso *caso Dutco*[434], *esta possibilidade pode levantar depois problemas – sobretudo com o princípio da igualdade das partes* – quando a constituição do tribunal se tiver de verificar num caso de pluralidade de partes e em que os vários demandados (ou, por hipótese, os vários demandantes) não estejam de acordo quanto ao nome do árbitro a indicar.

Por outro lado, a mesma faculdade é também susceptível de gerar problemas de independência e imparcialidade dos árbitros, problemas estes que não se colocam nos mesmos termos nos tribunais estaduais, uma vez que aí funciona o *princípio do juiz natural*, não tendo as partes qualquer protagonismo na constituição do tribunal.

[432] *Vide* Stavros L. Brekoulakis, *Third parties in International Commercial Arbitration*, *cit.*, p. 3, Othmar Jauernig / Burkhard Hess, *Zivilprozessrecht: ein Studienbuch*, Juristische Kurz-Lehrbücher, 30ª ed., *cit.*, pp. 372 e 373, e Piero Bernardini, "Arbitrato commerciale internazionale", *cit.*, pp. 90 e 91.

[433] Neste sentido, veja-se, entre outros, Carla Gonçalves Borges, "Pluralidade de Partes...", *cit.*, p. 109.

[434] Sobre este caso, veja-se, entre outros, António Pedro Pinto Monteiro, *O Princípio da Igualdade e a Pluralidade de Partes na Arbitragem...*, *cit.*, pp. 132 a 167 (e a bibliografia aí indicada).

Por fim, importa notar que a própria origem contratual da arbitragem, e a ampla liberdade que as partes têm na definição do seu litígio (de escolherem os seus árbitros, por exemplo), é passível de acentuar os problemas com o princípio da igualdade das partes. Em teoria, será, com efeito, mais fácil contornar ou atenuar a aplicação deste princípio[435], o que justifica que tenha de haver, na arbitragem, uma atenção especial para com o princípio da igualdade das partes.

Em conclusão, poder-se-á, assim, afirmar que a origem contratual, que é a grande *força* da arbitragem (voluntária), acaba, muitas vezes, por ser também a sua grande *fraqueza*[436]. Ou seja, em certas situações (particularmente em caso de pluralidade de partes e a começar, desde logo, pela constituição do tribunal arbitral), tal origem acaba por se revelar um "handicap"[437], ou melhor, uma "espada ou faca de dois gumes"[438], em que, por um lado, o recurso à arbitragem apresenta grandes vantagens, mas, por outro lado, levanta problemas adicionais (e graves) que não encontramos nos tribunais estaduais.

7.4. A origem contratual na arbitragem de Direito Administrativo

O problema atrás mencionado merece, todavia, uma pequena nota quando uma das partes que celebrem a convenção de arbitragem seja a Administração Pública ou um privado no exercício de poderes públicos[439]. Com efeito, neste caso, já não parece ser possível falar numa arbitragem assente somente na *autonomia privada* de ambas as partes.

Em primeiro lugar, a arbitragem voluntária no Direito Administrativo pressupõe uma norma legal de competência que habilite (tornando o litígio arbitrável) a Administração a prestar o seu "consentimento"[440], optando esta

[435] Por referência à constituição do tribunal arbitral, imagine-se, por exemplo, um caso em que as partes convencionam que será o demandante a nomear o árbitro único ou a totalidade dos árbitros ou, pelo menos, que este poderá designar um número de árbitros superior do que o(s) demandado(s). Como veremos mais à frente, tal convenção – feita nos termos da ampla autonomia de que as partes gozam – parece implicar uma desigualdade de tratamento entre demandante e demandado(s), sendo contrária ao princípio da igualdade das partes. Facto que serve para demonstrar a atenção extra que o princípio da igualdade das partes tem de merecer na arbitragem.

[436] *Vide* Nathalie Voser, "Multi-party disputes and joinder of third parties", *cit.*, p. 401, Kristina Maria Siig, "Multi-party arbitration...", *cit.*, p. 73, e Hakim Boularbah, "Les procédures parallèles et les tiers", *cit.*, p. 173.

[437] Alexis Mourre, "L'intervention des tiers à l'arbitrage", *cit.*, p. 100.

[438] Stavros Brekoulakis, "Multiparty and Multicontract Arbitration", *cit.*, p. 1.

[439] Sobre o tema, recolhe-se evidente inspiração em Artur Flamínio da Silva, *A Resolução de Conflitos Desportivos...*, *cit.*, pp. 347 e ss.

[440] Fala-se, assim, aqui da *autonomia pública* da Administração (ou de privados que exerçam poderes públicos) a decidir sobre a celebração de uma convenção de arbitragem. Sobre a distinção entre

deliberadamente por acordar com o particular a submissão de um litígio a um tribunal arbitral em detrimento de um tribunal estadual. Em segundo lugar, a existência de uma escolha pela Administração na submissão de um litígio à apreciação de um tribunal arbitral pressupõe evidentemente uma concomitante declaração de vontade do particular no mesmo sentido, nos exactos termos em que se processa a celebração de uma convenção de arbitragem entre dois particulares.

Esta constatação não envolve, em princípio, nada de problemático mesmo quando estejamos perante uma relação material de autoridade, desde que exista uma igualdade no acto de celebração da convenção da arbitragem e que dos efeitos processuais daí resultantes decorra a constituição de um tribunal arbitral paritário[441]. Isto implica, porém, que o legislador tenha especiais cautelas no sentido de assegurar um processo negocial que assente na efectiva igualdade material entre as partes. Em qualquer dos casos, a arbitragem desenvolvida nestes termos será sempre um acto de *vontade* e de escolha, o que permite ainda falar numa arbitragem voluntária.

autonomia pública e autonomia privada, cfr. José Manuel Sérvulo Correia, *Legalidade e Autonomia Contratual nos Contratos Administrativos, cit.*, pp. 464 e ss.

[441] Cfr. Christoph Stumpf, *Alternative Streitbeilegung im Verwaltungsrecht, cit.*, pp. 12 e 33.

Capítulo III
Estatuto constitucional e direitos humanos

8. O estatuto constitucional da arbitragem

8.1. A arbitragem como resolução alternativa de litígios e a responsabilidade do Estado de garantir a existência de uma jurisdição estadual

Na doutrina é pacífico que não existe, no quadro constitucional português, um *monopólio do exercício da função jurisdicional* pelos tribunais estaduais[442]-[443]. Esta realidade é, de resto, confirmada pelo artigo 209º, nº 2, da CRP, ao admitir expressamente a possibilidade – reiteramos que se trata de uma mera prerrogativa e não de uma obrigação – de existirem tribunais arbitrais. Os tribunais arbitrais surgem, desta forma, legitimados enquanto categorias de tribunais constitucionalmente admissíveis, encontrando-se aí também inegavelmente prevista a admissibilidade de uma jurisdição privada *paralela* à jurisdição estadual.

Efectivamente, ainda que não se verifique um *monopólio estadual do exercício da função jurisdicional*, é possível constatar a existência de uma *reserva de jurisdição estadual* que impõe a *responsabilidade do Estado em garantir a existência de uma jurisdição estadual*. Na verdade, ao estabelecer no artigo 202º, nº 1, que: "*[o]s tribunais são os órgãos de soberania com competência para administrar a justiça em nome do povo*", a CRP assume que existe uma *função pública* que – enquanto

[442] As ideias que seguidamente se desenvolvem colhem inspiração evidente, seguindo-o, no texto escrito por Artur Flamínio da Silva, *A Resolução de Conflitos Desportivos...*, *cit.*, pp. 345 e ss.

[443] Cfr., entre outros, Paulo Castro Rangel, *Repensar o Poder Judicial*, *cit.*, p. 292, referindo-se a uma "erosão do fenómeno da estadualidade enquanto característica distintiva do poder judicial". Em sentido idêntico, Jorge Miranda / Rui Medeiros, *Constituição Portuguesa Anotada*, Vol. III, *cit.*, p. 17, Pedro Gonçalves, "Administração Pública e arbitragem...", *cit.*, pp. 778 e ss., Mário Aroso de Almeida, "Arbitragem e Tribunais Administrativos", *cit.*, p. 48 e Luís Cabral de Moncada, "Modelos alternativos de justiça: a arbitragem no direito administrativo", *cit.*, p. 481.

responsabilidade atribuída directamente pelo texto constitucional ao Estado –, estabelece um dever de existência de uma *função jurisdicional estadual* e uma *reserva do exercício dessa respectiva função por determinados órgãos estaduais.* Esta reserva apresenta-se, deste modo, como um meio primordial de separação entre os diversos poderes do Estado (função executiva, função jurisdicional e função legislativa)[444], estabelecendo em que condições determinadas entidades estaduais podem assumir o exercício da função jurisdicional estadual. O determinante, neste contexto, é ressalvar que, enquanto dever do Estado, não parece ser de admitir, por exemplo, uma completa substituição da jurisdição estadual por uma jurisdição arbitral. Por conseguinte, existe uma imposição constitucional que reclama a *existência de uma jurisdição estadual* e não uma reserva que impõe *a exclusividade da jurisdição estadual*[445].

Por outro lado, existindo um comando constitucional que impõe a existência de uma jurisdição estadual, não haverá também dificuldade em assimilar que o texto da CRP se ocupa especialmente das garantias imprescindíveis para que um determinado órgão estadual possa ser qualificado como tribunal. Nada dispõe, porém, sobre a aplicabilidade dessas garantias aos tribunais arbitrais[446], uma vez que o título V da CRP se ocupa somente dos tribunais que exercem a função jurisdicional "em nome do povo", nada estabelecendo também sobre a organização dos tribunais arbitrais ou o estatuto dos árbitros e – embora incluindo os tribunais arbitrais entre os tribunais constitucionalmente admissíveis – atribui uma ampla margem ao legislador para enquadrar legislativamente a actividade destes tribunais[447]. Em bom rigor, as disposições

[444] Neste sentido, sobre a função jurisdição estadual na doutrina alemã, cfr. Paul Kirchhof, "Der Auftrag des Grundgesetzes an die rechtsprechende Gewalt", *cit.*, p. 11, Karl August Bettermann, "Die rechtsprechende Gewalt", *cit.*, pp. 776 e ss., Jarass e Pieroth, *Grundgesetz...*, *cit.*, p. 975 e Blieibtreu / Hofmann / Hennecke, *GG – Kommentar zum Grundgesetz*, *cit.*, p. 2192.

[445] Com outros desenvolvimentos sobre o tema, v. Artur Flamínio da Silva, *A Resolução de Conflitos Desportivos...*, *cit.*, pp. 338 e ss.

[446] Entre nós, no sentido exposto, cfr. Pedro Gonçalves, "Administração Pública e arbitragem...", cit., p. 880 e Gomes Canotilho / Vital Moreira, assumindo que pode, porém, "justificar-[se] a assimilação de alguns tópicos caracterizadores da função jurisdicional". Cfr. *Constituição da República Portuguesa Anotada*, Vol. I, *cit.*, p. 552. Em termos diferentes, aplicando em bloco (exceptuando as garantias relativamente ao estatuto constitucional dos juízes), Cfr. Jorge Miranda / Rui Medeiros, *Constituição Portuguesa Anotada*, Vol. III, *cit.*, pp. 115 e ss. Denotando que o TC "trata os tribunais arbitrais – independentemente da sua qualificação como voluntários ou necessários (...) – como verdadeiros tribunais", Cfr. Paulo Castro Rangel, *Repensar o Poder Judicial*, *cit.*, pp. 297 e 298.

[447] Rejeita-se, desta forma, que "o tribunal arbitral [voluntário], como tribunal que é, faz parte da própria garantia de acesso ao direito e aos tribunais", Cfr. Ac. do TC nº 250/96. Em sentido

constitucionais constantes nos artigos 20º, 268º, nº 4 e as garantias do título V da CRP, aplicam-se somente na relação Estado/cidadão, representando uma responsabilidade do Estado em manter uma jurisdição pública e, por outro lado, um direito fundamental do cidadão em poder usufruir de tutela na jurisdição estadual, caso opte deliberadamente por submeter os seus litígios a esta jurisdição[448].

A função paralela destas normas consiste na salvaguarda, perante os cidadãos, de uma responsabilidade do Estado em assegurar a existência de uma função jurisdicional pública com um núcleo irredutível de garantias, não podendo, a título de exemplo e por esse motivo, o Estado excluir por completo a existência de uma justiça pública[449].

Por último, deve-se também afirmar que nesta *responsabilidade estadual* (de reconhecimento e de controlo) se estabelece o fundamento de uma *relação de colaboração* entre a jurisdição estadual e a jurisdição arbitral que torna insustentável falar numa total independência da segunda em relação à primeira[450]. Em suma, ainda que não exista um *monopólio do exercício da função jurisdicional por órgãos estaduais* e as partes possam com um acto de vontade submeter os seus litígios a tribunais arbitrais, "o Estado não se demite do seu papel de garante último da realização da justiça"[451] fruto da imposição do princípio do Estado de Direito, do princípio da igualdade e da autonomia privada das partes.

8.2. O problema da legitimidade constitucional da arbitragem necessária

Por outro lado, faltando a alternatividade em relação à jurisdição estadual – que é característica da arbitragem voluntária – coloca-se a questão de saber se, porventura, existe a desconformidade, em abstracto, da instituição legal desta modalidade de resolução de litígios com os comandos constitucionais[452]. Entre nós, existindo um número relevante de manifestações mais ou menos

idêntico desta decisão jurisprudencial, por exemplo, também FAUSTO QUADROS, "Linhas gerais da reforma...", *cit.*, p. 9.

448 Neste sentido acompanhamos PEDRO GONÇALVES quando denuncia precisamente que existe um "desfasamento entre a definição de tribunais do artigo 202º e a categorização dos tribunais do artigo 209º". Cfr. *Entidades Privadas com Poderes Públicos*, cit., p. 566.

449 Cfr. JULIAN ZADO, *Privatisierung der Justiz*, *cit.*, p. 261.

450 No sentido de que a colaboração dos tribunais estaduais com os tribunais arbitrais tem como função suprir as limitações estruturais da arbitragem, cfr. BEN STEINBRÜCK, *Die Unterstützung durch Staatliche Gerichte*, *cit.*, pp. 41 e ss.

451 V. o Ac. do TC nº 311/2008.

452 Sobre esta questão, segue-se de perto ARTUR FLAMÍNIO DA SILVA, *A Resolução de Conflitos Desportivos...*, *cit.*, pp. 348 e ss.

evidenciadas da realidade descrita[453], a discussão tem-se colocado, particularmente, no que respeita ao direito fundamental à tutela jurisdicional efectiva (artigo 20º e 268º, nº 4, da CRP), bem como ao princípio da igualdade (artigo 13º, da CRP). Existem, desde logo, três posições: (i) uma que rejeita a possibilidade de existir arbitragem necessária[454]; (ii) outra que a admite, mas com a exigência de previsão de um pleno recurso das decisões dos tribunais arbitrais necessários para os tribunais estaduais; (iii) uma última que defende a equiparação dos tribunais arbitrais necessários aos tribunais estaduais.

A divergência doutrinal tem um contexto que importa conhecer. Em Portugal, e ao contrário do que sucede noutros países, a arbitragem tem, atualmente, dignidade constitucional no art. 209º, 2, da CRP, relativo às categorias de tribunais, ao estabelecer-se que "[p]odem existir (...) tribunais arbitrais (...)". Em todo o caso, nem sempre foi assim. Na versão originária da CRP de 1976 não existia qualquer referência expressa a tribunais arbitrais. Esta circunstância levaria a que Gomes Canotilho e Vital Moreira entendessem, precisamente, que a inexistência dessa menção levantava "um grave problema acerca da sua legitimidade constitucional"[455].

Com a revisão constitucional de 1982, a CRP passou, porém, a estabelecer a admissibilidade de tribunais arbitrais no artigo 211º, nº 2, ainda que não operasse qualquer distinção relativamente à questão de saber se essa legitimidade incluía somente os tribunais arbitrais voluntários ou se, porventura, também incluiria os tribunais arbitrais necessários. O TC veio, todavia, a admitir que

[453] Os exemplos mais comuns são: (i) a arbitragem em matéria de expropriações (cfr. os artigos 38º e ss. da Lei nº 168/99, na versão da Lei nº 58/2008, de 4 de Setembro); (ii) a arbitragem no Direito do Trabalho prevista nos arts. 508º e ss. e 538º, b, do Código do Trabalho (CT), regulamentados pela Lei nº 259/2009; nesta situação, exige-se, porém, um despacho ministerial prévio que determine a submissão de um litígio específico à arbitragem necessária (art. 509º do CT) e de um despacho conjunto do ministro da área laboral e do ministro responsável da área em que estiver em causa a existência de serviços mínimos (art. 538º, b); (iii) a arbitragem no Direito do consumo, nomeadamente, a prevista na Lei nº 23/1996, na versão alterada pela Lei nº 10/2013 (Lei dos Serviços Públicos Essenciais), no artigo 15º, nº 1, ao se encontrar disposto que "[o]s litígios de consumo no âmbito dos serviços públicos essenciais estão sujeitos a arbitragem necessária quando, por opção expressa dos utentes que sejam pessoas singulares, sejam submetidos à apreciação do tribunal arbitral dos centros de arbitragem de conflitos de consumo legalmente autorizados"; (iv) a arbitragem no Desporto com a consagração do TAD previsto na LTAD.

[454] Embora, em regra, aí também estivesse, em concreto, em causa uma arbitragem necessária envolvendo litígios emergentes de direitos de propriedade industrial em matéria de medicamentos de referência e medicamentos genéricos, tal como está configurada na Lei 62/2011, de 12 de Dezembro (regime alterado pelo novo Código de Propriedade Industrial).

[455] Cfr. *Constituição da República Portuguesa Anotada*, 1ª Edição, *cit.*, p. 400.

o conceito de tribunais arbitrais previsto na CRP "não distingue entre tribunais arbitrais voluntários e tribunais arbitrais necessários"[456].

Em sentido contrário, GOMES CANOTILHO e VITAL MOREIRA entendiam que, em virtude da inexistência de um conceito constitucional de tribunal arbitral, havia que considerar-se que aquele seria recepcionado pela CRP enquanto "conceito decorrente da tradição jurídico vigente no direito infraconstitucional"[457]. Segundo os autores, seria, deste modo, problemático compreender neste conceito também a arbitragem necessária que, por seu turno, convocaria, por um lado, uma violação do direito fundamental de acesso ao direito (art. 20º, 2, da CRP) e, por outro lado, uma violação do princípio da igualdade[458].

A tese da *incompatibilidade da arbitragem necessária com o texto constitucional* funda-se, portanto, num aspecto abstracto (a não correspondência da arbitragem necessária, em geral, ao conceito de arbitragem) e, por outro lado, na incompatibilidade, em concreto, com as regras constitucionais aplicáveis, quando do seu regime jurídico decorra uma diminuição garantística quando comparado com as garantias constitucionais existentes nos tribunais estaduais. Neste sentido aponta a doutrina de GOMES CANOTILHO quando recentemente afirmou que: "a sujeição, por lei ordinária, da resolução desses litígios a um sistema de arbitragem 'forçada' ou 'necessária', apenas pode significar uma subtra[c]ção inconstitucional dos titulares dos direitos fundamentais invocados ao exercício do 'direito' fundamental de acesso aos tribunais para defesa desses direitos". O autor acrescenta ainda que esta realidade: "(...) os coloca numa situação de desigualdade, quando confrontados com a protecção jurisdicional conferida a outros titulares de outros tantos direitos fundamentais e mesmo de outros direitos de propriedade industrial"[459].

Em sentido idêntico, defendeu PAULO OTERO que: "[o] Estado não pode renunciar a ser Estado em domínios que justificam a sua própria existência, sob pena de deixar de ter razão de existir: a administração da justiça, enquanto função típica de soberania, integrante do núcleo 'sagrado' de fun-

[456] Ac. do TC nº 52/92.

[457] Cfr. *Constituição da República Portuguesa Anotada*, 3ª Edição, *cit.*, p. 808. Cfr., igualmente sobre a questão, referindo-se à "duvidosa constitucionalidade" dos tribunais arbitrais instituídos por lei, analisando um conjunto de categorias que a autora entende ser suspeitas relativamente ao artigo 20º da CRP, Cfr. ISABEL CELESTE FONSECA, "A arbitragem administrativa: uma realidade com futuro?", *cit.*, pp. 161 e ss.

[458] Cfr., mas recentemente, GOMES CANOTILHO / VITAL MOREIRA, *Constituição da República Portuguesa Anotada*, Vol. II, *cit.*, p. 551.

[459] Cfr. *Parecer* de 15 de Março de 2012, *policopiado*, p. 70.

ções exclusivas do Estado, não pode estar na disponibilidade do legislador ordinário"[460]. Em particular porque um "mecanismo de arbitragem necessária cria um desequilíbrio no acesso à justiça, pois os custos do seu funcionamento são, por via de regra, muito superiores aos custos processuais nos tribunais do Estado. Neste último entendimento, a imposição da arbitragem necessária conduz, imediata e inevitavelmente, a um privilégio a favor dos intervenientes particulares"[461].

No segundo sentido, e fundando a tese da *admissibilidade constitucional da instituição de tribunais arbitrais necessários, desde que exista uma plenitude do controlo de mérito pelos tribunais estaduais*, PEDRO GONÇALVES entendeu que a consagração de um mecanismo de resolução de litígios por intermédio de arbitragem necessária não pode ser considerada inconstitucional em abstracto em todas situações. Na verdade, o autor admite "(...) a imposição da composição arbitral quando não se encontre vedado o acesso aos tribunais estaduais, hipótese que só se verifica se não estiver excluída a possibilidade de recurso [de mérito] da decisão arbitral para aqueles tribunais", uma vez que está aqui em causa (no artigo 20º da CRP) "um direito fundamental que opera no âmbito das relações entre cidadãos e Estado"[462].

Mais recentemente, RUI MEDEIROS vem admitir – contra o decidido no Ac. nº 230/2013 do TC – uma leitura do artigo 209º, nº 2, da CRP que funda a *equiparação (em abstracto) dos tribunais necessários aos tribunais estaduais*. O autor parte, em primeiro lugar, da ideia de que a CRP admite a existência de tribunais arbitrais (quer sejam voluntários, quer sejam necessários) numa evidente manifestação *da recusa de um monopólio jurisdicional do Estado* e, em segundo lugar, da ideia de que os tribunais arbitrais necessários se incluem, portanto, no direito fundamental à tutela jurisdicional efectiva (artigo 20º da CRP)[463].

[460] Parecer de 12 de Julho de 2012, *policopiado, Apud* RUI MEDEIROS, "Arbitragem Necessária e Constituição", *cit.*, p. 1306.

[461] Parecer de 12 de Julho de 2012, *policopiado, Apud* RUI MEDEIROS, "Arbitragem Necessária e Constituição", *cit.*, pp. 1308 e 1309.

[462] PEDRO GONÇALVES, *Entidades Privadas com Poderes Públicos, cit.*, p. 573. Em sentido idêntico, entendia BRAVO SERRA – na declaração de voto do Ac. nº 52/92, processo nº 10/89, afirmando que: "(..) precisamente, na circunstância de a respectiva jurisdição não repousar na vontade das partes, antes se lhes impondo, ainda que contra a sua vontade, dessa arte afastando a possibilidade de a dilucidação dos conflitos ser efectuada pelos órgãos estaduais expressamente previstos na Lei Fundamental, e sem que haja concreta e explícita credencial constitucional para tanto". Em sentido idêntico, parecendo aderir à ideia de que tem de existir sempre um recurso de mérito para os tribunais estaduais, LUÍS CABRAL DE MONCADA, "Modelos alternativos de justiça...", *cit.*, p. 492.

[463] Cfr. RUI MEDEIROS, "Arbitragem Necessária e Constituição", *cit.*, pp. 1312 e ss. e 1318 a 1319. A inclusão dos tribunais arbitrais necessários no conceito de tribunal previsto no artigo 20º, da

Neste contexto, é nosso entendimento que na problemática da constitucionalidade é essencial – como o fazem, de um modo geral, as duas primeiras concepções – discutir o conceito de tribunal arbitral.

Em primeiro lugar, importa ter presente que não cabe na disponibilidade do legislador a qualificação – sob pena de poder dispor sobre as garantias jurisdicionais atribuídas constitucionalmente aos cidadãos – de tribunal arbitral, sem que o seja efectivamente. Neste sentido, a *teoria da equiparação* tem como fraqueza apoiar-se num nominalismo (e um argumento formalista) que pode não ter correspondência com a noção de tribunal, uma vez que, em concreto, não preenche os requisitos constitucionais para tal[464].

Na verdade, e retirando consequências da qualificação dos tribunais arbitrais necessários como *tribunais arbitrais aparentes*[465], levado ao seu extremo, a teoria da equiparação pretende desconsiderar as diferenças entre a arbitragem necessária e a arbitragem voluntária.

Parte, deste modo, da ideia de que basta o facto de o legislador qualificar um determinado meio de resolução de conflitos como arbitragem ou que permita expressamente que as partes possam atribuir a resolução de um conflito a terceiro – que não o juiz estadual – para que este mecanismo de resolução e conflitos seja conforme ao texto constitucional, na exacta medida em que assenta na equiparação de dignidade constitucional dos tribunais arbitrais com os tribunais estaduais. No entanto, esta *cláusula de equiparação* – como se verá – não resolve o problema de saber quais os princípios constitucionais (aplicáveis aos tribunais estaduais) que também deverão ser aplicáveis aos tribunais arbitrais.

CRP é justificada com a seguinte argumentação: "se o direito de acesso aos tribunais só valesse para os tribunais estaduais, isso significaria que os tribunais arbitrais não estariam *constitucionalmente* vinculados – mas apenas nos termos da Convenção Europeia dos Direitos Humanos e da Lei da Arbitragem Voluntária – à observância dos princípios fundamentais que, segundo o mesmo artigo 20º, devem ser respeitados em qualquer processo jurisdicional (...)". Ficam, no entanto, por esclarecer quais as consequências que retira o autor da argumentação da equiparação e se admite a vinculação dos tribunais arbitrais a todas as garantias existentes nos tribunais estaduais. Com efeito, a questão é relevante, desde logo, se atentarmos à problemática da confidencialidade na arbitragem que se contrapõe evidentemente com a regra da publicidade (do processo e das decisões) nos tribunais estaduais. Neste sentido, como se verá, a consequência da equiparação não pode ser simplesmente a legitimidade dos tribunais arbitrais.

464 Com efeito, não basta que exista um exercício de "liberdade de decisão política do legislador" (cfr. o Ac. 216/2015 do TC) para qualificar um órgão como tribunal.

465 Considerando que a existência de uma arbitragem necessária pode consubstanciar uma degradação de tutela jurisdicional, Cfr. Artur Flamínio da Silva, "A arbitragem desportiva em Portugal: uma realidade sem futuro?...", *cit.*, pp. 68 e, especialmente, pp. 82 e ss.

É, em todo o caso, determinante ter presente que a possibilidade de nomeação dos árbitros é, na arbitragem voluntária, um mero resultado da subtracção voluntária das partes do litígio ao tribunal estadual (entregando-o a um tribunal arbitral), mas que não reflecte a essência da arbitragem, na medida em que esta pressupõe – acima de tudo – um exercício de autonomia privada em que, por um lado, as partes decidem resolver os litígios por intermédios de meios jurisdicionais privados (em detrimento do tribunal estadual), mas em que as partes decidam também sobre os aspectos essenciais do processo arbitral. Esta circunstância reflecte-se, em bom rigor e por exemplo, na confidencialidade (que é, em regra, apontada como imanente à arbitragem) do processo e das sentenças arbitrais, na medida em que – salvo interesse público que prevaleça – só pode ser afastada por convenção das partes.

Em segundo lugar, parece-nos, por outro lado, óbvio que a CRP – e já o afirmámos – não postula um monopólio da jurisdição estadual, mas, pelo contrário, postula uma responsabilidade da existência de uma jurisdição estadual da qual o Estado não pode demitir-se – como o faz com a instituição de uma arbitragem necessária -, sob pena de violação do artigo 20º da CRP[466].

É este um ponto forte que se retira, quer da teoria *incompatibilidade da arbitragem necessária com o texto constitucional*, quer da teoria *admissibilidade constitucional da instituição de tribunais arbitrais necessários, desde que exista uma plenitude do controlo de mérito pelos tribunais estaduais*, permitindo afastar a *teoria da equiparação*. Neste sentido deve, portanto, entender-se que subtraindo o legislador aos tribunais estaduais uma determinada categoria de litígios, e estando eliminada às partes esta faculdade de subtracção do litígio ao tribunal estadual, a arbitragem necessária não deve ser compreendida como integrando o conceito de tribunal arbitral, sendo que, nesta medida, a arbitragem necessária se assemelha, por este seu elemento público, a um *tribunal estadual especial*[467].

[466] A questão foi identificada por FILIPE BRITO BASTOS (embora não o afirme explicitamente) quando reconhece que "a imposição de submissão de litígios a tribunais arbitrais retira aos cidadãos a escolha que por regra os assiste de se socorrerem dos tribunais estaduais". Cfr. "A arbitragem em Direito Administrativo...", *cit.*, p. 94.

[467] Cfr., sobre o conceito de jurisdição especial, V. E. ORLANDO, *Primo Tratatto Completo di Diritto Ammistrativo Italiano, cit.*, pp. 530 e ss. Como bem explicou ENRICO GIUCCIARDI, a arbitragem necessária assemelha-se com uma jurisdição especial, na exacta medida em que existe um carácter permanente em que um órgão se encontra em abstracto (ainda que em concreto possam ser designadas personalidades variadas) investido de decidir – com expressa exclusão de qualquer outro órgão jurisdicional – de uma categoria de litígios. Cfr. *La Giustizia Amministrativa, cit.*, p. 420.

Por outro lado, parece óbvio que os tribunais arbitrais necessários são, de facto, tribunais diferentes[468] dos estaduais, mas é perfeitamente plausível ponderar se as decisões proferidas por aqueles podem ser uma manifestação da tutela jurisdicional efectiva presente no artigo 20º da CRP[469]. No entanto, parece-nos determinante – afastando-nos da *teoria da equiparação* num mero sentido nominal – que se deva adoptar um critério *puramente substancial* que permita verificar se (num sentido objectivo) os tribunais arbitrais necessários podem, em concreto, respeitar na sua plenitude as garantidas previstas (enquanto responsabilidade estadual) na CRP para os tribunais estaduais.

É por este motivo que o alcance da *teoria da equiparação* deve ser lido em concreto e nunca em abstracto, sendo, no entanto, certo que o estabelecimento de um recurso de mérito para os tribunais estaduais pode, em abstracto, salvaguardar estas dificuldades, mas também pode não ser suficiente em termos concretos[470]. Neste sentido, também não é possível entender – como se verá relativamente ao TAD – que existe uma admissibilidade abstracta da arbitragem necessária (com a previsão de um recurso de mérito para os tribunais estaduais) sem ser analisada a sua estrutura concreta. A problemática envolvendo os tribunais arbitrais necessários é, portanto, mais complexa do que aquele estabelecido pelo cenário doutrinal descrito, implicando um excurso pela configuração legislativa do regime da arbitragem necessária em análise[471].

[468] Só neste sentido, embora referindo-se à arbitragem voluntária, se pode compreender a afirmação do TC no Ac. nº 230/86, na qual se considerou que "os tribunais arbitrais não são tribunais como os outros". De resto, deve reter-se que os tribunais arbitrais são diferentes na sua estrutura, funcionamento e configuração jurídica em relação à jurisdição estadual. Contudo, devem ser tidos como equivalentes à jurisdição estadual enquanto uma modalidade alternativa de resolução de litígios e, no caso da arbitragem necessária, como uma modalidade atípica de resolução de litígios.

[469] Somente neste sentido se pode aceitar a posição defendida, no voto de vencido do Ac. 230/2013 do TC, pela Conselheira MARIA JOÃO ANTUNES ao afirmar, relativamente à arbitragem necessária instituída pelo TAD, que: "[o] TAD não é um tribunal estadual, mas porque surge em *virtude de um ato legislativo e não como resultado de um negócio jurídico privado de direito privado*, é irrecusável o seu *carácter tipicamente publicístico*". No sentido de que a subtracção de um litígio que, em condições normais, caberia ao tribunal estadual que consubstancie uma consequente atribuição a um tribunal arbitral constitui um elemento publicístico deste instituto, cfr. MARIA DI BARTOLOMEO, *Microconflittualitá e arbtritato obbligatorio, cit.*, p. 34.

[470] Neste sentido, afirmando que se tratará de um verdadeiro tribunal quando cumpra os requisitos exigidos para um tribunal estadual e que, por outro lado, será de qualificar como uma entidade administrativa quando não o cumpra, cfr. HELMUT WEIDEMANN, *Schiedsgerichtsbarkeit in Verwaltungsrechtlichen Streitsachen, cit.*, p. 73.

[471] Discordamos assim da abordagem metodológica adoptada por RUI MEDEIROS na constatação da constitucionalidade da arbitragem necessária do TAD quando entende, precisamente, que a análise da constitucionalidade da arbitragem necessária possa ser desligada de uma análise em

De resto, esta foi, de certo modo, a linha de pensamento subjacente à doutrina da *teoria da inadmissibilidade constitucional da arbitragem necessária* e, em particular, do TC quando no Ac. 230/2013[472] aferiu da compatibilidade da norma que instituía a irrecorribilidade das decisões do TAD para a jurisdição estadual, analisando, em concreto, a estruturação do TAD, bem com o seu regime processual.

Na verdade, entendemos que a consagração de um mecanismo de resolução de litígios necessário exige – sob pena de se esvaziar as garantias constitucionais estabelecidas no título V para os tribunais estaduais[473] – que sejam obrigatoriamente analisados, por exemplo, os aspectos organizativos ou o estatuto dos árbitros de cada tribunal consagrado pelo legislador[474].

Em suma, a constitucionalidade de um tribunal arbitral necessário deve ser maioritariamente buscada por intermédio de um *teste da conformidade concreta* com as garantias exigidas aos tribunais estaduais, segundo as coordenadas do artigo 20º da CRP. Deste modo, a provável inconstitucionalidade da instituição legal de um tribunal arbitral necessário deve ser sempre aferida em concreto, verificando se, porventura, cumpre as garantias que a Constituição prevê também para os tribunais estaduais.

concreto da construção legal do tribunal arbitral que se constitua nestes termos. Cfr. "Arbitragem Necessária e Constituição", *cit.*, p. 1305, afirmando que rejeita uma análise que envolva: "a apreciação da bondade jurídico-constitucional do modo como a lei, em concreto, organiza as arbitragens em causa, define o estatuto dos árbitros e regula o processo arbitral".

[472] Processo nº 279/2013.

[473] Esteve certo o TC quando entendeu que as garantias de independência de um tribunal são precisamente mais exigentes na arbitragem necessária, uma vez que aí inexiste o consentimento e afirmou que: "[n]ão valem neste plano da arbitragem necessária as teses contratualistas de certa doutrina, segundo as quais, o fundamento da *auctoritas* arbitral residirá na autonomia da vontade das partes (...). O tribunal arbitral necessário é um instituto distinto, pela sua origem, do tribunal arbitral voluntário; surge em virtude de acto legislativo e não como resultado de negócio jurídico de Direito privado. Daí, o seu carácter tipicamente publicístico. Por esse facto, a imparcialidade de julgamento, que na arbitragem voluntária poderia, em tese, mostrar-se assegurada pela livre concertação de vontades vertida no compromisso arbitral, postula, aqui, um outro tipo de garantias". Cfr. o Ac. do TC nº 52/92.

[474] Esta submissão dos tribunais arbitrais necessários às garantias do título V da CRP não envolve nenhum juízo estranho. A falta do elemento voluntarístico impede que as partes tenham a possibilidade de renunciar (parcialmente) ao regime garantístico do título V. Na doutrina, a questão também não parece ser controversa, uma vez que parece admitir-se inclusivamente que os tribunais arbitrais voluntários tenham que cumprir o regime do título V da CRP. Cfr. Jorge Miranda / Rui Medeiros, *Constituição Portuguesa Anotada*, Vol. III, *cit.*, pp. 115 e ss.

9. Arbitragem e Direitos Humanos

Não é possível ignorar que a arbitragem é encarada, não raras as vezes, com certa desconfiança, uma vez que se trata de um mecanismo que não se identifica, em termos de garantias processuais, com o modelo existente para os tribunais estaduais. As críticas são transversais à arbitragem internacional e à arbitragem puramente interna, sendo, em particular, de destacar o facto de ser um meio de resolução de litígios sigiloso[475], sem condições adequadas de independência e imparcialidade e com encargos arbitrais excessivamente onerosos (segundo as mencionadas críticas). Sucede, porém, que, na actualidade, já não é possível ignorar a transparência globalmente imprimida em certos domínios arbitrais (pense-se, por exemplo, na arbitragem interna de Direito Público) em que os modelos arbitrais são tão ou mais garantísticos do que os tribunais estaduais.

Neste sentido, a aplicabilidade (ou não) destes instrumentos pode tornar-se complexa, uma vez que o Direito Cosmopolita de protecção de Direitos Humanos (nomeadamente, a Convenção Europeia dos Direitos Humanos (CEDH) e o Direito da União Europeia) se assume como um limite à flexibilidade das partes na configuração do meio arbitral que seja mais adequado à resolução dos seus litígios.

9.1. Arbitragem e a aplicabilidade da Convenção Europeia dos Direitos Humanos

A CEDH é aplicável a todos os processos arbitrais que se desenvolvem em Portugal[476]. Esta circunstância assume, no entanto, contornos complexos. Com efeito, o artigo 6º, nº 1, da CEDH exige que os Estados estabeleçam um conjunto de garantias na legislação nacional, no que tange aos tribunais (estaduais), que se reconduzam às seguintes: (i) direito ao acesso aos tribunais estaduais e a uma decisão efectiva; (ii) direito a um tribunal independente e imparcial estabelecido pela lei; (iii) direito a um processo equitativo; (iv) direito à publicidade do processo (inclusivamente da audiência de julgamento); (v) direito a uma decisão em prazo razoável[477]. Fica, portanto, a dúvida

[475] Cfr., entre nós utilizando uma argumentação semelhante, António Henriques Gaspar, "Tribunais arbitrais e tribunais estaduais", *cit.*, pp. 117 a 119.

[476] Sobre o tema da relação da arbitragem com a CEDH, v., de onde se recolherá uma inspiração directa para o texto que segue, Artur Flamínio da Silva, *A Resolução de Conflitos Desportivos...*, *cit.*, pp. 362 e ss. e António Pedro Pinto Monteiro, *O Princípio da Igualdade e a Pluralidade de Partes na Arbitragem...*, *cit.*, pp. 103 a 108, e 220 e ss.

[477] Cfr. Christoph Grabenwarter, *European Convention on Human Rights...*, *cit.*, pp. 127 e ss., 113 e ss., 134 e ss., pp. 145 e ss., 141 e ss., Frowein/Peukert, *EMRK-Kommentar*, *cit.*, pp. 166 e ss.,

se este artigo se aplica de pleno à arbitragem ou até se a arbitragem, tal como é conhecida no seu modelo clássico da arbitragem internacional, é compatível com esta disposição. Expliquemos, de um modo sucinto, os problemas que, a este respeito, se colocam, deixando claro que não nos interessa, porém, desenvolver todas as dimensões destes direitos previstos no artigo 6º, nº 1, da CEDH.

9.2. O critério das obrigações de carácter civil

Em primeiro lugar, a referência no artigo 6º, nº 1, da CEDH a "direitos e obrigações de carácter civil", como pressuposto garantístico daquela norma, não deve ser entendida de um modo estanque como uma mera protecção de direitos reconduzíveis exclusivamente ao Direito Privado. Pelo contrário, segundo a jurisprudência do TEDH, aquele conceito privilegia uma noção material[478], independentemente da classificação legal adoptada pelos Estados contratantes da CEDH, mas que possa consubstanciar um direito substantivo com previsão legal na lei nacional[479]. Entre esses direitos, encontra-se, por exemplo, a *liberdade de exercício da profissão*, pelo que os conflitos relacionados com os procedimentos disciplinares que envolvam a limitação e prováveis afectações daquele direito[480] devem cumprir as regras do artigo 6º, nº 1, da CEDH, incluindo-se, numa fórmula sintética, no âmbito de aplicação daquele artigo da CEDH "todos os procedimentos dos quais o seu resultado seja decisivo para direitos privados e obrigações"[481]. Assim sendo, pode concluir-se que, em princípio, o artigo 6º, nº 1, da CEDH poderia ser aplicável à arbitragem.

220 e ss., pp. 215 e ss., pp. 189 e ss., 232 e ss., e Jens Meyer-Ladewig, *EMRK. Handkommentar, cit.*, pp. 127 e ss., 138 e ss., 144 e ss.,166 e 167, 168 e ss.

[478] Cfr. Irineu Cabral Barreto, *A Convenção Europeu dos Direitos do Homem, cit.*, p. 143.

[479] Cfr. Christoph Grabenwarter, *European Convention on Human Rights..., cit.*, 2014. O determinante para a qualificação é a substância do direito, pelo que também podem ser incluídas situações jurídicas que tradicionalmente são reconduzíveis nalguns Estados à regulação pelo Direito Administrativo. Cfr., por exemplo, Piero Leanza e Ondrej Pridal, *The Right to a Fair Trial, cit.*, p. 39.

[480] Cfr. o Ac. do TEDH, de 23 de Junho de 1981, processos nº 6878/75 e 7238/75, *Le Compte, Van Leuven e de Meyere contra Bélgica*, reconhecendo precisamente que: "[u]nlike certain other disciplinary sanctions that might have been imposed on the applicants (warning, censure and reprimand (...)), the suspension of which they complained undoubtedly constituted a direct and material interference with the right to continue to exercise the medical profession. The fact that the suspension was temporary did not prevent its impairing that right (see, mutatis mutandis, the above-mentioned Golder judgment, p. 13, par. 26); in the 'contestations' (disputes) contemplated by Article 6 par. 1 (art. 6-1) the actual existence of a 'civil' right may, of course, be at stake but so may the scope of such a right or the manner in which the beneficiary may avail himself thereof".

[481] Cfr. o Ac. do TEDH, de 16 de Julho de 1971, processo nº 2614/65, *Ringeisen contra Áustria*, ponto 94 e Ac. do TEDH, de 28 de Junho de 1978, processo nº 6232/73, *König contra Alemanha*, ponto 90.

9.3. O critério do tribunal estabelecido por lei

A segunda questão está relacionada com a exigência do artigo 6º, nº 1, da CEDH ao estabelecer que todos têm direito a um "tribunal (...) estabelecido pela lei". A referência a "tribunal" deve ser interpretada de forma autónoma em relação à qualificação dada pela legislação nacional, inexistindo – face à densidade do conceito do artigo 6º da CEDH – praticamente qualquer margem de apreciação dos Estados contratantes relativamente a esta exigência (não interessa, portanto, que a legislação nacional qualifique uma entidade como tribunal ou não)[482].

A este respeito, podia assumir-se como problemática a atribuição da qualificação de tribunal "estabelecido pela lei" quando nos referimos a tribunais arbitrais. Em particular, porque o TEDH exige que exista uma *reserva legal* da regulação: (i) da composição do tribunal; (ii) dos aspectos organizativos; (iii) da competência do tribunal[483]. Não obstante, quanto a este aspecto, a existência de um enquadramento legislativo da arbitragem poder fundamentar um entendimento que aqueles tribunais podem ser enquadrados (ainda que mediatamente) no conceito de "tribunal estabelecido por lei" da CEDH, a doutrina entende que aquele requisito nem sequer é aplicável à arbitragem voluntária[484]. Não existe, no entanto, e ao contrário do que se podia pensar, uma incompatibilidade apriorística da arbitragem com o artigo 6º, nº 1, da CEDH. A discussão primordial é a de saber qual o alcance da aplicação deste artigo da CEDH ao domínio arbitral.

[482] Cfr. Christoph Grabenwarter, *European Convention on Human Rights...*, *cit.*, p. 114. Segundo o TEDH, o artigo 6º, nº 1, da CEDH "guarantees a right to a public hearing by an independent and impartial tribunal established by law. According to the Court's case-law, a 'tribunal' is characterized in the substantive sense of the term by its judicial function, that is to say determining matters within its competence on the basis of rules of law and after proceedings conducted in a prescribed manner. It must also satisfy a series of further requirements – independence, in particular of the executive; impartiality; duration of its members' terms of office; guarantees afforded by its procedure – several of which appear in the text of Article 6 § 1 itself". Cfr., por exemplo, o Ac. de 20 de Dezembro de 2001, *Baischer contra Áustria*, processo nº 32381/96, ponto 23.

[483] Cfr. Christoph Grabenwarter, *European Convention on Human Rights...*, *cit.*, p. 115, bem como a ampla jurisprudência aí referida.

[484] Neste sentido, Ulrich Haas, "International sports arbitration and the European Human Rights Convention", *cit.*, p. 134, Sébastien Besson, "Arbitration and Human Rights", *cit.*, p. 400, implicitamente, Jens Adolphsen, *Internationale Dopingstrafen*, *cit.*, p. 556 e Robert Briner e Fabian von Schlabrendorff, "Article 6 of the European Convention on Human Rights and its Bearing upon International Arbitration", *cit.*, p. 89, Juan Carlos Landrove, "European Convention on Human Rights' Input on Consensual Arbitration", *cit.*, p. 80, em sentido idêntico, embora com dúvidas, Peter Tochtermann, *Die Unabhängigkeit des Mediators*, *cit.*, pp. 37 e ss. Em tom crítico em relação à aplicabilidade deste requisito à arbitragem, cfr. Walther Habscheid, "Schiedsgerichtsbarkeit und Menschenrechtskonvention", *cit.*, p. 348 e ss.

9.4. A inaplicabilidade na íntegra das garantias do artigo 6º da Convenção Europeia dos Direitos Humanos e a renunciabilidade à tutela da jurisdição estadual

A grande questão que subjaz à aplicabilidade da CEDH consiste, portanto, em saber se o artigo 6º, nº 1, da CEDH deve ser aplicável na íntegra aos tribunais arbitrais ou se, pelo contrário, existem alguns direitos aí previstos a que as partes podem renunciar. Um dos óbices a essa aplicação é o facto de a arbitragem voluntária não se integrar, em princípio e em virtude do seu menor pendor garantístico, no critério de um tribunal estabelecido por lei.

Em todo o caso, não pode, porém, concluir-se pela contrariedade da sua existência com o texto do artigo 6º, nº 1, da CEDH. Com efeito, o TEDH e a Comissão Europeia dos Direitos do Homem vieram defender explicitamente a ideia de que a celebração de uma convenção de arbitragem, desde que livremente celebrada, consubstanciava uma renúncia[485] aos direitos consagrados no artigo 6º, nº 1, da CEDH[486] e, em particular, à jurisdição estadual[487].

[485] Sobre a renúncia aos direitos processuais previstos no artigo 6º, nº 1, da CEDH, v., por todos, JORGEN AALL, "Waiver of Human Rights: Waiver of Procedural Rights according to Article 6 ECHR", *in Nordic Journal of Human Rights*, Vol. 29, nº 2 (2011) pp. 206-278. No Ac. de 1 de Março de 2006, *Sejdovic contra Itália*, processo nº 56581/00, ponto 86, defendeu-se explicitamente que: "[n]either the letter nor the spirit of Article 6 of the Convention prevents a person from waiving of his own free will, either expressly or tacitly, the entitlement to the guarantees of a fair trial (...). However, if it is to be effective for Convention purposes, a waiver of the right to take part in the trial must be established in an unequivocal manner and be attended by minimum safeguards commensurate to its importance (...). Furthermore, it must not run counter to any important public interest".

[486] Cfr. O Ac. do TEDH de 27 de Fevereiro de 1980, *Deweer contra Bélgica*, processo nº 6903/75, ponto 49, entendeu que: "[i]n the Contracting States' domestic legal systems a waiver of this kind is frequently encountered both in civil matters, notably in the shape of arbitration clauses in contracts, and in criminal matters in the shape, inter alia, of fines paid by way of composition. The waiver, which has undeniable advantages for the individual concerned as well as for the administration of justice, does not in principle offend against the Convention". Na decisão de 12 de Dezembro de 1983, *Bramelid contra Suécia*, processo nº 8588/79 and 8589/79, ponto 30, a Comissão Europeia dos Direitos do Homem afirmou que: "Commission notes that a distinction must be drawn between voluntary arbitration and compulsory arbitration. Normally Article 6 poses no problem where arbitration is entered into voluntarily (...). If, on the other hand, arbitration is compulsory in the sense of being required by law, as in the case, the parties have no option but to refer their dispute to an Arbitration Board, and the Board must offer the guarantees set forth in Article 6 (1)". Implicitamente, o Comité de Ministros aceitou a posição da Comissão ao dar provimento ao recurso, entendendo que, no caso concreto, havia uma violação do artigo 6º, nº 1, da CEDH. Cfr. a decisão de 25 de Outubro de 1984, *Bramelid contra Suécia*, processo nº 8588/79 and 8589/79. Em sentido idêntico, a decisão da Comissão Europeia dos Direitos do Homem, processo nº 10881/84, afirmando que "[i]n signing an arbitration agreement, the applicant waived bis right to bring the dispute before an ordinary court" acrescentando, porém, que uma "(...) condition of the waiver of one's right to have one's case dealt with by a court vias absence of constraint" e a decisão de 27 de Novembro de 1996, *Nordström*

Esta posição teve, em regra, como base uma contraposição entre a arbitragem necessária (plenamente submetida às garantidas da CEDH) e a arbitragem voluntária[488] (que possibilita a renúncia (parcial)[489] a alguns direitos previstos na CEDH, entre estes, a publicidade do processo[490]), de modo a apurar qual o regime jurídico aplicável.

São estas as coordenadas que se devem retirar do artigo 6º, nº 1, da CEDH: a existência da arbitragem voluntária não contraria a CEDH, nem postula o cumprimento das respectivas exigências garantísticas, desde que exista uma renúncia válida (e parcial) a direitos previstos neste instrumento de Direito Internacional. O mesmo não se aplica à arbitragem necessária. Nesta situação, não é possível constatar que existe uma renúncia das partes à jurisdição estadual – precisamente porque imposta legislativamente – e, portanto, deve existir uma aplicação integral das garantias aplicáveis também para os tribu-

contra Holanda, processo nº 28101/95, retomando o mesmo raciocínio. O TEDH seguiu esta linha de raciocínio no Ac. de 23 de Fevereiro de 1999, *Osmo Souvaniemi contra Finlândia*, processo nº 31737/96, afirmando que: "[a]s the arbitration was based on voluntary agreements between the parties, there was an explicit renunciation by them of a procedure before an ordinary court" e no Ac. de 16 de Dezembro de 2003, *Transado – Transportes Fluviais, S.A. contra Portugal*, processo nº 35943/02, sublinhando que: "[t]he Court notes at the outset that Article 6 does not preclude the setting up of arbitration tribunals in order to settle certain disputes. Indeed, the word "tribunal" in Article 6 § 1 is not necessarily to be understood as signifying a court of law of the classic kind, integrated within the standard judicial machinery of the country".

487 Cfr., explicitamente, J. Gundel, "Verfahrensrechte", *cit.*, p. 428.

488 Neste sentido, quando o TEDH decidiu explicitamente que um tribunal arbitral necessário era um "tribunal estabelecido pela lei" nos termos do artigo 6º, nº 1, da CEDH na decisão de 08/07/1986, *Lithgow e outros contra Reino Unido*, processos nº 90006/80; 9262/81; 9263/81; 9265/81; 9266/81; 9313/81; 9405/81, pontos 200 e 201. Em sentido idêntico, a doutrina concorda com a solução, cfr., por exemplo, Christoph Grabenwarter, *European Convention on Human Rights...*, *cit.*, p. 116, Jens Adolphsen, "Aktuelle Fragen des Verhältnis von EMRK und Europäisches Zivilprozessrecht", *cit.*, p. 76, Robert Briner e Fabian von Schlabrendorff, "Article 6 of the European Convention on Human Rights and its Bearing upon International Arbitration", *cit.*, p. 89, Jan Bangert, "Die Bindung privater Schiedsgerichte an Art. 6 Abs. 1 EMRK", *cit.*, p. 45, Jan Lukomski, "Arbitration clauses in Sport governing bodies' statutes: consent or constraint? Analysis from the perspective Article 6(1) of the European Convention on Human Rights", *cit.*, p. 66, Franz Matscher, "L'arbitrage et la Convention", *cit.*, p. 285, D.J. Harris et allii, *Law of the European Convention on Human Rights*, *cit.*, p. 399. Entre nós, cfr. Armindo Ribeiro Mendes, "Os Tribunais Arbitrais são tribunais, mas não são "Tribunais como os outros", *cit.*, p. 63.

489 Existe, assim, um "núcleo essencial de garantias irrenunciáveis". Cfr. Walter H. Rechberger, "Zur Rechtsnatur der Anfechtung von Schiedssprüchen", *cit.*, p. 802.

490 O TEDH afirma explicitamente (de acordo com jurisprudência assente) que "a waiver of the right must be established in an unequivocal manner and be attended by minimum safeguards commensurate with its importance". Cfr. o Ac. de 22/10/2009, *Makarenko contra Rússia*, processo nº 5962/03, ponto 135, bem como a jurisprudência nele citada.

nais estaduais. Esta circunstância pode tornar (segundo o entendimento do TEDH) incompatível a arbitragem necessária quando existe a confidencialidade na audiência de julgamento e das sentenças arbitrais que vierem a ser proferidas[491].

9.5. A confidencialidade das sentenças arbitrais e o prazo razoável na arbitragem

Conforme vimos, tem sido defendido que as partes, ao recorrerem à arbitragem voluntária, estarão, em princípio, e desde que assim tenham consentido, a renunciar a posições jurídicas garantidas pela CEDH, designadamente à publicidade do julgamento[492]. Renúncia esta que muitas vezes se justificará por razões de privacidade e de confidencialidade e que, por norma, não ofenderá "nenhum princípio fundamental, nem nenhum interesse público relevante"[493].

Daí que, especificamente por referência ao ordenamento jurídico português (e em relação a alguns dos preceitos que, entre nós, consagram a publicidade), se entenda que a confidencialidade do processo arbitral – e, consequentemente, a ausência de publicidade deste – não viola qualquer comando constitucional[494].

Sem prejuízo de se revelar controvertida em certos tipos de arbitragem, designadamente aquelas em que o interesse público exige a publicidade na arbitragem, a verdade é que do direito ao processo equitativo não decorre necessariamente a publicidade como regra na arbitragem[495].

Por outro lado, também o princípio do prazo razoável não se aplica nos mesmos termos do que sucede no processo estadual. Mais uma vez, a arbitragem apresenta certas particularidades – no âmbito dos vários princípios postulados pelo direito ao processo equitativo – que importa ter em atenção.

[491] Como sucede em Portugal na arbitragem necessária do Tribunal Arbitral do Desporto.

[492] *Vide* GEORGIOS PETROCHILOS, ***Procedural Law in International Arbitration***, *cit.*, p. 150, e JUAN CARLOS LANDROVE, "European Convention on Human Rights'...", *cit.*, p. 85.

[493] PIERRE LAMBERT, "L'arbitrage et l'article 6...", *cit.*, p. 16. Conforme, de modo muito claro, considerou a anterior Comissão Europeia dos Direitos do Homem, *em certos aspectos* – particularmente no que respeita à *publicidade* – torna-se evidente que, muitas vezes, os processos arbitrais não têm de estar em conformidade com o artigo 6º da CEDH (na sua totalidade) e que a convenção de arbitragem envolve uma renúncia à aplicação *integral, sem restrições,* deste artigo [decisão da Comissão Europeia dos Direitos do Homem proferida no âmbito do *caso Nordström-Janzon and Nordström--Lehtinen v. the Netherlands*, de 27/11/1996 (queixa nº 28101/95). Para ALEXIS MOURRE, esta renúncia à publicidade é, aliás, "*lógica*, se considerarmos que a confidencialidade é a essência mesma da arbitragem" (ALEXIS MOURRE, "Le droit français de l'arbitrage international...", *cit.*, p. 28).

[494] *Vide* PAULA COSTA E SILVA, "A execução em Portugal de decisões arbitrais...", *cit.*, pp. 133 a 135.

[495] Cfr., com mais desenvolvimentos, o Capítulo VI, ponto 12.1.3.

9.6. Arbitragem e o Direito da União Europeia

A relação entre a arbitragem e o Direito da União Europeia também não é isenta de dúvidas jurídicas relevantes[496]. Em primeiro lugar, é sabido que a Carta dos Direitos Fundamentais da União Europeia[497] (CDFUE) estabelece no artigo 47º um direito fundamental muito idêntico ao previsto no artigo 6º, nº 1, da CEDH, colocando-se, como é óbvio, a questão de saber se a arbitragem pode ou não integrar o conceito de tribunal aí previsto[498].

Na interpretação desta norma não deve deixar de se ter em conta os conceitos desenvolvidos pelo TEDH, sendo, assim, relevante ter presente o âmbito de protecção da CEDH e, concomitantemente, o que já foi dito sobre a aplicabilidade da CEDH à arbitragem[499]. A CDFUE não contém, no entanto, uma definição do que se deve entender como tribunal, pelo que esta noção tem sido desenvolvida, essencialmente, pelo Tribunal de Justiça da União Europeia (TJ) quando se pronuncia sobre o conceito de órgão jurisdicional para efeitos do reenvio prejudicial, conforme previsto no artigo 267º do Tratado sobre o Funcionamento da União Europeia (TFUE)[500].

Não se esgota aí, no entanto, a problemática jurídica que envolve a arbitragem e o Direito Europeu, sendo, pelo contrário, muito díspares os pontos onde têm sido discutidas estas questões. Neste sentido, abordar-se-ão seguidamente, e ainda que com um desenvolvimento diferenciado, três problemas essenciais: (i) o reenvio prejudicial de tribunais arbitrais e o conceito de tribunal; (ii) a arbitrabilidade de litígios relacionados com o Direito da União Europeia e; (iii) a intensidade do controlo jurisdicional estadual das sentenças arbitrais no caso de violação de normas de Direito da União Europeia.

496 Sobre este tema, referindo-se à existência de um acervo comunitário da arbitragem, v. JAN OLE EICHSTÄDT, *Der schiedsrechtliche Acquis communautaire, cit.*, pp. 67 e ss.

497 Não podemos deixar de referir que, nos termos do artigo 6º, nº 1, do Tratado da União Europeia, "[a] União reconhece os direitos, as liberdades e os princípios enunciados na Carta dos Direitos Fundamentais da União Europeia, de 7 de dezembro de 2000, com as adaptações que lhe foram introduzidas em 12 de dezembro de 2007, em Estrasburgo, e que tem o mesmo valor jurídico que os Tratados".

498 Dispondo na parte que nos importa que: "[t]oda a pessoa cujos direitos e liberdades garantidos pelo direito da União tenham sido violados tem direito a uma acção perante um tribunal. Toda a pessoa tem direito a que a sua causa seja julgada de forma equitativa, publicamente e num prazo razoável, por um tribunal independente e imparcial, previamente estabelecido por lei. Toda a pessoa tem a possibilidade de se fazer aconselhar, defender e representar em juízo".

499 Especificamente sobre esta norma, admitindo que os tribunais arbitrais não integram o conceito de tribunal aí previsto, cfr., por todos, JÜRGEN MEYER, *Charta de Grundrechte der Europäischen Union, cit.*, pp. 658 e ss.

500 V., neste sentido, CHRISTOPH GRABENWARTER, *Europäischer Grundrechtschutz, cit.*, p. 826.

9.7. O reenvio prejudicial de tribunais arbitrais e o conceito de tribunal

Neste contexto, é sabido que ao TJUE cabe, nos termos do artigo 19º do Tratado da União Europeia, garantir "o respeito do direito na interpretação e aplicação dos Tratados", o que se manifesta com particular acuidade no diálogo entre os tribunais nacionais e o TJ que se propicia através do mecanismo de reenvio prejudicial[501]. A este respeito, coloca-se a questão de saber qual o conceito de "órgão jurisdicional de um dos Estados-Membros" para efeitos do artigo 267º, nº 2, do TFUE.

Cumpre, portanto, reconhecer que se trata de uma noção autónoma do Direito nacional, desenvolvida pela actividade pretoriana do TJ[502] e assenta essencialmente num conjunto de critérios tendenciais – e que, por este motivo, gera insegurança jurídica –, nos quais se integram, nomeadamente, "a origem legal do organismo, a sua permanência, o caráter vinculativo da sua jurisdição, a natureza contraditória do processo, a aplicação, pelo organismo, das normas de direito, bem como a sua independência"[503].

Note-se que, no que diz respeito à possibilidade de tribunais arbitrais voluntários poderem ser qualificados como tribunais para efeitos de reenvio prejudicial, o TJ rejeitou, desde o caso *Nordsee*[504], que os tribunais arbitrais voluntários pudessem submeter pedidos de reenvio prejudicial ao TJ.

[501] Sobre a mais circunstanciada abordagem, entre nós, sobre o tema, cfr. Francisco Pereira Coutinho, *Os Tribunais Nacionais na Ordem Jurídica da União Europeia..., cit.*, pp. 63 e ss. e, em particular no que toca à arbitragem, pp. 88 e ss. Nos termos do artigo 267º, nº 1, alíneas a) e b) do TFUE, cabe ao TJ a competência para decidir a título prejudicial relativamente (i) à "interpretação dos Tratados" e (ii) à "validade e a interpretação dos atos adotados pelas instituições, órgãos ou organismos da União".

[502] V. Francisco Pereira Coutinho, *Os Tribunais Nacionais na Ordem Jurídica da União Europeia..., Op. cit.*, p. 64, reconhecendo precisamente que "[a] mera remissão para o direito nacional brigaria (...) com a necessidade de garantir a aplicação e interpretação uniforme do direito da União, tendo em conta a profusão de critérios existentes nas ordens jurídicas nacionais para a qualificação de uma entidade como 'jurisdicional'. Acolhe-se acriticamente uma definição de órgão jurisdicional, para além de admitir que entidades com funções materialmente idênticas pudessem ser sujeitos do processo prejudicial num Estado-membro e não noutro, impediria a apresentação de reenvios prejudiciais por entidades que desempenhem funções jurisdicionais, o que poderia colocar em causa a integridade da ordem jurídica da União". A autonomia do conceito de órgão jurisdicional foi repetidamente reconhecida na jurisprudência do TJ, v., mais recentemente, o despacho do TJ de 13 de Fevereiro de 2014, processo C-55/13 (*Merck Canada*), ponto 16, referindo que "há que recordar que, segundo jurisprudência constante do Tribunal de Justiça, para apreciar se o organismo de reenvio tem a natureza de 'órgão jurisdicional' na aceção do artigo 267.º TFUE, questão que é unicamente do âmbito do direito da União".

[503] V. a síntese do acórdão do TJ de 31 de Janeiro de 2013, processo C-394-11 (*Belov*), ponto 38.

[504] Cfr. o acórdão do TJ de 23 de Março de 1982, processo C-102-81 (*Nordsee*), pontos 11 e 12. A doutrina que emerge desta jurisprudência foi repetida nos acórdãos do TJ de 1 de Junho de 1999,

Importa, no entanto, deixar claro que, com esta posição jurisprudencial conservadora, o TJ não pretende menorizar a arbitragem enquanto mecanismo de resolução alternativa de litígios, mas somente evitar que dois ou mais privados pudessem por contrato (a convenção de arbitragem) criar "tribunais" para efeitos do artigo 267º do TFUE, de modo a poderem, assim, "forçar" um pedido de reenvio jurisprudencial ao próprio TJ[505].

Em todo o caso, a importância do acesso dos tribunais arbitrais ao mecanismo de reenvio prejudicial, em especial no plano transnacional, é facilmente demonstrada por dois motivos: (i) existe uma real necessidade de – por uma questão de igualdade – as partes não se poderem evadir, por intermédio de recurso a mecanismos arbitrais, à aplicação do Direito da União Europeia; (ii) na arbitragem transnacional existe um parco interesse das partes em correrem o risco de, numa fase muito avançada da contenda, o tribunal estadual competente, no Estado em que se sedia o tribunal arbitral[506], anular a sentença arbitral ou de o tribunal do Estado em que irá ocorrer o reconhecimento o rejeite por aquela violar o Direito da União Europeia[507].

Num passado recente, o TJ pronunciou-se especificamente em relação à possibilidade de tribunais arbitrais sediados em Portugal poderem integrar o conceito de órgão jurisdicional. São de particular relevo duas decisões em que o TJ admitiu os respectivos pedidos de reenvio prejudicial: o caso *Merck Canada* e o caso *Ascendi*[508].

Na primeira situação estava em causa um pedido de reenvio prejudicial dirigido ao TJ por um tribunal arbitral necessário em matéria de litígios emer-

processo C-126/97 (*Eco Swiss/Benetton*), de ponto 34, e de 27 de Janeiro de 2005, processo C-125/04 (*Denuit e Cordenier*), ponto 13.

505 V., neste preciso sentido, Koen Lenaerts et alli, *EU Procedural Law*, *cit.*, p. 59.

506 Esta circunstância depende muito do Estado em que se sedia o tribunal arbitral que pode, inclusivamente, nem ser um Estado-membro da União Europeia, tal como sucede na arbitragem desportiva transnacional em que o *Tribunal Arbitral du Sport* se sedia em Lausanne na Suíça.

507 Neste último sentido, cfr., por exemplo, Jürgen Basedow, «EU Law in International Arbitration...", *cit.*, pp. 367 e 368.

508 Estes casos merecem uma referência específica, uma vez que o próprio TJ utiliza a jurisprudência que emerge destas decisões para fundamentar parcialmente o caso *Achmea*. Cfr. No sentido de que existe uma novidade jurisprudencial nestes dois casos face à posição "ortodoxa" do TJ que negava a possibilidade de tribunais arbitrais de serem qualificados como tribunais para efeitos do artigo 267º do TFUE, Paschalis Paschalidis, "Arbitral tribunals and preliminary references to the EU Court of Justice", *cit.*, pp. 663 e ss.

gentes da propriedade industrial de medicamentos, constituído de acordo com o estabelecido na Lei nº 62/2011, de 12 de Dezembro[509].

O TJ conclui que este tribunal arbitral cumpria todos os critérios necessários para ser qualificado como tribunal para efeitos de reenvio prejudicial, afastando, a este respeito, dúvidas sobre o critérios da permanência na medida em que este fora "criado ao abrigo de uma base legal, que dispõe, a título permanente, de competência obrigatória e que, além disso, a legislação nacional define e enquadra as regras processuais que o mesmo aplica", pelo que não deixou de afirmar que "há que considerar que, no caso em apreço, o requisito da permanência também se encontra preenchido"[510].

Na segunda situação, colocava-se a dúvida se um tribunal arbitral voluntário em matéria fiscal, constituído nos termos do disposto do Decreto-Lei nº 10/2011, de 20 de Janeiro, poderia ou não ser qualificado como órgão jurisdicional para efeitos de reenvio prejudicial.

A resposta do TJ foi positiva, desde logo, porque considerou que o tribunal arbitral em apreciação "distingue-se de um órgão jurisdicional arbitral em sentido estrito". Acrescentou que "a sua competência resulta diretamente das disposições do Decreto-Lei nº 10/2011, não estando por isso sujeita à expressão prévia da vontade das partes de submeterem o seu diferendo à arbitragem (...)", pelo que se deveria concluir que, "quando o contribuinte recorrente submete o seu diferendo à arbitragem fiscal, a jurisdição do Tribunal Arbitral Tributário tem, nos termos do artigo 4º, nº 1, do Decreto-Lei n.º 10/2011, caráter vinculativo para a autoridade tributária e aduaneira"[511].

O mais relevante a reter é que, em ambos os casos, o TJ reconheceu estarmos perante órgãos jurisdicionais para efeitos do artigo 267º, nº 2, do TFUE, ainda que na primeira situação estivesse em causa um tribunal arbitral necessário – o que não contraria uma sedimentada jurisprudência que via nos tribunais arbitrais necessários a possibilidade de poderem efectuar pedidos de reenvio prejudicial ao TJ – e no segundo caso um tribunal arbitral que se assumiria "obrigatório" para a entidade administrativa e voluntário para o particular.

[509] Entretanto, este mecanismo arbitral deixou, recentemente, de ser necessário para passar a ser somente voluntário. V. o artigo 49º do Decreto-Lei nº 110/2018, de 10 de Dezembro.

[510] Despacho do TJ de 13 de Fevereiro de 2014, processo C-55/13 (*Merck Canada*), ponto 24. Sobre este caso, v. Rui Moura Ramos, "Despacho do Tribunal de Justiça (Oitava Secção) 13 de Fevereiro de 2014. (Tribunais Arbitrais Necessários, Formulação de Questões Prejudiciais ao Tribunal de Justiça e Duração Máxima da Exclusividade das Patentes na União Europeia)", *cit.*, pp. 65 e ss.

[511] V. acórdão do TJ de 12 de Junho de 2014, C-377/13, ponto 29.

Mais recentemente, no que concerne ao conceito de órgão jurisdicional no caso *Achmea*, o TJ negou essa possibilidade[512], concluindo que a arbitragem de investimentos não é comparável com a arbitragem comercial, na medida em que, "ao passo que o segundo tem origem na autonomia da vontade das partes em causa, o primeiro resulta de um Tratado, por meio do qual os Estados-Membros consentem subtrair à competência dos seus próprios órgãos jurisdicionais e, por conseguinte, ao sistema de vias de recurso jurisdicionais que o artigo 19º, nº 1, segundo parágrafo, TFUE lhes impõe que estabeleçam nos domínios abrangidos pelo direito da União, os litígios que possam dizer respeito à aplicação ou à interpretação desse direito"[513].

A afirmação de que os tribunais arbitrais constituídos com base em acordos de investimento são, pelo menos para efeitos do TFUE, tribunais "excepcionais"[514] (que não são comparáveis com os tribunais arbitrais fundados na autonomia privada) serve de fundamento, na linha de reconhecer uma necessária conexão com o sistema jurisdicional estadual, para um tribunal arbitral ser entendido como órgão jurisdicional para efeitos de reenvio prejudicial.

[512] Sobre esta decisão, v., por todos, ARTUR FLAMÍNIO DA SILVA, "Arbitragem (de investimentos) e a noção de órgão jurisdicional no Direito da União Europeia, para efeitos do artigo 267º do TFUE. Anotação ao acórdão do Tribunal de Justiça da União Europeia (Grande Secção) de 6 de Março de 2018, "Slowakische Republik contra Achmea BV", C-284/16", cit.. Cfr., igualmente, TIAGO DUARTE e CLÁUDIA SAAVEDRA PINTO, "O caso Achmea e a Arbitragem de Investimentos: E depois do fim?", *cit.*, pp. 299 e ss., e CLÁUDIA SAAVEDRA PINTO, "Os BITs e a União Europeia", *cit.*, pp. 110 a 113.

[513] V. ponto 55.

[514] JAN OLE VOSS, "Schiedsklauseln in bilateralen Investitionsschutzabkommen verstoßen gegen EU-Recht", *cit.*, p. 142.

Capítulo IV
A Convenção de Arbitragem

10. Noção de convenção de arbitragem

I – Pese embora a epígrafe do artigo 1º da LAV seja precisamente "convenção de arbitragem", e não obstante este ser um conceito recorrentemente utilizado em diversas disposições legais, em momento algum se optou por introduzir ou adoptar uma definição da mesma[515].

No plano internacional, todavia, encontramos diversas noções de convenção de arbitragem, destacando-se, desde logo, a adoptada pela Convenção de Nova de Iorque[516] e a constante da Lei Modelo da CNUDCI[517]. De acordo com a Convenção de Nova Iorque, uma convenção de arbitragem é um acordo, com forma escrita, no qual as partes declaram submeter a arbitragem todos e quaisquer litígios, que existam ou venham a existir entre si, resultantes de uma determinada relação jurídica, quer contratual ou extracontratual desde que susceptíveis de resolução por via arbitral. A definição constante da Lei-Modelo vai exactamente no mesmo sentido da anterior, apenas acrescentando que a convenção arbitral pode surgir na forma de uma cláusula contratual e,

[515] O mesmo sucede, a título de exemplo, na legislação suíça, V. Gabrielle Kaufman-Kohler / Antonio Rigozzi, *International Arbitration: Law and Practice in Switzerland, cit.*, p. 90, bem como Bernhard Berger / Franz Kellerhals, *International and Domestic Arbitration in Switzerland, cit.*, p. 91. Na Alemanha o caminho seguido foi o inverso, tendo o Código de Processo Civil Alemão (ZPO) optado por apresentar uma definição de convenção de arbitragem no seu parágrafo 1029º, nº 1. V. Rolf Trittmann / Inka Hanefeld, "§1029", *cit.*, pp. 79 e ss. Para um panorama do Direito francês, Christophe Seraglini / Jérôme Ortscheidt, *Droit de l'arbitrage interne et international, cit.*, pp. 79 e ss.; no Direito suíço veja-se Bernhard Berger / Franz Kellerhals, *International and Domestic Arbitration in Switzerland, cit.*, p. 91.

[516] Cfr. artigo 2º.

[517] V. artigo 7º, nº 1.

neste sentido, encontrar-se inserida num outro contrato ou surgir enquanto um contrato autónomo.

Deste modo, buscando inspiração naqueles dois instrumentos normativos e na doutrina, a convenção de arbitragem (ou convenção arbitral) pode, de uma forma sucinta, ser descrita como o acordo das partes em submeter o seu litígio, actual ou futuro, à decisão por árbitros[518]. Deste modo, a convenção de arbitragem consubstancia a expressão da vontade das partes em, por um lado, subtrair o seu litígio à esfera dos tribunais estaduais[519] e, por outro lado, atribuir competência a árbitros para a decisão do mesmo.

II – Neste sentido, a convenção arbitral assume-se como a pedra de toque da arbitragem[520] na medida em que consubstancia – ou corporiza – a expressão da vontade das partes em recorrer a este meio de resolução de litígios, sendo um elemento central e fundante de todo o instituto da arbitragem[521].

Com efeito, é neste negócio jurídico que se funda a competência jurisdicional dos árbitros:[522] estes apenas podem conhecer os litígios abrangidos

[518] Neste sentido, cfr., entre outros, Dário Moura Vicente, "A manifestação do consentimento na convenção de arbitragem", *cit.*, p. 988, Luís de Lima Pinheiro, "Convenção de arbitragem (aspectos internos e transnacionais)", *cit.*, p. 1, Mariana França Gouveia, *Curso de Resolução Alternativa de Litígios*, *cit.*, p. 125 e Luís de Lima Pinheiro, *Arbitragem Transnacional...*,p. 83.

[519] Esta subtracção opera pelo menos num primeiro momento. A possibilidade de recurso dependerá, como se verá adiante, de se encontrar cumprido o requisito para a existência do mesmo. Por outro lado, a faculdade de impugnação da decisão arbitral é irrenunciável, pelo que uma vez verificados os fundamentos consagrados na LAV, qualquer uma das partes poderá buscar a impugnação da sentença. Esta matéria será recuperada no capítulo VII.

[520] Referimo-nos aqui somente à arbitragem voluntária. A este propósito, v., Ousmane Diallo, *Le consentement des parties à l'arbitrage international*, *cit.*, p. 1.

[521] Tal como afirma Luís de Lima Pinheiro, "[o] estudo do regime jurídico da convenção de arbitragem constitui assim um aspecto central da investigação científica em matéria de arbitragem", *in* "Convenção de arbitragem (aspectos internos e transnacionais)", *cit.*, p. 1.

[522] Não se ignora, quanto a este aspecto e tal como já se referiu anteriormente, que se é da escolha das partes, no âmbito da sua autonomia privada, que resulta a competência jurisdicional dos árbitros, não menos correcto é afirmar que essa faculdade existe na sua estrita conjugação com a lei, designadamente com a permissão constitucional, no artigo 209º da CRP, de existência de tribunais arbitrais. A este propósito remete-se para Paulo Otero, "Exercício de poderes públicos de autoridade por entidades privadas com funções administrativas" *cit.*, p. 848. A CRP e a LAV assumem-se assim como as fontes imediatas e a convenção de arbitragem como a fonte mediata da competência do tribunal arbitral. Em sentido parcialmente coincidente, Francisco Cortez, "A arbitragem voluntária em Portugal...", III, *cit.*, pp. 554-555. Orientação semelhante parecia ser já partilhada por Raúl Ventura, nomeadamente quando entendia que a criação dos direitos potestativos resultantes da celebração de convenções de arbitragem é permitida pelas "leis que admitem os tribunais arbitrais", afastando-se, deste modo, de uma concepção meramente

pela convenção de arbitragem; todas as outras matérias que não se encontrem no escopo da convenção celebrada pelas partes, e ainda que estejam relacionadas com aquele litígio, já se encontram fora da esfera de competência do tribunal arbitral. Em suma, os árbitros só podem julgar determinado litígio porque as partes celebraram uma convenção arbitral nesse sentido e, nessa medida, só podem apreciar os conflitos abrangidos por aquela: a mesma funciona como uma fronteira que delimita o âmbito da jurisdição do tribunal e o campo onde os árbitros já não têm competência[523].

A razão de ser de tal limitação reside, inequivocamente, no facto de a arbitragem, ao contrário dos tribunais estaduais, ter uma génese contratual e, nessa medida, não podem os tribunais arbitrais conhecer de outros litígios ou objectos para além daqueles que as partes expressamente determinaram que se encontravam submetidos à sua apreciação e, consequentemente, subtraídos à jurisdição comum[524]. É, aliás, neste contexto que o artigo 2º, nº 6 da LAV exige que, na redacção da convenção, se determine qual o litígio objecto do compromisso arbitral e, se for esse o caso, qual a relação jurídica a que os litígios abrangidos pela cláusula compromissória respeitam.

Atendendo a esta importância da convenção arbitral na delimitação da jurisdição dos árbitros[525], é o próprio artigo 46º, nº 3, al. a), iii) da LAV que estipula que o facto de decisões arbitrais conhecerem de litígios não abrangidos pela convenção de arbitragem[526] consubstancia um dos fundamentos para a anulação das mesmas, podendo ser invocado pelas partes em sede de acção de impugnação da sentença arbitral. Com efeito, a competência do tribunal arbitral resulta, como já referimos, da vontade das partes, pelo que nos domínios em que as mesmas não tenham previsto a existência de jurisdição daquele tribunal, o mesmo não pode conhecer e decidir.

voluntarista. Cfr., "Convenção de arbitragem", *cit.*, p. 301. Em sentido semelhante, M. Henrique Mesquita, "Arbitragem: Competência do tribunal arbitral e responsabilidade civil do árbitro", *cit.*, p. 1382.

523 Mariana França Gouveia utiliza uma metáfora sugestiva para ilustrar a relação da convenção de arbitragem com a jurisdição do tribunal arbitral: de acordo com a autora, a convenção arbitral é como um foco de luz, uma lanterna, que ilumina a jurisdição do tribunal. Deste modo, tudo o que se encontre coberto ou banhado pela luz pode ser decidido pelos árbitros; *a contrario*, o que se encontrar na escuridão não está abrangido pela convenção e, portanto, encontra-se fora da jurisdição arbitral. Cfr. *Curso de Resolução Alternativa de Litígios*, *cit.*, p. 126.

524 V. José Lebre de Freitas, "Algumas implicações da natureza da convenção de arbitragem", *cit.*, p. 553.

525 V. António Pedro Pinto Monteiro, *O Princípio da Igualdade e a Pluralidade de Partes na Arbitragem...*, *cit.*, p. 187.

526 Cfr. capítulo VII, ponto 14.2.

10.1 Modalidades da convenção de arbitragem

I – A convenção de arbitragem deve, de acordo com o artigo 1º, nº 3 da LAV, assumir uma de duas modalidades: pode surgir na forma de compromisso arbitral ou enquanto cláusula compromissória.

No primeiro caso – compromisso arbitral – o litígio já existe na data da celebração da convenção, é actual e presente. O compromisso arbitral pode, inclusivamente, ser celebrado na pendência de um processo judicial, de acordo com o artigo 280º, nº 1 do CPC; caso assim suceda, a acção judicial findará para seguir termos o processo arbitral.

A cláusula compromissória, por seu turno, é celebrada tendo por objecto um litígio futuro e que, nessa medida, ainda não se materializou na ordem jurídica. Deste modo, a finalidade desta cláusula é assegurar que um determinado litígio futuro resultante de uma determinada relação jurídica, contratual ou extracontratual[527], existente entre as partes, possa ser resolvido por via arbitral.

Por conseguinte, o que distingue as duas modalidades de convenção de arbitragem é a existência actual ou meramente futura ou hipotética do litígio à data da celebração da mesma[528]; da existência desta distinção resultam, necessariamente, diferenças de regime, tal como veremos.

II – Não obstante o ordenamento nacional, à semelhança do que sucede em outros países, apenas prever aquelas duas modalidades de convenção de arbitragem, existe uma terceira figura de declaração negocial que, por se apresentar muito próxima das mesmas, merece igualmente uma referência: referimo-nos à adesão unilateral prévia. No âmbito da realidade portuguesa da arbitragem de litígios de consumo é possível que os operadores económicos (que serão a contraparte do consumidor na relação jurídica) possam aderir de

[527] De acordo com o artigo 1º, nº 4 da LAV, as partes podem cometer à decisão por árbitros, além da decisão de litígios resultantes de relações contratuais ou extracontratuais, quaisquer outras questões "que requeiram a intervenção de um decisor imparcial, designadamente as relacionadas com a necessidade de precisar, completar e adaptar contratos de prestações duradouras a novas circunstâncias".

[528] A este propósito, cfr., entre tantos outros, Luís Alberto de Carvalho Fernandes, *Cláusula compromissória e compromisso arbitral*, *cit.*, pp. 5 e ss., Raúl Ventura, "Convenção de Arbitragem", *cit.*, pp. 293, José Lebre de Freitas, "Algumas implicações da natureza da convenção de arbitragem", *cit.*, p. 550, João Calvão da Silva, "Convenção de Arbitragem – algumas notas", *cit.*, pp. 533 e ss., Mariana França Gouveia, *Curso de Resolução Alternativa de Litígios*, *cit.*, p. 126, Mário Esteves de Oliveira (Coordenação), *Lei da Arbitragem Voluntária...*, *cit.*, pp. 55 e ss., António Menezes Cordeiro, *Tratado da Arbitragem...*, *cit.*, p. 95, Dário Moura Vicente (Coordenador), *Lei da Arbitragem Voluntária Anotada*, *cit.*, p. 31.

forma plena e prévia a um centro de arbitragem de conflitos de consumo. A finalidade deste mecanismo é que aquele operador económico em concreto se vincule de forma prévia e unilateral a um determinado centro de arbitragem de consumo com vista a aí resolver o litígio (ou litígios), actual ou futuro, que venha a surgir no âmbito de uma relação jurídica com os seus consumidores[529]. Importa, portanto, qualificar juridicamente esta figura.

Um ponto que se apresenta, desde logo, como inequívoco é o facto de, segundo a LAV, apenas existirem dois tipos de convenção de arbitragem, não sendo admissível um terceiro género das mesmas.

Por conseguinte, e atendendo à finalidade daquela declaração negocial, importa perceber se a mesma se pode reconduzir a uma convenção de arbitragem, quer na vertente de compromisso arbitral ou cláusula compromissória, ou, se pelo contrário, estamos perante uma declaração negocial de outra natureza e que, nesse contexto, não é apta a produzir os mesmos efeitos que aquela primeira[530].

A posição da doutrina quanto a este tema não é unânime. Temos, por um lado, quem sustente que a figura da declaração unilateral prévia não consubstancia uma convenção de arbitragem, desde logo, porque, inversamente ao que sucede na celebração de uma convenção de arbitragem, naquela figura não existe uma contra-parte negocial[531]. Quer isto significar que a adesão do profissional ao centro de arbitragem, para além de unilateral, dirige-se a um público não identificado e não a pessoas individualmente consideradas[532].

Por outro lado, nos termos da lei, as partes apenas podem renunciar ao seu direito de acção lançando mão de um dos mecanismos previstos para tal. Logo, não se reconduzindo a declaração unilateral prévia nem a um compromisso

[529] Sobre a figura, cfr. Jorge Morais Carvalho, João Pedro Pinto-Ferreira e Joana Campos Carvalho, *Manual de Resolução Alternativa de Litígios de Consumo, cit.*, pp. 177 e ss.

[530] O ponto essencial da questão passa por saber se a existência de uma adesão unilateral prévia por parte do operador económico permite que o consumidor possa, mediante a manifestação da sua vontade nesse sentido, iniciar o processo arbitral sem necessidade de qualquer outro acto voluntário por parte do operador económico, funcionando aquela primeira como uma convenção de arbitragem. V. Jorge Morais Carvalho, João Pedro Pinto-Ferreira e Joana Campos Carvalho, *Manual de Resolução Alternativa de Litígios de Consumo, cit.*, p. 177.

[531] Este é um argumento apresentado por Mariana França Gouveia, *Curso de Resolução Alternativa de Litígios, cit.*, p. 127.

[532] Pese embora não apresente como justificação a inexistência de uma contra-parte negocial, Dário Moura Vicente também considera que a adesão unilateral prévia não consubstancia uma convenção arbitral, desde logo porque, segundo o autor, os regulamentos dos próprios centros de arbitragem não dispensam o aderente de celebrar uma convenção de arbitragem. V. Dário Moura Vicente, "A manifestação do consentimento na convenção de arbitragem", *cit.*, pp. 998-999.

arbitral, nem a uma cláusula compromissória, a mesma não integra a figura legal da convenção de arbitragem, pelo que através desta configuração não assiste às partes a possibilidade de renunciarem ao seu direito de acção e, em simultâneo, outorgarem competência ao tribunal arbitral para apreciar o seu litígio. Entendem os defensores desta posição, portanto, que a melhor qualificação é de promessa unilateral de celebração de convenção de arbitragem.

Desta qualificação é possível extrair todo um conjunto de efeitos práticos dignos de relevo. Em primeiro lugar, não se reconduzindo a uma convenção de arbitragem, a declaração de adesão unilateral não produz o efeito potestativo daquela primeira, pelo que, desse modo, o consumidor não pode iniciar o processo arbitral antes de celebrar um compromisso arbitral com o operador económico. Em segundo lugar, mas não menos importante, não haverá nunca lugar à invocação, por parte do réu, de uma excepção de preterição de tribunal arbitral[533] caso o processo siga para a via judicial. De facto, de acordo com esta posição, quando exista uma declaração unilateral de adesão prévia e o aderente se recuse a celebrar o respectivo compromisso arbitral prometido, deste incumprimento resultam apenas efeitos meramente obrigacionais, os quais remetem necessariamente para o âmbito da sua responsabilidade contratual[534].

Este foi também o entendimento do Tribunal da Relação de Lisboa ([535]), quando, a propósito de uma sentença arbitral proferida num centro de arbitragem em que se alegava (por uma das partes) existir uma adesão unilateral prévia do profissional àquele centro, decidiu que "[n]ão pode atribuir-se a natureza de cláusula compromissória à assinatura pela A., sociedade que se dedica à reparação de automóveis (...) [e]ssa declaração corresponde a uma declaração unilateral de adesão prévia, constituindo uma mera promessa de celebração de convenção arbitral".

Mais recentemente vieram outros autores[536] apresentar uma nova posição quanto a este problema, de acordo com a qual, e em termos sucintos,

533 Artigo 96º, al. b) do CPC.

534 MARIANA FRANÇA GOUVEIA, *Curso de Resolução Alternativa de Litígios, cit.*, pp. 127-128.

535 Acórdão de 15/12/211, processo nº316/10.8YXLSB.L1-2, Relatora Teresa Albuquerque, pese embora no processo em causa, em sede de recurso da decisão da primeira instância, se tenha reconhecido a natureza de mera promessa de celebração de convenção de arbitragem àquela declaração, o autor/recorrente improcedeu no seu pedido pelo facto de a acção ser intempestiva, por já ter decorrido (e muito) o prazo para a impugnação da referida decisão arbitral.

536 JORGE MORAIS CARVALHO, JOÃO PEDRO PINTO-FERREIRA E JOANA CAMPOS CARVALHO, *Manual de Resolução Alternativa de Litígios de Consumo, cit.*, pp. 178 e ss. Os autores desenvolvem o exercício da qualificação jurídica desta figura por referência a duas realidades: proposta contratual

esta declaração unilateral se pode qualificar como uma proposta contratual. Seguindo esta concepção, a declaração prévia do aderente apresenta-se como uma proposta contratual completa, precisa e firme[537], pois entendem que o conteúdo da mesma – o intento de submeter o litígio a arbitragem – é suficiente para que se preencham aqueles requisitos. Também o requisito de forma estaria, a seu ver, cumprido, na medida em que apenas analisam os casos em que a adesão se faz por escrito[538]. Deste modo, entendem que quando o consumidor aceita esta proposta, fazendo-o também por escrito, se celebraria a convenção de arbitragem. Assim, a declaração unilateral prévia mais não é do que uma proposta de celebração de convenção de arbitragem, sendo que esta última apenas se celebra pela aceitação do consumidor.

III – A nosso ver, ambas as posições apresentam pontos fortes, mas igualmente algumas debilidades, desde logo por avançarem, em ambos os casos, com qualificações categóricas. A qualificação enquanto promessa unilateral de celebração de convenção de arbitragem tem por efeito prático tornar a figura quase inútil para a finalidade a que se destina, na medida em que, na generalidade dos casos, quando o litígio surgir entre a partes da relação contratual, o profissional/operador económico não pretenderá celebrar o compromisso arbitral prometido. Por outro lado, situações haverá em que, efectivamente, a adesão apresentada pelo aderente contém todos os elementos necessários para que possa ser qualificada juridicamente como uma proposta contratual, afastando, por conseguinte, a qualificação de promessa.

Todavia, não devemos ignorar que, de acordo com o artigo 2º, nº 6 da LAV, quando esteja em causa um compromisso arbitral, as partes devem determinar o objecto do litígio e que, nos casos da cláusula compromissória, devem especificar a relação jurídica a que os litígios respeitam. Ora, é, por conseguinte, imperativo que com vista à sua recondução à figura da convenção arbitragem – em qualquer das suas modalidades – aquele requisito se encontre preenchido. Neste sentido, é necessário que o conflito ou a relação jurídica a que o mesmo respeita se encontrem plenamente identificados para que se possa considerar que está em causa uma convenção de arbitragem no sentido do artigo 1º da LAV.

e a promessa pública, testando sucessivamente o preenchimento de ambos com o intuito de concluírem a qual se reconduz a declaração negocial de adesão unilateral prévia. Para aí se remete com mais detalhe.

537 Afastam, deste modo, qualquer recondução da figura a um convite a contratar.

538 Jorge Morais Carvalho, João Pedro Pinto-Ferreira e Joana Campos Carvalho, *Manual de Resolução Alternativa de Litígios de Consumo, cit.*, pp. 179.

10.2. Natureza jurídica da convenção de arbitragem

I – A temática da natureza jurídica da convenção de arbitragem é, na actualidade, relativamente consensual, não existindo dúvidas quanto à sua génese contratual.

Com efeito, e independentemente da modalidade que revista – compromisso arbitral ou cláusula compromissória –, a convenção de arbitragem é qualificada como um negócio jurídico, mais concretamente como um contrato, na medida em que se apresenta como um negócio jurídico bilateral[539]. Em simultâneo, é ainda possível qualificá-la como um negócio jurídico processual[540] por duas ordens de razões. Por um lado, pelo facto de a mesma dar origem a uma excepção dilatória de direito processual – a de preterição de tribunal arbitral[541] – que, uma vez alegada pela parte, impede a continuação do processo judicial, levando à absolvição do réu da instância. Por outro lado, pelo facto de a convenção de arbitragem consubstanciar, igualmente, a fonte da competência dos árbitros e do respectivo tribunal arbitral, dando lugar, igualmente, a um outro efeito processual[542]-[543].

II – O ordenamento português mantém, tal como já tivemos oportunidade de referir, uma lógica dualista no que respeita à convenção de arbitragem,

[539] Esta tem sido a orientação seguida pela doutrina portuguesa. V., a título de exemplo, Luís Alberto de Carvalho Fernandes, *Cláusula compromissória e compromisso..., cit.*, p. 5, Raúl Ventura, "Convenção de Arbitragem", *cit.*, p. 303, Carlos Ferreira de Almeida, "Convenção de Arbitragem: Conteúdos e Efeitos", *cit.*, p. 83, Mariana França Gouveia, *Curso de Resolução Alternativa de Litígios, cit.*, p. 125, José Lebre de Freitas, "Algumas implicações da natureza da convenção de arbitragem", *cit.*, p. 551. No mesmo sentido segue a doutrina internacional, cfr., a título de exemplo, Bernhard Berger / Franz Kellerhals, *International and Domestic Arbitration in Switzerland, cit.*, p. 103, apontado, igualmente para a sua natureza de negócio jurídico processual, Trittmann, Rolf / Inka Hanefeld, "§1029", *cit.*, p. 81, Marco Stacher, *Einführung in die internationale Schiedsgerichtbarkeit der Schweiz, cit.*, p. 29.

[540] V. Mariana França Gouveia, *Curso de Resolução Alternativa de Litígios, cit.*, p. 127, José Lebre de Freitas, "Algumas implicações da natureza da convenção de arbitragem", *cit.*, p. 522, Marco Stacher, *Einführung in die internationale Schiedsgerichtbarkeit der Schweiz, cit.*, p. 29 e Trittmann, Rolf / Inka Hanefeld, "§1029", *cit.*, p. 81, José Lebre de Freitas, "O princípio do contraditório na nomeação de árbitro...", *cit.*, p. 33 e Luís Alberto de Carvalho Fernandes, *Cláusula compromissória e compromisso arbitral..., cit.*, p. 5.

[541] Artigo 96º, al. b) do CPC.

[542] Cfr. sobre os dois argumentos, José Lebre de Freitas, "Algumas implicações da natureza da convenção de arbitragem", *cit.*, pp. 552-223.

[543] Para não encetar a discussão sobre a utilização do adjectivo "processual", Raúl Ventura propõe a qualificação como "adjectiva", dado que a convenção, enquanto negócio jurídico, se apresenta, precisamente, como adjectiva à relação jurídica a que respeita, não a afectando directamente, nem modificando o seu conteúdo. V. "Convenção de Arbitragem", *cit.*, pp. 298-299.

consagrando, desta forma, a possibilidade de celebração de um compromisso arbitral e de uma cláusula compromissória[544]. Reúne-se, assim, debaixo da designação una de convenção de arbitragem duas realidades.

No entanto, e ao contrário do que sucedia anteriormente, aquelas duas figuras encontram-se, actualmente, subsumidas de forma plena à categoria de convenção de arbitragem, não existindo entre si qualquer especialidade ao nível da sua produção de efeitos[545]: vale, nos dias de hoje e desde a anterior lei portuguesa sobre arbitragem voluntária, um *princípio da equiparação*[546] entre o compromisso arbitral e a cláusula compromissória. Deste modo, qualquer uma das partes que tenha celebrado um compromisso arbitral ou uma cláusula compromissória encontra-se na mesma situação jurídica, assistindo-lhe um verdadeiro direito potestativo de constituição do tribunal[547] arbitral com vista à resolução dos litígios que se encontrem abrangidos por aquelas primeiras e, correspondentemente, à sua contra-parte assiste um estado de sujeição[548].

Neste sentido, o compromisso arbitral e a cláusula compromissória são igualmente aptos com vista à constituição do tribunal arbitral, tendo igual força nesse sentido. Esta não era, todavia, a realidade portuguesa antes da entrada em vigor da anterior LAV. Com efeito, antes da entrada em vigor da Lei nº 31/86, e ainda na vigência dos CPC de 1939[549] e 1961, os efeitos produzidos pela cláusula compromissória e pelo compromisso arbitral apresen-

[544] V. FRANCISCO CORTEZ, "A arbitragem voluntária em Portugal...", III, *cit.*, p. 560. Tal como sucede no ordenamento jurídico francês, cfr. CHRISTOPHE SERAGLINI / JEROME ORTSCHEID, *Droit de l'arbitrage interne et international, cit.*, pp. 79 e ss. Sobre a realidade suíça, v., por todos, BERNHARD BERGER / FRANZ KELLERHALS, *International and Domestic Arbitration in Switzerland, cit.*, pp. 91 e ss. Para uma perspectiva da realidade alemã, TRITTMANN, ROLF / INKA HANEFELD, "§1029", *cit.*, 79 e ss.

[545] RAÚL VENTURA, "Convenção de Arbitragem", *cit.*, p. 294.

[546] Locução utilizada por DÁRIO MOURA VICENTE, "A manifestação do consentimento na convenção de arbitragem", *cit.*, pp. 988. No mesmo local, o autor refere-se ainda a um princípio da auto-suficiência da cláusula compromissória.

[547] RAÚL VENTURA, "Convenção de Arbitragem", *cit.*, p. 301, MARIANA FRANÇA GOUVEIA, *Curso de Resolução Alternativa de Litígios, cit.*, p. 181 e CARLOS FERREIRA DE ALMEIDA, "Convenção de Arbitragem: Conteúdos e Efeitos", *cit.*, p. 93.

[548] A propósito dos direitos potestativos, V., entre outros, CARLOS ALBERTO DA MOTA PINTO, *Teoria Geral do Direito Civil, cit.*, pp. 183 e ss.

[549] Aí se dispunha no seu artigo nº 1565 que, uma vez celebrada a cláusula compromissória, "se surgir alguma questão abrangida por ela e uma das partes se mostrar remissa a celebrar o compromisso, pode a outra parte requerer ao tribunal (...) que a mande notificar pessoalmente para comparecer perante ele (...) a fim de se comprometer em árbitros". Se o notificado faltar ou se recusar a nomear árbitro, será a nomeação feita pelo juiz, que nomeará, além disso, um terceiro árbitro". Uma norma com uma solução muito semelhante àquela constava do artigo nº 1513 do CPC de 1961.

tavam-se como distintos, sendo que apenas o segundo permitia que a parte iniciasse, uma vez surgido o litígio, sem mais demoras a constituição do tribunal arbitral.

Desta feita, a cláusula compromissória era, em período anterior à LAV de 1986, qualificada, pelo menos pela maioria da doutrina, como um verdadeiro contrato-promessa de celebração de um compromisso arbitral[550], do qual emergia, não um direito potestativo de iniciar o processo arbitral, mas somente a obrigação de celebrar, num momento futuro e aquando do nascimento do litígio, um compromisso arbitral. Logo, aquela modalidade de convenção de arbitragem não era suficiente[551] para a constituição do tribunal arbitral, requerendo sempre um posterior acto de vontade das partes[552], o qual, em caso de incumprimento de uma delas, podia ser suprido pelo tribunal[553]-[554].

Tal qualificação da cláusula compromissória encontra-se ultrapassada[555]. No entanto, pese embora a idêntica produção de efeitos das duas modalidades de convenção de arbitragem, não podemos ignorar que entre estas duas existem diferenças, mormente no que concerne ao seu conteúdo mínimo legalmente exigido, as quais resultam necessariamente do seu objecto: um actual e o outro futuro/meramente eventual[556].

[550] Neste sentido, cfr. INOCÊNCIO GALVÃO TELES, "Cláusula compromissória – Oposição ao respectivo pedido de efectivação", *cit.*, p. 214.

[551] RAÚL VENTURA, "Convenção de Arbitragem", *cit.*, pp. 298-299.

[552] Face a esta exigência legal, ao compromisso arbitral eram identificadas duas funções: nos casos que era antecedido da celebração de uma cláusula compromissória, tinha uma finalidade complementar, de contrato definitivo que se vinha suceder à promessa de contratar; nas restantes situações tinha uma função autónoma, dado que a sua celebração se apresentava como totalmente independente da existência de uma cláusula compromissória. V., por todos, RAÚL VENTURA, "Convenção de Arbitragem", *cit.*, p. 294.

[553] Cfr. INOCÊNCIO GALVÃO TELES, "Cláusula compromissória – Oposição ao respectivo pedido de efectivação", *cit.*, pp. 214 e ss.

[554] Com grande desenvolvimento sobre esta temática, cfr. V. FRANCISCO CORTEZ, "A arbitragem voluntária em Portugal...", III, *cit.*, p. 565.

[555] FRANCISCO CORTEZ entende que embora a lei já não permita, a nível do elemento literal, nenhum apoio para a qualificação da cláusula compromissória como contrato promessa, a alteração legislativa operada pela LAV 86 acabou por ser mais de forma do que substância, no que concerne à possibilidade de a mesma permitir a uma das partes a constituição do tribunal arbitral. Entende o autor que entre a cláusula compromissória e a constituição do tribunal terá sempre que "ser celebrado pelas partes um acordo para definir o objecto do litígio, sendo a falta deste acordo suprida por decisão do tribunal judicial". Cfr. FRANCISCO CORTEZ, "A arbitragem voluntária em Portugal...", III, *cit.*, p. 571.

[556] Esta questão será abordada em momento posterior deste manual.

10.3. Requisitos de validade da convenção de arbitragem

10.3.1. Considerações gerais

I – A convenção de arbitragem consubstancia a verdadeira pedra de toque da arbitragem, sendo o fundamento, mas também o limite da competência dos árbitros[557]. De facto, se esta convenção for patológica[558], isto é, apresentar algum vício ou problema, mesmo que estes não impeçam a sua validade, todo o processo de constituição do tribunal arbitral e consequente desenvolvimento do processo será particularmente difícil[559].

Todavia, nem sempre, diríamos inclusivamente que assim sucede na maior parte dos casos, a mesma tem na sua elaboração e redacção o cuidado e a dedicação que deveria, apresentando-se mais como uma via de salvaguarda para o caso hipotético de existência de um litígio, do que verdadeiramente como um elemento com igual dignidade quando comparado com as restantes matérias abordadas na negociação.

É neste contexto que, principalmente no panorama da arbitragem comercial internacional, as cláusulas arbitrais são, por vezes, designadas como cláusulas da meia-noite[560]. Com esta expressão pretendem-se englobar não só as convenções de arbitragem que não foram objecto de (quase nenhuma) ponderação, mas também aquelas que foram transcritas de contratos referentes a objectos completamente distintos e inseridas em outros documentos[561]. Em

[557] Remete-se para o ponto 10, II.

[558] Para um estudo mais aprofundado sobre a figura das convenções patológicas, cfr. PIERRE A. KARRER, "Pathological Arbitration Clauses – Malpractice, Diagnosis and Therapy", *cit.*, p. 109 e ss. Para uma breve noção, BERNHARD BERGER / FRANZ KELLERHALS, *International and Domestic Arbitration in Switzerland*, 3ª Edição, Berna, Stämpfli Publishing, 2014, p. 166.

[559] Sobre o conceito de convenção patológica, cfr. MAURO RUBINO-SAMMARTANO, *International Arbitration – Law and Practice*, 2ª Ed., *cit.*, p. 214.

[560] A locução é mais utilizada na língua inglesa, surgindo, assim, como *midnight clauses*. V. KLAUS PETER BERGER, "The Arbitrator Dr. Martin Regli: Pierre Karrer's Alter Ego", *cit.*, p. 38, NIGEL BLACKABY/ CONSTANTINE PARTASIDES / ALAN REDFERN / MARTIN HUNTER, *Redfern and Hunter on International Arbitration*, *cit.*, 2015, pp. 72-73, PAUL A. GÉLINAS, "Arbitration Clauses: Achieving Effectiveness", *cit.*, p. 50 e GÜNTHER J. HORVATH / STEPHAN WILSKE / ET AL., "Countering Guerrilla Tactics at the Outset, Throughout and at the Conclusion of the Arbitral Proceedings", *cit.*, pp. 34-35. Na doutrina portuguesa, V., por todos, MARIANA FRANÇA GOUVEIA, *Curso de Resolução Alternativa de Litígios*, *cit.*, p. 149.

[561] KLAUS PETER BERGER considera que, na actualidade e no domínio do comércio internacional, são poucas as cláusulas da meia-noite em sentido estrito, ou seja, aquelas que são inseridas nos contratos e celebradas sem qualquer ponderação ou análise da sua adequação ao caso concreto. Admite, no entanto, que, em muitos casos, não existe uma verdadeira tentativa de adequação da convenção de arbitragem aos litígios que podem resultar daquela relação jurídica e que, nessa medida "quando a magia desaparece da relação, uma cláusula que foi negociada de forma ligeira

suma, incluem-se nesta designação todas as cláusulas arbitrais que, ao contrário do que sucede com o resto do procedimento negocial, não são elaboradas ao detalhe com vista a assegurar os interesses dos contratantes: em regra, são inseridas no clausulado contratual mesmo no final das negociações – daí a referência à meia-noite, fazendo apelo a uma imagem literal do final de um longo dia ou dias de negociações.

Tendencialmente, durante a negociação do contrato, o foco da atenção dos intervenientes encontra-se direccionado para as questões de natureza material ou substantiva e não para a possibilidade de existência de um litígio eventual ou hipotético entre as partes, pelo que as cláusulas que pretendam salvaguardar a resolução de litígios são negligenciadas ou, inclusivamente, olhadas com desconfiança.[562] Tal abordagem apresenta-se completamente tendente ou facilitadora à produção de danos no futuro. Por exemplo, caso a convenção esteja redigida de forma incompleta ou obscura, remeta para centros de arbitragem inexistentes, indique como local da sede da arbitragem um país que possa ser pouco garantístico ou que não integre a Convenção de Nova Iorque, o resultado pode traduzir-se, nos dois primeiros exemplos, na impossibilidade de constituir o processo arbitral e, nos restantes casos indicados, ao nível da sentença, designadamente na impossibilidade do seu reconhecimento.

Importa, pois, ter um particular cuidado com a construção da convenção de arbitragem e abandonar os preconceitos[563] que rodeiam a política de resolução de litígios futuros[564]: efectivamente, faz parte da própria liberdade contratual planear os melhores termos nos contratos que as partes entendem celebrar, bem como assegurar a forma mais eficaz de resolução de litígios para a hipótese de os mesmos virem a surgir[565].

II – A redacção e elaboração de convenções de arbitragem não obedece a nenhum cânone ou modelo imperativo, ficando, uma vez mais, na vontade das partes não só a sua celebração, como também a escolha e composição do

torna-se, subitamente, importante" e problemática, diríamos nós. V. "The Arbitrator Dr. Martin Regli: Pierre Karrer's Alter Ego", *cit.*, p. 38.

562 Wendy Miles e Nelson Goh, "A Principled Approach Towards the Law Governing Arbitration Agreements", *cit.*, p. 385.

563 Dana H. Freyer, "Practical Considerations in Drafting Dispute Resolution Provisions...", *cit.*, p. 7.

564 V. Günther J. Horvath / Stephan Wilske / et al., "Countering Guerrilla Tactics at the Outset, Throughout and at the Conclusion of the Arbitral Proceedings", *cit.*, p. 35.

565 Evitando, desse modo, a elaboração de cláusulas incompletas, de cariz indeterminado (por vezes mesmo indeterminável) ou contraditórias, cfr. Thomas Arntz, "Die missglückte Eskalationsklausel", *cit.*, p. 238.

seu conteúdo. Neste sentido, a disparidade pode ser significativa, existindo convenções que se limitam a consagrar o recurso à arbitragem em caso de litígios que possam surgir entre as partes contratuais, outras adoptam uma formulação mais complexa e detalhada e, em alguns casos, a opção passa pela adopção de cláusulas de resolução de litígios escalonadas, *multi-step* ou multi-nível[566]. É esta última categoria que pretendemos abordar neste momento[567].

Na busca por uma maior optimização no domínio da resolução de conflitos, é prática comum[568] no plano do comércio internacional a inclusão de cláusulas escalonadas ou *multi-step*[569] com vista à composição dos hipotéticos litígios que possam resultar de um determinado contrato[570].

Por cláusula escalonada ou *multi-step* entendemos as cláusulas que combinam, em regra, um conjunto de meios de resolução de litígios, organizados[571] por escalões ou níveis, mais ou menos complexos, aos quais as partes recorrerão de forma sucessiva e faseada aquando do nascimento do conflito, consagrando o recurso à arbitragem apenas no final do percurso. De facto, as partes, por vinculação contratual, apenas podem recorrer à via arbitral uma vez que se encontrem cumpridas todas as outras etapas[572]-[573].

566 THOMAS ARNTZ, "Die missglückte Eskalationsklausel", *cit*, p. 237.

567 A matéria do conteúdo da convenção de arbitragem é objecto de um ponto autónomo desta obra, aquando da análise do conteúdo imperativo ou facultativo da mesma.

568 Não obstante a sua popularidade, alguns autores referem que a introdução deste tipo de cláusulas ainda conta com alguma resistência por parte de alguns operadores, designadamente por entenderem que a adopção das mesmas tem por efeito limitar o leque das opções das partes quando o litígio surge. V. KARL MACKIE, "The Future for ADR Clauses After Cable & Wireless v. IBM", *cit.*, p. 350.

569 JULIAN D. M. LEW / LOUKAS A. MISTELIS / ET ALLI., *Comparative International Commercial Arbitration*, *cit.*, p. 183., SIMON CHAPMAN, "Multi-tiered Dispute Resolution Clauses...", *cit.*, p. 89. KLAUS PETER BERGER, "Law and practice of escalation clauses", *cit.*, p. 1, frisa que este fenómeno é particularmente comum no domínio dos contratos de empreitada para a construção de grandes empreendimentos. No sentido de uma maior generalização da utilização de cláusulas escalonadas, PATRICK DEANE / WOILF KUMBERG / ET ALLI, "Making Mediation Mainstream", *cit.*, p. 51.

570 JOSÉ CARLOS SOARES MACHADO, "Cláusulas arbitrais escalonadas. Reflexões sobre a sua redacção e interpretação", *cit.*, p. 92.

571 Esta organização pode, inclusivamente, ter por base o tipo ou o valor do litígio, determinando as partes que caso se venham a verificar litígios de referida natureza ou com um valor monetário específico são submetidos a um determinado conjunto de procedimentos e que outros conflitos são resolvidos por recurso a outros mecanismos de resolução alternativa de litígios. Cfr. MICHAEL PRYLES, "Multi-tiered dispute resolution clauses", *cit.*, pp. 159 e ss.

572 V. KLAUS PETER BERGER, "Law and practice of escalation clauses", *cit.*, p. 1 e JAMES H. CARTER, "Issues arising from integrated dispute resolution clauses", *cit.*, p. 446.

573 SIMON CHAPMAN considera, porém, que apenas com a análise de cada caso concreto, atendendo à terminologia e construção da cláusula contratual, se pode considerar se a mesma postula um

Os níveis organizam-se como que de uma forma crescente de gravidade do meio utilizado pelas partes, quase como de modo piramidal: na base encontram-se os meios que dependem exclusivamente da interacção das partes, tais como a negociação, não se verificando, em regra, a intervenção de um terceiro[574]. Os restantes níveis intermédios são compostos por meios de resolução alternativa de litígios no âmbito dos quais as partes, embora mantenham o poder de decisão, são assistidas por terceiros, pense-se, a título de exemplo, na mediação. O último patamar é aquele que se apresenta mais gravoso para as partes, na medida em que, tendo falhado todas as tentativas de auto-composição do conflito, entregam o poder decisório a terceiros: podemos estar perante arbitragem ou litigância junto de um tribunal estadual[575].

A opção pela adopção deste tipo de cláusulas está, como se disse, totalmente na disponibilidade dos contraentes, os quais as configuram[576] de acordo com a melhor prossecução dos seus interesses[577], daí não ser possível afirmar categoricamente um modelo de estruturação destas cláusulas escalonadas. O que podemos concluir, com certeza, é que estas últimas se estruturam de acordo com a intensidade do meio: na base os totalmente voluntários, no topo os de natureza adjudicatória[578].

verdadeiro requisito obrigatório de submissão a todos os níveis aí previstos antes de iniciar o processo arbitral. Cfr. "Multi-tiered Dispute Resolution Clauses...", *cit.*, p. 89.

[574] Neste contexto, os titulares do litígio tentam alcançar sozinhos uma solução para o problema que os opõe. A negociação apresenta-se, principalmente num domínio altamente profissionalizado, como um meio verdadeiramente eficaz para a resolução das disputas entre as partes. V. Simon Chapman, "Multi-tiered Dispute Resolution Clauses...", *cit.*, p. 90.

[575] Tal como se disse, a configuração destas cláusulas, desde que não importe a violação de quaisquer normas imperativas que existam neste domínio, fica totalmente na vontade das partes, podendo ser mais complexas e elaboradas ou, pelo contrário, assumir a forma de simples cláusulas *med-arb*, ou seja, que apenas estipulam o recurso à mediação e, frustrado o acordo, a decisão do conflito por árbitros.

[576] Sobre as vantagens da inclusão deste tipo de cláusulas, Didem Kayali, "Enforceability of Multi-Tiered Dispute Resolution Clauses", *cit.*, pp. 551 e ss.

[577] A expressão mais ilustrativa é a de "cláusulas feitas à medida", cfr. Klaus Peter Berger, "Law and practice of escalation clauses", *cit.*, p. 2.

[578] Tal como explica Simon Chapman, a sua elaboração e conteúdo variam, mas, no essencial, a sua essência passa por tentar, através de mecanismos e fases sucessivas, resolver o litígio de forma amigável, apenas transportando para o plano arbitral aqueles conflitos em relação aos quais as partes não tenham logrado resolver nas fases anteriores. Cfr. "Multi-tiered Dispute Resolution Clauses...", *cit.*, p. 90.

III – Não obastante as vantagens[579] que a inclusão de uma cláusula destas num determinado contrato comporta, o facto é que probabilidade de a mesma conter erros ou imprecisões que a tornam patológica é extremamente elevado. Com efeito, quanto mais realidades se encontrarem compreendidas sob a alçada de uma cláusula, maior a possibilidade de a redacção da mesma não ser apta a produzir os efeitos que dela se pretendem: não esqueçamos que uma cláusula *multi-step* pode conter, além de uma cláusula compromissória propriamente dita, a previsão de utilização de outros meios de resolução alternativa de litígios consoante uma determinada organização procedimental.

No domínio das cláusulas escalonadas, a principal questão que costuma surgir no plano internacional prende-se com a incúria na redacção das mesmas[580], o que acaba por prejudicar quaisquer vantagens que as mesmas poderiam acrescentar no plano da gestão de conflitos[581]. Uma vez verificado o litígio, é essencialmente um o problema que merece resposta: determinar se o recurso, contratualmente previsto, aos níveis intermédios de resolução de litígios prévios ao início do processo arbitral se apresenta como opcional ou vinculativo para as partes. Ou seja, em que medida é que o cumprimento de todas fases previstas consubstancia um pré-requisito para que uma das partes possa iniciar o processo arbitral[582].

579 A opção por uma política de resolução de litígios multi-nível apresenta-se como uma das formas mais eficientes de gestão de conflitos, na medida em que coloca as partes, num momento em que o litígio já é real e efectivo, numa posição de diálogo e de cooperação para a eliminação do mesmo. Neste sentido, funciona como um caminho alternativo àquela que seria a hipótese típica e mais fácil (ainda que mais dispendiosa em termos de custos e de tempo): o recurso à via arbitral ou mesmo judicial. A este propósito, Karl Mackie, "The Future for ADR Clauses After Cable & Wireless v. IBM", *cit.*, pp. 351 e ss. Em geral sobre as vantagens deste tipo de cláusulas, V. Klaus Peter Berger, "Law and practice of escalation clauses", *cit.*, pp. 9 e ss., Michael Pryles, "Multi-tiered dispute resolution clauses", *cit.*, pp. 159 e ss e Julian D. M. Lew / Loukas A. Mistelis / et alli., *Comparative International Commercial Arbitration*, *cit.*, pp. 182 e ss.

580 Os problemas interpretativos destas cláusulas são um dos aspectos mais problemáticos que se podem colocar quando o litígio já existe entre as partes e as mesmas falham na obtenção de consenso sobre quais os mecanismos a seguir. Sobre este ponto, cfr. José Carlos Soares Machado, "Cláusulas arbitrais escalonadas. Reflexões sobre a sua redacção e interpretação", *cit.*, pp. 97 e ss.

581 Klaus Peter Berger, "Law and practice of escalation clauses", *cit.*, p. 3.

582 No plano internacional merece destaque o caso *Cable & Wireless plc v. IBM United Kingdom Ltd.*, no qual se discutiu precisamente a natureza vinculativa da cláusula que previa que: em caso de litígio, primeiro haveria lugar a uma negociação desenvolvida por executivos sénior e, caso a mesma não conseguisse ter sucesso, se seguiria o recurso a meios de resolução alternativa de litígios antes do início do processo judicial. Uma vez frustrada a possibilidade de acordo aquando das negociações, a Cable & Wireless recusou avançar com os procedimentos de resolução alternativa. O que se discutiu junto do tribunal foi, precisamente, qual o efeito e a natureza daquela cláusula e se a redacção da mesma possibilitava que a interpretação a retirar dela fosse inequívoca no sentido da

Imaginemos o seguinte cenário: a lei aplicável é o Direito português e as partes adoptaram uma cláusula que, em caso de litígio, prevê que o procedimento se organiza em três fases – a primeira de negociação, a seguinte de mediação e a terceira, e final, corresponde a arbitragem. O demandante, uma vez concluída sem sucesso a negociação, notifica o demandado para a constituição do tribunal arbitral. *Quid iuris*? Atendendo ao artigo 12º, nº 4, da Lei da Mediação, se o demandado alegar junto do tribunal arbitral a existência de uma convenção de mediação, deve aquele suspender a instância e remeter o processo para mediação. Neste sentido, as partes seriam remetidas para o início do processo de mediação, mas isto não significa que as mesmas sejam forçadas a chegar a acordo; apenas significa que o tribunal arbitral deve proceder daquela forma, ainda que estando em sede de mediação o demandante decida não continuar com aquele processo[583].

E se as partes previrem apenas a existência de uma fase de negociação ou outro mecanismo alternativo que não a mediação? O incumprimento de tal cláusula apenas implicaria, a nosso ver, a existência de responsabilidade contratual, tendo o demandado que provar a existência de todos os requisitos da mesma, sendo particularmente difícil a prova da existência de dolo[584]-[585].

obrigatoriedade de seguir todas as etapas. Para maior desenvolvimento, cfr. Karl Mackie, "The Future for ADR Clauses After Cable & Wireless v. IBM", *cit.*, p. 345. Em geral sobre se a natureza destas cláusulas deveria ser voluntária ou obrigatória, cfr. James H. Carter, "Issues arising from integrated dispute resolution clauses", *cit.*, pp. 456 e ss.

583 A mediação em Portugal é um processo totalmente voluntário, podendo qualquer uma das partes fazer cessar o mesmo. V. artigo 19º, al. b) da Lei da Mediação.

584 Quanto aos efeitos decorrentes da violação deste tipo de cláusulas, v. Charles Jarrosson, "La sanction du non-respect d'une clause instituant un préliminaire obligatoire de conciliation ou de médiation...", *cit.*, pp. 752 e ss.

585 Para evitar a existência de cláusulas problemáticas ou inoperantes, alguns centros de arbitragem sugerem modelos de cláusulas, os quais as partes podem adoptar na íntegra ou modificar.
O Centro de Arbitragem Comercial sugere, para as situações em que as partes pretendam uma cláusula escalonada, a seguinte cláusula:
"1. As partes submeterão obrigatoriamente todos os litígios emergentes deste contrato ou com ele relacionados a mediação de acordo com o Regulamento de Mediação do Centro de Arbitragem Comercial da Câmara de Comércio e Indústria Portuguesa (Centro de Arbitragem Comercial). 2. Caso o litígio não seja resolvido em mediação, será definitivamente resolvido por arbitragem de acordo com o Regulamento de Arbitragem do Centro de Arbitragem da Câmara de Comércio e Indústria Portuguesa (Centro de Arbitragem Comercial), por um ou mais árbitro(s) nomeados nos termos do Regulamento. 3. A mediação e a arbitragem terão lugar em [cidade e/ou]. 4. A língua da mediação e da arbitragem será [...]. 5. Enquanto decorrer o processo de mediação, qualquer uma das partes pode requerer um procedimento de Árbitro de Emergência, nos termos do respetivo Regulamento."
A Câmara de Comércio Internacional, por sua, vez sugere o seguinte modelo de cláusula:

IV – Atendendo à sua natureza contratual[586], à convenção de arbitragem são, para além das regras especialmente previstas na lei da arbitragem voluntária quanto à sua validade, igualmente aplicáveis as regras gerais de Direito. Neste aspecto, a convenção de arbitragem não apresenta nenhuma especialidade: em tudo o que não esteja especial e expressamente regulado na LAV ou em outra legislação específica, têm aplicação as regras gerais relativas ao negócio jurídico[587].

Por conseguinte, nesta obra apenas nos dedicaremos à análise dos requisitos de validade especificamente previstos para a convenção de arbitragem, não curando de analisar os preceitos gerais respeitantes ao negócio jurídico.

10.3.2. Forma

I – A celebração de convenções de arbitragem obedece, em Portugal, a uma forma específica, afastando-se, deste modo, do princípio geral da liberdade de forma ou do consensualismo consagrado no artigo 219º do Código Civil[588].

Com efeito, o artigo 2º da LAV determina que a convenção de arbitragem deve assumir a forma escrita, regulando com bastante detalhe o conjunto de situações em que este formalismo se deve considerar preenchido. Esta exigência mantém-se mesmo que o contrato no qual a convenção se encontra inserida, ou a cujos litígios se refira, não tenha uma exigência de forma escrita, podendo mesmo ter sido celebrado oralmente. Em suma, a exigência de forma escrita para a convenção de arbitragem não se confunde com a forma que legalmente seja ou não exigida para o contrato no qual se insere.

Neste sentido, considera-se que a convenção de arbitragem respeitou o requisito da forma escrita quando a mesma "conste de documento escrito assinado pelas partes, troca de cartas, telegramas, telefaxes ou outros meios

"No caso de qualquer disputa oriunda do presente contrato ou com ele relacionada, as partes acordam submeter essa disputa, em primeiro lugar, à mediação, em conformidade com o Regulamento de Mediação da CCI. Se a disputa não tiver sido solucionada segundo o referido Regulamento, no prazo de [45] dias após o Requerimento de Mediação ter sido apresentado ou dentro de outro prazo que venha a ser convencionado, por escrito, pelas partes, a disputa será solucionada definitivamente através de arbitragem, em conformidade com o Regulamento de Arbitragem da CCI, por um ou mais árbitros nomeados de acordo com o referido Regulamento de Arbitragem."

586 Cfr. Raúl Ventura, "Convenção de Arbitragem", *cit.*, p. 303.

587 Mariana França Gouveia, *Curso de Resolução Alternativa de Litígios*, *cit.*, p. 128.

588 Dário Moura Vicente, "A manifestação do consentimento na convenção de arbitragem", *cit.*, p. 990.

de telecomunicação de que fique prova escrita, incluindo meios electrónicos de comunicação"[589]. A lei nacional considera ainda preenchido o requisito de forma quando a convenção "conste de suporte electrónico, magnético, óptico, ou de outro tipo"[590]. Por conseguinte, podemos afirmar que o conceito legal de "forma escrita" da lei portuguesa é bastante amplo[591], permitindo englobar diversas realidades sob a sua designação[592]. O essencial, neste contexto, parece ser que o suporte no qual consta a convenção permita assegurar a sua fidedignidade, inteligibilidade e conservação[593].

Por outro lado, entende-se estar igualmente cumprida a exigência legal de forma quando, no âmbito de um processo arbitral, se verifique a alegação da existência de uma convenção de arbitragem na petição e a ausência da negação dessa convenção por parte do demandado[594]. Esta opção legal não significa, no entanto, que uma manifestação tácita do consentimento ou o silêncio de uma parte sejam aptos a produzir uma convenção de arbitragem válida e eficaz. Esta consubstancia tão-somente uma previsão legal específica, não se podendo retirar da mesma que, por recurso às regras gerais, se possam celebrar convenções de arbitragem através de comportamentos tácitos ou do silêncio de uma das partes, desde logo porque sempre impossibilitariam que a expressão inequívoca da vontade das mesmas em submeter a

[589] Cfr. artigo 2º, nº 2 da LAV. Na doutrina veja-se, Mário Esteves de Oliveira (Coordenação), *Lei da Arbitragem Voluntária..., cit.*, pp. 68 e ss., bem como Dário Moura Vicente, *in Lei da Arbitragem Voluntária Anotada, cit.*, pp. 33 e ss.

[590] V. artigo 2º, nº 3 da LAV.

[591] Cfr. Mariana França Gouveia, *Curso de Resolução Alternativa de Litígios, cit.*, p. 133.

[592] Este entendimento alargado do que se considera "forma escrita" já vinha sendo adoptado desde a anterior lei de arbitragem voluntária. Neste sentido, já na exposição de motivos da proposta de Lei nº 34/IV se afirmava que a adopção desta nova compreensão pretendia alinhar a legislação nacional com as soluções que vinham sendo acolhidas no panorama internacional, bem como por outros países. Deste modo, pretendia-se "uma solução mais adaptada aos modernos meios de comunicação, sem sacrifício da necessária segurança", cfr. p. 3199 da exposição de motivos. Todavia, alguns autores entendem que esta flexibilização acabou por conduzir a um afrouxamento do rigor que se deve exigir a uma cláusula desta natureza, "garantindo muito reduzidamente a fidedignidade, para já não falar da consciência da declaração da vontade", v. Mário Esteves de Oliveira (Coordenação), *Lei da Arbitragem Voluntária..., cit.*, p. 68.

[593] V. artigo 2º, nº 3 da LAV.

[594] Cfr. artigo 2º, nº 5 da LAV. Mariana França Gouveia, *Curso de Resolução Alternativa de Litígios, cit.*, p. 134, considera que nestes casos, quando não exista uma alegação oportuna da nulidade por falta de preenchimento da forma legalmente exigida (artigo 3º da LAV), esta nulidade pode, porém, ser sanada pela sua não invocação no prazo legalmente previsto para tal, pois, de acordo com o artigo 18º, nº 4 LAV, a mesma tem, sob pena de preclusão (entende a autora), de ser invocada até à apresentação da defesa (artigo 46º, nº 4 LAV).

resolução dos seus litígios a arbitragem fosse feita de acordo com a exigência da forma escrita do negócio jurídico[595].

A nova lei da arbitragem voluntária, mantendo a sua opção por uma certa flexibilização no entendimento de forma escrita[596], vem também permitir, à semelhança do que se prevê no artigo 7º, nº 6 da Lei-Modelo da CNUDCI, a celebração de convenções de arbitragem através de remissão ou *per relationem*[597] de um contrato "para um documento que contenha uma cláusula compromissória"[598]-[599].

Não obstante, da norma legal retira-se que esta possibilidade de incorporação por remissão[600] se encontra sujeita a alguns critérios apertados para que se possa considerar que a convenção de arbitragem se encontra celebrada: (i) por um lado, exige-se a forma escrita do contrato para o qual se remete e, se bem interpretamos, também o cumprimento dessa forma pelo contrato que opera a remissão; e (ii) a remissão tem de ser feita em termos que tornem inequívoco que aquela cláusula compromissória, para a qual se remete, passa a fazer parte e a integrar este contrato, procurando, deste modo, salvaguardar a existência de uma vontade real e esclarecida por parte dos contraentes quanto à celebração da convenção de arbitragem[601].

II – Uma outra questão que se relaciona com os requisitos de forma da convenção de arbitragem diz respeito à assinatura da mesma. Efectivamente, o artigo 2º da LAV apenas apresenta como exigência que a convenção de

595 Com amplos desenvolvimentos sobre a matéria, cfr. Dário Moura Vicente, "A manifestação do consentimento na convenção de arbitragem", *cit.*, pp. 993 e ss. Sobre a solução legal adoptada, cfr. Mário Esteves de Oliveira (Coordenação), *Lei da Arbitragem Voluntária...*, *cit.*, pp. 75 e ss.

596 Francisco Cortez refere-se a uma "liberalização da forma da convenção de arbitragem", cfr. "A arbitragem voluntária em Portugal...", *cit.*, p. 571. António Menezes Cordeiro, por seu turno, considera que esta flexibilização da forma escrita se encontra relacionada com os interesses do comércio internacional, *cfr. Tratado da Arbitragem...*, *cit.*, p. 104.

597 V. Dário Moura Vicente, "A manifestação do consentimento na convenção de arbitragem", *cit.*, pp. 999-1000.

598 V. artigo 2º, nº 4 da LAV.

599 Podem, neste contexto, existir problemas com a aplicação do Decreto-lei nº 446/85, de 25 de Outubro, relativo ao regime das cláusulas contratuais gerais. Esta matéria será analisada a propósito da exteriorização da vontade de submeter o litígio a arbitragem, remetendo-se, assim, para ponto posterior deste manual.

600 Sobre os problemas relacionados com as convenções de arbitragem por remissão, cfr. Vera Van Houtte, "Consent to Arbitration Through Agreement to Printed Contracts...", *cit.*, pp. 5 e ss., bem como Philippe Fouchard / Emmanuel Gaillard / Berthold Goldman, Fouchard Gaillard, *Goldman On International Commercial Arbitration, cit.*, pp. 272 e ss.

601 Mariana França Gouveia, *Curso de Resolução Alternativa de Litígios, cit.*, p. 133.

arbitragem tenha forma escrita, não referindo, na sua letra, a necessidade ou obrigatoriedade da mesma dever ser assinada pelas partes contratantes. Esta era uma opção já seguida pela anterior lei da arbitragem voluntária, na qual também não se exigia a assinatura da convenção como um requisito para a sua validade e eficácia[602].

Neste sentido, a assinatura das partes não consubstancia um requisito de validade da convenção de arbitragem, não sendo necessário, por um lado, que uma das partes seja signatária da convenção arbitral para que se encontre vinculada pela mesma e, por outro lado, que aquela seja assinada para que possa ser válida e eficaz[603]. A assinatura surge, portanto, como um requisito *ad probationem* do negócio jurídico e não como *ad substantiam*, pelo que a autoria da mesma pode ser provada através de outros meios de prova[604].

Este regime facilita particularmente a celebração de convenções de arbitragem através de documentos electrónicos, como por exemplo *e-mails* ou documentos produzidos em computador. Ainda assim, neste domínio é necessário operar uma distinção entre duas realidades: (i) quando os documentos electrónicos contenham uma assinatura electrónica qualificada certificada por uma entidade certificadora credenciada, o seu valor probatório é o de documento

[602] Numa perspectiva mais histórica, cfr. FRANCISCO CORTEZ, "A arbitragem voluntária em Portugal...", *cit.*, p. 571, bem como ANTÓNIO PEDRO PINTO MONTEIRO, *O Princípio da Igualdade e a Pluralidade de Partes na Arbitragem...*, *cit*, pp. 251-252. Deste modo, as legislações mais recentes quebraram com o caminho anteriormente seguido pelo ordenamento jurídico português. Com efeito, no artigo 1563º do CPC de 1939, previa-se a obrigatoriedade de o compromisso arbitral ser assinado pelas partes, estando aqui em causa um verdadeiro requisito de validade da convenção. No mesmo sentido seguiu o CPC de 1961, que no seu artigo 1511º voltou a consagrar a obrigatoriedade de o compromisso ser assinado pelas partes. No que concerne à cláusula compromissória, a questão não se colocava nos mesmos termos, possivelmente pelo facto de a mesma não ser apta a produzir os mesmos efeitos que o compromisso arbitral, ou seja, a sua natureza de mero contrato-promessa parecia ser suficiente para que não lhe fosse exigido igual formalismo.

[603] Cfr. ANTÓNIO PEDRO PINTO MONTEIRO, *O Princípio da Igualdade e a Pluralidade de Partes na Arbitragem...*, *cit.*, pp. 251-252. A propósito da assinatura não consubstanciar um requisito de validade da convenção, v. FRANCISCO CORTEZ, "A arbitragem voluntária em Portugal...", *cit.*, p. 571, DÁRIO MOURA VICENTE, "A manifestação do consentimento na convenção de arbitragem", *cit.*, p. 991, LUÍS DE LIMA PINHEIRO, "Convenção de arbitragem (aspectos internos e transnacionais)", *cit.*, p. 4 e ANTÓNIO PEDRO PINTO MONTEIRO, *O Princípio da Igualdade e a Pluralidade de Partes na Arbitragem...*, *cit.*, p. 252. Em sentido contrário, defendendo que a convenção de arbitragem deve ser assinada ou passar por um processo equivalente, ANTÓNIO MENEZES CORDEIRO, *Tratado da Arbitragem...*, *cit.*, p. 104.

[604] Cfr. LUÍS DE LIMA PINHEIRO, "Convenção de arbitragem (aspectos internos e transnacionais)", *cit.*, p. 5 e DÁRIO MOURA VICENTE (Coordenador), *Lei da Arbitragem Voluntária Anotada*, *cit.*, p. 34.

particular assinado, nos termos do artigo 376º do Código Civil[605]; (ii) nas situações em que os referidos documentos electrónicos não contenham uma assinatura com aquelas características, os mesmos têm a sua força probatória avaliada nos termos gerais de Direito[606]. Todavia, permitimo-nos recordar que a distinção opera somente no plano probatório, pois, quanto ao preenchimento do requisito de forma na expressão da vontade em recorrer à arbitragem, a validade da convenção não se encontra prejudicada por a mesma ter sido celebrada através de documentos electrónicos, mesmo que não assinados[607]-[608].

III – Quando se celebra uma convenção de arbitragem, um dos principais efeitos que resulta da mesma é a incompetência dos tribunais estaduais para apreciarem e decidirem os conflitos que estejam incluídos no âmbito daquela, na medida em que os contraentes decidiram, de forma voluntária, renunciar, pelo menos num primeiro momento, à jurisdição estadual. Este é o reverso do direito potestativo de constituição do tribunal arbitral: a competência dos tribunais arbitrais prejudica a jurisdição dos tribunais estaduais, afastando-a[609]. Neste sentido, o objecto deste contrato – o direito fundamental de acesso ao Direito e à tutela jurisdicional – aliado aos efeitos do mesmo, reclama certeza e segurança na emissão da declaração de vontade das partes. Portanto, a forma escrita apresenta-se como um meio apto a desempenhar essas funções.

Por um lado, ao revestir forma escrita, permite-se uma definição mais clara, detalhada e inequívoca sobre quais os conflitos que são abrangidos pelo compromisso arbitral ou pela cláusula compromissória. Na medida em que a convenção de arbitragem é o fundamento e o limite da competência dos árbitros, é indispensável que da mesma resulte com clareza qual o seu objecto, evitando quaisquer dúvidas quanto às questões submetidas à decisão por árbitros[610].

[605] Cfr. Decreto-Lei nº 290-D/99, de 2 de Agosto, na redacção do Decreto-Lei nº 62/2003, de 3 de Abril.

[606] Cfr. Artigo 3º, nº 5 do Decreto-Lei nº 290-D/99, de 2 de Agosto, na redacção do Decreto-Lei nº 62/2003, de 3 de Abril.

[607] Dário Moura Vicente, "A manifestação do consentimento na convenção de arbitragem", *cit.*, p. 1002 e Mariana França Gouveia, *Curso de Resolução Alternativa de Litígios*, *cit.*, p. 133.

[608] António Menezes Cordeiro destaca, a propósito dos meios electrónicos e da validade do e-mail, a necessidade de, sem prejuízo de facilitar a arbitragem, se dignificar a arbitragem, *cfr. Tratado da Arbitragem...*, *cit.*, p. 106.

[609] V. António Menezes Cordeiro, *Tratado da Arbitragem...*, *cit.*, pp. 120 e ss., Luís de Lima Pinheiro, *Arbitragem Transnacional...*, *cit.*, p.88 e Mariana França Gouveia, *Curso de Resolução Alternativa de Litígios*, *cit.*, pp. 183 e ss.

[610] Cfr. Carlos Ferreira de Almeida, "Convenção de arbitragem: conteúdo e efeitos", *cit.*, p. 91, o qual afirma, inclusivamente, não vislumbrar alternativa à exigência de forma escrita atendendo aos motivos que justificam a necessidade da mesma.

Por outro lado, alguns autores entendem que a exigência legal de forma escrita é um modo de garantir uma correcta exteriorização do consentimento das partes em recorrer à arbitragem, possibilitando-lhes uma melhor reflexão sobre a sua decisão de subtrair o seu litígio aos tribunais estaduais[611]. É por este conjunto de motivos que a exigência de forma escrita mantém a sua actualidade e importância, ainda que, em muitos casos, o contrato no qual a convenção de arbitragem se integra possa não estar sujeito a forma especial ou mesmo ter sido celebrado oralmente.

Consequente, o desrespeito pela forma escrita tem por efeito a nulidade da convenção de arbitragem, nos termos do artigo 3º da LAV e, nesse sentido, a inexistência de jurisdição do tribunal arbitral.

IV – Um último ponto introdutório que merece ainda ser referido concerne à localização material ou inserção da convenção de arbitragem. Sem prejuízo da designação de cláusula compromissória, é possível que a convenção de arbitragem surja, de facto, como uma cláusula contratual integrada num clausulado mais vasto, mas nada impede que a mesma revista a forma de um negócio jurídico autónomo[612], ou seja, um contrato materialmente autónomo[613]. O mesmo sucede com o compromisso arbitral.

Assim, as partes podem celebrar um compromisso arbitral enquanto negócio jurídico autónomo com a finalidade de resolver um litígio ou um conjunto de litígios actuais, mas também não existe qualquer impedimento a que esta celebração, embora menos comum na prática comercial, suceda por via da inclusão de uma cláusula num texto negocial mais vasto; no mesmo sentido, esta pode ser a opção quanto à cláusula compromissória.

[611] V. Dário Moura Vicente, "A manifestação do consentimento na convenção de arbitragem", *cit.*, p. 992, António Pedro Pinto Monteiro, *O Princípio da Igualdade e a Pluralidade de Partes na Arbitragem…*, *cit.*, p. 251, bem como Gabrielle Kaufman-Kohler / Antonio Rigozzi, *cit.*, pp. 108 e ss.

[612] Luís de Lima Pinheiro, "Convenção de arbitragem (aspectos internos e transnacionais)", *cit.*, p. 4.

[613] Não se confunda esta autonomia com a questão do princípio da autonomia da convenção de arbitragem, matéria que tem um tratamento autónomo neste manual. Referimo-nos, neste momento, simplesmente ao facto de a convenção de arbitragem poder ser celebrada fora de um clausulado contratual. A este propósito, cfr. António Menezes Cordeiro, *Tratado da Arbitragem…*, *cit.*, p. 95 e Carlos Ferreira de Almeida, "Convenção de arbitragem: conteúdo e efeitos", *cit.*, p. 93.

10.3.3. Conteúdo obrigatório da convenção de arbitragem

I – Nos termos da lei, o conteúdo obrigatório da convenção de arbitragem varia consoante a modalidade escolhida pelas partes aquando da celebração da mesma.

Quando esteja em causa a resolução de um litígio já existente ou actual, o tipo de convenção a celebrar é, tal como referimos anteriormente a propósito das modalidades de convenção de arbitragem, um compromisso arbitral. Neste sentido, o artigo 2º, nº 6 da LAV determina que no compromisso arbitral se deve determinar o objecto do litígio, devendo este processo ser feito da forma mais clara e inequívoca possível. Este dever de precisão prende-se precisamente com o facto de a celebração do compromisso ser, temporalmente, posterior ao litígio, permitindo, assim, a exigência de um grau de precisão e detalhe que seja apto a afastar quaisquer dúvidas sobre o objecto do contrato celebrado pelas partes[614].

Por outro lado, na situação em que está causa a celebração de uma cláusula compromissória, a mesma toma por objecto litígios futuros e eventuais, pelo que não poderia o legislador aplicar um critério idêntico ao da figura anterior. Efectivamente, não existindo ainda um litígo real e concreto, não é possível – ou sequer exigível – que no texto da cláusula contratual se determine com precisão o mesmo[615]. Por conseguinte, dispõe o artigo 2º, nº 6, segunda parte, da LAV, na cláusula compromissória devem as partes especificar "a relação jurídica a que os litígios respeitem":[616] o foco transfere-se assim do efeito para a causa, isto é, não sendo possível antever os futuros conflitos entre as partes, o que se exige é que estas últimas identifiquem o facto ou a relação jurídica[617] de que os mesmos podem derivar[618]-[619].

[614] V. Mário Esteves de Oliveira (Coordenação), *Lei da Arbitragem Voluntária..., cit.* pp. 78-79, afirmando que o que importa é que "a disputa ou controvérsia objecto do litígio fique definida" (p. 79), António Menezes Cordeiro, *Tratado da Arbitragem..., cit.*, p. 95.

[615] De uma forma sucinta, podemos afirmar que a celebração de uma cláusula compromissória é uma atitude preventiva das partes, na medida em que acordam que um conflito eventual – que ainda não é real, mas que pode, no futuro, vir a ter lugar – será submetido à jurisdição arbitral. Cfr. Francisco Cortez, "A arbitragem voluntária em Portugal...", *cit.*, p. 562.

[616] Ainda assim, tem de ser suficientemente precisa, sob pena de indeterminabilidade, *cfr.* António Menezes Cordeiro, *Tratado da Arbitragem..., cit.*, p. 95, bem como, na doutrina alemã, Trittmann, Rolf / Inka Hanefeld, "§1029", *cit.*, p. 95.

[617] João Calvão da Silva refere-se à necessidade de "especificar a relação *a quo agitur*, relação jurídica a que os eventuais litígios respeitem", cfr. "Convenção de Arbitragem – algumas notas", *cit.*, p. 536.

[618] Mesmo que o litígio ainda não se tenha materializado na ordem jurídica, o facto é que "a situação, o acto ou o contrato a que ela se reporta já gozam de individualidade material", não se

A ausência dos referidos elementos do conteúdo da convenção de arbitragem é sancionada com a nulidade da mesma[620].

II – O outro elemento essencial ou obrigatório que a convenção de arbitragem deve conter – em qualquer uma das suas modalidades – é a declaração de vontade inequívoca das partes em submeter os seus litígios à decisão por árbitros[621]. De facto, e pese embora a lei apenas se refira à necessidade de a convenção identificar as menções previstas no nº 6 do artigo 2º da LAV (relativas à identificação do litígio ou da relação jurídica a que o mesmo respeite), é inequívoco que do texto da convenção tem que constar ainda a vontade clara e inequívoca das partes submeterem os seus litígios à decisão por árbitros. Com efeito, na ausência deste elemento, a convenção de arbitragem será desprovida de conteúdo e ininteligível, na medida em que não será possível extrair da mesma qualquer sentido ou finalidade. A celebração de uma convenção deste tipo tem por finalidade subtrair um determinado litígio ou conjunto de litígios à jurisdição estadual, pelo se exige que a mesma contenha uma exteriorização inquestionável das partes nesse sentido[622].

Esta vontade das partes tem ainda de ser uma vontade actual[623], no sentido em que as mesmas têm que se pretender comprometer de forma presente e definitiva quanto à submissão dos seus conflitos – futuros ou presentes – à jurisdição do tribunal arbitral.

confundindo com quaisquer outros. Cfr. MÁRIO ESTEVES DE OLIVEIRA (Coordenação), *Lei da Arbitragem Voluntária...*, *cit.*, p. 79.

[619] Alguns autores sustentam que é precisamente da diferença resultante de no compromisso arbitral o litígio já ser real e efectivo, enquanto que na cláusula compromissória o mesmo é meramente um cenário possível, que resulta o facto de a redacção do texto de um compromisso arbitral ser mais extensa do que numa cláusula compromissória. Com efeito, ao já existir um verdadeiro litígio, é necessário adequar e modelar o conteúdo da convenção às características e circunstâncias do mesmo, ao invés de optar por uma formulação mais geral que permita englobar realidades eventuais e, por isso mesmo, desconhecidas. Cfr. NIGEL BLACKABY/ CONSTANTINE PARTASIDES/ ALAN REDFERN / MARTIN HUNTER, *Redfern and Hunter on International Arbitration*, *cit.*, p. 72

[620] Cfr. artigo 3º da LAV.

[621] V. LUÍS DE LIMA PINHEIRO, *Arbitragem Transnacional...*, *cit.*, p. 91.

[622] Já assim defendia RAÚL VENTURA quando entendia que o conteúdo essencial da convenção se definia pela locução "cometer à decisão de árbitros", na medida em que é essencial manifestar a vontade de constituir um tribunal arbitral para decisão de um litígio", cfr. "Convenção de Arbitragem", *cit.*, p. 345.

[623] Esta actualidade não se confunde com a distinção que já operámos entre os conflitos submetidos à cláusula compromissória ou ao compromisso arbitral; do que aqui se trata é da vontade presente de celebrar a convenção, por oposição a celebrar um contrato-promessa de celebração de uma convenção de arbitragem. V. RAÚL VENTURA, "Convenção de Arbitragem", *cit.*, p. 345.

No nosso entendimento, a exigência de uma declaração de vontade clara e inequívoca de submeter a resolução dos litígios à via arbitral resulta da conjugação dos artigos 1º e 2º da LAV, pelo que a sua ausência tem por efeito a consequência prevista no artigo 3º da LAV.

Por seu turno, este acordo das partes é analisado de acordo com as regras gerais aplicáveis aos negócios jurídicos, sendo esta uma decorrência da natureza jurídica – contratual – da convenção de arbitragem[624]. Todavia, pela sua importância, entendemos ser relevante abordar a relação das cláusulas contratuais gerais com a convenção de arbitragem[625].

III – A convenção de arbitragem pode, tal como já se viu anteriormente, ser celebrada através de cláusulas contratuais gerais. Neste contexto, a principal preocupação que pode resultar desta forma de celebração diz respeito a um potencial perigo do aderente (a parte tendencialmente mais débil da relação jurídica) não se aperceber da existência de uma convenção de arbitragem naquele clausulado ou, apesar de conhecer a presença da mesma, não compreender o seu real alcance[626]. Estamos, portanto, perante uma problemática relacionada com a determinação da forma mais adequada para acautelar a posição da parte aderente, nos casos em que não tem liberdade de estipulação e apenas se limita a aderir a um clausulado contratual.

O Direito português, ao contrário do que sucede em outros ordenamentos[627], não consagra regras especiais – nem na LAV, nem no Decreto-Lei 446/85, de 25 de Outubro[628] – para regular esta situação. Em consequência desta inexistência, aplicam-se às convenções de arbitragem concluídas com recurso a este mecanismo judicial as regras gerais previstas naquele diploma[629], inclusivamente as que dispõem sobre as cláusulas absoluta e rela-

[624] Mariana França Gouveia, *Curso de Resolução Alternativa de Litígios, cit.*, p. 128.

[625] Para uma abordagem mais profunda do tema, ainda que ao abrigo da anterior LAV, v. Raúl Ventura, "Convenção de arbitragem e cláusulas contratuais gerais", *cit.*, pp. 5 e ss.

[626] Cfr. Dário Moura Vicente, "A manifestação do consentimento na convenção de arbitragem", *cit.*, p. 996.

[627] V. Dário Moura Vicente, "A manifestação do consentimento na convenção de arbitragem", *cit.*, pp. 996 e ss. Sobre a relação das cláusulas contratuais gerais com a liberdade contratual, v., por todos, Carlos Alberto Da Mota Pinto, *Teoria Geral do Direito Civil, cit.*, pp. 107 e ss.

[628] Que institui o Regime Jurídico das Cláusulas Contratuais Gerais.

[629] Seguindo esta orientação encontramos o acórdão do Supremo Tribunal de Justiça, de 09/07/2015, processo nº 36/14.4YRLSB.S1, relator Salazar Casanova, quando afirma, a propósito de uma convenção de arbitragem que consubstanciava uma cláusula contratual geral, que "[a]s cláusulas inseridas em contratos individualizados, incluída a cláusula compromissória, estão sujeitas ao regime das cláusulas contratuais gerais que consta do Decreto-Lei nº 446/85, de 25

tivamente proibidas. A única excepção a registar é, claro está, a aplicação do artigo 2º da LAV: a convenção de arbitragem continuará a ter que preencher o requisito da forma escrita.

Existem, no entanto, duas normas constantes do diploma que regula as cláusulas contratuais gerais que requerem uma abordagem um pouco mais concretizada.

Por um lado, importa mencionar o artigo 19º, al. g), de acordo com o qual são relativamente proibidas, segundo o quadro negocial padronizado, as cláusulas que "estabeleçam um foro competente que envolva graves inconveniente para uma das partes, sem que os interesses da outra o justifiquem". A questão central que decorre desta norma prende-se com a sua interpretação, designadamente em saber se no conceito "foro competente" se pode incluir a jurisdição arbitral ou, se pelo contrário, no espírito da norma apenas se subsumem os tribunais judiciais. Parece-nos, seguindo a posição já sustentada na doutrina[630], que o conceito legalmente utilizado também comporta os tribunais arbitrais, não se vislumbrando qualquer razão que leve a excluir a arbitragem da interpretação deste artigo. Quando exista uma convenção de arbitragem válida e eficaz, os tribunais arbitrais são, inequivocamente, o foro competente para a apreciar e decidir a questão. Sustentamos, por esta razão, que esta é a interpretação correcta do preceito legal[631-632].

de outubro cujo conteúdo previamente elaborado o destinatário não pode influenciar". Ainda na referida decisão considerou-se não existir nenhum dever de informação especialmente exigente no que concerne a uma cláusula desta natureza, tendo-se entendido que "[o] dever de informação incidente sobre cláusulas contratuais gerais incluídas em contratos singulares, designadamente o dever de informação a que alude o artigo 6º do Decreto-Lei nº 446/85, de 25 de outubro, não coincide com o dever de interpretação".

630 Neste sentido, Raúl Ventura, "Convenção de arbitragem e cláusulas contratuais gerais", *cit.*, pp. 44 e ss. e Luís de Lima Pinheiro, *Arbitragem Transnacional...*, *cit.*, p. 92.

631 Raúl Ventura considerava que a letra da lei permitia esta interpretação pelo facto de a expressão utilizada ser ampla o suficiente para comportar as duas realidades, ou seja, a jurisdição estadual e a arbitral. Todavia, admitindo que talvez não fosse possível esse entendimento, defendia que seria possível alcançar exactamente o mesmo resultado através de uma aplicação analógica da norma, uma vez que o elenco previsto no artigo 19º não tem uma natureza taxativa. V. "Convenção de arbitragem e cláusulas contratuais gerais", *cit.*, p. 44.

Sem prejuízo do mérito dos argumentos apresentados pelos referidos autores, e não atendendo necessariamente a casos que se encontrem abrangidos pelo âmbito do diploma que regula as cláusulas contratuais gerais, não podemos ignorar que, face a alguns modelos de arbitragem que existem hoje no ordenamento português, não é tão inviável identificar casos em que esta substituição da jurisdição comum pela via arbitral se apresente como causadora de graves inconvenientes para as partes. Pensemos, designadamente, nos casos em que há lugar a custas processuais substancialmente mais elevadas ou, por outro lado, quando as garantias processuais

O outro preceito normativo do Decreto-Lei nº 446/85 que merece ser analisado, na medida da sua relação com a celebração de convenções de arbitragem, é o artigo 21º, al. h), de acordo com o qual são absolutamente proibidas as cláusulas contratuais gerais que "[e]xcluam ou limitem de antemão a possibilidade de requerer tutela judicial para situações litigiosas que surjam entre os contratantes ou prevejam modalidades de arbitragem que não assegurem as garantias de procedimento estabelecidas na lei".

Conforme já vem sendo assinalado pela doutrina, esta norma visa, essencialmente, as convenções de arbitragem apresentadas como cláusulas contratuais no âmbito das relações com os consumidores finais[633]. Ainda assim, entende a doutrina, posição com a qual concordamos, que não se retira do conteúdo do preceito legal uma proibição genérica[634] da existência de arbitragem no domínio do Direito do Consumo. Pelo contrário, o que de aqui se retira é somente a exigência de que tais cláusulas, quando existam, consagram uma competência concorrente[635] e não exclusiva dos tribunais arbitrais com

nos termos do processo arbitral se apresentem mais débeis do que as decorrentes do processo judicial. É o exemplo da arbitragem necessária, mas também voluntária, que decorre no Tribunal Arbitral do Desporto; cfr. ARTUR FLAMÍNIO DA SILVA, *A Resolução de Conflitos Desportivos..., cit.*, pp. 472 e ss. As problemáticas relacionadas com as custas serão objecto de abordagem específica em ponto posterior deste manual.

632 Não obstante, entende LUÍS DE LIMA PINHEIRO que, da escolha pela opção arbitral em detrimento da via judicial, apenas excepcionalmente podem resultar "graves inconvenientes" para uma das partes, cfr. *Arbitragem Transnacional..., cit.*, p. 92. Sobre o conceito de graves inconvenientes, cfr. ANA PRATA, *Contratos de Adesão e Cláusulas Contratuais Gerais, cit.*, p. 451.
RAÚL VENTURA, por sua vez, considera que se os benefícios que, em teoria, se atribuem à arbitragem enquanto meio de resolução de litígios tiverem uma correspondência na prática, dificilmente a substituição da via judicial pela arbitral comportará desvantagens para qualquer uma das partes, trazendo, pelo contrário, vantagens. V. "Convenção de arbitragem e cláusulas contratuais gerais", *cit.*, p. 45. Para uma ilustração clara das desvantagens ou riscos que podem resultar para o aderente da substituição da jurisdição comum pela jurisdição arbitral, v. ANA PRATA, *Contratos de Adesão e Cláusulas Contratuais Gerais, cit.*, p. 453.

633 LUÍS DE LIMA PINHEIRO, *Arbitragem Transnacional..., cit.*, p. 91, DÁRIO MOURA VICENTE, "A manifestação do consentimento na convenção de arbitragem", *cit.*, p. 998 e MARIANA FRANÇA GOUVEIA, *Curso de Resolução Alternativa de Litígios, cit.*, pp. 128.

634 Cfr. DÁRIO MOURA VICENTE, "A manifestação do consentimento na convenção de arbitragem", *cit.*, p. 998.

635 Cfr. DÁRIO MOURA VICENTE, "A manifestação do consentimento na convenção de arbitragem", *cit.*, p. 998. Com o mesmo entendimento, MARIANA FRANÇA GOUVEIA, *Curso de Resolução Alternativa de Litígios, cit.*, pp. 128. Na mesma obra, a autora considera, no entanto, que o desenho desta solução legislativa demonstra alguma desconfiança quanto à arbitragem, uma vez que as garantias oferecidas pela LAV parecem – atendendo a esta regra da competência concorrente – não ser suficientes para o legislador. Cfr. p. 129.

a jurisdição comum, assistindo ao demandante – o consumidor – o direito de escolher a via a que pretende recorrer.

Neste sentido, sempre que exista uma convenção de arbitragem celebrada com consumidores através de cláusulas contratuais gerais, a mesma não se apresenta como obrigatória para o consumidor, cabendo-lhe a escolha sobre a jurisdição a que pretende submeter a resolução do seu litígo[636]. Esta é a única solução que permite, numa matéria tão sensível como é a da renúncia à jurisdição dos tribunais judiciais, proteger a parte tendencialmente mais débil que não participa na elaboração dos clausulados contratuais[637].

10.3.4. Conteúdo facultativo ou eventual da convenção de arbitragem

I – O conteúdo facultativo da convenção de arbitragem é aquele cuja inexistência não terá por consequência a nulidade da mesma. Todavia, o facto de não dar lugar àquele vício não significa que não deva ser objecto de igual cuidado pelos contraentes.

É um facto relativamente incontestado que não existem formulações obrigatórias ou imperativas para a redacção e construção de uma convenção de arbitragem, mas é necessário ter uma particular atenção à configuração das mesmas, sob pena de se frustrar o seu objectivo principal[638]: o recurso ao meio de resolução de litígios que entenderam como mais conveniente para os seus litígios.

A elaboração de uma convenção de arbitragem deve ser cuidadosa e atender ao conteúdo imperativamente exigido por lei, é certo, mas também aos aspectos e detalhes que, apesar de facultativos, também se revelam essenciais

[636] Esta veio a ser a orientação tomada na Lei nº 144/2015, de 8 de Setembro, a qual procedeu à transposição da Diretiva RAL. Com efeito, no artigo 13º da referida lei determina-se precisamente que as cláusulas relativas à resolução de litígios (compreendendo-se aqui a mediação e a arbitragem), celebradas entre consumidores e fornecedores de bens ou prestadores de serviços antes do surgimento do litígio, não podem privar aqueles de recorrer aos tribunais judiciais para resolverem os seus litígios. Neste sentido, quer revistam a forma de cláusula contratual geral ou não, aquelas cláusulas não se apresentam vinculativas para o consumidor, o qual mantém sempre o poder de escolha. O mesmo já não sucede quanto ao profissional, o qual ficará sempre vinculado às mesmas, ao mesmo tempo que se encontra numa posição de sujeição quanto à decisão do consumidor.

[637] Ana Prata entende que a formulação da norma se apresenta como duvidosa, não permitindo retirar com clareza o seu conteúdo. Por conseguinte, sustenta que a melhor opção legislativa teria passado pela proibição genérica de celebração de convenções de arbitragem através de contratos de adesão ou, pelo menos, pela proibição dessa celebração quando o aderente seja um consumidor ou equiparado a este. V., *Contratos de Adesão e Cláusulas Contratuais Gerais, cit.*, p. 519.

[638] Julian D. M. Lew / Loukas A. Mistelis / et alli., "*Comparative International Commercial Arbitration, cit.*, p. 165.

para que a mesma possa ser operacional, sem, todavia, descurar as características específicas de cada caso. Uma convenção mal redigida, com imprecisões, ambiguidades[639] ou mesmo com escolhas demasiado específicas pode ter por efeito a própria falta de jurisdição do tribunal arbitral, frustrando qualquer possibilidade de recurso à arbitragem[640].

Com vista a ultrapassar tendenciais dificuldades na elaboração e redacção de convenções de arbitragem, muitos centros de arbitragem institucionalizada colocam modelos de convenção de arbitragem[641] à disposição do público em geral, os quais podem ser simplesmente adoptados ou modificados pelos interessados. Estas cláusulas tipo podem ser encontradas em quase todas as grandes instituições arbitrais – contando com vários modelos – e são uma forma de evitar a celebração de convenções patológicas[642], na medida em que resultam da larga experiência dos centros e asseguram que, pelo menos os elementos essenciais à constituição e funcionamento do tribunal arbitral, ali estão previstos.

As dificuldades em elaborar uma convenção arbitral podem ser mais ou menos intensas consoante a escolha do tipo de arbitragem pelas partes. Quando a opção dos contraentes passa por recorrer a mecanismos institucionalizados, o cenário mais comum é que exista não só um serviço administrativo do próprio centro que preste apoio, mas também um regulamento processual do centro, para o qual as partes podem remeter através da convenção ou ainda incorporar o mesmo na convenção[643]. Por conseguinte, aquando da celebra-

[639] Cfr. Nigel Blackaby/ Constantine Partasides / Alan Redfern / Martin Hunter, *Redfern and Hunter on International Arbitration, cit.*, pp. 135 e ss.

[640] V. Julian D. M. Lew / Loukas A. Mistelis / et alli., "*Comparative International Commercial Arbitration, cit.*, pp. 165 e ss.

[641] Estas propostas de cláusulas resultam de anos de experiência e ponderação, contando com formulações testadas e comuns no panorama arbitral. Cfr. Margaret L. Moses, *The Principles and Practice of International Commercial Arbitration, cit.*, p. 40.

[642] No panorama nacional, o Centro de Arbitragem Comercial sugere para a modalidade de arbitragem normal (por oposição à arbitragem rápida) a seguinte cláusula:
"1. Todos os litígios emergentes deste contrato ou com ele relacionados serão definitivamente resolvidos por arbitragem de acordo com o Regulamento de Arbitragem do Centro de Arbitragem da Câmara de Comércio e Indústria Portuguesa (Centro de Arbitragem Comercial), por um ou mais árbitro(s) nomeado(s) nos termos do Regulamento. 2. A arbitragem terá lugar em [cidade e/ ou país]. 3. A língua da arbitragem será [...]."
A Câmara de Comércio Internacional, por sua vez, sugere o seguinte modelo de cláusula:
"Todos os litígios oriundos do presente contrato ou com ele relacionados serão definitivamente resolvidos de acordo com o Regulamento de Arbitragem da Câmara de Comércio Internacional, por um ou mais árbitros nomeados nos termos desse Regulamento".

[643] Adoptando, para tal e a título de exemplo, uma formulação que estipule que os litígios abrangidos pela referida convenção arbitral serão definitivamente resolvidos por arbitragem

ção de um contrato desta natureza, a primeira escolha das partes passa por decidir se pretendem desenvolver uma arbitragem institucionalizada ou uma arbitragem *ad hoc*[644]. Debrucemo-nos um pouco sobre cada uma das hipóteses.

II – Quando as partes decidam recorrer à arbitragem institucionalizada, em princípio, e caso assim entendam por conveniente, podem aderir ao regulamento do centro de arbitragem junto do qual pretendem desenvolver o processo, não ficando, deste modo, com o ónus de prever e regular detalhadamente todos os aspectos processuais e/ou substantivos relacionados com o processo. Podem, por outro lado, escolher o árbitro (ou árbitros) de entre a lista organizada e mantida pelo centro, o que lhes possibilita não ter de fazer essa escolha de forma antecipada, por vezes muito antes do surgimento do litígio. Deste modo, existe um maior grau de segurança quando a escolha passa pela institucionalização da arbitragem[645].

O facto de as partes optarem por este tipo de arbitragem, e mesmo que recorram aos modelos de cláusulas sugeridas pelos centros, não as liberta, no entanto, de terem de fazer escolhas – algumas delas de importância significativa – quanto à sua convenção de arbitragem. Em muitas cláusulas, como as que se apresentam em rodapé, cabe às partes decidir o número de árbitros que compõem o tribunal arbitral, a sede da arbitragem e a língua da arbitragem. Pese embora não esteja aqui incluído, será igualmente importante determinar o direito aplicável ao processo, mas também à apreciação da própria convenção de arbitragem ou, ainda, a existência de um recurso de mérito da própria sentença.

III – Quando a opção das partes seja a arbitragem *ad hoc*, podem colocar-se dois cenários distintos.

Numa primeira hipótese, e sem prejuízo de não pretenderem desenvolver o seu processo arbitral de forma institucionalizada, as partes podem, ainda

de acordo com o Regulamento do referido centro. Neste sentido, Gary B. Born, *International Commercial Arbitration*, Vol. I, *cit.*, p. 1388.

644 Cfr. Julian D. M. Lew / Loukas A. Mistelis / et alli., *Comparative International Commercial Arbitration, cit.*, p. 167 e Nigel Blackaby / Constantine Partasides / Alan Redfern / Martin Hunter, *Redfern and Hunter on International Arbitration, cit.*, p. 98, considerando estes últimos autores que, pese embora seja uma necessidade prática escolher o modelo de arbitragem que se pretende logo aquando da celebração da convenção, este não é, de todo, o momento mais indicado para operar tal escolha. Consideram, assim, que essa escolha só poderia ser totalmente consciente quanto as partes já conhecessem o litígio que as opõe e as características do mesmo.

645 Remete-se neste ponto para a análise das vantagens e desvantagens da arbitragem, que já se fez em momento prévio deste manual.

assim, utilizar um modelo de convenção arbitral sugerido por um centro de arbitragem e, inclusivamente, incorporar o regulamento do centro na cláusula arbitral[646]. Deste modo, a arbitragem corre termos fora do centro, mas os árbitros e as partes regem-se pelas regras contidas naquele regulamento[647]. Sendo uma matéria dentro da autonomia privada das mesmas, contanto que não colida com normas imperativas, as partes têm a liberdade de modelar o seu negócio jurídico como entenderem. Tal como resulta do exposto, o regulamento de um centro arbitral apenas terá aplicação numa arbitragem *ad hoc* se isso for expressamente determinado no texto da convenção.

Por outro lado, pode acontecer que as partes decidam construir a sua convenção de arbitragem *ex novo*, não utilizando quaisquer das cláusulas modelo propostas e construindo o seu próprio regulamento arbitral. A possibilidade de erro ou de convenções patológicas é, nesta combinação de factores, extremamente elevada, devendo os contraentes procurar o auxílio de advogados especialistas na matéria. Todavia, se esta for a opção das partes, é desejável que a convenção arbitral contemple um conjunto mínimo de matérias[648], pois, caso contrário, são aplicáveis as regras supletivas contidas na lei que regule a arbitragem voluntária[649], as quais podem não corresponder aos melhores interesses das partes.

IV – Importa, portanto, perceber quais os elementos que, embora acessórios ou adicionais em relação àqueles que são legalmente exigidos para a validade da convenção de arbitragem, se apresentam como úteis, devendo ser objecto de ponderação cuidada pelas partes[650].

A generalidade da doutrina considera, com pequenas divergências, que os padrões mínimos, em termos de conteúdo, que uma convenção de arbitragem deve conter são: (i) a indicação do número de árbitros, (ii) a escolha das regras aplicáveis ao processo arbitral, (iii) a determinação do local e da

[646] Cfr. Gabrielle Kaufman-Kohler / Antonio Rigozzi, *International Arbitration: Law and Practice in Switzerland, cit.*, p. 24.

[647] Mariana França Gouveia, *Curso de Resolução Alternativa de Litígios, cit.*, p. 151.

[648] V. Margaret L. Moses, *The Principles and Practice of International Commercial Arbitration, cit.*, p. 40.

[649] A qual dependerá da sede da arbitragem.

[650] Bernhard Berger / Franz Kellerhals, *International and Domestic Arbitration in Switzerland, cit.*, p. 266, a propósito da sede da arbitragem, refere-se a elementos que, pese embora não constem entre os *essentialia negotii* e por isso não consubstanciem uma condição de validade para a convenção de arbitragem, têm uma importância fundamental, devendo constar do texto da convenção.

sede da arbitragem, (iv) a língua do processo arbitral[651]. Um outro aspecto que nos parece essencial é a escolha sobre se da decisão cabe recurso ou não, pois em alguns ordenamentos, como é o caso do português, a regra é que apenas haverá recurso se as partes expressamente o tiverem previsto na convenção arbitral[652]. Vejamos brevemente o porquê da essencialidade da introdução destes elementos.

Quanto à escolha dos árbitros, caso as partes não determinem se o tribunal é composto por árbitro único ou por um colégio arbitral, e nesta hipótese quantos árbitros o integram, terão aplicação as regras supletivas constantes da lei que regule a arbitragem[653]. O mesmo vale quanto à escolha das regras aplicáveis ao processo: se não determinarem a adesão a um regulamento de um centro de arbitragem, mas também não elaborarem um regulamento processual próprio, são, naturalmente, aplicáveis as normas legais supletivas[654], as quais podem não corresponder aos melhores interesses das partes.

[651] Cfr., entre outros, Gabrielle Kaufman-Kohler / Antonio Rigozzi, *International Arbitration: Law and Practice in Switzerland, cit.*, pp. 95 e ss., Julian D. M. Lew / Loukas A. Mistelis / et alli., *Comparative International Commercial Arbitration, cit.*, pp. 170 e ss., Nigel Blackaby/ Constantine Partasides / Alan Redfern / Martin Hunter, *Redfern and Hunter on International Arbitration, cit.*, pp. 96 e ss., Mariana França Gouveia, *Curso de Resolução Alternativa de Litígios, cit.*, p. 150, António Menezes Cordeiro, *Tratado da Arbitragem..., cit.*, p. 105, Mauro Rubino-Sammartano, *International Arbitration – Law and Practice*, 2ª Ed., *cit.*, pp. 217 e ss.

[652] V. artigo 39º, nº 4 da LAV. Esta matéria será retomada no capítulo dedicado à sentença arbitral e respectivas vias de reacção.

[653] No caso de a LAV ser a lei aplicável, o artigo 8º. nº 2 determina que o tribunal é composto por três árbitros. Todavia, poderão em alguns ordenamentos existir regras distintas, motivo pelo qual é mais prudente adoptar uma conduta preventiva. Cfr. Mário Esteves de Oliveira (Coordenação), *Lei da Arbitragem Voluntária..., cit.*, pp. 114 e ss. e José Miguel Júdice, *in* Dário Moura Vicente (Coordenador), *Lei da Arbitragem Voluntária Anotada, cit.*, p. 42.
As partes podem, além do número, indicar quais as características que os árbitros devem ter com vista a ser nomeados como árbitros – por exemplo, a nível de qualificações académicas, experiência profissional, capacidades linguísticas, entre outros aspectos. Contudo, esta especificação não deverá ser excessivamente detalhada, sob pena de ser impossível constituir o colégio arbitral por não existirem árbitros que reúnam todos os requisitos que as partes consagraram na sua convenção. Um aspecto particularmente problemático prende-se com a identificação de um ou mais indivíduos específicos para actuar como árbitros, sobretudo em cláusulas compromissórias que respeitam a litígios que podem surgir muitos anos depois da celebração da mesma. Na altura do surgimento do litígio pode verificar-se que a pessoa escolhida já faleceu ou tem um conflito de interesses com uma das partes ou com o objecto do litígio, gerando uma dificuldade adicional à constituição do tribunal arbitral.

[654] Julian D. M. Lew / Loukas A. Mistelis / et alli., *Comparative International Commercial Arbitration, cit.*, pp. 174 e ss.

A determinação da sede da arbitragem é, embora não sendo de menção obrigatória, um aspecto que deve ser objecto de acordo entre as partes e, nessa medida, constar do texto da convenção arbitral, desde logo pela importância que pode revestir ao longo do processo[655].

Com efeito, a determinação da sede tem uma finalidade essencial: localizar territorialmente os procedimentos arbitrais. Da ausência da determinação da sede da arbitragem e, caso não coincidam, do local físico onde terá lugar o processo (a audição de testemunhas, as audiências, entre outros actos)[656], podem resultar debilidades em vários quadrantes. Neste contexto, a sede pode ter uma influência directa na determinação da lei aplicável ao processo arbitral: no caso português, em particular, determina o artigo 61º da LAV que às arbitragens realizadas em Portugal, bem como ao reconhecimento e à execução em Portugal de sentenças proferidas em arbitragens localizadas no estrangeiro, se aplica a LAV. Existe, assim, no ordenamento jurídico nacional a consagração de um princípio da territorialidade, o que impede a existência ou admissibilidade de arbitragens que se encontrem "subtraídas a [um] qualquer sistema jurídico"[657].

Ora, ao não determinar a sede da arbitragem, as partes estão a colocar o destino do seu processo nas mãos de um ordenamento que pode conter disposições legais que as mesmas não conhecem ou que não se coadunam com os objectivos que as levaram a celebrar a convenção arbitral[658].

Por outro lado, é também a sede da arbitragem que determina os tribunais estaduais competentes para decidir e apreciar os litígios resultantes dessa arbitragem (os relativos à decisão interlocutória do tribunal arbitral sobre a sua própria competência[659], bem como para desempenhar as funções de

655 Luís de Lima Pinheiro, *Arbitragem Transnacional..., cit.*, pp. 142 e ss., António Menezes Cordeiro, *Tratado da Arbitragem..., cit.*, p. 310.

656 Luís de Lima Pinheiro, *Op. cit.*, pp. 142 e ss., António Menezes Cordeiro, *Op. cit.*, pp. 310 e ss.

657 A expressão encontra-se em Dário Moura Vicente (Coordenador), *Lei da Arbitragem Voluntária Anotada, cit.*, p. 61.

658 Para uma apreciação da importância da determinação da sede da arbitragem, cfr. Luís de Lima Pinheiro, "Convenção de arbitragem (aspectos internos e transnacionais)", *cit.*, pp. 18 e ss., Julian D. M. Lew / Loukas A. Mistelis / et alli., *Comparative International Commercial Arbitration, cit.*, pp. 172 e ss., Gabrielle Kaufman-Kohler / Antonio Rigozzi, *International Arbitration: Law and Practice in Switzerland, cit.*, p. 96 e Gary B. Born, *International Commercial Arbitration*, Vol. I, *cit.*, p. 1536, Mariana França Gouveia, *Curso de Resolução Alternativa de Litígios, cit.*, p. 151 e Philippe Fouchard / Emmanuel Gaillard / Berthold Goldman, *Fouchard Gaillard Goldman On International Commercial Arbitration*, pp. 225 e ss.

659 Mariana França Gouveia, *Curso de Resolução Alternativa de Litígios, cit.*, p. 151 e Bernhard Berger / Franz Kellerhals, *International and Domestic Arbitration in Switzerland, cit.*, p. 267.

apoio, tais como a nomeação dos árbitros ou o decretamento de providências cautelares, bem como para apreciar a acção de impugnação da sentença arbitral)[660]. A título de exemplo, quando Portugal seja a sede da arbitragem, a acção de impugnação da sentença arbitral é um direito irrenunciável das partes (artigo 46º, nº 5 da LAV) e apenas haverá lugar a recurso da decisão arbitral quando as partes tenham previsto expressamente essa possibilidade na convenção de arbitragem (artigo 39º, nº 4 da LAV).

Um último domínio em que a sede da arbitragem se apresenta como determinante está relacionado com o reconhecimento e execução de uma sentença arbitral no âmbito da arbitragem internacional. Com efeito, se o país em que decorre a arbitragem não for um Estado-signatário da Convenção de Iorque, não haverá possibilidade de um reconhecimento e execução da sentença arbitral proferida[661].

Finalmente, as partes devem escolher a língua em que decorrerá o processo[662]-[663]. Pese embora este pareça um elemento com pouca importância, o facto é que tal percepção é enganadora. Com efeito, a língua do processo tem grande importância[664]. Por um lado, são de destacar, desde logo, os efeitos directos na escolha dos árbitros, mas também dos mandatários das partes, uma vez que é aconselhável que os mesmos dominem o idioma em que o processo se desenvolve[665]. Por outro lado, desta opção podem resultar também custos

660 V. artigo 59º da LAV.

661 V., entre outros, Bernhard Berger / Franz Kellerhals, *International and Domestic Arbitration in Switzerland, cit.*, p. 267, Mariana França Gouveia, *Curso de Resolução Alternativa de Litígios, cit.*, p. 151.

662 Nos termos do artigo 32º, nº 1 da LAV, a escolha da língua do processo assiste às partes, podendo as mesmas decidir qual o idioma (ou idiomas) em que pretendem que a arbitragem se desenrole. Caso as mesmas não façam essa opção, a decisão será tomada pelo tribunal arbitral, o qual tomará em consideração "as circunstâncias do caso, incluindo a conveniência das partes". Esta é opção seguida pela generalidade dos ordenamentos jurídicos, cfr. Nigel Blackaby / Constantine Partasides / Alan Redfern / Martin Hunter, *Redfern and Hunter on International Arbitration, cit.*, p. 310.

663 Por língua do processo entendemos aquela utilizada pelas partes na sua comunicação entre si e com o tribunal, bem como a utilizada para as submissões orais, escritas e na sentença. No mesmo sentido, cfr. Maxi Scherer / Lisa Richman / et al., "Chapter 13 Language of Arbitration", *cit.*, p. 194.

664 A título de exemplo, v. James Menz, "Article 33 [Language of Arbitration]", *cit.*, p. 1867, Peter Binder, *International Commercial Arbitration and Mediation in UNCITRAL Model Law Jurisdictions, cit.*, pp. 357 e ss.

665 Atendendo à importância deste elemento, Bernhard Berger / Franz Kellerhals, *International and Domestic Arbitration in Switzerland, cit.* p. 407, sustenta que a opção por uma determinada língua deve ser feita logo na redacção da convenção de arbitragem, uma vez que

monetários, uma vez que, atendendo à língua, pode revelar-se indispensável os serviços de tradutores (caso exista a necessidade de traduzir documentos) ou mesmo de intérpretes, por exemplo aquando da audição de testemunhas[666].

10.4. Autonomia da convenção de arbitragem[667]

I – Nas situações em que a convenção de arbitragem surge materialmente integrada num clausulado contratualmente mais vasto, ou seja, nos casos em que consubstancia uma cláusula do contrato, emerge a questão de saber qual a relação da convenção com o próprio contrato. Discute-se, neste caso, a existência da autonomia[668] da convenção de arbitragem.

Neste contexto, o que se pretende determinar é, por um lado, se os vícios do contrato no qual se insere a cláusula são susceptíveis de afectar a validade da mesma ou, noutra formulação, se a validade e eficácia da convenção de arbitragem se encontra na dependência da validade e eficácia do contrato principal[669] e, por outro lado, caso a resposta à primeira questão seja afirmativa, qual a medida dessa comunicabilidade.

terá um impacto directo na escolha dos árbitros. Ora, se, pelo contrário, a mesma for deixada para o momento do início da arbitragem, pode ter por consequência um atraso significativo na composição do tribunal arbitral.

[666] Cfr. Maxi Scherer / Lisa Richman / et al., "Chapter 13 Language of Arbitration", *cit.*, pp. 194 e ss. Estes autores consideram, aliás, que a opção por uma determinada língua para o processo arbitral consubstancia "uma escolha *de facto* quanto ao contexto cultural dos árbitros", v. p. 195.

[667] Uma explicação prévia é devida quanto à noção de "autonomia" que se aborda neste ponto. No plano da arbitragem internacional, o conceito de "autonomia" pode compreender duas realidades distintas. Num sentido, pode referir-se à autonomia ou separabilidade da convenção de arbitragem em relação ao contrato principal no qual se encontra inserida. Por outro lado, pode significar uma realidade totalmente distinta e que tem que ver com a lei que regula a validade e existência de uma convenção de arbitragem, designadamente quanto à possibilidade de estes dois aspectos serem autónomos de um qualquer ordenamento estadual. Para efeitos da nossa análise, apenas tomaremos em consideração o primeiro dos sentidos apresentados.
Sobre a distinção das duas figuras, cfr. Philippe Fouchard / Emmanuel Gaillard / Berthold Goldman, *Fouchard Gaillard Goldman On International Commercial Arbitration, cit.*, p. 197.

[668] Na doutrina internacional este fenómeno designa-se por "autonomy of the arbitration agreement", mas também por "separability" ou "severability", cfr. Gabrielle Kaufman-Kohler / Antonio Rigozzi, *International Arbitration: Law and Practice in Switzerland, cit.*, p. 90, Bernhard Berger / Franz Kellerhals, *International and Domestic Arbitration in Switzerland, cit.*, pp. 241 e ss., Christophe Seraglini / Jérôme Ortscheid, *Droit de l'arbitrage interne et International, cit.*, p.p. 84 e ss.

[669] V. Luís de Lima Pinheiro, "Convenção de arbitragem (aspectos internos e transnacionais)", *cit.*, p. 15, Mariana França Gouveia, *Curso de Resolução Alternativa de Litígios, cit.*, pp. 184 e ss.

A importância da questão é facilmente compreensível se atendermos aos seus efeitos práticos. Se os vícios do contrato, no qual se insere, forem transmissíveis à cláusula compromissória, para que as partes se eximam à jurisdição arbitral basta que invoquem a invalidade daquele contrato, na medida em que, nesse caso, também a convenção de arbitragem será inválida e, portanto, a competência do tribunal arbitral inexistente[670].

Desta feita, facilmente se criaria um paradoxo sem possibilidade de conclusão: sendo o contrato principal nulo, também a convenção padeceria do mesmo vício e, logo, a jurisdição dos árbitros seria inexistente, pelo que nem poderiam apreciar a existência da convenção que serve de base à sua competência[671]. Consequentemente, caberia sempre ao tribunal estadual apreciar a questão, o que levaria a um resultado completamente distinto daquele que as partes pretendiam com a celebração da convenção arbitral.

Caso não exista uma comunicabilidade entre ambos os contratos, a conclusão será completamente diversa, pelo que, em tal situação, a convenção de arbitragem poderá ser válida ainda que o contrato principal padeça de algum vício ou invalidade.

Numa orientação claramente protectora da jurisdição arbitral[672], a maioria dos ordenamentos[673] veio a consagrar[674] expressamente nas suas legislações nacionais um dos pilares fundamentais da arbitragem internacional[675]: a autonomia da convenção de arbitragem em relação ao contrato em que se encontra inserida. A adopção desta regra significa que, ainda quando seja parte de um contrato (uma cláusula inserida no mesmo), a convenção de arbitragem é

[670] Cfr. Luís de Lima Pinheiro, "Convenção de arbitragem (aspectos internos e transnacionais)", *cit.*, pp. 15-16, Pierre Mayer, "The Limits of Severability of the Arbitration Clause", *cit.*, p. 263, Philippe Leboulanger, "The Arbitration Agreement: Still Autonomous?" *cit.*, p. 4.

[671] António Menezes Cordeiro fala, a este propósito, em "circulus inextricabilis". Cfr., *Tratado da Arbitragem...*, *cit.*, p. 205.

[672] V. Gabrielle Kaufman-Kohler / Antonio Rigozzi, *International Arbitration: Law and Practice in Switzerland*, *cit.*, p. 90.

[673] V. Nigel Blackaby / Constantine Partasides / Alan Redfern / Martin Hunter, *Redfern and Hunter on International Arbitration*, *cit.*, p. 106, bem como Guy Keutgen / Georges-Albert Dal, *L'arbitrage en droit belge et international*, *cit.*, p. 233. É inegável o impacto uniformizador que a Lei-Modelo da CNUDCI teve nesta matéria, contribuindo para que muitos ordenamentos tenham paulatinamente incorporado nas suas leis uma regra que estabelece a autonomia da convenção de arbitragem, princípio desde há muito defendido no seio da comunidade arbitral internacional.

[674] Para uma evolução do princípio da autonomia da convenção de arbitragem, v. Philippe Leboulanger, "The Arbitration Agreement: Still Autonomous?", *cit.*, pp. 5 e ss.

[675] A qualificação é de Gary B. Born, *International Commercial Arbitration*, Vol. I, *cit.*, p. 350.

considerada um negócio jurídico autónomo[676], pelo que a sua validade e existência consubstanciam esferas distintas da validade e existência do contrato principal[677]. Consequentemente, a convenção de arbitragem é "um contrato dentro de um contrato"[678].

Tal como referimos anteriormente, a não consagração desta regra permitiria que uma das partes se desvinculasse facilmente de uma convenção arbitral, bastando para tal a alegação de que o contrato principal era nulo ou inválido e que, desse modo, também a cláusula arbitral seria nula ou inválida, o que levaria à inexistência de competência por parte do tribunal arbitral. Pelo contrário, a adopção desta solução permite que seja o próprio tribunal arbitral a apreciar a validade da convenção de arbitragem ainda que esteja em discussão a validade e eficácia do contrato principal e mesmo a validade deste último contrato[679]. Esta capacidade que os árbitros têm, para apreciar a existência da cláusula arbitral na qual se funda a sua competência, designa-se princípio competência-competência[680].

II – A lei da arbitragem voluntária portuguesa não foi excepção em relação às suas congéneres internacionais, tendo consagrado a regra da autonomia da convenção de arbitragem no seu artigo 18º, nº 2[681], mas com reflexos tam-

[676] V. Guy Keutgen e Georges-Albert Dal, *L'arbitrage en droit belge et international*, *cit.*, p. 231 e Luís de Lima Pinheiro, "Convenção de arbitragem (aspectos internos e transnacionais)", *cit.*, p. 16.

[677] V. Nigel Blackaby / Constantine Partasides / Alan Redfern / Martin Hunter, *Redfern and Hunter on International Arbitration*, *cit.*, p. 104, Gabrielle Kaufman-Kohler / Antonio Rigozzi, *International Arbitration: Law and Practice in Switzerland*, *cit.*, p. 91, Andrew Rogers QC / Rachel Launders, "Separability – The Indestructible Arbitration Clause", *cit.*, p. 77, António Sampaio Caramelo, "A "Autonomia" da Cláusula Compromissória e a Competência da Competência do Tribunal Arbitral", *cit.*, p. 354, Luís de Lima Pinheiro, "Convenção de arbitragem (aspectos internos e transnacionais)", *cit.*, p. 16, João Calvão da Silva, "Convenção de Arbitragem – algumas notas", *cit.*, p. 534 e Raúl Ventura, cfr. "Convenção de Arbitragem", *cit.*, p. 369.

[678] Gabrielle Kaufman-Kohler / Antonio Rigozzi, *International Arbitration: Law and Practice in Switzerland*, *cit.*, p. 91.

[679] Cfr. Luís de Lima Pinheiro, "Convenção de arbitragem (aspectos internos e transnacionais)", *cit.*, p. 16 e António Menezes Cordeiro, *Tratado da Arbitragem...*, *cit.*, pp. 205 e ss.

[680] O qual será analisado com detalhe a propósito do efeito positivo da convenção de arbitragem.

[681] O artigo 18º, nº 2 da LAV assume a natureza de uma norma substantiva, sendo aplicável a todas as arbitragens que se desenvolvam em território nacional, independentemente de serem nacionais ou internacionais, tal como resulta do artigo 61º da LAV. Posição já defendida na vigência da anterior LAV por Luís de Lima Pinheiro, "Convenção de arbitragem (aspectos internos e transnacionais)", *cit.*, p. 16.

bém no nº 3[682]. Desta forma, de acordo com nº 2 do referido artigo, a cláusula compromissória[683] que faça parte de um clausulado contratualmente mais vasto é considerada como um *acordo independente*, encontrando-se a sua validade sujeita a critério de validade e eficácia distintos dos aplicáveis ao restante contrato[684].

Uma outra questão que importa analisar é qual limite dessa autonomia, ou seja, se há casos em que a validade da convenção de arbitragem seja prejudicada pelo mesmo vício que deu origem à invalidade do contrato principal.

Com efeito, o que resulta do artigo 18º, nº 3, da LAV, é o afastamento da conclusão – quase como que num raciocínio de lógica – de que sendo nulo o contrato onde se encontra incorporada, também a convenção será necessária e inevitavelmente nula[685], não derivando da norma uma independência integral e inviolável da cláusula arbitral em relação ao contrato principal. Logo, podem suceder casos em que o vício que afecta o contrato principal também é comunicável à convenção de arbitragem, prejudicando a sua validade[686]. Pense-se, a título de exemplo, numa situação em que uma das partes não tenha capacidade para a celebração do contrato principal e, nessa medida, também não poderia ter celebrado a convenção de arbitragem, dado que,

682 Com a redacção da nova LAV, o legislador tomou uma posição expressa no sentido de consagrar de forma inequívoca o princípio da autonomia da convenção de arbitragem, eliminado a menção que constava do artigo 21º, nº 2 da anterior LAV e que dispunha que a nulidade do contrato principal não implicava a nulidade da convenção de arbitragem, excepto quando se mostrasse que o "não teria sido concluído sem a referida convenção". Afastou-se, deste modo, uma previsão que tinha retirado, no contexto da LAV, inspiração do artigo 292º do Código Civil, o qual, a propósito da redução do negócio jurídico, dispõe que "a nulidade ou anulação parcial não determina a invalidade de todo o negócio, salvo quando se mostre que este não teria sido concluído sem a parte viciada". Sobre este aspecto em particular, Luís de Lima Pinheiro, "Convenção de arbitragem (aspectos internos e transnacionais)", *cit.*, pp. 16-17 e António Menezes Cordeiro, *Tratado da Arbitragem...*, *cit.*, p. 206.

683 Sem prejuízo da letra da lei apenas se referir à cláusula compromissória, António Menezes Cordeiro entende que a mesma solução se deve aplicar ao compromisso arbitral que venha a ser posteriormente integrado no contrato principal, cfr. *Tratado da Arbitragem...*, *cit.*, p. 206. Esta solução proposta pelo autor parece-nos ser a mais concordante com o espírito da lei, uma vez que, acrescentamos nós, o objecto que se pretende salvaguardar é exactamente o mesmo: a autonomia da convenção de arbitragem fonte da jurisdição arbitral.

684 Cfr. Dário Moura Vicente (Coordenador), *Lei da Arbitragem Voluntária Anotada*, *cit.*, p. 72.

685 V. Mário Esteves de Oliveira (coordenação), *Lei da Arbitragem Voluntária Comentada*, *cit.*, pp. 261 e ss. e Pedro Siza Vieira / Nuno Ferreira Lousa, *in* Dário Moura Vicente (Coordenador), *Lei da Arbitragem Voluntária Anotada*, *cit.*, pp. 71 e ss.

686 V., Luís de Lima Pinheiro, "Convenção de arbitragem (aspectos internos e transnacionais)", *cit.*, p. 16 e Bernhard Berger / Franz Kellerhals, *International and Domestic Arbitration in Switzerland*, *cit.*, pp. 242-243 e António Sampaio Caramelo, "A Competência da Competência...", *cit.*, pp. 57 e 58.

além dos requisitos especificamente previstos na lei da arbitragem voluntária, à convenção também são aplicáveis as regras gerais dos negócios jurídicos[687]. Uma outra hipótese é que o contrato tenha sido celebrado sob coacção ou com qualquer outro vício da vontade, o que também afectaria a validade da convenção arbitral[688].

10.5. Arbitrabilidade

I – Outrora considerada um neologismo[689], a expressão "arbitrabilidade" veio a tornar-se um elemento chave na doutrina e construção teórico-prática arbitral, sendo incontornável no plano da arbitragem nacional e internacional[690]. Com efeito, a arbitrabilidade é um requisito fundamental da convenção de arbitragem, na medida em que apenas pode ser submetido à decisão de árbitros um litígio que seja arbitrável[691]. Os árbitros não têm competência para conhecer e decidir sobre litígios não arbitráveis, mesmo que as partes convencionem nesse sentido.

De uma forma sucinta, o termo arbitrabilidade pode ser utilizado para significar duas realidades[692], que embora indissociáveis, são distintas entre si.

II – Num sentido, refere-se à possibilidade de um determinado sujeito poder ser parte numa convenção de arbitragem, tendo, neste campo, particular importância a discussão relacionada com a faculdade de uma entidade pública celebrar uma convenção arbitral. Neste caso, previsto no nº 5, do artigo 1º da LAV, referimo-nos a arbitrabilidade subjectiva ou *ratione personae*[693]-[694].

[687] Christophe Seraglini / Jérôme Ortscheid, *Droit de l'arbitrage interne et international*, cit., pp. 95 e ss.

[688] António Sampaio Caramelo, "A competência da competência...", *cit.*, pp. 57 e 58.

[689] Raúl Ventura classificava a expressão arbitrabilidade desse modo, cfr. "Convenção de Arbitragem", *cit.*, p. 317.

[690] V. Stavros L. Brekoulakis, "Introduction: The Evolution and Future of International Arbitration", *cit.*, p. 5.

[691] Philippe Fouchard / Emmanuel Gaillard / Berthold Goldman, *Fouchard Gaillard Goldman On International Commercial Arbitration*, p. 312 e Mariana França Gouveia, *Curso de Resolução Alternativa de Litígios*, *cit.*, p. 135. A própria LAV faz essa exigência no seu artigo 1º, nºs 1 e 2.

[692] V., entre outros, Raúl Ventura, "Convenção de Arbitragem", *cit.*, pp. 317 e ss., Carlos Ferreira de Almeida, "Convenção de Arbitragem: Conteúdos e Efeitos", *cit.*, pp. 85 e ss. e António Sampaio Caramelo, "Critérios de arbitrabilidade dos litígios. Revisitando o tema", *cit.*, pp. 130 e ss.

[693] Cfr., Luís de Lima Pinheiro, "Convenção de arbitragem (aspectos internos e transnacionais)", *cit.*, p. 16, Mariana França Gouveia, *Curso de Resolução Alternativa de Litígios*, *cit.*, pp. 136 e ss., Gabrielle Kaufmann-Kohler / Antonio Rigozzi, *International Arbitration – Law and Practice in Switzerland*, *cit.*, p. 98, Gerold Zeiler / Alfred Siwy, "Subjective Arbitrability in

Por outro lado, o conceito de arbitrabilidade pode referir-se a uma qualidade do litígio, designadamente à possibilidade de o mesmo ser susceptível de submissão à decisão por árbitros. Falamos, neste caso, de arbitrabilidade objectiva ou ratione materiae[695]. Neste contexto, a arbitrabilidade consubstancia, em igual medida, um requisito de validade da convenção de arbitragem[696], mas também um limite à jurisdição do tribunal arbitral[697]. Ao mesmo tempo, é ainda um requisito de validade da sentença, dado que a mesma não pode decidir sobre litígios inarbitráveis[698].

O tribunal arbitral não pode conhecer ou decidir sobre questões que não tenham uma natureza arbitrável, uma vez que as mesmas se encontram subtraídas ao raio de acção deste meio de resolução alternativa de litígios, ainda que as partes, em violação das normas legais, tenham celebrado uma convenção de arbitragem com esse objecto. Assim, a conclusão a retirar é que a arbitrabilidade consubstancia um verdadeiro limite material à autonomia privada das partes, comprimindo o seu âmbito de acção no que à celebração de convenções de arbitragem diz respeito[699].

Do artigo 1º, nº 1, da LAV, resulta que nem todos os litígios podem ser submetidos à apreciação de um tribunal arbitral, existindo, pelo contrário, uma combinação entre a exclusão peremptória de algumas realidades e a existência de um critério de arbitrabilidade. Consequentemente, quando o árbitro ou o colégio arbitral apreciem e decidam sobre matérias não arbitráveis,

International Commercial Arbitration", *cit.*, p. 4 e Karl-Heinz Bockstiegel, 'Public Policy and Arbitrability', *cit.*, pp. 181-182.

694 A matéria da arbitrabilidade subjectiva das entidades públicas será abordada no ponto 10.5.3, motivo pelo qual não se repete a sua análise neste momento.

695 V., entre outros, Luís de Lima Pinheiro, *Arbitragem Transnacional...*, *cit.*, p.103 e António Menezes Cordeiro, *Tratado da Arbitragem...*, *cit.*, p. 94., António Sampaio Caramelo, "Critérios de Arbitrabilidade dos Litígios. Revisitando o tema", *cit.*, p. 13. No plano internacional, considere-se Philippe Fouchard / Emmanuel Gaillard / Berthold Goldman, *Fouchard Gaillard Goldman On International Commercial Arbitration*, p. 330.

696 Cláudia Trabuco e Mariana França Gouveia, "A arbitrabilidade das questões de concorrência no Direito Português...", *cit.*, p. 446 e Gabrielle Kaufmann-Kohler / Antonio Rigozzi, *International Arbitration – Law and Practice in Switzerland*, *cit.*, p. 99.

697 V. António Sampaio Caramelo, *A Impugnação da Sentença Arbitral*, *cit.*, pp. 88 e ss.

698 Esta posição era já defendida por Raúl Ventura, afirmando que a natureza arbitral do objecto da convenção de arbitragem consubstanciava "um requisito da validade da convenção de arbitragem, da constituição do tribunal arbitral e da validade da sentença proferida por este: a licitude da sua solução por via arbitral", *in* "Convenção de Arbitragem", *cit.*, p. 317, posição com a qual concordamos.

699 Também assim considera, Karim Abou Youssef, "The Death of Inarbitrability", *cit.*, p. 49.

determina o artigo 46º, nº 3, al) b.) i), que a sentença pode ser anulada junto do tribunal estadual competente.

Por conseguinte, facilmente se compreende que alguns autores considerem a arbitrabilidade como um *conceito chave* no que respeita ao direito arbitral e que, por seu turno, a questão de saber quais os litígios arbitráveis seja uma pergunta omnipresente que antecede todas as outras: se a natureza arbitral de um determinado litígio não se verificar, nem existirá lugar à jurisdição do tribunal arbitral[700].

Da existência de um conceito como a arbitrabilidade decorre, necessariamente, uma conclusão inevitável: nem todos os conflitos podem ser resolvidos com recurso à via arbitral. Esta é, na sua essência, uma opção tomada pelo legislador[701], na medida em que a eleição de um critério para delimitar as matérias arbitráveis significa precisamente que, no ordenamento jurídico português[702], não existe uma admissibilidade plena de arbitragem de todos os conflitos.

Pelo contrário, nem todos os litígios são passíveis de decisão arbitral, existindo um conjunto de questões que não podem, pelo menos no contexto actual, ser subtraídas à jurisdição dos tribunais estaduais[703].

Segundo nos parece, a necessidade, sentida pela generalidade dos ordenamentos jurídicos, de delimitar os litígios arbitráveis resulta de um entendimento sobre a adequação ou aptidão da arbitragem para a apreciação e decisão de todos os conflitos, existindo um núcleo que deve ficar reservado à jurisdição estadual em virtude de a arbitragem ser um instituto de raiz contratual e privado. Deste modo, seria precisamente esta última característica que justifica, aliada à problemática da ordem pública, o fundamento desta opção de apenas poder submeter a arbitragem determinadas categorias de litígios[704].

[700] Cfr. Karim Abou Youssef, "The Death of Inarbitrability", *cit.*, p. 48.

[701] Jorge Morais Carvalho refere a existência de um "princípio, praticamente incontestado, da necessidade de exclusão de alguns conflitos da arbitragem", cfr. "O critério da disponibilidade na arbitragem, na mediação...", *cit.*, pp. 832 e ss.

[702] À semelhança do que sucede, via de regra, na maioria dos ordenamentos estrangeiros. A este propósito, cfr. Philippe Fouchard / Emmanuel Gaillard / Berthold Goldman, *Fouchard Gaillard Goldman On International Commercial Arbitration*, pp. 330 e ss., Loukas A. Mistelis, "Arbitrability – International and Comparative Perspectives", *cit.*, pp. 3 e ss.

[703] Esta conclusão não implica a sustentação de um qualquer preconceito para com o instituto da arbitragem, nomeadamente rejeitando que a mesma seja também jurisdição. A este propósito, António Pedro Pinto Monteiro, *O princípio da igualdade e a pluralidade de partes na arbitragem...*, *cit.*, pp. 168 e ss. e Artur Flamínio da Silva, "Arbitragem e Jurisdição no Direito Administrativo: interrogações em torno dos seus limites...", *cit.*, pp. 91 e ss.

[704] A este propósito, e considerando que a discussão sobre a natureza ontológica da arbitrabilidade ou inarbitrabilidade dos litígios não configura um elemento central deste texto, merecendo

III – É, no entanto, de assinalar que a evolução da arbitrabilidade – no sentido das opções legislativas tomadas em cada Estado individualmente considerado quanto às matérias que, em determinado momento, podem ser objecto de decisão por árbitros – tem sido, inequivocamente, feita em favor do desenvolvimento deste meio de resolução de litígios[705]. As matérias arbitráveis têm sofrido uma expansão significativa, de tal modo que alguns autores entendem que a problemática da natureza arbitral de um determinado objecto não deve ser considerada como uma temática particularmente complicada, na medida em que a maioria dos conflitos no plano comercial internacional se apresentam como arbitráveis[706].

As mudanças ao nível do entendimento do âmbito da arbitrabilidade têm uma tradução expressa nos critérios legalmente adoptados nos e pelos diversos Estados, existindo opções mais receptivas à arbitragem do que outras, naturalmente. Não obstante, e pese embora exista esta postura *favor arbitrandum* a registar, mesmo em domínios que tradicionalmente se apresentavam como avessos à arbitragem, não podemos considerar que se prescinde totalmente do critério da arbitrabilidade, por mais flexibilidade que se tenha vindo a introduzir no mesmo[707].

Além de não abandonarem totalmente o recurso a um critério de arbitrabilidade com vista à identificação das matérias susceptíveis de serem objecto de uma convenção arbitral, os legisladores estaduais introduziram, se assim se pode designar, uma nova forma de controlo através da introdução da ordem pública como fundamento de anulação da sentença arbitral: privilegiam um controlo *ex post* em vez de *ex ante*[708]. Consequentemente, não só se delimita o âmbito das matérias arbitrais *ab initio,* como se permite, e cabendo o poder aos tribunais estaduais, que controlem o resultado do processo arbitral quer

um tratamento mais desenvolvido em local próprio, remete-se para KARIM ABOU YOUSSEF, "The Death of Inarbitrability", *cit*, pp. 48 e ss., ANTÓNIO SAMPAIO CARAMELO, "Critérios de arbitragem dos litígios. Revisitando o tema", *cit.*, pp. 15 e ss., LOUKAS A. MISTELIS, "Arbitrability – International and Comparative Perspectives", *cit.*, pp. 3 e ss.

705 V. KARIM ABOU YOUSSEF, "The Death of Inarbitrability", *cit.*, pp. 47 e ss.

706 Assim se pode ler em NIGEL BLACKABY, / CONSTANTINE PARTASIDES / ALAN REDFERN / MARTIN HUNTER, *Redfern and Hunter on International Arbitration, cit.*, pp. 124 e ss.

707 STAVROS L. BREKOULAKIS, "On Arbitrability: Persisting Misconceptions and New Areas of Concern", *cit.*, p. 45, afirmando "que a inarbitrabilidade não morreu; pelo menos, ainda não". V., igualmente, PATRICK M. BARON / STEFAN LINIGER, "A Second Look at Arbitrability...", *in cit.*, pp. 53-54.

708 Tendência a qual a LAV não foi imune, tendo introduzido a violação da ordem pública internacional do Estado português como fundamento de anulação da decisão. Cfr. artigo 46º, nº 2, al. b), ii) da LAV.

no momento da impugnação da sentença, quer aquando do reconhecimento e execução de uma decisão. Em suma, na aparentemente flexibilização do critério arbitral o que verdadeiramente se verifica é uma mudança de foco: ao invés de se – limitar – a proibir, a opção passa também por controlar[709].

10.5.1. Critério legal de arbitrabilidade

I – No contexto português, a opção expressa na lei da arbitragem voluntária passou, à semelhança do que sucede em outros ordenamentos jurídicos, pela adopção de um critério geral de arbitrabilidade[710], o qual se encontra combinado com o afastamento expresso de determinadas matérias do âmbito arbitral. Desta feita, é possível operar uma delimitação pela positiva e outra pela negativa no que concerne à identificação dos litígios passíveis de submissão à arbitragem.

No que respeita à delimitação negativa (artigo 1º, nº 1 da LAV) estão expressamente excluídas da decisão por árbitros duas categorias de litígios: (i) aqueles que se encontram exclusivamente submetidos à jurisdição dos tribunais do Estado ou (ii) os submetidos à arbitragem necessária[711]. Uma breve explicação deve ser feita quanto à primeira categoria de litígios excluídos: os exclusivamente submetidos aos tribunais estaduais. Os conflitos que se encontram aqui englobados são aqueles que estão subordinados à jurisdição pública através de uma expressa previsão de uma lei especial, tal como sucede com as matérias de Direito Penal ou aquelas relacionadas com a insolvência[712]. São domínios nos quais o Estado reclama o poder decisório para os tribunais estaduais,

[709] PATRICK M. BARON / STEFAN LINIGER, "A Second Look at Arbitrability...", *cit.*, p. 54, consideram que a arbitrabilidade aparece, agora, sob as vestes da ordem pública.

[710] De acordo com ANTÓNIO SAMPAIO CARAMELO, são essencialmente três os critérios de carácter geral em termos de arbitrabilidade: (i) a ligação do litígio com a ordem pública, (ii) a natureza patrimonial do litígio e (iii) a disponibilidade do direito, cfr. "A disponibilidade do direito como critério de arbitrabilidade do litígio", *cit.*, pp. 2 e ss.

[711] Quanto ao conceito de arbitragem necessária, adoptamos a noção de ARTUR FLAMÍNIO DA SILVA, *A Resolução de Litígios Desportivos...*, *cit.*, p. 349, quando afirma que esta é a "arbitragem que não derivando da autonomia das partes, é imposta por lei especial, confiando a árbitros a resolução de um litígio que passa a ser subtraído à jurisdição dos tribunais que, regra geral, deteriam a competência para julgar uma determinada causa". Devemos ainda destacar que o critério geral de arbitrabilidade tem algumas dificuldades no seu funcionamento no domínio da arbitragem necessária, sendo que aqui o determinante é a vontade do legislador em submeter determinadas matérias a uma arbitragem necessária, não estando, por conseguinte, em causa a identificação de determinados litígios objectivamente arbitráveis nos termos do artigo 1º, nº 1 da LAV. V. ARTUR FLAMÍNIO DA SILVA, *A Resolução de Litígios Desportivos...*, *cit.* p. 428, nota 1335.

[712] V. LUÍS DE LIMA PINHEIRO, "Uma Lei de Arbitragem para o Séc. XXI", *cit.*, pp. 3-4.

rejeitando a possibilidade de uma jurisdição privada, como é o caso da arbitragem, para decidir e apreciar os mesmos. Um outro exemplo é a apreciação da regularidade e licitude do despedimento do trabalhador, a qual é, nos termos do artigo 387º, nº 1 do Código do Trabalho, exclusivamente submetida à jurisdição dos tribunais judiciais[713]-[714].

Num outro ângulo, e abordando a questão pela positiva, da previsão normativa da lei da arbitragem voluntária resulta que são arbitráveis todos os litígios que sejam respeitantes a interesses de natureza patrimonial (artigo 1º, nº 1 da LAV). A patrimonialidade apresenta-se como um critério de operacionalidade relativamente simples: basta que o objecto do conflito envolva ou diga respeito a qualquer tipo de interesse patrimonial[715] para que seja susceptível de ser decidido pela via arbitral. Neste sentido, incluem-se no âmbito deste critério não só todas as pretensões que tenham uma expressão monetária ou pecuniária, mas também conflitos que tenham como objecto transacções económicas[716].

II – A regra da natureza patrimonial do litígo veio substituir o critério previsto na anterior lei da arbitragem voluntária, de acordo com o qual qualquer litígio que não respeitasse a direitos indisponíveis poderia ser submetido a arbitragem. A opção pela introdução deste novo critério veio dar resposta às

[713] Estas são matérias que se encontram reservadas exclusivamente à jurisdição estadual, que dizem respeito a assuntos que o Estado reputa como estando relacionados com interesses vitais do próprio Estado e da sociedade, motivo pelo qual se encontram subtraídos à possibilidade de uma justiça privada. V. Gabrielle Kaufmann-Kohler / Antonio Rigozzi, *International Arbitration – Law and Practice in Switzerland, cit.*, pp. 104-105.

[714] Tal como frisam Philippe Fouchard / Emmanuel Gaillard / Berthold Goldman, *Fouchard Gaillard Goldman On International Commercial Arbitration, cit.*, pp. 331-332, o âmbito da arbitrabilidade objectiva previsto na legislação de um país depende intimamente da confiança que o respectivo legislador deposita na arbitragem enquanto meio de resolução de litígios, nomeadamente se a mesma é encarada com desconfiança ou se, pelo contrário, já é encarada com alguma normalidade.

[715] Neste sentido Mariana França Gouveia, *Curso de Resolução Alternativa de Litígios, cit.*, p.138, especialmente pp. 142 e ss. António Menezes Cordeiro, *Tratado da Arbitragem..., cit.*, pp.93-94, por seu turno, frisa que a patrimonialidade se refere à susceptibilidade de "ter conteúdo económico, que possa ser trocado por dinheiro", mas que isso em si mesmo não basta: é "necessário que a lei permita a sua troca por dinheiro". Ainda sobre este critério, António Sampaio Caramelo, "A disponibilidade do direito como critério de arbitrabilidade do litígio", *cit.*, pp. 4 e ss.

[716] Mariana França Gouveia, *Curso de Resolução Alternativa de Litígios, cit.*, p. 138, especialmente p. 86, Gabrielle Kaufman-Kohler / Antonio Rigozzi, *International Arbitration: Law and Practice in Switzerland, cit.*, pp. 100 e ss. e Trittmann, Rolf / Inka Hanefeld, "§1029", *cit.*, pp. 94 e ss.

diversas críticas[717]-[718] que eram anteriormente dirigidas ao critério da arbitrabilidade, designadamente no sentido de o mesmo ser de difícil operacionalidade e de, segundo algumas interpretações, restringir demasiado o âmbito das matérias arbitráveis. Seguiu-se, desta forma, e em parte, as opções legislativas tomadas na Suíça e na Alemanha, as quais também consagram o critério da patrimonialidade do litígio, ampliado pelo critério da celebração de transacção nos direitos controvertidos que não tenham natureza patrimonial[719].

Não obstante, a lei da arbitragem voluntária não prescindiu na sua totalidade do critério da disponibilidade do direito, mantendo-se duas disposições que recorrem ao mesmo.

Segundo o artigo 1º, nº 2 da LAV, a convenção de arbitragem também pode ter objecto litígios que, embora não envolvendo interesses de natureza patrimonial, possam ser objecto de transacção pelas partes. A transacção, por seu turno, tem como critério a disponibilidade dos direitos, não sendo permitido às partes que possam dispor de direitos indisponíveis[720]. Por outro lado, o artigo 4º, nº 4 da lei que aprova a LAV determina que os conflitos laborais apenas são arbitráveis se forem disponíveis[721].

Temos, assim, no ordenamento jurídico português um critério da arbitrabilidade assente no critério geral da patrimonialidade do litígio, o qual é, por sua vez, ampliado pelo critério da disponibilidade, convocando para o âmbito da arbitrabilidade outros litígios que ficariam excluídos da potencial celebração de convenções de arbitragem se assim não sucedesse[722].

III – Atendendo à sua importância (ainda actual), apresenta-se como útil uma abordagem à problemática da natureza disponível do direito. O conceito de disponibilidade do direito assenta numa fórmula aparentemente simples: são direitos indisponíveis aqueles que não são susceptíveis de disposição pela

[717] Cfr., para uma panorâmica das críticas direccionadas ao critério da disponibilidade, António Menezes Cordeiro, *Tratado da Arbitragem..., cit.*, p. 94, Mariana França Gouveia, *Curso de Resolução Alternativa de Litígios, cit.*, p. 144 e António Sampaio Caramelo, "A disponibilidade do direito como critério de arbitrabilidade do litígio", *cit.*, pp. 5.

[718] Carlos Ferreira de Almeida, contrariamente à maioria da doutrina, considerava que o critério da disponibilidade era suficientemente amplo e razoável. V. "Convenção de Arbitragem: Conteúdos e Efeitos", *cit.*, pp. 86 e ss.

[719] Trittmann, Rolf / Inka Hanefeld, "§1029", *cit.*, pp. 96 e ss.

[720] V. artigo 289º do CPC.

[721] Remete-se para o nº 1 do artigo 1º da Lei nº 31/86, de 29 de Agosto, com a redacção que lhe foi dada pelo Decreto-Lei nº 38/2003, de 8 de Março.

[722] Este conceito é extremamente amplo, incluindo no seu âmbito matérias que, através de outros critérios, ficariam excluídas. V. Karim Abou Youssef, "The Death of Inarbitrability", *cit.*, p. 60.

vontade do seu titular, ou seja, não podem ser constituídos, extintos ou transmitidos pela vontade daquele último[723]-[724].

Não obstante, a simplicidade é meramente aparente, dado que a doutrina não é unânime no método de apreciação da natureza disponível do direito. Por um lado, alguns autores sustentam que a mesma apenas pode ser analisada casuisticamente e não apreciando cada instituto jurídico em bloco[725]. Logo, consideram que, perante uma situação concreta, se deve aferir em que medida são os direitos disponíveis ou indisponíveis, não sendo possível – ou viável – uma resposta ou tomada de posição categórica e genérica. Uma outra orientação, por seu turno, opera a distinção entre a indisponibilidade absoluta e a indisponibilidade relativa[726], defendo a impossibilidade de arbitragem em

[723] Cfr. Ana Prata, *Dicionário Jurídico*, Vol. I, *cit.*, p. 436. Mariana França Gouveia acrescenta ainda ao conceito aqueles direitos que não são renunciáveis., V. *Curso de Resolução Alternativa de Litígios*, *cit.*, p.144.

[724] Apesar de utilizar o conceito de disponibilidade em diversas normas, o Código Civil não apresenta, em nenhuma delas, uma noção de disponibilidade, tendo o seu significado como pressuposto. V. Tiago Soares da Fonseca, *A transação civil na litigância extrajudicial e judicial*, *cit.*, p. 541.

[725] Assim, Carlos Ferreira de Almeida, "Convenção de Arbitragem: Conteúdos e Efeitos", *cit.*, pp. 86 e ss., Paula Costa e Silva, "Anulação e Recursos da Decisão Arbitral", *cit.*, p. 922, Dário Moura Vicente, "Arbitragem de Conflitos Individuais de Trabalho", *cit.*, p. 40 e Jorge Morais Carvalho, "O critério da disponibilidade na arbitragem, na mediação...", *cit.*p. 837.

[726] João de Castro Mendes ensinava que existiam três tipos de relações jurídicas no que concerne à disponibilidade ou indisponibilidade dos direitos: (i) as disponíveis, isto é, aquelas que consubstanciam a regra geral, nas quais a vontade das partes se assumia como determinante para a sua constituição, modificação ou extinção e em que, portanto, "a aquisição e perda dos direitos depende, em regra, da vontade dos adquirentes e perdentes, por si conjugada com outras vontades"; (ii) as indisponíveis, aquelas nas quais a constituição ou extinção de direitos está subtraída à vontade das partes e (iii) as relativamente indisponíveis: nesta categoria enquadram-se "outro tipo de relação jurídica (...) aquela de que a parte só pode dispor por certa forma, que exclui qualquer outra forma". Cfr. *Direito Processual Civil*, Vol. I, *cit.*, pp. 210 e ss. Também Ana Prata parece sustentar a existência destas duas hipóteses de indisponibilidade, V. *Dicionário* Jurídico, Vol. I, 4ª Edição, *cit.*, p.636. António Sampaio Caramelo, por sua vez, opta por conceptualizar o problema em duas categorias, as quais classifica de disponibilidade forte e disponibilidade fraca. A primeira refere-se "à possibilidade de se renunciar ao direito, não só após a sua constituição na esfera jurídica do seu titular, mas também antecipadamente". Por outro lado, a disponibilidade fraca é aquela que se traduz "na possibilidade de renúncia ao direito só após a radicação deste na esfera jurídica no seu titular". Cfr. "A Disponibilidade Do Direito Como Critério De Arbitrabilidade Do Litígio", *cit.*, p. 8. Em sentido discordante encontra-se a posição de Pedro Romano Martinez, de acordo com a qual não existe um *tertium genus* no que concerne à disponibilidade de um direito: ou tem natureza disponível ou, em sentido inverso, é indisponível. Neste sentido e para este autor, a indisponibilidade relativa "corresponde a direitos disponíveis, ainda que só a partir de determinada altura". Assim, o autor considera que nas situações de "indisponibilidade relativa" pode ser

qualquer dos casos. Este pode ser, portanto, um critério de difícil aplicação, gerando alguma incerteza nos operadores judiciários[727].

Além da complexidade associada à determinação da natureza disponível dos direitos controvertidos, existem, desde há muito tempo, na doutrina[728] algumas dúvidas no que diz respeito ao requisito da disponibilidade como critério de arbitrabilidade. Com efeito, o que se questiona é a equiparação em termos funcionais que se opera entre a transacção e a arbitragem. Expliquemos melhor. De acordo com o artigo 289º do CPC[729], as partes não podem transigir quando os direitos controvertidos tiverem uma natureza indisponível, sendo, assim, a disponibilidade um limite à autonomia da vontade no domínio deste negócio jurídico processual. Neste sentido, a bitola para a transação é a disponibilidade do direito objecto da mesma.

Elegendo a disponibilidade como critério para a identificação dos litígios passíveis de decisão arbitral, o resultado é o mesmo que na transacção: as partes apenas podem submeter à decisão de árbitros litígios que estejam relacionados com direitos disponíveis. Em termos práticos o resultado é, portanto, idêntico.

Há, no entanto, uma crítica sustentada por Raúl Ventura[730] que nos parece acertada e que questiona em que medida um julgamento de um litígio por um tribunal arbitral pode afectar a indisponibilidade de um litígio[731]. A perplexidade é tanto maior se considerarmos que, em Portugal, não existe um monopólio do exercício da função jurisdicional pelos tribunais estaduais,

celebrada uma convenção de arbitragem. Cfr. "Mediação a Arbitragem em Direito Laboral", *cit.* p. 21. No mesmo sentido parecem alinhar Bernardo da Gama Lobo Xavier e Pedro Furtado Maia, quando consideram como direitos indisponíveis "apenas [a]queles direitos de que o titular não pode de forma alguma dispor", V. "A transacção em Direito do Trabalho: direitos indisponíveis...", *cit.* p. 452, bem como José Lebre de Freitas e Isabel Alexandre, *Código de Processo Civil Anotado, cit.*, p. 584.

727 Sobre as vantagens e desvantagens da disponibilidade, remete-se para Joana Galvão Teles, "A arbitrabilidade dos litígios em sede de invocação de excepção...", *cit.*, pp. 65 e ss.

728 Registe-se, no essencial, a opinião de Raúl Ventura, "Convenção de Arbitragem", *cit.*, p. 321.

729 Código de Processo Civil, Lei nº 41/2013, de 26 de Junho, na redacção da Lei nº 49/2018, de 14 de Agosto.

730 Cfr. Raúl Ventura, "Convenção de Arbitragem", *cit.*, p. 321.

731 A mesma questão é colocada por Paula Costa e Silva, quando afirma que não existe uma relação directa entre a natureza disponível do direito e a possibilidade de arbitragem quanto ao mesmo. Assim, conclui a autora que nesta opção se encontra por parte do legislador "alguma desconfiança relativamente ao tribunal arbitral ao impedir que este dirima conflitos respeitantes a direitos indisponíveis". Cfr. "Anulação e Recursos da Decisão Arbitral", *cit.*, p. 922, nota 79.

encontrando, desde logo, os tribunais arbitrais previsão constitucional expressa no artigo 209º da CRP[732].

Neste sentido, o critério da arbitrabilidade (sobretudo se operacionalizado através do paralelo com o instituto da transacção, no sentido de apenas ser arbitrável um litígio sobre o qual as partes possam transigir) apresenta fortes dificuldades e debilidades enquanto critério para determinação da arbitrabilidade[733] e encontra as suas raízes mais profundas num preconceito de que os tribunais arbitrais são tribunais, mas não partilham da mesma dignidade que os estaduais[734]. O legislador, na sua opção, atendeu única e exclusivamente à raiz contratual da figura da arbitragem, ignorando que a mesma é pública no resultado[735], o qual pode ser controlado através da acção de anulação (sobretudo se considerarmos que a violação da ordem pública é um dos fundamentos previstos na LAV para impugnar a sentença)[736].

10.5.2. Arbitrabilidade dos litígios laborais[737]

Na doutrina nacional parece existir consenso quanto a um aspecto: o direito de acção é, no ordenamento jurídico português, "um direito disponível e, portanto, limitável pelo seu titular"[738], motivo pelo qual o cerne da discussão não passa por saber se às partes assiste ou não o direito de celebrar convenções arbitrais no domínio laboral.

O âmago do problema reside em determinar se um conflito laboral pode ser objecto das referidas convenções e, caso a resposta seja positiva, delimitar se todos os litígios laborais são subsumíveis a este meio de resolução alternativa de litígios ou, se pelo contrário, existe uma categoria inalienável da esfera da jurisdição estadual.

[732] Sobre esta matéria remete-se para ARTUR FLAMÍNIO DA SILVA, *A Resolução de Conflitos Desportivos...*, *cit.*, pp. 337.

[733] Veja-se JORGE MORAIS CARVALHO, "O critério da disponibilidade na arbitragem, na mediação...", *cit.*, p. 837.

[734] Pese embora não se ignore que existem diferenças e especificidades dos tribunais estaduais e dos arbitrais. Sobre esta matéria, V. ANTÓNIO PEDRO PINTO MONTEIRO, *O princípio da igualdade e a pluralidade de partes na arbitragem...*, *cit.*, pp. 176 e ss., bem como o acórdão nº 230/86 do Tribunal Constitucional.

[735] Não obstante a função jurisdicional ser exercida pelos árbitros "não em nome de um poder público que exercem, mas a título privado (já que todos os poderes lhe advêm da convenção de arbitragem, sendo as partes que os investem desses poderes)". Assim afirma ANTÓNIO PEDRO PINTO MONTEIRO, *O princípio da igualdade e a pluralidade de partes na arbitragem...*, *cit.*, p. 177.

[736] Artigo nº 46º, nº 3, al. b), ii).

[737] O critério da arbitrabilidade dos litígios laborais – a disponibilidade – já foi abordado no ponto anterior, motivo pelo qual dispensamos retomar a análise do mesmo.

[738] Cfr. LUCINDA DIAS DA SILVA, "Arbitragem e *Iuris Laboris Alma*", *cit.*, p. 123.

No que respeita à submissão de conflitos de natureza laboral[739] a mecanismos arbitrais, esta hipótese colhe alguns argumentos a seu favor, mas também regista diversos no sentido de sustentar a sua inadmissibilidade[740].

Entre os méritos[741] que se apontam à resolução dos litígios de natureza laboral com recurso a mecanismos arbitrais encontra-se, desde logo, a celeridade que estes meios podem trazer à composição do conflito das partes ou a especialidade que pode resultar da hipótese de as partes escolherem o decisor da sua causa[742]. Por outro lado, alguns autores referem ainda que, pelo facto de as partes poderem escolher os árbitros, existe um maior índice de previsibilidade da decisão quando comparado com o que sucederia num tribunal judicial, na medida em que os árbitros são, na maioria dos casos, especialistas na matéria e, nesse sentido, têm um perfil mais adequado àquele conflito em particular[743] [744].

Mais complexas são, no entanto, as razões aduzidas para a negação da possibilidade de arbitragem – ou mesmo da não arbitrabilidade, no sentido de aqueles conflitos não configurarem uma categoria arbitrável[745] – de conflitos laborais.

O ponto de partida para a generalidade das críticas[746] no sentido da impossibilidade da arbitragem daqueles conflitos por via arbitral é, em regra, a natureza especial que subjaz ao contrato de trabalho. Efectivamente, na actualidade, já não existem dúvidas sobre o facto de o contrato celebrado entre uma entidade laboral (ou empregador) e um trabalhador assentar numa situ-

[739] Quer os conflitos laborais colectivos, quer os resultantes do contrato individual de trabalho.

[740] Na doutrina há, inclusivamente, quem afirme de forma peremptória que a lei portuguesa se apresenta como menos favorável à arbitragem de conflitos individuais de trabalho. Neste sentido, Dário Moura Vicente, "Arbitragem de conflitos individuais de trabalho", *cit.*, p. 36.

[741] Quanto às vantagens resultantes da opção pela via arbitral no domínio laboral desportivo, cfr. Artur Flamínio da Silva e Daniela Mirante, "Arbitragem voluntária e contrato de trabalho desportivo", *cit.*, pp. 3-4.

[742] Ainda que num tom crítico e refutando as hipotéticas vantagens resultantes da arbitragem de conflitos laborais, cfr. Raul Ventura, "A arbitragem voluntária nos conflitos individuais de trabalho", *cit.*, p. 196. Considere-se, ainda, sobre este tema, Dário Moura Vicente, "Arbitragem de conflitos individuais de trabalho", *cit.*, pp. 33-34.

[743] Neste sentido, Pedro Romano Martinez, "Soluções alternativas de resolução de litígios, em especial a arbitragem", *cit.*, p. 870.

[744] Dário Moura Vicente destaca ainda que a arbitragem, através da composição amigável, permite "facilitar a restauração entre as partes desavindas do espírito de colaboração". V. "Arbitragem de conflitos individuais de trabalho", *cit.*, p. 34.

[745] Nos termos previstos no artigo 4º, nº 4 da lei que aprova a LAV, bem como no artigo 1º desta lei.

[746] Para uma síntese dos argumentos apresentados, V. Dário Moura Vicente, "Arbitragem de Conflitos Individuais de Trabalho", *cit.* pp. 33 e ss.

ação de subordinação de uma das partes – fenómeno que, aliás, se apresenta como inerente e indissociável à posição do trabalhador neste tipo contratual[747], sendo a mesma de natureza dual.

Por um lado, verifica-se uma subordinação no plano jurídico[748] que tem a sua expressão máxima no poder de direcção que assiste à entidade empregadora[749], ao qual surge, naturalmente, acoplado o exercício do poder disciplinar[750]. Sucede, porém, que existe uma outra dimensão onde a sujeição também impera: no plano da realidade do quotidiano[751], configurando "uma subordinação de natureza real"[752] e que, em regra, assume igualmente uma vertente de dependência no plano económico[753]. De facto, o trabalhador obriga-se, mediante o contrato celebrado, a prestar a sua actividade, a sua força de trabalho ao seu empregador, recebendo, em contra-partida, uma remuneração[754].

[747] A expressão resulta de uma adaptação inversa de uma posição exprimida por MARIA DO ROSÁRIO PALMA RAMALHO, designadamente quando a mesma afirma que "o fenómeno do poder disciplinar em Direito do Trabalho (...) parece ser inerente à posição do empregador no contrato individual de trabalho", a qual consta de *Do Fundamento do Poder Disciplinar Laboral, cit.*, p. 87.

[748] Esta característica deste tipo contratual tem, ainda que no plano hipotético, um imenso potencial danoso dos direitos fundamentais dos trabalhadores, pois ao poder de direcção corresponde necessariamente um dever de obediência do trabalhador, o qual o coloca numa dupla situação de dependência. Sobre a relação entre a subordinação jurídica e os direitos fundamentais do trabalhador remete-se para JOSÉ JOÃO ABRANTES, *Contrato de Trabalho e Direitos Fundamentais, cit.*, pp. 44 e ss.

[749] V. LUCINDA DIAS DA SILVA, "Arbitragem e *Iuris Laboris Alma*", *cit.* p. 123, bem como MARIA DO ROSÁRIO PALMA RAMALHO, *Da Autonomia Dogmática do Direito do Trabalho, cit.*, p.85, PEDRO ROMANO MARTINEZ, *Direito do Trabalho, cit.*, pp. 37 e ss. e 295 e ss., BERNARDO DA GAMA LOBO XAVIER, *Curso de Direito do Trabalho, cit.*, pp. 325 e ss., LUÍS MANUEL TELES DE MENEZES LEITÃO, *Direito do Trabalho, cit.*, p. 97, JOÃO LEAL AMADO, *Contrato de Trabalho, cit.*, pp. 217 e ss. Com um maior aprofundamento da temática da subordinação jurídica no plano laboral, Cfr. JÚLIO MANUEL VIEIRA GOMES, *Direito do Trabalho, cit.*, pp. 101 e ss., MARIA DO ROSÁRIO PALMA RAMALHO, *Do Fundamento do Poder Disciplinar Laboral, cit.*, pp. 145 e ss. e JOSÉ JOÃO ABRANTES, *Contrato de Trabalho e Direitos Fundamentais, cit.*, pp. 44 e ss.

[750] Nos termos do artigo 11º do Código do Trabalho, o trabalhador exerce a sua função "no âmbito da organização e sob a autoridade" do empregador.

[751] Tal como destaca JOÃO ZENHA MARTINS, a prestação do trabalho "é o principal meio de aquisição dos rendimentos que permitem aos cidadãos viver", cfr. *Dos pactos delimitação à liberdade de trabalho, cit.*, p. 27.

[752] A expressão é de LUCINDA DIAS DA SILVA, "Arbitragem e *Iuris Laboris Alma*", *cit.*, p. 124.

[753] Como bem afirma MAURO RUBINO-SAMMARTANO, "as disputas laborais são uma área delicada, uma vez que o trabalhador é bastante mais fraco que o empregador, sendo perfeitamenre legítima a dúvida de saber se ele foi suficientemente protegido", *in International Arbitration: Law and Practice*, 3ª Edição, *cit.*, p. 166.

[754] Não se ignore que a retribuição tem um lugar fundamental no contrato de trabalho, consubstanciando um elemento essencial do mesmo e, nesse sentido, cuja ausência impede a

Esta última configura, por seu turno e em princípio, o meio de subsistência do trabalhador, o qual fica assim dependente da manutenção do vínculo laboral com vista a manter a sua subsistência.

Por conseguinte, a relação que se desenvolve entre as duas partes é, necessariamente, desequilibrada ou estruturalmente assimétrica, escapando ao paradigma típico do Direito Privado, o qual se funda na ideia de igualdade – pelo menos jurídica – entre os contratantes[755].

Assim sendo, entendem alguns autores que a inserção de convenções de arbitragem em contratos de trabalho poderia, em conjugação com a tendencial natureza de contraente mais débil do trabalhador, levar a resultados que têm por efeito acentuar ainda mais a situação de fragilidade daquele, tais como vincular-se à jurisdição de um tribunal privado sem ter a real noção ou alcance do sentido daquele cláusula compromissória, podendo inclusivamente comprimir as garantias[756] que teria junto de um tribunal estadual[757]. A esta crítica pode juntar-se uma outra, de acordo com a qual a opção pela arbitragem laboral pode acarretar uma subversão do princípio do *favor laboratoris*[758]-[759], o qual se assume como um dos traços característicos e indissociáveis do Direito Laboral. Ou seja, a opção das partes por uma jurisdição voluntária e privada ao implicar, de forma inequívoca, a subtracção do conflito ao conhecimento dos tribunais judiciais permitiria que a decisão fugisse àquele princípio, o que teria impacto na protecção que legalmente se consagra ao trabalhador, quer no domínio substantivo, quer processual[760].

classificação de um determinado contrato como sendo de trabalho. A este propósito, e entre tantos outros, Luís Manuel Teles de Menezes Leitão, *Direito do Trabalho, cit.*, p. 97.

755 Classificando o princípio da autonomia privada como uma ideia fundamental do direito civil português, cfr. Carlos Alberto da Mota Pinto, *Teoria Geral do Direito Civil, cit.*, p. 102.

756 Sustentando esta posição, Lucinda Dias da Silva, "Arbitragem e *Iuris Laboris Alma*", *cit.*, pp. 124-125.

757 Considere-se, neste contexto, o exemplo do Tribunal Arbitral do Desporto português, ao qual têm sido dirigidas diversas críticas relacionadas, entre outros aspectos, com o desajustamento das suas custas processuais com a realidade nacional, bem como os problemas já sobejamente identificados na constituição das listas de árbitros e com outras garantias processuais. Sobre a matéria, V. por todos, Artur Flamínio da Silva, *A Resolução de Conflitos Desportivos..., cit.*, pp. 457 e ss.

758 A locução e o argumento são de Dário Moura Vicente, "Arbitragem de Conflitos Individuais de Trabalho", *cit.*, p. 34. Maria do Rosário Palma Ramalho, *Tratado de Direito do Trabalho – Parte I..., cit.*, p. 525, qualifica este princípio como tendo um valor fundamental e um alcance geral a todo o Direito do Trabalho.

759 Quanto às projecções do princípio da protecção do trabalhador, V. Maria do Rosário Palma Ramalho, *Tratado de Direito do Trabalho – Parte I..., cit.*, pp. 522 e ss.

760 Dário Moura Vicente, "Arbitragem de Conflitos Individuais de Trabalho", *cit.*, p. 34.

Por outro lado, também por motivos de ordem constitucional se questiona a hipotética incompatibilidade da arbitrabilidade dos litígios laborais com os comandos que resultam do texto constitucional português[761]. Neste contexto, a principal dúvida que se assinala passa por saber se existe um monopólio dos tribunais estaduais no que concerne à apreciação das questões relacionadas com os litígios laborais[762].

Foi no domínio laboral desportivo, o qual mantém a sua tradicional abertura à arbitrabilidade dos conflitos laborais[763], que a questão foi reavivada com a aprovação e entrada em vigor da LTAD[764]. Assim, por esta via legislativa veio a consagrar-se uma abertura legislativa, de moldes bastante amplos, no que respeita à arbitragem dos conflitos laborais desportivos. Neste sentido, prevê-se no seu artigo 7º a possibilidade de arbitragem voluntária no domínio laboral, inclusivamente no que respeita às matérias da apreciação da regularidade e da licitude do despedimento[765], operando, deste modo, uma extensão do âmbito do artigo 6º ao domínio laboral[766].

Todavia, esta opção não tem sido isenta de críticas e regista dúvidas em três grandes planos: (i) na determinação dos litígios laborais arbitráveis, ou

[761] Remete-se, a propósito, para o que já tivemos oportunidade de escrever em Artur Flamínio da Silva e Daniela Mirante, "Arbitragem voluntária e contrato de trabalho desportivo", *cit.*, pp. 16 e ss.

[762] Veja-se, uma vez mais, o que já se escreveu em Artur Flamínio da Silva e Daniela Mirante, "Arbitragem voluntária e contrato de trabalho desportivo", *cit.*, pp. 16 e ss.

[763] A qual deve, em certa medida, resultar do forte desejo de afastamento – ou mesmo de independência – da esfera judicial nutrido pela maior parte das federações desportivas. Para um maior enquadramento e desenvolvimento sobre esta temática, V. Artur Flamínio da Silva, *A Resolução de Conflitos Desportivos...*, *cit.*, pp. 262 e ss.

[764] Com efeito, tem sido sucessivamente no domínio do contrato de trabalho desportivo que se tem verificado uma maior opção pela resolução de conflitos laborais através de mecanismos arbitrais, existindo desde o anterior regime jurídico do contrato de trabalho desportivo (Lei nº 28/98, de 26 de Junho), no seu artigo 30º, a possibilidade de as associações representativas de entidades empregadoras e de praticantes desportivos poderem, por meio de convenção, determinar que a resolução dos conflitos laborais seria efectuada por via de recurso a mecanismos arbitrais. João Leal Amado afirmou, a propósito das agora extintas Comissões Arbitrais Paritárias, que "a relação laboral desportiva tem constituído um terreno privilegiado para a instituição de mecanismos de arbitragem voluntária". V. "Arbitrabilidade dos litígios emergentes do contrato de trabalho desportivo", *cit.*, p. 110.

[765] Para uma primeira abordagem sobre a norma da LTAD, cfr. Artur Flamínio da Silva e Daniela Mirante, *Regime Jurídico do Tribunal Arbitral do Desporto*, *cit.*, pp. 39 e ss.

[766] No qual se consagra a possibilidade de submissão à arbitragem voluntária no TAD de todos os litígios, com excepção dos previstos nos arts. 4º e 5º, relacionados directa ou indirectamente com o desporto. Sobre esta norma, cfr. Artur Flamínio da Silva e Daniela Mirante, *Regime Jurídico do Tribunal Arbitral do Desporto*, *cit.*, pp. 36 e ss.

seja, na aferição de quais são susceptíveis de serem apreciados e decididos por via arbitral nos termos do critério previsto na LAV, dado que a norma da LTAD remete a determinação da arbitrabilidade do objecto do conflito para aquele diploma; (ii) a sua articulação com o previsto e disposto no artigo 387º do CT[767]; e (iii) a sua compatibilidade com o texto constitucional, designadamente com o artigo 53º da CRP[768].

10.5.3. Arbitrabilidade dos litígios administrativos

O tema da arbitrabilidade no Direito Administrativo tem um contexto muito particular, assumindo especificidades que importa reter, designadamente aquelas que decorrem da influência do Direito substantivo na configuração específica dos mecanismos arbitrais[769].

Deve, no entanto, concluir-se que a arbitragem no Direito Administrativo pressupõe e conhece limites em sede de arbitrabilidade dos litígios, tal como sucede no Direito Privado, mas que essas limitações podem ser colocadas em termos diferentes.

No que concerne à *arbitrabilidade subjectiva* esta assume muita relevância na questão de saber se as entidades públicas podem ou não celebrar convenções de arbitragem. A arbitrabilidade de um litígio que envolva a Administração Pública pressupõe uma de duas situações: (i) a existência de uma autorização legal que a habilite a celebrar convenções de arbitragem no domínio dos litígios de Direito Público; ou (ii) que as convenções arbitrais tenham por objecto litígios de Direito Privado[770].

Por outro lado, e quanto à *arbitrabilidade objectiva*, em Portugal existiam, até 2015, limitações genéricas respeitantes ao controlo da legalidade administrativa por tribunais arbitrais, uma vez que a arbitragem era tradicional-

[767] Código do Trabalho – Lei nº 7/2009, de 12 de Fevereiro na redacção que lhe foi dada pela Lei nº 14/2018, de 19 de Março.

[768] Para maiores desenvolvimentos sobre esta matéria, Artur Flamínio da Silva e Daniela Mirante, *Regime Jurídico do Tribunal Arbitral do Desporto*, *cit.*, bem como Artur Flamínio da Silva e Daniela Mirante, "Arbitragem voluntária e contrato de trabalho desportivo", *cit.*, pp. 16 e ss., bem como Daniela Mirante, "A Arbitragem Laboral Desportiva em Portugal...", *cit.*

[769] Não se pode ignorar que a arbitragem de Direito Administrativo se encontra fortemente condicionada com a necessidade de conciliar dois elementos: um objectivo (da tutela de legalidade) e um subjectivo (da tutela dos direitos dos cidadãos). Sobre este tema e dos respectivos reflexos no domínio da arbitrabilidade, v. Artur Flamínio da Silva, *A Resolução de Conflitos Desportivos...*, *cit.*, pp. 438 e ss., cuja obra em muito inspirará a exposição que se segue.

[770] Cfr. artigo 1º, nº 5 da LAV.

mente entendida como uma forma de resolução de conflitos estranha aos litígios de Direito Público[771].

Em todo o caso, o CPTA, na versão anterior à reforma de 2015, consagrava no artigo 180º, nº 1, nas alíneas a), b), c) e d), a possibilidade de poder ser constituído tribunal arbitral, sem prejuízo do que estivesse disposto em lei especial, em litígios que dissessem respeito a (i) "contratos", bem como a "apreciação de actos administrativos relativos à respectiva execução"; (ii) "responsabilidade civil extracontratual, incluindo a efectivação do direito de regresso"; (iii) "actos administrativos que possam ser revogados sem fundamento na sua invalidade, nos termos da lei substantiva"; (iv) "litígios emergentes de relações jurídicas de emprego público, quando não estejam em causa direitos indisponíveis e quando não resultem de acidente de trabalho ou de doença profissional".

Deste modo, parecia evidente que um tribunal arbitral constituído para dirimir aqueles litígios devia, regra geral, apreciar a legalidade respeitante a actos administrativos relativos à execução de contratos ou a litígios emergentes de relações jurídicas de emprego público (artigo 180º, nº 1, alínea a) e d) do CPTA).

Mais problemática devia ser considerada a possibilidade de constituir um tribunal arbitral que se ocupasse de questões de revogação de actos administrativos segundo critérios de oportunidade ou conveniência [artigo 180º,

[771] Até à reforma de 2004, o ETAF de 1984 já admitia, no artigo 2º, nº 2, a existência de tribunais arbitrais "no domínio do contencioso dos contratos administrativos e da responsabilidade civil por prejuízos decorrentes de actos de gestão pública, incluindo o contencioso das acções de regresso" (confirmado, posteriormente, pelo artigo 188º do CPA). Deste modo, ficava afastada a possibilidade de constituir tribunais arbitrais no domínio da autoridade (o contencioso por natureza) e, em contrapartida, permitia-se que existissem tribunais arbitrais no âmbito das relações administrativas paritárias (o contencioso por atribuição). Deste modo, entendia MARCELLO CAETANO que: "(...) pode concluir-se a impossibilidade de submeter o juízo arbitral a questões respeitantes ao contencioso de anulação, que é, aliás, o contencioso administrativo por definição. Poderão, porém, as partes comprometer-se em árbitros quanto às matérias que, embora da competência dos tribunais administrativos, sejam objecto de acção, desde que se trate de direitos e obrigações de que qualquer delas (Administração e particulares) possam dispor à sua vontade", cfr. *Manual de Direito Administrativo*, Tomo II, *cit.*, p. 1285. Em sentido idêntico, ARTUR MAURÍCIO, DIMAS DE LACERDA e SIMÕES REDINHA, entendiam que: "[e]stará fora de causa a arbitragem no domínio do contencioso dos actos e normas pela natureza indisponível desse contencioso", cfr. *Contencioso Administrativo, cit.*, p. 19. Em quadro jurídico anterior, ARMANDO MARQUES GUEDES entendia que: "[e]nquanto a proibição de carácter geral consignada nas leis do contencioso administrativo persistir, forçoso será reconhecer que somente nos casos em que intervier lei especial, permitindo-a ou aprovando-a, será válida a cláusula compromissória instituindo juízo arbitral". Cfr. "Tribunais Arbitrais Administrativos", *cit.*, p. 151.

nº 1, alínea c)], numa evidente alusão à possibilidade de existir uma decisão arbitral sobre o mérito administrativo. Esta realidade permitia, desde logo, constatar a falta de um critério de arbitrabilidade presente nas anteriores versões do CPTA, facto que suscitava, inclusivamente, muitas críticas da doutrina[772].

As incoerências podem, desde logo, ser sintetizadas em dois aspectos: (i) ao celebrar uma convenção de arbitragem a Administração não está a dispor sobre relações jurídicas que estariam na sua "disponibilidade"; (ii) por outro lado, aquela também não está a atribuir um poder discricionário aos árbitros sobre as relações jurídicas que aqueles irão apreciar. Não parece, pois, ser sustentável que a fonte do poder jurisdicional dos árbitros possa repousar na transmissão do poder discricionário da Administração, uma vez que, por um lado, os árbitros exercem efectivamente a função jurisdicional e não uma função administrativa e, por outro lado, o poder discricionário não pode ser configurado como um poder absoluto sobre uma relação jurídica imune a qualquer juízo de legalidade[773].

Em 2015, com as alterações legislativas ao CPTA, passou a admitir-se, sem margem para dúvidas, um mero controlo da legalidade administrativa. O critério eleito pelo legislador reside numa *presunção de arbitrabilidade* dos conflitos administrativos respeitantes a "questões respeitantes à validade de atos administrativos" [cfr. o artigo 180º, nº 1, alínea c)].

[772] Cfr., por exemplo, Sérvulo Correia, *Direito do Contencioso Administrativo I, cit.*, p. 689 (denotando em relação ao ETAF de 1984 que desde esse momento se "tornou mais patente a ausência de um critério de arbitrabilidade). Em sentido idêntico, cfr. Pedro Gonçalves, *Entidades Privadas com Poderes Públicos, cit.*, pp. 577 e 578 e Mário Aroso de Almeida, "Sobre o âmbito das matérias passíveis de arbitragem...", *cit.*, p. 14 e ss., José Carlos Vieira de Andrade, *A Justiça Administrativa*, 13ª Edição, *cit.*, pp. 130 e 131. Cfr., igualmente, Margarida Olazabal Cabral, "A arbitragem no projecto de revisão do CPTA", *cit.*, pp. 106 e ss.

[773] Num sentido próximo, ao qual aderimos, cfr. Mário Aroso de Almeida "Sobre o âmbito das matérias passíveis de arbitragem...", *cit.*, pp. 15 e ss. e, mais recentemente, Mário Aroso de Almeida e Carlos Cadilha, *Comentário ao Código de Processo nos Tribunais Administrativos, cit.*, pp. 1317 e ss. A ideia de que a submissão da Administração à jurisdição de um tribunal arbitral assenta na ideia de disponibilidade (que deve ser associada à discricionariedade) é veiculada por uma boa parte da doutrina, cfr. Juan Rosa Moreno, *El arbitraje administrativo, cit.*, pp. 111 e ss., Juan Manuel Trayter, "El Arbitraje de Derecho Administrativo", *cit.*, p. 81. Em Portugal, por exemplo, entendendo que os tribunais arbitrais podiam, segundo o Direito Processual Administrativo português anteriormente em vigor, decidir sobre o mérito da decisão administrativa relativa a actos administrativos revogatórios, cfr. Paulo Otero, "Admissibilidade e Limites da Arbitragem Voluntária nos Contratos...", *cit.*, pp. 88 e 89. Mais recentemente, em sentido contrário, cfr. Marta García Pérez, *Arbitraje y Derecho Administrativo, cit.*, p. 49.

Em todo o caso, não se optou por uma solução totalmente idêntica à existente no sistema jurídico alemão, a qual consiste numa remissão total dos critérios de arbitrabilidade para o disposto num diploma que regule em bloco a arbitragem[774]-[775], solução, aliás, que mereceria uma análise de compatibilidade com a CRP.

A expressa menção à possibilidade da existência de um controlo da legalidade administrativa por tribunais arbitrais, "salvo determinação legal em contrário", permite que o legislador possa acautelar determinadas situações a seu critério, determinando a inarbitrabilidade pontual de um litígio quando o interesse público assim justifique.

Com efeito, é preciso ter presente que a arbitragem que envolva a Administração Pública ou os privados que exerçam poderes públicos e os particulares (administrados) pressupõe a possibilidade de disposição livre e esclarecida, que consubstancie uma renúncia pelos administrados da protecção jusfundamental prevista no artigo 20º da CRP[776].

É neste aspecto essencial que se coloca o problema envolvendo a *presunção da arbitrabilidade* do controlo da legalidade administrativa por tribunais arbitrais[777]. Na doutrina, uma alternativa apontada para salvaguardar estas dificuldades (decorrentes de uma cláusula geral de arbitrabilidade de litígios resultantes da legalidade da actuação da Administração) é o "reconhecimento da possibilidade de impugnação, por vício de fundo, da decisão que (...) esse tribunal venha a proferir"[778].

[774] No caso português, a LAV.

[775] A solução alemã tem suscitado inúmeras críticas, cfr., com indicações, Kaspar Henrik Möller, *Echte Schiedsgerichte im Verwaltungsrecht*, *cit.*, pp. 50 e ss. As questões colocam-se, desde logo, no âmbito de saber se, porventura, existe (i) um monopólio do exercício da função jurisdicional; (ii) um "afrouxamento" da submissão da Administração ao princípio da legalidade pela submissão de um litígio à arbitragem; (iii) uma suposta violação ao princípio da tutela jurisdicional efectiva; (iv) problemas de articulação com o Direito Internacional Público (em particular, com a CEDH).

[776] Com outros desenvolvimentos, v. Artur Flamínio da Silva, *A Resolução de Conflitos Desportivos...*, *cit.*, pp. 441 e ss.

[777] Pedro Gonçalves sugere, pelo contrário, que: "(...) não se descortina nenhuma razão imperiosa para subtrair aos tribunais arbitrais a apreciação de qualquer questão de direito administrativo (...)". Cfr. "Administração Pública e arbitragem – em especial, o princípio legal da irrecorribilidade de sentenças arbitrais", *cit.*, p. 786.

[778] Cfr. Mário Aroso de Almeida, "Sobre o âmbito das matérias passíveis de arbitragem...", *cit.*, p. 22. No sentido de que todas as decisões de autoridade da Administração exigem sempre um controlo de mérito das decisões de tribunais arbitrais que decidam aquelas causas, cfr. Julian Zado, *Privatisierung der Justiz*, *cit.*, pp. 268 e 269.
Entre nós, José Manuel Sérvulo Correia já tinha proposto uma solução idêntica afirmando precisamente que: "sendo a preservação da legalidade objectiva um interesse comum a toda a

A solução mais recente do artigo 180º, nº 1, do CPTA, consagra um regime genérico da arbitrabilidade[779] de litígios de Direito Administrativo[780] em que se estabelecem casos tipificados em que a submissão pelas partes a arbitragem é legalmente admissível[781] e, embora com algumas limitações[782], podem estabelecer-se como regra a arbitrabilidade dos seguintes litígios: (i) litígios relativos a contratos públicos [alínea a)]; (ii) litígios relativos à responsabilidade civil extracontratual [alínea b)]; (iii) litígios relativos à validade de actos administrativos [alínea c)][783]; (iv) litígios respeitantes a relações jurídicas de emprego público[784].

colectividade política, não pode o Estado desincumbir-se dela, deixando-a nas mãos de decisores sem vínculo à organização do poder político". Deste modo, acrescenta que: "[p]ara além de não poder ser de equidade o contencioso arbitral de actos administrativos, poderia o legislador proibir em geral a renúncia ao recurso para o tribunal da ordem jurisdicional administrativa das decisões arbitrais sobre a impugnação de tais actos". Cfr. *Direito do Contencioso Administrativo I, cit.*, p. 688.

[779] Cfr., neste sentido, Mário Aroso de Almeida e Carlos Cadilha, *Comentário ao Código de Processo nos Tribunais Administrativos, cit.*, p. 1312.

[780] Existem, a este respeito, regimes especiais que introduzem soluções que devem auxiliar na interpretação da arbitrabilidade no Direito Administrativo, designadamente o artigo 476º do Código dos Contratos Públicos, que limita a submissão a arbitragem no domínio da arbitragem *ad hoc*.

[781] Que não pode, em regra e exceptuando o caso da arbitragem necessária no Direito Administrativo, deixar de ser lida de acordo com a previsão de competência dos tribunais administrativos no ETAF. Os tribunais arbitrais serão competentes nas mesmas situações que o serão os tribunais administrativos, ressalvando os casos em que a arbitrabilidade é menos ampla, existindo uma reserva de competência dos tribunais administrativos por razões de interesse público. Efectuando uma leitura da arbitrabilidade dos litígios de Direito Administrativo de acordo com o ETAF, v. Mário Aroso de Almeida e Carlos Cadilha, *Comentário ao Código de Processo nos Tribunais Administrativos, cit.*, pp. 1312 e ss.

[782] V., por exemplo, o artigo 185º do CPTA que limita a submissão a arbitragem no caso de "responsabilidade civil por prejuízos decorrentes do exercício da função política e legislativa e da função jurisdicional" (nº 1) e em litígios relacionados com a discricionariedade de acto, uma vez que nunca poderão os árbitros "pronunciar-se sobre a conveniência ou oportunidade da actuação administrativa, nem julgar segundo a equidade" (nº 2). No mesmo sentido, também existe uma limitação prevista no artigo 180º, nº 2, do CPTA, designadamente exigindo que os contra-interessados aceitem a convenção de arbitragem.

[783] A menos que uma disposição legal disponha em sentido contrário. Colocam-se, a este respeito, algumas dúvidas relacionadas com a possibilidade de submeter litígios envolvendo regulamentos administrativos a arbitragem. Numa primeira análise não será problemática a situação em que um acto administrativo aplica um regulamento (que será, no quadro jurídico descrito, arbitrável), mas antes aquela em que se discute, por exemplo, a legalidade do regulamento administrativo.

[784] Desde que sejam disponíveis e que, desde logo, não se reconduzam a acidente de trabalho ou doença profissional.

Uma última nota merece a interpretação de uma solução legal especial ao CPTA que tem sido controversa ao consagrar a arbitrabilidade, em sede de arbitragem necessária, de litígios desportivos de Direito Administrativo[785].

Como vimos, com a reforma de 2015 do CPTA, diluíram-se as dúvidas relativamente aos limites da competência dos tribunais arbitrais em matéria da actuação administrativa discricionária: o facto de estarmos perante um tribunal arbitral não pode permitir ir além dos mesmos limites existentes para os tribunais estaduais.

Com efeito, a igual dignidade (ou a equivalência) dos tribunais arbitrais em relação aos tribunais estaduais implica reconhecer uma igual limitação no exercício da actividade[786] Está em causa uma reserva de Administração[787] que exige a existência de um espaço de valoração próprio da actividade administrativa, existindo "uma *reserva de princípio* quanto ao poder de definir o Direito nessa matéria"[788]

Por este mesmo motivo, dispõe o artigo 3º, nº 1, do CPTA que cabe aos tribunais administrativos apreciar o "cumprimento pela Administração das normas e princípios jurídicos que a vinculam e não da conveniência ou oportunidade da sua a[c]tuação". O mesmo reforça o artigo 185º, nº 2, do CPTA, no qual se determina que não podem os árbitros "pronunciar-se sobre a conveniência ou oportunidade da a[c]tuação administrativa (...)"[789].

Mais recentemente, o STA veio a adoptar uma conclusão que contraria o reconhecimento destas limitações que reconhecemos a quaisquer tribunais

[785] V. os artigos 4º e ss. da LTAD. Sobre este tema, v., com outros desenvolvimentos, Artur Flamínio da Silva, "Arbitragem e Jurisdição no Direito Administrativo: interrogações em torno dos seus limites...", *cit.*, pp. 90 e ss.

[786] Conforme reconhece Vasco Moura Ramos, "se o mérito da actuação administrativa não é judicialmente controlável, ele não pode ser objecto de apreciação judicial seja por tribunais administrativos seja por tribunais arbitrais". V. "Algumas considerações sobre a arbitragem de litígios respeitantes à validade...", *cit.*, p. 251.

[787] Sobre a questão, no que concerne ao direito disciplinar administrativo, cfr. Diego Vaiano, *La Riserva di Funzione Admministrativa*, *cit.*, pp. 231 e ss.

[788] Cfr. Mário Aroso de Almeida, *Manual de Processo Administrativo*, 2ª. Edição, *cit.*, p. 96.

[789] Em sentido idêntico, não pode ignorar-se que esta é a regra também na arbitragem voluntária, conforme configurada no CPTA, designadamente no artigo 185º, nº 2, no qual se determina que não podem os árbitros "pronunciar-se sobre a conveniência ou oportunidade da a[c]tuação administrativa (...)". Sobre esta disposição, cfr. Tiago Serrão, "A arbitragem no CPTA revisto: primeiras impressões", *cit.*, pp. 494 e ss. Não se pode, no entanto, ignorar que, como justamente refere Rui Chancerelle de Machete, "os limites impostos à cognição dos tribunais pelo núcleo ou núcleos irredutíveis da discricionariedade constituem *quaestio diabolica* em qualquer sistema administrativo". V. "O alargamento do âmbito das matérias sujeitas à arbitragem administrativa no Direito Português", *cit.*, p. 172.

arbitrais[790], admitindo que o TAD pudesse ser qualificado como "um tribunal sui generis", referindo que se trata de "um verdadeiro tribunal, mas com algumas especificidades relativamente aos tribunais administrativos"[791].

Afirmando que "o legislador pretendeu dar ao TAD uma dimensão que não se reduz a um mero substituto dos tribunais administrativos" entende que os tribunais arbitrais que se constituam junto de um centro de arbitragem, como aquele que é conhecido como TAD, pode deter uma competência mais abrangente do que os tribunais estaduais, permitindo a arbitrabilidade de litígios relacionados com a discricionariedade, julgando designadamente "*ex novo* toda a matéria de facto e de direito relevante para a decisão da causa e proferir um novo juízo sobre o caso"[792], o que redundaria na possibilidade do tribunal arbitral se comportar como se de uma entidade administrativa se tratasse[793].

10.6. A extensão da convenção de arbitragem a não signatários ou a terceiros (remissão)

No âmbito da convenção de arbitragem, uma questão igualmente controvertida que se coloca (e que tem sido fonte de grandes equívocos) é a chamada *extensão da convenção de arbitragem a não signatários ou a terceiros.*

O tema surge frequentemente associado à intervenção de terceiros e, por essa razão, será oportunamente tratado no capítulo VI (no ponto 12.2.). Em todo o caso, desde já se adianta que, em rigor, não existe qualquer *extensão* da convenção de arbitragem (nem existe uma intervenção de terceiros). Com efeito, acima de tudo estamos perante casos em que um determinado sujeito aparenta não estar vinculado pela convenção de arbitragem (por não a ter formalmente subscrito), mas na realidade está. Na realidade, esse sujeito não é terceiro em relação à convenção, mas sim parte da mesma.

Como veremos, a questão essencial que se tem de colocar nestes casos é a de saber *quem é parte da convenção de arbitragem*, não existindo qualquer "extensão" da convenção arbitral.

[790] V. o acórdão do STA de 8 de Fevereiro de 2018, processo nº 01120/17.

[791] Conclusão que contraria frontalmente a interpretação que ARTUR FLAMÍNIO DA SILVA faz do estatuto constitucional do TAD, Cfr. *A Resolução de Conflitos Desportivos...cit.*, pp. 472 e ss.

[792] O próprio STA reconhece precisamente ser este o problema em discussão no caso em apreço.

[793] A posição do STA surge, de resto, confirmada com a afirmação – e a interpretação do mecanismo de avocação – de que "[d]esde logo, não teria sentido dar ao Tribunal Arbitral do Desporto a possibilidade de conhecer *ab initio* o litígio desportivo como se fosse uma entidade administrativa e depois limitar-se conceptualmente o âmbito do poder de jurisdição plena em sede de direito e do facto, em sede de recurso da decisão administrativa dos órgãos referidos no nº 3 do referido artigo 4º".

10.7. Efeitos da convenção de arbitragem e princípio da competência-competência

I – Tal como tivemos oportunidade de referir anteriormente a propósito da natureza jurídica da convenção de arbitragem, da celebração de uma convenção de arbitragem, em qualquer das suas modalidades[794], nasce para todas as partes contratantes da mesma um direito potestativo de constituição do tribunal arbitral. Neste sentido, a qualquer uma delas é possível iniciar o procedimento arbitral, forçando, desse modo, a sua contra-parte a sujeitar-se não só à sua decisão de avançar com a instância arbitral, bem como à jurisdição deste tribunal[795].

Na doutrina designa-se por efeito positivo da convenção de arbitragem o direito potestativo, a que corresponde a vinculação da outra parte, de constituir o tribunal arbitral para resolver quaisquer litígios que se encontrem no âmbito da convenção arbitral celebrada[796]. Uma vez celebrada a convenção, a revogação da mesma apenas é possível por acordo, sujeito a forma escrita, das partes, o qual pode ser obtido até à prolação da sentença arbitral[797].

A este direito potestativo vem juntar-se uma outra dimensão reflexa[798], a qual a doutrina qualifica como efeito negativo[799] da convenção de arbitragem e que se traduz, na prática, na impossibilidade de uma das partes buscar, quanto a um litígio que seja objecto de uma convenção de arbitragem, a tutela dos tribunais estaduais. Com efeito, na hipótese de, apesar da existência de uma convenção de arbitragem, um dos contraentes decidir não proceder de acordo com a mesma e, assim, iniciar um processo judicial, cabe ao réu, até ao primeiro momento em que apresentar o seu primeiro articulado

[794] Com excepção dos casos que se incluam no âmbito do artigo 21º, al. h) do Decreto-Lei nº 446/85, bem como do artigo 13º da Lei nº 144/2015, de 8 de Setembro, tal como já analisámos no ponto 10.3.

[795] Mesmo que entenda não contestar ou não participar de forma activa no processo, essa inércia não terá por efeito impedir o prosseguimento do mesmo, podendo o demandado ser julgado à revelia. A única diferença é que estaremos perante uma revelia inoperante, pelo que, nessa medida, não se dão provados por confissão os factos não impugnados ou excepcionados pela parte. Cfr. artigo 35º, nº 2 da LAV, bem como, na doutrina, DÁRIO MOURA VICENTE (Coordenador), *Lei da Arbitragem Voluntária Anotada, cit.*, p. 111.

[796] CARLOS FERREIRA DE ALMEIDA, "Convenção de Arbitragem: Conteúdos e Efeitos", *cit.*, p. 93, RAÚL VENTURA, "Convenção de Arbitragem", *cit.*, pp. 379 e ss. e MARIANA FRANÇA GOUVEIA, *Curso de Resolução Alternativa de Litígios, cit.*, p. 181.

[797] V. artigo 4º, nº 2 da LAV.

[798] Convocando a expressão de RAÚL VENTURA, "Convenção de Arbitragem", *cit.*, p. 379.

[799] DÁRIO MOURA VICENTE (Coordenador), *Lei da Arbitragem Voluntária Anotada, cit.*, pp. 38-39, ANTÓNIO MENEZES CORDEIRO, *Tratado da Arbitragem..., cit.*, p. 120, MARIANA FRANÇA GOUVEIA, *Curso de Resolução Alternativa de Litígios, cit.*, pp. 183 e ss.

sobre o fundo da causa, o ónus de invocar a existência de uma convenção de arbitragem[800], que processualmente se traduz numa excepção de preterição do tribunal arbitral[801]-[802] e, nessa medida, na incompetência absoluta do tribunal estadual[803].

O efeito positivo e o efeito negativo são duas realidades indissociáveis e que, na prática, têm a função de se garantir mutuamente, constituindo um bloco de protecção à convenção celebrada. Efectivamente, mesmo que existisse um direito potestativo de iniciar a arbitragem, o efeito do mesmo seria fortemente reduzido – ou mesmo impossibilitado – se não fosse consagrado um mecanismo que impedisse o prosseguimento de uma eventual acção judicial que tivesse o mesmo objecto que o consagrado na convenção de arbitragem.

Todavia, tal como o direito potestativo é de exercício voluntário, nada impedindo que as partes renunciem tacitamente à convenção de arbitragem, também o mesmo sucede com a invocação da referida excepção, motivo pelo qual a lei não consagra o conhecimento oficioso da mesma. A solução oposta – o dever de conhecimento oficioso pelo tribunal estadual – seria, por um lado, pouco consentânea com um domínio profundamente marcado pelo princípio da autonomia da vontade e, por outro lado, colidiria com a própria regra (artigo 4º, nº 2 da LAV) que permite que as partes revoguem a convenção de arbitragem celebrada[804].

Em momento anterior à entrada em vigor do novo Código de Processo Civil, discutia-se na doutrina se a excepção de preterição do tribunal arbitral, à data prevista no artigo 494º, al. j) do CPC, configurava uma matéria de competência – ou falta dela – ou um caso de litispendência, na medida em que seriam propostas acções, em simultâneo, no tribunal judicial e no tribunal arbitral quanto aos mesmos objectos previstos na convenção de arbitragem[805]. A questão não era meramente teórica, comportando, pelo contrário, efeitos práticos de elevada relevância, desde logo pelo facto de a litispendência ser uma excepção de conhecimento oficioso do tribunal estadual, ao contrário

[800] Artigo 5º, nº 1 da LAV.

[801] V. artigo 96º, alínea b), do CPC.

[802] LUÍS DE LIMA PINHEIRO, *Arbitragem Transnacional...*, *cit.*, p. 88, CARLOS FERREIRA DE ALMEIDA, Convenção de Arbitragem: Conteúdos e Efeitos", *cit.*, p. 93, RAÚL VENTURA, "Convenção de Arbitragem", *cit.*, p. 380.

[803] Para uma apreciação mais detalhada da excepção de preterição do tribunal arbitral ao abrigo da anterior LAV e do anterior CPC, JOÃO LOPES DOS REIS, "A excepção de preterição do tribunal arbitral (voluntário)", *cit.*, pp. 1115 e ss.

[804] LUÍS DE LIMA PINHEIRO, *Arbitragem Transnacional...*, *cit.*, p. 89.

[805] MARIANA FRANÇA GOUVEIA, *Curso de Resolução Alternativa de Litígios*, *cit.*, p. 181.

da excepção de preterição de tribunal arbitral voluntário que dependia de alegação pelo réu, caso assim entendesse.

A dúvida tem, com o novo CPC, uma resposta expressa: a excepção de preterição de tribunal arbitral gera, mediante a invocação da existência de convenção de arbitragem, a *incompetência absoluta do tribunal estadual*[806]. Com efeito, da celebração da convenção de arbitragem nasce a competência do tribunal arbitral, que tem por efeito, quanto aos litígios abrangidos por aquele contrato, a necessária falta de jurisdição dos tribunais comuns. A raiz do problema é precisamente essa: a jurisdição[807].

II – De acordo com o artigo 5º, nº 1 da LAV, quando exista a invocação da existência de uma convenção de arbitragem, o tribunal estadual deve absolver o réu da instância. Este é o resultado natural decorrente da consagração do efeito negativo da convenção de arbitragem. Sucede, porém, que a mesma norma, na sua parte final, determina que não haverá lugar à absolvição da instância quando o tribunal estadual verificar que *a convenção de arbitragem é nula, é ou se tornou ineficaz ou é inexequível*[808].

[806] A excepção de "preterição do tribunal arbitral necessário ou a violação de convenção de arbitragem", prevista no artigo 494º, alínea j), do anterior CPC, deixou de estar expressamente referida no elenco de excepções dilatórias do artigo 577º do actual CPC, uma vez que a mesma se encontra já compreendida na sua alínea a) (incompetência absoluta do tribunal, nos termos do artigo 96º, alínea b), do actual CPC). A propósito desta alteração legislativa, vejam-se JOÃO CORREIA / PAULO PIMENTA / SÉRGIO CASTANHEIRA, *Introdução ao Estudo e à Aplicação do Código de Processo Civil de 2013, cit.*, p. 27, e PAULO RAMOS DE FARIA / ANA LUÍSA LOUREIRO, *Primeiras Notas ao Novo Código de Processo Civil*, vol. I, *cit.*, p. 497.

[807] MARIANA FRANÇA GOUVEIA, problematizando a relação da excepção da preterição do tribunal arbitral com a de proibição de litispendência, coloca a dúvida de qual a opção a tomar quando, num caso marcado pela incoerência processual das partes, corra termos uma acção arbitral e, na pendência desta, uma das partes inicie uma acção no tribunal estadual, exactamente com o mesmo objecto, sem que o réu invoque a existência de convenção de arbitragem. Ora, de acordo com a doutrina, e conforme relembra a autora, haveria neste caso uma revogação tácita da convenção de arbitragem, operada pela propositura da acção no tribunal estadual e pela não invocação da preterição de tribunal arbitral, pelo que, nestes termos, o tribunal arbitral já não teria jurisdição e, consequentemente, as suas decisões seriam inválidas. Todavia, se as partes também não alegarem oportunamente a incompetência do tribunal arbitral, o processo prossegue. *Quid iuris*? Conclui a autora que, ainda assim, o problema continua a ser de jurisdição e não de litispendência e que talvez a solução passasse por privilegiar a jurisdição do tribunal onde foi proposta a primeira acção. Parece-nos que assiste razão à autora, concordando com a solução que propõe. Cfr. *Curso de Resolução Alternativa de Litígios, cit.*, pp. 182-183.

[808] Cfr. artigo 5º, nº 1 da LAV. Destaque nosso. DÁRIO MOURA VICENTE (Coordenador), *Lei da Arbitragem Voluntária Anotada, cit.*, p. 38, destaca que, pese embora esta disposição tenha tido

Neste contexto, surge a questão de saber quais os limites da apreciação do juiz estadual quanto à nulidade, ineficácia ou inexequibilidade da convenção de arbitragem, designadamente se o mesmo deve proceder a uma análise profunda e exaustiva quanto à existência e respectiva validade da convenção ou, se pelo contrário, deve limitar-se a absolver o réu[809].

Os limites da actuação do tribunal estadual encontram-se estreitamente ligados a um princípio, que embora referido anteriormente, teve a sua análise reservada para este local: referimo-nos ao princípio da competência da competência ou, no grafismo alemão em que popularizou, Kompetenz-Kompetenz[810].

III – O princípio *Kompetenz-Kompetenz* é, em conjunto com a regra da autonomia ou separabilidade da convenção arbitral, um dos principais esteios da arbitragem, quer no plano nacional, quer no plano internacional[811].

A importância deste princípio é significativa, na medida em que o mesmo se traduz no reconhecimento de que o tribunal arbitral, à semelhança de qualquer outro tribunal[812], tem competência para apreciar a sua própria competência, cabendo-lhe a si, em primeira instância, a decisão sobre a existência ou inexistência da mesma. Desta forma, ao pertencer a decisão ao tribunal

interpretação no artigo 8º da Lei-Modelo, a redacção da norma portuguesa acrescentou a menção de que "os valores negativos da convenção de arbitragem (...) sejam manifestos".

809 Raúl Ventura considera que uma vez verificados os respectivos pressupostos da excepção de preterição do tribunal arbitral, não assiste ao juiz estadual uma qualquer discricionariedade na apreciação da excepção. Cfr. "Convenção de Arbitragem", *cit.*, p. 391.

810 Sem prejuízo da relação intrínseca deste princípio com a questão da autonomia ou independência da convenção de arbitragem, entendeu-se por mais conveniente o seu tratamento em sede dos efeitos da convenção arbitral, uma vez que o efeito negativo e a intervenção dos tribunais estaduais, que pode verificar-se a propósito do mesmo, reclamam uma análise conjunta. De facto, o princípio competência-competência tem uma função de protecção da convenção de arbitragem celebrada pelas partes e da decorrente jurisdição arbitral, na medida em que visa impedir uma intervenção demasiado prematura da jurisdição estadual na arbitragem. Assim, em conjunto com o efeito positivo e o efeito negativo, assegura-se a possibilidade de a convenção preencher a finalidade para que foi criada: a decisão de um determinado conjunto de litígios por um tribunal arbitral. Cfr. João Lopes dos Reis, "A excepção de preterição do tribunal arbitral (voluntário)", *cit.*, p. 1120.

811 Maud Piers e Dirk de Meulemeester, "The New Arbitration Law – Belgium Adopted the UNCITRAL Model Law", *cit.*, p. 172, Bernhard Berger / Franz Kellerhals, *International and Domestic Arbitration in Switzerland, cit.*, p. 236, Julian D. M. Lew / Loukas A. Mistelis / et alli., *Comparative International Commercial Arbitration, cit.*, pp. 331-332 e Philippe Fouchard / Emmanuel Gaillard / Berthold Goldman, *Fouchard Gaillard Goldman On International Commercial Arbitration, cit.*, p. 395. Cfr., igualmente, Walter Habscheid, "Zur Kompetenz-Kompetenz nach dem neuen Schiedsrecht", *cit.*, pp. 247 e ss.

812 Bernhard Berger / Franz Kellerhals, *International and Domestic Arbitration in Switzerland, cit.*, p. 236, bem como Trittmann, Rolf / Inka Hanefeld, "§1029", *cit.*, p. 95.

arbitral logo num primeiro momento, previne-se a existência de expedientes dilatórios pelas partes que poderiam tentar recorrer a mecanismo judiciais com vista a afastar a jurisdição arbitral[813]-[814].

Por conseguinte, quando seja alegada a invalidade ou a inexistência da convenção de arbitragem, pode o tribunal arbitral decidir sobre a sua própria competência, ainda que para essa finalidade tenha, igualmente, "de apreciar a existência, a validade ou a eficácia da convenção de arbitragem ou do contrato em que ela se insira, ou a aplicabilidade da referida convenção"[815]. Com efeito, conjugando a regra do princípio competência-competência com a autonomia da convenção de arbitragem, a instância arbitral encontra-se relativamente blindada, não sendo relativamente fácil desaforar o tribunal arbitral da sua competência[816]. Esta faculdade de o tribunal arbitral ser competente para apreciar a sua própria competência é designada como a vertente positiva do princípio competência-competência.

IV – Não obstante, esta competência do tribunal arbitral não se apresenta como absoluta[817], na medida em que a decisão mediante o qual o tribunal decide sobre a sua competência considerando-se competente[818] (a qual pode consubstanciar uma decisão interlocutória ou integrar a sentença final[819]) pode ser objecto de impugnação, por qualquer uma das partes, no tribunal estadual competente.

Nos termos do artigo 18º, nº 9 da LAV, esta decisão interlocutória do tribunal arbitral pode ser impugnada no prazo de 30 dias. Esta opção afasta-se, assim, da seguida na LAV anterior, uma vez que aí se determinava que essa decisão apenas podia ser impugnada depois de ter sido proferida a decisão

[813] O que seria particularmente gravoso em ambientes hostis à arbitragem.

[814] Pese embora seja um princípio comum no domínio da arbitragem internacional, o fundamento desta competência dos árbitros para apreciar a sua própria competência decorre da sua adopção e reconhecimento deste princípio nos respectivos ordenamentos de cada país e não na autonomia privada das partes, cfr. PHILIPPE FOUCHARD / EMMANUEL GAILLARD / BERTHOLD GOLDMAN, *Fouchard Gaillard Goldman On International Commercial Arbitration, cit.*, p. 401.

[815] Cfr. artigo 18º, nº 1 da LAV.

[816] MARIANA FRANÇA GOUVEIA, *Curso de Resolução Alternativa de Litígios, cit.*, p. 183.

[817] V. ANTÓNIO MENEZES CORDEIRO, *Tratado da Arbitragem..., cit.*, p. 121.

[818] A LAV não prevê a possibilidade de impugnar uma decisão pela qual o tribunal arbitral se considere incompetente, referindo-se expressamente à "decisão interlocutória pela qual o tribunal arbitral declare que tem competência". Por conseguinte, parece que quando a decisão seja no sentido de inexistência de competência, a mesma vincula as partes e o tribunal judicial: a instância arbitral extingue-se e as partes terão de buscar tutela junto do tribunal estadual. V. MARIANA FRANÇA GOUVEIA, *Curso de Resolução Alternativa de Litígios, cit.*, pp. 189 e ss.

[819] Cfr. artigo 18º, nº 8 da LAV.

sobre o fundo da causa. A questão que se levanta quanto à redacção actual da norma prende-se com saber se da opção de uma das partes não impugnar a decisão interlocutória, no prazo de 30 dias, resulta a preclusão do direito de impugnar a sentença final com fundamento em incompetência do tribunal arbitral[820]. A resposta da doutrina não é unânime, todavia consideramos como mais adequada ao espírito da lei, bem como à letra da mesma, aquela que considera que da não impugnação imediata da decisão interlocutória do tribunal arbitral não resulta a preclusão da possibilidade de impugnar a sentença final como fundamento em incompetência do tribunal arbitral.

Por outro lado, e mesmo que a decisão de uma das partes seja impugnar de imediato a decisão interlocutória, a mesma não comporta efeito suspensivo, o que significa que, na prática, o processo arbitral continuará a correr todos os seus trâmites normais. No limite, pode haver lugar ao proferimento da sentença final do processo arbitral antes mesmo que tenha sido decidida pelo tribunal estadual a impugação da decisão quanto à competência do tribunal arbitral.

V – Estando consagrado o princípio competência-competência no nosso ordenamento jurídico, importa perceber em que medida o mesmo se coaduna com o efeito negativo da convenção de arbitragem, bem como com a medida da apreciação da existência e validade da convenção de arbitragem pelo tribunal estadual. Sendo possíveis várias soluções, desde aquelas que entendem que o juiz estadual pode examinar exaustivamente a existência da convenção arbitral ou, por outro lado, as que entendem que, mediante a alegação da existência de uma excepção de preterição do tribunal arbitral, o juiz se deve limitar a absolver o réu da instância sem apurar sequer se a convenção existe, optamos por aquela que nos parece mais adequada[821].

Significa, portanto, que, e tal como tem vindo a ser defendido pela jurisprudência[822], entendemos que face à alegação da existência de uma conven-

820 Pedro Siza Vieira e Nuno Ferreira Lousa, em Dário Moura Vicente (Coordenador), *Lei da Arbitragem Voluntária Anotada, cit.*, p. 76, por seu turno, consideram que a parte que tenha nisso interesse deverá impugnar imediatamente a decisão do tribunal, pois só assim se contribuirá para uma célere estabilização da instância arbitral. Mariana França Gouveia considera que a lei se limita a consagrar uma faculdade de impugnação imediata, cabendo aos interessados escolher qual a estratégia processual que mais se adequa aos seus interesses. V. *Curso de Resolução Alternativa de Litígios, cit.*, pp. 186-188.

821 Cfr. Mariana França Gouveia, *Curso de Resolução Alternativa de Litígios, cit.*, p. 190-191.

822 Tome-se como exemplo o acórdão do Supremo Tribunal de Justiça, de 21/06/2016, Processo nº 301/14.0TVLSB.L1.S1, no âmbito do qual se decidiu que "[a]o apreciar a exceção dilatória de preterição de tribunal arbitral, devem os tribunais judiciais actuar com reserva e contenção, de

ção de arbitragem, o juiz estadual apenas deve atender a casos manifestos de nulidade, ineficácia e inexequibilidade, por exemplo, quando a convenção não revista forma escrita, quando tenha sido celebrada por menor ou incapaz. Ou seja, a sua análise deve ser feita de forma preliminar, focar-se somente nos requisitos de validade e existência da convenção de arbitragem e sem necessidade de recorrer a meios de prova[823], pois quando esta última se verificar, não estamos evidentemente perante uma situação manifesta. Nestes casos, deve absolver o réu da instância, extinguindo a mesma.

O facto de o tribunal estadual absolver o réu da instância por entender que se verifica a excepção de preterição do tribunal arbitral não equivale a determinar que é este o tribunal competente. De facto, daquela decisão apenas resulta que o tribunal estadual entendeu existir uma convenção de arbitragem aparentemente válida e eficaz; ao tribunal arbitral competirá, de acordo com o princípio competência-competência, apreciar da sua competência, devendo, para tal, apreciar todos os requisitos e elementos que considere necessários. Esta pode ser, aliás, uma das razões para o tribunal não se pronunciar interlocutoriamente sobre a sua competência, na medida em que poderá ser necessário produzir prova para concluir sobre a mesma, pelo que apenas decidirá na sentença final.[824]

Todavia, há outro entendimento na doutrina, de acordo com o qual a sentença pela qual o tribunal estadual absolve o réu da instância com fundamento na preterição de tribunal arbitral voluntário, consubstanciando uma decisão negativa sobre a competência, comporta um "efeito positivo de vinculação do tribunal arbitral", o qual, neste sentido, ficaria adstrito a considerar-se competente para julgar o litígio das partes[825].

modo a reconhecer ao tribunal arbitral prioridade na apreciação da sua própria competência, apenas lhes cumprindo fixar, de imediato e em primeira linha, a competência dos tribunais estaduais para a composição do litígio que o A. lhes pretende submeter quando, mediante juízo perfunctório, for patente, manifesta e insuscetível de controvérsia séria a nulidade, ineficácia ou inaplicabilidade da convenção de arbitragem invocada" e que que "[m]anifesta inexistência (nulidade, ineficácia ou inexequibilidade) é aquela que não necessita de mais prova para ser apreciada, afastando, à partida, qualquer alegação de vícios da vontade na celebração do contrato e deixando ao tribunal judicial apenas a consideração dos requisitos externos da convenção, como a forma ou a arbitrabilidade". Com a mesma orientação encontramos ainda o acórdão do Tribunal da Relação do Porto, de 13/04/2015, processo nº 471/14.8TVPRT.P1 ou o acórdão do Tribunal da Relação de Guimarães de 30/01/2014, processo nº 1257/13.2TBVCT.G1.

[823] Cfr. o acórdão do Tribunal da Relação de Guimarães de 30/01/2014, processo nº 1257/13.2TBVCT.G1.

[824] Mariana França Gouveia, *Curso de Resolução Alternativa de Litígios, cit.*, pp. 185 e ss.

[825] Miguel Teixeira de Sousa, *Estudos sobre o novo processo civil, cit.*, p. 134.

Pese embora compreendamos os argumentos apresentados nesse sentido, parece-nos que o princípio competência-competência consagrado no artigo 18º, nº 1 da LAV, aliado à análise não exaustiva da existência e validade da convenção de arbitragem consagrada no artigo 5º, nº 1 da LAV, não permite concluir pela natureza vinculativa para o tribunal arbitral, ao nível da competência, da decisão do tribunal estadual.

Capítulo V
Tribunal Arbitral

11. O Tribunal Arbitral

Os tribunais arbitrais são verdadeiros e próprios tribunais, mas não são "tribunais como os outros"[826]. Para além do que já referimos anteriormente (designadamente o facto de os tribunais arbitrais não serem órgãos de soberania e não terem *ius imperii*)[827], importa ter presente as muitas especificidades que diferenciam a justiça estadual da justiça arbitral nesta matéria – tarefa que nos propomos fazer no presente capítulo. Em particular, iremos centrar-nos no tribunal arbitral e na figura dos árbitros (sem esquecer também o papel do secretário).

11.1. A constituição do tribunal arbitral: importância e especificidades

I – Em consequência da sua origem contratual e natureza privada, a arbitragem voluntária apresenta particularidades próprias que a diferenciam da justiça estadual – particularidades que, se por um lado são, muitas vezes, a razão de ser das principais vantagens associadas à arbitragem, por outro lado levam também, como veremos, a que se coloquem problemas que não ocorreriam nos tribunais estaduais[828].

Um desses traços distintivos reside, precisamente, na possibilidade que as partes têm de designar os membros do tribunal arbitral, isto é, os árbitros que decidirão a causa, ou de fixar o modo pelo qual estes são escolhidos[829]. Esta

[826] Acórdão do Tribunal Constitucional nº 230/86, *cit.*

[827] *Vide* capítulo II, ponto 7.1.2.

[828] *Vide* CARLA GONÇALVES BORGES, "Pluralidade de Partes...", *cit.*, p. 109.

[829] Artigo 10º, nº 1, da LAV. O tribunal arbitral poderá ser constituído por um único árbitro ou por vários, desde que em número ímpar (artigo 8º, nº 1, da referida Lei).

é, aliás, em geral considerada uma das grandes vantagens da arbitragem face aos tribunais estaduais, sendo um claro reflexo da importância que o princípio da autonomia das partes assume na arbitragem[830].

As partes gozam, assim, de um grande protagonismo na nomeação dos *seus* juízes[831], tendo a possibilidade de escolher pessoas que se revelem *mais aptas* para decidirem o litígio e tenham uma maior *sensibilidade* em relação aos interesses das partes, nomeadamente pessoas com especiais qualificações e conhecimentos técnicos sobre a matéria controvertida ou com uma experiência pessoal e profissional próxima das partes; facto que contribui para que a arbitragem seja vista, muitas vezes, como uma justiça "mais adequada" e especializada[832]. Embora, claro, os árbitros nomeados pelas partes não sejam representantes delas, devendo actuar de forma *independente e imparcial*, a verdade é que esta não deixa de ser uma importante faculdade ao dispor das partes[833].

Compreende-se, por isso, que a escolha do árbitro seja considerada fundamental[834]. De facto, o árbitro é um elemento central[835] e, neste sentido, o seu

[830] *Cfr.* GARY B. BORN, *International Commercial Arbitration*, vol. II, *cit.*, pp. 1638 a 1641, JULIA MAIR, "Equal Treatment of Parties...", *cit.*, p. 63, e S. I. STRONG, "Intervention and Joinder as of Right in International Arbitration...", *cit.*, p. 928.

[831] *Vide* PAULO OTERO, *Direito Constitucional Português*, vol. II, *cit.*, pp. 419 e 420.

[832] Neste sentido, *vide* MARIA ÂNGELA BENTO SOARES / RUI MANUEL MOURA RAMOS, *Contratos Internacionais...*, *cit.*, p. 321, LUÍS DE LIMA PINHEIRO, *Arbitragem Transnacional...*, *cit.*, p. 25, e JOSÉ MIGUEL JÚDICE, "A constituição do tribunal arbitral: características, perfis e poderes dos árbitros", *cit.*, pp. 111 e 112. Esta vantagem da arbitragem evidencia-se, também, no domínio da arbitragem internacional (espaço multicultural por excelência), onde "a função específica de um árbitro de parte poderá ser a de garantir a plena e verdadeira compreensão dos argumentos da parte que o nomeou, que poderia ser posta em causa pela disparidade cultural entre o tribunal arbitral e essa mesma parte e seus colaboradores" – MANUEL BOTELHO DA SILVA, "Pluralidade de Partes em Arbitragens Voluntárias", *cit.*, p. 510; sobre este ponto concreto, *vide*, ainda, PIETER SANDERS, "Trends in the field of international commercial arbitration", *cit.*, p. 215.

[833] *Cfr.* ALEXIS MOURRE, "Le droit français de l'arbitrage international...", p. 29, e MANUEL BOTELHO DA SILVA, "Pluralidade de Partes em Arbitragens Voluntárias", *cit.*, pp. 509 a 511. Conforme salienta Mário Raposo, os árbitros nomeados pelas partes não são "árbitros partidários", no sentido de não-neutrais, apesar de, muitas vezes, poderem ter "a humana propensão para encarar com maior receptividade a posição da parte que os indicou" – MÁRIO RAPOSO, "Imparcialidade dos Árbitros", *cit.*, p. 82. Sobre esta delicada questão, veja-se, particularmente, JOSÉ MIGUEL JÚDICE, "A constituição do tribunal arbitral: características, perfis e poderes dos árbitros", *cit.*, pp. 115 a 117.

[834] *Vide* MARIANA FRANÇA GOUVEIA, *Curso de Resolução Alternativa de Litígios*, *cit.*, p. 199, MANUEL PEREIRA BARROCAS, *Manual de Arbitragem*, *cit.*, p. 299, NUNO FERREIRA LOUSA, "A escolha de árbitros: a mais importante decisão das partes numa arbitragem?", *cit.*, pp. 15 e ss., e STEPHEN R. BOND / ABBY COHEN SMUTNY, "How to Commence an International Arbitration", *cit.*, p. 102.

[835] *Cfr.* AGOSTINHO PEREIRA DE MIRANDA, "Arbitragem Voluntária e Deontologia. Considerações preliminares", *cit.*, p. 116. Para alguns autores, o árbitro representa mesmo "a *pedra*

processo de nomeação é um dos pontos mais importantes[836]. No plano internacional, costuma afirmar-se, a este propósito, que *tant vaut l'arbitre, tant vaut l'arbitrage* (tanto vale o árbitro, tanto vale a arbitragem, ou melhor, a arbitragem vale o que valem os árbitros)[837], ou *arbitration is only as good as the arbitrator* (a arbitragem é tão boa quanto for o árbitro)[838], para salientar, justamente, a importância que os árbitros (e, consequentemente, o seu processo de selecção) assumem em qualquer processo arbitral. O sucesso ou insucesso da arbitragem dependerá muitas vezes, com efeito, da qualidade dos árbitros escolhidos[839] – o que explica a importância desta escolha e da necessidade de assegurar o princípio da igualdade das partes nesta fase.

Por outro lado, esta participação das partes na designação dos árbitros leva, também, a que elas tenham uma *maior confiança* no tribunal arbitral e no desenrolar do processo[840]. Dir-se-á que, ao assumirem a própria constituição do tribunal arbitral, escolhendo quem decidirá o seu diferendo, as partes, no fundo, acabam por ganhar "uma grande pré-aceitação de paz"[841].

angular da arbitragem" (SELMA FERREIRA LEMES, "A independência e a imparcialidade do árbitro e o dever de revelação", *cit.*, p. 41).

[836] Sobre este ponto, e por referência à arbitragem internacional, vejam-se JAMES H. CARTER, "The selection of arbitrators", *cit.*, p. 147, e GARY B. BORN, *International Commercial Arbitration*, vol. II, *cit.*, pp. 1641 e 1642. Dir-se-á, aliás, que a escolha dos árbitros é um momento fundamental para garantir a boa decisão da causa. A este respeito, sobre o papel e a importância dos árbitros para a elaboração de uma boa sentença arbitral, veja-se JOSÉ MIGUEL JÚDICE, "Reflexão sobre a construção de um bom laudo arbitral", *cit.*, pp. 233 a 245, e "Reflexiones sobre la construcción de una buena sentencia arbitral", *cit.*, pp. 1397 a 1409.

[837] Invocando este célebre adágio, vejam-se, por exemplo, PIERRE LALIVE, "Le choix de l'Arbitre", *cit.*, p. 354, STEPHEN R. BOND, "The International Arbitrator : From the Perspective of the ICC International Court of Arbitration", *cit.*, p. 1, e, entre nós, JOSÉ MIGUEL JÚDICE, "A constituição do tribunal arbitral: características, perfis e poderes dos árbitros", *cit.*, p. 110, e "Fixação dos honorários dos árbitros", *cit.*, p. 141, bem como AGOSTINHO PEREIRA DE MIRANDA, "Arbitragem Voluntária e Deontologia. Considerações preliminares", *cit.*, p. 116.

[838] Nesta linha, e a título meramente exemplificativo, vejam-se YVES DERAINS / LAURENT LÉVY, "Introduction", *cit.*, pp. 7 e ss., JOHAN BILLIET, *International Investment Arbitration – A Practical Handbook*, *cit.*, p. 68, e, na doutrina portuguesa, MARIANA FRANÇA GOUVEIA, *Curso de Resolução Alternativa de Litígios*, *cit.*, p. 199.

[839] *Cfr.* ORKUN AKSELI, "Appointment of Arbitrators as Specified in the Agreement to Arbitrate", *cit.*, p. 247.

[840] Salientando estas vantagens, no âmbito do Regulamento de Arbitragem da CCI, vejam-se ANNE MARIE WHITESELL / EDUARDO SILVA ROMERO, "Multiparty and Multicontract Arbitration: Recent ICC Experience", *cit.*, p. 12, e RICARDO UGARTE / THOMAS BEVILACQUA, "Ensuring Party Equality...", *cit.*, p. 15.

[841] J. O. CARDONA FERREIRA, "Arbitragem: Caminho da Justiça? Perspectiva de um magistrado judicial...", *cit.*, p. 275. A este respeito, veja-se, também, JAN PAULSSON, *The Idea of Arbitration*, *cit.*, p. 1.

A opção, frequente, por um tribunal arbitral colegial (por norma, composto por três árbitros) é, aliás, muitas vezes motivada por esta vontade de cada uma das partes poder indicar o *seu* árbitro[842] – este é, sem dúvida, um dos pontos mais atractivos deste meio de resolução alternativa de litígios[843].

Vemos assim que, ao contrário do que sucede num processo estadual, onde vigora o ***princípio do juiz natural*** e onde as partes não desempenham qualquer papel na constituição do tribunal e na designação de juízes, na arbitragem as partes assumem um papel fulcral na constituição do tribunal, nomeando os árbitros[844]. Consequentemente, para que o processo arbitral possa prosseguir, ter-se-á de constituir o tribunal – necessidade que não se verifica na justiça estadual.[845]

II – O facto de o ***princípio do juiz natural*** não se aplicar na arbitragem (voluntária)[846] leva a que se suscitem problemas neste meio de resolução alternativa de litígios, que não se verificam nos tribunais estaduais. Com efeito, nestes últimos, a constituição do tribunal não se cruza com o ***princípio da igual-***

[842] *Vide* Christophe Seraglini / Jérôme Ortscheidt, *Droit de l'arbitrage interne et international, cit.*, p. 690, e Mário Esteves de Oliveira (coordenação), *Lei da Arbitragem Voluntária Comentada, cit.*, p. 142. É certo que existem outros motivos relevantes que levam à escolha de um tribunal arbitral colegial (como, por exemplo, a complexidade e importância da matéria objecto do litígio). Em todo o caso, a vontade de cada parte poder nomear um árbitro é, em grande número de casos, o principal motivo que justifica esta opção.

[843] *Cfr.* Piero Bernardini, *L'arbitrato nel commercio e negli investimenti internazionali, cit.*, p. XI.

[844] Facto que se torna incompatível com o princípio do juiz natural aplicável nos tribunais estaduais (Othmar Jauernig, *Zivilprozeßrecht: ein Studienbuch*, Juristische Kurz-Lehrbücher, 25ª ed., *cit.*, p. 345). Neste sentido, vejam-se, na doutrina portuguesa, José Lebre de Freitas, "O Princípio do Contraditório na Nomeação de Árbitro pelo Presidente do Tribunal da Relação", *cit.*, pp. 33 e 34, Paula Costa e Silva, "Preterição do contraditório...", *cit.*, pp. 313 e 333, Paula Costa e Silva / Nuno Trigo dos Reis, "A natureza do procedimento judicial de nomeação de árbitro", *cit.*, p. 970, Paula Costa e Silva / Marco Gradi, "A Intervenção de Terceiros...", *cit.*, pp. 54, 57 e 65, José Miguel Júdice, "A constituição do tribunal arbitral: características, perfis e poderes dos árbitros", *cit.*, pp. 111 e 112, João Luís Lopes dos Reis, "A excepção da preterição do tribunal arbitral (voluntário)", *cit.*, pp. 1126 a 1128, Miguel Nogueira de Brito, "O princípio do juiz natural e a nova organização judiciária", *cit.*, p. 31, e Carla Gonçalves Borges, "Pluralidade de Partes...", *cit.*, p. 115.

[845] *Vide* Mariana França Gouveia, *Curso de Resolução Alternativa de Litígios, cit.*, p. 194, Manuel Botelho da Silva, "Pluralidade de Partes em Arbitragens Voluntárias", *cit.*, p. 500, e Philippe Fouchard / Emmanuel Gaillard / Berthold Goldman, *Fouchard Gaillard Goldman On International Commercial Arbitration, cit.*, p. 449.

[846] No que respeita a esta questão, veja-se António Pedro Pinto Monteiro, *O Princípio da Igualdade e a Pluralidade de Partes na Arbitragem, cit.*, pp. 31 a 33 e 115 a 121 (que iremos seguir de muito perto), e "O due process na arbitragem desportiva do TAS/CAS...", *cit.*, p. 86.

dade das partes (como se verá[847], um princípio fundamental na arbitragem e, em particular, no momento da constituição do tribunal). Não existe, nesta fase, a necessidade de respeito por este princípio, pois aplica-se o princípio do juiz natural[848], que funciona, por si só, como uma importante garantia de *independência e imparcialidade* do julgador. Algo bem diferente do que sucede na arbitragem.

Para melhor compreender o problema em causa, importa começar por lembrar a importância do princípio do juiz natural (ou legal)[849], um dos verdadeiros direitos, liberdades e garantias[850] e uma das várias dimensões em que o direito ao processo equitativo se traduz[851].

O princípio encontra-se consagrado no artigo 32º, nº 9, da CRP, nos termos do qual se estabelece que "*nenhuma causa pode ser subtraída ao tribunal cuja competência esteja fixada em lei anterior*"[852]–[853]. Deste modo, se a lei (anterior) determinar que é competente o tribunal X, apenas este será competente. Em princípio, não será possível subtrair a causa ao tribunal X e escolher o tribu-

[847] V. capítulo V, ponto 11.2.

[848] *Vide* Jorge Morais Carvalho / Mariana França Gouveia, "Arbitragens Complexas: questões materiais e processuais", *cit.*, p. 112.

[849] Os dois conceitos são, regra geral, usados como sinónimos, quer na doutrina, quer na jurisprudência. O que se compreende, uma vez que "o juiz natural é, necessariamente, um juiz legal" (Miguel Nogueira de Brito, "O princípio do juiz natural e a nova organização judiciária", *cit.*, p. 29). De salientar, ainda, que, além da terminologia juiz natural-juiz legal, o princípio já foi conhecido também por "proibição de desaforamento das causas penais" (Jorge de Figueiredo Dias, "Sobre o sentido do princípio jurídico-constitucional do 'juiz natural' ", *cit.*, p. 84).

[850] *Vide* Jorge Miranda, *Manual de Direito Constitucional*, tomo IV, *cit.*, pp. 423 e 424.

[851] O tema do direito ao processo equitativo (designadamente os princípios e regras fundamentais que o mesmo abrange) será desenvolvido *infra*, no capítulo VI (processo arbitral), ponto 12.1.

[852] Sobre a razão de ser e a forma como o princípio foi acolhido no artigo 32º, nº 9, da CRP (anterior nº 7), bem como sobre as dificuldades de redacção desta norma, veja-se Jorge de Figueiredo Dias, "Sobre o sentido do princípio jurídico-constitucional do 'juiz natural' ", *cit.*, pp. 83 a 88.

[853] Note-se que embora o artigo 32º da CRP se refira, segundo a epígrafe, às "garantias de *processo criminal*", a verdade é que algumas das garantias aqui previstas (como o princípio do juiz natural) se aplicam, também, a outros ramos de direito, designadamente ao processo civil – *cfr.* Jorge Miranda, "Constituição e Processo Civil", *cit.*, p. 13, J. J. Gomes Canotilho, *Direito Constitucional e Teoria da Constituição*, 7ª ed., *cit.*, p. 966, Lucinda Dias da Silva, *Processo Cautelar Comum...*, *cit.*, pp. 42 e 43 (nota de rodapé nº 59), e, na jurisprudência, entre outros, o acórdão do Supremo Tribunal Administrativo de 23/11/2011 (Relator Ascensão Lopes, processo 0643/11).
De todo o modo, e especificamente por referência ao Direito Processual Civil, também o artigo 39º da Lei da Organização do Sistema Judiciário (Lei nº 62/2013, de 26 de Agosto, subsequentemente alterada – LOSJ), sob a epígrafe "proibição de desaforamento", dispõe que "nenhuma causa pode ser deslocada do tribunal ou juízo competente para outro, a não ser nos casos especialmente previstos na lei". Sobre esta norma, *vide*, em concreto, Salvador da Costa / Luís Lameiras, *Lei da Organização do Sistema Judiciário Anotada e Comentada*, *cit.*, p. 55.

nal Y ou Z [e, consequentemente, outro(s) juiz(es) para julgarem o litígio], uma vez que a competência para a causa, "*em regra*, não pode ser alterada"[854].

Essencialmente, o princípio consiste, assim, na *predeterminação do tribunal* competente para o julgamento, predeterminação esta assente em *critérios objectivos e abstractos*, não em critérios subjectivos ou arbitrários[855]. Neste sentido, o tribunal determina-se "a partir de regras legais" (daí o termo "juiz legal") que visam "evitar a intervenção de terceiros, não legitimados para tal, na administração da justiça, através da escolha individual, ou para um certo caso, do tribunal ou do(s) juízes chamados a dizer o Direito"[856].

Em consonância com a sua origem histórica[857], o princípio do juiz natural visa, portanto, acima de tudo, impedir que motivações de ordem política ou análoga possam conduzir a um tratamento jurisdicional discriminatório (contrário ao princípio do Estado de Direito)[858], proibindo, desta forma, a criação de tribunais *ad hoc* ou de excepção[859]-[860].

E é aqui que o princípio se assume como uma importante garantia de *independência e imparcialidade* dos tribunais (estaduais)[861]-[862] – garantia esta

[854] Ana Prata / Catarina Veiga / José Manuel Vilalonga, *Dicionário Jurídico*, vol. II, *cit.*, p. 287.

[855] *Vide* J. J. Gomes Canotilho / Vital Moreira, *Constituição da República Portuguesa Anotada*, vol. I, 4ª ed., *cit.*, p. 525, e Giovanni Verde, *Diritto processuale civile*, vol. 1, *cit.*, p. 6.

[856] Acórdão do Tribunal Constitucional nº 614/2003, de 12/12/2003 (Relator Paulo Mota Pinto, processo nº 684/03).

[857] A origem deste princípio parece remontar à lei francesa de 16-24 de Agosto de 1790, sobre organização judiciária, lei que "teve como finalidade impedir a ingerência do rei nos assuntos judiciais, garantindo aos cidadãos *tribunais imparciais*" (Jorge Miranda / Rui Medeiros, *Constituição Portuguesa Anotada*, tomo I, *cit.*, p. 738).

[858] *Cfr.* Jorge de Figueiredo Dias, "Sobre o sentido do princípio jurídico-constitucional do 'juiz natural' ", *cit.*, p. 84.

[859] A este respeito, vejam-se, na jurisprudência, por exemplo, os acórdãos do Tribunal Constitucional nºs 393/89, de 18/05/1989 (Relator Messias Bento, processo nº 417/88), e 212/91, de 21/05/1991 (Relator Monteiro Diniz, processo nº 85/89), bem como o acórdão do Supremo Tribunal de Justiça de 12/06/2008 (Relator Oliveira Mendes, processo 08P1771).

[860] E daí a relação que, com frequência, se estabelece entre o citado artigo 32º, nº 9, e o artigo 209º, nº 4, da CRP, nos termos do qual se proíbe a existência de tribunais com competência exclusiva para o julgamento de certas categorias de crimes (*cfr.* Jorge Miranda / Rui Medeiros, *Constituição Portuguesa Anotada*, tomo I, *cit.*, p. 738).

[861] Em conformidade com o artigo 203º da CRP. Note-se que embora esta norma se refira apenas, expressamente, à independência, é importante não esquecer que "a imparcialidade vai imbrincada no conceito de independência (dos juízes)" [Jorge Miranda/ Rui Medeiros, *Constituição Portuguesa Anotada*, tomo III, *cit.*, p. 43] – o que se compreende uma vez que, conforme se costuma salientar numa conhecida fórmula atribuída a Castro Mendes, "independência e imparcialidade são verso e reverso da mesma realidade fundamental" (*op. cit.*, p. 43).

que visa reforçar a confiança da comunidade na administração da justiça –, encontrando-se amplamente consagrado em muitas outras jurisdições[863].

[862] Afirmando a importância do princípio do juiz natural como garantia de independência e imparcialidade dos tribunais (estaduais), vejam-se, entre outros, JORGE DE FIGUEIREDO DIAS, "Sobre o sentido do princípio jurídico-constitucional do 'juiz natural' ", *cit.*, p. 83, PAULA COSTA E SILVA, "Preterição do contraditório...", *cit.*, p. 313, PAULA COSTA E SILVA / NUNO TRIGO DOS REIS, "A natureza do procedimento judicial de nomeação de árbitro", *cit.*, p. 970, assim como, na jurisprudência, os acórdãos do Tribunal Constitucional nº 614/2003, do Supremo Tribunal de Justiça de 12/06/2008, e do Supremo Tribunal Administrativo de 23/11/2011, todos *cit.* A este propósito, acrescente-se que, embora o princípio do juiz natural se possa considerar uma das mais importantes garantias de independência e imparcialidade dos tribunais (se não mesmo a principal garantia), não é, no entanto, a única. Com efeito, as referidas independência e imparcialidade são também asseguradas, no primeiro caso, pela inamovibilidade e irresponsabilidade dos juízes, bem como pela actividade desenvolvida pelo Conselho Superior da Magistratura, e, no segundo, pelo regime de dedicação exclusiva dos magistrados, e, claro está, pelo sistema de impedimentos, escusas e suspeições (*cfr.* RITA LOBO XAVIER / INÊS FOLHADELA / GONÇALO ANDRADE E CASTRO, *Elementos de Direito Processual Civil...*, *cit.*, pp. 99, 100 e 135, e, a respeito da independência, JOÃO DE CASTRO MENDES, Direito Processual Civil, vol. I, *cit.*, p. 250).

[863] O princípio do juiz natural ou legal está assim presente, por exemplo, nas constituições da Alemanha [artigo 101º (1) - "gesetzlicher Richter"], Espanha (artigo 24º, nº 2, 1ª parte - "Juez ordinario predeterminado por la ley") e Itália (artigo 25º - "giudice naturale precostituito per legge"). Por outro lado, e conforme bem observa o acórdão do Tribunal Constitucional nº 614/2003, *cit.*, existem, também, vários instrumentos europeus e internacionais que se *aproximam* deste princípio, particularmente quando estabelecem a necessidade de a causa ser julgada por um tribunal independente e imparcial, estabelecido pela lei – *cfr.* artigos 6º, nº 1, da CEDH, 14º, nº 1, do PIDCP, e 10º da DUDH (este último preceito, porém, sem a referência ao estabelecimento pela lei). A este respeito, pela importância que reveste, tomemos como exemplo o caso do artigo 6º, nº 1, da CEDH. Nos termos desta norma "qualquer pessoa tem direito a que a sua causa seja examinada [...] por um *tribunal independente e imparcial, estabelecido pela lei* [...]". É certo que, entre nós, o princípio do juiz natural não exige, apenas, que os tribunais sejam estabelecidos legalmente. Neste sentido, falta aqui, desde logo, a *exigência de determinabilidade* – nos termos da qual "toda a causa tem definidos, *pré-determinadamente*, o tribunal que lhe compete e o seu juiz" (ANA PRATA / CATARINA VEIGA / JOSÉ MANUEL VILALONGA, *Dicionário Jurídico*, vol. II, *cit.*, p. 395; sobre as várias dimensões fundamentais que o princípio do juiz natural comporta, veja-se J. J. GOMES CANOTILHO / VITAL MOREIRA, *Constituição da República Portuguesa Anotada*, vol. I, 4ª ed., *cit.*, p. 525) – para que possamos falar, verdadeiramente, em princípio do juiz natural, tal como o conhecemos da Lei Fundamental, bem como da nossa doutrina e jurisprudência. Em todo o caso, poder-se-á considerar que há uma *aproximação* ao princípio (tal como salienta o acórdão do Tribunal Constitucional nº 614/2003, *cit.*), na medida em que, seguindo a interpretação de vários autores, o artigo 6º, nº 1, da CEDH, visa, na parte que transcrevemos, evitar que a organização do sistema judicial seja deixada à discrição do executivo (vincando a separação de poderes) e, desta forma, evitar também a criação de tribunais *ad hoc* ou de excepção (*vide* IRENEU CABRAL BARRETO, *A Convenção Europeia dos Direitos do Homem Anotada*, *cit.*, p. 204, ALEKSANDAR JAKSIC, *Arbitration and Human Rights*, *cit.*, p. 186, PIERRE LAMBERT, "L'arbitrage et l'article 6...", *cit.*, p. 19, SÉBASTIEN BESSON, "Arbitration and Human Rights", *cit.*, p. 401, e MARTINA ZÁVODNÁ, *The European Convention on Human Rights*

Ora, tal como referimos antes, o princípio do juiz natural não tem aplicação na arbitragem (voluntária), há uma "impossibilidade lógica de observância" deste princípio[864]. Na verdade, diferentemente do que sucede nos tribunais estaduais, na arbitragem as partes assumem um papel fulcral na constituição do tribunal, nomeando os árbitros. O órgão decisor é, assim, escolhido pelas partes, dispondo estas de uma grande liberdade neste sentido, ao abrigo da (ampla) autonomia privada que caracteriza este meio de resolução alternativa de litígios[865].

Deste modo, retomando o exemplo anterior, as partes podem, através da convenção de arbitragem, *subtrair* a causa ao tribunal X e escolher o nome dos juízes que vão julgar o seu litígio (nos termos da lei de arbitragem que for aplicável e, claro está, consoante o litígio seja ou não arbitrável), *fugindo*, assim, ao disposto no artigo 32º, nº 9, da CRP[866]. Por outro lado, cumpre salientar que, com excepção dos casos de arbitragem necessária, a lei não *pré-determina* que o tribunal arbitral é competente – as partes, através da convenção de arbitragem, é que determinam essa competência (a lei apenas admite e enquadra a arbitragem como meio de resolução alternativa de litígios, permitindo o recurso a tribunais arbitrais).

and Arbitration, cit., p. 25). Daí a "aproximação" referida, podendo, ainda, no limite, afirmar-se que o princípio do juiz natural *"encontra expressão"* no citado artigo 6º, nº 1, da CEDH [acórdão do Tribunal Constitucional nº 482/2014, de 25/06/2014 (Relatora Maria de Fátima Mata-Mouros, processo nº 663/2013]. Um pouco mais específico, quanto a este ponto, é o artigo 47º, 2º parágrafo, da CDFUE, ao prever que "toda a pessoa tem direito a que a sua causa seja julgada [...] por um tribunal independente e imparcial, *previamente* estabelecido por lei".

864 Paula Costa e Silva, "Preterição do contraditório...", *cit.*, p. 313. Sublinhando a incompatibilidade da arbitragem com o princípio do juiz natural, vejam-se José Lebre de Freitas, "O Princípio do Contraditório na Nomeação de Árbitro...", *cit.*, pp. 33 e 34, Paula Costa e Silva / Nuno Trigo dos Reis, "A natureza do procedimento judicial de nomeação de árbitro", *cit.*, p. 970, Paula Costa e Silva / Marco Gradi, "A Intervenção de Terceiros...", *cit.*, pp. 54, 57 e 65, José Miguel Júdice, "A constituição do tribunal arbitral: características, perfis e poderes dos árbitros", *cit.*, pp. 111 e 112, João Luís Lopes dos Reis, "A excepção da preterição do tribunal arbitral (voluntário)", *cit.*, pp. 1126 a 1128, Miguel Nogueira de Brito, "O princípio do juiz natural e a nova organização judiciária", *cit.*, p. 31, Carla Gonçalves Borges, "Pluralidade de Partes...", *cit.*, p. 115, bem como Othmar Jauernig, *Zivilprozeßrecht: ein Studienbuch, cit.*, p. 345.

865 Além do nome do(s) árbitro(s), as partes poderão escolher, ainda, por exemplo, o número de árbitros (desde que em número ímpar), o local da arbitragem, a língua dos autos, as regras processuais, a lei aplicável, etc.

866 A este propósito, note-se que, no âmbito do processo civil, as partes podem, igualmente, celebrar um *pacto de jurisdição* (competência internacional) ou um *pacto de competência* (competência interna) e, assim, convencionar qual a jurisdição ou o tribunal competentes, embora com as (fortes) limitações constantes dos artigos 94º e 95º do CPC. Sobre esta faculdade das partes, vejam-se, entre outros, José Lebre de Freitas / Isabel Alexandre, *Código de Processo Civil Anotado*, vol. I, *cit.*, pp. 214 a 224, e Miguel Teixeira de Sousa, *Estudos sobre o Novo Processo Civil, cit.*, pp. 193 e ss.

Mais importante, porém, do que a não aplicação do princípio do juiz natural são as consequências que isso traz à arbitragem. Com efeito, a ausência deste importante princípio leva a que se coloquem problemas que não existem nos tribunais estaduais, desde logo problemas de *independência e imparcialidade* dos árbitros. Sobre este ponto, importa observar que, enquanto nos tribunais estaduais os juízes se presumem independentes e imparciais (uma vez que, por norma, não conhecem as partes, nem são escolhidos por elas), nos tribunais arbitrais não é exactamente assim, uma vez que são as próprias partes que os nomeiam[867] – daí que vários autores entendam que a questão da independência e imparcialidade seja, à partida, consideravelmente mais importante, sensível e difícil na arbitragem do que nos tribunais estaduais[868].

Em todo o caso, isto não significa, como é evidente, que os tribunais arbitrais não sejam (nem consigam ser) independentes e imparciais. Note-se que esta é uma exigência que resulta, de forma expressa, da LAV[869], bem como da própria CRP[870], podendo, ainda, considerar-se de ordem pública[871]. Com efeito, a independência e imparcialidade dos árbitros é uma "consequência directa das suas funções jurisdicionais"[872], pelo que um tribunal arbitral que não seja independente e imparcial não será um verdadeiro tribunal.

A nomeação de árbitros deve, portanto, satisfazer condições que assegurem as referidas independência e imparcialidade que se impõem a um tribunal[873]. Porém, num sistema em que o princípio do juiz natural não se aplica, e em que os juízes-árbitros são escolhidos pelas próprias partes, como garantir essa independência e imparcialidade?

A resposta passa, em primeiro lugar, pela necessidade de respeitar o *princípio da igualdade das partes na constituição do tribunal arbitral*. Conforme bem

[867] *Cfr.* Jean-Hubert Moitry, "Right to a fair trial and the European Convention on Human Rights...", *cit.*, p. 118.

[868] *Vide* Matti S. Kurkela / Santtu Turunen, *Due Process in International Commercial Arbitration, cit.*, p. 107.

[869] Artigos artigo 9º, nº 3, 10º, nº 6, e 13º, da LAV.

[870] Segundo Miguel Galvão Teles, os requisitos da independência e imparcialidade decorrem, antes de mais, "de determinação da própria Constituição" (Miguel Galvão Teles, "A independência e imparcialidade dos árbitros como imposição constitucional", *cit.*, pp. 251 e ss.).

[871] Neste sentido, Selma Ferreira Lemes, "A independência e a imparcialidade do árbitro e o dever de revelação", *cit.*, p. 43.

[872] Mariana França Gouveia, *Curso de Resolução Alternativa de Litígios, cit.*, p. 203.

[873] *Cfr.* Jorge Miranda/ Rui Medeiros, *Constituição Portuguesa Anotada*, tomo III, *cit.*, p. 45, bem como, na jurisprudência, o acórdão do Tribunal Constitucional nº 52/92, de 05/02/1992 (Relatora Assunção Esteves, processo nº 10/89) e o acórdão do Supremo Tribunal de Justiça de 12/07/2011 (Relator Lopes do Rego, processo 170751/08.7YIPRT.L1.S1).

observa Paula Costa e Silva, este necessário respeito – juntamente com a autonomia das partes na escolha dos árbitros – é o *"contrapeso"* da impossibilidade de aplicação do princípio do juiz natural na arbitragem, o *"sucedâneo funcional"* que permite colmatar a ausência de tão importante princípio, como é o do juiz natural[874].

Ora, conforme analisado em momento anterior, este é um problema com que os tribunais estaduais não se debatem (pois aplica-se o princípio do juiz natural)[875] e que faz com que, na arbitragem, o princípio da igualdade das partes ganhe uma relevância acrescida, uma relevância ao nível da constituição do tribunal (ponto que desenvolveremos mais à frente).

11.2. O princípio da igualdade das partes na constituição do tribunal arbitral

No momento da constituição do tribunal arbitral, há um princípio fundamental que se afigura particularmente relevante: o *princípio da igualdade das partes*.

A importância deste princípio nesta fase processual já foi brevemente referida e compreende-se. Para além de ser um corolário básico do direito ao processo equitativo[876], o princípio da igualdade das partes assume particular destaque face à importância que o processo de designação de árbitros reveste, bem como face à não aplicação na arbitragem do princípio do juiz natural.

[874] Paula Costa e Silva, "Preterição do contraditório...", *cit.*, pp. 313, 329, 330, 333, e Paula Costa e Silva / Nuno Trigo dos Reis, "A natureza do procedimento judicial de nomeação de árbitro", *cit.*, p. 970. O respeito pelo princípio da igualdade das partes na constituição do tribunal arbitral é, assim, como referimos, o *sucedâneo directo* para a inexistência do princípio do juiz natural. De todo o modo, à semelhança do que se viu no âmbito dos tribunais estaduais, também aqui se pode afirmar que este respeito não é a única garantia de independência e imparcialidade dos tribunais arbitrais. Com efeito, a referida independência e imparcialidade (ao nível da constituição do tribunal) pode ser também assegurada – embora, a nosso ver, em menor medida do que a proporcionada pelo respeito pelo princípio da igualdade das partes na constituição do tribunal –, por exemplo, pelo chamado "dever de revelação" que sobre os árbitros impende (revelação de todas as circunstâncias que possam suscitar fundadas dúvidas sobre a sua independência e imparcialidade), conjugado com o processo de recusa a que os árbitros podem ser submetidos (artigos 13º e 14º da LAV). A este propósito, alguns autores entendem, ainda, embora tal nos pareça muito controverso, ser possível aplicar, analogicamente, aos árbitros, o estatuto do juiz em matéria de impedimentos, previsto no CPC (*cfr.* Manuel Pereira Barrocas, *Manual de Arbitragem*, *cit.*, p. 309).

[875] *Vide* Jorge Morais Carvalho / Mariana França Gouveia, "Arbitragens Complexas: questões materiais e processuais", *cit.*, p. 112.

[876] O tema do direito ao processo equitativo na arbitragem será desenvolvido *infra*, no Capítulo VI, ponto 12.1.

Por tudo isto, a observância do princípio da igualdade das partes não deve ser subestimada. O seu desrespeito, como veremos, poderá conduzir à anulação da sentença arbitral (entre outras consequências gravosas).

No presente ponto, iremos analisar a importância, sentido e alcance deste princípio, bem como os problemas que se colocam quando existe pluralidade de partes (inicial ou sucessiva)[877].

11.2.1. Importância, sentido e alcance

I – De entre os princípios e regras fundamentais em que o direito ao processo equitativo se concretiza, o princípio da igualdade das partes emerge com particular relevância no âmbito do presente capítulo. A igualdade é, na verdade, um dos princípios constitutivos da própria ideia de sistema jurídico, sem a qual tal sistema não se poderia conceber[878].

Para alguns autores, o princípio da igualdade das partes constitui, na arbitragem, a garantia de *due process* mais importante, sem o qual não se pode conceber a existência de um processo equitativo[879]. Não surpreende, por isso, que o nosso legislador preveja, expressamente, na alínea b) do nº 1 do artigo 30º da LAV, que as partes devam ser tratadas "*com igualdade*", devendo ainda "ser-lhes dada uma oportunidade razoável de fazerem valer os seus direitos, por escrito ou oralmente, antes de ser proferida a sentença final"[880].

À semelhança do sucede no Direito Processual Civil (artigo 4º do CPC)[881], também aqui o princípio da igualdade das partes assume, portanto, grande

[877] Para maiores desenvolvimentos sobre o princípio da igualdade das partes na arbitragem (e em particular no momento da constituição do tribunal arbitral), veja-se António Pedro Pinto Monteiro, *O Princípio da Igualdade e a Pluralidade de Partes na Arbitragem*, *cit.*

[878] *Vide* Jorge Bacelar Gouveia, *Manual de Direito Constitucional*, vol. II, *cit.*, p. 741, e "A abolição da enfiteuse de prédios rústicos à luz da Constituição Portuguesa de 1976", *cit.*, p. 370.

[879] *Vide* Matti S. Kurkela / Santtu Turunen, *Due Process in International Commercial Arbitration*, *cit.*, p. 189, e Emmanuel Gaillard, *Aspects philosophiques du droit de l'arbitrage international*, *cit.*, pp. 145 e 146.

[880] Além da LAV, e por referência ao nosso ordenamento jurídico, a importância do princípio da igualdade das partes na arbitragem está ainda bem patente, por exemplo, no artigo 34º, alínea a), da Lei do TAD, bem como em vários *regulamentos de arbitragem*. Destacamos os seguintes: artigo 18º, nº 2, do CAC; artigo 11º, alínea b), do Centro de Arbitragem Administrativa (CAAD); artigo 22º do Centro de Conciliação, Mediação de Conflitos e Arbitragem da Concórdia (Concórdia); artigo 19º, alínea a), do ARBITRARE – Centro de Arbitragem para a Propriedade Industrial, Nomes de Domínio, Firmas e Denominações (ARBITRARE); artigo 25º, nº 4, do Centro de Arbitragem da Câmara de Comércio e Indústria Luso-Espanhola (CCILE); e artigo 24º, nº 5, do Instituto de Arbitragem Comercial da Associação Comercial do Porto (IAC).

[881] *Vide* António Pedro Pinto Monteiro, *O Princípio da Igualdade e a Pluralidade de Partes na Arbitragem*, *cit.*, pp. 81 a 96.

relevância, sendo mesmo considerado um princípio "indiscutido em matéria de arbitragem"[882], uma verdadeira *regra bíblica* a observar em qualquer processo arbitral[883]. Princípio que não poderá ser derrogado ou contornado através do recurso a tribunais arbitrais – a autonomia privada, que caracteriza a arbitragem, não permite que se possa ir tão longe[884], isto é, o princípio da igualdade das partes constitui, no fundo, um daqueles princípios essenciais de que as partes não podem dispor[885].

A preponderância que o princípio da igualdade das partes assume na arbitragem é um facto que não se verifica, de resto, como é natural, apenas no nosso ordenamento jurídico. Na verdade, estamos diante de um princípio que é reconhecido, de forma expressa, em inúmeras leis e regulamentos de arbitragem estrangeiros e que, poder-se-á afirmar, pertence aos princípios gerais do "*due process internacional*"[886].

Esse destaque evidencia-se, desde logo, na própria Lei-Modelo da UNCITRAL, mais concretamente no artigo 18º de tal diploma, que estabelece que "*as partes devem ser tratadas com igualdade* e deve ser dada a cada uma delas toda a oportunidade de apresentarem o seu caso"[887]. O mencionado preceito – que,

[882] Maria Ângela Bento Soares / Rui Manuel Moura Ramos, *Contratos Internacionais...*, *cit.*, p. 383; veja-se, ainda, Selma Ferreira Lemes, "Arbitragem. Princípios jurídicos fundamentais. Direito brasileiro e comparado", *cit.*, pp. 225 e ss.

[883] *Cfr.* António Menezes Cordeiro, "Tribunal arbitral...", *cit.*, p. 375. Na arbitragem, o princípio da igualdade das partes, tal como o princípio do contraditório, é um "*verdadeiro mandamento*", cuja observância é indispensável no *iter* do processo arbitral (Cândida da Silva Antunes Pires, "O Monopólio Estadual da Jurisdição...", *cit.*, p. 187).

[884] *Vide* António Pedro Pinto Monteiro, "Da ordem pública no processo arbitral", *cit.*, pp. 630 e 672. Na vigência da anterior LAV, veja-se Isabel de Magalhães Collaço, "L'arbitrage international dans la récente loi portugaise sur l'arbitrage volontaire...", *cit.*, p. 56.

[885] A este respeito, vejam-se, por exemplo, Alexis Mourre, "Le droit français de l'arbitrage international...", *cit.*, p. 26, Manuel Botelho da Silva, "Pluralidade de Partes em Arbitragens Voluntárias", *cit.*, p. 504, e – por referência ao artigo 18º da Lei-Modelo da UNCITRAL – Maria Ângela Bento Soares / Rui Manuel Moura Ramos, *Contratos Internacionais...*, *cit.*, pp. 383 e 384.

[886] Stephen M. Schwebel / Susan G. Lahne, "Public Policy and Arbitral Procedure", *cit.*, p. 216. Neste sentido, vejam-se, entre outros, Jean-François Poudret / Sébastien Besson, *Comparative Law of International Arbitration*, *cit.*, p. 338, e Georgios Petrochilos, *Procedural Law in International Arbitration*, *cit.*, pp. 144 e 145.

[887] Nos trabalhos preparatórios da Lei-Modelo, este preceito chegou a constar do nº 3 do artigo 19º. Foi só na versão final (que veio a ser aprovada em 1985) que esta disposição foi autonomizada num artigo próprio, o referido (e actual) artigo 18º da Lei-Modelo. Conforme salientam Maria Ângela Bento Soares e Rui Moura Ramos, esta modificação final visou, precisamente, enfatizar o carácter fundamental do princípio da igualdade das partes (*Contratos Internacionais...*,

importa dizê-lo, inspirou o citado artigo 30º, nº 1, alínea b), da LAV[888] – é muitas vezes considerado, justamente, a "Magna Carta do processo arbitral" e implica, por sua vez, uma série de outros direitos de que as partes gozam[889].

Semelhante relevo verifica-se, do mesmo modo, no Regulamento de Arbitragem da UNCITRAL[890], bem como em muitas outras legislações estrangeiras (com normas idênticas ao artigo 30º, nº 1, alínea b), da LAV). É esse o caso, por exemplo, das leis de arbitragem espanhola[891], alemã[892], francesa[893], belga[894] e holandesa[895]. O mesmo se passa, ainda, em vários conhecidos regulamentos de arbitragem, designadamente no Regulamento de Arbitragem do *Deutsche Institution für Schiedsgerichtsbarkeit* (DIS)[896] e nas *Swiss Rules of International Arbitration*[897].

Importante corolário do direito ao processo equitativo, o princípio da igualdade das partes é, deste modo, um princípio essencial da arbitragem, assim reconhecido na LAV, bem como em muitas outras jurisdições. À semelhança do princípio do *contraditório*, ele é, na verdade, um daqueles princípios

cit., p. 384, nota de rodapé nº 117). Neste sentido, veja-se PETER BINDER, *International Commercial Arbitration...*, *cit.*, pp. 276 e 277.

888 *Cfr.* ARMINDO RIBEIRO MENDES, *in* DÁRIO MOURA VICENTE (Coordenador), *Lei da Arbitragem Voluntária Anotada*, *cit.*, p. 100.

889 MATTI S. KURKELA / SANTTU TURUNEN, *Due Process in International Commercial Arbitration*, *cit.*, pp. 187 a 189. Na verdade, o princípio da igualdade das partes é um princípio que tem "vários e importantes reflexos" (MANUEL DE ANDRADE, *Noções Elementares de Processo Civil*, *cit.*, p. 379), ou melhor, um "supra princípio" (LUCINDA DIAS DA SILVA, *Processo Cautelar Comum...*, *cit.*, p. 43), de onde decorrem outros direitos e princípios, a começar, desde logo, pelo próprio princípio do contraditório.

890 Referimo-nos ao artigo 17º, nº 1 (correspondente ao artigo 15º, nº 1, da versão anterior do Regulamento). A este respeito, e por curiosidade, diga-se que o citado artigo 18º da Lei-Modelo (como referimos, uma das fontes inspiradoras do artigo 30º da LAV) foi ele próprio inspirado pela solução do Regulamento de Arbitragem da UNCITRAL (que é anterior à Lei-Modelo) – *cfr.* PETER BINDER, *International Commercial Arbitration...*, *cit.*, p. 277. Deste modo, actualmente, a redacção do artigo 17º, nº 1, do Regulamento de Arbitragem, e do artigo 18º da Lei-Modelo é muito semelhante, destacando-se, porém, uma diferença: enquanto no último se exige que cada uma das partes tenha *toda a oportunidade* de apresentar o seu caso ("full opportunity"), no primeiro exige-se apenas uma *oportunidade razoável* ("reasonable opportunity"), tal como, aliás, também sucede na alínea b), do nº 1, do artigo 30º, da LAV.

891 Artigo 24º, nº 1, da *Ley 60/2003*, de 23 de Dezembro, subsequentemente alterada.

892 § 1042 (1) do *Zivilprozeßordnung* (ZPO).

893 Artigo 1510º do *Code de procédure civile*.

894 Artigo 1699º do *Code judiciaire*.

895 Artigo 1036º, nº 2, do *Wetboek van Burgerlijke Rechtsvordering*.

896 Artigo 21º, nº 1, do Regulamento de Arbitragem do DIS.

897 Artigo 15º, nº 1, das *Swiss Rules of International Arbitration*.

que, independentemente de estar positivamente consagrado, se impõe, quer o seu conteúdo tome ou não letra de forma[898].

II – O princípio da igualdade das partes é, em segundo lugar, importa salientá-lo, um princípio fundamental *em todos os momentos da arbitragem*, desde a fase de constituição do tribunal arbitral até ao proferimento da sentença[899].

Assim, muito embora esteja previsto, como princípio geral, no artigo 30º, nº 1, alínea b), da LAV, isto é, no capítulo V, referente à condução do *processo arbitral*[900], a verdade é que este princípio não deixa de ser igualmente relevante na fase da *constituição do tribunal* (sobretudo ao nível da *nomeação dos árbitros*) – também neste momento a autonomia privada tem de respeitar, portanto, o princípio da igualdade das partes, não sendo possível renunciar ou dispor deste princípio[901]–[902].

[898] Neste sentido, por referência ao *princípio do contraditório*, e no âmbito do Direito Processual Civil, veja-se LUCINDA DIAS DA SILVA, *Processo Cautelar Comum...*, *cit.*, p. 45. Sobre a importância deste princípio na arbitragem, *vide*, ainda, LUCINDA DIAS DA SILVA, "Os Custos da Justiça à luz dos Princípios Processuais", *cit.*, pp. 325 a 328.

[899] *Vide* GEORGIOS PETROCHILOS, *Procedural Law in International Arbitration*, *cit.*, pp. 144 e 145. Na mesma linha, vejam-se, entre outros, LAURA SALVANESCHI, *L'arbitrato con pluralità di parti*, *cit.*, p. 193, JEAN-HUBERT MOITRY, "Right to a fair trial and the European Convention on Human Rights...", *cit.*, p. 115, CHRISTOPHE SERAGLINI / JÉRÔME ORTSCHEIDT, *Droit de l'arbitrage interne et international*, *cit.*, pp. 344 e 345, e, por referência ao artigo 18º da Lei-Modelo da UNCITRAL, PETER BINDER, *International Commercial Arbitration...*, *cit.*, pp. 276, 277 e 280.

[900] À semelhança do que sucede no artigo 18º da Lei-Modelo da UNCITRAL [e sucedia no artigo 16º, alínea a), da anterior LAV].

[901] *Cfr.* LAURA SALVANESCHI, *L'arbitrato con pluralità di parti*, *cit.*, p. 219. Afirmando a importância do princípio da igualdade das partes no momento da constituição do tribunal arbitral, vejam-se, por exemplo, na vigência da anterior LAV, LUÍS DE LIMA PINHEIRO, *Arbitragem Transnacional...*, *cit.*, pp. 124 e 125, e PAULA COSTA E SILVA, "Preterição do contraditório...", *cit.*, pp. 311 e 312, e, nos termos da actual LAV, MARIANA FRANÇA GOUVEIA, *Curso de Resolução Alternativa de Litígios*, *cit.*, p. 196, e PAULA COSTA E SILVA / NUNO TRIGO DOS REIS, "A natureza do procedimento judicial de nomeação de árbitro", *cit.*, p. 963 e 964. Na cena internacional, sobre esta questão, *vide*, designadamente, PHILIPPE FOUCHARD / EMMANUEL GAILLARD / BERTHOLD GOLDMAN, *Fouchard Gaillard Goldman On International Commercial Arbitration*, *cit.*, pp. 464 e 465, e PIERO BERNARDINI, *L'arbitrato nel commercio e negli investimenti internazionali*, *cit.*, p. 142.

[902] Mesmo aqueles autores que, a nosso ver sem razão, criticam o disposto no nº 1 do artigo 33º da LAV e entendem que o processo arbitral tem início, verdadeiramente, com a submissão da petição ao tribunal, não deixam de reconhecer o relevo do princípio da igualdade das partes na fase de constituição do tribunal arbitral [*cfr.* MÁRIO ESTEVES DE OLIVEIRA (coordenação), *Lei da Arbitragem Voluntária Comentada*, *cit.*, pp. 399 e 400, bem como as pp. 155 e 366, respectivamente]. Sobre o momento em que o processo arbitral se inicia, veja-se JEAN-FRANÇOIS POUDRET / SÉBASTIEN BESSON, *Comparative Law of International Arbitration*, *cit.*, pp. 486 a 492, e, entre nós, ANTÓNIO SAMPAIO CARAMELO, "Da condução do processo arbitral..., *cit.*, pp. 170 a 173.

A necessidade de a constituição do tribunal arbitral e, em concreto, o processo de nomeação de árbitros, respeitarem o princípio da igualdade das partes é algo que se evidencia ainda, expressamente, noutros preceitos da LAV. Referimo-nos ao nº 3 do artigo 10º, bem como aos nºs 6 e 7 do artigo 36º da LAV. No primeiro caso, prevê-se que se o tribunal arbitral for composto por três ou mais árbitros, "cada parte deve designar *igual número de árbitros*" (sendo o árbitro presidente escolhido pelos co-árbitros indicados)[903]. Por sua vez, no que se refere aos nºs 6 e 7 do artigo 36º da LAV, estabelece-se, no nº 6, que a intervenção de terceiros – antes da constituição do tribunal arbitral – tem de assegurar "a observância do *princípio da igualdade de participação de todas as partes*, incluindo os membros de partes plurais, *na escolha dos árbitros*"; já o nº 7 dispõe que a possibilidade de as partes regularem, directamente, a intervenção de terceiros, de modo diferente do previsto na LAV, implica a "observância do *princípio da igualdade de participação de todas as partes na escolha dos árbitros*"[904]. Em todos estes casos, fica evidente a preponderância que o princípio da igualdade das partes tem no momento da nomeação de árbitros.

A mencionada importância vai ao ponto de, também nesta fase, o princípio da igualdade das partes ser considerado um "*princípio de ordem pública processual*"[905]-[906] e um princípio cuja violação pode gerar consequências gravosas. Referimo-nos, designadamente, à acção de anulação, à oposição à execução (e ao reconhecimento, no caso de se tratar de uma sentença arbitral

[903] Na prática, isto significa que se o tribunal for composto por três árbitros, o demandante nomeia um e o demandado nomeia outro; se for composto por cinco, cada uma das partes indica dois árbitros; se for constituído por sete, cada parte designa três; e assim sucessivamente.

[904] Sobre as dificuldades que o princípio da igualdade das partes coloca no contexto da intervenção de terceiros, veja-se Miguel Teixeira de Sousa, "A intervenção de terceiros no processo arbitral", *cit.*, pp. 171 a 173.

[905] Paula Costa e Silva, "Preterição do contraditório...", *cit.*, p. 333 (sobre este ponto, veja-se, ainda, a p. 312). É essa uma das grandes lições que, na cena internacional, nos deixou o conhecido acórdão da *Cour de Cassation* francesa de 07/01/1992 (proferido no âmbito do famoso *caso Dutco*), ao afirmar que "o princípio da igualdade das partes na nomeação de árbitros é de *ordem pública*" ("Le principe de l'égalité des parties dans la désignation des arbitres est d'ordre public") – posição que é sufragada por muitos autores (*vide*, entre outros, Christophe Seraglini / Jérôme Ortscheidt, *Droit de l'arbitrage interne et international, cit.*, pp. 258 e 259, Laura Salvaneschi, *L'arbitrato con pluralità di parti, cit.*, pp. 196 e 219, e Lino Diamvutu, "A constituição do tribunal arbitral e o papel dos árbitros", *cit.*, p. 169).

[906] Este entendimento é compreensível, uma vez que, como veremos no capítulo VI (processo arbitral), ponto 12.1, o próprio direito ao processo equitativo (direito que, entre outros princípios, postula o da igualdade das partes) faz parte do conceito de ordem pública do Estado Português (na sua vertente processual) e de muitos outros ordenamentos jurídicos.

estrangeira), bem como à possibilidade de ser interposto um recurso para o Tribunal Constitucional ou ser apresentada uma queixa junto do TEDH[907].

Entre as razões para a relevância (indiscutível) do princípio da igualdade das partes no momento da constituição do tribunal arbitral (em especial, na designação dos árbitros), contam-se, como vimos antes, a importância que o processo de designação de árbitros reveste (*tant vaut l'arbitre, tant vaut l'arbitrage*), bem como face à não aplicação na arbitragem do princípio do juiz natural.

III – Assente a importância do princípio da igualdade das partes na arbitragem (e em particular no momento da constituição do tribunal arbitral), importa perceber o sentido e alcance deste princípio.

Nos termos do artigo 30º, nº 1, alínea b), 1ª parte, da LAV, as partes devem ser tratadas "com igualdade" – tratamento este que se justifica em todos os momentos da arbitragem (com particular destaque para a constituição do tribunal). O que significa, porém, para efeitos da LAV, ser-se *tratado com igualdade*?

A resposta deve ser dada, em primeiro lugar, por referência ao conceito de *princípio da igualdade das partes*, tal como o conhecemos do Direito Processual Civil. A este propósito, poder-se-á, aliás, afirmar que o tratamento com igualdade previsto no mencionado artigo 30º, nº 1, alínea b), 1ª parte, da LAV, corresponde ao do artigo 4º do CPC, com as devidas adaptações evidentemente[908]. Razão pela qual adoptamos a terminologia "princípio da igualdade das partes".

Feito este esclarecimento inicial, importa então determinar qual o sentido de igualdade aqui em causa, se uma igualdade formal ou uma igualdade material. E a resposta só pode ser uma: a igualdade prevista na 1ª parte da alínea b) do nº 1 do artigo 30º da LAV é, sobretudo, uma *igualdade material ou substancial*, isto é, uma igualdade verdadeira, efectiva e real, e não apenas uma igualdade meramente formal, mecânica e cega. As partes deverão ser, assim, tratadas com igualdade *material*[909].

[907] A propósito destas e de outras consequências, vejam-se Jean-François Poudret / Sébastien Besson, *Comparative Law of International Arbitration, cit.*, pp. 338 e 339, e Ricardo Ugarte / Thomas Bevilacqua, "Ensuring Party Equality...", *cit.*, pp. 9 e 10.

[908] Neste sentido, veja-se Mário Esteves de Oliveira (coordenação), *Lei da Arbitragem Voluntária Comentada, cit.*, p. 364, Sónia Moura, "A arbitragem executiva", *cit.*, pp. 87 e 88 (na vigência da anterior LAV), e, no âmbito da arbitragem internacional, Matti S. Kurkela / Santtu Turunen, *Due Process in International Commercial Arbitration, cit.*, p. 206.

[909] Para maiores desenvolvimentos sobre o sentido *formal* (próprio do liberalismo) e o sentido *material ou substancial* (que surge com o Estado Social) do princípio da igualdade, veja-se António

É este, desde logo o entendimento que decorre do princípio da igualdade das partes consagrado no processo civil (e, antes disso, do próprio conceito de igualdade previsto na CRP)[910] e que está em consonância com o Estado Social em que vivemos. Não surpreende, por isso, que seja este, também, o entendimento da nossa doutrina e jurisprudência, que preconizam a necessidade de observância, na arbitragem, da igualdade *material ou substancial*[911].

Estabelecido o sentido (material) de igualdade consagrado na LAV, e em resultado de tal sentido, duas importantes consequências cumpre extrair.

A primeira é a de que, também na arbitragem, o princípio da igualdade das partes não exige uma *igualdade absoluta*. A este respeito, é significativo o facto de se ter abandonado o adjectivo "absoluta", que estava associado ao conceito de igualdade consagrado na anterior LAV (na parte atinente aos princípios fundamentais a observar no processo). Com efeito, enquanto que no artigo 16º, alínea a), da anterior LAV, se referia que "as partes serão tratadas com *absoluta igualdade*", na actual LAV apenas se prevê que "as partes são tratadas com igualdade" [artigo 30º, nº 1, alínea b)]. Abandonou-se, portanto, o adjectivo "absoluta", numa aparente intenção do legislador de deixar claro que não é exigível uma identidade absoluta dos meios processuais, mas sim um equilíbrio global entre as partes[912].

Pedro Pinto Monteiro, *O Princípio da Igualdade e a Pluralidade de Partes na Arbitragem, cit.*, pp. 54 a 59.

910 Neste sentido, sobre o princípio da igualdade consagrado na CRP e no Direito Processual Civil, veja-se António Pedro Pinto Monteiro, *O Princípio da Igualdade e a Pluralidade de Partes na Arbitragem, cit.*, pp. 59 a 96.

911 Vejam-se, por exemplo, Paula Costa e Silva / Nuno Trigo dos Reis, "A natureza do procedimento judicial de nomeação de árbitro", *cit.*, p. 966, António Menezes Cordeiro, *Tratado da Arbitragem..., cit.*, p. 278, e o acórdão do Tribunal da Relação de Lisboa de 03/12/2013 (Relator Eurico Reis, processo 383/13.2YRLSB-1). No mesmo sentido, *vide*, ainda, Mariana França Gouveia, *Curso de Resolução Alternativa de Litígios, cit.*, p. 260, e, na cena internacional, alertando para o facto de o princípio da igualdade das partes não se reduzir a uma igualdade formal, Gerold Herrmann, "The Arbitrator's Responsibilities for the Proper Conduct of Proceedings...", *cit.*, p. 73.

912 *Vide* Mariana França Gouveia, *Curso de Resolução Alternativa de Litígios, cit.*, p. 260. Conforme observam alguns autores, a exigência de uma "absoluta igualdade" parecia pressupor um *entendimento formal* do princípio da igualdade das partes [*cfr.* Mário Esteves de Oliveira (coordenação), *Lei da Arbitragem Voluntária Comentada, cit.*, p. 371]. Sendo que, como se sabe, "a igualdade de tratamento é, neste domínio, um princípio difícil de aplicar rigidamente" (António Sampaio Caramelo, "Da condução do processo arbitral...", *cit.*, p. 151). Daí que, como se pode ler na segunda versão do anteprojecto que resultou na actual LAV, para o legislador parece ter sido "claramente preferível consagrar como princípio fundamental da arbitragem, o de as partes serem 'tratadas com igualdade' " – à semelhança do que sucede no artigo 18º da Lei-Modelo da UNCITRAL, no § 1042 (1) do ZPO alemão e no artigo 24º, nº 1, da lei de arbitragem espanhola –, "em vez de se estabelecer que devem ser 'tratadas com absoluta igualdade' ", como fazia a anterior

Esta aparente intenção parece estar ainda presente na 2ª parte da alínea b) do nº 1 do artigo 30º da LAV. Referimo-nos ao ponto em que se dispõe que deve ser dada às partes "uma *oportunidade razoável* de fazerem valer os seus direitos, por escrito ou oralmente, antes de ser proferida a sentença final"[913]. O nosso legislador optou, neste preceito, pela locução "*oportunidade razoável*" ("reasonable opportunity"), à semelhança, por exemplo, do previsto no artigo 17º, nº 1, do Regulamento de Arbitragem da UNCITRAL, e no artigo 33º, nº 1, alínea a), do Arbitration Act inglês[914], em vez de atribuir a cada uma das partes "*toda* a oportunidade de apresentar o seu caso" ("full opportunity"), como sucede no artigo 18º da Lei-Modelo da UNCITRAL[915].

A segunda consequência é a de que, à semelhança do que se verifica no âmbito da CRP e do Direito Processual Civil[916], também na arbitragem *igualdade não é sinónimo de identidade de tratamento*[917]. Ou seja, a igualdade das partes não significa (nem pode significar) – sempre e em todas as situações – uma identidade de tratamento das partes, que muitas vezes, aliás, será impossível de conseguir[918]. Na verdade, conforme se costuma salientar no âmbito do Direito Processual Civil, *estar no processo como autor não é o mesmo que estar no processo como réu*[919]. Por conseguinte, existirão sempre certas diferenças entre

LAV; isto em conformidade, aliás, com o direito ao processo equitativo que "poderá impor uma aplicação flexível (i.e., não absoluta ou rígida) do princípio da 'igualdade de tratamento das partes' " [*Anteprojecto de LAV da APA (2010)*, notas justificativas ao artigo 30º, *cit.*, pp. 191 e 192]. A este propósito, veja-se, ainda, Armindo Ribeiro Mendes, *in* Dário Moura Vicente (Coordenador), *Lei da Arbitragem Voluntária Anotada, cit.*, p. 100.

913 Sobre a 2ª parte desta alínea b), veja-se, por exemplo, Mariana França Gouveia, *Curso de Resolução Alternativa de Litígios, cit.*, p. 260.

914 Arbitration Act, de 17/06/1996.

915 *Cfr. Anteprojecto de LAV da APA (2010)*, notas justificativas ao artigo 30º, *cit.*, p. 192.

916 Veja-se António Pedro Pinto Monteiro, *O Princípio da Igualdade e a Pluralidade de Partes na Arbitragem, cit.*, pp. 65 e ss., em particular as pp. 73 a 76 (por referência à CRP), e pp. 91 a 96 (por referência ao Direito Processual Civil).

917 *Cfr.* Christophe Seraglini / Jérôme Ortscheidt, *Droit de l'arbitrage interne et international, cit.*, p. 345.

918 *Vide* Matti S. Kurkela / Santtu Turunen, *Due Process in International Commercial Arbitration, cit.*, p. 190.

919 *Cfr.* Piero Calamandrei, *Istituzioni di Diritto Processuale Civile secondo il nuovo codice, cit.*, parte seconda, p. 192, e Fernando Pereira Rodrigues, *O Novo Processo Civil. Os Princípios Estruturantes, cit.*, p. 61, e *Noções Fundamentais de Processo Civil, cit.*, p. 44. Pense-se, por exemplo, no seguinte: o autor, à partida, terá mais tempo para preparar a acção (escolhendo o momento da sua propositura, tendo em atenção eventuais prazos de caducidade) do que o réu tem para se defender dessa mesma acção. A desigualdade substancial entre as partes é inegável – o autor está numa clara posição de vantagem quanto a este ponto. O mesmo se diga, também, a propósito das regras de distribuição do ónus da prova. A parte sobre a qual recaia o ónus da prova sobre determinados factos

as partes, diferenças que, pura e simplesmente, não serão possíveis de ultrapassar (sem que isso ponha em causa o princípio da igualdade das partes)[920].

A igualdade das partes não implica, assim, *necessariamente*, estender a uma das partes a *mesma* medida que foi concedida à outra – não estamos perante um princípio automático ou mecânico[921]. Mais: por vezes, para que se cumpra a igualdade *material ou substancial*, será mesmo necessário que se estabeleçam diferenciações[922], designadamente quando a situação entre demandante(s) e demandado(s) não for idêntica[923]. Ou seja, utilizando uma imagem sugestiva de Balladore Pallieri, poder-se-á dizer que o princípio da igualdade das partes não exige que se dê – sempre e em todos os casos – ao demandante e ao demandado "espadas iguais"; em certas situações será necessário atribuir uma espada mais comprida à parte que tem o braço mais curto[924].

No fundo, também na arbitragem poderemos (e deveremos) formular a regra de que quando a situação em que as partes se encontram for igual, em princípio estas deverão ser tratadas de forma igual; quando a situação for diferente, poderão as partes, nesse caso, ser tratadas de forma diferente[925] (em consonância com o conhecido adágio, imputado a Aristóteles, de *tratar igualmente o que é igual e desigualmente o desigual*)[926].

estará em desvantagem em relação àquela que não tenha esse ónus (esta última poderá obter uma sentença favorável, sem ter de provar nenhum facto). Mencionando alguns destes exemplos, *vide*, nomeadamente, Miguel Teixeira de Sousa, *Estudos sobre o Novo Processo Civil*, *cit.*, pp. 42 e 43, Fernando Pereira Rodrigues, *O Novo Processo Civil. Os Princípios Estruturantes*, *cit.*, pp. 61 e 62, e *Noções Fundamentais de Processo Civil*, *cit.*, p. 45, e J. P. Remédio Marques, *Acção Declarativa à luz do Código Revisto*, *cit.*, p. 208.

920 Aludindo a algumas destas diferenças na arbitragem, designadamente a certas vantagens que o demandante pode ter na preparação da acção arbitral, vejam-se Dominique Hascher, "Principes et pratique de procédure dans l'arbitrage commercial international", *cit.*, p. 129, e Jan Paulsson, "The Timely Arbitrator: Reflections on the Böckstiegel Method", *cit.*, pp. 23 e 24.

921 *Cfr.* Dominique Hascher, "Principes et pratique de procédure dans l'arbitrage commercial international", *cit.*, p. 129.

922 A este propósito, veja-se Georgios Petrochilos, *Procedural Law in International Arbitration*, *cit.*, pp. 145 e 146.

923 *Cfr.* Dominique Hascher, "Principes et pratique de procédure dans l'arbitrage commercial international", *cit.*, p. 129.

924 *Vide* Giorgio Balladore Pallieri, "Introduzione ai lavori del convegno", *cit.*, p. XVI; a este respeito, veja-se, ainda, António Pedro Pinto Monteiro, *O Princípio da Igualdade e a Pluralidade de Partes na Arbitragem*, *cit.*, pp. 95 e 96.

925 Neste sentido, *vide* Mário Esteves de Oliveira (coordenação), *Lei da Arbitragem Voluntária Comentada*, *cit.*, pp. 371 e 372.

926 Aristóteles, *Política*, *cit.*, p. 217 (1280a10). Sobre o sentido deste conhecido adágio, *vide* António Pedro Pinto Monteiro, *O Princípio da Igualdade e a Pluralidade de Partes na Arbitragem*, *cit.*, pp. 49, 65 e ss.

Esta ideia é particularmente importante quando nos referimos ao princípio da igualdade das partes (na constituição do tribunal arbitral e não só) e, como se verá no ponto seguinte, é uma ideia que importa ter presente nas situações (cada vez mais frequentes) em que exista pluralidade de partes.

11.2.2. Os problemas quando exista pluralidade de partes

Os processos arbitrais com pluralidade de partes têm vindo progressivamente a aumentar nos últimos anos[927] – a ponto de, segundo alguns autores, chegarem já a cerca de 40%[928].

As estatísticas conhecidas de vários centros de arbitragem institucionalizada parecem, de facto, apontar para um elevado número de litígios com pluralidade de partes. É isso que sucede, desde logo, com as estatísticas da *Câmara de Comércio Internacional* (CCI), que nos mostram que cerca de um terço dos processos submetidos à CCI são *arbitragens multipartes*[929]. Números semelhantes verificam-se, ainda, por exemplo, no *London Court of International Arbitration* (LCIA)[930], bem como no *Permanent Court of Arbitration* (PCA)[931]-[932]. O mesmo aparenta, de resto, suceder em Portugal. Com efeito, um estudo conduzido em 2014 das sentenças arbitrais proferidas pelos tribunais consti-

[927] *Cfr.* JULIAN D. M. LEW / LOUKAS A. MISTELIS / STEFAN M. KRÖLL, *Comparative International Commercial Arbitration, cit.*, p. 377, e GARY B. BORN, *International Commercial Arbitration*, vol. II, *cit.*, pp. 2565 e 2566. Este aumento tem vindo, especialmente, a ocorrer nos últimos quinze a vinte anos – *vide* MICHAEL KRAMER / GUIDO E. URBACH / RETO M. JENNY, "Equal Treatment in Multi-Party Arbitration and the Specific Issue of the Appointment of Arbitrators", *cit.*, p. 149.

[928] *Vide* NATHALIE VOSER, "Multi-party disputes and joinder of third parties", *cit.*, p. 343.

[929] *Cfr.* "2013 Statistical Report", *in ICC International Court of Arbitration Bulletin*, vol. 25, nº 1, Paris, 2014, p. 7, ANNE MARIE WHITESELL / EDUARDO SILVA ROMERO, "Multiparty and Multicontract Arbitration: Recent ICC Experience", *cit.*, p. 7, ANNE MARIE WHITESELL, "Multiparty Arbitration: the ICC International Court of Arbitration perspective", *cit.*, p. 203, e "The 1998 ICC Rules of Arbitration Today", *cit.*, p. 926, bem como BERNARD HANOTIAU, "Introduction", *cit.*, p. 7. Foi esta frequência que levou a CCI, aquando da aprovação do Regulamento de Arbitragem de 2012, a dar uma particular atenção ao tema das *arbitragens multipartes* (*vide* NADIA DARWAZEH / KRISTA ZEMAN, "Joint Nominations in Multiparty Arbitration...", *cit.*, p. 30).

[930] *Cfr.* MARTIN PLATTE, "When should an arbitrator join cases?", *cit.*, p. 67, e ADRIAN WINSTANLEY, "Multiple parties, multiple problems: a view from the London Court of International Arbitration", *cit.*, p. 213.

[931] *Vide* TJACO T. VAN DEN HOUT, "Preface", *cit.*, p. v.

[932] Esta frequência também se evidencia em outros estudos, fora de centros de arbitragem institucionalizada. Uma investigação feita, por exemplo, há alguns anos atrás, a acções de anulação de sentenças arbitrais apresentadas perante o Supremo Tribunal Federal Suíço, veio demonstrar que 34% desses processos envolveram três ou mais partes – *cfr.* FELIX DASSER, "International Arbitration and setting aside proceedings in Switzerland: A statistical analysis", *cit.*, pp. 462 e 463.

tuídos sob a égide do CAC veio, precisamente, demonstrar que 35% dos casos apreciados envolveram litígios com pluralidade de partes[933].

As razões para esta frequência são conhecidas e não surpreendem verdadeiramente. O fenómeno da globalização e o rápido (e enorme) crescimento do comércio internacional das últimas décadas conduziram a um *aumento do número e da complexidade das transacções comerciais* – transacções estas que, muitas vezes, envolvem mais de duas partes[934].

Em todo o caso, a pluralidade de partes na arbitragem não é apenas frequente, é também controversa (e muito); para além das dificuldades inerentes à própria noção de pluralidade de partes[935], ela suscita problemas delicados e difíceis que, ao longo dos anos, e em várias jurisdições, têm fragilizado a arbitragem e, acima de tudo, têm posto em causa a capacidade e eficiência dos tribunais arbitrais para lidarem com eles[936], a ponto de serem vistos como uma desvantagem[937] deste meio de resolução alternativa de litígios.

Ora, de entre as muitas questões que se levantam, uma delas merece a nossa atenção particular: a *constituição do tribunal arbitral*. Além de ser, indubitavelmente, um dos principais problemas que a pluralidade de partes coloca na arbitragem[938] (senão mesmo o principal problema[939]), este é também o *primeiro* grande desafio que a referida pluralidade traz ao processo arbitral[940] – saber como se deverá o tribunal arbitral constituir (sobretudo quando for colegial), mais concretamente, saber como conciliar o processo de nomeação de árbitros (em que as partes assumem um papel fulcral, nomeando árbitros)

[933] *Cfr.* Estudo inédito conduzido por Mariana França Gouveia (ano 2014).

[934] A este propósito, vejam-se, nomeadamente, Alexis Mourre, "L'intervention des tiers à l'arbitrage", *cit.*, p. 100, Nathalie Voser, "Multi-party disputes and joinder of third parties", *cit.*, p. 343, bem como Bernard Hanotiau, "Les groupes de sociétés dans l'arbitrage commercial international", *cit.*, p. 118, e "Multiple parties and multiple contracts in international arbitration", *cit.*, p. 35.

[935] *Vide* António Pedro Pinto Monteiro, *O Princípio da Igualdade e a Pluralidade de Partes na Arbitragem*, *cit.*, pp. 231 a 241; os conceitos de parte e de pluralidade de partes serão referidos no capítulo VI, ponto 12.2.

[936] Bem como a própria capacidade dogmática do instituto da arbitragem de responder à sua função, de resolver litígios.

[937] *Vide* Nathalie Voser, "Multi-party disputes and joinder of third parties", *cit.*, p. 345.

[938] Vejam-se, por exemplo, Julian D. M. Lew / Loukas A. Mistelis / Stefan M. Kröll, *Comparative International Commercial Arbitration*, *cit.*, p. 380, e Jean-François Poudret / Sébastien Besson, *Comparative Law of International Arbitration*, *cit.*, p. 197.

[939] *Cfr.* Jean-Louis Delvolvé, "L'arbitrage multipartite en 1992», *cit.*, p. 160.

[940] *Cfr.* Richard Bamforth / Katerina Maidment, " 'All join in' or not? How well does international arbitration cater for disputes involving multiple parties or related claims?", *cit.*, p. 9.

com o *princípio da igualdade das partes*[941]. Problema que se verifica tanto na pluralidade de partes *inicial*, como na *sucessiva*.

Com efeito, note-se que se as partes e os sujeitos forem apenas dois (um demandante e um demandado), o problema, à partida, será facilmente resolvido: o princípio da igualdade das partes cumpre-se dando a cada um deles o direito de nomear um árbitro (sendo o terceiro árbitro, presidente, designado pelos restantes dois árbitros)[942].

O mesmo já não se poderá dizer, no entanto, se, em vez de dualidade, existir pluralidade de partes[943]. O respeito pelo mencionado princípio será, neste caso, mais difícil de assegurar, uma vez que já não será possível que cada uma das partes nomeie um árbitro[944]. E, dir-se-á, quanto maior for o número de partes plurais, pior – o *equilíbrio* processual (entre demandantes e demandados) parece ser mais difícil de manter quanto mais partes existirem, sobretudo se, como veremos, não houver identidade (ou proximidade) de interesses entre as partes plurais.

Concretamente, os problemas que ocorrem aqui advêm, sobretudo, da existência de uma certa *tensão* entre a pluralidade de partes em si e a necessidade de respeito pelo princípio da igualdade na constituição do tribunal arbitral, isto é, na nomeação de árbitros. Tensão esta que se faz sentir, como referimos, tanto na *pluralidade de partes inicial*, como na *sucessiva* (resultante da intervenção de terceiros), quer a mesma seja *activa*, *passiva* ou *mista*.

No primeiro caso, a grande questão que acaba sempre por se colocar é a de saber se, quando há, *ab initio*, pluralidade de partes (dois ou mais demandantes e/ou demandados), o princípio da igualdade na constituição do tribunal implica que cada uma dessas partes tenha o *direito de nomear o seu árbitro* ou se, pelo contrário, os demandantes e/ou demandados serão forçados a designar *conjuntamente* um árbitro.

Imaginemos, por exemplo, uma arbitragem entre A, B e C, na qual A (demandante) intenta uma acção contra B e C (demandados). Supondo que as partes haviam previamente acordado, na cláusula compromissória, numa

[941] Conforme vários autores salientam, há muito que o mundo da arbitragem se vem debatendo com a questão de saber *como e qual* a melhor forma de assegurar o respeito pelo princípio da igualdade das partes nestes casos. Sobre este ponto, veja-se RICARDO UGARTE / THOMAS BEVILACQUA, "Ensuring Party Equality...", *cit.*, p. 9.

[942] *Cfr.* JULIAN D. M. LEW / LOUKAS A. MISTELIS / STEFAN M. KRÖLL, *Comparative International Commercial Arbitration, cit.*, p. 380. É isto o que sucede na LAV (artigo 10º, nº 3).

[943] As soluções para estes casos podem "dar lugar a sérias dúvidas" – LUIGI BIAMONTI, "Arbitrato – Diritto processuale civile", *cit.*, p. 916.

[944] *Cfr.* MARIANA FRANÇA GOUVEIA, *Curso de Resolução Alternativa de Litígios, cit.*, p. 197.

arbitragem com um painel de três árbitros (na qual o demandante nomearia um árbitro, o demandado outro árbitro, sendo o árbitro presidente designado pelos dois já nomeados[945]), à partida parece que B e C deveriam nomear conjuntamente um árbitro. De outra forma (isto é, se cada parte tivesse o direito de indicar o *seu* árbitro), ficaríamos com um painel composto por quatro árbitros (um nomeado pelo demandante, dois pelos demandados, mais um árbitro presidente), em violação da exigência de um número ímpar de árbitros prevista no artigo 8º, nº 1, da LAV, e correndo ainda o risco de nos depararmos com um impasse[946]. Por outro lado, ao mesmo tempo, o direito de os demandados nomearem (cada um) o seu árbitro poderia traduzir-se num aumento dos custos da arbitragem, bem como comprometer a celeridade e a eficácia da mesma[947].

Porém, se B e C forem *forçados* a nomear conjuntamente um árbitro, não se traduzirá isso numa violação do princípio da igualdade das partes? Com efeito, à partida, parece ser inegável que eles não ficam em condições de igualdade, não sendo tratados da mesma forma que o demandante, uma vez que, ao contrário deste, não puderam nomear o *seu* árbitro e, consequentemente, usufruir daquela que é, como referimos, uma das grandes vantagens da arbitragem. Se B e C tiverem, aliás, interesses e posições distintas entre si, parece que ainda menos se justificará uma nomeação conjunta.

Já no segundo caso a questão coloca-se de forma diferente, sendo importante, antes de mais, distinguir se o tribunal arbitral está ou não constituído (a situação mais problemática e frequente será aquela em que o tribunal já se constituiu). Neste sentido, imaginemos que, num processo em que a acção foi intentada por A contra B (dualidade de partes), o tribunal arbitral formou-se e, posteriormente, *interveio um terceiro* (pluralidade de partes sucessiva). Ora, estará este terceiro obrigado a aceitar a composição do tribunal arbitral, tal

945 Tal como previsto no artigo 10º, nº 3, da LAV.

946 Manuel Botelho da Silva equaciona ainda, neste caso, se se deveria manter apenas um árbitro de origem neutra (árbitro presidente). Com efeito, se B e C puderem nomear (cada um) um árbitro, tal poderá pôr em causa a função equilibrante do árbitro presidente, além de, em abstracto, poder abrir a possibilidade de situações de empate – *cfr.* Manuel Botelho da Silva, "Pluralidade de Partes em Arbitragens Voluntárias", *cit.*, p. 504.

947 Imagine-se que, em vez de dois demandados (B e C), tínhamos seis (B, C, D, E, F, e G). Neste caso, se cada um dos demandados pudesse nomear um árbitro, então teríamos um painel de oito árbitros (um árbitro nomeado pelo demandante, seis pelos demandados, mais um árbitro presidente). Tal implicaria, com grande probabilidade, um significativo aumento dos custos da arbitragem, além de, como referimos, poder também pôr em causa a celeridade do processo arbitral. A isto acresce que um painel muito grande de árbitros, como o descrito, tornaria também difícil a reunião de todos eles, bem como a tomada de decisões.

como se encontra já constituído? Ao abrigo do princípio da igualdade das partes, não poderá o terceiro usufruir do mesmo direito que as outras partes tiveram e nomear um árbitro? Ou, pelo menos, participar no processo de designação do árbitro da parte a que se associa (recompondo-se o tribunal arbitral)?

Deste modo, também quando haja pluralidade de partes sucessiva parece haver uma (clara) diferença de tratamento[948] – no exemplo referido, entre A e B, de um lado, e o terceiro, do outro –, susceptível de ferir o princípio da igualdade das partes.

Ciente destes problemas, e ao contrário do que sucedia na lei anterior (omissa a este respeito), o legislador português deu particular atenção ao tema. Neste sentido, a LAV consagrou duas normas a este respeito: o artigo 11º, atinente à constituição do tribunal arbitral em caso de pluralidade de demandantes ou de demandados (pluralidade de partes *inicial*); e o artigo 36º, sobre a intervenção de terceiros (pluralidade de partes *sucessiva*)[949]. Ao fazê-lo, como veremos *infra*, o legislador não deixou de considerar os problemas que, nestas situações, o ***princípio da igualdade das partes*** levanta no momento da constituição do tribunal arbitral.

11.2.2.1. O problema em caso de pluralidade de partes inicial

I – Comecemos pela pluralidade de demandantes ou de demandados, prevista no artigo 11º da LAV (preceito que deverá ser lido em conjunto com o artigo 10º)[950].

[948] O terceiro parece, à partida, ficar em posição de *desvantagem*, uma vez que, diferentemente das outras partes, não pôde nomear um árbitro (*cfr.* MAURO RUBINO-SAMMARTANO, *International Arbitration: Law and Practice*, 3ª ed., *cit.*, p. 390).

[949] Para maiores desenvolvimentos sobre este tema, veja-se ANTÓNIO PEDRO PINTO MONTEIRO, *O Princípio da Igualdade e a Pluralidade de Partes na Arbitragem*, *cit.*, pp. 256 a 290 (quanto à pluralidade de partes *inicial*) e pp. 290 a 300 (quanto à pluralidade de partes *sucessiva*), que iremos seguir de perto nos pontos subsequentes.

[950] O artigo 11º da LAV, no fundo, estende a solução do artigo 10º ("designação dos árbitros") à hipótese em que exista uma pluralidade de demandantes ou de demandados [*vide* PEDRO METELLO DE NÁPOLES / CARLA GÓIS COELHO, "A arbitragem e os tribunais estaduais...", *cit.*, p. 202; em sentido próximo, também ANTÓNIO SAMPAIO CARAMELO não deixa de observar que as disposições do artigo 11º constituem *regras especiais* em relação às do artigo 10º, defendendo, por exemplo, a aplicação do nº 7 do artigo 10º às situações previstas no artigo 11º (*cfr.* "O Estatuto dos Árbitros...", *cit.*, p. 108). A interpretação deste preceito (e de algumas lacunas que o mesmo apresenta) deve ser feita, assim, por referência ao artigo 10º – *cfr.* MÁRIO ESTEVES DE OLIVEIRA (coordenação), *Lei da Arbitragem Voluntária Comentada*, *cit.*, pp. 173 e 174. Só desta forma conseguiremos ultrapassar certas *dificuldades práticas* que a leitura isolada do artigo 11º, por

O primeiro ponto a salientar é, sem dúvida alguma, a influência do chamado *caso Dutco* na solução encontrada pelo legislador[951]. Neste sentido, a redacção do artigo 11º da LAV teve como grande fonte inspiradora o Regulamento de Arbitragem da CCI[952] e a solução que, na sequência do acórdão da *Cour de Cassation* francesa de 07/01/1992, a CCI adoptou expressamente. Isto mesmo foi, de resto, salientado pela APA, logo com a apresentação do segundo anteprojecto da LAV em 2010[953].

Resumidamente, como veremos melhor, o legislador português seguiu, no artigo 11º da LAV, o *método da nomeação conjunta*[954] (nº 1), combinado com a possibilidade de, na ausência de tal nomeação, o tribunal estadual competente poder nomear o árbitro em falta (nº 2) ou a totalidade dos árbitros (nº 3) [tendo as partes, em todo o caso, a faculdade de convencionar uma solução diferente (nº 4)]. Isto é, a LAV seguiu a tendência, presente em vários regulamentos de arbitragem (caso da CCI e das *UNCITRAL Arbitration Rules*), em que se *permite* a nomeação de todos os árbitros, assumindo-se esta como uma *faculdade* e não como uma obrigação[955] – se bem que com uma importante (e interessante) diferença que será mais à frente desenvolvida.

vezes, suscita. A respeito da leitura conjunta dos artigos 10º e 11º da LAV, veja-se António Pedro Pinto Monteiro, *O Princípio da Igualdade e a Pluralidade de Partes na Arbitragem*, *cit.*, pp. 258 a 260.

951 Sobre este caso, veja-se, entre outros, António Pedro Pinto Monteiro, *O Princípio da Igualdade e a Pluralidade de Partes na Arbitragem*, *cit.*, pp. 132 a 167 (e a bibliografia aí indicada).

952 Referimo-nos ao artigo 10º, nºs 1 e 2, da versão de 1998 do Regulamento de Arbitragem da CCI, correspondente ao artigo 12º, nºs 6 e 8, do actual Regulamento. Note-se que fazemos aqui referência à versão de 1998 do Regulamento da CCI, uma vez que foi nesta versão que o legislador português se inspirou. Chamando a atenção para esta fonte inspiradora, vejam-se José Miguel Júdice, *in* Dário Moura Vicente (Coordenador), *Lei da Arbitragem Voluntária Anotada*, *cit.*, p. 54, António Sampaio Caramelo, "A reforma da lei da arbitragem voluntária", *cit.*, pp. 217 e 218, e Mário Esteves de Oliveira (coordenação), *Lei da Arbitragem Voluntária Comentada*, *cit.*, p. 169.

953 *Cfr. Anteprojecto de LAV da APA (2010)*, notas justificativas ao artigo 11º, *cit.*, p. 176. Apesar de a APA só referir esta influência do Regulamento da CCI a propósito do nº 3 do artigo 11º da LAV, a verdade é que a mesma também é clara, parece-nos, nos restantes números do mencionado artigo. Acrescente-se, ainda, que as outras duas fontes inspiradoras do nº 3 do artigo 11º da LAV apontadas pela APA – isto é, o artigo 8º, nº 5, das Swiss Rules of International Arbitration, e o artigo 8º, nº 3 do Regulamento de Arbitragem do CAC (actual artigo 9º, nº 3) – foram também, por sua vez, influenciadas pela CCI.

954 Leia-se, a obrigação de as partes múltiplas (demandantes ou demandados) nomearem *conjuntamente* um árbitro, como se não houvesse pluralidade, mas sim dualidade de partes (com pluralidade de sujeitos).

955 Sobre as duas grandes tendências que se verificam, a este respeito, em regulamentos de arbitragem (uma nos termos da qual se *permite* a referida nomeação de todos os árbitros, assumindo-se esta como uma *faculdade*, e a outra que a *exige*, constituindo uma *obrigação*), veja-se António

Vejamos então, mais desenvolvidamente, as opções seguidas pelo legislador português, no artigo 11º da LAV, para o problema da constituição do tribunal arbitral em caso de pluralidade de partes inicial.

II – Nos termos do nº 1 do artigo 11º da LAV, "em caso de pluralidade de demandantes ou de demandados, e devendo o tribunal arbitral ser composto por três árbitros, os primeiros designam *conjuntamente* um árbitro e os segundos designam *conjuntamente* outro"[956] (sendo o árbitro presidente escolhido pelos árbitros já nomeados, nos termos do nº 3 do artigo 10º).

Do citado preceito resulta a consagração legal do chamado *método da nomeação conjunta* – solução que reúne grande consenso internacional[957], estando igualmente presente em inúmeros regulamentos de arbitragem. No fundo, é como se de cada lado estivesse apenas uma parte, ou seja, para efeitos de constituição do tribunal arbitral, o conjunto de demandantes ou de demandados acaba por ser visto como uma única parte[958], *como se não houvesse pluralidade*[959], *mas sim dualidade de partes (com pluralidade de sujeitos)*; a solução acaba, assim, por ser idêntica à consagrada no artigo 10º, nº 3, para a dualidade de partes e de sujeitos. Dir-se-á, à partida, que não haverá violação do princípio da igualdade das partes pelo facto de os múltiplos demandantes ou deman-

PEDRO PINTO MONTEIRO, *O Princípio da Igualdade e a Pluralidade de Partes na Arbitragem*, *cit.*, pp. 163 a 167.

956 Designação conjunta que se deverá verificar independentemente do número de intervenientes (*cfr.* MANUEL PEREIRA BARROCAS, *Lei de Arbitragem Comentada*, *cit.*, p. 63). Ou seja, imaginemos que temos um demandante de um lado e vinte demandados do outro. Estes vinte demandados terão de nomear conjuntamente um árbitro. O mesmo se diga se em vez de vinte forem trinta, cinquenta, cem ou mais demandados. O método da nomeação conjunta aplicar-se-á independentemente do número de demandantes ou de demandados. O que sucede nestes casos em que exista um grande número de partes é que, em princípio, será mais difícil conseguir a mencionada nomeação conjunta – o consenso para a nomeação de árbitros poderá ser bastante difícil de alcançar.

957 *Vide* MICHAEL KRAMER / GUIDO E. URBACH / RETO M. JENNY, "Equal Treatment in Multi-Party Arbitration...", *cit.*, p. 154.

958 *Cfr.* JOSÉ MIGUEL JÚDICE, *in* DÁRIO MOURA VICENTE (Coordenador), *Lei da Arbitragem Voluntária Anotada*, *cit.*, p. 53, e ANTÓNIO SAMPAIO CARAMELO, "O estatuto dos árbitros...", *cit.*, p. 103. No mesmo sentido, por referência à solução do Regulamento de Arbitragem da CCI e ao *caso Dutco*, que vimos anteriormente, vejam-se YVES DERAINS / ERIC A. SCHWARTZ, *A Guide to the ICC Rules of Arbitration*, *cit.*, p. 184, YVES DERAINS, "Is there a group of companies doctrine?", *cit.*, p. 142, JEAN-LOUIS DELVOLVÉ, "Final Report on Multi-Party Arbitrations", *cit.*, p. 30, e MIGUEL PINTO CARDOSO / CARLA GONÇALVES BORGES, "Constituição do Tribunal Arbitral...", *cit.*, p. 144.

959 *Vide* PEDRO ROMANO MARTINEZ, "Constituição do tribunal arbitral e estatuto do árbitro", *cit.*, p. 223.

dados terem de designar conjuntamente um árbitro, pois, na verdade, cada *parte* teve direito a nomear o seu árbitro[960].

Recorde-se que era este o raciocínio da CCI ao tempo do *caso Dutco*, raciocínio que explicava a prática habitual da Corte Internacional de Arbitragem em tratar a pluralidade de demandantes ou demandados como uma única parte, para efeitos de constituição do tribunal arbitral. Assim se compreende que, após a controversa decisão da *Cour de Cassation* de 07/01/1992, a CCI tenha codificado esta sua prática – através do método da nomeação conjunta – no Regulamento de Arbitragem (onde o nosso legislador se inspirou).

O método da nomeação conjunta é, à partida, a *solução mais natural para o problema em análise*. Ele é, de facto, a *primeira resposta* para desbloquear o pro-

[960] Ao referir-se, no artigo 11º, nº 1, que a pluralidade de demandantes ou de demandados designa "*conjuntamente* um árbitro", pressupõe-se que os mesmos cheguem entre si *a acordo* quanto ao árbitro que lhes caiba indicar e procedam a essa nomeação conjunta. Neste âmbito, surge, porém, a questão de saber se tal acordo deverá ser um *acordo unânime* ou, diferentemente, um *acordo por maioria*. Por outras palavras, imaginemos que o desacordo se verifica do lado dos demandados (o mais frequente, conforme indicado antes). Neste sentido, imaginemos, ainda, que estamos perante vinte demandados, sendo que dezanove deles estão de acordo quanto ao árbitro a indicar. Sucede, todavia, que o vigésimo demandado não está de acordo com os outros e propõe outro árbitro. Ora, nos termos do nº 1 do artigo 11º (e do nº 2, que se refere, expressamente, à falta de acordo na designação conjunta), poder-se-á aqui afirmar que não houve acordo entre os demandados?
A resposta a esta questão está, como referimos, em saber se a LAV exige um acordo unânime de todos os demandados ou, diversamente, se basta um acordo por maioria. A favor da primeira posição [*cfr.* Mário Esteves de Oliveira (coordenação), *Lei da Arbitragem Voluntária Comentada*, *cit.*, pp. 176 e 177], poder-se-á invocar que a importância do processo de nomeação de árbitros, bem como as suas implicações no desenrolar do processo arbitral, aconselharão um acordo unânime. Em sentido contrário, porém, dir-se-á que a solução do acordo por maioria permite um andamento mais rápido do processo arbitral (na medida em que dispensa a intervenção do tribunal estadual na nomeação do árbitro em falta ou da totalidade dos árbitros) e evita que um dos demandados tenha um "poder de veto" sobre a escolha do árbitro. Embora o artigo 11º não seja de facto claro, julgamos que, na ausência de uma previsão expressa da LAV a este respeito, a melhor interpretação a fazer de tal preceito é no sentido de ser apenas exigível um *acordo por maioria* (sendo essa também a solução prevista, por exemplo, para a perícia colegial, nos termos do artigo 468º, nº 4, do CPC). Deste modo, no exemplo indicado, dever-se-á considerar que os demandados chegaram efectivamente a acordo sobre o árbitro que lhes cabia designar; o desacordo do vigésimo demandado não é, a nosso ver, suficiente para que se possa defender que existe uma divergência entre os demandados, no que à nomeação conjunta diz respeito (divergência essa que, conforme veremos, deverá ser suprida com a intervenção do tribunal estadual).
Em todo o caso, isso não impede que a designação conjunta possa resultar da cedência de uns demandados perante outros. Ou seja, no exemplo anterior, imaginemos que um dos demandados se mostra intransigente e pretende ser ele a nomear. Os outros demandados acabam por aceitar tal pretensão e deixam-no efectuar a nomeação. Em princípio, não haverá qualquer problema, na medida em que tal corresponda à vontade dos demandados, ao acordo a que cheguem.

blema da nomeação de árbitros, quando estejamos perante uma situação de pluralidade de demandantes ou de demandados, o que justifica o seu grande consenso internacional.

Embora constitua uma novidade na actual LAV, este método não era, de resto, totalmente desconhecido em Portugal – o mesmo já se encontrava consagrado no Regulamento de Arbitragem do CAC (versão de 2008)[961] e a nossa jurisprudência já havia sido confrontada com ele. Com efeito, num conhecido acórdão de 18/05/2004, o Tribunal da Relação de Lisboa, apesar de não se ter pronunciado directamente sobre este método, não o pôs em causa, nem entendeu, sequer, que o mesmo implicava uma violação do princípio da igualdade das partes[962].

III – A nomeação conjunta a que o nº 1 do artigo 11º da LAV se refere, pode, no entanto, não se verificar. Os demandantes ou os demandados poderão, por várias razões, não chegar a acordo quanto ao árbitro que lhes caiba indicar ou recusarem-se a proceder a essa designação – hipóteses a que o legislador não deixou de atender, nos nºs 2 e 3 do artigo 11º.

Neste sentido, a LAV prevê que o tribunal estadual possa:

i) Nomear (apenas) o *árbitro em falta* (nº 2 do artigo 11º) – caso em que se manterá o árbitro indicado pela parte contrária, não sendo afectada tal designação (*regime regra*);

ii) Nomear a *totalidade dos árbitros* (escolhendo, de entre eles, o presidente), "se se demonstrar que as partes que não conseguiram nomear conjuntamente um árbitro têm *interesses conflituantes relativamente ao fundo da causa*" (nº 3 do artigo 11º) – caso em que ficará sem efeito a designação do árbitro que uma das partes já tenha entretanto efectuado (*regime excepcional*).

No que respeita à primeira hipótese, o importante a reter é o facto de se admitir que um processo arbitral com pluralidade de demandantes ou de demandados possa prosseguir no caso de uma das partes ter nomeado o seu árbitro, não obstante a parte contrária não ter procedido a essa designação conjunta (tendo, consequentemente, o seu árbitro sido indicado pelo tribu-

[961] Referimo-nos ao artigo 8º, nº 1, do anterior Regulamento de Arbitragem do CAC (versão de 2008), correspondente ao artigo 9º, nº 1, do actual Regulamento.

[962] *Cfr.* Acórdão do Tribunal da Relação de Lisboa de 18/05/2004 (Relator Jorge Santos, processo 3094/2004-7). Sobre este acórdão, veja-se António Pedro Pinto Monteiro, *O Princípio da Igualdade e a Pluralidade de Partes na Arbitragem*, *cit.*, pp. 265 a 271 (e a bibliografia aí indicada).

nal estadual) – é este o regime regra. Deste modo, com excepção dos casos referidos no nº 3 do artigo 11º, o facto de uma das partes (demandantes ou demandados) não conseguir nomear conjuntamente um árbitro, não implica que a nomeação que a parte contrária tenha realizado fique, automaticamente, sem efeito. O processo prosseguirá como se estivéssemos diante de um caso normal de dualidade de partes e de sujeitos (em que o tribunal arbitral deva ser composto por três ou mais árbitros)[963].

Conforme nos dá conta José Miguel Júdice, esta matéria foi "muito debatida pelos autores materiais do projeto [de LAV] entregue aos sucessivos governos"[964]. Essencialmente, procurou-se com a solução do nº 2 do artigo 11º respeitar, na medida do possível, a nomeação já efectuada por uma das partes e o seu direito de influir na constituição do tribunal arbitral (à semelhança, aliás, da solução que vimos consagrada em muitos outros regulamentos de arbitragem).

Desta forma, para o legislador português, a situação que acabámos de descrever (presente no nº 2 do artigo 11º) *em regra* não porá em causa o *princípio da igualdade das partes*. A LAV admite, porém, *excepções à regra*.

IV – A falha na designação conjunta do árbitro por uma das partes pode originar outra resposta (mais drástica) do tribunal estadual, resposta esta constante do nº 3 do artigo 11º. Referimo-nos à segunda hipótese que formulámos, de o tribunal *poder* nomear a *totalidade dos árbitros*, isto é, os três (ou mais) árbitros, todo o painel arbitral (escolhendo, de entre eles, o árbitro presidente). Aqui já será afectada a designação da parte contrária, que ficará sem efeito. Em todo o caso, para que esta *solução excepcional* se possa verificar, é necessário, nos termos da lei, que se demonstre "que as partes que não conseguiram nomear conjuntamente um árbitro têm *interesses conflituantes* relativamente ao fundo da causa"[965].

A LAV consagrou, portanto, um *regime diferenciado* para colmatar a ausência de nomeação conjunta por uma das partes. E, neste sentido, a primeira questão que se deverá colocar é a de saber, afinal, o porquê desta diferenciação de regimes. Isto é, porquê a necessidade de se prever uma hipótese especial de designação de todos os árbitros (nº 3)? Será que não se poderia aplicar sempre, em todas as situações, o disposto no nº 2, devendo o tribunal estadual

963 *Cfr.* Artigo 10º, nº 4, da LAV.

964 José Miguel Júdice, *in* Dário Moura Vicente (Coordenador), *Lei da Arbitragem Voluntária Anotada, cit.*, p. 53.

965 Artigo 11º, nº 3, da LAV.

nomear apenas o árbitro em falta [e sem se pôr em causa, assim, a nomeação que já tenha sido feita pelo(s) demandante(s)]?

A razão de ser deste regime diferenciado está no *princípio da igualdade das partes*. Com efeito, quando o tribunal estadual procede à nomeação (apenas) do árbitro em falta, nos termos do nº 2 do artigo 11º, a verdade é que, em certas situações, poderá ser questionável se houve ou não uma violação do princípio da igualdade das partes[966] – na medida em que, aparentemente, nem todas as partes tiveram o direito de indicar o *seu* árbitro[967]. E é justamente por isso que a lei prevê, no nº 3, a possibilidade de designação da totalidade dos árbitros pelo tribunal estadual. No fundo, tal como vários autores observaram por referência ao Regulamento de Arbitragem da CCI[968], também aqui estamos perante uma espécie de *plano de contingência*, de *mecanismo de salvaguarda*, que só deverá ser aplicado quando o tribunal estadual considere que a nomeação (apenas) do árbitro em falta poderá traduzir-se num *tratamento desigual das partes*.

E quando é que se deverá entender que as partes não estão em igualdade, no que a esta matéria diz respeito? Qual a *fronteira* que permite passar do nº 2 para o nº 3 do artigo 11º da LAV? Esta é a questão fundamental que se coloca.

Neste âmbito, torna-se essencial fazer uma distinção entre os interesses das partes para efeitos da constituição do tribunal arbitral, isto é, entre *interesses convergentes ou não conflituantes* e *interesses divergentes ou conflituantes*[969]. Ora, a hipótese de nomeação de todos os árbitros foi pensada, sobretudo, para o segundo caso.

Neste sentido, na vigência da anterior LAV[970], António Sampaio Caramelo[971] entendia já que, para as situações em que haja *divergência de interesses*,

[966] Neste sentido, vejam-se Michael Kramer / Guido E. Urbach / Reto M. Jenny, "Equal Treatment in Multi-Party Arbitration...", *cit.*, p. 154, e Julian D. M. Lew / Loukas A. Mistelis / Stefan M. Kröll, *Comparative International Commercial Arbitration, cit.*, pp. 380 e 381.

[967] Isto é, uma parte [por norma, o(s) demandante(s)] designou livremente um árbitro, enquanto os demandados não chegaram a acordo quanto a uma nomeação conjunta e viram o seu árbitro ser indicado pelo tribunal estadual.

[968] *Cfr.* Anne Marie Whitesell / Eduardo Silva Romero, "Multiparty and Multicontract Arbitration: Recent ICC Experience", *cit.*, p. 12, Anne Marie Whitesell, "Multiparty Arbitration: the ICC International...", *cit.*, p. 208, e Bernard Hanotiau, *Complex Arbitrations...*, *cit.*, p. 203.

[969] Para maiores desenvolvimentos sobre a referida distinção, veja-se António Pedro Pinto Monteiro, *O Princípio da Igualdade e a Pluralidade de Partes na Arbitragem*, *cit.*, pp. 143 e ss.

[970] Lei que não continha qualquer norma sobre a pluralidade de partes, seja ao nível da constituição do tribunal arbitral, seja em qualquer outro momento.

[971] Autor do texto inicial do primeiro anteprojecto e um dos autores do texto base da actual LAV.

"é que se justifica plenamente a solução que vem sendo adoptada de uma forma cada vez mais generalizada nos modernos regulamentos e leis sobre arbitragem comercial, segundo a qual, não havendo nomeação conjunta de um árbitro pelos demandados ou pelos demandantes, pertencerá à 'autoridade da nomeação' a competência para a *nomeação de todos os membros do tribunal arbitral*, o que implica, logicamente, dar como sem efeito a nomeação do árbitro que tivesse já sido feita pelo outro 'campo' "[972].

A actual LAV, como vemos, seguiu este entendimento, adoptando a solução que passa pela designação da totalidade dos árbitros – em conformidade, neste ponto, com o Regulamento de Arbitragem da CCI (a grande fonte inspiradora do nº 3 do artigo 11º[973]) – e acrescentando uma exigência adicional para que possa ser exercida esta faculdade, no sentido de as partes que não conseguirem nomear conjuntamente um árbitro terem "*interesses conflituantes relativamente ao fundo da causa*". Esta exigência compreende-se num primeiro momento, pois a verdade é que é, precisamente, nos casos em que há interesses divergentes ou conflituantes que, à partida, mais se justifica a regulamentação específica que o nº 3 do artigo 11º introduz[974]. E é, sem dúvida, nestes casos – aqueles que, como se mencionou antes, são para muitos autores os verdadeiros casos de *arbitragens multipartes* – que, com mais frequência, se colocarão problemas com o princípio da igualdade das partes.

Com efeito, se os demandantes ou os demandados tiverem *interesses convergentes, não conflituantes*, será mais fácil chegarem a um acordo; há uma maior probabilidade de conseguirem nomear conjuntamente um árbitro[975]. Já o mesmo se não pode dizer, porém, se existirem *interesses divergentes ou conflituantes*. Estas situações justificam uma atenção acrescida da parte do tribunal estadual. De facto, repare-se que em muitos destes casos, verdadeiramente,

[972] António Sampaio Caramelo, "Jurisprudência comentada...", *cit.*, pp. 47 e 48.

[973] Referimo-nos ao artigo 12º, nº 8, do Regulamento de Arbitragem da CCI (correspondente ao artigo 10º, nº 2, da versão de 1998 de tal Regulamento).

[974] Em sentido próximo, veja-se António Sampaio Caramelo, "A reforma da lei da arbitragem voluntária", *cit.*, pp. 217 e 218.

[975] Ou, por outras palavras, haverá uma menor relutância a respeito da nomeação conjunta. O que justifica, nestes casos, o entendimento de que "o método tradicionalmente adotado nas leis e regulamentos de arbitragem, segundo o qual cada 'lado' da usual estrutura dual da arbitragem (requerente e requerido) deve designar um árbitro, sendo o terceiro designado pelos árbitros assim designados ou pelas partes, de comum acordo, ou ainda por uma 'autoridade de nomeação' a que aquelas recorram na falta desse acordo, pode funcionar perfeitamente, sem que alguém se possa queixar de ter sido infringido o princípio da igualdade das partes relativamente ao modo de constituição do tribunal arbitral" (António Sampaio Caramelo, "Jurisprudência comentada...", *cit.*, p. 36).

os vários sujeitos não tiveram hipótese de nomear conjuntamente um árbitro; as divergências, ou melhor, os interesses conflituantes eram de tal ordem que inviabilizaram, desde logo, a possibilidade de um consenso na nomeação conjunta de um árbitro.

Pegando no exemplo clássico de uma acção arbitral intentada por A contra B e C, se os demandados tiverem, a este respeito, interesses convergentes, estarão em boas condições para conseguir um entendimento e designar conjuntamente um árbitro, não sendo necessário, em princípio, um regime diferente do da nomeação conjunta[976]. Na hipótese inversa, porém, já será diferente. Com efeito, se B e C tiverem interesses divergentes ou conflituantes será mais difícil vê-los como uma única parte e, consequentemente, será mais difícil exigir-lhes uma nomeação conjunta. Ora, é particularmente nestes casos que é mais susceptível de ser invocada uma violação do princípio da igualdade das partes na constituição do tribunal arbitral[977]. Dir-se-á, desde logo, que o demandante (A) pôde indicar o seu árbitro, ao contrário dos demandados (B e C) que, verdadeiramente, estavam impedidos de o fazer (ou em condições menos favoráveis para tal), atendendo aos interesses conflituantes que os separavam. Ou seja, no limite, poder-se-á afirmar que B e C não tiveram direito a nomear o seu árbitro e que, como tal, houve uma desigualdade de tratamento das partes.

Assim se compreende a solução (excepcional) do nº 3 do artigo 11º que, no fundo, visa repor a igualdade entre todas as partes em situações em que a nomeação (apenas) do árbitro em falta seja susceptível de se traduzir numa violação do princípio da igualdade das partes – como, por norma, será o caso de as partes que não conseguiram nomear conjuntamente um árbitro terem "interesses conflituantes relativamente ao fundo da causa". Aplicando-se tal solução, dir-se-á, à primeira vista, que os demandantes e os demandados acabam por ficar em condições de igualdade, pois nem uns nem outros nomeiam o seu árbitro; todos os árbitros serão designados pelo tribunal estadual, que indicará também qual deles será o presidente[978]. Na impossibilidade de cada

[976] Neste sentido, Miguel Pinto Cardoso / Carla Gonçalves Borges, "Constituição do Tribunal Arbitral...", *cit.*, p. 144.

[977] *Cfr.* António Menezes Cordeiro, *Tratado da Arbitragem...*, *cit.*, p. 146.

[978] Semelhante linha de argumentação pode ser usada para o caso de um tribunal arbitral composto por um *árbitro único*, particularmente quando não haja acordo das partes sobre essa designação (artigo 10º, nº 2, da LAV). Na verdade, também aqui se dirá que as partes são tratadas de forma igual, uma vez que nenhuma delas teve direito a nomear o *seu* árbitro – o árbitro único é designado pelo tribunal estadual.

um dos sujeitos nomear um árbitro (algo que se afigura "impraticável"[979]), o legislador optou, desta forma, nas referidas situações, por retirar esse direito aos demandantes e demandados, assim assegurando uma igualdade entre as partes.

A grande questão que, naturalmente, depois se coloca é a de saber quando é que se poderá afirmar que as partes têm "interesses conflituantes relativamente ao fundo da causa" (artigo 11º, nº 3) – questão difícil, cuja complexidade começa, desde logo, pela própria noção de *interesse* (conceito polissémico e controvertido)[980].

Como ponto prévio, cumpre desde já esclarecer que o *fundo ou mérito da causa* é, como se sabe, a "situação em litígio"[981], ou melhor, é "a matéria ou assunto de que o processo trata", o *objecto do processo*[982] – objecto este que, para muitos autores, é composto por dois elementos, o pedido e a causa de pedir[983]-[984].

[979] JULIAN D. M. LEW / LOUKAS A. MISTELIS / STEFAN M. KRÖLL, *Comparative International Commercial Arbitration, cit.*, p. 380. Conforme referimos anteriormente, o alegado direito de cada um dos sujeitos nomear um árbitro – em caso de pluralidade de demandantes ou de demandados – é susceptível de gerar *grandes dificuldades práticas e logísticas*; e quanto maior for o número de partes, pior. Basta pensar no aumento dos custos da arbitragem, no facto de tal poder comprometer a celeridade do processo arbitral e nos impasses que tal solução poderá originar (com o risco, por exemplo, de termos um tribunal constituído por um número par de árbitros).

[980] Sobre a noção de interesse, veja-se, nomeadamente, PAULO MOTA PINTO, *Interesse Contratual Negativo e Interesse Contratual Positivo*, vol. I, *cit.*, pp. 83 e ss., e BRUNO INZITARI, *Interessi: Legali, corrispettivi, moratori, usurari, anatocistici, cit.*.

[981] A. FERRER CORREIA, "O problema da lei aplicável ao fundo ou mérito da causa na arbitragem comercial internacional", *cit.*, p. 232.

[982] JOÃO DE CASTRO MENDES, *Direito Processual Civil*, vol. I, *cit.*, p. 35, e JOÃO DE CASTRO MENDES / MIGUEL TEIXEIRA DE SOUSA, *Direito Processual Civil, cit.*, § 2º, I, 3; veja-se, ainda, ANA PRATA, *Dicionário Jurídico*, vol. I, *cit.*, p. 927.

[983] *Cfr.* MIGUEL TEIXEIRA DE SOUSA, *Introdução ao Processo Civil, cit.*, p. 32, PAULA COSTA E SILVA, *Acto e Processo..., cit.*, p. 271, e *Um Desafio à Teoria Geral do Processo..., cit.*, pp. 201 a 215, MARIANA FRANÇA GOUVEIA, *A Causa de Pedir na Acção Declarativa, cit.*, p. 35, e RITA LOBO XAVIER / INÊS FOLHADELA / GONÇALO ANDRADE E CASTRO, *Elementos de Direito Processual Civil..., cit.*, p. 108; a este propósito, *vide*, também, MARCO ANTÓNIO DE AÇO E BORGES, *A Demanda Reconvencional, cit.*, pp. 44 e ss. Para maiores desenvolvimentos sobre o objecto do processo, veja-se, ainda, MARIANA FRANÇA GOUVEIA, *A Causa de Pedir na Acção Declarativa, cit.*, pp. 37 e ss.

[984] Defendendo que o objecto do processo é o *pedido* (e não a relação jurídica material a que ele se reporte), JOSÉ LEBRE DE FREITAS, *Introdução ao Processo Civil..., cit.*, pp. 58 e ss., "Sobre o novo Código de Processo Civil (uma visão de fora)", *cit.*, p. 33, e JOSÉ LEBRE DE FREITAS / ISABEL ALEXANDRE, *Código de Processo Civil anotado*, vol. I, *cit.*, p. 534; sobre esta questão, *vide*, ainda, JOSÉ LEBRE DE FREITAS, "A causa de pedir na acção declarativa (arguição da tese de doutoramento de Mariana Gouveia)", *cit.*, p. 622 (nota de rodapé nº 9).

Dito isto, saber se existem ou não "interesses conflituantes relativamente ao fundo da causa" (que possam ter impedido a nomeação conjunta de um árbitro) é, antes de mais, algo que tem de ser aferido *caso a caso*.

De todo o modo, situações há em que se poderá afirmar que é mais provável a existência destes interesses conflituantes. É o que sucede, desde logo, se estivermos diante de uma *coligação* (sobretudo de uma coligação passiva). Como se viu, quer pelo *caso Dutco*, quer pelo acórdão do Tribunal da Relação de Lisboa de 18/05/2004 (*supra* mencionado), os casos de coligação (passiva) serão, à partida, mais propícios a que os demandados não se consigam entender na tarefa de nomeação conjunta de um árbitro[985].

Paralelamente, é possível apontar alguns casos que serão mais favoráveis à existência de interesses convergentes entre os vários demandantes e/ou demandados, permitindo que o método da nomeação conjunta funcione plenamente, sem qualquer contratempo. É o que se verificará em situações de *litisconsórcio*[986].

Por outro lado, a conflituosidade de interesses será mais provável de se verificar quanto maior for o número de demandantes e, sobretudo, de demandados. A probabilidade de eles não conseguirem nomear conjuntamente um árbitro – por terem os referidos interesses conflituantes – será, com efeito, maior (sendo, em contrapartida, menor, se o número de demandantes ou demandados for reduzido).

Compreendida a razão de ser e as circunstâncias subjacentes à possibilidade de designação da totalidade dos árbitros, dois pontos fundamentais importa ainda assinalar.

O primeiro é o de que, à semelhança da solução consagrada no Regulamento de Arbitragem da CCI[987] (e em outros regulamentos), também aqui estamos perante uma *faculdade* e não uma obrigação. Também aqui, portanto, a possibilidade da nomeação de todos os árbitros não se aplicará *automaticamente*, sempre que os demandantes ou os demandados falhem a nomeação conjunta. O tribunal estadual é *livre de decidir* se nomeia ou não a totalidade dos árbitros, não estando obrigado a proceder a tal designação[988].

[985] Embora nem sempre assim suceda. Tal divergência de interesses, por exemplo, poderá não existir no caso de os vários demandados pertencerem ao *mesmo grupo de sociedades* – *vide* António Sampaio Caramelo, "Jurisprudência comentada...", *cit.*, p. 47.

[986] Neste sentido, veja-se António Sampaio Caramelo, "Jurisprudência comentada...", *cit.*, pp. 35 e 44 a 48.

[987] *Cfr.* Artigo 12º, nº 8, do Regulamento de Arbitragem da CCI.

[988] *Vide* António Pedro Pinto Monteiro, *O Princípio da Igualdade e a Pluralidade de Partes na Arbitragem*, *cit.*, pp. 284 a 286. Essencialmente, são três as razões que levam a que a possibilidade

Deste modo, não obstante a importância da faculdade concedida no nº 3 do artigo 11º ao tribunal estadual, a verdade é que a mesma tem de ser aplicada, não automaticamente, mas sim com *prudência e cautela* (pelas razões mencionadas), sendo fundamental *ouvir* o que as partes têm a dizer a este respeito[989]. Por sua vez, a decisão que proceda à nomeação da totalidade dos árbitros deverá ser *fundamentada*, isto é, dever-se-ão justificar, ainda que sucintamente, os motivos que levaram o tribunal a optar por essa decisão[990].

de nomeação de todos os árbitros não seja automática, isto é, que levam a que ela seja *permitida*, mas não *imposta*. Por um lado, na medida do possível, procura-se respeitar ao máximo a *vontade das partes*, o que justifica que a nomeação que uma das partes já tenha efectuado não deva ser logo posta em causa. Com efeito, a possibilidade de designação de árbitros é (para muitos) uma das grandes vantagens que a arbitragem apresenta face aos tribunais estaduais, vantagem esta que leva a que as partes tenham uma maior confiança no tribunal arbitral e no desenrolar do processo; pelo que se compreende que a parte que já indicou um árbitro não se deva ver automaticamente privada desta vantagem, apenas porque a parte contrária, aparentemente, não se consegue entender quanto à nomeação conjunta de um árbitro. Por outro lado, a LAV teve em conta que há casos em que, pura e simplesmente, não parece razoável que os demandantes ou demandados não se consigam entender quanto à nomeação conjunta de um árbitro, sobretudo quando os seus interesses aparentam ser idênticos ou próximos, isto é, convergentes. Neste sentido, o nosso legislador não ignorou que uma das partes (por norma, os demandados) pode estar a *simular um desentendimento* na designação do árbitro, apenas para: (i) *sabotar* a nomeação já realizada pela parte contrária; (ii) socorrer-se de uma *manobra dilatória* para atrasar o processo arbitral; e/ou (iii) lançar mão de uma *estratégia* para, mais tarde, vir impugnar a decisão final proferida, caso a mesma lhe venha a ser desfavorável. Razão pela qual a nomeação de todos os árbitros, pelo tribunal estadual, deve ser avaliada *caso a caso* e não aplicada automaticamente. Referindo algumas estratégias que visam levantar problemas e dificuldades à constituição do tribunal arbitral, vejam-se MICHAEL KRAMER / GUIDO E. URBACH / RETO M. JENNY, "Equal Treatment in Multi-Party Arbitration...", *cit.*, pp. 156, 161 e 162, JEAN-LOUIS DELVOLVÉ, "L'arbitrage multipartite en 1992", *cit.*, p. 193, e ANTÓNIO SAMPAIO CARAMELO, "O estatuto dos árbitros...", *cit.*, pp. 107 e 108, e "A reforma da lei da arbitragem voluntária", *cit.*, pp. 217 e 218. Por fim, julgamos que o legislador teve presente que a nomeação automática da totalidade dos árbitros, sempre e em todos os casos, resultaria numa *aplicação meramente formal do princípio da igualdade*, não se atingindo uma *igualdade substancial, material ou real*; e é este último sentido de igualdade que prevalece na CRP (artigo 13º) e no CPC (artigo 4º).

[989] *Vide* JOSÉ MIGUEL JÚDICE, *in* DÁRIO MOURA VICENTE (Coordenador), *Lei da Arbitragem Voluntária Anotada*, *cit.*, p. 54. É particularmente aqui que o *contraditório* previsto no artigo 60º, nº 2, da LAV, assume especial relevância (*cfr.* ANTÓNIO PEDRO PINTO MONTEIRO, *O Princípio da Igualdade e a Pluralidade de Partes na Arbitragem*, *cit.*, pp. 274 a 276). De facto, a audição das partes – sobretudo daquelas que falharam a nomeação conjunta (por norma, os demandados) – afigura-se essencial para que o tribunal estadual possa ficar em condições de saber se os referidos interesses conflituantes se verificam e, consequentemente, se se justifica ou não a nomeação da totalidade dos árbitros. Neste âmbito, poderá revelar-se igualmente útil o disposto no nº 3 do artigo 60º, onde se faz valer o *princípio do inquisitório*.

[990] *Cfr.* JOSÉ MIGUEL JÚDICE, *in* DÁRIO MOURA VICENTE (Coordenador), *Lei da Arbitragem Voluntária Anotada*, *cit.*, p. 54, e ANTÓNIO SAMPAIO CARAMELO, "O estatuto dos árbitros...", *cit.*,

O segundo ponto fundamental do regime do nº 3 do artigo 11º da LAV reside na circunstância de a liberdade do tribunal estadual estar, aparentemente, *limitada*. Com efeito, a decisão de nomear a totalidade dos árbitros parece estar *condicionada* à demonstração dos "*interesses conflituantes relativamente ao fundo da causa*", que terão impedido os demandantes ou demandados de designar conjuntamente um árbitro.

A nosso ver, porém, verdadeiramente, o nº 3 do artigo 11º não visa condicionar a possibilidade de nomear a totalidade dos árbitros, mas sim *reforçar o carácter excepcional desta faculdade*. Acima de tudo, o que a LAV pretende é que a possibilidade de designação de todos os árbitros seja exercida, pelo tribunal estadual, quando se verifique um "*sério desacordo*" na nomeação conjunta do árbitro, isto é, quando os demandantes ou os demandados tenham "razões objectivas e sérias" (não simuladas), razões "plausíveis e atendíveis" (e não meros pretextos), que levam a que não tenham conseguido chegar a acordo e indicado conjuntamente um árbitro.[991]

Em qualquer caso, é fundamental termos presente que o critério decisivo é, sempre, o *princípio da igualdade das partes*. O mecanismo da nomeação da totalidade dos árbitros só deverá ser exercido quando tal se revele necessário para assegurar a igualdade das partes. É esta a *razão de ser* do nº 3 do artigo 11º da LAV.[992]

11.2.2.2. O problema em caso de pluralidade de partes sucessiva

I – A LAV não se limitou a tratar o problema do conflito do princípio da igualdade das partes com a constituição do tribunal arbitral, apenas sob o ponto de vista da pluralidade de partes *inicial* (artigo 11º). O legislador consagrou, ainda, uma norma específica para os casos de pluralidade de partes *sucessiva*, resultantes da *intervenção de terceiros*: o artigo 36º, cujos nºs 2 e 6 se revestem de particular importância para o referido conflito.

p. 108. Embora, no nosso entendimento, tal decisão não seja susceptível de recurso (António Pedro Pinto Monteiro, *O Princípio da Igualdade e a Pluralidade de Partes na Arbitragem*, *cit.*, pp. 259 e 260, nota de rodapé nº 1077), é importante ter presente que a mesma pode, eventualmente, vir a ser invocada como fundamento de anulação da sentença arbitral que venha a ser proferida (entre outras possíveis consequências gravosas) – neste sentido, José Miguel Júdice, *op. cit.*, p. 43, e António Sampaio Caramelo, *op. cit.*, p. 108). Daí a importância que a fundamentação da decisão do tribunal estadual reveste, não devendo ser subestimada. É preciso perceber o que levou o tribunal estadual a chegar à solução mais drástica de nomear a totalidade dos árbitros.

[991] António Sampaio Caramelo, "O estatuto dos árbitros...", *cit.*, pp. 104 a 108.

[992] Sobre as críticas que a este respeito nos merece o nº 3 do artigo 11º, veja-se António Pedro Pinto Monteiro, *O Princípio da Igualdade e a Pluralidade de Partes na Arbitragem*, *cit.*, pp. 287 a 290.

Conforme enunciámos anteriormente, a grande questão é a de saber se, uma vez constituído o tribunal arbitral, o terceiro que intervenha estará obrigado a aceitar a composição do tribunal ou se, ao abrigo do princípio da igualdade das partes, não poderá usufruir do mesmo direito que as outras partes tiveram e nomear um árbitro ou, pelo menos, participar no processo de designação do árbitro da parte a que se associa, *recompondo-se o tribunal arbitral*. Questão que se levanta independentemente de haver ou não pluralidade de partes e quer estejamos perante um tribunal colegial (como no exemplo indicado) ou perante um árbitro único.

Na vigência da anterior LAV (omissa quanto à possibilidade de intervenção de terceiros), alguns autores defendiam a recomposição do tribunal arbitral nestes casos, em conformidade com o respeito devido ao princípio da igualdade das partes[993].

A actual LAV, porém, resolveu o problema de outra forma. A lei distingue duas hipóteses, no artigo 36º, consoante o tribunal arbitral esteja ou não constituído: a intervenção *depois* da constituição do tribunal (nº 2) e a intervenção *antes* dessa constituição (nº 6)[994].

Comecemos por esta última.

II – A *intervenção de terceiros anteriormente à constituição do tribunal arbitral* apenas é admitida em sede de arbitragem institucionalizada e desde que o respectivo regulamento de arbitragem "assegure a observância do princípio da igualdade de participação de todas as partes, incluindo os membros de partes plurais, na escolha dos árbitros" (nº 6).

Esta intervenção não levanta grandes dificuldades, não se colocando, desde logo, qualquer problema de recomposição do tribunal, uma vez que este ainda não existe[995]. Neste caso, o único problema a tratar será o da constituição do tribunal, que deverá, evidentemente, respeitar o princípio da igualdade das partes[996].

[993] Sobre este ponto concreto, vejam-se Manuel Botelho da Silva, "Pluralidade de Partes em Arbitragens Voluntárias", *cit.*, p. 522, Jorge Morais Carvalho / Mariana França Gouveia, "Arbitragens Complexas: questões materiais e processuais", *cit.*, p. 154, e Paula Costa e Silva / Marco Gradi, "A Intervenção de Terceiros...", *cit.*, pp. 54, 65 e 66.

[994] A distinção ter-se-á ficado a dever, sobretudo, a Miguel Galvão Teles (*cfr.* "Addition of Parties...", *op. cit.*, pp. 53 a 56); na cena internacional, invocando também esta distinção, veja-se, por exemplo, Alexis Mourre, "L'intervention des tiers à l'arbitrage", *cit.*, p. 101.

[995] *Vide* Mariana França Gouveia, *Curso de Resolução Alternativa de Litígios*, *cit.*, p. 272.

[996] Para alguns autores, a hipótese contida no nº 6 do artigo 36º, verdadeiramente, pouco ou nada acrescenta em relação ao artigo 11º. A este propósito, vejam-se Jorge Morais Carvalho /

Quanto à circunstância de a intervenção se limitar à arbitragem institucionalizada, percebe-se que assim seja, pois numa arbitragem *ad hoc*, antes da constituição do tribunal arbitral, pura e simplesmente não haverá quem decida sobre a admissibilidade da mesma – algo diferente do que se passa num centro de arbitragem institucionalizada, onde existe um órgão competente para proceder à designação do tribunal[997].

Por fim, não pode deixar de se salientar que a intervenção de terceiros antes da constituição do tribunal parece, à partida, ser difícil de compreender. Com efeito, dir-se-á que se não existe sequer tribunal constituído, não faz sentido falar-se em *terceiros* ou *partes*. Em todo o caso, importa não esquecer que, diferentemente do Direito Processual Civil, o processo arbitral inicia-se com o pedido de submissão do litígio a arbitragem (nos termos do nº 1 o artigo 33º da LAV)[998], em momento anterior, portanto, ao da apresentação da petição inicial e da constituição do tribunal[999]. Ora, para efeitos do regime de intervenção de terceiros consagrado no artigo 36º, a LAV parece aferir o conceito de parte e de terceiro face ao mencionado pedido de submissão, assim se entendendo a consagração de um regime da intervenção de terceiros numa fase anterior à constituição do tribunal arbitral.

III – Mais complexa é a segunda hipótese, isto é, a ***intervenção de terceiros depois da constituição do tribunal arbitral***[1000]. É aqui que, com frequência, surge

Mariana França Gouveia, "Arbitragens Complexas: questões materiais e processuais", *cit.*, p. 154, e Mário Esteves de Oliveira (coordenação), *Lei da Arbitragem Voluntária Comentada*, *cit.*, p. 437.

[997] *Vide* Mariana França Gouveia, *Curso de Resolução Alternativa de Litígios*, *cit.*, p. 272, e António Sampaio Caramelo, "Da condução do processo arbitral...", *cit.*, pp. 201 e 202. No caso do Regulamento de Arbitragem do CAC, por exemplo, a decisão sobre a admissibilidade da intervenção de terceiros, antes da constituição do tribunal arbitral, será tomada pelo presidente do Centro (artigo 25º, nº 2).

[998] Sobre o início do processo arbitral e o citado nº 1 do artigo 33º (que teve como fonte inspiradora o artigo 21º da Lei-Modelo da UNCITRAL), Armindo Ribeiro Mendes, *in* Dário Moura Vicente (Coordenador), *Lei da Arbitragem Voluntária Anotada*, *cit.*, pp. 106 e 107, António Sampaio Caramelo, "Da condução do processo arbitral...", *cit.*, pp. 170 a 173, e Manuel Pereira Barrocas, *Lei de Arbitragem Comentada*, *cit.*, pp. 126 e 127.

[999] De modo diferente, como referimos, do Direito Processual Civil, onde o processo se inicia com a apresentação da petição inicial, nos termos do artigo 259º, nº 1, do CPC (*vide* José Lebre de Freitas, *A Ação Declarativa Comum à luz do Código de Processo Civil de 2013*, *cit.*, p. 45, e Paulo Pimenta, *Processo Civil Declarativo*, *cit.*, p. 135), e onde o tribunal está já constituído.

[1000] Sobre esta questão, veja-se, em geral, Andrea Meier, *Einbezug Dritter vor internationalen Schiedsgerichten*, *cit.*, pp. 86 a 91.

a questão de saber se o princípio da igualdade das partes não exigirá uma *recomposição do tribunal*[1001].

A reconstituição coloca um problema óbvio, que se prende com a *perturbação* que a mesma introduz no processo arbitral. Na verdade, não é difícil imaginar os inconvenientes que tal solução acarreta (implicando a revogação das nomeações já efectuadas e a constituição de um novo tribunal, o que provocará alguns atrasos na arbitragem) e que levam a que a mesma não seja, muitas vezes, vista como a opção mais adequada[1002]. Posição que parece ter sido assumida pela LAV.

A este respeito, conforme resume Miguel Teixeira de Sousa, julgamos que, nesta situação, o princípio da igualdade das partes exige uma de duas soluções: (i) ou se admite a recomposição do tribunal arbitral após a intervenção do terceiro (a resposta, à partida, mais óbvia, mas que tem inconvenientes); (ii) ou se condiciona essa intervenção à *aceitação, pelo terceiro, da composição actual do tribunal*[1003].

[1001] O respeito pelo princípio da igualdade das partes não se revela, contudo, problemático em *todas* as situações em que um terceiro intervenha depois da constituição do tribunal arbitral. Casos há em que essa intervenção será mais pacífica. Pense-se, por exemplo, na hipótese de o tribunal arbitral (árbitro único ou tribunal colegial) ter sido designado por um terceiro e não pelas partes – nomeadamente, pelo tribunal estadual (nos termos do nº 3 do artigo 11º da LAV) ou por uma outra autoridade de nomeação. Ou, ainda, no caso raro, a que anteriormente aludimos, de as partes definirem o nome dos árbitros logo na cláusula compromissória (e no pressuposto de o terceiro ser parte dessa cláusula). Nestas situações, o terceiro que intervenha depois da constituição do tribunal, em princípio, não poderá invocar um tratamento desigual em relação às restantes partes – todos terão tido a mesma influência na composição do tribunal arbitral. Neste sentido, vejam-se Cristián Conejero Roos, "Multi-party Arbitration and Rule-making...", *cit.*, pp. 426 e 427, e Alexis Mourre, "L'intervention des tiers à l'arbitrage", *cit.*, p. 109.

[1002] Mencionando a perturbação que a reconstituição do tribunal arbitral é susceptível de provocar, Nathalie Voser, "Multi-party disputes and joinder of third parties", *cit.*, pp. 349 e 386 e ss., Nathalie Voser / Andrea Meier, "Joinder of Parties or the Need to (Sometimes) Be Inefficient", *cit.*, pp. 117 e ss., e, entre nós, António Sampaio Caramelo, "Da condução do processo arbitral...", *cit.*, p. 197. Não obstante a perturbação, alguns dos citados autores não deixam, porém, de referir certas situações excepcionais em que a reconstituição se parece configurar como uma solução justa (designadamente em casos em que o demandado é responsável pelo facto de a acção arbitral não ter sido intentada, *ab initio*, também contra o terceiro) – *cfr.* Nathalie Voser / Andrea Meier, "Joinder of Parties or the Need to (Sometimes) Be Inefficient", *cit.*, pp. 118 a 123, e Nathalie Voser, "Multi-party disputes and joinder of third parties", *cit.*, pp. 389 e 390.

[1003] *Vide* Miguel Teixeira de Sousa, "A intervenção de terceiros no processo arbitral", *cit.*, p. 172. Diferente é a solução seguida no artigo 17º, nº 5, do Regulamento de Arbitragem da UNCITRAL [assim como em outras leis de arbitragem, caso da Holanda e da Suíça (regime referente à arbitragem interna)], onde não se admite a recomposição, mas também não se exige o consentimento do terceiro. A lógica aqui reside, essencialmente, numa ideia de *consentimento implícito*: ao remeterem, na convenção de arbitragem, para o Regulamento da UNCITRAL, todas

Ora, a LAV optou (e bem) pela segunda solução, presumindo essa aceitação em caso de *intervenção espontânea* e exigindo, em caso de *intervenção provocada*, que o terceiro "declare aceitar a composição actual do tribunal" (nº 2 do artigo 36º)[1004]. A reconstituição do tribunal arbitral não está, assim, prevista na lei[1005].

Desta forma, o terceiro só terá a possibilidade de participar na constituição do tribunal se essa intervenção se verificar *antes* da mencionada constituição. *Após* o tribunal se ter formado, "só é admissível a intervenção de um terceiro que *aceite* (no caso da intervenção provocada) ou que *se presuma aceitar* (na hipótese da intervenção espontânea) a composição desse tribunal"[1006].

Para a LAV, a referida aceitação será suficiente, portanto, para assegurar o respeito pelo princípio da igualdade das partes, impedindo que o terceiro venha depois invocar – designadamente na acção de anulação da sentença arbitral – uma violação deste princípio na fase de constituição do tribunal[1007]. Caso essa aceitação não exista, e as partes não tenham convencionado um regime diferente, o terceiro não poderá intervir, nem poderá haver qualquer efeito de caso julgado que o abranja.

A LAV consagrou, assim, uma solução engenhosa, que, à partida, se afigura em conformidade com o princípio da igualdade das partes.

as partes dessa convenção (incluindo o terceiro) terão aceitado a possibilidade de uma eventual aplicação do regime da intervenção de terceiros, definido no artigo 17º, nº 5. Deste modo, não será necessário o consentimento do terceiro quanto à constituição do tribunal arbitral, pois este já terá anteriormente consentido (de forma implícita) nessa composição, ou melhor, já terá anteriormente aceitado a possibilidade de o tribunal ser constituído sem o seu acordo; sobre esta questão, veja-se David D. Caron / Lee M. Caplan, *The UNCITRAL Arbitration Rules...*, *cit.*, pp. 55 e 56. Em consonância com o entendimento crítico de Miguel Galvão Teles, julgamos, porém, que esta não é a melhor solução, podendo pôr em causa o princípio da igualdade das partes ("Addition of Parties...", *cit.*, pp. 53 e 54).

1004 Do citado nº 2 do artigo 36º resulta que o regime de intervenção de terceiros, previsto na LAV, se aplica tanto à *intervenção espontânea*, como à *intervenção provocada* (*cfr.* Miguel Teixeira de Sousa, "A intervenção de terceiros no processo arbitral", *cit.*, p. 155) – algo que não sucede, por exemplo, no Regulamento de Arbitragem da CCI (artigo 7º), que admite apenas a intervenção de terceiros em casos de intervenção provocada [*vide* Armindo Ribeiro Mendes, *in* Dário Moura Vicente (Coordenador), *Lei da Arbitragem Voluntária Anotada*, *cit.*, p. 114 (nota de rodapé nº 92)].

1005 A LAV parece revelar-se, aliás, bastante rígida, impedindo uma remodelação do painel arbitral (*cfr.* Mariana França Gouveia, *Curso de Resolução Alternativa de Litígios*, *cit.*, p. 272).

1006 Miguel Teixeira de Sousa, "A intervenção de terceiros no processo arbitral", *cit.*, pp. 172 e 173.

1007 A este propósito, veja-se Christophe Seraglini / Jérôme Ortscheidt, *Droit de l'arbitrage interne et international*, *cit.*, p. 313.

11.3. A designação dos árbitros: formas de nomeação, requisitos, qualidades e limites

I – A arbitragem apresenta, como referimos antes, várias diferenças em relação à justiça estadual. Uma delas reside, precisamente, na necessidade de constituição do tribunal arbitral.

A este respeito, note-se, por exemplo, que enquanto no Direito Processual Civil o processo se inicia com a apresentação da petição inicial (nos termos do artigo 259º, nº 1, do CPC[1008]), estando o tribunal já constituído, na arbitragem não é exactamente assim. Como veremos *infra*, o processo arbitral inicia-se com o pedido de submissão do litígio a arbitragem (nos termos do nº 1 o artigo 33º da LAV)[1009], em momento anterior ao da apresentação da petição inicial e da própria constituição do tribunal.

O ponto essencial que neste momento importa considerar é o de que, para que o processo arbitral possa prosseguir, é necessário constituir o tribunal arbitral – necessidade que, em princípio, se verifica quer na arbitragem *ad hoc*, quer na arbitragem institucionalizada[1010]. Esta necessidade representa para as partes uma oportunidade: a oportunidade de designarem os membros do tribunal, usufruindo daquela que, como vimos, é geralmente considerada uma das grandes vantagens da arbitragem comparativamente aos tribunais estaduais.

Tendo as partes esta oportunidade (que, ao abrigo do princípio da autonomia privada, é bastante ampla[1011]), deverão aproveitá-la da melhor forma. Neste sentido, há várias questões que as partes se devem interrogar quando procedem à designação do(s) árbitro(s). Qual o número de árbitros? Quem pode ser árbitro e quais as qualidades que fazem um bom árbitro? Qual o método de

[1008] *Vide* José Lebre de Freitas, *A Ação Declarativa Comum...*, *cit.*, p. 45, e Paulo Pimenta, *Processo Civil Declarativo*, *cit.*, p. 135.

[1009] Sobre o início do processo arbitral e o citado nº 1 do artigo 33º (que teve como fonte inspiradora o artigo 21º da Lei-Modelo da UNCITRAL), Armindo Ribeiro Mendes, *in* Dário Moura Vicente (Coordenador), *Lei da Arbitragem Voluntária Anotada*, *cit.*, pp. 106 e 107, António Sampaio Caramelo, "Da condução do processo arbitral...", *cit.*, pp. 170 a 173, e Manuel Pereira Barrocas, *Lei de Arbitragem Comentada*, *cit.*, pp. 126 e 127.

[1010] Dizemos "em princípio" pois a necessidade prévia de constituição do tribunal arbitral poderá não existir em alguns centros de arbitragem institucionalizados. É esse o caso de vários centros de arbitragem de consumo portugueses, onde existe "um árbitro único e permanente que julga todas as acções que dão entrada no seu centro" – Mariana França Gouveia, *Curso de Resolução Alternativa de Litígios*, *cit.*, p. 194.

[1011] *Cfr.* Gary B. Born, *International Commercial Arbitration*, vol. II, *cit.*, p. 1638, Julian D. M. Lew / Loukas A. Mistelis / Stefan M. Kröll, *Comparative International Commercial Arbitration*, *cit.*, p. 236, e Luís de Lima Pinheiro, *Arbitragem Transnacional...*, *cit.*, p. 122, 123 e 128.

nomeação a seguir? E haverá limites à liberdade de designação de árbitros? Tudo isto são meros exemplos de questões que as partes deverão ter presente quando procedem à escolha da(s) pessoa(s) que decidirá(rão) o seu litígio.

II – Comecemos pela penúltima questão suscitada, quanto ao *método de nomeação* a seguir.

A liberdade de designação dos árbitros, de que as partes gozam, pode manifestar-se de várias formas, em particular nas seguintes: (i) as partes podem designar *directamente* os árbitros (esta será a hipótese mais comum), (ii) podem designá-los *indirectamente*, fixando o modo pelo qual estes são escolhidos (caso em que, por exemplo, poderão cometer a nomeação de todos ou de alguns dos árbitros a um *terceiro*, a chamada *appointing authority*[1012]) ou (iii) podem, pura e simplesmente, remeter para uma determinada lei e/ou regulamento de arbitragem. As partes podem, ainda, nada estabelecer a este respeito, caso em que importará então conhecer as disposições supletivas da lei e/ou do regulamento de arbitragem aplicáveis ao caso concreto.[1013]

A primeira hipótese é a mais comum e possivelmente o melhor método de nomeação. Ao assumirem a própria constituição do tribunal arbitral, escolhendo *directamente* quem decidirá o seu diferendo, as partes terão uma maior confiança no tribunal e no desenrolar do processo[1014]. As partes podem escolher o(s) árbitro(s) na convenção de arbitragem ou em escrito posterior por elas assinado, designadamente, no pedido de submissão do litígio a arbitragem e na resposta a este pedido (o que será o mais frequente)[1015].

Embora seja possível, é muito raro as partes definirem o nome dos árbitros na convenção de arbitragem, sobretudo na cláusula compromissó-

1012 É essa a regra que decorre, desde logo, do artigo 10º, nº 1 (parte final), da LAV. Sobre esta faculdade de as partes cometerem a um terceiro a designação dos árbitros, vejam-se, entre outros, Christophe Seraglini / Jérôme Ortscheidt, *Droit de l'arbitrage interne et international, cit.*, pp. 255 a 258, Jean-François Poudret / Sébastien Besson, *Comparative Law of International Arbitration, cit.*, pp. 336 a 338, e Piero Bernardini, *L'arbitrato nel commercio e negli investimenti internazionali, cit.*, pp. 141 e 142.

1013 Quanto aos vários mecanismos de nomeação de árbitros, *vide*, ainda, entre outros, Nigel Blackaby / Constantine Partasides / Alan Redfern / Martin Hunter, *Redfern and Hunter on International Arbitration, cit.*, pp. 240 a 246, Julian D. M. Lew / Loukas A. Mistelis / Stefan M. Kröll, *Comparative International Commercial Arbitration*, pp. 236 e ss., e Giovanni Verde, *Lineamenti di diritto dell'arbitrato, cit.*, pp. 85 e ss.

1014 *Cfr.* Julian D. M. Lew / Loukas A. Mistelis / Stefan M. Kröll, *Comparative International Commercial Arbitration*, p. 237.

1015 Artigo 10º, nº 1, da LAV.

ria. O que se compreende. São vários os problemas que poderiam suceder. No momento em que surge o litígio, por exemplo, o árbitro designado na cláusula compromissória poderá já ter falecido ou poderá verificar-se uma situação de conflito de interesses superveniente, que não se verificava quando a cláusula foi celebrada[1016].

É certo que a designação dos árbitros na convenção de arbitragem pode ter a vantagem de evitar os problemas que o (necessário) respeito pelo princípio da igualdade das partes pode, por vezes, colocar ao nível da constituição do tribunal arbitral[1017]-[1018]. Em todo o caso, pelas razões mencionadas, julgamos que tal não é recomendável (sobretudo se a designação for feita na cláusula compromissória) e daí que seja raro isto suceder[1019].

Em segundo lugar, as partes podem designar *indirectamente* os árbitros, fixando o modo pelo qual são escolhidos. Um caso típico dessa situação é o recurso à chamada *appointing authority* (autoridade de nomeação), isto é, o recurso a um terceiro que procederá à designação do(s) árbitro(s).

Por norma, como veremos *infra*, a falta de nomeação do(s) árbitro(s) é suprida pela intervenção do tribunal estadual competente[1020] ou, se estivermos perante uma arbitragem institucionalizada (e dependendo do respectivo regulamento de arbitragem), pelo presidente do centro de arbitragem[1021]. Em todo o caso, independentemente dos mecanismos previstos (ou não) na lei e regulamento de arbitragem aplicáveis, as partes podem acautelar esta situação – evitando o recurso a mecanismos subsidiários – atribuindo a um terceiro,

[1016] Imagine-se que o possível árbitro não tinha – quando a cláusula compromissória foi celebrada – qualquer conflito de interesses em julgar um litígio entre as partes, mas passado alguns anos é contratado por uma delas para exercer funções de director comercial. Neste caso, a pessoa previamente indicada como árbitro já não poderia actuar na qualidade de árbitro, por não reunir os requisitos de independência e imparcialidade necessários (uma vez que é trabalhador de uma das partes).

[1017] *Vide* António Pedro Pinto Monteiro, *O Princípio da Igualdade e a Pluralidade de Partes na Arbitragem, cit.*, p. 127. Defendendo isto mesmo, por referência à intervenção de terceiros no processo arbitral, vejam-se Alexis Mourre, "L'intervention des tiers à l'arbitrage", *cit.*, p. 109, e Christophe Seraglini / Jérôme Ortscheidt, *Droit de l'arbitrage interne et international, cit.*, p. 313 (nota de rodapé nº 165).

[1018] Sobre os referidos problemas com o princípio da igualdade das partes no momento da constituição do tribunal arbitral, veja-se o que dissemos anteriormente no capítulo V, ponto 11.2.

[1019] Neste sentido, vejam-se Mário Esteves de Oliveira (coordenação), *Lei da Arbitragem Voluntária Comentada, cit.*, pp. 147 e 148, Manuel Pereira Barrocas, *Lei de Arbitragem Comentada, cit.*, p. 60, e Mariana França Gouveia, *Curso de Resolução Alternativa de Litígios, cit.*, p. 199.

[1020] *Cfr.* Artigos 10º, nºs 4 e 5, 11º, nºs 2 e 3, e 59º da LAV.

[1021] *Cfr.* Artigos 8º, nºs 2 e 4, e 27º do Regulamento de Arbitragem do CAC (regulamento aqui invocado a título de exemplo).

ab initio ou quando falhe a referida nomeação, a competência para a eventual designação de um ou mais árbitros.

Neste sentido, existem vários centros de arbitragem que oferecem estes e outros serviços. É o caso por exemplo da CCI (*Rules of ICC as Appointing Authority in UNCITRAL or Other Arbitration Proceedings*) e, em Portugal, do CAC (Regulamento de Nomeação, Recusa e Substituição de Árbitros em Arbitragens Não Institucionalizadas no CAC)[1022]. Para além da designação de árbitros, entre os serviços prestados contam-se a possibilidade de decidir sobre um incidente de recusa de árbitro[1023] ou nomear um árbitro substituto[1024]. Os referidos serviços, porém, têm um custo que, sobretudo no caso da CCI, pode ser algo elevado.

Embora possa parecer um serviço dispendioso para algo que, à partida, se afigura ser simples, a verdade é que o recurso a uma *appointing authority* (autoridade de nomeação) pode apresentar algumas vantagens. Por exemplo: pode tornar o processo de nomeação de árbitros (e consequentemente de constituição do tribunal arbitral) mais rápido[1025], pode evitar problemas que se coloquem com o princípio da igualdade das partes na constituição do tribunal arbitral[1026] e, acima de tudo, pode revelar-se útil quando as partes – por qualquer razão – querem evitar que seja o tribunal estadual a suprir a nomeação do árbitro em falta.

Note-se que o processo de nomeação dos árbitros pelo tribunal estadual "não está acessível à maioria das pessoas, incluindo às próprias partes envolvi-

[1022] Especificamente sobre este Regulamento, vejam-se José Miguel Júdice / Duarte Gorjão Henriques, "Regras para nomeação de árbitros...", *cit.*, pp. 241 a 254, e Sofia Martins / Ricardo Saraiva, "O Regulamento do Centro de Arbitragem Comercial...", *cit.*, pp. 318 a 322.

[1023] Artigos 6º, nº 1, alínea e), e 7º, nº 1, alínea e), das *Rules of ICC as Appointing Authority in UNCITRAL or Other Arbitration Proceedings*, e artigo 4º do Regulamento de Nomeação, Recusa e Substituição de Árbitros em Arbitragens Não Institucionalizadas no CAC.

[1024] Artigos 6º, nº 1, alínea f) e 7º, nº 1, alínea f), das *Rules of ICC as Appointing Authority in UNCITRAL or Other Arbitration Proceedings*, e artigo 5º do Regulamento de Nomeação, Recusa e Substituição de Árbitros em Arbitragens Não Institucionalizadas no CAC.

[1025] Esta solução – sobretudo se tiver sido convencionada a intervenção da autoridade de nomeação *ab initio* – permite evitar o *impasse* que por vezes se gera com o desacordo das partes na constituição do tribunal ou em que uma delas se recusa a indicar o seu árbitro, no caso de estarmos perante uma arbitragem colegial.

[1026] Se as partes tiverem convencionado que um terceiro indicará o árbitro único ou todos os árbitros, isso significa que as partes, à partida, ficam em posição de igualdade; afinal, nenhuma delas influencia a composição do tribunal arbitral (ou melhor dizendo, ambas influenciam, *indirectamente*, de igual forma) – *cfr.* António Pedro Pinto Monteiro, *O Princípio da Igualdade e a Pluralidade de Partes na Arbitragem*, *cit.*, p. 127.

das e interessadas nesse processo de escolha (aos 'utentes' da arbitragem)"[1027]. Por essa razão, as partes podem preferir deixar essa escolha a uma instituição de arbitragem que tenha vasta experiência em administrar arbitragens e que possa estar em melhor posição para indicar o árbitro certo para um determinado caso concreto[1028].

Por outro lado, e acima de tudo, o recurso à autoridade de nomeação será a solução certa para aqueles casos em que uma das partes tem uma nacionalidade diferente da parte contrária e do estado onde a arbitragem tem o seu lugar ou sede[1029]. Por exemplo, imagine-se uma empresa portuguesa que tenha um litígio contra uma empresa alemã, sendo a sede ou lugar da arbitragem na Alemanha. A empresa portuguesa poderá ter algum receio que o tribunal estadual alemão, se tiver de ser chamado a suprir a nomeação do árbitro em falta[1030], possa ser algo tendencioso e favorecer a parte "caseira" (alemã)[1031]. É particularmente nestes casos que o recurso à autoridade de nomeação poderá ser vantajoso, por se apresentar como uma solução neutral[1032].

Em qualquer caso, a escolha da autoridade de nomeação – que não terá necessariamente de ser uma instituição de arbitragem, podendo ser uma pessoa singular[1033] – deverá ser feita com prudência. Certas instituições de arbitragem têm as suas preferências por determinados árbitros, os seus próprios regulamentos de nomeação e determinados custos para tais serviços[1034]. Tais factores deverão ser ponderados pelas partes quando escolhem a autoridade de nomeação.

Por fim, importa salientar que, ao designar um árbitro, a autoridade de nomeação deverá assegurar que o árbitro tem as qualificações exigidas pelas

[1027] José Miguel Júdice / Duarte Gorjão Henriques, "Regras para nomeação de árbitros...", *cit.*, p. 244.

[1028] *Vide* Julian D. M. Lew / Loukas A. Mistelis / Stefan M. Kröll, *Comparative International Commercial Arbitration*, p. 239.

[1029] Neste sentido, vejam-se particularmente José Miguel Júdice / Duarte Gorjão Henriques, "Regras para nomeação de árbitros...", *cit.*, pp. 247 e 248.

[1030] § 1034 (2), § 1035 (3), (4) e (5), e § 1062 do ZPO.

[1031] A LAV consagra no artigo 10º, nº 6, parte final, uma solução que visa precisamente cautelar este receio: " [...] tratando-se de arbitragem internacional, ao nomear um árbitro único ou um terceiro árbitro, o tribunal tem também em consideração a possível conveniência da nomeação de um árbitro de nacionalidade diferente da das partes".

[1032] Esta solução justificar-se ainda mais em países onde a aplicação do princípio da separação de poderes seja descurada e onde o poder jurisdicional possa estar condicionado pelo poder executivo.

[1033] Alguns autores, porém, consideram não ser recomendável tal opção. Neste sentido, veja-se Gary B. Born, *International Commercial Arbitration*, vol. II, *cit.*, p. 1704.

[1034] A este respeito, *vide* Julian D. M. Lew / Loukas A. Mistelis / Stefan M. Kröll, *Comparative International Commercial Arbitration*, p. 240.

partes[1035]. Caso a nomeação falhe, isto é, caso o terceiro ou autoridade de nomeação não procedam à nomeação que lhes compita no prazo de 30 dias (ou outro que as partes tenham definido), essa nomeação será suprida pelo tribunal estadual, nos termos do nº 5 do artigo 10º da LAV[1036].

III – Para além da questão subjacente ao método de nomeação a seguir, existem outras questões de ordem prática que as partes deverão considerar antes de designarem um árbitro.

A primeira prende-se com o *número de árbitros*. As partes poderão (e deverão) escolher o número de árbitros que pretendem. A LAV estabelece, a este respeito, que o tribunal arbitral poderá ser constituído por um único árbitro ou por vários, desde que em *número ímpar* (artigo 8º, nº 1). Caso as partes nada estabeleçam a este respeito, a regra supletiva da LAV é a de o tribunal ser composto por três árbitros (artigo 8º, nº 2).

Nos termos da LAV são proibidos, deste modo, *números pares de árbitros*. A escolha das partes está limitada, portanto, a tribunais com números ímpares: um árbitro, três ou mais árbitros, sem limite (desde que em número ímpar). A razão de ser desta exigência legal prende-se com "razões pragmáticas de eficácia, para evitar riscos de que possam ser na prática diminuídas as condições para uma decisão maioritária"[1037]. Esta opção, que nos parece correcta, encontra paralelo noutros ordenamentos jurídicos, como por exemplo em França[1038] e na Itália[1039]. Para além de preverem – de forma semelhante à LAV – que o tribunal arbitral será constituído por um único árbitro ou por vários,

[1035] *Cfr.* Julian D. M. Lew / Loukas A. Mistelis / Stefan M. Kröll, *Comparative International Commercial Arbitration*, p. 241. É esta a solução que decorre, aliás, da primeira parte do nº 6 do artigo 10º da LAV: "Quando nomear um árbitro, o tribunal estadual competente tem em conta as qualificações exigidas pelo acordo das partes para o árbitro ou os árbitros a designar e tudo o que for relevante para garantir a nomeação de um árbitro independente e imparcial [...]".

[1036] Especificamente por referência a esta questão, e no âmbito de outras jurisdições vejam-se Jean-François Poudret / Sébastien Besson, *Comparative Law of International Arbitration*, *cit.*, pp. 336 a 338.

[1037] José Miguel Júdice, *in* Dário Moura Vicente (Coordenador), *Lei da Arbitragem Voluntária Anotada*, *cit.*, p. 42.

[1038] Artigo 1451º do CPC francês (para as arbitragens domésticas). Sobre esta norma, *vide* Christophe Seraglini / Jérôme Ortscheidt, *Droit de l'arbitrage interne et international*, *cit.*, pp. 250 e 251.

[1039] Artigo 809º do CPC italiano. No que se refere a esta disposição, vejam-se F. Carpi / M. Taruffo, *Commentario breve al Codice di Procedura Civile*, *cit.*, pp. 2956 a 2958, e Massimo V. Benedettelli / Claudio Consolo / Luca G. Radicati di Brozolo, *Commentario breve al diritto dell'arbitrato nazionale ed internazionale*, *cit.*, pp. 143 a 147.

desde que em número ímpar, as leis francesa e italiana de arbitragem estabelecem, ainda, que, se a convenção de arbitragem estipular um número par de árbitros, será nomeado um "árbitro adicional" (de forma a que o colégio arbitral seja composto por um número ímpar).

Em todo o caso, a solução de um número ímpar de árbitros não é consensual[1040], existindo também – se bem que em menor número – ordenamentos jurídicos onde são permitidos tribunais arbitrais com números pares de árbitros (ainda que seja raro isso verificar-se, mesmo nesses ordenamentos)[1041]. Outras leis são omissas, nada estabelecendo a esse respeito: é o que sucede na Lei-Modelo da UNCITRAL. O artigo 10º, nº 1, apenas estabelece que as partes são livres de determinar o número de árbitros (não referindo que esse número tenha de ser ímpar); o nº 2, por sua vez, prevê que, na ausência de disposição das partes, o número de árbitros será três.

Independentemente da posição que se possa assumir a respeito da exigência legal de um número ímpar de árbitros, a verdade é que o artigo 8º, nº 1, da LAV, é uma disposição imperativa. A sua violação poderá constituir fundamento de anulação da sentença arbitral, nos termos do artigo 46º, nº 3, alínea a), subalínea iv), da LAV[1042].

Não obstante a clareza de redacção do artigo 8º, nº 1, da LAV, em Portugal têm-se verificado casos de processos arbitrais com quatro árbitros. Tal tem sucedido no âmbito do Tribunal Arbitral do Desporto e é motivado pelas dificuldades de interpretação do artigo 28º, nº 8, da LTAD. Em concreto, coloca-se a questão de saber se os contrainteressados podem ou não nomear um árbitro, sendo que, se o fizerem, ficaremos com painéis arbitrais compostos por quatro árbitros[1043].

[1040] Criticando a exigência legal de um número ímpar de árbitros, *vide* Gary B. Born, *International Commercial Arbitration*, vol. II, *cit.*, pp. 1665 a 1669; no mesmo sentido, parecem ir também António Menezes Cordeiro, *Tratado da Arbitragem...*, *cit.*, p. 132, e Mário Esteves de Oliveira (coordenação), *Lei da Arbitragem Voluntária Comentada*, *cit.*, pp. 117 a 119. Em sentido contrário, deixando críticas aos tribunais arbitrais constituídos por um número par de árbitros, vejam-se Nigel Blackaby / Constantine Partasides / Alan Redfern / Martin Hunter, *Redfern and Hunter on International Arbitration*, *cit.*, pp. 237 a 240, e António Sampaio Caramelo, "O estatuto dos árbitros...", *cit.*, p. 89.

[1041] É o que sucede nos Estados Unidos da América e em Inglaterra. A este respeito, vejam-se Gary B. Born, *International Commercial Arbitration*, vol. II, *cit.*, pp. 1666 e 1667, António Sampaio Caramelo, "O estatuto dos árbitros...", *cit.*, p. 89, e José Miguel Júdice, *in* Dário Moura Vicente (Coordenador), *Lei da Arbitragem Voluntária Anotada*, *cit.*, p. 42.

[1042] *Cfr.* António Sampaio Caramelo, "O estatuto dos árbitros...", *cit.*, p. 89.

[1043] Sobre o tema, veja-se, particularmente, Artur Flamínio da Silva, *A Resolução de Conflitos Desportivos...*, *cit.*, pp. 469, 470, 485 e 486.

A figura dos contra-interessados é controversa no Direito Processual Administrativo e na arbitragem. Com efeito, sem prejuízo de dúvidas sobre o seu "verdadeiro estatuto processual"[1044], admite-se que, em geral, a delimitação dos contra-interessados é efectuada de acordo com o conceito utilizado pelo artigo 10º, nº 1, do Código de Processo dos Tribunais Administrativos (CPTA), no âmbito da legitimidade processual, correspondendo a quem tenha "interesses contrapostos ao autor" e, em especial, retomando a fórmula, mas acrescentando que é condição para assumir a qualificação de contra-interessado a verificação da existência legítimo interesse "na manutenção do acto impugnado" (artigos 57º do CPTA) ou a possibilidade de prejudicar directamente a prática de um acto administrativo (68º, nº 2, do CPTA).

Os problemas relacionados com a figura dos contra-interessados no domínio arbitral têm sido evidenciados, em particular, no domínio do Direito Administrativo do Desporto, onde têm sido admitidos colégios arbitrais compostos por quatro árbitros.

Com efeito, na LTAD o método de nomeação dos árbitros consagrado adopta esta noção como pressuposto, encontrando-se previsto, de acordo com o artigo 28º, nº 8, da LTAD, que: "[n]o caso de serem indicados contrainteressados, estes designam conjuntamente um árbitro". Desta afirmação legal podem extrair-se três interpretações possíveis: (i) os contra-interessados podem nomear o terceiro árbitro; (ii) os contra-interessados podem nomear um árbitro conjuntamente com os demandantes ou demandados; (iii) existe um colégio árbitro de quatro árbitros: um nomeado pelo demandante; um árbitro nomeado pelo demandado; um árbitro nomeado pelos contra-interessados; um árbitro (o presidente) nomeado por todos os restantes árbitros[1045].

A jurisprudência do TAD tem escolhido a última interpretação, a qual tem sido religiosamente seguida pelos diversos colégios arbitrais[1046], encerrando, no entanto, algumas dificuldades.

[1044] Neste sentido, desenvolvendo o problema, com amplas indicações, cfr. FRANCISCO PAES MARQUES, "Arbitragem e multipolaridade administrativa: da necessidade de um regime específico para os contra-interessados...", *cit.*, pp. 146 e ss. Para uma exposição detalhada e circunstanciada do tema dos contra-interessados, *cfr.* PAULO OTERO, "Os contra-interessados em contencioso administrativo...", *cit.*, pp. 1073 e ss.

[1045] *Cfr.* ARTUR FLAMÍNIO DA SILVA, *A Resolução de Conflitos Desportivos...*, *cit.*, pp. 469 e ss.

[1046] V., a este respeito, contra o entendimento que defendemos, PEDRO MELO, "O Tribunal Arbitral do Desporto: subsídios para a compreensão da sua acção", *cit.*, p. 12, admitindo mesmo que se trata de uma solução que acautela uma "especial particularidade" da LTAD.

Trata-se de uma solução anómala em relação ao estabelecido no artigo 10º, nº 3, da LAV, resultando daí que as partes nomeiam individualmente um árbitro cada e, conjuntamente, o terceiro, discordando por duas razões dela.

Em primeiro lugar, a doutrina configura a definição da figura dos contra-interessados pela posição em que se encontra a entidade que exerce poderes públicos (a federação desportiva). No Direito Administrativo, a posição dos contra-interessados assume uma contraposição aos interesses do autor que é lesado pela omissão ou pela ilegalidade por quem exerce o poder público[1047], mesmo que esta situação só se verifique *possível* ou *potencialmente*[1048]. Deve, assim, concluir-se que existe, neste caso, uma pluralidade de sujeitos e não partes, não havendo dúvidas de que cada "litisconsorte constituirá uma parte processual"[1049] e que esta pluralidade de sujeitos (entidade que exerça poderes públicos e os contra-interessados) demandados nomeará conjuntamente um árbitro[1050].

Em segundo lugar, a interpretação da jurisprudência do TAD assume-se como violadora do direito a um processo equitativo, conforme previsto no artigo 20º da CRP, afirmando-se na síntese jurisprudencial do TC que aí se encontra estabelecido "o direito a ver solucionados os conflitos, segundo a lei aplicável, por um órgão que ofereça garantias de imparcialidade e independência, e perante o qual as partes se encontrem em condições de plena igualdade no que diz respeito à defesa dos respectivos pontos de vista (...). Tal direito de acesso aos tribunais, ao fim o ao cabo, é ele próprio uma garantia geral de todos os restantes direitos e interesses legítimos"[1051]. Com efeito,

[1047] V., com críticas, admitindo a possibilidade de, em certas situações, poder existir uma contraposição de interesses entre quem exerce poderes públicos e os contra-interessados mesmo no caso de *relações multipolares parciais*, pelo que conclui que a solução, embora pouco satisfatória, passe pela aplicação do artigo 11º, nº 1, da LAV, cabendo ao tribunal estadual a designação do restante árbitro, v. Francisco Paes Marques, "Arbitragem e multipolaridade administrativa: da necessidade de um regime específico para os contra-interessados...", *cit.*, pp. 164 e ss.

[1048] José Carlos Vieira de Andrade, *Justiça Administrativa*, 15ª ed., *cit.*, p. 265 e Mário Aroso de Almeida, *Manual de Processo Administrativo*, 2ª ed., *cit.*, p. 252.

[1049] António Pedro Pinto Monteiro, *O Princípio da Igualdade e a Pluralidade de Partes na Arbitragem...*, *cit.*, p. 239.

[1050] Concluindo neste sentido, Artur Flamínio da Silva, *A Resolução de Conflitos Desportivos...*, *cit.*, pp. 469 e 470. Defendendo, em geral e embora sem fundamentar, uma nomeação conjunta das partes (Administração Pública e contra-interessados) no Direito Administrativo, V. André Proença, "Os contrainteressados e a arbitragem de Direito Administrativo", *cit.*, p. 234.

[1051] *Cfr.* a síntese do acórdão nº 346/92. Sobre o acesso ao Direito e à tutela jurisdicional efetiva enquanto direitos fundamentais, cfr., por todos, J. J. Gomes Canotilho, *Direito Constitucional e Teoria da Constituição*, 6ª ed., *cit.*, pp. 487 e ss.

se duas partes (o autor ou o réu e os contra-interessados) tiverem interesses convergentes e, consequentemente, o poder de nomear o árbitro presidente por maioria (contra a vontade da contra-parte), então a nomeação desse mesmo árbitro cabe exclusivamente por determinação e acordo dessas duas primeiras partes, existindo, portanto, um desequilíbrio na composição do tribunal arbitral que é intolerável ao abrigo da igualdade das partes[1052].

IV – Estando a escolha das partes, como referimos, limitada a tribunais arbitrais com números ímpares, a questão seguinte que se deverá colocar é a de saber qual o número de árbitros certo para um determinado litígio. Deverão as partes optar por um árbitro único? Ou deverão escolher um tribunal arbitral colegial, composto por três ou mais árbitros (desde que em número ímpar)?

Ambos os modelos (árbitro único ou tribunal colegial) têm vantagens e desvantagens, que deverão ser previamente ponderadas pelas partes em função do caso concreto.[1053]

Como vantagens geralmente apontadas à solução do *árbitro único* contam-se: (i) o menor custo, dado que apenas se terá de pagar honorários e despesas a um árbitro (e não a três ou a mais); e (ii) a maior rapidez, não sendo necessário, por exemplo, compatibilizar agendas entre os vários árbitros para reuniões ou datas de julgamento. Estas vantagens têm vindo a "ganhar terreno" nos últimos anos, facto que tem levado a que a opção do árbitro único seja aquela que é tendencialmente escolhida por muitos centros de arbitragem institucionalizada (quando as partes não tenham estabelecido nada a este

[1052] Deste modo, sugerimos uma interpretação alternativa à adoptada pela jurisprudência do TAD, sendo, em caso de pluralidade de partes, a interpretação conforme à Constituição aquela que trata os contra-interessados como se fosse uma só parte com as partes passivas ou activas, cabendo-lhes nomear conjuntamente um só árbitro (ficando o colégio arbitral com três árbitros) e não individualmente (rejeitando-se a solução: parte activa = um árbitro; parte passiva = árbitro; contra-interessados = um árbitro; todas as partes mencionadas escolhem um quarto árbitro).

[1053] A respeito das vantagens e desvantagens que estes e outros modelos apresentam, vejam-se, por exemplo, Nigel Blackaby / Constantine Partasides / Alan Redfern / Martin Hunter, *Redfern and Hunter on International Arbitration*, *cit.*, pp. 236 a 240, Gary B. Born, *International Commercial Arbitration*, vol. II, *cit.*, pp. 1664 a 1679, Julia Mair, "Equal Treatment of Parties...", *cit.*, pp. 68 a 70, bem como Andreas F. Lowenfeld, "Introduction: Why Arbitrate?", *cit.*, pp. 6 a 8, e Daniel M. Kolkey / Richard Chernick, "Drafting an Enforceable Arbitration Clause", *cit.*, pp. 28 a 30; na doutrina portuguesa, *vide* António Sampaio Caramelo, "O estatuto dos árbitros...", *cit.*, pp. 87 a 89.

respeito[1054–1055]), sobretudo nos regulamentos das chamadas "arbitragens rápidas" (*fast track arbitration* ou *expedited procedures*)[1056].

A favor das *arbitragens colegiais* (três ou mais árbitros) encontramos, igualmente, outros argumentos de peso. Referimo-nos particularmente ao facto de (i) permitir, à partida, que cada uma das partes indique o "seu" árbitro (uma das grandes vantagens da arbitragem); (ii) possibilitar uma decisão mais ponderada e com maior qualidade[1057]; e (iii) permitir uma diversidade de árbitros, que possam reunir diferentes qualidades, experiências profissionais, nacionalidades, etc., o que pode ser particularmente útil em arbitragens internacionais (e não só). Como referimos antes, a solução supletiva da LAV – na ausência de disposição das partes quanto ao número de árbitros – é a de um tribunal colegial composto por três árbitros[1058], à semelhança da solução consagrada na Lei-Modelo da UNCITRAL[1059] e em outras leis. Dependendo do caso concreto, a opção pela arbitragem colegial poderá ser a opção mais adequada se estivermos perante uma arbitragem internacional[1060], bem como se estivermos perante um caso complexo e com um valor elevado.

V – Ao designarem um árbitro, as partes deverão ainda pensar no perfil do mesmo e qualidades que pretendem. Esta escolha não deve ser subestimada, pois, como vimos, a arbitragem vale o que valem os árbitros; o sucesso

[1054] É isso que se verifica, por exemplo, nos regulamentos de arbitragem da CCI (artigo 12º, nº 2), do LCIA (artigo 5.8) e do SIAC (artigo 9.1), bem como nas *Commercial Arbitration Rules and Mediation Procedures* do AAA [regra 16(a)] e nas *International Arbitration Rules* do ICDR (artigo 11º); em Portugal, constatamos também essa preferência no Regulamento de Arbitragem do CAC (artigo 6º, nº 2).

[1055] Neste sentido, vejam-se Gary B. Born, *International Commercial Arbitration*, vol. II, *cit.*, pp. 1677 a 1679, Mário Esteves de Oliveira (coordenação), *Lei da Arbitragem Voluntária Comentada*, *cit.*, p. 116, e António Sampaio Caramelo, "O estatuto dos árbitros...", *cit.*, p. 87.

[1056] Veja-se, por exemplo, o Regulamento de Arbitragem da CCI (artigo 2º do anexo VI) e o Regulamento de Arbitragem Rápida do CAC (artigo 6º). Na doutrina, *vide*, entre outros, Sofia Martins / António Júdice Moreira, "Portuguese Commercial Arbitration Centre follows suit and enacts new fast track arbitration rules...", *cit.*, pp. 6 a 8, António Júdice Moreira, "Did you ask for fast track arbitration?", *cit.*, pp. 59 a 61, e Ana Coimbra Trigo, "Expedited procedures: A party autonomy paradox in the making?...", *cit.*, pp. 94 a 107.

[1057] Conforme se costuma salientar, "três cabeças pensam melhor do que uma" (Gary B. Born, *International Commercial Arbitration*, vol. II, *cit.*, pp. 1670; a este respeito, veja-se também António Menezes Cordeiro, *Tratado da Arbitragem...*, *cit.*, p. 132).

[1058] Artigo 8º, nº 2, da LAV.

[1059] Artigo 10º, nº 2, da Lei-Modelo da UNCITRAL.

[1060] *Cfr.* Nigel Blackaby / Constantine Partasides / Alan Redfern / Martin Hunter, *Redfern and Hunter on International Arbitration*, *cit.*, p. 239, e Gary B. Born, *International Commercial Arbitration*, vol. II, *cit.*, pp. 1669.

ou insucesso da arbitragem poderá estar dependente desta escolha, pelo que se afigura fundamental indicar a(s) pessoa(s) certa(s).

Neste sentido, quais as qualidades que deverá reunir um bom árbitro? Quem deverão as partes (ou, consoante o caso, o tribunal estadual ou um terceiro) nomear?

A liberdade de designação de árbitros é, já se mencionou antes, muito ampla. No que respeita a *requisitos*, repare-se que a LAV apenas estabelece que (i) os árbitros devem ser "pessoas singulares e plenamente capazes"[1061] (ou seja, as pessoas colectivas não poderão ser árbitras[1062]); e (ii) os árbitros devem ser independentes e imparciais (exigência que, como veremos, nem precisava de estar expressamente prevista, uma vez que ela já decorre do próprio exercício da função jurisdicional dos árbitros). Estes são os requisitos essenciais consagrados na lei[1063].

A LAV não estabelece, assim, quaisquer exigências em termos de qualificação, formação, idade, experiência ou outros atributos[1064]. As partes poderão nomear quem entenderem, não necessitando o árbitro de ser jurista, podendo ser, por exemplo, um engenheiro, um arquitecto, um economista, um gestor, etc. Na prática, é muito raro, no entanto, isto verificar-se. Por norma, a escolha das partes (do tribunal estadual ou de um terceiro) recai sobre um jurista, seja em arbitragens domésticas ou em arbitragens internacionais[1065], o que se compreende como veremos *infra*.

A razão de ser desta liberdade de designação dos árbitros (comum a outras jurisdições) está associada à vantagem da especialização da arbitragem. Procura-se, essencialmente, dar a oportunidade às partes de poderem indicar uma pessoa com especiais qualificações e conhecimentos técnicos sobre a matéria controvertida. Por exemplo: numa empreitada complexa de uma obra

[1061] Artigo 9º, nº 1, da LAV.

[1062] É isto que se verifica em muitas leis de arbitragem estrangeiras, embora existam excepções (*cfr.* António Sampaio Caramelo, "O estatuto dos árbitros...", *cit.*, p. 90). Sobre a razão de ser da inadmissibilidade de designação de uma pessoa colectiva como árbitra, veja-se particularmente Pedro Romano Martinez, "Constituição do tribunal arbitral e estatuto do árbitro", *cit.*, pp. 224 e 225, e "Análise do vínculo jurídico do árbitro em arbitragem voluntária *ad hoc*", *cit.*, pp. 830 e 831.

[1063] O artigo 9º da LAV (requisitos dos árbitros) estabelece, ainda, no nº 2, uma regra de não discriminação em razão da nacionalidade (*vide* António Sampaio Caramelo, "O estatuto dos árbitros...", *cit.*, pp. 91 e 92) e consagra dois números (nºs 4 e 5) sobre a responsabilidade dos árbitros (este tema será por nós analisado no capítulo VIII).

[1064] *Cfr.* Mariana França Gouveia, *Curso de Resolução Alternativa de Litígios*, *cit.*, p. 199, e António de Magalhães Cardoso / Sara Nazaré, "A escolha dos árbitros pelas partes", *cit.*, p. 15.

[1065] *Cfr.* Mariana França Gouveia, *Curso de Resolução Alternativa de Litígios*, *cit.*, p. 199.

de construção civil, em que se suscitem questões muito técnicas, independentemente da prova pericial que for feita, e dependendo do caso concreto, poderá eventualmente ser útil que um dos árbitros seja um engenheiro civil.

Em todo o caso, existem excepções. A lei de arbitragem espanhola, por exemplo, impõe requisitos adicionais à escolha dos árbitros, exigindo a condição de *jurista* para o árbitro único; no caso de se tratar de uma arbitragem colegial (três ou mais árbitros), exige-se "que pelo menos um deles [árbitros] tenha a condição de *jurista*". Tais requisitos estão previstos para as arbitragens que não devam ser julgadas segundo a equidade, podendo as partes, por acordo, dispor em sentido contrário (ou seja, as partes poderão designar um não-jurista, desde que estejam de acordo)[1066].

Esta opção do legislador espanhol parece-nos correcta e julgamos que deveria ter sido seguida pelo nosso legislador. A nosso ver, o exercício da função jurisdicional cabe (e deve caber) primordialmente aos juristas. Da mesma forma que um advogado, um magistrado ou qualquer outro jurista não pode assinar um projecto de engenharia ou de arquitectura de uma obra (pelas razões óbvias, de não ter competência para o efeito), à partida também um engenheiro ou arquitecto não deveria poder assinar uma sentença arbitral na qualidade de árbitro (sobretudo na qualidade de árbitro presidente ou de árbitro único). Note-se, por exemplo, que a condução do processo arbitral e a sentença arbitral, para além de exigirem conhecimentos jurídicos (mínimos), têm naturalmente de observar determinados requisitos e formalidades, sob pena de a sentença arbitral poder vir a ser anulada nos termos do artigo 46º,

[1066] *Cfr.* Artigo 15º, nº 1, da lei de arbitragem espanhola (*Ley 60/2003*, de 23 de Dezembro), na redacção (actual) que lhe foi dada pela *Ley 11/2011*, de 20 de Maio de 2011. A referida Lei 11/2011 introduziu alterações importantes neste domínio. O artigo 15º, nº 1, na redacção original da Lei 60/2003, exigia que, nas arbitragens internas que não devam ser julgadas segundo a equidade, o árbitro fosse "abogado en ejercicio", salvo acordo das partes em contrário. Esta disposição mereceu críticas por parte doutrina espanhola. Alguns autores prontamente observaram que carecia de justificação o requisito de os árbitros serem advogados, existindo outros profissionais, como juízes jubilados, professores de direito, etc., igualmente capazes de assumirem o papel de árbitros – *vide* Ana Montesinos García, "Los árbitros en el sistema español", *cit.*, pp. 218 a 220. Apesar das críticas que na altura se fizeram (e com as quais estamos inteiramente de acordo), a verdade é que a Lei 60/2003, na sua redacção original, representou um avanço face à anterior lei de arbitragem espanhola. Com efeito, a *Ley 36/1988*, de 5 de Dezembro, previa que, quando a arbitragem fosse julgada segundo o direito constituído (e não segundo a equidade), os árbitros deveriam ser "abogados en ejercicio", não se estabelecendo sequer a possibilidade de as partes acordarem em sentido contrário (como o veio a fazer a Lei 60/2003 na sua redacção original). Sobre o actual artigo 15º, nº 1, da lei de arbitragem espanhola, e a referida evolução legal, veja-se Juan Antonio Cremades Sanz-Pastor, *El Arbitraje de Derecho Privado en España*, *cit.*, pp. 137 e 138.

nº 3, da LAV. Neste sentido, embora seja legalmente possível, não é recomendável que sejam designados árbitros que não tenham a formação de jurista; a nosso ver, essa nomeação apenas deverá ser equacionada em tribunais arbitrais com três ou mais árbitros e para as funções de co-árbitro (não de árbitro presidente).

No que se refere, ainda, ao perfil e qualidades dos árbitros, para além da formação (ou não) de jurista, as partes deverão ponderar outras características. Dependendo do caso concreto, há determinadas qualidades que poderão ser relevantes. É esse o caso por exemplo: (i) das habilitações académicas, sendo também importante que a pessoa a nomear tenha conhecimentos de arbitragem e das funções desempenhadas pelo árbitro; (ii) da experiência profissional e arbitral; (iii) da disponibilidade (a celeridade é, recorde-se, uma importante vantagem da arbitragem, pelo que é conveniente indicar alguém que tenha tempo para se dedicar ao processo arbitral, de forma a que o mesmo tenha um andamento célere); (iv) da fluência do árbitro na língua em que decorrerá o processo arbitral e do direito aplicável[1067], sendo também conveniente que o árbitro domine a língua em que a maioria da prova documental se encontre redigida (se isso não suceder, as partes incorrerão em custos com intérpretes e tradutores, o que poderá encarecer e atrasar o processo arbitral, sendo um claro factor de perturbação do mesmo); e (v) da nacionalidade[1068]. A estas qualidades, acrescem ainda, naturalmente, muitas outras, como a integridade, a eficiência, a capacidade de persuasão, o prestígio, etc[1069].

Para aferir estas e outras qualidades, é possível realizar um contacto pessoal prévio ou uma pequena "entrevista" com o potencial árbitro. Tal contacto poderá revelar-se útil, sobretudo para perceber se existe ou não algum con-

[1067] Para além da fluência na língua, é naturalmente relevante que o árbitro conheça o direito aplicável. Conforme salienta ANTÓNIO MENEZES CORDEIRO, "é erro crasso, quando se aplique a lei de um Estado, nomear um árbitro que não a conheça" (*Tratado da Arbitragem...*, *cit.*, p. 135).

[1068] Num mundo ideal, a nacionalidade do árbitro deveria ser irrelevante; o critério essencial devia residir apenas na competência e noutros atributos. Em todo o caso, e não obstante o fenómeno da globalização, a verdade é que a nacionalidade do árbitro continua a ser um factor psicológico importante (sobretudo em arbitragens internacionais), dando uma aparência de neutralidade – *cfr.* NIGEL BLACKABY / CONSTANTINE PARTASIDES / ALAN REDFERN / MARTIN HUNTER, *Redfern and Hunter on International Arbitration*, *cit.*, pp. 250 e 251, e ANTÓNIO SAMPAIO CARAMELO, "O estatuto dos árbitros...", *cit.*, p. 91).

[1069] Sobre estas e outras qualidades que um bom árbitro deverá reunir, vejam-se NIGEL BLACKABY / CONSTANTINE PARTASIDES / ALAN REDFERN / MARTIN HUNTER, *Redfern and Hunter on International Arbitration*, *cit.*, pp. 246 a 253, NUNO FERREIRA LOUSA, "A escolha de árbitros: a mais importante decisão das partes numa arbitragem?", *cit.*, pp. 21 a 30, e ANTÓNIO DE MAGALHÃES CARDOSO / SARA NAZARÉ, "A escolha dos árbitros pelas partes", *cit.*, pp. 15 e 16.

flito de interesses, bem como para aferir se o árbitro tem conhecimentos na matéria controvertida e disponibilidade para se ocupar do processo. Em todo o caso, o contacto ou "entrevista" não deverá ser usado para tentar antecipar a posição do árbitro sobre o fundo da causa[1070].

Por fim, importa salientar que é igualmente possível estabelecer, *a priori*, logo na convenção de arbitragem, certos requisitos ou qualidades que o potencial árbitro terá de reunir (por exemplo, o domínio da língua do processo arbitral e do direito aplicável)[1071]. De todo o modo, esta fixação antecipada deve ser feita com cautela e não deverá ser excessivamente pormenorizada. Note-se que, em muitos casos, não é possível antecipar com rigor o tipo de litígio que possa vir a surgir; as partes correm o risco de estipular determinados requisitos ou qualidades para o árbitro pensando num certo tipo de litígio que depois não se verifica, surgindo um litígio diferente que aconselharia outras qualidades[1072].

VI – A (ampla) autonomia das partes na constituição do tribunal arbitral não é, porém, ilimitada. Existem naturalmente *limites* que importa conhecer quando se procede à designação do(s) árbitro(s)[1073_1074].

1070 *Cfr.* Julian D. M. Lew / Loukas A. Mistelis / Stefan M. Kröll, *Comparative International Commercial Arbitration*, pp. 232 a 234, Nigel Blackaby / Constantine Partasides / Alan Redfern / Martin Hunter, *Redfern and Hunter on International Arbitration*, *cit.*, p. 253, Nuno Ferreira Lousa, "A escolha de árbitros: a mais importante decisão das partes numa arbitragem?", *cit.*, pp. 34 e 35, e Mariana França Gouveia, *Curso de Resolução Alternativa de Litígios*, *cit.*, p. 200.

1071 Essa possibilidade decorre, desde logo, do artigo 10º, nº 6, 1ª parte, da LAV ("Quando nomear um árbitro, o tribunal estadual competente tem em conta as *qualificações exigidas pelo acordo das partes para o árbitro ou os árbitros a designar* e tudo o que for relevante para garantir a nomeação de um árbitro independente e imparcial [...]"); neste sentido, António Menezes Cordeiro, *Tratado da Arbitragem...*, *cit.*, p. 134.

1072 Sobre esta questão, vejam-se Nigel Blackaby / Constantine Partasides / Alan Redfern / Martin Hunter, *Redfern and Hunter on International Arbitration*, *cit.*, pp. 246 e 247, António Sampaio Caramelo, "O estatuto dos árbitros...", *cit.*, p. 100, e António de Magalhães Cardoso / Sara Nazaré, "A escolha dos árbitros pelas partes", *cit.*, p. 16.

1073 *Vide* Jean-François Poudret / Sébastien Besson, *Comparative Law of International Arbitration*, *cit.*, pp. 338 a 340, Philippe Fouchard / Emmanuel Gaillard / Berthold Goldman, *Fouchard Gaillard Goldman On International Commercial Arbitration*, *cit.*, pp. 464 e ss., Ricardo Ugarte / Thomas Bevilacqua, "Ensuring Party Equality...", *cit.*, p. 49, Paula Costa e Silva, "Preterição do contraditório...", *cit.*, pp. 311 a 313, e Paula Costa e Silva / Nuno Trigo dos Reis, "A natureza do procedimento judicial de nomeação de árbitro", *cit.*, pp. 963 a 967.

1074 Note-se que, diferentemente do *sistema jurídico liberal*, onde a autonomia privada tinha, no domínio dos contratos obrigacionais, uma ampla dimensão (não existindo praticamente restrições à liberdade contratual), hoje poder-se-á afirmar que "é cada vez maior o número de limitações legais à liberdade contratual, no sentido de criar uma justiça efectiva entre os contraentes" (José

Na verdade, como se verá no capítulo VI (ponto 12.1), há determinados princípios fundamentais – em que o direito ao processo equitativo se concretiza – que terão de ser sempre respeitados em qualquer processo arbitral; princípios que não poderão ser derrogados ou contornados através do recurso a tribunais arbitrais. Um deles é, precisamente, o *princípio da igualdade das partes*, essencial em todos os momentos da arbitragem, designadamente no que se refere ao momento da formação do tribunal[1075]. Neste sentido, ele assume-se como um importante limite à autonomia da vontade na constituição do tribunal[1076], não podendo nenhuma convenção ou regulamento de arbitragem prevalecer sobre este princípio – o que se compreende, pois, vimo-lo já, estamos perante um princípio de ordem pública processual, sendo por alguns considerado uma verdadeira "regra bíblica" em qualquer arbitragem[1077].

Deste modo, quando, nos termos da LAV (nomeadamente dos artigos 10º, nº 1, 11º, nº 4, e 36º, nº 7), se permite que as partes possam convencionar uma solução diferente da prevista neste diploma, no que se refere à designação de árbitros, isso não significa, evidentemente, que elas tenham, neste domínio, uma total liberdade. Existirão sempre *limites*, desde logo aqueles que resultam do princípio da igualdade das partes[1078] [isto não obstante se poder entender, no âmbito da aplicação do princípio da igualdade nas relações entre particulares (*eficácia horizontal* do princípio da igualdade), que este princípio

João Abrantes, *A vinculação das entidades privadas aos direitos fundamentais, cit.*, p. 24). Para maiores desenvolvimentos sobre este ponto, vejam-se, entre outros, António Pinto Monteiro, *Cláusulas Limitativas e de Exclusão de Responsabilidade Civil, cit.*, pp. 44 e ss., e "O contrato na gestão do risco e na garantia da equidade", *cit.*, pp. 9 a 14, Antunes Varela, *Das Obrigações em Geral*, vol. I, *cit.*, pp. 247 e ss., Rui de Alarcão, *Direito das Obrigações, cit.*, pp. 77 a 90, Mário Júlio de Almeida Costa, *Direito das Obrigações, cit.*, pp. 201 a 214, José de Oliveira Ascensão, *Direito Civil. Teoria Geral*, vol. II, *cit.*, p. 79, e *Direito Civil. Teoria Geral*, vol. III, *cit.*, pp. 175 e ss. e 252 e ss., José Manuel Sérvulo Correia, *Legalidade e Autonomia Contratual nos Contratos Administrativos, cit.*, pp. 449 e ss., Jorge Morais Carvalho, *Os Limites à Liberdade Contratual, cit.*, bem como Manfred Wolf / Jörg Neuner, *Allgemeiner Teil des Bürgerlichen Rechts, cit.*, pp. 90 e ss., Karl Larenz, *Lehrbuch des Schuldrechts*, Band 1, Allgemeiner Teil, *cit.*, pp. 39 e ss., Grant Gilmore, *The Death of Contract, cit.*, e Arnoldo Wald, *Obrigações e Contratos – Curso de Direito Civil Brasileiro, cit.*, pp. 128 a 134.

1075 Sobre o princípio da igualdade das partes, veja-se o que anteriormente dissemos no ponto 5.2.

1076 Vejam-se, entre outros, Luís de Lima Pinheiro, *Arbitragem Transnacional..., cit.*, p. 124, e Paulo Duarte, "Intervenção do tribunal judicial...", *cit.*, pp. 6 e 43.

1077 António Menezes Cordeiro, "Tribunal arbitral...", *cit.*, p. 375.

1078 O próprio nº 7 do artigo 36º menciona, de forma expressa, que se as partes optarem por regular, directamente, a intervenção de terceiros na convenção de arbitragem, terão de observar o "princípio da igualdade de participação de todas as partes na escolha dos árbitros". Exigência que não consta, expressamente, do nº 4 do artigo 11º, mas que se pode considerar *implícita* ao mesmo – *cfr.* António Sampaio Caramelo, "O estatuto dos árbitros...", *cit.*, p. 108.

"impõe *algumas adaptações*, de forma a não aniquilar a especificidade das relações jurídico-civis"[1079]].

Desta forma, as partes não poderão, *em princípio*, estabelecer na convenção de arbitragem que uma delas, por exemplo: (i) nomeará o árbitro único ou a totalidade dos árbitros (consoante estejamos ou não perante um tribunal colegial); ou (ii) que designará um número de árbitros superior ao da outra parte[1080]. Tal poderá configurar, com efeito, uma ofensa (ou até mesmo uma

[1079] J. J. GOMES CANOTILHO / VITAL MOREIRA, *Constituição da República Portuguesa Anotada*, vol. I, 4ª ed., *cit.*, p. 347. O princípio da igualdade deve, com efeito, ser conjugado com o *princípio da autonomia da vontade*, também ele com consagração constitucional – *cfr.* JORGE MIRANDA, *Manual de Direito Constitucional*, tomo IV, *cit.*, p. 348. Neste sentido, alertando para o facto de o princípio da igualdade não poder valer, *em toda a sua extensão*, no domínio do direito privado, sendo necessário uma certa *atenuação*, vejam-se CARLOS MOTA PINTO, *Teoria Geral do Direito Civil*, *cit.*, pp. 75 a 79, e PAULO MOTA PINTO, "Autonomia privada e discriminação...", *cit.*, pp. 326 e 338 a 342.
Sobre o tema da eficácia dos direitos fundamentais no direito privado [mais conhecido na sua fórmula alemã por "*Drittwirkung der Grundrechte*" (eficácia externa dos direitos fundamentais)] e, em especial, sobre os desafios que o princípio da igualdade levanta nas relações entre particulares (questões que não iremos aqui analisar), *vide*, além dos autores citados, e entre muitos outros, J. J. GOMES CANOTILHO, *Direito Constitucional e Teoria da Constituição*, 7ª ed., *cit.*, pp. 432, 448 e 1285 e ss., e "Dogmática de direitos fundamentais e direito privado", *cit.*, pp. 63 a 83, JOAQUIM DE SOUSA RIBEIRO, "Constitucionalização do Direito Civil", *cit.*, pp. 19 e ss., JOSÉ CARLOS VIEIRA DE ANDRADE, *Os Direitos Fundamentais na Constituição Portuguesa de 1976*, 5ª ed., *cit.*, pp. 258 a 262, JOSÉ JOÃO ABRANTES, *Contrato de Trabalho e Direitos Fundamentais*, *cit.*, pp. 16 e ss., e *A vinculação das entidades privadas aos direitos fundamentais*, *cit.*, GUILHERME DRAY, *O Princípio da Igualdade no Direito do Trabalho...*, *cit.*, pp. 134 e ss., e *O Princípio da Proteção do Trabalhador*, *cit.*, pp. 183 e ss., JOÃO CAUPERS, *Os direitos fundamentais dos trabalhadores e a Constituição*, *cit.*, pp. 174 a 179, VASCO PEREIRA DA SILVA, "A vinculação das entidades privadas pelos direitos, liberdades e garantias", *cit.*, pp. 259 a 274, PAULO MOTA PINTO, "O direito ao livre desenvolvimento da personalidade", *cit.*, pp. 227 e ss., e "A influência dos direitos fundamentais sobre o direito privado português", *cit.*, pp. 148 e ss., SANDRA PASSINHAS, *Propriedade e Personalidade no Direito Civil Português*, *cit.*, pp. 389 a 414, JORGE PEREIRA DA SILVA, *Deveres do Estado...*, *cit.*, pp. 712 e ss., BENEDITA FERREIRA DA SILVA MAC CRORIE, *A Vinculação dos Particulares...*, *cit.*, pp. 41 e ss., e JOÃO ZENHA MARTINS, *Dos Pactos de Limitação à Liberdade de Trabalho*, *cit.*, pp. 77 a 86; na doutrina alemã, veja-se, designadamente, CLAUS-WILHELM CANARIS, *Direitos fundamentais e direito privado*, *cit.*, pp. 52 e ss. Para um resumo sobre as divergências de interpretação em torno do artigo 18º, nº 1, da CRP, e as diversas posições que, em concreto, têm sido assumidas nesta matéria (referimo-nos às teorias que, quanto à relevância dos direitos fundamentais no seio das relações privadas, defendem uma *eficácia imediata/directa*, uma eficácia *mediata/indirecta* ou uma *solução intermédia*), *vide*, em particular, GUILHERME DRAY, *O Princípio da Igualdade no Direito do Trabalho...*, *cit.*, pp. 304 e ss., e CÉLINE ROSA PIMPÃO, *A tutela do trabalhador em matéria de segurança, (higiene) e saúde no trabalho*, *cit.*, pp. 63 a 70.

[1080] Neste sentido, vejam-se PAULA COSTA E SILVA, "Preterição do contraditório...", *cit.*, p. 312, PAULA COSTA E SILVA / NUNO TRIGO DOS REIS, "A natureza do procedimento judicial de nomeação de árbitro", *cit.*, pp. 965 a 967, LUÍS DE LIMA PINHEIRO, *Arbitragem Transnacional...*, *cit.*, p. 124, PAULO DUARTE, "Intervenção do tribunal judicial...", *cit.*, pp. 6 e 33, LINO DIAMVUTU,

derrogação) do princípio da igualdade das partes, susceptível de afectar a sentença arbitral que vier a ser proferida[1081].

Em alguns ordenamentos jurídicos, prevê-se, aliás, que se a convenção de arbitragem atribuir a uma das partes uma *influência preponderante* ou uma *posição privilegiada* na nomeação de árbitros, a outra parte poderá requerer ao tribunal estadual competente a designação dos respectivos árbitros, independentemente da nomeação já realizada ou do método de nomeação que tenha sido acordado[1082]. É esse o caso das leis de arbitragem alemã[1083], holandesa[1084] e, em sentido próximo, da lei suíça[1085] – leis que consagram, no fundo, uma "garantia preventiva da igualdade no período 'pré-procedimental' da arbitragem"[1086].

"A constituição do tribunal arbitral...", *cit.*, p. 169, e, na doutrina alemã, KARL HEINZ SCHWAB / GERHARD WALTER, *Schiedsgerichtsbarkeit: Kommentar...*, *cit.*, pp. 75 e 76. Em sentido aparentemente diferente, *vide* GEORGIOS PETROCHILOS, *Procedural Law in International Arbitration*, *cit.*, pp. 122 e 123. Dando como exemplo uma situação de uma arbitragem colegial composta por três árbitros, em que uma das partes aceita que a parte contrária proceda à nomeação dos dois árbitros de parte, o citado Autor parece entender que tal não deverá ser considerado, *automaticamente*, contrário ao princípio da igualdade das partes – segundo esta posição, será necessário atender às *circunstâncias do caso concreto* para que se possa chegar a essa conclusão (*op. cit.*, p. 123). Por fim, seguindo um entendimento oposto ao primeiro que enunciámos, vejam-se ANTÓNIO DE MAGALHÃES CARDOSO / SARA NAZARÉ, "A escolha dos árbitros pelas partes", *cit.*, pp. 14 e 15 (Autores que, embora reconhecendo ser pouco provável, admitem como teoricamente possível a hipótese de as partes acordarem que apenas uma delas designará os árbitros ou que os designará em maior número do que a parte contrária), MAURO RUBINO-SAMMARTANO, *International Arbitration: Law and Practice*, 3ª ed., *cit.*, p. 463, bem como, na jurisprudência francesa, o acórdão do *Tribunal de Grande Instance* de Paris de 07/12/1994, *in Revue de l'Arbitrage*, CFA, vol. 2000, nº 1, Paris, 2000, pp. 116 a 127 (com anotação de ERIC LOQUIN) – *caso Bouygues*.

1081 De facto, importa não esquecer que o processo de constituição do tribunal arbitral se desenrola "*com a participação de ambas as partes*", traduzindo-se aqui o princípio da igualdade das partes na "identidade da sua influência na constituição do tribunal" (MARIANA FRANÇA GOUVEIA, *Curso de Resolução Alternativa de Litígios*, *cit.*, pp. 196 e 197). Ora, nos exemplos referidos, essa participação e identidade parecem, claramente, não existir, pondo em causa o devido respeito pelo princípio da igualdade das partes – dir-se-á, pelo menos, que há fortes indícios nesse sentido. De todo o modo, em consonância com o entendimento referido de GEORGIOS PETROCHILOS, não excluímos que se devam ter em conta também as *circunstâncias do caso concreto*, para que se possa aferir melhor sobre a violação ou não do princípio da igualdade das partes (*Procedural Law in International Arbitration*, *cit.*, p. 123).

1082 *Vide* ANTÓNIO PEDRO PINTO MONTEIRO, *O Princípio da Igualdade e a Pluralidade de Partes na Arbitragem*, *cit.*, pp. 308 a 310.

1083 § 1034 (2) do ZPO.

1084 Artigo 1028º do *Wetboek van Burgerlijke Rechtsvordering*.

1085 Artigo 368º, nº 1, do ZPO (arbitragem interna).

1086 Neste sentido, por referência ao § 1034 (2) do ZPO alemão, PAULA COSTA E SILVA / NUNO TRIGO DOS REIS, "A natureza do procedimento judicial de nomeação de árbitro", *cit.*, p. 967 (nota de rodapé nº 26). Semelhante era, também, a solução que se encontrava presente, entre

11.4. A intervenção do tribunal estadual no âmbito da constituição do tribunal arbitral

I – A arbitragem apresenta, como referimos antes, particularidades próprias que a diferenciam da justiça estadual – particularidades que, se por um lado são, muitas vezes, a razão de ser das principais vantagens associadas à arbitragem, por outro lado levam também a que se coloquem problemas que não ocorreriam nos tribunais estaduais.

As dificuldades existentes no momento da *constituição do tribunal arbitral* são um bom exemplo disso mesmo. Como vimos, é muito vantajoso para as partes – ao abrigo da ampla liberdade de que dispõem – poderem designar os árbitros ou fixar o modo pelo qual estes são escolhidos. Consegue-se uma justiça mais adequada e especializada (tendo as partes a possibilidade de eleger pessoas que se revelem mais aptas para decidirem o litígio e com uma maior sensibilidade em relação aos seus interesses), que faz com que as partes possam ter, à partida, uma maior confiança no tribunal arbitral e no desenrolar do processo.

Não obstante, a verdade é que esta vantagem pode facilmente transformar-se também numa desvantagem, quer porque é susceptível de levantar problemas com o princípio da igualdade das partes (sobretudo em caso de pluralidade de partes), quer porque é susceptível de gerar problemas de independência e imparcialidade dos árbitros (problemas estes que não se colocam nos mesmos termos nos tribunais estaduais, uma vez que aí funciona o *princípio do juiz natural*, não tendo as partes qualquer protagonismo na constituição do tribunal[1087]). Mas não só.

Para além dos problemas que referimos, o próprio processo de constituição do tribunal arbitral pode ser algo moroso, sobretudo quando uma das partes (por norma, o demandado) adopta uma conduta obstrutiva[1088]-[1089]. Quando

nós, no artigo 4º (igualdade das partes na designação de árbitros) do Decreto-Lei nº 243/84, de 17 de Julho – preceito nos termos do qual se estabelecia que "é nula a convenção de arbitragem que confira a uma das partes qualquer *situação de privilégio* relativamente à designação de árbitros" (sobre esta disposição, *cfr.* João de Castro Mendes, Direito Processual Civil, vol. I, *cit.*, p. 384). Como vemos, neste caso a situação de privilégio conduzia logo, automaticamente, à nulidade da convenção. Tal artigo não chegou, porém, a transitar nem para a anterior, nem para a actual LAV.

[1087] Conforme mencionado anteriormente, no âmbito do processo civil as partes apenas poderão celebrar um *pacto de jurisdição* ou um *pacto de competência* (e, assim, convencionar qual a jurisdição ou o tribunal competentes), estando, no entanto, sujeitas às fortes limitações dos artigos 94º e 95º do CPC.

[1088] Na verdade, "é muito comum uma das partes na arbitragem resistir ao impulso inicial promovido pela outra parte, quer criando dificuldades ou deduzindo oposições destinadas a atrasar o normal decurso do processo, quer abstendo-se de custear os preparos e adiantamentos de honorários da sua

isto sucede, torna-se necessário desbloquear a situação de impasse que se verifica, de modo a que o processo arbitral possa seguir a sua marcha normal[1090].

Se estivermos no âmbito de uma arbitragem institucionalizada, e dependendo do regulamento aplicável, à partida será o presidente do centro de arbitragem (ou outro órgão competente dentro do centro) que procederá à nomeação do(s) árbitro(s) em falta[1091]. Se não estivermos no âmbito de uma arbitragem institucionalizada e/ou se não houver solução prevista para colmatar a ausência de nomeação, poderá ser necessário recorrer aos tribunais estaduais.

Vejamos então como se processa a (importante) intervenção dos tribunais estaduais nesta matéria.

II – A designação de árbitros pelo tribunal estadual demonstra bem o relevante papel de apoio e assistência que, por vezes, os tribunais estaduais são chamados a desempenhar no processo arbitral; é mais um exemplo desse apoio e assistência[1092].

Neste sentido, será o Tribunal da Relação – ou melhor, o *presidente do Tribunal da Relação* (ou o *presidente do Tribunal Central Administrativo*, dependendo do caso)[1093] – que, na ausência de nomeação do(s) árbitro(s), procederá à indicação dos mesmos[1094]. Facto que está em consonância com a ideia subjacente

conta, quer, finalmente, abstendo-se pura e simplesmente de comparecer, de apresentar defesa e até de nomear o árbitro que, de acordo com as regras procedimentais aplicáveis, lhe cumpria nomear". Por outro lado, e por razões várias, num tribunal arbitral colegial "é também usual que, indicados que estejam os árbitros por cada uma das partes, estes não alcancem um acordo quanto à pessoa do Presidente do tribunal arbitral" (José Miguel Júdice / Duarte Gorjão Henriques, "Regras para nomeação de árbitros...", *cit.*, pp. 241 e 242). Ora, tudo isto traduz-se em atrasos, que perturbam e prejudicam o processo arbitral, atrasos que importa resolver.

1089 A (eventual) morosidade na constituição do tribunal arbitral é, justamente, uma das razões que justifica que, não obstante a existência da convenção de arbitragem, possa ser apresentado junto dos tribunais estaduais um requerimento de providências cautelares (artigos 7º e 29º da LAV).

1090 Vejam-se, entre outros, Paula Costa e Silva / Nuno Trigo dos Reis, "A natureza do procedimento judicial de nomeação de árbitro", *cit.*, pp. 953, 980 e 994 e ss., Paula Costa e Silva, "Preterição do contraditório...", *cit.*, pp. 321 e 322, e José Lebre de Freitas, "O Princípio do Contraditório na Nomeação de Árbitro...", *cit.*, p. 35.

1091 É isso que se verifica, por exemplo, no CAC, onde o presidente do centro tem poderes para proceder à designação do(s) árbitro(s) em falta (artigos 8º, nºs 2 e 4, e 27º, do Regulamento de Arbitragem).

1092 Relevante papel a que já anteriormente aludimos, no âmbito dos problemas relacionados com a origem contratual da arbitragem voluntária (veja-se, especialmente, o capítulo II, ponto 7.1).

1093 *Cfr.* Artigo 59º, nº 3, da LAV.

1094 *Cfr.* Artigo 59º, nº 1, alínea a), da LAV.

ao artigo 59º, que é a de atribuir competência quase exclusiva ao *Tribunal da Relação* (ou ao *Tribunal Central Administrativo*, consoante o caso) para intervir na arbitragem[1095]; de fora ficarão, sobretudo, as situações "em que aquele Tribunal não está apetrechado para responder às solicitações dos tribunais arbitrais, ou seja, na obtenção de provas e em matéria de providências cautelares"[1096_1097].

A intervenção do mencionado tribunal realizar-se-á, em todo o caso, *"a pedido de qualquer das partes"* (artigos 10º, nºs 2 e 4, e 11º, nº 2, da LAV). Ou seja, por um lado, o tribunal estadual não poderá, autonomamente, intervir – a sua intervenção terá de ser *provocada*[1098]. Por outro lado, só as *partes* terão legitimidade para requerer a nomeação dos árbitros e assim provocar a intervenção do tribunal estadual[1099_1100]. Com efeito, ao referir-se expressamente às

[1095] Inspirado, parcialmente, pelo § 1062 do ZPO alemão e pelo artigo 6º da Lei-Modelo da UNCITRAL [*cfr. Anteprojecto de LAV da APA (2010)*, notas justificativas ao artigo 59º, *cit.*, p. 223], o artigo 59º da LAV visa regular as relações entre os tribunais arbitrais e estaduais, no sentido de clarificar qual o tribunal estadual competente em vários momentos do processo arbitral, sempre que a sua intervenção se tornar necessária. Especificamente sobre a citada disposição alemã (a principal fonte inspiradora), Jens-Peter Lachmann, *Handbuch für die Schiedsgerichtspraxis, cit.*, pp. 1082 e 1083, Peter Schlosser, *in* Stein / Jonas (coordenadores), *Kommentar zur Zivilprozessordnung, cit.*, pp. 615 a 619, Adolf Baumbach / Wolfgang Lauterbach / Jan Albers / Peter Hartmann, *Zivilprozessordnung, cit.*, pp. 2668 e 2669, e Rolf A. Schütze, *Schiedsgericht und Schiedsverfahren, cit.*, pp. 63 e 64.

[1096] Pedro Metello de Nápoles, *in* Dário Moura Vicente (Coordenador), *Lei da Arbitragem Voluntária Anotada, cit.*, pp. 177 e 178.

[1097] Neste âmbito, a opção pelo Tribunal da Relação ou pelo Tribunal Central Administrativo para procederem à nomeação de árbitros é, efectivamente, aquela que faz mais sentido. Sobretudo atendendo ao facto de: (i) estes tribunais, em princípio, terem melhores condições para assegurar a rapidez e a eficácia necessárias à designação de árbitros (de forma a desbloquear a situação de impasse que esteja a perturbar o normal andamento do processo arbitral); e (ii) os seus respectivos juízes serem mais experientes, estando também em melhores condições para desempenhar esta importante função (repare-se, aliás, que já na anterior LAV se previa que, em todos os casos em que faltasse a nomeação de árbitros, tal nomeação caberia ao presidente do Tribunal da Relação, nos termos do artigo 12º) – *cfr. Anteprojecto de LAV da APA (2010)*, notas justificativas ao artigo 59º, *cit.*, p. 224.

[1098] Conforme se referiu em momento anterior (mais concretamente, no âmbito dos problemas relacionados com a origem contratual da arbitragem voluntária), a intervenção dos tribunais estaduais na arbitragem está dependente da iniciativa de algum interessado – *vide* Isabel Alexandre, "O tribunal estadual competente...", *cit.*, p. 118, Pedro Metello de Nápoles / Carla Góis Coelho, "A arbitragem e os tribunais estaduais...", *cit.*, p. 198 (nota de rodapé nº 7), e João Raposo, "A intervenção do tribunal judicial na arbitragem...", *cit.*, p. 111.

[1099] Segundo Mariana França Gouveia, estamos perante legitimidade processual, aferida em função do interesse em pedir (artigo 30º do CPC), "e só as *partes* têm interesse no prosseguimento da ação arbitral" (*Curso de Resolução Alternativa de Litígios, cit.*, p. 197).

[1100] Acrescente-se, ainda, que não obstante a referência que se faz (e bem) a "qualquer das partes", sabendo que a divergência na nomeação conjunta se verifica, com mais frequência, do lado dos "partes", a actual LAV parece entender que só estas terão legitimidade para o mencionado requerimento, pondo assim fim às dúvidas que se verificavam a este respeito na anterior LAV, sobre se os árbitros poderiam ou não requerer tal nomeação[1101]. Por fim, importa salientar que, em caso de pluralidade de partes, o pedido de "qualquer das partes" não terá, a nosso ver, de ser feito por *todos* os demandantes ou por todos os demandados, podendo ser efectuado *apenas por um dos compartes* (sob pena, aliás, de a arbitragem ficar bloqueada)[1102].

Quanto ao momento em que a intervenção do tribunal estadual pode ser requerida, em princípio, salvo estipulação em contrário, ela poderá ser solicitada "no *prazo de 30 dias* a contar da recepção do pedido que a outra parte lhe faça nesse sentido" (artigo 10º, nº 4, 1ª parte, da LAV) – prazo que deverá ser contado de *forma corrida*, devendo considerar-se aplicável o regime previsto no artigo 279º do CC[1103]. Questão diferente é a de saber até quando poderá este requerimento ser apresentado, ou seja, decorridos 30 dias, qual o prazo para a apresentação do mencionado requerimento? Na ausência de resposta da LAV – à semelhança, de resto, da anterior lei que também era omissa –, alguns autores entendem que o requerimento poderá ser oferecido *"a qualquer tempo"*[1104].

demandados, tal significa que, por norma, a intervenção será requerida pelo(s) demandante(s). De todo o modo, nada impede que a mesma seja requerida, de boa fé, pelos próprios demandados. Neste sentido, *vide* Pedro Metello de Nápoles / Carla Góis Coelho, "A arbitragem e os tribunais estaduais...", *cit.*, p. 202.

1101 Sobre este ponto específico, veja-se João Luís Lopes dos Reis, "Questões de arbitragem ad-hoc...", *cit.*, p. 495. Em todo o caso, saliente-se que, embora não seja usual, algumas leis de arbitragem estrangeiras prevêem a possibilidade de os próprios árbitros poderem requerer aqui a intervenção do tribunal estadual. É o que sucede na lei francesa, mais concretamente no artigo 1460º, 1º parágrafo, do CPC francês.

1102 Pense-se, por exemplo, num caso em que nos deparamos com vários demandantes e demandados e em que não há acordo quanto à designação conjunta do árbitro (desacordo que será mais frequente do lado dos demandados). Poderá esse pedido de nomeação, ao tribunal estadual, ser feito *apenas por um* dos demandantes ou demandados ou deverá tal pedido ser realizado por *todos* os demandantes ou por *todos* os demandados? Embora a redacção da lei não seja de facto clara neste ponto, julgamos que terá de ser aceite uma legitimidade individual. A solução oposta, isto é, de o pedido ter de ser feito por todos os demandantes ou demandados, poderia conduzir a uma situação em que o processo arbitral ficaria *bloqueado* pelo facto de, por qualquer razão, um dos compartes não aderir a tal requerimento. Em sentido contrário, porém, Mário Esteves de Oliveira (coordenação), *Lei da Arbitragem Voluntária Comentada*, *cit.*, pp. 175, 177 e 178.

1103 *Cfr.* Pedro Metello de Nápoles / Carla Góis Coelho, "A arbitragem e os tribunais estaduais...", *cit.*, p. 200, e José Miguel Júdice, *in* Dário Moura Vicente (Coordenador), *Lei da Arbitragem Voluntária Anotada*, *cit.*, p. 49.

1104 Pedro Metello de Nápoles / Carla Góis Coelho, "A arbitragem e os tribunais estaduais...", *cit.*, p. 202.

No que se refere ao requerimento para solicitar a intervenção do tribunal estadual, este deverá ser feito nos termos do artigo 60º, nº 1, da LAV, isto é, o interessado deverá indicar "os factos que justificam o seu pedido, nele incluindo a informação que considere relevante para o efeito". Mais interessante se afigura o facto de agora se prever, expressamente, o *contraditório* na designação do(s) árbitro(s) em falta[1105] – ponto controvertido no âmbito da anterior LAV[1106]. Não sendo a regra (a Lei-Modelo da UNCITRAL é, aliás, omissa a este respeito)[1107], esta solução não é, porém, inédita, encontrando-se consagrada em alguns países, como, por exemplo, na Alemanha e em Angola[1108]. Embora, à primeira vista, possa parecer uma diligência inútil, a

[1105] Artigo 60º, nº 2, da LAV [conjugado com o nº 1 do mesmo preceito e com o artigo 59º, nº 1, alínea a)].

[1106] Na ausência de uma disposição legal como a do actual nº 2 do artigo 60º da LAV (recorde-se que o artigo 12º da anterior lei era totalmente omisso a este respeito), discutia-se se, ao receber o pedido de nomeação de árbitros em falta, o presidente do Tribunal da Relação deveria, ou não, deferir esse pedido sem ouvir a parte contrária. Defendendo, nesta altura, a necessidade de contraditório, vejam-se José Lebre de Freitas, "O Princípio do Contraditório na Nomeação de Árbitro...", *cit.*, pp. 33 a 45, João Luís Lopes dos Reis, "Questões de arbitragem ad-hoc...", *cit.*, p. 496, e Paulo Duarte, "Intervenção do tribunal judicial no processo de constituição do tribunal arbitral e o princípio do contraditório", *cit.*, pp. 40 a 42. Em sentido contrário, porém, decidiram os acórdãos do Tribunal Constitucional nº 329/2012, de 27/06/2012 (Relatora Maria Lúcia Amaral, processo nº 893/2011), do Supremo Tribunal de Justiça de 17/06/2011 (Relator Sebastião Póvoas, processo 6/10.1TVPRT.P1.S1) [admissão de revista excepcional] e de 11/10/2011 (Relator Paulo Sá, processo 6/10.1TVPRT.P1.S1), bem como o acórdão do Tribunal da Relação do Porto de 31/01/2011 (Relator Caimoto Jácome, processo 6.10.1TVPRT.P1), *in CJ*, 2011, tomo I, pp. 191 e ss. – todos proferidos no âmbito do mesmo processo judicial. Sobre esta questão, vejam-se, ainda, Mariana França Gouveia, *Curso de Resolução Alternativa de Litígios*, *cit.*, pp. 197 e 198, Paula Costa e Silva, "Preterição do contraditório...", *cit.*, pp. 301 a 334, Paula Costa e Silva / Nuno Trigo dos Reis, "A natureza do procedimento judicial de nomeação de árbitro", *cit.*, pp. 951 a 1004, Armindo Ribeiro Mendes / Sofia Ribeiro Mendes, "Crónica de Jurisprudência" (2011), e "Crónica de Jurisprudência" (2012), ambos *cit.*, pp. 260 a 264 e pp. 311 a 315, respectivamente, e Armindo Ribeiro Mendes, "A Arbitragem na Jurisprudência do Tribunal Constitucional", *cit.*, pp. 135 e 136.

[1107] Veja-se Armindo Ribeiro Mendes / Sofia Ribeiro Mendes, "Crónica de Jurisprudência" (2012), *cit.* p. 314.

[1108] *Cfr.* § 1063 (1) do ZPO, e artigo 14º, nº 3, da Lei sobre a Arbitragem Voluntária (Lei nº 16/03, de 25 de Julho). A este propósito, *vide* Klaus Reichold, *in* Thomas / Putzo, *Zivilprozessordnung...*, *cit.*, pp. 1370 e 1371, Hans-Patrick Schroeder / Wiebke Wortmann, "§ 1063 – General Provisions", *cit.*, p. 533, e, por referência à lei angolana, Lino Diamvutu, "A constituição do tribunal arbitral...", *cit.*, p. 177, e Manuel Gonçalves / Sofia Vale / Lino Diamvutu, *Lei da Arbitragem Voluntária Comentada*, *cit.*, p. 75. Existem, ainda, outros casos em que o contraditório na designação do(s) árbitro(s) em falta parece estar indirectamente consagrado; é o que se verifica em França, com a remissão que o artigo 1460º do CPC francês faz para as "ordonnances de référé"

verdade é que, nos termos da actual LAV, a exigência do contraditório é um momento importante no que à nomeação de árbitros diz respeito (sobretudo em casos de pluralidade de partes). Pensamos, designadamente, na hipótese prevista no nº 3 do artigo 11º da LAV. Como vimos anteriormente[1109], se se demonstrar que "as partes que não conseguiram nomear conjuntamente um árbitro têm *interesses conflituantes relativamente ao fundo da causa*", o tribunal estadual poderá nomear a totalidade dos árbitros. Ora, para que o tribunal estadual possa fazer uso da faculdade prevista no citado nº 3, dir-se-á que o contraditório assume particular relevância – através do mesmo, o tribunal poderá ficar em condições de saber se os interesses conflituantes se verificam e, consequentemente, se se justifica ou não a nomeação da totalidade dos árbitros[1110]. Daí a utilidade e a importância que o contraditório é susceptível de aqui revestir[1111].

Por fim, quanto à escolha dos árbitros em si mesma, o tribunal estadual deverá considerar (i) as qualificações exigidas pelo acordo das partes para os árbitros a designar (se existirem), (ii) tudo o que for relevante para garantir

(artigos 484º e ss. do mesmo diploma), onde se destacam os artigos 485º e 486º que vincam bem o respeito pelo princípio do contraditório.

[1109] Capítulo V, ponto 11.2.

[1110] Neste sentido, também a previsão do nº 3 do artigo 60º da LAV – onde se faz valer o ***princípio do inquisitório*** [*cfr.* Mário Esteves de Oliveira (coordenação), *Lei da Arbitragem Voluntária Comentada, cit.*, p. 708] – se pode revelar de grande importância nesta matéria.

[1111] De facto, é preciso perceber porque é que os demandantes ou demandados não chegaram a acordo, não procedendo à *nomeação conjunta* do árbitro que lhes competia (artigo 11º, nº 1, da LAV). Neste contexto, é essencial ouvir as partes que falharam a referida nomeação conjunta (que, por norma, serão os demandados). Só desta forma é que o tribunal estadual estará em condições de saber se deverá nomear apenas o *árbitro em falta* (nº 2) ou se, diferentemente, deverá designar a *totalidade dos árbitros* (nº 3). Ora, este é, justamente, um dos vários momentos em que o contraditório previsto no nº 2 do artigo 60º se pode revelar de grande importância.
Em todo o caso, conforme adverte Mariana França Gouveia, importa salientar que este novo regime previsto na LAV deve ser *restritivamente interpretado*, de forma a impedir *dilações* na constituição do tribunal arbitral. Com efeito, não podemos esquecer que a intervenção do tribunal estadual visa apenas, e tão só, proceder à nomeação dos árbitros em falta; consequentemente, o contraditório da parte contrária deverá limitar-se a tal nomeação. Quer dizer, "não há aqui lugar a levantar quaisquer objecções à competência do tribunal arbitral (o que equivale à eficácia em sentido amplo da convenção), à regularidade da constituição (até então) do tribunal ou qualquer outro problema que as partes, na sua infinita imaginação, quiserem opor à designação do árbitro" – o procedimento em causa (e o contraditório a ele subjacente) reporta-se apenas à designação do(s) árbitro(s), pelo que "todos os restantes problemas devem ser colocados perante e decididos pelo tribunal arbitral" (Mariana França Gouveia, *Curso de Resolução Alternativa de Litígios, cit.*, p. 198). Em sentido próximo, veja-se Pedro Metello de Nápoles, *in* Dário Moura Vicente (Coordenador), *Lei da Arbitragem Voluntária Anotada, cit.*, p. 182.

a nomeação de árbitros independentes e imparciais e (iii), no caso de uma arbitragem internacional, a conveniência ou não da nomeação de um árbitro de nacionalidade diferente da das partes, nos termos do nº 6 do artigo 10º da LAV[1112]. Para além dos mencionados critérios legais, outros poderão ser igualmente relevantes, como por exemplo a qualidade e a posição dos co-árbitros (no caso de uma arbitragem colegial composta por três ou mais árbitros), devendo ainda optar-se "por uma pessoa familiar à disciplina em jogo e com experiência de arbitragem"[1113].

11.5. As listas de árbitros

A autonomia privada e a voluntariedade das partes manifestam-se na arbitragem, não só no momento em que existe uma "renúncia" voluntária à jurisdição dos tribunais estaduais e uma atribuição de competência aos tribunais arbitrais, mas, em especial, no momento da escolha dos árbitros[1114].

Em regra, a opção pela arbitragem institucionalizada e, em concreto, a escolha de um certo centro de arbitragem pelas partes, implica também uma concomitante limitação de, no momento da nomeação dos árbitros, só poderem ser selecionados aqueles que, de entre um conjunto de personalidades,

[1112] Sobre a importância do citado nº 6 – preceito que foi inspirado no artigo 11º, nº 5, da Lei-Modelo da UNCITRAL, e no § 1035 (5) do ZPO alemão [*cfr.* José Miguel Júdice, *in* Dário Moura Vicente (Coordenador), *Lei da Arbitragem Voluntária Anotada*, *cit.*, p. 51] –, veja-se, particularmente, Paula Costa e Silva / Nuno Trigo dos Reis, "A natureza do procedimento judicial de nomeação de árbitro", *cit.*, pp. 973, 974 e 978. De salientar que já na vigência da anterior LAV (onde não existia preceito idêntico ao actual artigo 10º, nº 6) se defendia a aplicação do conteúdo do artigo 11º, nº 5, da Lei-Modelo da UNCITRAL (*vide* Maria Ângela Bento Soares / Rui Manuel Moura Ramos, *Contratos Internacionais...*, *cit.*, p. 365, Luís de Lima Pinheiro, *Arbitragem Transnacional...*, *cit.*, p. 127, e Paula Costa e Silva, "Preterição do contraditório...", *cit.*, pp. 317, 318, 321, 328, 329 e 333).

[1113] António Menezes Cordeiro, *Tratado da Arbitragem...*, *cit.*, p. 143.

[1114] Denotando precisamente que esta liberdade permite escolher árbitros com o "perfil adequado" para a resolução do caso, designadamente com experiência e características pessoais que sejam relevantes para o contexto do litígio, v. Gabrielle Kaufmann-Kohler / Antonio Rigozzi, *International Arbitration: Law and Practice in Switzerland*, *cit.*, p. 13. Com efeito, não se pode ignorar, conforme reconhece justamente Artur Flamínio da Silva, que para se poder falar em "arbitragem" é preciso que as partes tenham autonomia na escolha do mecanismo arbitral (em detrimento da jurisdição estadual) e na escolha dos árbitros, *cfr.* Artur Flamínio da Silva, *A Resolução de Conflitos Desportivos...*, *cit.*, pp. 349 e ss. Em sentido mais amplo, v. Pedro Gonçalves, admitindo que "embora se aceite que o tribunal imposto legalmente às partes se revela susceptível de suportar a qualificação de tribunal arbitral (...), parece já de recusar que a noção de arbitragem contemple ainda a resolução de conflitos por um tribunal que, além de imposto, às partes, seja composto por pessoas que lhes são estranhas", uma vez que "a ideia de arbitragem reclama a composição por *árbitros*". Cfr. *Entidades Privados com Poderes Públicos*, *cit.*, p. 571.

figurem numa certa lista[1115]. Trata-se aqui do *sistema de lista fechada*: só podem ser nomeados pelas partes os árbitros que se encontrem na lista do centro de arbitragem.

É, no entanto, possível que a existência de uma lista de árbitros não limite a escolha dos árbitros pelas partes, podendo ser nomeado um especialista que não figure numa dada lista: é o exemplo do que se deve designar como *sistema de lista aberta*[1116].

A diferença entre ambas reside, portanto, na existência de uma eventual limitação do momento da escolha dos árbitros pelas partes. A primeira hipótese limita-a, a segunda tem como mero efeito assumir-se como um meio auxiliar – uma proposta – desse momento, podendo os árbitros ser livremente escolhidos pelas partes de entre as personalidades que entendam como mais convenientes para a decisão do seu litígio.

Não obstante, as listas fechadas têm vindo a ser sujeitas a diversas críticas.

A primeira crítica reside na excessiva limitação da autonomia das partes na escolha dos árbitros que decorre da existência de uma lista de árbitros fechada[1117]. Com efeito, sendo a liberdade das partes na escolha dos árbitros – por oposição aos tribunais estaduais onde vigora o princípio do juiz natural – uma das vantagens indiscutivelmente reconhecidas na arbitragem, a compressão excessiva desta liberdade pode ter um efeito perverso, o qual pode consistir na redução ou, no limite, a falta de confiança das partes, na medida em que apenas podem escolher o seu árbitro de entre uma lista pré-elaborada por uma determinada entidade.

A segunda crítica reside no facto de a existência de uma lista fechada poder promover a diminuição da qualidade da arbitragem[1118]. Na verdade, a sua existência, a menos que se verifique um recrutamento constante dos melhores árbitros e, eventualmente, uma renovação periódica da lista, não tem como objectivo uma melhoria da arbitragem, podendo, a curto/longo prazo, até promover o contrário.

[1115] V. Gary B. Born, *International Commercial Arbitration*, Vol. II, *cit.*, p. 1752.

[1116] Sobre a relação entre o sistema de lista fechada e o sistema de lista aberta, v. Rui Bu, "Emergency Arbitrator Procedure and Open-List Arbitrator Appointment...", *cit.*, pp. 89 e ss.

[1117] Cfr., em termos particularmente críticos, Gary B. Born, *International Commercial Arbitration*, Vol. II, *cit.*, 1752. Argumentando que a existência de uma lista fechada permite, ainda que assente num elevado grau de paternalismo, ultrapassar uma certa inexperiência das partes na escolha de árbitros, *cfr.*, com referências, Weixia Gu, "The China-Style Closed Panel System in Arbitral Tribunal Formation...", *cit.*, p. 131.

[1118] Gary B. Born, *International Commercial Arbitration*, Vol. II, *cit.*, 1752.

No domínio da arbitragem necessária a existência de listas fechadas de árbitros é ainda mais problemática. De facto, e tomando como exemplo os casos mais gravosos em que as partes não podem escolher o centro de arbitragem (como sucede no TAD) e bem como a composição da lista de árbitros[1119], a existência de uma lista fechada comporta alguns problemas jurídicos[1120].

Pense-se, desde logo, nas dificuldades que se suscitam em termos de independência e imparcialidade. É o caso em que a maioria da lista de árbitros é composta mediante a escolha ou indicação de uma das potenciais partes em conflito, não existindo dúvidas da falta de independência dos árbitros que nela figurem. Acresce, por outro lado, que se coloca a questão relacionada com a falta de imparcialidade, desde logo, pela promoção de um fenómeno de nomeação sucessiva, com a eventual anulação das sentenças arbitrais proferidas por colégios arbitrais compostas por árbitros nesta situação[1121].

Por outro lado, a existência de uma lista fechada tem, igualmente, um efeito – mais ou menos evidente – de afastar os potenciais especialistas que nela não se encontrem, caso não exista uma renovação regular ou um alargamento do número de árbitros que a integram. Efectivamente, se as partes se encontram limitadas na escolha do mecanismo arbitral e na composição da lista do centro de arbitragem – imposta às partes –, podem não se encontrar nesta lista os especialistas que as mesmas pretendem escolher por serem – pelo menos na sua óptica – os mais indicados para a composição do seu litígio, o que se traduz numa compressão injustificada da autonomia das partes (26º, nº 1, da CRP).

Na verdade, não se pode, neste domínio, aceitar que, com a existência de uma lista fechada, se promova a impossibilidade, ainda que se possa registar só na prática e não em teoria[1122], de que um especialista numa dada área jurídica não possa constar nessa lista, o que significa que estamos perante uma intolerável limitação do exercício da profissão do árbitro, nos termos do artigo 47º da CRP.

[1119] Ou nos casos em que estão limitados por alguma razão nessa escolha.

[1120] Em geral, sobre os problemas que comportam as listas no domínio da arbitragem no Desporto, V. ARTUR FLAMÍNIO DA SILVA, *A Resolução de Conflitos Desportivos...*, *cit.*, pp. 390 e ss. e 472 e ss. e, especialmente, pp. 474 e ss.

[1121] A este propósito, remete-se para a análise da lista laranja das IBA Guidelines, cfr. capítulo V, ponto 11.6.

[1122] Pense-se, por exemplo, no caso em que os critérios de admissão para o árbitro são de tal modo apertados que só permitem que um conjunto muito limitado – e à partida conhecido – de especialistas integrarem a lista.

Neste contexto, cumpre também denotar que na arbitragem necessária a lista fechada promove – com maior intensidade do que na arbitragem voluntária – particularmente que, nos casos de certas áreas em que não existem muitos especialistas, se continue a sustentar a manutenção de uma situação de reduzida especialização promovida pelo acesso restrito concedido só a alguns árbitros à lista de um determinado centro.

11.6. A independência e imparcialidade dos árbitros; o dever de revelação

I – Os árbitros devem ser independentes e imparciais. Este é, como vimos anteriormente, um dos poucos requisitos que a LAV expressamente exige para que alguém possa assumir a condição de árbitro (artigo 9º, nº 3, da LAV).

A previsão legal expressa faz sentido. Recorde-se que, ao contrário do que sucede num processo estadual, onde vigora o *princípio do juiz natural*[1123] e onde as partes não desempenham qualquer papel na constituição do tribunal e na designação de juízes, na arbitragem as partes assumem um papel fulcral na constituição do tribunal, nomeando os árbitros (ou, pelo menos, tendo essa possibilidade). A ausência deste princípio leva a que se coloquem problemas na arbitragem que não existem nos tribunais estaduais, desde logo problemas de *independência e imparcialidade* dos árbitros. A este respeito, importa observar que, enquanto nos tribunais estaduais os juízes se presumem independentes e imparciais (uma vez que, por norma, não conhecem as partes, nem são escolhidos por elas), nos tribunais arbitrais não é exactamente assim, uma vez que são as próprias partes que os nomeiam[1124]. Essa é uma das razões pela qual vários autores entendem que a questão da independência e imparcialidade é, à partida, consideravelmente mais importante, sensível e difícil na arbitragem do que é nos tribunais estaduais[1125].

O chamado "estatuto do árbitro" conheceu novidades e alterações importantes na actual LAV. Uma delas é, precisamente, a formulação expressa do requisito de independência e imparcialidade dos árbitros. Com efeito, a Lei nº 31/86, de 29 de Agosto (anterior LAV) apenas estabelecia, como requisito,

[1123] A este respeito, veja-se o que oportunamente dissemos no capítulo V, ponto 11.1.

[1124] *Cfr.* Jean-Hubert Moitry, "Right to a fair trial and the European Convention on Human Rights...", *cit.*, p. 118.

[1125] *Vide* Matti S. Kurkela / Santtu Turunen, *Due Process in International Commercial Arbitration, cit.*, p. 107. Neste sentido, salientando que "na arbitragem se colocam questões éticas muito mais complexas do que em processos judiciais", veja-se Nuno Salazar Casanova, "Reflexões Práticas sobre a Ética na Arbitragem. Uma Introdução ao Tema", *cit.*, pp. 63 a 74.

que os árbitros devem ser pessoas singulares e plenamente capazes[1126], contendo depois uma norma específica sobre impedimentos e recusas, nos termos da qual "aos árbitros não nomeados por acordo das partes é aplicável o regime de impedimentos e escusas estabelecido na lei de processo civil para os juízes"[1127]. Apesar da redacção pouco clara desta norma (sobretudo a sua aparente limitação aos "árbitros não nomeados por acordo das partes"), defendia-se na altura que, da remissão feita pela mesma, era possível concluir que o árbitro tinha já a obrigação de ser independente e imparcial.[1128]

De todo o modo, independentemente do entendimento que se fizesse do citado preceito da anterior LAV, importa ter presente que a independência e imparcialidade dos árbitros é uma "consequência directa das suas funções jurisdicionais"[1129], pelo que um tribunal arbitral que não seja independente e imparcial não será um verdadeiro tribunal. O árbitro tem de ser independente e imparcial *agora* (nos termos da actual LAV), tal como já o tinha de ser *antes* (no âmbito da anterior LAV) e tal como o terá de ser no *futuro*. O árbitro tem de ser *sempre* independente e imparcial, quer isso esteja ou não expressamente previsto na lei de arbitragem aplicável ao caso. Desta forma, embora faça sentido (face à importância da questão), a verdade é que, em rigor, a formulação expressa do requisito de independência e imparcialidade dos árbitros na LAV – comum a outras leis e regulamentos de arbitragem[1130] – nem seria necessária.

Por outro lado, importa notar que os requisitos da independência e imparcialidade dos árbitros se aplicam quer aos chamados *"árbitros de parte"* (ou co-árbitros), quer ao *árbitro presidente*, independentemente do modo da sua

[1126] Artigo 8º da anterior LAV (correspondente, *ipsis verbis*, ao actual artigo 9º, nº 1, da LAV).

[1127] Artigo 10º, nº 1, da anterior LAV.

[1128] *Cfr.* Mariana França Gouveia, *Curso de Resolução Alternativa de Litígios*, *cit.*, p. 201 (nota de rodapé nº 242), e António Sampaio Caramelo, "O estatuto dos árbitros...", *cit.*, pp. 92 e 93. Sobre o regime de impedimentos e recusas consagrado no artigo 10º da anterior LAV, e os problemas que o mesmo levantava, vejam-se Augusto Lopes Cardoso, "Da Deontologia do Árbitro", *cit.*, pp. 33 e ss., e Bernardo Reis, "Reflexões Práticas sobre a Ética na Arbitragem: Perspetiva de Árbitro", *cit.*, p. 78.

[1129] Mariana França Gouveia, *Curso de Resolução Alternativa de Litígios*, *cit.*, p. 203; no mesmo sentido, veja-se António Sampaio Caramelo, "O estatuto dos árbitros...", *cit.*, p. 93, e Duarte Gorjão Henriques, "Portugal e as 'IBA Guidelines' sobre Conflitos de Interesses: Desinvestir na virtude?", *cit.*, p. 488.

[1130] António Menezes Cordeiro, *Tratado da Arbitragem...*, *cit.*, p. 135, e António Sampaio Caramelo, "O estatuto dos árbitros...", *cit.*, p. 92. O princípio de que os árbitros devem ser independentes e imparciais é "aceite universalmente na arbitragem internacional" (Philippe Fouchard / Emmanuel Gaillard / Berthold Goldman, *Fouchard Gaillard Goldman On International Commercial Arbitration*, *cit.*, pp. 561 a 564).

designação[1131]. A LAV não estabelece quaisquer diferenciações quanto à posição concreta do árbitro e ao modo como foi designado, pois verdadeiramente não há diferenciações a fazer. O árbitro terá sempre de ser independente e imparcial, exigência que se mantém *durante todo o processo arbitral*[1132]. Acrescente-se, por fim, que a independência e imparcialidade dos árbitros se deverá verificar quer em relação às partes, quer em relação aos seus *mandatários* (embora sejam poucos os casos em que esta situação constitui fundamento para um eventual processo de recusa do árbitro)[1133].

Para além da consagração expressa dos requisitos da independência e imparcialidade dos árbitros no nº 3 do artigo 9º, a LAV tem mecanismos para assegurar o efectivo cumprimento desses requisitos. Tais mecanismos podem ser agrupados em dois tipos: *meios preventivos* e *meios reactivos*[1134].

1131 Sobre esta questão, vejam-se GARY B. BORN, *International Commercial Arbitration*, vol. II, *cit.*, p. 1796 e ss., NIGEL BLACKABY / CONSTANTINE PARTASIDES / ALAN REDFERN / MARTIN HUNTER, *Redfern and Hunter on International Arbitration*, *cit.*, p. 254, MARIANA FRANÇA GOUVEIA, *Curso de Resolução Alternativa de Litígios*, *cit.*, pp. 201 a 203, DANIELA VICENTE DE ALMEIDA, *O Dever de Revelação como Problema de Independência e Imparcialidade dos Árbitros*, *cit.*, pp. 74 e 75, ANTÓNIO PINTO LEITE, "Independência, Imparcialidade e Suspeição de Árbitro", *cit.*, pp. 106 e ss., e ANTÓNIO SAMPAIO CARAMELO, "O estatuto dos árbitros...", *cit.*, p. 92 (nota de rodapé nº 14).

1132 *Cfr.* JEAN-FRANÇOIS POUDRET / SÉBASTIEN BESSON, *Comparative Law of International Arbitration*, *cit.*, p. 346, e ANTÓNIO SAMPAIO CARAMELO, "O estatuto dos árbitros...", *cit.*, pp. 94 e 95.

1133 *Vide* PHILIPPE FOUCHARD / EMMANUEL GAILLARD / BERTHOLD GOLDMAN, *Fouchard Gaillard Goldman On International Commercial Arbitration*, *cit.*, p. 566. Conforme salientam os citados Autores (por referência à arbitragem internacional), é relativamente fácil que os árbitros conheçam ou já tenham tido contactos anteriores com os advogados de uma das partes (ou de ambas), sobretudo atendendo ao facto de a comunidade arbitral internacional ser um "mundo pequeno" (PHILIPPE FOUCHARD / EMMANUEL GAILLARD / BERTHOLD GOLDMAN, *op. cit.*, p. 566). Probabilidade esta que será certamente maior em Portugal, onde a comunidade arbitral ainda é mais pequena e "onde é praticamente impossível evitar a existência de relações pessoais mais ou menos estreitas entre os diversos atores" (DUARTE GORJÃO HENRIQUES, "Portugal e as 'IBA Guidelines' sobre Conflitos de Interesses: Desinvestir na virtude?", *cit*, p. 501). A questão essencial reside na *relevância* da relação dos árbitros com os advogados das partes. O simples facto de o árbitro conhecer e/ou ter tido contactos anteriores com os advogados das partes, por si só, não é susceptível de pôr em causa a sua independência e imparcialidade. Tudo depende, face ao caso concreto, da relação que possa existir entre os árbitros e os advogados das partes; o que importa não é a existência da relação em si, mas sim se esta é suficientemente forte (e relevante) para pôr em causa a independência e imparcialidade do árbitro. Sobre esta interessante questão, vejam-se ALAIN HIRSCH, "Les arbitres peuvent-ils connaître les avocats des parties?", *cit.*, pp. 7 a 11, STEPHEN R. BOND, "The ICC Arbitrator's Statement of Independence: A Response to Prof. Alain Hirsch", *cit.*, pp. 226 a 234, e ANDREAS F. LOWENFELD, "An Arbitrator's Declaration of Independence", *cit.*, pp. 85 a 89.

1134 Sobre os vários tipos de meios para assegurar o cumprimento da independência e imparcialidade dos árbitros, vejam-se CHRISTOPHE SERAGLINI / JÉRÔME ORTSCHEIDT, *Droit de l'arbitrage*

Nos primeiros encontramos o chamado *dever de revelação*, previsto nos nºs 1 e 2 do artigo 13º da LAV[1135]. Nos termos deste preceito, a pessoa que seja convidada a exercer as funções de árbitro "deve *revelar* todas as circunstâncias que possam suscitar *fundadas dúvidas* sobre a sua imparcialidade e independência" (nº 1). Este dever mantém-se durante todo o processo arbitral; factos supervenientes ou outros de que só se tenham tomado conhecimento depois da aceitação do encargo de árbitro, e que sejam susceptíveis de afectar a independência e imparcialidade, deverão ser igual e prontamente revelados (nº 2)[1136]. A finalidade do dever de revelação é, precisamente, a de "permitir, verificar e controlar a independência e a imparcialidade dos árbitros"[1137]. É uma forma (preventiva) de assegurar o respeito por estes requisitos essenciais.

Quid juris, porém, se o dever de revelação não for cumprido, estando efectivamente em causa a independência e imparcialidade do árbitro?[1138] É neste ponto que se encontram aqueles que chamámos de meios reactivos e que podem ser reconduzidos a três meios.

O primeiro é óbvio: o *processo de recusa*. O árbitro poderá ser recusado caso existam circunstâncias que possam suscitar fundadas dúvidas sobre a sua independência e imparcialidade, e as mesmas não tenham sido reveladas (artigo 13º, nº 3, da LAV). O processo de recusa a seguir encontra-se previsto

interne et international, *cit.*, pp. 240 a 249, e Agostinho Pereira de Miranda, "O Estatuto Deontológico do Árbitro – passado, presente e futuro", *cit.*, p. 64.

[1135] Especificamente sobre o dever de revelação, veja-se Daniela Vicente de Almeida, *O Dever de Revelação como Problema de Independência e Imparcialidade dos Árbitros, cit.* O dever de revelação é uma novidade da actual LAV, uma vez que a anterior lei nada dizia a este respeito, pelo menos explicitamente (Mário Raposo, "Imparcialidade dos Árbitros", *cit.*, p. 79). Em termos de direito comparado, diga-se, ainda, que os nºs 1 e 2 do artigo 13º da LAV encontram paralelo noutras leis e regulamentos de arbitragem, designadamente no artigo 12º, nº 1, da Lei-Modelo UNCITRAL.

[1136] *Cfr.* Nigel Blackaby / Constantine Partasides / Alan Redfern / Martin Hunter, *Redfern and Hunter on International Arbitration*, *cit.*, p. 255.

[1137] António Menezes Cordeiro, *Tratado da Arbitragem...*, *cit.*, p. 152.

[1138] Note-se, a este respeito, que "o árbitro pode violar o dever de revelação e, não obstante, agir com independência e imparcialidade até tomar a sua decisão", como pode também "respeitar o dever de revelação, mas não agir adequadamente" (Daniela Vicente de Almeida, *O Dever de Revelação como Problema de Independência e Imparcialidade dos Árbitros*, *cit.*, p. 141; no mesmo sentido, veja-se Charles Jarrosson, "A propos de l'obligation de révélation...", *cit.*, p. 134). Na verdade, uma coisa (dever de revelação) não implica necessariamente a outra (independência e imparcialidade). Conforme observa ainda Charles Jarrosson, a falta de independência e imparcialidade "é significativamente mais grave que uma simples falta de revelação", tendo consequências diferentes que não deverão ser confundidas; se a falta de independência e imparcialidade levará, com grande probabilidade, à anulação da sentença arbitral, o mesmo já não se dirá da simples violação do dever de revelação (Charles Jarrosson, "A propos de l'obligation de révélation...", *cit.*, p. 133).

no artigo 14º da LAV (podendo as partes também acordar sobre esse processo, de modo diferente do que se encontra previsto na LAV).

O segundo meio de reacção passa pelos modos de impugnação da sentença arbitral: acção de anulação[1139], recurso (caso esteja previsto)[1140] e oposição à execução[1141]-[1142]. Cingindo-nos apenas à acção de anulação, o não cumprimento do dever de revelação, conjugado com a falta de independência e imparcialidade, pode, em abstracto, levar à anulação da sentença arbitral, sendo possível invocar vários fundamentos, designadamente os previstos nas subalíneas ii) e iv) da alínea a) do nº 3 do artigo 46º da LAV, e na subalínea ii) da alínea b) do nº 3 do mesmo preceito[1143].

Por fim, no limite, o árbitro poderá ser responsabilizado civilmente pelos danos que cause[1144] (matéria que será desenvolvida no capítulo VIII).

II – Estabelecida a importância fundamental da independência e imparcialidade dos árbitros, a questão seguinte que se coloca é a de saber o que entender, afinal, por independência e imparcialidade. Neste sentido, quando é que um árbitro deixa de ser independente e imparcial?

Conforme salienta António Menezes Cordeiro, "a *independência* traduz-se numa qualidade objetiva, expressa no facto de o árbitro não depender de ninguém e, em especial, de nenhuma das partes. A *imparcialidade* exprime-se num dado subjetivo: o árbitro não favorece ninguém: apenas aplica o Direito em face dos factos que se demonstrem"[1145]. Ambas são, poder-se-á considerar, numa conhecida fórmula atribuída a Castro Mendes, "verso e reverso da mesma realidade fundamental"[1146], isto é, "duas faces da mesma moeda"[1147].

1139 Artigo 46º da LAV.

1140 Artigo 39º, nº 4, da LAV.

1141 Artigo 48º da LAV.

1142 Os meios de reacção à sentença arbitral serão tratados no capítulo VII, ponto 14.

1143 *Cfr.* Daniela Vicente de Almeida, *O Dever de Revelação como Problema de Independência e Imparcialidade dos Árbitros, cit.*, pp. 148 a 155, e Christophe Seraglini / Jérôme Ortscheidt, *Droit de l'arbitrage interne et international, cit.*, p. 248.

1144 *Cfr.* Daniela Vicente de Almeida, *O Dever de Revelação como Problema de Independência e Imparcialidade dos Árbitros, cit.*, pp. 143 a 148, e Christophe Seraglini / Jérôme Ortscheidt, *Droit de l'arbitrage interne et international, cit.*, p. 249.

1145 António Menezes Cordeiro, *Tratado da Arbitragem..., cit.*, p. 135. Apelando, igualmente, a um carácter objectivo da independência e subjectivo da imparcialidade, vejam-se Mário Raposo, "Imparcialidade dos Árbitros", *cit.*, pp. 75 e 76, e Miguel Galvão Teles, "A independência e imparcialidade dos árbitros como imposição constitucional", *cit.*, p. 262.

1146 Jorge Miranda/ Rui Medeiros, *Constituição Portuguesa Anotada*, tomo III, *cit.*, p. 43.

1147 Mariana França Gouveia, "O dever de independência do árbitro de parte", *cit.*, pp. 319 e 320.

Em todo o caso, e retomando a questão que *supra* fizemos, a verdade é que, em concreto, nem sempre é fácil saber quando o árbitro violou ou não o seu dever de independência e imparcialidade. A LAV consagrou expressamente estes requisitos, acompanhados pelo dever de revelação, mas não os definiu ou concretizou; nem poderia, acrescentamos[1148]. Atendendo à diversidade de situações que se podem verificar, a análise de uma eventual falta de independência e imparcialidade do árbitro (e a correspondente necessidade de revelação) terá, naturalmente, de ser feita caso a caso[1149].

É neste contexto que, para além da jurisprudência, a *soft law* pode ter uma palavra a dizer e vir a revelar-se particularmente útil. Entre os vários instrumentos de *soft law* que têm vindo a ser utilizados para concretizar a independência e imparcialidade dos árbitros[1150], merece particular destaque as "*Guidelines on Conflicts of Interest in International Arbitration*" da *International Bar Association* (IBA).

Com efeito, as mencionadas *Guidelines* da IBA têm vindo a assumir um papel preponderante, no plano internacional, mas também no domínio arbitral nacional, como um mecanismo auxiliar na concretização dos deveres de independência e imparcialidade dos árbitros[1151]. São, na actualidade, um elemento incontornável no domínio da arbitragem, contando, inclusivamente, com o interesse dos tribunais estaduais na sua utilização[1152]-[1153].

[1148] Com efeito, "não é possível estabelecer regras gerais e abstractas para este tipo de situações" (José Miguel Júdice, "A constituição do tribunal arbitral: características, perfis e poderes dos árbitros", *cit.*, pp. 119 e 120).

[1149] Neste sentido, Gary B. Born, *International Commercial Arbitration*, vol. II, *cit.*, p. 1763, e Mariana França Gouveia, *Curso de Resolução Alternativa de Litígios*, *cit.*, p. 205.

[1150] Sobre os textos de *soft law* mais usados, veja-se António Menezes Cordeiro, *Tratado da Arbitragem...*, *cit.*, pp. 153 e 154.

[1151] Gabrielle Kaufman-Kohler / Antonio Rigozzi, *International Arbitration: Law and Practice in Switzerland*, *cit.*, p. 27, na senda do Tribunal Federal Suíço, considera que estas directrizes da IBA desempenham, igualmente, uma função de harmonização e unificação no que respeita aos padrões a seguir quanto aos conflitos de interesse dos árbitros. Foi, aliás, com essa finalidade que as mesmas foram criadas, *cfr.* Matthias Scherer, "The IBA Guidelines on Conflicts of Interest in International Arbitration: The First Five Years 2004-2009", *cit.*, pp. 5 e ss. Sobre a incerteza no preenchimento dos conceitos relativos aos conflitos de interesses, v. Arthur Marriott, "Conflicts of interest", *cit.*, pp. 246-249.

[1152] V. Gabrielle Kaufman-Kohler / Antonio Rigozzi, *International Arbitration: Law and Practice in Switzerland*, *cit.*, p. 27, bem como Jeffrey Waincymer, *Procedure and Evidence in International Arbitration*, *cit.*, pp. 295 e ss.

[1153] Para uma breve contextualização da criação da *Guidelines on Conflicts of Interest in International Arbitration*, V. Gabrielle Kaufman-Kohler, "Soft law in international arbitration: Codification and normativity", *cit.*, pp. 290 e ss.

As directrizes da IBA têm uma finalidade essencialmente prática[1154], promovendo uma cultura de uniformidade e de boas práticas na determinação dos casos que podem dar origem ou não a conflitos de interesse e, por conseguinte, ao afastamento do (s) árbitro (s) do processo arbitral[1155].

No que respeita à composição e estruturação das IBA, para além das considerações introdutórias e da introdução propriamente dita, as directrizes estão organizadas em duas partes: (i) Parte I, relativa aos princípios gerais relativos à imparcialidade, independência e revelação, sendo cada princípio seguido de uma breve nota explicativa e (ii) Parte II, dedicada à aplicação prática dos princípios gerais[1156]. Esta segunda parte das directrizes da IBA, que versa sobre a aplicação prática dos princípios, encontra-se organizada em quatro listas[1157], às quais foi atribuída uma cor conforme a "gravidade" dos possíveis conflitos de interesses aí exemplificados: lista vermelha renunciável, lista vermelha não renunciável, lista laranja e lista verde.

A opção pela adopção de um código cromático prende-se com a correspondência entre a cor da lista na qual a situação está integrada e a acção recomendada face à verificação da mesma, seguindo uma cor crescente de perigosidade do conflito de interesses. Analisemos brevemente a composição de cada lista, bem como as actuações que devem resultar da verificação de uma situação incluída em cada uma delas, iniciando pelas situações mais complexas, isto é, pela lista vermelha.

A lista vermelha é a única das listas constantes das directrizes da IBA que se subdivide em duas categorias: uma lista vermelha irrenunciável (*non-waivable red list*) e uma lista vermelha renunciável (*waivable red list*)[1158]. Em geral, na lista vermelha compreendem-se situações que suscitam dúvidas justificáveis

[1154] Nas palavras de José Carlos Fernandez Rozas, "a função das IBA é auxiliar as partes, os mandatários, os árbitros e as instituições arbitrais em matérias tão relevantes como a imparcialidade, a independência e outros deveres relacionados com a ética arbitral, tais como o dever de revelação, comunicação, diligência e confidencialidade", *cfr.* "Clearer Ethics Guidelines and Comparative Standards for Arbitrators", *cit.*, p. 418.

[1155] Stephan Wilske / Michael Stock, "Rule 3.3.7 of the IBA Guidelines on Conflicts of Interest in International Arbitration...", *cit.*, p. 45.

[1156] Phillip Landolt, "The IBA Guidelines on Conflicts of Interest in International Arbitration: An Overview", *cit.*, p. 413, e Stephan Wilske / Michael Stock, "Rule 3.3.7 of the IBA Guidelines on Conflicts of Interest in International Arbitration...", *cit.*, p. 45.

[1157] As listas são compostas por um conjunto de situações específicas que costumam verificar-se na prática, permitindo ao utilizador qualificar a "gravidade" do potencial ou real conflito de interesse específico com o qual se depara. V. Anne K. Hoffmann, "Duty of Disclosure and Challenge of Arbitrators: The Standard Applicable...", *cit.*, p. 428.

[1158] *Cfr.* IBA Guidelines on Conflicts of Interest in International Arbitration, p. 16.

no que concerne à independência e imparcialidade do árbitro. Para este conceito de "dúvida justificável" atende-se à perspectiva que teria um "terceiro com conhecimento [daqueles] factos e circunstâncias relevantes"[1159]. A divisão em duas listas, uma renunciável e a outra irrenunciável, resulta do facto de na categoria de irrenunciável se encontrarem as "situações resultantes do princípio primordial de que ninguém se pode julgar a si próprio"[1160]. Por conseguinte, mesmo que ao cumprimento do dever de revelação por parte do árbitro se seguisse a aceitação expressa por parte das partes, ainda assim o conflito não se encontraria resolvido. Deste modo, sempre que se verificar uma situação incluída no catálogo da *lista vermelha não renunciável*, o árbitro deve afastar-se ou ser afastado do processo arbitral[1161]. Por sua vez, na lista vermelha renunciável encontram-se abrangidas situações que embora graves, no sentido de poderem afectar a independência e imparcialidade do árbitro, podem ser sanáveis se e quando as partes, uma vez informadas e conscientes da existência dos factos que dão origem ao conflito de interesses, "manifestarem expressamente a sua intenção de manter o árbitro na sua função"[1162].

A lista laranja, por seu turno, é composta por uma enumeração, de cariz não taxativo, de situações concretas que "podem, aos olhos das partes, suscitar dúvidas quanto à imparcialidade ou independência do árbitro"[1163]. Nesta lista constam, portanto, situações específicas em que se verifica um dever de revelação por parte do árbitro; todavia, se após a revelação as partes não objectarem em tempo útil (30 dias após a revelação) ou, ainda, se declararem aceitar o árbitro, o conflito de interesses fica sanado[1164].

[1159] V. IBA Guidelines on Conflicts of Interest in International Arbitration, p. 16. V., igualmente, Stavros Brekoulakis, "Systemic Bias and the Institution of International Arbitration: A New Approach to Arbitral Decision-Making", *cit.*, p. 562.

[1160] V. IBA Guidelines on Conflicts of Interest in International Arbitration, p. 16.

[1161] A revelação não pode resolver este conflito, pois se o árbitro continuasse a sua função ou aceitasse actuar como decisor do mesmo, estaria a decidir sobre uma matéria na qual tem um interesse pessoal e directo. V. Lucy Gordon-Vrba / Dominik Vock, "Article 9 [Independence and challenge of arbitrator]", *cit.*, p. 569.

[1162] *Cfr.* IBA Guidelines on Conflicts of Interest in International Arbitration, p. 16. *Cfr.* Lucy Gordon-Vrba / Dominik Vock, "Article 9 [Independence and challenge of arbitrator]", *cit.*, p. 569.

[1163] IBA Guidelines on Conflicts of Interest in International Arbitration, pp. 16-17. *Cfr.* Nathalie Voser / Angelina M. Petti, "The Revised IBA Guidelines on Conflicts of Interest in International Arbitration", *cit.*, p. 16, e Fernando Estavillo, "Ethics in Arbitration", *cit.*, p. 392.

[1164] V. Ramón Mullerat, "The IBA Guidelines on Conflicts of Interest Revisited...", *cit.*, pp. 68 e ss., e David A. Lawson, "Impartiality and Independence of International Arbitrators...", *cit.*, p. 35.

É imperativo que fique, contudo, claro que pelo facto de o árbitro revelar um determinado facto ou relação, não resulta daí a verificação automática de um conflito de interesses ou a sua desqualificação imediata como árbitro. Tal como resulta da nota explicativa desta lista, "[o] objectivo da revelação é informar as partes sobre uma determinada situação"[1165], cabendo a estas últimas a decisão sobre a continuidade ou não do árbitro[1166].

Finalmente, as directrizes da IBA incluem a designada lista verde. Nesta lista verde incluem-se as situações, enumeradas de forma não taxativa, onde não se verifica um qualquer conflito de interesses aparente ou efectivo[1167] quando analisado de uma forma objectiva, como tal não impende sobre o árbitro um dever de revelação daqueles factos ou situações ali compreendidos[1168].

Apesar da importância que as referidas *Guidelines* da IBA podem revestir e do auxílio que proporcionam (face à indeterminação dos mencionados preceitos da LAV)[1169], importa não esquecer que são *soft law*, não sendo aplicáveis por si[1170]. Se as partes não previrem a aplicação destas regras, quando muito elas apenas poderão servir de fonte de inspiração (e nada mais).

[1165] *Cfr.* IBA Guidelines on Conflicts of Interest in International Arbitration, p. 17.

[1166] Há, no entanto, um caso particularmente problemático no que à lista laranja diz respeito e que se relaciona com a nomeação sucessiva dos mesmos árbitros, prevista no ponto 3.1.3 das *Guidelines* da IBA e que tem sido objecto de muita discussão em Portugal, a propósito dos casos em que se verifica uma ***repetição da nomeação de árbitros.*** Na jurisprudência, vejam-se particularmente os acórdãos do Tribunal da Relação de Lisboa de 24/03/2015 (Relatora Maria Adelaide Domingos, processo 1361/14.0YRLSB.L1-1), de 29/09/2015 (Relator Afonso Henrique, processo 827/15.9YRLSB-1), de 13/09/2016 (Relator Rijo Ferreira, processo 581/16.7YRLSB.-1), de 01/02/2018 (Relatora Carla Mendes, processo 1320/17.0YRLSB-8) e de 22/01/2019 (Relator José Capacete, processo 1574/18.5YRLSB.L1-7), bem como o acórdão do Tribunal Central Administrativo Sul de 16/02/2017 (Relator Paulo Pereira Gouveia, processo 20011/16.3BCLSB). Na doutrina, *vide* António Menezes Cordeiro, *Tratado da Arbitragem...*, *cit.*, pp. 159 a 162. No plano da doutrina internacional, cfr. Nathalie Voser / Angelina M.Petti, "The Revised IBA Guidelines on Conflicts of Interest in International Arbitration", *cit.*, pp. 22-23.

[1167] *Cfr.* IBA Guidelines on Conflicts of Interest in International Arbitration, p. 18.

[1168] Lucy Gordon-Vrba / Dominik Vock, "Article 9 [Independence and challenge of arbitrator]", *cit.*, p. 420, Stephan Wilske / Michael Stock, "Rule 3.3.7 of the IBA Guidelines on Conflicts of Interest in International Arbitration...", *cit.*, p. 46, Ramón Mullerat, "The IBA Guidelines on Conflicts of Interest Revisited...", *cit.*, p. 72, David A. Lawson, "Impartiality and Independence of International Arbitrators...", *cit.*, p. 36.

[1169] *Cfr.* Daniela Vicente de Almeida, *O Dever de Revelação como Problema de Independência e Imparcialidade dos Árbitros*, *cit.*, pp. 126 a 140, e Agostinho Pereira de Miranda, "Arbitragem Voluntária e Deontologia. Considerações preliminares", *cit.*, pp. 122 a 124.

[1170] *Vide* António Menezes Cordeiro, *Tratado da Arbitragem...*, *cit.*, p. 156, Phillip Landolt, "The IBA Guidelines on Conflicts of Interest in International Arbitration: An Overview", *cit.*, p.

Por outro lado, importa ter presente que as *Guidelines* da IBA não foram feitas por juristas portugueses, nem pensadas para o ordenamento jurídico português. Pelo contrário: elas foram pensadas "para arbitragens internacionais, num universo económico e humano sem paralelo no Ocidente Peninsular"; em concreto, elas correspondem essencialmente "a práticas norte-americanas, discutidas no seu próprio país de origem e que a doutrina europeia propõe [que] sejam restritivamente interpretadas", pois a "realidade jurídica estado-unidense é muito diferente da nossa"[1171]. Deste modo, a sua (eventual) aplicação a arbitragens domésticas deve ser feita com cautelas, isto é, "há que a fazer passar por um *minimum* de adaptações, sob pena de irrealismo"[1172].

Por fim, sem questionar, de forma alguma, a essencialidade dos requisitos da independência e imparcialidade dos árbitros, combinado com o não menos essencial dever de revelação, não podemos deixar de salientar – alinhados com a posição crítica de António Menezes Cordeiro – que o dever de revelação tem funcionado, "numa lógica de contenda processual, como uma *arma ao dispor das partes* e, particularmente, das astuciosas: permite fragilizar os espíritos e, no limite, empatar gravemente a formação do tribunal e o desenrolar dos seus trabalhos"[1173]. Acima de tudo, não podemos esquecer que "os fundamentos de suspeição ou de recusa devem ser sérios e objetivos", não devendo constituir "um pretexto para mais litigância e para desconsiderações entre colegas"[1174].

413, bem como Gabrielle Kaufman-Kohler / Antonio Rigozzi, *International Arbitration: Law and Practice in Switzerland, cit.*, p. 200.

[1171] António Menezes Cordeiro, *Tratado da Arbitragem..., cit.*, p. 156; no mesmo sentido, veja-se particularmente o (importante) acórdão do Tribunal da Relação de Lisboa de 22/01/2019 (Relator José Capacete, processo 1574/18.5YRLSB.L1-7). O "intuito de aplicação a situações internacionais" das *Guidelines* da IBA (Bernardo Reis, "Reflexões Práticas sobre a Ética na Arbitragem: Perspetiva de Árbitro", *cit.*, p. 86) resulta, desde logo, do próprio nome ("Guidelines on Conflicts of Interest in *International Arbitration*"), bem como das suas notas preambulares e introdutórias (onde são constantes as referências à arbitragem internacional).

[1172] António Menezes Cordeiro, *Tratado da Arbitragem..., cit.*, p. 156. Neste sentido, salientando ser "fundamental que a aplicação das *Guidelines* se faça sempre acompanhar da necessária dose de bom senso, sem que o seu intérprete recorra a leituras de cunho indevidamente formalista ou excessivamente literal", Bernardo Reis, "Reflexões Práticas sobre a Ética na Arbitragem: Perspetiva de Árbitro", *cit.*, p. 86. Em suma, não se podem aplicar estas regras matematicamente (*cfr.* Duarte Gorjão Henriques, "Portugal e as 'IBA Guidelines' sobre Conflitos de Interesses: Desinvestir na virtude?", *cit*, pp. 501 e 522).

[1173] António Menezes Cordeiro, *Tratado da Arbitragem..., cit.*, p. 153.

[1174] António Menezes Cordeiro, *Tratado da Arbitragem..., cit.*, p. 156; veja-se, ainda, o acórdão do Tribunal da Relação de Lisboa de 22/01/2019 (Relator José Capacete, processo 1574/18.5YRLSB.L1-7).

Neste sentido, cabe aos tribunais arbitrais ou aos estaduais, que decidam o processo de recusa nos termos do artigo 14º da LAV, estar atentos a este "desvio de função"[1175] que por vezes se verifica, (i) recusando o árbitro quando esteja efectivamente em causa a sua independência e imparcialidade ou (ii) indeferindo a recusa quando a mesma não passe de uma mera *manobra dilatória* das partes. O mesmo se diga quando os tribunais estaduais tiverem de decidir um pedido de anulação da sentença arbitral ou um pedido de condenação do árbitro em responsabilidade civil, por violação do dever de revelação e dos requisitos de independência e imparcialidade.

11.7. O secretário da arbitragem: o seu (importante) papel e especificidades; o quarto árbitro?

I – O capítulo do tribunal arbitral não poderia ficar concluído sem uma referência ao secretário da arbitragem.

Figura pouco estudada na nossa doutrina (e por vezes considerada uma personagem secundária do processo arbitral), o secretário pode desempenhar um papel muito importante, que não deve ser subestimado. Alguns autores chegam, aliás, a questionar se, em certos casos, o secretário não será um *quarto árbitro*[1176] ou um "árbitro sombra".

O papel do secretário é, efectivamente, mais complexo do que à primeira vista poderia parecer. A omissão que no plano normativo se verifica a este respeito contribui para que assim seja[1177]. Com efeito, a generalidade das leis e regulamentos de arbitragens (aqui se incluindo a LAV) são omissas, não contendo qualquer norma que faça menção ao secretário, isto é, não regulando ou proibindo a intervenção do secretário no processo arbitral[1178]-[1179]. Em todo o caso, existem alguns instrumentos que podem ser relevantes e servir de

[1175] António Menezes Cordeiro, *Tratado da Arbitragem...*, *cit.*, p. 153.

[1176] *Vide* Constantine Partasides, "The Fourth Arbitrator? The Role of Secretaries...", *cit.*, pp. 147 a 164, e "Secretaries to Arbitral Tribunals", *cit.*, pp. 84 a 88. A ideia do "quarto árbitro" refere-se, evidentemente, a uma situação em que estejamos perante um tribunal colegial composto por três árbitros.

[1177] *Cfr.* Michael Polkinghorne / Charles B Rosenberg, "The Role of the Tribunal Secretary in International Arbitration...", *cit.*, p. 108.

[1178] *Cfr.* Mauro Rubino-Sammartano, *International Arbitration: Law and Practice*, 3ª ed., *cit.*, p. 536; para maiores desenvolvimentos em termos de direito comparado (com referência a algumas leis e regulamentos de arbitragem que prevêem a figura do secretário), veja-se J. Ole Jensen, *Tribunal Secretaries in International Arbitration*, *cit.*, pp. 70 e ss. Note-se que embora o Regulamento de Arbitragem da UNCITRAL (de 2010) não refira o secretário, pelo menos expressamente, alguns Autores entendem que a versão de 2010 foi elaborada de forma a acomodar a sua possível intervenção; tal conclusão é extraída dos trabalhos preparatórios deste Regulamento, bem como

guia nesta matéria: É esse o caso: (i) da "Note on the Appointment, Duties and Remuneration of Administrative Secretaries" da CCI[1180]; (ii) dos pontos 35 a 38 das "UNCITRAL Notes on Organizing Arbitral Proceedings"; e (iii) do "Young ICCA Guide on Arbitral Secretaries"[1181].

Apesar da omissão que ocorre no plano normativo, a actuação do secretário tem sido admitida em *arbitragens domésticas e internacionais*[1182]. Ela "pertence à realidade moderna da prática da arbitragem internacional"[1183] e tem sido aceite também na jurisprudência[1184]. A actuação do secretário poderá verificar-se quer em *arbitragens ad hoc*, quer em *arbitragens institucionalizadas*. Embora, à primeira vista, possa parecer mais indicado para as primeiras (que não dispõem de uma instituição de suporte), a verdade é que mesmo numa arbitragem institucionalizada a assistência proporcionada pelo secretário pode ser relevante[1185].

dos artigos 5º, 16º e 40º, nº 2, alínea c) – *cfr.* CONSTANTINE PARTASIDES, "Secretaries to Arbitral Tribunals", *cit.*, pp. 85 e 86.

1179 Um estudo recente conduzido pela Universidade Queen Mary de Londres, em parceria com a sociedade de advogados White & Case, dá conta que 70% dos inquiridos gostariam que os regulamentos de arbitragem (seja em arbitragens *ad hoc* ou institucionalizadas) contivessem normas sobre a utilização de secretários (QUEEN MARY UNIVERSITY OF LONDON / WHITE & CASE, *2018 International Arbitration Survey: The Evolution of International Arbitration*, *in* http://www.arbitration.qmul.ac.uk/research/2018/, p. 34).

1180 "Note on the Appointment, Duties and Remuneration of Administrative Secretaries", *in ICC International Court of Arbitration Bulletin*, vol. 23, nº 1, Paris, 2012. A versão de 2012 das mencionadas notas da CCI foi precedida das notas de 1995 ("Note from the Secretariat of the ICC Court concerning the Appointment of Administrative Secretaries by Arbitral Tribunals", *in ICC International Court of Arbitration Bulletin*, vol. 6, nº 2, Paris, 1995), tendo-se gerado, na altura, um debate interessante na doutrina, com algumas críticas de assinalar – *vide* PIERRE LALIVE, "Inquiétantes dérives de l'arbitrage CCI", *cit.*, pp. 634 a 640, e "Un post-scriptum et quelques citations", *cit.*, pp. 35 a 43, bem como ERIC A. SCHWARTZ, "On the subject of 'Administrative Secretaries': A Reply by Mr. Eric Schwartz, Secretary General of the ICC Court", *cit.*, pp. 32 a 34.

1181 *Young ICCA Guide on Arbitral Secretaries*, The ICCA Reports no. 1, International Council for Commercial Arbitration, 2014.

1182 Neste sentido, por referência às arbitragens internacionais, e à *tendência crescente na utilização de secretários*, vejam-se NIGEL BLACKABY / CONSTANTINE PARTASIDES / ALAN REDFERN / MARTIN HUNTER, *Redfern and Hunter on International Arbitration*, *cit.*, p. 293 (em especial, a nota de rodapé nº 215).

1183 KLAUS PETER BERGER, *Private Dispute Resolution in International Business...*, p. 619.

1184 No que se refere especificamente às arbitragens internacionais, a actuação do secretário não tem sido posta em causa, parecendo também a jurisprudência admitir e reconhecer, pacificamente, a possibilidade de ser designado um secretário (*cfr.* GARY B. BORN, *International Commercial Arbitration*, vol. II, *cit.*, p. 2045).

1185 *Vide* NIGEL BLACKABY / CONSTANTINE PARTASIDES / ALAN REDFERN / MARTIN HUNTER, *Redfern and Hunter on International Arbitration*, *cit.*, p. 294.

As vantagens de o tribunal arbitral contar com o apoio de um secretário são óbvias[1186]: o secretário pode dar um valioso contributo para o bom (e célere) andamento do processo arbitral, desempenhando diferentes tarefas. Essas tarefas podem variar em função do tribunal arbitral e do caso concreto, não existindo um núcleo de tarefas previamente definido[1187]. Em todo o caso, entre as mais frequentes, contam-se tarefas meramente administrativas (mas essenciais), como as notificações das partes, a contagem de prazos, a organização do processo arbitral, a assistência ao nível do pagamento de honorários e despesas dos árbitros, das despesas com a produção de prova, etc.[1188]. Mas não só.

Para além das tarefas administrativas, e dependendo da sua formação concreta, o secretário pode também efectuar pesquisas jurídicas sobre a matéria controvertida em discussão e colaborar na redacção de despachos, decisões e mesmo da sentença arbitral[1189] – o que não significa, de forma alguma, que seja ele a decidir. Com efeito, uma premissa essencial da relação entre o árbitro e o secretário é a de que o primeiro não pode delegar o exercício da função jurisdicional no segundo[1190]. O secretário é alguém que apoia o tribunal arbitral, não se substituindo a este[1191].

[1186] Sobre estas vantagens, veja-se, em geral, J. Ole Jensen, *Tribunal Secretaries in International Arbitration, cit.*, pp. 51 e ss., assim como Pierre Lalive, "Inquiétantes dérives de l'arbitrage CCI", *cit.*, pp. 634 a 640, e "Un post-scriptum et quelques citations", *cit.*, pp. 35 a 43.

[1187] *Cfr.* Constantine Partasides, "The Fourth Arbitrator? The Role of Secretaries...", *cit.*, p. 149.

[1188] A realização destas tarefas pelo secretário permitirá ao tribunal arbitral que se concentre no essencial: julgar o litígio (*cfr.* Mauro Rubino-Sammartano, *International Arbitration: Law and Practice*, 3ª ed., *cit.*, p. 537). Ao mesmo tempo, a sua realização cumpre também uma função pedagógica: ela serve para preparar os "árbitros de amanhã" (Pierre Lalive, "Inquiétantes dérives de l'arbitrage CCI", *cit.*, p. 635).

[1189] *Vide* Gary B. Born, *International Commercial Arbitration*, vol. II, *cit.*, pp. 2000 e 2043 a 2045, Constantine Partasides, "Secretaries to Arbitral Tribunals", *cit.*, pp. 87 e 88, e "The Fourth Arbitrator? The Role of Secretaries...", *cit.*, p. 156 e ss., Constantine Partasides / Niuscha Bassiri / Ulrike Gantenberg / Leighla Bruton / Andrew Riccio, "Arbitral Secretaries", *cit.*, pp. 331 a 333, e Michael Feit / Chloé Terrapon Chassot, "The Swiss Federal Supreme Court Provides Guidance...", p. 908 (com referência a um acórdão do Supremo Tribunal Federal Suíço que decidiu neste sentido), e as "UNCITRAL Notes on Organizing Arbitral Proceedings", p. 14 (ponto 36).

[1190] *Vide* Gary B. Born, *International Commercial Arbitration*, vol. II, *cit.*, pp. 1999 a 2001, Constantine Partasides, "The Fourth Arbitrator? The Role of Secretaries...", *cit.*, pp. 147 e 148, e a "Note on the Appointment, Duties and Remuneration of Administrative Secretaries" da CCI, ponto 2.

[1191] Neste sentido, vejam-se Nigel Blackaby / Constantine Partasides / Alan Redfern / Martin Hunter, *Redfern and Hunter on International Arbitration, cit.*, p. 294, e Gary B. Born, *International Commercial Arbitration*, vol. II, *cit.*, pp. 2043 a 2045.

II – Embora a LAV não o refira, face à importância, papel e funções desempenhadas (que, como vimos, podem ser mais ou menos amplas em função do tribunal arbitral e do caso concreto), o secretário está sujeito a *deveres de independência e imparcialidade*. Neste sentido, as boas práticas recomendam que, para além de o secretário assinar uma declaração de independência e imparcialidade semelhante à do árbitro, as partes sejam informadas e consintam na nomeação do secretário[1192].

Questão mais controversa é a de saber se o secretário estará sujeito aos *mesmos* deveres de independência e imparcialidade do árbitro[1193]. A questão faz sentido: recorde-se que o secretário tem um papel muito diferente dos árbitros (desde logo, ele não exerce a função jurisdicional). Neste sentido, em consonância com a posição de J. Ole Jenson, julgamos que se poderá falar de uma regra geral de independência e imparcialidade do secretário idêntica à dos árbitros, regra geral esta, porém, que admite *excepções*, em função do (diferente) papel e funções desempenhadas pelo secretário[1194].

Como consequência dos deveres de independência e imparcialidade, sobre o secretário recai também um *dever de revelação*[1195], em termos que se deverão considerar semelhantes ao que se encontra previsto no artigo 13º, nºs 1 e 2, da LAV. Caso esse dever de revelação não seja cumprido, e dependendo do caso concreto, poderão ser accionados os *meios reactivos* que vimos antes a propósito do árbitro[1196]. Desde logo, poderá ocorrer um *processo de recusa* do

[1192] *Vide* Nigel Blackaby / Constantine Partasides / Alan Redfern / Martin Hunter, *Redfern and Hunter on International Arbitration*, *cit.*, pp. 293 a 295, Gary B. Born, *International Commercial Arbitration*, vol. II, *cit.*, p. 2045, Klaus Peter Berger, *Private Dispute Resolution in International Business...*, *cit.*, pp. 619 e 620, bem como a "Note on the Appointment, Duties and Remuneration of Administrative Secretaries" da CCI, ponto 1, e as "UNCITRAL Notes on Organizing Arbitral Proceedings", p. 14 (pontos 37 e 38). Nas arbitragens *ad hoc*, esse consentimento pode ser dado, por exemplo, no momento da assinatura da acta de instalação do tribunal arbitral (onde a figura do secretário, a existir, deverá estar aí prevista).

[1193] Neste sentido, Gary B. Born, *International Commercial Arbitration*, vol. II, *cit.*, p. 2045, e "Note on the Appointment, Duties and Remuneration of Administrative Secretaries" da CCI, ponto 1. É isto que resulta também das "*Guidelines on Conflicts of Interest in International Arbitration*" da IBA. No ponto 5(b) da parte I destas regras refere-se, expressamente, que os secretários e os assistentes (do tribunal arbitral ou administrativos) estão sujeitos ao "mesmo dever de independência e imparcialidade dos árbitros e que é da responsabilidade do tribunal arbitral assegurar que esse dever é respeitado em todas as fases da arbitragem".

[1194] J. Ole Jensen, *Tribunal Secretaries in International Arbitration*, *cit.*, pp. 135 a 139.

[1195] *Vide* J. Ole Jensen, *Tribunal Secretaries in International Arbitration*, *cit.*, pp. 139 a 143 ; no mesmo sentido, veja-se a nota explicativa ao ponto 5(b) da parte I das "*Guidelines on Conflicts of Interest in International Arbitration*" da IBA.

[1196] Capítulo V, ponto 11.6.

secretário[1197]. Na ausência de disposição da LAV expressa a este respeito, entendemos que se deverá aplicar, por analogia, o disposto no artigo 14º[1198].

Mais controverso, porém, são os modos de *impugnação da sentença arbitral*, designadamente a acção de anulação e a oposição à execução. Tudo dependerá do caso concreto. Para além da independência e imparcialidade, se, por exemplo, for de concluir que o secretário actuou como um quarto árbitro ou um "árbitro sombra", tal circunstância poderá, em abstracto, servir como fundamento de anulação da sentença arbitral[1199]. Em todo o caso, a experiência internacional diz-nos que a percentagem de sucesso da impugnação da sentença arbitral – com fundamento na actuação do secretário – é muito baixa; raramente os tribunais estaduais anulam a sentença arbitral ou impedem a sua execução nestes casos[1200]. Maiores dificuldades verificam-se, ainda, quanto a uma eventual *acção de responsabilidade civil* contra o secretário pelos danos que cause, uma vez que, à partida, não existe uma relação contratual entre o secretário e as partes[1201].

III – Por fim, um ponto igualmente relevante que se deverá discutir a propósito do secretário prende-se com a sua *remuneração*.

[1197] Os processos de recusa do secretário eram, até há poucos anos, muito raros. Recentemente, porém, a situação parece estar a mudar, como o ilustra o conhecido *caso Yukos*, no qual a Rússia, entre os vários fundamentos de anulação invocados, veio defender que o secretário/assistente da arbitragem actuou como um quarto árbitro [*cfr.* J. Ole Jensen, *Tribunal Secretaries in International Arbitration, cit.*, pp. 311 e ss.; especificamente sobre o *caso Yukos*, vejam-se, na doutrina portuguesa, Tiago Duarte, "Lá vem o caso Yukos, que tem muito que contar", *cit.*, pp. 323 a 336, e Rui Barroso de Moura, "Anotação ao acórdão Yukos", *cit.*, pp. 385 a 411]. Note-se que, em Portugal, não temos conhecimento de nenhum caso onde tivesse ocorrido um processo de recusa do secretário.

[1198] Neste sentido, J. Ole Jensen, *Tribunal Secretaries in International Arbitration, cit.*, p. 318.

[1199] Desde logo, nos termos do artigo 46º, nº 3, alínea a), subalínea iv), da LAV. Sobre este possível fundamento de anulação, baseado na actuação do secretário como árbitro, veja-se J. Ole Jensen, *Tribunal Secretaries in International Arbitration, cit.*, pp. 343 e ss. A actuação do secretário como árbitro poderá ainda, naturalmente, ter outras consequências gravosas, como por exemplo originar um processo de recusa e constituir fundamento para a oposição à execução (*cfr.* Michael Feit / Chloé Terrapon Chassot, "The Swiss Federal Supreme Court Provides Guidance...", *cit.*, pp. 911 e 912).

[1200] *Vide* J. Ole Jensen, *Tribunal Secretaries in International Arbitration, cit.*, p. 371. Esta circunstância deve-se, em parte, às *dificuldades ao nível da prova* que existem nesta matéria (J. Ole Jensen, *Tribunal Secretaries in International Arbitration, cit.*, pp. 312 e 391). Note-se, mais uma vez, que não temos conhecimento, em Portugal, de qualquer caso em que uma sentença arbitral tenha sido anulada ou não tenha sido executada, com fundamento na actuação do secretário.

[1201] Sobre esta questão concreta, veja-se, em particular, J. Ole Jensen, *Tribunal Secretaries in International Arbitration, cit.*, pp. 114 a 118; esta questão será abordada no capítulo VIII.

Neste âmbito, a questão que habitualmente se coloca – no âmbito de um modelo de remuneração do tribunal arbitral *ad valorem* (mais familiar à experiência arbitral portuguesa)[1202] – é a de saber se deverão os honorários do secretário ser suportados pelas partes (um custo adicional) ou se, ao invés, deverão ser deduzidos dos honorários dos árbitros[1203].

Não estabelecendo a LAV qualquer regra a este respeito (e atendendo à omissão que, conforme mencionado, se verifica em muitos regulamentos de arbitragem), a premissa essencial que devemos ter presente é a de que tudo dependerá, evidentemente, da *vontade das partes*. Importa considerar o caso concreto e o papel (e funções) que se pretende que o secretário desempenhe. Dito isto, vejamos então brevemente as duas hipóteses referidas.

A primeira hipótese é, possivelmente, a mais comum em Portugal, sobretudo no âmbito de arbitragens *ad hoc*. Nestas arbitragens, onde não há uma instituição de suporte (como numa arbitragem institucionalizada), é frequente a nomeação de um secretário. Embora não existam dados estatísticos que o comprovem, é relativamente habitual estabelecer-se que os honorários do secretário serão cerca de 20% a 30% dos honorários de um árbitro, isto é, aos honorários dos árbitros acrescerá um determinado montante correspondente à remuneração do secretário (no exemplo indicado, 20% ou 30%, podendo naturalmente ser superior ou inferior), cujo pagamento será suportado pelas partes.

De modo diferente, na segunda hipótese os honorários do secretário são deduzidos dos honorários dos árbitros (caso em que as partes não terão qualquer encargo adicional com o secretário). É este o modelo que a CCI adopta no seu documento "Note on the Appointment, Duties and Remuneration of Administrative Secretaries"[1204]. Segundo a CCI, a utilização do secretário não deve representar para as partes nenhum encargo adicional, devendo a sua remuneração ser deduzida do montante total dos honorários "de todos

[1202] No âmbito deste modelo, os honorários dos árbitros são calculados em função do *valor da arbitragem*. É este o modelo da CCI, sendo também seguido por vários centros de arbitragem em Portugal, designadamente no CAC. Sobre os vários modelos que existem a este respeito (entre os quais se destaca também o método em que o tribunal arbitral é remunerado à hora, em função de uma taxa horária definida), vejam-se NIGEL BLACKABY / CONSTANTINE PARTASIDES / ALAN REDFERN / MARTIN HUNTER, *Redfern and Hunter on International Arbitration*, *cit.*, pp. 296 a 298.

[1203] *Cfr.* CONSTANTINE PARTASIDES, "The Fourth Arbitrator? The Role of Secretaries...", *cit.*, p. 160, e CONSTANTINE PARTASIDES / NIUSCHA BASSIRI / ULRIKE GANTENBERG / LEIGHLA BRUTON / ANDREW RICCIO, "Arbitral Secretaries", *cit.*, pp. 335 a 338.

[1204] Recorde-se que o Regulamento de Arbitragem da CCI é omisso a este respeito. A figura do secretário apenas está prevista e regulada no citado documento.

os árbitros"[1205]. Esta posição é seguida também por outros centros de arbitragem[1206], sendo possivelmente aquela que faz mais sentido, como posição de princípio, no âmbito de uma arbitragem institucionalizada, onde as partes têm já de suportar os encargos administrativos do processo (sem prejuízo de as partes, naturalmente, entenderem o contrário e aceitarem que ficará a cargo delas o pagamento dos honorários do secretário[1207]).

Numa situação em que se verifique a segunda hipótese (honorários do secretário deduzidos dos honorários dos árbitros), a questão seguinte que se deverá colocar é a de saber se, no caso de um tribunal colegial composto por três árbitros, os honorários do secretário deverão ser deduzidos dos honorários de todos os árbitros ou só dos honorários do árbitro presidente (no pressuposto, mais comum, de ter sido este a indicá-lo)[1208]. Mais uma vez, não existe uma resposta unívoca, dependendo do caso concreto e do (eventual) acordo a que os árbitros cheguem a este respeito. Em todo o caso, como posição de princípio, uma vez que o secretário é secretário de todo o tribunal arbitral (e não apenas do árbitro que o indicou) parece-nos que os seus honorários deverão ser repartidos – por igual – entre todos os árbitros[1209].

1205 "Note on the Appointment, Duties and Remuneration of Administrative Secretaries" da CCI, ponto 3.

1206 *Vide* J. Ole Jensen, *Tribunal Secretaries in International Arbitration*, *cit.*, pp. 287 a 290.

1207 Na citada "Note on the Appointment, Duties and Remuneration of Administrative Secretaries", a CCI estabelece, ainda, que são proibidos os "acordos entre o tribunal arbitral e as partes sobre os honorários dos árbitros" (ponto 3). Tal posição afigura-se-nos muito discutível, por limitar a autonomia das partes sem haver razão aparente para isso. A posição da CCI, no que se refere aos honorários do secretário, já foi, aliás, muito criticada no passado, designadamente por *desincentivar o recurso ao secretário* (Pierre Lalive, "Inquiétantes dérives de l'arbitrage CCI", *cit.*, pp. 634 a 640, e "Un post-scriptum et quelques citations", *cit.*, pp. 35 a 43; sobre as referidas críticas, veja-se, ainda, J. Ole Jensen, *Tribunal Secretaries in International Arbitration*, *cit.*, pp. 287 a 290).

1208 Sobre esta questão, veja-se J. Ole Jensen, *Tribunal Secretaries in International Arbitration*, *cit.*, pp. 290 e 291.

1209 É esta a conclusão a que se chega também no *Young ICCA Guide on Arbitral Secretaries*, *cit.*, pp. 16 e 82.

Capítulo VI
O Processo Arbitral

12. O processo arbitral

Fiel à origem contratual da arbitragem (e à ampla autonomia das partes que caracteriza este meio de resolução alternativa de litígios), o processo arbitral desenvolve-se numa área de grande *liberdade*[1210].

Neste sentido, e em consonância com o que referimos anteriormente (a respeito da cobertura constitucional e legal da arbitragem)[1211], importa recordar que, diferentemente do que sucede, por exemplo, com o processo civil, *o processo arbitral "não é obrigatória e exclusivamente regido pelas leis processuais do País"*[1212], nem estas, por norma, se aplicarão subsidiariamente ao processo arbitral[1213]. As partes (e, na sua omissão, os árbitros) dispõem de uma grande liberdade na fixação das regras do processo[1214], podendo ajustar o processo arbitral às características e circunstâncias concretas do caso, evitando os formalismos próprios da jurisdição estadual[1215] e, em parte, o respectivo

[1210] *Cfr.* António Menezes Cordeiro, *Tratado da Arbitragem..., cit.*, p. 263.

[1211] *Vide* capítulo II, ponto 7.1.

[1212] Cândido Rangel Dinamarco, *A Arbitragem na Teoria Geral do Processo, cit.*, p. 45.

[1213] Veja-se, a este respeito, o que oportunamente dissemos sobre a relação (próxima) da arbitragem com o Direito Processual Civil (capítulo II, ponto 7.2), bem como António Pedro Pinto Monteiro, *O Princípio da Igualdade e a Pluralidade de Partes na Arbitragem, cit.*, pp. 195 e ss.

[1214] *Vide* Cândido Rangel Dinamarco, *A Arbitragem na Teoria Geral do Processo, cit.*, p. 46. Sobre esta liberdade, vejam-se, ainda, Christophe Seraglini / Jérôme Ortscheidt, *Droit de l'arbitrage interne et international, cit.*, pp. 324 e ss., e Jens-Peter Lachmann, *Handbuch für die Schiedsgerichtspraxis, cit.*, p. 63. Na LAV, a referida liberdade encontra-se reflectida nos nºs 2 e 3 do artigo 30º, conforme vimos anteriormente.

[1215] *Cfr.* Luís de Lima Pinheiro, *Arbitragem Transnacional..., cit.*, p. 142, e Maria Helena Brito, "Arbitragem internacional...", *cit.*, p. 128.

regime processual. Ou seja, as partes, verdadeiramente, definem as regras do jogo, podendo moldar a constituição e o funcionamento do tribunal arbitral e ter o processo que quiserem (dentro dos limites da lei e da ordem pública, claro). Através da convenção de arbitragem é possível escolherem os árbitros, as regras processuais, a lei aplicável, a sede do tribunal arbitral, a língua dos autos, o prazo para a decisão, etc.

Fruto desta ampla liberdade e das especificidades próprias da arbitragem, o processo arbitral apresenta várias diferenças em relação à justiça estadual – diferenças que importa conhecer. No presente capítulo, não iremos analisar todas as vicissitudes do processo arbitral[1216], mas sim centrar-nos em alguns dos problemas que mais discussão têm gerado neste âmbito.

12.1. O direito ao processo equitativo (*due process*)

O princípio da autonomia privada impera na definição das regras de processo a aplicar à arbitragem[1217]. Já antes o referimos. Não obstante, a verdade é que a arbitragem não existe num vazio jurídico. Como vimos também[1218], ela está ancorada numa ordem jurídica, com todas as implicações que isso representa.

Desde logo, e conforme resulta de forma expressa do nº 2 do artigo 30º da LAV, a possibilidade de as partes acordarem sobre as regras do processo a observar na arbitragem está sujeita ao respeito pelos princípios fundamentais consignados no nº 1 do artigo 30º e pelas demais normas imperativas constantes da LAV (e não só[1219]).

[1216] Para maiores desenvolvimentos sobre o processo arbitral, vejam-se, entre outros, Mariana França Gouveia, *Curso de Resolução Alternativa de Litígios*, *cit.*, pp. 233 a 261, António Menezes Cordeiro, *Tratado da Arbitragem...*, *cit.*, pp. 262 e ss., e António Sampaio Caramelo, "Da Condução do Processo Arbitral...", *cit.*, pp. 149 a 222.

[1217] *Vide* Maria Helena Brito, "Arbitragem internacional...", *cit.*, p. 128, Luís de Lima Pinheiro, *Arbitragem Transnacional...*, *cit.*, p. 142 (na vigência da anterior LAV), e, por referência a outras leis de arbitragem e ao artigo 19º da Lei-Modelo da UNCITRAL (onde os nºs 2 e 3 do artigo 30º da LAV encontram correspondência), Jean-François Poudret / Sébastien Besson, *Comparative Law of International Arbitration*, *cit.*, pp. 458 e 459, e Peter Binder, *International Commercial Arbitration...*, *cit.*, pp. 280 a 287.

[1218] Capítulo II, ponto 7.2.

[1219] Conforme referimos anteriormente (capítulo II, ponto 7.2.), recorde-se que, para além da LAV, e dos limites impostos pela ordem pública, não deverá ser descurado o respeito por outras normas imperativas constantes por exemplo: (i) da CRP, da CEDH e de outras convenções internacionais ou tratados; (ii) de leis previstas para certas modalidades específicas de arbitragem que ao caso se apliquem (arbitragem administrativa, tributária, desportiva, sobre litígios emergentes de direitos de propriedade industrial quando estejam em causa medicamentos de referência e medicamentos genéricos, etc.); (iii) bem como de normas processuais de natureza imperativa.

Pela importância que reveste no âmbito do processo arbitral, no presente ponto iremos centrar-nos nos mencionados princípios fundamentais do nº 1 do artigo 30º, em concreto no *direito ao processo equitativo (due process)*, procurando compreender o seu sentido e alcance na arbitragem, bem como os equívocos que por vezes existem em torno dele[1220].

12.1.1. Importância, sentido e alcance na arbitragem

I – Com raízes históricas longínquas que remontam ao artigo 39º da Magna Carta inglesa (1215)[1221], o *direito ao processo equitativo (due process of law* ou *devido processo legal*) é hoje, inequivocamente, um direito muito importante, essencial em qualquer processo e perante qualquer tribunal (estadual ou arbitral).

Para além da sua expressa consagração constitucional no artigo 20º, nº 4, da CRP, tal direito encontra-se igualmente previsto em inúmeras constituições de diferentes países, bem como em vários instrumentos europeus e internacionais. Referimo-nos, designadamente, aos artigos:

i) 6º da CEDH;
ii) 47º, 2º parágrafo, da Carta dos Direitos Fundamentais da União Europeia, de 07/12/2000;
iii) 10º da Declaração Universal dos Direitos do Homem, de 10/12/1948; e
iv) 14º, nº 1, do Pacto Internacional sobre os Direitos Civis e Políticos, de 16/12/1966[1222].

Esta ampla consagração compreende-se: trata-se, afinal, de um dos *direitos humanos mais elementares*[1223]. Assim, muito embora tenha sido introduzido

[1220] Sobre o tema, veja-se António Pedro Pinto Monteiro, *O Princípio da Igualdade e a Pluralidade de Partes na Arbitragem*, *cit.*, pp. 84 a 86, 98 e ss., 215 a 226, e "O due process na arbitragem desportiva do TAS/CAS...", *cit.*, pp. 75 a 92, que iremos seguir aqui de perto.

[1221] Sobre as origens do direito ao processo equitativo, vejam-se, por exemplo, J. J. Gomes Canotilho, *Direito Constitucional e Teoria da Constituição*, 7ª ed., *cit.*, pp. 492 e 493, e Ryan C. Williams, "The One and Only Substantive Due Process Clause", *cit.*, pp. 428 a 434.

[1222] De entre estes preceitos, um destaque especial merece o artigo 6º da CEDH, que muito influenciou o nº 4 do artigo 20º da CRP. Salientando a influência deste preceito, veja-se Marcelo Rebelo de Sousa / José de Melo Alexandrino, *Constituição da República Portuguesa comentada*, *cit.*, p. 103, e o acórdão do Tribunal Constitucional nº 345/99, de 15/06/1999 (Relator Sousa e Brito, processo nº 996/98). De destacar, ainda, que o artigo 6º da CEDH foi, por sua vez, inspirado nos artigos 10º e 11º, nº 1, da DUDH (sobretudo os nºs 1 e 2 do mencionado artigo 6º) – a este respeito, *vide*, por exemplo, Juan Carlos Landrove, "European Convention on Human Rights...", *cit.*, p. 77 (nota de rodapé nº 11), e Aleksandar Jaksic, *Arbitration and Human Rights*, *cit.*, p. 221 (nota de rodapé nº 4).

[1223] *Cfr.* Jean-Hubert Moitry, "Right to a fair trial and the European Convention on Human Rights...", *cit.*, p. 115.

na Lei Fundamental apenas em 1997, com a 4ª Revisão Constitucional[1224], a verdade é que estamos perante um direito que resulta, em última instância, do próprio princípio do Estado de Direito[1225] e que é hoje reconhecido como uma *exigência elementar na administração da justiça*[1226].

Neste sentido, apesar de ser um direito que tradicionalmente é invocado, com mais frequência, no *Direito Processual Penal*, o direito ao processo equitativo vale também no âmbito do processo civil (e, como veremos melhor *infra*, na arbitragem), devendo entender-se que o mesmo é afirmado, no artigo 20º, nº 4, da CRP, como uma "*garantia processual universal*"[1227]. No actual CPC, a necessidade de o juiz assegurar um processo equitativo encontra-se, aliás, expressamente prevista na parte final do artigo 547º, legitimando e, ao mesmo tempo, limitando o princípio da adequação formal[1228].

No fundo, poder-se-á afirmar que o direito ao processo equitativo compreende "um núcleo normativo essencial que é transversal *a todo o direito processual*" (aqui se incluindo a arbitragem) e cujos efeitos se estendem "*a todas as instâncias de administração da justiça*" (onde naturalmente se incluem os tribunais arbitrais)[1229].

II – Referida a importância e a ampla consagração, algumas questões se impõem. Desde logo, em que se traduz, afinal, o direito ao processo equitativo? Por outro lado, quando poderemos afirmar que o mesmo foi ou não cumprido?

É sabido que o direito à jurisdição não implica apenas o direito de acesso aos tribunais[1230]; é igualmente necessário que o processo a que se acede apre-

[1224] Lei Constitucional nº 1/97, de 20 de Setembro.

[1225] *Cfr.* Acórdão do Tribunal Constitucional nº 82/2007, de 06/02/2007 (Relator Paulo Mota Pinto, processo nº 461/06); veja-se, ainda, Cândido Rangel Dinamarco, *Vocabulário do Processo Civil*, *cit.*, p. 128.

[1226] *Cfr.* Ireneu Cabral Barreto, "Direito ao exame da causa publicamente", *cit.*, e Fernando Pereira Rodrigues, *O Novo Processo Civil. Os Princípios Estruturantes*, *cit.*, p. 188.

[1227] Paula Costa e Silva, *A Litigância de Má Fé*, *cit.*, p. 676; a este propósito, vejam-se, ainda, Fernando Pereira Rodrigues, *O Novo Processo Civil. Os Princípios Estruturantes*, *cit.*, p. 188, e Matti S. Kurkela / Santtu Turunen, *Due Process in International Commercial Arbitration*, *cit.*, p. 1.

[1228] *Cfr.* Rui Pinto, *Código de Processo Civil Anotado*, vol. II, *cit.*, p. 15, António Santos Abrantes Geraldes / Paulo Pimenta / Luís Filipe Pires de Sousa, *Código de Processo Civil Anotado*, vol. I, *cit.*, pp. 597 a 599, e Paulo Ramos de Faria / Ana Luísa Loureiro, *Primeiras Notas ao Novo Código de Processo Civil*, vol. I, *cit.*, p. 455.

[1229] Paula Costa e Silva / Nuno Trigo dos Reis, "A natureza do procedimento judicial de nomeação de árbitro", *cit.*, pp. 955 e 956.

[1230] *Vide* José Lebre de Freitas, *Introdução ao Processo Civil...*, *cit.*, p. 125.

sente *garantias de justiça*[1231], de modo que se consiga alcançar a "justa composição do litígio"[1232]. Por outras palavras, é preciso que o processo seja *equitativo*, isto é, *justo*[1233]. A tutela jurisdicional efectiva assim o exige[1234].

Dir-se-á, a este propósito, que "de nada serve ao particular aceder à justiça se a sua posição em juízo não se encontrar igualmente protegida"[1235]; por exemplo, se ele não puder apresentar o seu caso, não se puder defender, não lhe for dada a oportunidade de produzir prova, se for tratado de forma desigual em relação à outra parte, etc. Deste modo, a CRP e os sistemas de direitos fundamentais em geral não se preocupam apenas com a obtenção de tutela jurisdicional, mas também "com a configuração concreta que conduz à sua obtenção: essa configuração concreta do processo deve ser *equitativa ou justa*"[1236].

Ora, tendo em vista esta finalidade, torna-se indispensável observar, ao longo de todo o processo, um determinado conjunto de princípios e regras fundamentais em que o direito ao processo equitativo se concretiza[1237], tais

[1231] *Cfr.* Miguel Teixeira de Sousa, *Estudos sobre o Novo Processo Civil*, *cit.*, p. 39.

[1232] Tal como se encontra expressamente prevista nos artigos 6º, nº 1, 7º, nº 1, 37º, nº 2, 411º e 418º, nº 1, do CPC – *cfr.* João de Castro Mendes / Miguel Teixeira de Sousa, *Direito Processual Civil*, *cit.*, § 4º, I, 4, 4.2, a).

[1233] A este propósito, vejam-se Miguel Teixeira de Sousa, *Introdução ao Processo Civil*, *cit.*, p. 27, António Júlio Cunha, *Direito Processual Civil Declarativo...*, *cit.*, p. 49, e Fernando Pereira Rodrigues, *O Novo Processo Civil. Os Princípios Estruturantes*, *cit.*, p. 189.

[1234] *Cfr.* Paulo Otero, *Direito Constitucional Português*, vol. I, *cit.*, p. 95.

[1235] João de Castro Mendes / Miguel Teixeira de Sousa, Direito Processual Civil, cit., § 4º, I, 4, 4.2, a).

[1236] Rui Pinto, *A Questão de Mérito na Tutela Cautelar...*, *cit.*, p. 78.

[1237] *Vide* José Lebre de Freitas, *Introdução ao Processo Civil...*, *cit.*, pp. 125 e ss. A exigência de um processo equitativo tem, assim, como significado básico, a "conformação do processo de forma materialmente adequada a uma tutela judicial efectiva" (J. J. Gomes Canotilho / Vital Moreira, *Constituição da República Portuguesa Anotada*, vol. I, 4ª ed., *cit.*, p. 415). Sobre os vários princípios e regras fundamentais que o direito ao processo equitativo abrange, vejam-se, por exemplo, Miguel Teixeira de Sousa, *Estudos sobre o Novo Processo Civil*, *cit.*, pp. 39 a 58, João de Castro Mendes / Miguel Teixeira de Sousa, *Direito Processual Civil*, *cit.*, § 4º, I, 4, 4.2, Rita Lobo Xavier / Inês Folhadela / Gonçalo Andrade e Castro, *Elementos de Direito Processual Civil...*, *cit.*, pp. 135 a 141, António Júlio Cunha, *Direito Processual Civil Declarativo...*, *cit.*, p. 50, Fernando Pereira Rodrigues, *O Novo Processo Civil. Os Princípios Estruturantes*, *cit.*, pp. 187 a 193, Rui Pinto, *Código de Processo Civil Anotado*, vol. II, *cit.*, p. 15, bem como J. J. Gomes Canotilho / Vital Moreira, *Constituição da República Portuguesa Anotada*, vol. I, 4ª ed., *cit.*, pp. 415 e 416, e Vital Moreira / Carla de Marcelino Gomes (coordenação), *Compreender os direitos humanos – manual de educação para os direitos humanos*, *cit.*, pp. 227 a 233. Para maiores reflexões sobre o conteúdo do justo processo, vejam-se, entre outros, Rui Pinto, *A Questão de Mérito na Tutela Cautelar...*, *cit.*, pp. 79 a 83, e, na doutrina alemã, Christoph G. Paulus, *Zivilprozessrecht – Erkenntnisverfahren, Zwangsvollstreckung und Europäisches Zivilprozessrecht*, *cit.*, pp. 135 a 137.

como: a *independência e a imparcialidade do tribunal*, a observância do *princípio do juiz natural*, a *publicidade do processo*, a *fundamentação da decisão* e o seu proferimento em *prazo razoável*, o *direito à prova* (e à licitude desta) e o *princípio da igualdade das partes* (donde resultam outros importantes princípios, como o *princípio do contraditório*)[1238].

Este determinado conjunto de princípios e regras fundamentais, que conformam o direito ao processo equitativo, não deve ser subestimado na arbitragem[1239]. Com efeito, e nunca é demais repetir, o direito ao processo equitativo é uma exigência elementar na administração da justiça e, consequentemente, de qualquer meio de resolução de litígios que se pretenda afirmar como tal. Deste modo, não obstante a origem contratual da arbitragem e a sua forte matriz centrada na autonomia privada, a verdade é que, em qualquer processo arbitral, há determinados princípios fundamentais que deverão ser *sempre* respeitados – princípios que, no essencial, correspondem àquele mínimo que nos permite afirmar estarmos perante um *processo equitativo*[1240].

[1238] *Vide* GIUSEPPE CHIOVENDA, *Istituzioni di Diritto Processuale Civile*, vol. I, *cit.*, pp. 86 e 87. Defendendo ser o princípio do contraditório uma decorrência do princípio da igualdade das partes, vejam-se, nomeadamente, JOÃO DE CASTRO MENDES, Direito Processual Civil, vol. I, *cit.*, p. 132, JOÃO DE CASTRO MENDES / MIGUEL TEIXEIRA DE SOUSA, *Direito Processual Civil*, *cit.*, § 9º, VI, 3, 3.2, e § 4º, I, 4, 4.2, a), MIGUEL TEIXEIRA DE SOUSA, *Estudos sobre o Novo Processo Civil*, *cit.*, p. 46, e *Introdução ao Processo Civil*, *cit.*, p. 53, MANUEL DE ANDRADE, *Noções Elementares de Processo Civil*, *cit.*, p. 378, PAULA COSTA E SILVA, "Preterição do contraditório...", *cit.*, p. 308, LUCINDA DIAS DA SILVA, *Processo Cautelar Comum...*, *cit.*, pp. 42, 43 e 45, CARLOS LOPES DO REGO, *Comentários ao Código de Processo Civil*, vol. I, p. 35, CÂNDIDA DA SILVA ANTUNES PIRES, "Noções Gerais De Direito Processual Civil", *cit.*, p. 236, e "Do Processo Arbitral Em Geral...", *cit.*, p. 495, e J. PEREIRA BATISTA, *Reforma do Processo Civil – Princípios Fundamentais*, *cit.*, p. 52.

[1239] Neste sentido, *vide* MARIANA FRANÇA GOUVEIA, *Curso de Resolução Alternativa de Litígios*, *cit.*, pp. 258 a 261, e PAULA COSTA E SILVA, "Preterição do contraditório...", *cit.*, pp. 329 e 332.

[1240] *Vide* BRUNO OPPETIT, *Théorie de l'arbitrage*, *cit.*, p. 29, JULIAN D. M. LEW / LOUKAS A. MISTELIS / STEFAN M. KRÖLL, *Comparative International Commercial Arbitration*, *cit.*, p. 95, JEAN-HUBERT MOITRY, "Right to a fair trial and the European Convention on Human Rights...", *cit.*, p. 115, MATTI S. KURKELA / SANTTU TURUNEN, *Due Process in International Commercial Arbitration*, *cit.*, pp. 1 e 2, JAN PAULSSON, *The Idea of Arbitration*, *cit.*, pp. 13, 14 e 90 a 93, PETER SCHLOSSER, *in* STEIN / JONAS (coordenadores), *Kommentar zur Zivilprozessordnung*, vol. 10, 23ª ed., *cit.*, pp. 239 a 241, PHILIPPE FOUCHARD / EMMANUEL GAILLARD / BERTHOLD GOLDMAN, *Fouchard Gaillard Goldman On International Commercial Arbitration*, *cit.*, pp. 464 e 465, HUMBERTO THEODORO JÚNIOR, "Arbitragem e terceiros", *cit.*, pp. 529 e 530, e, entre nós, MARIANA FRANÇA GOUVEIA, *Curso de Resolução Alternativa de Litígios*, *cit.*, pp. 233 e 258 a 261, e JOÃO CALVÃO DA SILVA, "Convenção de arbitragem – algumas notas", *cit.*, pp. 536 e 537. Sublinhando a importância e a necessidade de respeito pelo direito ao processo equitativo na arbitragem, vejam-se, ainda, PAULA COSTA E SILVA, "Preterição do contraditório...", *cit.*, pp. 329 e 332, MIGUEL GALVÃO TELES, "A independência e imparcialidade dos árbitros como imposição constitucional", *cit.*,

III – A LAV não se mostrou indiferente à importância que o direito ao processo equitativo reveste (também) na arbitragem. Compreende-se, por isso, que no artigo 30º, nº 1, preveja expressamente a necessidade de o processo arbitral dever "sempre respeitar" certos princípios fundamentais[1241]. Referimo-nos: à obrigatoriedade de citação; ao princípio da igualdade das partes; ao facto de dever ser dada às partes uma "oportunidade razoável de fazerem valer os seus direitos, por escrito ou oralmente, antes de ser proferida a sentença final"; e ao princípio do contraditório (alíneas a), b) e c) do nº 1). Mas não só. Conforme salientam alguns autores, além dos princípios que estão previstos nesta norma, existem, ainda, reflectidos na própria LAV, outros princípios fundamentais que deverão ser observados. É esse o caso, por exemplo, do princípio do dispositivo e do dever de fundamentação da sentença arbitral, bem como dos requisitos de independência e imparcialidade que os árbitros devem possuir[1242].

Por outro lado, fora da LAV, encontramos igualmente outros princípios fundamentais com relevância para a arbitragem e que deverão ser respeitados, em particular aqueles que emergem da CRP (onde, como vimos já, o direito ao processo equitativo está consagrado no artigo 20º, nº 4). Com efeito, importa ter presente que "existem dispersos pela Constituição *determinados princípios* que, além de serem direitos fundamentais processuais [...], constituem também *princípios constitutivos de toda a ordem processual*"[1243] e sem os quais não se pode falar da existência de um processo. É esse o caso, entre outros, do princípio da igualdade das partes e do princípio do contraditório[1244].

Conforme já foi defendido a este respeito[1245], é essa a razão pela qual, aliás, se poderá afirmar que o artigo 30º, nº 1, da LAV acaba por ser uma disposição

p. 271, e o *Anteprojecto de LAV da APA (2010)*, notas justificativas ao artigo 30º, *in Revista Internacional de Arbitragem e Conciliação*, APA, nº 3 (2010), p. 192.

1241 O mesmo se verifica, de resto, por exemplo, no artigo 34º da Lei do Tribunal Arbitral do Desporto (Lei nº 74/2013, de 6 de Setembro, subsequentemente alterada); sobre esta norma concreta, *vide* ARTUR FLAMÍNIO DA SILVA / DANIELA MIRANTE, *O Regime Jurídico do Tribunal Arbitral do Desporto Anotado e Comentado, cit.*, p. 84.

1242 *Cfr.* MARIANA FRANÇA GOUVEIA, *Curso de Resolução Alternativa de Litígios, cit.*, p. 258, e MÁRIO ESTEVES DE OLIVEIRA (coordenação), *Lei da Arbitragem Voluntária Comentada, cit.*, pp. 377 a 379. Tais princípios encontram-se reflectidos, respectivamente, nos artigos 46º, nº 3, alínea a), subalínea v), 42º, nº 3, e 9º, nº 3, da LAV.

1243 J. J. GOMES CANOTILHO, *Direito Constitucional e Teoria da Constituição, 7ª* ed., *cit.*, p. 966.

1244 Veja-se, a este propósito, JUAN MONTERO AROCA, *El Proceso Civil. Los procesos ordinarios de declaración y de ejecución, cit.*, pp. 233, 130 e ss., e JUAN MONTERO AROCA / JUAN LUIS GÓMEZ COLOMER / SILVIA BARONA VILAR, *Derecho Jurisdiccional I. Parte General, cit.*, pp. 247 e ss.

1245 ANTÓNIO PEDRO PINTO MONTEIRO, *O Princípio da Igualdade e a Pluralidade de Partes na Arbitragem..., cit.*, pp. 99 e 100.

incompleta e até mesmo inócua. Incompleta, na medida em que não contempla todos os princípios fundamentais que o processo arbitral deverá sempre respeitar. Inócua, uma vez que os princípios elencados no nº 1 do artigo 30º seriam sempre aplicáveis, independentemente da sua consagração expressa na LAV.[1246]

Neste âmbito, o ponto essencial que cumpre agora destacar é o de que o respeito por estes princípios é condição da validação pública de um processo privado, isto é, o Estado só pode admitir decisões de tribunais privados na medida em que tais decisões cumpram determinadas *regras mínimas de justiça processual* em que o direito ao processo equitativo se concretiza[1247] e que impedem que o processo arbitral caia em descrédito[1248]. Daí que o legislador português preveja a possibilidade de a sentença arbitral ser *anulada*, caso algum dos princípios fundamentais do nº 1 do artigo 30º da LAV, e não só, tenha sido violado[1249-1250] (facto que atesta bem a importância destes

[1246] Neste sentido, por referência ao artigo 21, § 2º, da lei de arbitragem brasileira (Lei nº 9.307, de 23 de Setembro de 1996, subsequentemente alterada), veja-se CÂNDIDO RANGEL DINAMARCO, *A Arbitragem na Teoria Geral do Processo, cit.*, p. 25. Julgamos que a intenção do legislador é chamar a atenção para a necessidade de respeito de alguns dos mais elementares princípios fundamentais que qualquer processo arbitral terá de observar. Terá faltado, assim, apenas acrescentar-se a referência "entre outros" ou "designadamente" ao nº 1 do artigo 30º da LAV, quando se enunciam os princípios fundamentais a serem respeitados.

[1247] *Cfr.* MARIANA FRANÇA GOUVEIA, *Curso de Resolução Alternativa de Litígios, cit.*, pp. 258 e 259, e DANIELA MIRANTE, *Os Efeitos da Anulação da Sentença Arbitral, cit.*, pp. 4 e 5; em sentido idêntico, veja-se também, por exemplo, MATTI S. KURKELA / SANTTU TURUNEN, *Due Process in International Commercial Arbitration, cit.*, pp. 1 e 2.

[1248] *Vide* PAULA COSTA E SILVA, "Anulação e Recursos da Decisão Arbitral", *cit.*, p. 934, e ARTUR FLAMÍNIO DA SILVA, *A Resolução de Conflitos Desportivos..., cit.*, pp. 341 a 345. Na arbitragem, a autonomia das partes e dos árbitros tem, portanto, de respeitar certas *garantias processuais mínimas* (*cfr.* MARIA HELENA BRITO, "Arbitragem internacional. A propósito da nova Lei da Arbitragem Voluntária", *cit.*, p. 129, e "As novas regras sobre a arbitragem internacional. Primeiras reflexões", *cit.*, p. 41).

[1249] Artigo 46º, nº 3, alínea a), subalínea ii), da LAV. Em todo o caso, para que a sentença arbitral seja anulável, é necessário que a referida violação tenha "influência decisiva na resolução do litígio". Sobre este (controverso) requisito adicional, vejam-se MARIANA FRANÇA GOUVEIA, *Curso de Resolução Alternativa de Litígios, cit.*, pp. 303 e 304, e ANTÓNIO SAMPAIO CARAMELO, *A Impugnação da Sentença Arbitral, cit.*, pp. 52 a 55 (em consonância com o entendimento deste último Autor, entendemos que o aparente requisito adicional deverá ser sujeito a uma interpretação restritiva, sob pena de se comprometer a salvaguarda dos princípios fundamentais do processo arbitral).

[1250] A este respeito, note-se que também a violação dos requisitos de independência e imparcialidade dos árbitros, do princípio do dispositivo e do dever de fundamentação da sentença arbitral podem dar lugar à anulação da sentença (artigo 46º, nº 3, alínea a), subalíneas iv), v), e vi), respetivamente, da LAV).

princípios[1251]), podendo, ainda, tal violação constituir um *obstáculo à execução da sentença*[1252].

O direito ao processo equitativo é, efectivamente, um princípio fundamental do nosso ordenamento jurídico, que faz parte do conceito de *ordem pública* do Estado Português (na sua vertente processual)[1253]-[1254] e que, por

[1251] *Cfr.* PAULA COSTA E SILVA / NUNO TRIGO DOS REIS, "A natureza do procedimento judicial de nomeação de árbitro", *cit.*, p. 965.

[1252] Artigo 48º, nº 1, da LAV.

[1253] *Vide* JORGE MORAIS CARVALHO, "O processo deliberativo e a fundamentação da sentença arbitral", *cit.*, p. 762, MARIANA FRANÇA GOUVEIA, *Curso de Resolução Alternativa de Litígios, cit.*, pp. 302 e 303, PAULA COSTA E SILVA / NUNO TRIGO DOS REIS, "A natureza do procedimento judicial de nomeação de árbitro", *cit.*, pp. 955 e 956, e PAULA COSTA E SILVA, "Preterição do contraditório...", *cit.*, p. 329. Semelhante entendimento verifica-se, por exemplo, no direito francês (*cfr.* ALEXIS MOURRE, "Le droit français de l'arbitrage international...", *cit.*, pp. 25 e 29, e "Réflexions sur quelques aspects du droit à un procès équitable...", *cit.*, pp. 26 e 30, bem como JEAN-HUBERT MOITRY, "Right to a fair trial and the European Convention on Human Rights...", *cit.*, p. 120) e em muitas outras jurisdições (*vide* WALTHER J. HABSCHEID, "Schiedsgerichtsbarkeit und Europäische Menschenrechtskonvention", *cit.*, pp. 347 e 348, GEORGIOS PETROCHILOS, *Procedural Law in International Arbitration, cit.*, p. 122, ALEKSANDAR JAKSIC, "Procedural Guarantees of Human Rights in Arbitration Proceedings...", *cit.*, p. 168, e MARIUS EMBERLAND, "The Usefulness of Applying Human Rights Arguments in International Commercial Arbitration", *cit.*, pp. 357 e 358).

[1254] Sendo um princípio de ordem pública, importa, além do mais, salientar que a *convenção de arbitragem* que contenha uma ofensa aos princípios em que o direito ao processo equitativo se consubstancie será *nula*. A este respeito, note-se que os casos de nulidade da convenção arbitral não estão limitados apenas àqueles que são enunciados no artigo 3º da LAV. Na verdade, conforme bem observam alguns autores, existem outros casos de nulidade da mencionada convenção, desde logo aqueles que determinam a nulidade dos negócios jurídicos em geral, como é a hipótese de contrariedade à ordem pública (artigo 280º, nº 2, do Código Civil: CC) – *cfr.* MÁRIO ESTEVES DE OLIVEIRA (coordenação), *Lei da Arbitragem Voluntária Comentada, cit.*, pp. 81 e 82; a este propósito, veja-se também ANTÓNIO SAMPAIO CARAMELO, *A Impugnação da Sentença Arbitral, cit.*, pp. 46 a 48. Deste modo, a sentença arbitral que venha a ser proferida, num litígio em que haja uma violação dos princípios que consubstanciam o direito ao processo equitativo, poderá ser igualmente anulável nos termos do artigo 46º, nº 3, alínea a), subalínea i), e alínea b), subalínea ii), da LAV, podendo, ainda, pelo mesmo motivo, obstar à execução da sentença nacional (artigo 48º, nº 1, da LAV), bem como ao reconhecimento e à execução de uma sentença arbitral estrangeira, nos termos do artigo 56º, nº 1, alínea a), subalínea i), e alínea b), subalínea ii), da LAV, e do artigo V, nº 1, alínea a), e nº 2, alínea b), da Convenção sobre o Reconhecimento e Execução de Sentenças Arbitrais Estrangeiras, celebrada em Nova Iorque em 10 de Junho de 1958 (CNY); sobre esta última alínea da CNY, veja-se, em concreto, ALBERT JAN VAN DEN BERG, *The New York Arbitration Convention of 1958, cit.*, pp. 359 e ss.
Por outro lado, uma vez que estamos perante um princípio de ordem pública, importa acrescentar que o *comportamento omissivo das partes* (caso, por exemplo, de as partes não invocarem a violação da ordem pública durante o processo arbitral) não significa, necessariamente, que estas fiquem impedidas de invocar a violação da ordem pública como fundamento de anulação da sentença arbitral (não obstante a regra preclusiva do nº 4 do artigo 46º da LAV). Para maiores desenvolvimentos

isso, não deverá ser subestimado na arbitragem. Na verdade, como se referiu anteriormente, este direito é afirmado, no artigo 20º, nº 4, da CRP, como uma "garantia processual universal"[1255], compreendendo um núcleo normativo básico e indispensável que é *transversal a todo o direito processual* e cujos efeitos se estendem a *todas as instâncias de administração da justiça*[1256] – aqui se incluindo, respectivamente, a arbitragem e os tribunais arbitrais. Deste modo, independentemente da acção de anulação prevista na LAV, importa salientar que, caso uma decisão arbitral aplique uma determinada norma[1257] que infrinja algum dos princípios fundamentais em que o direito ao processo equitativo se traduz (*e que se entenda serem aplicáveis à arbitragem*[1258]), poder-se-á abrir – verificados os requisitos legais – a possibilidade de recurso para o Tribunal Constitucional[1259].

sobre este ponto, veja-se António Pedro Pinto Monteiro, "Da ordem pública no processo arbitral", *cit.*, pp. 657 e 658, e Mariana França Gouveia, *Curso de Resolução Alternativa de Litígios, cit.*, pp. 300 a 302.

[1255] Paula Costa e Silva, *A Litigância de Má Fé, cit.*, p. 676.

[1256] *Cfr.* Paula Costa e Silva / Nuno Trigo dos Reis, "A natureza do procedimento judicial de nomeação de árbitro", *cit.*, pp. 955 e 956.

[1257] De salientar que, como se sabe, a questão de inconstitucionalidade tanto pode respeitar a uma norma (ou a uma sua dimensão parcelar), como à *interpretação ou sentido* com que tal norma foi tomada no caso concreto e aplicada na decisão recorrida – *cfr.* José Manuel Cardoso da Costa, *A Jurisdição Constitucional em Portugal, cit.*, pp. 80 e 81, e Guilherme da Fonseca / Inês Domingos, *Breviário de Direito Processual Constitucional (recurso de constitucionalidade), cit.*, p. 30.

[1258] Não é esse, em princípio, o caso da *publicidade do processo* e, por exemplo, do *princípio do juiz natural* – dimensões do processo equitativo (no âmbito da jurisdição estadual) que, por norma, não deverão ser exigidas ao processo arbitral (*cfr.* António Pedro Pinto Monteiro, *O Princípio da Igualdade e a Pluralidade de Partes na Arbitragem..., cit.*, pp. 215 a 223 no que respeita ao princípio da publicidade do processo, bem como as pp. 31 a 33 e 115 a 121 quanto ao princípio do juiz natural).

[1259] Sobre o recurso de decisões arbitrais para o Tribunal Constitucional e as dificuldades que se levantam, *vide* António Pedro Pinto Monteiro, "Do recurso de decisões arbitrais para o Tribunal Constitucional", *cit.*, pp. 185 a 223, Miguel Galvão Teles, "Recurso para o Tribunal Constitucional das decisões dos tribunais arbitrais", *cit.*, pp. 199 a 220, Armindo Ribeiro Mendes, "A nova Lei de Arbitragem Voluntária e as formas de impugnação das decisões arbitrais (algumas notas)", *cit.*, pp. 753 a 756, e Jorge Miranda / Rui Medeiros, *Constituição Portuguesa Anotada*, tomo III, *cit.*, pp. 117 e 118. Admitindo, igualmente, a possibilidade de recurso (em geral) de decisões arbitrais para o Tribunal Constitucional, vejam-se Mariana França Gouveia, *Curso de Resolução Alternativa de Litígios, cit.*, p. 297 (nota de rodapé nº 487), Paula Costa e Silva, *A Nova Face da Justiça..., cit.*, pp. 105 e 106, Pedro Costa Gonçalves, "Administração Pública e arbitragem – em especial, o princípio legal da irrecorribilidade de sentenças arbitrais", *cit.*, pp. 797 e 798, Fernanda da Silva Pereira, *Arbitragem voluntária nacional – Impugnação de sentenças arbitrais..., cit.*, p. 100, e José Robin de Andrade, *in* Dário Moura Vicente (Coordenador), *Lei da Arbitragem Voluntária Anotada, cit.*, p. 126. Na jurisprudência constitucional, veja-se, especialmente, os acórdãos do Tribunal Constitucional nºs 181/2007, de 08/03/2007

Por fim, para além da relevância que o direito ao processo equitativo reveste na LAV e no artigo 20º, nº 4, da CRP, acrescente-se, ainda, que existem fontes de direito europeu e de direito internacional (artigos 47º, 2º parágrafo, da CDFUE, 6º da CEDH, 10º da DUDH e 14º, nº 1, do PIDCP) que consagram o direito a um processo equitativo e que não deverão ser ignoradas. É o caso, particularmente, do *artigo 6º, nº 1, da CEDH* cuja relação com a arbitragem há muito vem suscitando um grande debate, em especial na esfera dos Estados partes da referida Convenção[1260].

O direito ao processo equitativo é, em suma, um direito essencial, amplamente consagrado em várias normas (nacionais, europeias e internacionais) e que a arbitragem não pode nunca perder de vista, pois a verdade é que o processo arbitral se encontra sujeito aos parâmetros do processo equitativo[1261], parâmetros estes que funcionam como um *limite* à autonomia das partes[1262]. Daqui resulta que, em qualquer processo arbitral, existem determinados princípios fundamentais (postulados pelo direito ao processo equitativo) que deverão ser *sempre* respeitados, sob pena de, como vimos, a sentença poder vir a ser anulada, não ser executada[1263], ou, eventualmente, ser interposto um recurso para o Tribunal Constitucional ou apresentada uma queixa junto do TEDH[1264].

Note-se que nos referimos sempre, propositadamente, a "*determinados*" princípios fundamentais, uma vez que nem todos os princípios em que o direito ao processo equitativo se traduz – e que se encontram consagrados, por exemplo, na CRP, na CEDH e no CPC – serão aplicáveis à arbitragem[1265].

(Relator Paulo Mota Pinto, processo nº 343/05), e 42/2014, de 09/01/2014 (Relator Fernando Vaz Ventura, processo nº 564/12).

1260 Sobre este tema, veja-se o que oportunamente dissemos no capítulo III, bem como António Pedro Pinto Monteiro, *O Princípio da Igualdade e a Pluralidade de Partes na Arbitragem..., cit.*, pp. 103 a 108.

1261 *Vide* Paula Costa e Silva, "Preterição do contraditório...", *cit.*, pp. 329 e 332. Neste sentido, por referência aos meios de resolução alternativa de litígios de consumo, Jorge Morais Carvalho / João Pedro Pinto-Ferreira / Joana Campos Carvalho, *Manual de Resolução Alternativa de Litígios de Consumo, cit.*, pp. 86 e ss.

1262 *Cfr.* Mariana França Gouveia, *Curso de Resolução Alternativa de Litígios, cit.*, pp. 233 e 258, e Paula Costa e Silva, "Anulação e Recursos da Decisão Arbitral", *cit.*, p. 934.

1263 Nem reconhecida, no caso de se tratar de uma sentença arbitral estrangeira.

1264 Conclusão, a nosso ver, evidente, mas que, ainda assim, por vezes pode não se afigurar tão clara para alguns, como sucedeu no caso que o Tribunal da Relação de Lisboa apreciou, por acórdão de 16/09/2008 (Relator João Aveiro Pereira, processo 4213/2008-1).

1265 Neste sentido, vejam-se Christophe Seraglini / Jérôme Ortscheidt, *Droit de l'arbitrage interne et international, cit.*, p. 330, e Mariana França Gouveia, *Curso de Resolução Alternativa de Litígios, cit.*, p. 259.

Conforme veremos melhor mais à frente, é isso que sucede com o *princípio da publicidade do processo* (bem como com o *princípio do juiz natural*).

12.1.2. O *due process paranoia*

I – O direito ao processo equitativo é, como vimos, um direito essencial em qualquer processo e perante qualquer tribunal (estadual ou arbitral), encontrando-se amplamente consagrado no plano normativo. Neste sentido, ele corresponde a uma exigência elementar na administração da justiça e, consequentemente, de qualquer meio de resolução de litígios que se pretenda afirmar como tal. Deste modo, referimos que, em qualquer processo arbitral, existem determinados princípios fundamentais que deverão ser sempre respeitados (e que, no essencial, correspondem àquele mínimo que nos permite afirmar estarmos perante um *processo equitativo*).

A importância deste direito não pode, de forma alguma, ser subestimada na arbitragem. Na verdade, o respeito por determinados princípios e regras em que o direito ao processo equitativo se traduz é condição da validação pública de um processo privado, isto é, o Estado só pode admitir decisões de tribunais privados na medida em que tais decisões cumpram as *regras mínimas de justiça processual* em que o direito ao processo equitativo se concretiza. Assim se compreende, que o legislador português (à semelhança de muitos outros) preveja a possibilidade de a sentença arbitral ser *anulada*, caso algum dos princípios fundamentais do nº 1 do artigo 30º da LAV[1266], e não só, tenha sido violado, podendo ainda, por exemplo, tal violação constituir um *obstáculo à execução da sentença*[1267].

Ora, é justamente aqui que reside aquilo que na comunidade internacional se tem vindo a designar nos últimos anos por "*due process paranoia*"[1268]. Referimo-nos ao *receio excessivo* que existe em torno do *due process*, em particular ao receio excessivo que muitos árbitros têm com a possibilidade de os

[1266] Este preceito refere, genericamente, alguns dos princípios fundamentais em que o direito ao processo equitativo se traduz (*cfr.* Mariana França Gouveia, *Curso de Resolução Alternativa de Litígios*, *cit.*, p. 258, e António Pedro Pinto Monteiro, *O Princípio da Igualdade e a Pluralidade de Partes na Arbitragem...*, *cit.*, pp. 98 e ss.).

[1267] Para além de, eventualmente, poder vir a ser interposto um *recurso para o Tribunal Constitucional* ou apresentada uma *queixa junto do TEDH*.

[1268] Esta expressão tornou-se mais frequente sobretudo após um estudo realizado, em 2015, pela Universidade Queen Mary de Londres, em parceria com a sociedade de advogados White & Case (Queen Mary University of London / White & Case, *2015 International Arbitration Survey: Improvements and Innovations in International Arbitration*, *in http://www.arbitration.qmul.ac.uk/research/2015/*, p. 10).

tribunais estaduais anularem a sentença arbitral ou não a executarem (entre outras consequências gravosas) com fundamento na alegada violação de um dos corolários do direito ao processo equitativo[1269].

Este receio excessivo tem muitas vezes condicionado a actuação dos árbitros (sobretudo em arbitragens internacionais), levando-os a adoptarem uma *posição demasiado cautelosa* e a serem muito *condescendentes* para com certos comportamentos das partes. É essa a razão pela qual, por vezes, são facilmente deferidos pedidos das partes que não eram expectáveis face ao calendário processual previamente definido, que não encontram uma justificação razoável e, acima de tudo, que o respeito pelo direito ao processo equitativo não exigia[1270]. É o que se verifica, por exemplo, com a apresentação de articulados, documentos e outros meios de prova já depois da data em que deviam ter sido produzidos, com a prorrogação de prazos em casos em que a mesma manifestamente não se justificava, com a alteração ou formulação de pedidos novos que não constavam dos articulados, etc.[1271]

1269 Sobre o fenómeno recente do "due process paranoia", vejam-se, entre outros, KLAUS PETER BERGER / J. OLE JENSEN, "Due process paranoia and the procedural judgment rule...", *cit.*, pp. 415 a 435, ANDRÉS TALAVERA CANO, "Combatiendo la Due Process Paranoia...", *cit.*, pp. 75 a 90, LUCY REED, "Ab(use) of due process: sword vs shield", *cit.*, pp. 361 a 377, bem como os estudos QUEEN MARY UNIVERSITY OF LONDON / WHITE & CASE, *2015 International Arbitration Survey...*, *cit.*, p. 10, QUEEN MARY UNIVERSITY OF LONDON / WHITE & CASE, *2018 International Arbitration Survey...*, *cit.*, p. 27, e IBA ARBITRATION COMMITTEE, "Annulment of arbitral awards by state court: Review of national case law with respect to the conduct of the arbitral process", Outubro de 2018, *in* https://www.ibanet.org/; na doutrina portuguesa, *vide* MARIA MARGARIDA ARÊLO MANSO GONÇALVES, "Do conflito entre a publicidade e a confidencialidade na arbitragem...", *cit.*, pp. 52 a 59.
O mencionado receito excessivo é, por vezes, também visível em alguns *regulamentos e leis de arbitragem*, designadamente naqueles que, por referência ao problema da constituição do tribunal arbitral em caso de pluralidade de partes (quando o tribunal seja colegial), consagram a nomeação automática da totalidade dos árbitros caso falhe a nomeação conjunta do árbitro por uma das partes (por norma, os demandados), aparentemente para garantir o respeito pelo princípio da igualdade das partes. Conforme concluímos já a este respeito, esta solução revela uma incompreensão do sentido e alcance do princípio da igualdade das partes (à qual se soma uma confusão quanto aos conceitos processuais de parte, sujeito, dualidade e pluralidade de partes), que, no fundo, é fruto do (excessivo) receio de os tribunais estaduais poderem anular as sentenças arbitrais que venham a ser proferidas (entre outras consequências nefastas), com base numa alegada violação do princípio da igualdade das partes no momento da constituição do tribunal – *cfr.* ANTÓNIO PEDRO PINTO MONTEIRO, *O Princípio da Igualdade e a Pluralidade de Partes na Arbitragem...*, *cit.*, pp. 323 e 324.

1270 *Cfr.* KLAUS PETER BERGER / J. OLE JENSEN, "Due process paranoia and the procedural judgment rule...", *cit.*, p. 415.

1271 *Vide* QUEEN MARY UNIVERSITY OF LONDON / WHITE & CASE, *2015 International Arbitration Survey...*, *cit.*, p. 10, KLAUS PETER BERGER / J. OLE JENSEN, "Due process paranoia and the procedural judgment rule...", *cit.*, p. 419, ANDRÉS TALAVERA CANO, "Combatiendo la Due Process

O mencionado receio, e as decisões tomadas em função dele, podem, em certos casos, ser prejudiciais à própria arbitragem, podendo comprometer a celeridade, eficiência, qualidade e desejável previsibilidade do processo arbitral (para além de serem susceptíveis de gerar um aumento dos custos da arbitragem face a incidentes processuais não previstos e que não eram expectáveis)[1272]. Por outro lado, importa também ter presente que, por razões que se prendem com o princípio da igualdade das partes, a partir do momento em que o tribunal arbitral começa a deferir este tipo de pedidos a uma das partes, em princípio deverá também assumir a mesma postura de condescendência para com a outra parte em pedidos idênticos ou similares que esta venha a fazer – o que pode atrasar e prejudicar ainda mais o processo arbitral. Neste sentido, é fácil o tribunal começar a perder o controlo do processo.

As próprias partes, de resto, com as constantes invocações de uma alegada violação do direito ao processo equitativo por parte do tribunal arbitral, contribuem para este excessivo receio. Com efeito, vários são os casos em que as partes tentam tirar partido desta "paranóia", em particular (i) para fazerem diversos pedidos extemporâneos e que não têm justificação, (ii) como manobra dilatória para perturbar o processo arbitral (as chamadas "tácticas de guerrilha"[1273]) e, sobretudo, (iii) de forma a garantir um fundamento de anulação da decisão arbitral, caso a mesma lhes venha a ser desfavorável[1274].

Na prática, as partes usam e abusam das invocações de alegadas violações do direito ao processo equitativo que, na maior parte das vezes, não são vio-

Paranoia...", *cit.*, pp. 76 a 78, e João Bosco Lee, "Palestra de Abertura: O Devido Processo Legal na Arbitragem...", *cit.*, pp. 12 e 13.

1272 *Cfr.* Klaus Peter Berger / J. Ole Jensen, "Due process paranoia and the procedural judgment rule...", *cit.*, p. 420, João Bosco Lee, "Palestra de Abertura: O Devido Processo Legal na Arbitragem...", *cit.*, p. 12, Maria Margarida Arêlo Manso Gonçalves, "Do conflito entre a publicidade e a confidencialidade na arbitragem...", *cit.*, p. 56, e Queen Mary University of London / White & Case, *2015 International Arbitration Survey...*, *cit.*, p. 10.

1273 Sobre o tema, veja-se, por exemplo, Günther J. Horvath / Stephan Wilske (coordenadores), *Guerrilla Tactics in International Arbitration*, *cit.*.

1274 No que se refere a este último fundamento, importa ter presente que, num processo arbitral, quando uma parte sente que está a começar a perder o litígio (ou apenas por mera cautela de patrocínio) irá, por vezes, procurar invocar uma alegada violação de um princípio ou regra do direito ao processo equitativo (como, por exemplo, o princípio da igualdade das partes), de modo a garantir um fundamento de anulação da decisão arbitral, caso a mesma lhe venha a ser desfavorável. Uma vez que a violação do direito ao processo equitativo é, como referimos antes, fundamento de anulação da sentença arbitral (à luz do ordenamento jurídico português e de muitos outros), compreende-se a preferência das partes pela invocação deste fundamento. Por outro lado, note-se que este tipo de comportamento é mais frequente nas hipóteses em que a possibilidade de recurso da sentença arbitral não esteja prevista (sendo este o regime supletivo consagrado no artigo 39º, nº 4, da LAV).

lações nenhumas, mas apenas meios para atingir outros fins. Neste sentido, entre os argumentos mais frequentemente utilizados[1275] contam-se a violação do *princípio da igualdade das partes* ou, mais genericamente, o *direito a ser ouvido* (audição adequada)[1276]. Estes argumentos são fáceis de invocar e a verdade é que, frequentemente, revelam-se muito eficazes (fruto do "due process paranoia").

II – A questão que, neste contexto, se deve colocar, é a de saber como resolver o fenómeno do "due process paranoia" – identificado por muitos como um problema cada vez mais preocupante, sobretudo nas arbitragens internacionais[1277].

É certo que a flexibilidade é uma importante característica e vantagem da arbitragem (permitindo, por exemplo, que as regras processuais sejam adaptadas/moldadas em função do caso concreto e de algum imprevisto ou incidente processual)[1278]. É certo que os árbitros devem ter a preocupação de proferir uma decisão arbitral que não seja anulável e seja executável[1279] (razão pela qual deverão estar atentos a possíveis vícios que, de uma forma ou de outra, a possam afectar)[1280]. É certo, igualmente, que o direito ao processo equitativo é, conforme mencionado, um direito essencial em qualquer processo e perante qualquer tribunal, correspondendo a uma exigência elementar na administração da justiça.

[1275] A este respeito, veja-se Klaus Peter Berger / J. Ole Jensen, "Due process paranoia and the procedural judgment rule...", *cit.*, p. 421.

[1276] Direito que, como referimos, radica na igualdade e no contraditório (*cfr.* António Menezes Cordeiro, *Tratado da Arbitragem...*, *cit.*, p. 279).

[1277] *Cfr.* Queen Mary University of London / White & Case, *2015 International Arbitration Survey...*, *cit.*, p. 10, e *2018 International Arbitration Survey...*, *cit.*, p. 27, bem como Andrés Talavera Cano, "Combatiendo la Due Process Paranoia...", *cit.*, p. 78.

[1278] António Pedro Pinto Monteiro, *O Princípio da Igualdade e a Pluralidade de Partes na Arbitragem...*, *cit.*, pp. 191 e ss., 209.

[1279] *Vide* Klaus Peter Berger / J. Ole Jensen, "Due process paranoia and the procedural judgment rule...", *cit.*, p. 420. Alguns regulamentos de arbitragem, aliás, prevêem expressamente que o tribunal arbitral deve fazer todos os esforços para assegurar que a sentença arbitral seja executável – caso do Regulamento de Arbitragem da CCI (artigo 42º). Por outro lado, importa salientar que a preocupação que referimos é maior naqueles casos em que a jurisdição onde a sentença arbitral vai ser reconhecida ou executada seja mais hostil à arbitragem; o fenómeno do "due process paranoia" tende a ser maior nestes casos (Queen Mary University of London / White & Case, *2018 International Arbitration Survey...*, *cit.*, p. 27).

[1280] Note-se, além do mais, que os árbitros têm uma reputação a manter. Neste sentido, não é bom para a reputação de um árbitro ter várias sentenças arbitrais anuladas, não reconhecidas e não executadas (podendo essa circunstância reflectir-se negativamente em futuras nomeações).

Em todo o caso, como é evidente, isso não significa que os árbitros sejam (ou devam ser) complacentes com eventuais abusos que possam existir nesta matéria. Com efeito, os árbitros têm de saber manter a eficiência, celeridade e qualidade do processo arbitral, e, acima de tudo, perceber correctamente o sentido e alcance do direito ao processo equitativo, não caindo no chamado "due process paranoia".

Neste sentido, cabe aos tribunais arbitrais e estaduais estar atentos e pôr fim a estes abusos. Quanto aos tribunais arbitrais, eles deverão ter presente os falsos argumentos relacionados com a violação do direito ao processo equitativo (quando existam) – e a perturbação que os mesmos poderão ter causado – no momento, por exemplo, de distribuírem as custas da arbitragem[1281]. No que se refere aos tribunais estaduais, há que confiar no bom senso, qualidade e perspicácia dos nossos juízes não só para anularem ou não reconhecerem a sentença arbitral quando isso se justificar (designadamente quando haja uma efectiva violação do direito ao processo equitativo), como também para não se deixarem enganar pela falsa argumentação usada por muitas partes a este respeito[1282].

12.1.3. Os frequentes equívocos e a necessidade de uma adequada compreensão do *due process*

I – A par do "due process paranoia", existem ainda alguns equívocos em torno do direito ao processo equitativo que acentuam o problema. Neste contexto, importa ter presente que nem todos os princípios e regras em que o direito ao processo equitativo se traduz – e que se encontram consagrados, por exemplo, na CRP, na CEDH e no CPC – serão aplicáveis à arbitragem[1283]. Na verdade, existem determinadas exigências provenientes da CRP, de fontes de direito europeu e de direito internacional "que dificilmente podem ser aplicadas *de pleno* aos tribunais arbitrais, sob pena de se desvirtuarem as razões pelas quais ao longo de milénios se recorreu à chamada justiça arbitral"[1284].

1281 *Cfr.* João Bosco Lee, "Palestra de Abertura: O Devido Processo Legal na Arbitragem...", *cit.*, p. 13.

1282 Para uma perspectiva geral, em várias jurisdições, da posição dos tribunais estaduais nesta matéria, vejam-se Klaus Peter Berger / J. Ole Jensen, "Due process paranoia and the procedural judgment rule...", *cit.*, pp. 423 a 428 e, particularmente, IBA Arbitration Committee, "Annulment of arbitral awards by state court...", *cit.*

1283 Neste sentido, vejam-se Christophe Seraglini / Jérôme Ortscheidt, *Droit de l'arbitrage interne et international*, *cit.*, p. 330, e Mariana França Gouveia, *Curso de Resolução Alternativa de Litígios*, *cit.*, p. 259. Seguiremos aqui, de muito perto, algumas considerações já anteriormente feitas a este respeito: António Pedro Pinto Monteiro, *O Princípio da Igualdade e a Pluralidade de Partes na Arbitragem...*, *cit.*, pp. 215 a 226.

1284 Armindo Ribeiro Mendes, "Os Tribunais Arbitrais são tribunais...", *cit.*, p. 60.

O direito ao processo equitativo é um bom exemplo disso mesmo. A (aparente) necessidade de respeitar *todos* os princípios em que este direito se concretiza na jurisdição estadual traz, com alguma frequência, graves problemas aos tribunais arbitrais.

A este respeito, cumpre salientar que, à partida, a arbitragem parece, de facto, entrar em conflito com determinados princípios fundamentais do processo equitativo – princípios que parecem ser difíceis ou mesmo impossíveis de assegurar neste meio de resolução alternativa de litígios. É esse caso, desde logo, do *princípio do juiz natural* (que anteriormente mencionámos no âmbito da constituição do tribunal arbitral)[1285]. Não é, no entanto, o único.

II – Para além do princípio do juiz natural, idênticas dificuldades se verificam, ainda, por exemplo, quanto ao *princípio da publicidade do processo*, outro importante corolário do direito ao processo equitativo[1286].

A exigência de publicidade representa, como se sabe, uma garantia de transparência do exercício da função jurisdicional[1287] que, resumidamente, permite combater o arbítrio do secretismo, bem como a desconfiança na administração da justiça, assim reforçando a legitimidade democrática das decisões dos tribunais[1288]. Na verdade, se os tribunais administram a justiça em nome do povo (artigo 202º, nº 1, da CRP), é natural que o povo deva poder conhecer o modo como são praticados os actos processuais e as decisões dos tribunais[1289] – no fundo, ao abrigo da conhecida máxima de que "a justiça não deve ser só feita, mas deve ser vista a ser feita"[1290].

1285 *Vide* capítulo V, ponto 11.1.

1286 Para maiores desenvolvimentos sobre esta questão concreta, vejam-se ARTUR FLAMÍNIO DA SILVA / ANTÓNIO PEDRO PINTO MONTEIRO, "Publicidade vs. confidencialidade na arbitragem desportiva transnacional", *cit.*, pp. 703 a 711, e ANTÓNIO PEDRO PINTO MONTEIRO, *O Princípio da Igualdade e a Pluralidade de Partes na Arbitragem...*, *cit.*, pp. 216 e ss., que aqui seguiremos de perto.

1287 *Vide* JOSÉ LEBRE DE FREITAS, *Introdução ao Processo Civil...*, *cit.*, pp. 126 e 145, e RITA LOBO XAVIER / INÊS FOLHADELA / GONÇALO ANDRADE E CASTRO, *Elementos de Direito Processual Civil...*, *cit.*, p. 139.

1288 Sobre as várias finalidades do princípio da publicidade do processo, vejam-se, nomeadamente, JOSÉ LEBRE DE FREITAS, *Introdução ao Processo Civil...*, *cit.*, p. 145, MIGUEL TEIXEIRA DE SOUSA, *Estudos sobre o Novo Processo Civil*, *cit.*, p. 53, e J. P. REMÉDIO MARQUES, *Acção Declarativa à luz do Código Revisto*, *cit.*, p. 220.

1289 *Cfr.* IRENEU CABRAL BARRETO, "Direito ao exame da causa publicamente", *cit.*, pp. 152 e 153, e *A Convenção Europeia dos Direitos do Homem Anotada*, *cit.*, p. 183, tal como FERNANDO PEREIRA RODRIGUES, *O Novo Processo Civil. Os Princípios Estruturantes*, *cit.*, p. 192.

1290 VITAL MOREIRA / CARLA DE MARCELINO GOMES (coordenação), *Compreender os direitos humanos...*, *cit.*, p. 230 – máxima que provém do famoso *caso* inglês *R v Sussex Justices, Ex parte McCarthy* (King's Bench Division), de 09/11/1923, *in All England Law Reports*, 233, 1 K. B., 1924, p. 259.

O princípio da publicidade encontra-se, assim, amplamente consagrado e compreende, em processo civil, a publicidade das audiências[1291], bem como o direito de acesso ao processo[1292]–[1293]. Em todo o caso, não obstante a importância do referido princípio, importa salientar que a publicidade não é um princípio absoluto, podendo em alguns casos acarretar inconvenientes[1294] – o que justifica que o mesmo comporte *excepções*[1295].

Ora, esses inconvenientes são bem claros por referência à arbitragem, onde o princípio da publicidade do processo é susceptível de entrar em conflito, desde logo, com uma das principais vantagens que este meio de resolução alternativa de litígios apresenta: a *confidencialidade*[1296]–[1297]. Atendendo à ori-

[1291] Artigos 206º da CRP e 606º, nº 1, do CPC. Para Alberto dos Reis, a regra de as sessões e audiências dos tribunais serem públicas (e, consequentemente, de qualquer pessoa ter o direito de assistir e de fiscalizar o comportamento da lei) permite encarar a publicidade "como uma das garantias de correcção e legalidade dos actos judiciais" – José Alberto dos Reis, *Código de Processo Civil anotado*, vol. IV, *cit.*, p. 575.

[1292] Artigo 163º do CPC.

[1293] Sobre estes dois direitos compreendidos no princípio da publicidade, vejam-se, entre outros, Miguel Teixeira de Sousa, *Estudos sobre o Novo Processo Civil*, *cit.*, pp. 53 a 55, e José Lebre de Freitas / Isabel Alexandre, *Código de Processo Civil anotado*, vol. I, *cit.*, pp. 344 e 345.

[1294] *Cfr.* Ireneu Cabral Barreto, "Direito ao exame da causa publicamente", *cit.*, p. 161. Neste sentido, salientando igualmente o facto de não estarmos perante um valor absoluto, vejam-se Alexis Mourre, "Le droit français de l'arbitrage international...", *cit.*, p. 28, e Juan Carlos Landrove, "European Convention on Human Rights'...", *cit.*, p. 85.

[1295] Excepções estas previstas, por norma, nos próprios preceitos que consagram o princípio da publicidade, anteriormente referidos. Sobre as várias excepções, vejam-se, por exemplo, José Lebre de Freitas, *Introdução ao Processo Civil...*, *cit.*, pp. 145 e 146, José Lebre de Freitas / Isabel Alexandre, *Código de Processo Civil anotado*, vol. I, *cit.*, pp. 346 a 348, Miguel Teixeira de Sousa, *Estudos sobre o Novo Processo Civil*, *cit.*, pp. 53 a 55, e Ireneu Cabral Barreto, "Direito ao exame da causa publicamente", *cit.*, p. 161.

[1296] Apontando a confidencialidade como uma das maiores vantagens da arbitragem, *vide* A. Ferrer Correia, "Da arbitragem comercial internacional", *cit.*, pp. 174 e 175, Paula Costa e Silva, "A execução em Portugal de decisões arbitrais nacionais e estrangeiras", *cit.*, pp. 133 e 134, e "Os meios de impugnação de decisões proferidas em arbitragem voluntária no direito interno português", *cit.*, p. 180, Luís de Lima Pinheiro, *Arbitragem Transnacional...*, *cit.*, pp. 24 e 25, Manuel Pereira Barrocas, *Manual de Arbitragem*, *cit.*, p. 141, Dário Moura Vicente, "Arbitragem OHADA", *cit.*, p. 356, Carla Gonçalves Borges, "Pluralidade de Partes...", *cit.*, pp. 115 e 116, Jens-Peter Lachmann, *Handbuch für die Schiedsgerichtspraxis*, *cit.*, pp. 41 a 45, Pieter Sanders, "Trends in the field of international commercial arbitration", *cit.*, p. 216, Nana Japaridze, "Fair Enough? Reconciling the Pursuit of Fairness and Justice...", *cit.*, pp. 1420 a 1424, Didier Matray / Gautier Matray, "La rédaction de la convention d'arbitrage", *cit.*, p. 23, e S. I. Strong, "Intervention and Joinder as of Right in International Arbitration...", *cit.*, p. 933.

[1297] Ao nível dos meios de resolução alternativa de litígios, importa assinalar que não é apenas na arbitragem que a confidencialidade se afigura essencial – o mesmo sucede na *mediação* (*cfr.* Mariana França Gouveia, *Curso de Resolução Alternativa de Litígios*, *cit.*, pp. 97 a 100, e Maria

gem contratual e natureza privada da arbitragem, poder-se-á, aliás, considerar natural que os processos arbitrais sejam, por norma, confidenciais[1298]. É esta a prática geralmente aceite e seguida[1299] (havendo mesmo quem defenda que, da convenção de arbitragem, emerge, à partida, um dever implícito de confidencialidade[1300]) e é isto que, de certo modo, se verifica na lei portuguesa, onde a confidencialidade é a regra nas arbitragens domésticas (artigo 30º, nº 5, da LAV)[1301]-[1302] – ao contrário, portanto, do que sucede no processo civil, em que a regra é a publicidade.

Olinda Garcia, "Gestão Contratual do Risco Processual. A Mediação na Resolução de Conflitos em Direito Civil e Comercial", *cit.*, pp. 170, 171, 173 e 174).

1298 A este respeito, vejam-se, por exemplo, Serge Lazareff, "Confidentiality and Arbitration: Theoretical and Philosophical Reflections", *cit.*, pp. 81 e ss., Richard Smellie, "Is arbitration confidential?", *cit.*, p. 6, e Laura A. Kaster, "Confidentiality in U.S. Arbitration", *cit.*, p. 23.

1299 *Vide* Mário Raposo, "Os árbitros", *cit.*, pp. 915 e 916.

1300 *Vide* Jean-François Poudret / Sébastien Besson, *Comparative Law of International Arbitration*, *cit.*, p. 317. Para António Menezes Cordeiro, a natureza do dever de sigilo decorre, desde logo, "de deveres acessórios à própria convenção de arbitragem e de deveres, também acessórios, ao contrato-de-árbitro" (*Tratado da Arbitragem...*, *cit.*, p. 307).

1301 *Cfr.* Mariana França Gouveia, *Curso de Resolução Alternativa de Litígios*, *cit.*, p. 203 (nota de rodapé nº 247); especificamente sobre esta norma, veja-se António Sampaio Caramelo, "Da Condução do Processo Arbitral...", *cit.*, pp. 160 a 162. Em todo o caso, importa deixar bem claro duas notas. A primeira é a de que, também na arbitragem, a mencionada regra admite *excepções* (artigo 30º, nº 5, 2ª parte, e nº 6, da LAV); excepções, aliás, bastante amplas – referimo-nos, sobretudo, ao "direito de as partes tornarem públicos os actos processuais necessários à defesa dos seus direitos", presente na 2ª parte do nº 5 do artigo 30º – e que levam alguns autores a defender (e bem) uma interpretação restritiva das mesmas (*vide* António Menezes Cordeiro, *Tratado da Arbitragem...*, *cit.*, pp. 307 e 308). A segunda é a de que a confidencialidade – embora presente na maior parte das vezes – não é uma condição *sine qua non* da arbitragem, no sentido de todos os processos arbitrais serem (ou terem de ser) sempre necessariamente confidenciais. É essa a lição que nos deixa, aliás, a decisão proferida pelo High Court da Austrália, em 07/04/1995, no âmbito do famoso *caso Esso Australia Resources Ltd. and others vs. The Honourable Sidney James Plowman and others* (acórdão publicado na *Arbitration International*, vol. 11, nº 3 (1995), pp. 235 a 264, e comentado por José Miguel Júdice, "Anotação ao acórdão Esso Australia Resources Limited and others...", *cit.*, pp. 153 a 164). Sobre este e outros casos, vejam-se, nomeadamente, Leon E. Trakman, "Confidentiality in International Commercial Arbitration", *cit.*, pp. 1 e ss., Nigel Blackaby / Constantine Partasides / Alan Redfern / Martin Hunter, *Redfern and Hunter on International Arbitration*, *cit.*, pp. 127 e 128, bem como Jan Paulsson, "The Decision of the High Court of Australia in Esso/BHP v. Plowman", *cit.*, pp. 231 a 234, e Hans Smit, "Confidentiality in Arbitration", *cit.*, pp. 337 a 340, respectivamente. Salientando, igualmente, o facto de a arbitragem não ser (sempre) sinónimo de confidencialidade, assim como o facto de esta última não ser universalmente reconhecida como parte integral da arbitragem, vejam-se, entre outros, Jan Paulsson / Nigel Rawding, "The Trouble with Confidentiality", *cit.*, p. 303, Nigel Blackaby / Constantine Partasides / Alan Redfern / Martin Hunter, *Redfern and Hunter on International Arbitration*, *cit.*, pp. 30, 124, 134 e 135, Laura A. Kaster, "Confidentiality in U.S. Arbitration", *cit.*, p. 23, George Burn

As dificuldades de compatibilização do princípio da publicidade do processo com a arbitragem são, assim, evidentes. A ponto de nos devermos questionar se, afinal, a arbitragem não violará o direito ao processo equitativo, por não respeitar um dos seus mais importantes corolários, a publicidade do processo[1303].

A questão tem sido muito discutida por referência ao artigo 6º da CEDH – disposição que consagra o direito ao processo equitativo e nos termos da qual se estabelece, de forma expressa, no nº 1, que "qualquer pessoa tem direito a que a sua causa seja examinada equitativa e *publicamente*", devendo o julgamento "ser *público*" (com as restrições constantes da parte final do nº 1) – e a resposta, em geral, tem sido muito clara: a ausência de publicidade na arbitragem não viola o direito ao processo equitativo.

A este respeito, importa, antes de mais, considerar que existem certos direitos, previstos no nº 1 do artigo 6º da CEDH, que são susceptíveis de serem *renunciados*, entre os quais se contam o princípio da publicidade[1304]. Na verdade, nem a letra, nem o espírito do artigo 6º, nº 1, da CEDH, impedem a renúncia, expressa ou tácita, à referida publicidade, devendo tal renúncia, porém, ser inequívoca e, acima de tudo, não ofender nenhum *interesse público relevante*[1305]. Neste sentido, tem sido defendido que as partes, ao recorrerem

/ ALISON PEARSALL, "Exceptions to Confidentiality in International Arbitration", *cit.*, pp. 23 e ss., DIDIER MATRAY / GAUTIER MATRAY, "La rédaction de la convention d'arbitrage", *cit.*, p. 76, e, na doutrina portuguesa, RUI PENA, "O(s) equívoco(s) da Confidencialidade na Arbitragem", *cit.*, pp. 235 a 266, e JOSÉ ROBIN DE ANDRADE, "Publicidade e Impugnação de decisões arbitrais em matéria administrativa...", *cit.*, pp. 18 a 21.

1302 Questão diferente, mas igualmente relevante, é a de saber até onde vai a confidencialidade. Sobre este ponto, vejam-se, por exemplo, PATRICK WAUTELET, "Confidentiality and third parties in international commercial arbitration: some preliminary reflections", *cit.*, pp. 105 a 148, e ILEANA M. SMEUREANU, *Confidentiality in International Commercial Arbitration*, *cit.*, pp. 27 e ss.

1303 *Cfr* ANTÓNIO HENRIQUES GASPAR, "Tribunais arbitrais e tribunais estaduais", *cit.*, pp. 117 a 119.

1304 *Vide* GEORGIOS PETROCHILOS, *Procedural Law in International Arbitration*, *cit.*, p. 122, ALEXIS MOURRE, "Le droit français de l'arbitrage international...", *cit.*, p. 28, e MATTI S. KURKELA / SANTTU TURUNEN, *Due Process in International Commercial Arbitration*, *cit.*, p. 2. Sobre os mencionados direitos passíveis de serem renunciados (*renúncias parciais*), com a escolha do foro arbitral, veja-se ALEXIS MOURRE, "Le droit français de l'arbitrage international...", *cit.*, pp. 24 a 28 e 34, e "Réflexions sur quelques aspects du droit à un procès équitable...", *cit.*, pp. 31 e 32; note-se que, pela sua importância, e conforme anteriormente indicado, o princípio da igualdade das partes não é um desses direitos (*cfr.* ALEXIS MOURRE, "Le droit français de l'arbitrage international...", *cit.*, p. 26).

1305 *Cfr.* PIERRE LAMBERT, "L'arbitrage et l'article 6...", *cit.*, pp. 16 e 17, IRENEU CABRAL BARRETO, "Direito ao exame da causa publicamente", *cit.*, pp. 160 e 161, MANUEL CAVALEIRO BRANDÃO / PEDRO FERREIRA DE SOUSA, "Anotação à decisão do Tribunal Europeu dos Direitos do

à arbitragem, estarão, em princípio, e desde que assim tenham consentido, a renunciar à publicidade do julgamento[1306]. Renúncia esta que muitas vezes se justificará por razões de privacidade e de confidencialidade (face à inconveniência, em certos casos, das audiências públicas) e que, por norma, não ofenderá "nenhum princípio fundamental, nem nenhum interesse público relevante"[1307].

Daí que, especificamente por referência ao ordenamento jurídico português (e em relação a alguns dos preceitos que, entre nós, consagram a publicidade), Paula Costa e Silva entenda que a confidencialidade do processo arbitral – e, consequentemente, a ausência de publicidade deste – não viola qualquer comando constitucional[1308]. Deste modo, se o artigo 20º, nº 4, da CRP (preceito que consagra o direito ao processo equitativo), "se deve entender aplicável ao processo arbitral, uma vez que deve entender-se aplicável a todo o modo de resolução heterónoma de litígios, *a publicidade não integra o seu núcleo*"[1309].

Homem...", *cit.*, p. 199, e, na jurisprudência do TEDH, o acórdão proferido no *caso Håkansson and Sturesson v. Sweden*, de 21/02/1990 (queixa nº 11855/85), *in* http://www.echr.coe.int/Pages/home.aspx?p=home.

1306 *Vide* Georgios Petrochilos, *Procedural Law in International Arbitration*, *cit.*, p. 150, e Juan Carlos Landrove, "European Convention on Human Rights'...", *cit.*, p. 85.

1307 Pierre Lambert, "L'arbitrage et l'article 6...", *cit.*, p. 16. Conforme, de modo muito claro, considerou a anterior Comissão Europeia dos Direitos do Homem, *em certos aspectos* – particularmente no que respeita à *publicidade* – torna-se evidente que, muitas vezes, os processos arbitrais não têm de estar em conformidade com o artigo 6º da CEDH (na sua totalidade) e que a convenção de arbitragem envolve uma renúncia à aplicação *integral, sem restrições,* deste artigo [decisão da Comissão Europeia dos Direitos do Homem proferida no âmbito do *caso Nordström-Janzon and Nordström-Lehtinen v. the Netherlands*, de 27/11/1996 (queixa nº 28101/95), *in* http://www.echr.coe.int/Pages/home.aspx?p=home]. Para Alexis Mourre, esta renúncia à publicidade é, aliás, "*lógica*, se considerarmos que a confidencialidade é a essência mesma da arbitragem" (Alexis Mourre, "Le droit français de l'arbitrage international...", *cit.*, p. 28).

1308 *Vide* Paula Costa e Silva, "A execução em Portugal de decisões arbitrais...", *cit.*, pp. 133 a 135.

1309 Paula Costa e Silva, *op. cit.*, pp. 134 e 135; no mesmo sentido, vejam-se Artur Flamínio da Silva, *A Resolução de Conflitos Desportivos...*, *cit.*, pp. 339 e 340, e Cândido Rangel Dinamarco / Bruno Vasconcelos Carrilho Lopes, *Teoria Geral do Novo Processo Civil*, *cit.*, p. 68. Conforme bem observam alguns autores a propósito da publicidade das audiências dos tribunais, não devemos cair na tentação de adoptar aqui uma lógica silogística e formalista, no sentido de que, se os tribunais arbitrais são verdadeiros tribunais (artigo 209º, nº 2, da CRP), e se as audiências dos tribunais são públicas (artigo 206º, 1ª parte, da CRP), então também os tribunais arbitrais estarão cobertos pelo princípio da publicidade das audiências – *cfr.* Manuel Cavaleiro Brandão / Pedro Ferreira de Sousa, "Anotação à decisão do Tribunal Europeu dos Direitos do Homem...", *cit.*, p. 200. Na verdade, importa recordar que "o que está em causa num processo que nasce de uma convenção celebrada entre parceiros privados, prolongada num contrato, igualmente privado, com uma instituição arbitral e (ou) com os árbitros, não é assimilável, nem confundível com os relevantes interesses de ordem pública derivados do modo como a função

A questão é mais controvertida, porém, no domínio da *arbitragem administrativa* e das *arbitragens de investimento*[1310] (por envolverem Estados ou certas entidades públicas, a ausência de publicidade é susceptível de levantar questões mais delicadas, na medida em que poderá estar em causa a defesa do interesse público ou de interesses colectivos relevantes, que justifiquem que deva ser respeitado o princípio da publicidade[1311]), bem como na *arbitragem desportiva*[1312]. Fora destes casos, dir-se-á, a este propósito, que se as pessoas têm direito a que a sua causa seja julgada *publicamente*, têm igualmente direito a que assim não o seja, usufruindo das (maiores) vantagens de *confidencialidade* sempre que recorram à arbitragem.

jurisdicional é exercida pelo Poder Judicial – o único que, em democracia, carece de legitimidade electiva e relativamente ao qual a comunidade e o povo não têm outros meios de controlo efectivo" (Manuel Cavaleiro Brandão / Pedro Ferreira de Sousa, *op. cit.*, p. 201; veja-se, ainda, Cândido Rangel Dinamarco, *A Arbitragem na Teoria Geral do Processo, cit.*, p. 62). Neste sentido, salientando, igualmente, a não aplicação do princípio da publicidade das audiências dos tribunais estatuído no artigo 206º da CRP, *vide* Armindo Ribeiro Mendes, "Os Tribunais Arbitrais são tribunais...", *cit.*, pp. 61 e 62, e Jorge Miranda / Rui Medeiros, *Constituição Portuguesa Anotada*, tomo III, *cit.*, p. 88.

1310 Sobre esta questão, vejam-se Armindo Ribeiro Mendes, *in* Dário Moura Vicente (Coordenador), *Lei da Arbitragem Voluntária Anotada, cit.*, pp. 102 e 103, e "Os Tribunais Arbitrais são tribunais...", *cit.*, p. 62, José Robin de Andrade, "Publicidade e Impugnação de decisões arbitrais...", *cit.*, pp. 18 a 22, José Miguel Júdice, "Anotação ao acórdão Esso Australia Resources Limited and others...", *cit.*, pp. 161 a 163, Manuel Cavaleiro Brandão / Pedro Ferreira de Sousa, "Anotação à decisão do Tribunal Europeu dos Direitos do Homem...", *cit.*, pp. 201 a 203 e, mais recentemente, Tiago Serrão / Marco Caldeira, "A publicidade das decisões arbitrais administrativas: algumas reflexões", *cit.*, pp. 157 a 182, e Diogo Calado / Manuel da Silva Gomes, "Publicidade das decisões arbitrais administrativas...", *cit.*, pp. 169 a 193.

1311 Por essa razão é que, na sequência da revisão do CPTA, se veio prever já, expressamente, uma norma que consagra a publicidade das decisões arbitrais (artigo 185º-B) e que visa assegurar "uma maior transparência no exercício da arbitragem" (Fausto de Quadros, "Linhas gerais da reforma do Código de Processo nos Tribunais Administrativos em matéria de arbitragem", *cit.*, p. 13). Sendo que, em Portugal, é essa a regra que se verifica já nas arbitragens administradas pelo CAAD, cujas decisões arbitrais são publicitadas, estando acessíveis online no seu respectivo site [*cfr.* Armindo Ribeiro Mendes, *in* Dário Moura Vicente (Coordenador), *Lei da Arbitragem Voluntária Anotada, cit.*, p. 102].

A este respeito, acrescente-se que a publicidade tem sido também a regra no domínio das arbitragens de investimento (*vide* José Robin de Andrade, "Publicidade e Impugnação de decisões arbitrais...", *cit.*, p. 20, e Armindo Ribeiro Mendes, "Os Tribunais Arbitrais são tribunais...", *cit.*, p. 62).

1312 *Vide* Artur Flamínio da Silva / António Pedro Pinto Monteiro, "Publicidade vs. confidencialidade na arbitragem desportiva transnacional", *cit.*, pp. 701 a 722, "Confidentiality in Portuguese Sports Arbitration: what lessons can we learn from CAS", *cit.*, pp. 58 a 61, e Heiner Kahlert, *Vertraulichkeit im Schiedsverfahren. Eine Untersuchung nach deutschem Recht mit internationalen Bezügen, cit.*, pp. 367 e ss.

Deste modo, e em suma, um processo arbitral, para ser equitativo, não precisará, em princípio, de ser público (tal como não necessita de observar o princípio do juiz natural, como vimos anteriormente).

III – Em todo o caso, as referidas dificuldades de compatibilização do direito ao processo equitativo com a arbitragem não se ficam apenas por aqui. Problemas poderão surgir, ainda, por exemplo, a respeito do direito a que todos têm que a sua causa seja julgada em *prazo razoável* – outro corolário do direito ao processo equitativo, também ele amplamente consagrado[1313]-[1314].

Além da questão de saber se a exigência de um prazo razoável se pode ou não aplicar à arbitragem (entendemos que sim, embora tal ponto seja controvertido[1315]), o problema surge depois em definir o que é um prazo razoável em processo arbitral. A este respeito, importa salientar que, diferentemente do que sucede nos tribunais estaduais, na arbitragem as partes podem fixar, livremente, o prazo para a sentença arbitral ser proferida[1316]. Desta forma, não

1313 Designadamente nos artigos 20º, nº 4, 1ª parte, da CRP, 2º, nº 1, do CPC, e 2º, nº 1, do CPTA, bem como nos artigos 6º, nº 1, da CEDH, e 47º, 2º parágrafo, da CDFUE. Para maiores desenvolvimentos sobre esta questão, *vide* António Pedro Pinto Monteiro, *O Princípio da Igualdade e a Pluralidade de Partes na Arbitragem...*, *cit.*, pp. 224 e 225.

1314 O direito a uma decisão em prazo razoável é, como se sabe, uma consequência da ideia segundo a qual uma justiça tardia pode significar uma verdadeira *denegação de justiça* e um direito cuja violação é susceptível de fazer incorrer o Estado em responsabilidade civil (tendo valido já a Portugal algumas condenações pelo TEDH) – *cfr.* Carlos Blanco de Morais, *Curso de Direito Constitucional: teoria da Constituição em tempo de crise do Estado Social*, tomo II, vol. II, *cit.*, p. 497, Rita Lobo Xavier / Inês Folhadela / Gonçalo Andrade e Castro, *Elementos de Direito Processual Civil...*, *cit.*, p. 139, e António Júlio Cunha, *Direito Processual Civil Declarativo...*, *cit.*, pp. 85 e 86; sobre o tema, vejam-se, especialmente, Miguel Teixeira de Sousa, *Estudos sobre o Novo Processo Civil*, *cit.*, pp. 49 a 53, João de Castro Mendes / Miguel Teixeira de Sousa, *Direito Processual Civil*, *cit.*, § 4º, I, 4, 4.2, a), Isabel Celeste M. Fonseca, *Processo Temporalmente Justo e Urgência...*, *cit.*, M. Henrique Mesquita, "Arbitragem: competência do tribunal arbitral e responsabilidade civil do árbitro", *cit.*, pp. 1386 e 1387, Tiago Serrão, "A subsidiariedade da tutela jurisdicional conferida pelo TEDH...", *cit.*, pp. 793 a 838, António José Fialho, *Conteúdo e Limites do Princípio Inquisitório na Jurisdição Voluntária*, *cit.*, pp. 89 e 90, e Giovanni Verde, *Diritto processuale civile*, vol. 1, *cit.*, pp. 79 a 83.

1315 A este respeito, vejam-se Georgios Petrochilos, *Procedural Law in International Arbitration*, *cit.*, pp. 150 e 151, Jean-Hubert Moitry, "Right to a fair trial and the European Convention on Human Rights...", *cit.*, pp. 120 e 121, e Juan Carlos Landrove, "European Convention on Human Rights'...", *cit.*, pp. 85 e 86. Importa recordar, aliás, que uma das vantagens clássicas apontadas à arbitragem – por comparação com os tribunais estaduais – é a *maior celeridade do processo arbitral* (A. Ferrer Correia, "Da arbitragem comercial internacional", *cit.*, pp. 174 e 175).

1316 *Cfr.* Artigo 43º, nº 1, 1ª parte, da LAV. Sobre este ponto, veja-se Mariana França Gouveia, *Curso de Resolução Alternativa de Litígios*, *cit.*, pp. 291 a 293.

basta apenas atender às *circunstâncias do caso* para determinar o que é o prazo razoável[1317]; na arbitragem, a determinação do prazo razoável deve ser feita, em primeiro lugar, por referência à convenção de arbitragem, isto é, por referência ao que as partes possam, eventualmente, ter acordado sobre este ponto.

O princípio do prazo razoável não se aplica, assim, nos mesmos termos do que sucede no processo estadual. Mais uma vez, a arbitragem apresenta certas particularidades – no âmbito dos vários princípios postulados pelo direito ao processo equitativo – que importa ter em atenção.

IV – Deste modo, e em suma, aparentemente parecem de facto existir algumas dificuldades de compatibilização do direito ao processo equitativo com a arbitragem (pelo menos, tal como o compreendemos no âmbito da justiça estadual). Em todo o caso, isso não nos deve automaticamente levar à conclusão (algo alarmista) de que a arbitragem – por não se aplicar o princípio do juiz natural, por as sentenças arbitrais por norma não serem públicas, por existirem dificuldades de compreensão a respeito do prazo razoável, etc. – viola aquele que referimos como um dos direitos humanos mais elementares: o direito ao processo equitativo.

Acima de tudo, importa não esquecer que a justiça estadual e a justiça arbitral não são iguais (é óbvio, mas não deixa de ser importante recordá-lo). Como vimos antes[1318], os tribunais arbitrais são verdadeiros e próprios tribunais (previstos no artigo 209º, nº 2, da CRP), exercem a função jurisdicional, mas não são "tribunais como os outros"[1319]. Com efeito, não são órgãos de soberania (a soberania só ao Estado pertence), não têm *ius imperii* e note-se que mesmo a função jurisdicional é exercida apenas em relação a litígios que, nos termos da lei, sejam arbitráveis (segundo o critério de arbitrabilidade consagrado na LAV).

E o problema é justamente este: por vezes equipara-se a justiça estadual e a justiça arbitral, mas a verdade é que só em alguns aspectos é que estas duas justiças são equiparáveis. Existem grandes diferenças entre as duas, que não poderão ser esquecidas quando falamos da compatibilização do direito ao

[1317] O prazo razoável é, em si mesmo, conforme se costuma salientar no Direito Processual Civil, um *conceito indeterminado*, que carece de ser concretizado em face das circunstâncias de cada caso – *vide* João de Castro Mendes / Miguel Teixeira de Sousa, *Direito Processual Civil, cit.*, § 4º, I, 4, 4.2, a), Rita Lobo Xavier / Inês Folhadela / Gonçalo Andrade e Castro, *Elementos de Direito Processual Civil..., cit.*, p. 139, e António Júlio Cunha, *Direito Processual Civil Declarativo..., cit.*, p. 86; quanto ao problema da *celeridade processual*, no âmbito do actual CPC, veja-se José Luís Bonifácio Ramos, "Questões relativas à reforma do Código de Processo Civil", *cit.*, pp. 919 a 924.

[1318] *Vide* capítulo II, 7.1.

[1319] Acórdão do Tribunal Constitucional nº 230/86, *cit.*

processo equitativo com a arbitragem (desde logo, certas e relevantes especificidades que a arbitragem apresenta, próprias da diferente natureza deste meio de resolução alternativa de litígios). É essa a razão pela qual vários autores advertem que é necessário ter cautelas, quando transpomos, por exemplo, do Direito Processual Civil, o tratamento que é dado aos princípios fundamentais do processo equitativo[1320]. Além de não se aplicarem, na arbitragem, *todos* esses princípios fundamentais (caso evidente do princípio do juiz natural), é importante depois ter presente que a não aplicação (ou aparente dificuldade na aplicação) de algum desses princípios não significa, automaticamente, que determinado processo arbitral não seja um processo equitativo ou que a arbitragem, em geral, viole o direito ao processo equitativo[1321] – não nos devemos *precipitar* com tal conclusão.

À semelhança do que se verifica, por exemplo, com a aplicação do princípio da igualdade nas relações entre particulares (devendo entender-se que este princípio impõe uma certa atenuação e "algumas adaptações, de forma a não aniquilar a especificidade das relações jurídico-civis"[1322]), também aqui se poderá afirmar ser necessária uma certa atenuação e adaptações à aplicação (e ao próprio entendimento) do direito ao processo equitativo na arbitragem[1323].

12.2. A pluralidade de partes na arbitragem (as *arbitragens complexas* ou *multipartes*)

A arbitragem voluntária é contratual na sua origem[1324]. Em consequência desse facto, existe, por vezes, uma certa tendência para presumir que a arbitragem envolve somente duas partes[1325]. A verdade, porém, é que, conforme

[1320] *Vide* Mariana França Gouveia, *Curso de Resolução Alternativa de Litígios, cit.*, p. 259.

[1321] Neste sentido, *vide* Mariana França Gouveia, *Curso de Resolução Alternativa de Litígios, cit.*, p. 259. Sobre o tema, veja-se, ainda, Armindo Ribeiro Mendes, "Os Tribunais Arbitrais são tribunais...", *cit.*, pp. 57 a 65.

[1322] J. J. Gomes Canotilho / Vital Moreira, *Constituição da República Portuguesa Anotada*, vol. I, 4ª ed., *cit.*, p. 347.

[1323] *Cfr.* António Pedro Pinto Monteiro, *O Princípio da Igualdade e a Pluralidade de Partes na Arbitragem..., cit.*, pp. 225 e 226.

[1324] Sobre a origem contratual da arbitragem voluntária (e a sua cobertura constitucional e legal, que não deverá ser esquecida), veja-se o que anteriormente dissemos no capítulo II.

[1325] *Vide* Julian D. M. Lew / Loukas A. Mistelis / Stefan M. Kröll, *Comparative International Commercial Arbitration, cit.*, p. 377, Kristina Maria Siig, "Multi-party arbitration in international trade: problems and solutions", *cit.*, p. 75, Nathalie Voser, "Multi-party disputes and joinder of third parties", *cit.*, p. 351, Eric A. Schwartz, "Multi-Party Arbitration and the ICC – In the Wake of Dutco", *cit.*, pp. 5 e 6, Yves Derains, "The Limits of the Arbitration Agreement in Contracts Involving More Than Two Parties", *cit.*, p. 31, e Michael Kramer / Guido E.

se tem vindo progressivamente a observar (sobretudo em anos mais recentes), o número de arbitragens com pluralidade de partes é cada vez maior[1326].

A arbitragem não se desenvolve, assim, apenas entre dois sujeitos, isto é, entre um demandante e um demandado. Com alguma frequência, encontramos casos em que o processo arbitral opõe vários demandantes a vários demandados. As razões para tal circunstância são conhecidas e já as referimos anteriormente: o fenómeno da globalização e o rápido (e enorme) crescimento do comércio internacional das últimas décadas conduziram a um aumento do número e da complexidade das transacções comerciais – transacções estas que, muitas vezes, envolvem mais de duas partes.

À frequência do problema acresce depois a complexidade do mesmo. A pluralidade de partes na arbitragem é, com efeito, um tema incontornável, sendo, reconhecidamente, uma das matérias mais difíceis e complexas e que, ao longo dos anos, mais questões vem colocando[1327]. Neste sentido, *arbitragens multipartes* é a expressão geralmente usada para referir as situações em que mais de duas partes estão envolvidas no mesmo processo arbitral (seja essa pluralidade inicial ou sucessiva, activa, passiva ou mista)[1328] e os muitos problemas associados a tal pluralidade. Problemas que podem tornar a questão mais *complexa*, sobretudo quando as partes não estiverem todas vinculadas pela mesma convenção de arbitragem e quando se verifique uma cumulação objectiva (pedidos e/ou causas de pedir) – as chamadas *"arbitragens complexas"*, na terminologia de alguns autores[1329].

Urbach / Reto M. Jenny, "Equal Treatment in Multi-Party Arbitration and the Specific Issue of the Appointment of Arbitrators", *cit.*, p. 149.

[1326] Conforme referimos anteriormente, é isso que, de facto, demonstram as estatísticas de vários centros de arbitragem institucionalizada (*vide* capítulo VI, ponto 12.2).

[1327] *Vide* Nathalie Voser, "Multi-party disputes and joinder of third parties", *cit.*, p. 345, e Piero Bernardini, *L'arbitrato nel commercio e negli investimenti internazionali*, *cit.*, p. 112. Para uma perspectiva geral sobre as várias questões que esta temática coloca, vejam-se, por exemplo, Bernard Hanotiau, *Complex Arbitrations...*, *cit.*, Jean-François Poudret / Sébastien Besson, *Comparative Law of International Arbitration*, *cit.*, pp. 194 e ss., Julian D. M. Lew / Loukas A. Mistelis / Stefan M. Kröll, *Comparative International Commercial Arbitration*, *cit.*, pp. 377 e ss., Laura Salvaneschi, *L'arbitrato con pluralità di parti*, *cit.*, e Konstadinos Massuras, *Dogmatische Strukturen der Mehrparteienschiedsgerichtsbarkeit*, *cit.*.

[1328] Vejam-se, por exemplo, Christophe Seraglini / Jérôme Ortscheidt, *Droit de l'arbitrage interne et international*, *cit.*, p. 693, Olivier Caprasse, "The Setting up of the Arbitral Tribunal in Multi-Party Arbitration...", *cit.*, p. 197, Nathalie Voser, "Multi-party disputes and joinder of third parties", *cit.*, p. 346, Orkun Akseli, "Appointment of Arbitrators as Specified in the Agreement to Arbitrate", *cit.*, p. 252, e Julia Mair, "Equal Treatment of Parties...", *cit.*, p. 60.

[1329] É esse o caso, por exemplo, de Bernard Hanotiau que recorre a esta expressão (mais abstracta) para, essencialmente, abranger três problemas que se podem cumular: a pluralidade de partes,

Apesar dos (muitos) problemas que a pluralidade de partes levanta na arbitragem terem vindo a ser discutidos na comunidade arbitral há já largos anos, a verdade é que esta temática continua a suscitar novos e complexos desafios, a ponto de alguns questionarem até se, de facto, a arbitragem consegue ou não lidar com estes problemas, dando uma resposta adequada aos mesmos[1330].

A LAV não ignorou estes problemas. Ao contrário do que sucedia na lei anterior (omissa a este respeito), o legislador português passou a dar atenção ao tema da pluralidade de partes na arbitragem, o que a nosso ver é positivo[1331]. Assim, enquanto antes o processo arbitral se encontrava pensado para relações jurídicas com apenas duas partes[1332], a actual LAV veio pôr fim às dúvidas que se poderiam verificar sobre a admissibilidade de processos arbitrais com pluralidade de partes, passando a regular diversos aspectos da questão[1333]:

de contratos (convenções de arbitragem) e de pedidos (e/ou causas de pedir), ou melhor, as "multiparty", "multicontract", e "multi-issue arbitrations" – Bernard Hanotiau, *Complex Arbitrations...*, *cit.*, pp. 1 e 2, e "Problems Raised by Complex Arbitrations involving Multiple Contracts-Parties-Issues...", *cit.*, pp. 253 e 254.

1330 Atendendo às dificuldades que se suscitam, bem como à ausência de regulação legal que, por vezes, se verifica nesta matéria, vários são os autores a observarem que, contrariamente aos tribunais estaduais, a arbitragem não está muitas vezes preparada para lidar com os problemas da pluralidade de partes. Neste sentido, vejam-se Irene M. Ten Cate, "Multi-Party and Multi-Contract Arbitrations...", *cit.*, pp. 134 a 136, Richard Garnett / Henry Gabriel / Jeff Waincymer / Judd Epstein, *A Practical Guide to International Commercial Arbitration*, *cit.*, p. 15, Nathalie Voser, "Multi-party disputes and joinder of third parties", *cit.*, p. 345, e Kristina Maria Siig, "Multi-party arbitration in international trade: problems and solutions", *cit.*, pp. 72 e 73.

1331 A inclusão de normas que prevejam e regulem a pluralidade de partes reforça, na nossa opinião, a credibilidade da arbitragem como meio eficaz de resolução alternativa de litígios. Neste sentido, vejam-se Jean-François Poudret / Sébastien Besson, *Comparative Law of International Arbitration*, *cit.*, pp. 897 e 898, Cristián Conejero Roos, "Multi-party Arbitration and Rule-making...", *cit.*, pp. 413 e ss., e Irene M. Ten Cate, "Multi-Party and Multi-Contract Arbitrations...", *cit.*, p. 158.

1332 *Vide* Jorge Morais Carvalho / Mariana França Gouveia, "Arbitragens Complexas: questões materiais e processuais", *cit.*, p. 144. Este facto resultava, desde logo, do artigo 7º, nº 2, da anterior LAV (designação dos árbitros), que pressupunha existir apenas uma parte de cada lado.

1333 Em todo o caso, apesar do silêncio legislativo a que antes se assistia, a verdade é que os problemas de pluralidade de partes na arbitragem não eram desconhecidos da nossa doutrina e jurisprudência, que já admitia tal pluralidade. A este respeito, vejam-se, na vigência da anterior LAV, Manuel Botelho da Silva, "Pluralidade de Partes em Arbitragens Voluntárias", *cit.*, pp. 499 a 538, António Sampaio Caramelo, "Jurisprudência comentada...", *cit.*, pp. 9 a 48, Carla Gonçalves Borges, "Pluralidade de Partes...", *cit.*, pp. 109 a 153, Miguel Pinto Cardoso / Carla Gonçalves Borges, "Constituição do Tribunal Arbitral...", *cit.*, pp. 139 a 149, Jorge Morais Carvalho / Mariana França Gouveia, "Arbitragens Complexas: questões materiais e processuais", *cit.*, pp. 111 a 161, José Lebre de Freitas, "Intervenção de

em concreto, a constituição do tribunal arbitral em caso de pluralidade de demandantes e/ou de demandados no artigo 11º (pluralidade de partes *inicial*) e a intervenção de terceiros no artigo 36º (pluralidade de partes *sucessiva*).

Para além dos problemas que se colocam ao nível da constituição do tribunal arbitral (e que já vimos anteriormente), importa analisar as dificuldades que a pluralidade de partes coloca no processo arbitral, tarefa que nos propomos fazer de seguida.

12.2.1. Os conceitos de parte e de pluralidade de partes

I – A compreensão exacta dos conceitos de parte e de pluralidade de partes é um problema prévio que precede todos os outros (e que é frequentemente ignorado). Acima de tudo, importa perceber quando é que existe dualidade ou pluralidade de partes – questão que não é tão simples como à partida poderia parecer[1334].

Por exemplo: numa acção arbitral intentada por A (demandante) contra B e C (demandados) haverá necessária e automaticamente *pluralidade de partes*? À partida, dir-se-á que sim, sobretudo se considerarmos que A + B + C = 3.

A questão que nestes casos se deverá colocar é a seguinte: será que, nesta situação, não podemos dizer que existe *dualidade de partes* (com a particularidade de a parte demandada ser composta por dois sujeitos), sendo A uma parte e B e C outra?

De forma a perceber melhor o problema, afigura-se assim essencial perceber os conceitos de parte e de pluralidade de partes. Atendendo à especial ligação da arbitragem com o Direito Processual Civil (referida anteriormente[1335]), a análise subsequente será feita tendo em atenção este ramo de direito.

terceiros em processo arbitral", *cit.*, pp. 183 a 198, e Paula Costa e Silva / Marco Gradi, "A Intervenção de Terceiros...", *cit.*, pp. 41 a 66. Na jurisprudência, veja-se, particularmente, o Acórdão do Tribunal da Relação de Lisboa de 18/05/2004, *cit.* Por outro lado, note-se que, mesmo nesta altura, alguns dos problemas da pluralidade de partes na arbitragem já se encontravam previstos, entre nós, em regulamentos de arbitragem. Era o que sucedia, por exemplo, no anterior Regulamento de Arbitragem do CAC (versão de 2008), cujos artigos 8º, 24º e 25º se referiam, respectivamente, à constituição do tribunal arbitral em caso de pluralidade de partes, à apensação de processos e à intervenção de terceiros.

[1334] Para maiores desenvolvimentos sobre estes conceitos e sobre esta questão em concreto, veja-se António Pedro Pinto Monteiro, *O Princípio da Igualdade e a Pluralidade de Partes na Arbitragem...*, *cit.*, pp. 231 a 256, e "A pluralidade de partes na arbitragem: os principais equívocos que ainda subsistem", *cit.*, pp. 315 a 317.

[1335] Veja-se o capítulo II, ponto 7.2.

II – O conceito de parte não é um conceito exclusivo do processo, sendo frequentemente usado na linguagem comum com vários sentidos e em vários contextos[1336]. Centrando-nos por ora no Direito Processual Civil, duas considerações introdutórias se impõem.

As partes são, antes de mais, um dos *sujeitos do processo*[1337] – sujeitos que, juntamente com o tribunal, constituem a conhecida forma triangular da relação jurídica processual, na sua configuração mais simples (autor, réu, tribunal)[1338].

Em segundo lugar, importa invocar a conhecida distinção entre parte em sentido *formal* e parte em sentido *material*, para salientar, desde já, que o conceito de parte é um conceito formal, independente do conceito de parte de direito material[1339]. No primeiro sentido, parte é aquele que propõe ou contra quem é proposta a acção (bem como o sucessor da parte primitiva e quem subsequentemente intervier no processo); no segundo caso, parte é o sujeito da relação material controvertida, sujeito este cuja determinação "não interessa à configuração das partes processuais, mas apenas [...] à determinação da sua legitimidade"[1340]. Ora, conforme defende José Lebre de Freitas, "*apenas em sentido formal se constitui a parte processual*"[1341], embora, na configuração

[1336] *Vide* Salvatore Satta / Carmine Punzi, *Diritto Processuale Civile, cit.*, p. 97. Sobre o sentido de parte na linguagem comum, na linguagem jurídica e na linguagem jurídico-processual, veja-se Crisanto Mandrioli / Antonio Carratta, *Diritto Processuale Civile*, vol. I (Nozioni introduttive e disposizioni generali), *cit.*, pp. 369 e 370.

[1337] *Cfr.* João de Castro Mendes, Direito Processual Civil, vol. I, *cit.*, p. 215, Manuel de Andrade, *Noções Elementares de Processo Civil, cit.*, p. 75, José Lebre de Freitas, *Introdução ao Processo Civil..., cit.*, p. 75, Miguel Teixeira de Sousa, *Introdução ao Processo Civil, cit.*, p. 31, e Antonio Carlos de Araújo Cintra / Ada Pellegrini Grinover / Cândido Rangel Dinamarco, *Teoria Geral do Processo, cit.*, pp. 318 e ss.

[1338] Juntamente com os três mencionados sujeitos, encontramos, ainda, os chamados *intervenientes acidentais* (*cfr.* José Lebre de Freitas, *Introdução ao Processo Civil..., cit.*, p. 75) – por vezes também designados por "*auxiliares processuais*" ou "*participantes processuais*" (vejam-se, respectivamente, Manuel de Andrade, *Noções Elementares de Processo Civil, cit.*, p. 75, e Miguel Teixeira de Sousa, *Introdução ao Processo Civil, cit.*, p. 32) –, de que são exemplo as testemunhas e os peritos.

[1339] *Cfr.* José Lebre de Freitas / Isabel Alexandre, *Código de Processo Civil anotado*, vol. I, *cit.*, p. 58; veja-se também, entre outros, Valentín Cortés Domínguez / Víctor Moreno Catena, *Derecho Procesal Civil. Parte General, cit.*, p. 75.

[1340] José Lebre de Freitas, *Introdução ao Processo Civil..., cit.*, pp. 77 e 78.

[1341] José Lebre de Freitas, *Introdução ao Processo Civil..., cit.*, p. 78 (nota de rodapé nº 4). Neste sentido, *vide*, nomeadamente, Piero Calamandrei, *Istituzioni di Diritto Processuale Civile..., cit.*, pp. 188 e ss., Juan Montero Aroca, *El Proceso Civil. Los procesos ordinarios de declaración y de ejecución, cit.*, p. 234, Juan Montero Aroca / Juan Luis Gómez Colomer / Silvia Barona Vilar / María Pía Calderón Cuadrado, *Derecho Jurisdiccional II. Proceso Civil, cit.*, pp. 58 e 59, e Cândida da Silva Antunes Pires, *Lições de Processo Civil de Macau, cit.*, pp. 153 e 154.

do pressuposto da legitimidade, o direito processual recorra a qualificações do direito material[1342].

Dito isto, e perfilhando nós também o conceito formal de parte, dever-se-á então entender – na sua formulação clássica – que partes são as pessoas que requerem, ou contra as quais é requerida, através da acção, a providência judiciária[1343]. Isto é, com maior precisão, *o sujeito ou a pluralidade de sujeitos* que deduzem a pretensão processual (parte activa) e *o sujeito ou a pluralidade de sujeitos* contra quem essa pretensão é deduzida (parte passiva)[1344].

O conceito, de carácter formal, provém de uma antiga concepção "guerresca" em que o processo é concebido como um *combate* legalizado, perante o tribunal que decidirá o litígio em causa[1345]. No fundo, como um combate no qual se defrontam o autor (com a sua pretensão) e o réu (com a sua oposição)[1346], numa permanente dialética de uma parte (activa) que ataca e

[1342] José Lebre de Freitas, *Introdução ao Processo Civil..., cit.*, p. 78 (nota de rodapé nº 4). Sobre o grande debate doutrinal gerado por esta distinção – distinção que é, no entanto, desvalorizada por alguns Autores [*cfr.* Adelino da Palma Carlos, *Ensaio sobre o litisconsórcio, cit.*, pp. 57 e 58 (nota de rodapé nº 1), e João de Castro Mendes, Direito Processual Civil, vol. II, *cit.*, p. 8 (nota de rodapé nº 3)] –, vejam-se, entre outros, José Alberto dos Reis, *Código de Processo Civil anotado*, vol. I, *cit.*, pp. 75 e 76 (anotação ao artigo 27º), João de Castro Mendes, "Subsídios para o estudo do direito de intervenção", *cit.*, pp. 179 a 183, João de Castro Mendes / Miguel Teixeira de Sousa, *Direito Processual Civil, cit.*, § 20º, I, 3, 3.1 (Autores que, a respeito da qualidade de parte, fazem também referência a uma concepção *funcional*), Miguel Teixeira de Sousa, "Sobre a qualidade de parte processual", *cit.*, pp. 828 e ss., Paula Costa e Silva, *Um Desafio à Teoria Geral do Processo..., cit.*, pp. 125 e ss., Maria José Capelo, *Interesse processual e legitimidade singular nas acções de filiação, cit.*, pp. 158 a 161, e *A Sentença entre a Autoridade e a Prova. Em busca de traços distintivos do caso julgado civil, cit.*, pp. 318 e ss., J. P. Remédio Marques, *Acção Declarativa à luz do Código Revisto, cit.*, pp. 373 e 374, Joel Timóteo Ramos Pereira, *Prontuário de Formulários e Trâmites*, vol. III – Excepções da Instância, *cit.*, p. 477, bem como F. Carpi / M. Taruffo, *Commentario breve al Codice di Procedura Civile, cit.*, p. 276, Christoph G. Paulus, *Zivilprozessrecht..., cit.*, pp. 32 e ss., e José Rogério Cruz e Tucci, *Limites Subjetivos da Eficácia da Sentença e da Coisa Julgada Civil, cit.*, pp. 30 a 35.

[1343] *Vide* Manuel de Andrade, *Noções Elementares de Processo Civil, cit.*, p. 75, Antunes Varela / J. Miguel Bezerra / Sampaio e Nora, *Manual de Processo Civil, cit.*, p. 107, e, na doutrina alemã e italiana, Othmar Jauernig / Burkhard Hess, *Zivilprozessrecht: ein Studienbuch, cit.*, p. 67, Salvatore Satta / Carmine Punzi, *Diritto Processuale Civile, cit.*, pp. 99 e 100, e F. Carpi / M. Taruffo, *Commentario breve al Codice di Procedura Civile, cit.*, p. 276.

[1344] *Cfr.* Rui Pinto, *Código de Processo Civil Anotado, cit.*, pp. 90 e 91.

[1345] Piero Calamandrei, *Istituzioni di Diritto Processuale Civile..., cit.*, p. 185, e Manuel de Andrade, *Noções Elementares de Processo Civil, cit.*, p. 75.

[1346] *Vide* Adelino da Palma Carlos, *Ensaio sobre o litisconsórcio, cit.*, p. 57. Note-se que, quando nos referimos aqui a *autor* e *réu*, estamos a incluir também, por exemplo, o *exequente* e o *executado*, o *demandante* e o *demandado*, o *requerente* e o *requerido* – terminologia mais adequada, respectivamente,

de uma parte (passiva) que se defende[1347] (podendo esta, ainda, "contra-atacar", através da reconvenção[1348]).

Neste sentido, autor e réu formam as chamadas *partes principais* do processo, o "protagonista e o antagonista" do drama judiciário[1349]. Ao lado destas, porém, existem ainda as *partes acessórias*, isto é, os titulares de situações jurídicas conexas com o objecto do processo, que intervêm em posição subordinada em relação a uma das partes principais, visando auxiliar essa mesma parte[1350] – é o caso típico do assistente, previsto nos artigos 326º a 332º do CPC[1351].

Por outro lado, uma vez determinado quem é parte, considera-se *terceiro* todo aquele que não o é, ou seja, todo aquele que não figura no processo como parte (conceito de carácter negativo). *Terceiro é*, pois, *aquele que não é parte*[1352]

em processo executivo, arbitral e em determinados processos especiais (*cfr.* ANTUNES VARELA / J. MIGUEL BEZERRA / SAMPAIO E NORA, *Manual de Processo Civil, cit.*, p. 108).

1347 *Cfr.* PIERO CALAMANDREI, *Istituzioni di Diritto Processuale Civile..., cit.*, p. 192.

1348 *Vide* MIGUEL MESQUITA, *Reconvenção e Excepção no Processo Civil..., cit.*, pp. 129 e 130, e MARCO ANTÓNIO DE AÇO E BORGES, *A Demanda Reconvencional, cit.*, pp. 21, 22, 127 e ss.; neste sentido, veja-se, ainda, LEO ROSENBERG / KARL HEINZ SCHWAB / PETER GOTTWALD, *Zivilprozessrecht, cit.*, pp. 529 e ss. ("Gegenangriff").

1349 PIERO CALAMANDREI, *Istituzioni di Diritto Processuale Civile..., cit.*, p. 182, e ADELINO DA PALMA CARLOS, *Ensaio sobre o litisconsórcio, cit.*, p. 58.

1350 *Vide* MIGUEL TEIXEIRA DE SOUSA, *As partes, o objecto e a prova na acção declarativa, cit.*, p. 12, JOÃO DE CASTRO MENDES / MIGUEL TEIXEIRA DE SOUSA, *Direito Processual Civil, cit.*, § 20º, II, 2, 2.1, ANTUNES VARELA / J. MIGUEL BEZERRA / SAMPAIO E NORA, *Manual de Processo Civil, cit.*, p. 109, e JOSÉ LEBRE DE FREITAS, *Introdução ao Processo Civil..., cit.*, p. 77.

1351 Além do assistente, acrescente-se que também o Ministério Público pode intervir acessoriamente nos termos do artigo 325º do CPC, embora a sua posição seja um pouco diferente da do assistente – *cfr.* JOSÉ LEBRE DE FREITAS, *Introdução ao Processo Civil..., cit.*, p. 77 (nota de rodapé nº 3); sobre este ponto, veja-se, ainda, JOÃO DE CASTRO MENDES / MIGUEL TEIXEIRA DE SOUSA, *Direito Processual Civil, cit.*, § 20º, II, 2, 2.2.

1352 *Cfr.* JOSÉ LEBRE DE FREITAS, *Introdução ao Processo Civil..., cit.*, p. 79, JOÃO DE CASTRO MENDES, Direito Processual Civil, vol. II, *cit.*, p. 9, ANTÓNIO JÚLIO CUNHA, *Limites Subjectivos do Caso Julgado e a Intervenção de Terceiros, cit.*, pp. 108 a 110, SALVADOR DA COSTA, *Os Incidentes da Instância, cit.*, p. 70, MANUEL AUGUSTO GAMA PRAZERES, *Da Intervenção de Terceiros na Relação Processual, cit.*, p. 12, CÂNDIDA DA SILVA ANTUNES PIRES, *Lições de Processo Civil de Macau, cit.*, p. 154, e ANTÓNIO PEDRO PINTO MONTEIRO, "Do Caso Julgado nas Questões de Estado", *cit.*, p. 90. É esta a definição clássica de terceiro, que encontramos também em muitos outros autores, como, por exemplo, em ENRICO TULLIO LIEBMAN, *Manuale di Diritto Processuale Civile. Principi, cit.*, p. 82, PIERO CALAMANDREI, *Istituzioni di Diritto Processuale Civile..., cit.*, p. 199, JUAN MONTERO AROCA, *El Proceso Civil. Los procesos ordinarios de declaración y de ejecución, cit.*, p. 235, JUAN MONTERO AROCA / JUAN LUIS GÓMEZ COLOMER / SILVIA BARONA VILAR / MARÍA PÍA CALDERÓN CUADRADO, *Derecho Jurisdiccional II. Proceso Civil, cit.*, p. 60, JOSÉ Mª ASENCIO MELLADO, *Derecho Procesal Civil, cit.*, p. 84, e CÂNDIDO RANGEL DINAMARCO / BRUNO VASCONCELOS CARRILHO LOPES, *Teoria Geral do Novo Processo Civil, cit.*, p. 154.

ou, concretizando um pouco mais, aquele que, "sob o ponto de vista da sua qualidade jurídica, puder ser considerado um sujeito distinto de qualquer das partes iniciais"[1353]. A palavra *terceiro*, tomada aqui em sentido processual, contrapõe-se, portanto, a parte[1354].

III – A regra geral em processo civil é, como se sabe, a da *dualidade de partes* (partes que, ao longo do processo, vão recebendo denominações distintas em função do tipo de processo e da posição processual que ocupem no mesmo: autor-réu, recorrente-recorrido, exequente-executado, demandante-demandado, requerente-requerido, etc.)[1355]. E, na verdade, na maioria das acções são duas as partes que se defrontam[1356], não sendo possíveis processos com uma única parte[1357] ou os chamados "processos consigo próprio", em que o autor e o réu são a mesma pessoa[1358] – o que se compreende, pois, conforme observam vários autores, o processo exige, pelo menos, duas partes contrapostas, quer dizer uma ou mais partes activas e uma ou mais partes passivas[1359].

[1353] Miguel Teixeira de Sousa, "A intervenção de terceiros no processo arbitral", *cit.*, p. 157. Desta forma, para Miguel Teixeira de Sousa, não serão terceiros (por não assumirem uma qualidade jurídica distinta de qualquer das partes iniciais): (i) o *representado*; (ii) os *sucessores, mortis causa* ou *inter vivos, das partes iniciais*; (iii) aquele a quem foi *cedido o crédito litigioso*; e (iv) aquele que assumiu, por *cessão da posição contratual* ou por *assunção de dívida*, a posição das partes iniciais. O mesmo se poderá, ainda, afirmar a respeito da *sub-rogação pessoal*, da *substituição processual do adquirente ou cessionário pelo transmitente ou cedente* e do incidente de *habilitação* (*op. cit.*, pp. 157 e 158).

[1354] *Cfr.* José Alberto dos Reis, "Intervenção de terceiros (Código de Processo Civil, artigos 325 e segs.)", *cit.*, p. 313 (vol. XXIII). No conceito de terceiro compreendem-se, ainda, os *intervenientes acidentais*, isto é, as testemunhas, peritos, bem como todos aqueles sujeitos (além do tribunal e das partes) que, não tendo interesse na causa, "colaboram na realização da função processual" – José Lebre de Freitas, *Introdução ao Processo Civil...*, *cit.*, p. 79, nota de rodapé nº 6.

[1355] *Vide* Piero Calamandrei, *Istituzioni di Diritto Processuale Civile...*, *cit.*, p. 192, Juan Montero Aroca, *El Proceso Civil. Los procesos ordinarios de declaración y de ejecución*, *cit.*, p. 234, Valentín Cortés Domínguez / Víctor Moreno Catena, *Derecho Procesal Civil. Parte General*, *cit.*, p. 78, Cesare Taraschi, *Manuale di Diritto Processuale Civile*, *cit.*, p. 171, e, entre nós, Antunes Varela / J. Miguel Bezerra / Sampaio e Nora, *Manual de Processo Civil*, *cit.*, p. 108.

[1356] *Cfr.* Antunes Varela / J. Miguel Bezerra / Sampaio e Nora, *Manual de Processo Civil*, *cit.*, pp. 159 e 160.

[1357] Veja-se Adelino da Palma Carlos, *Ensaio sobre o litisconsórcio*, *cit.*, p. 58, e Juan Montero Aroca, *El Proceso Civil. Los procesos ordinarios de declaración y de ejecución*, *cit.*, p. 137.

[1358] João de Castro Mendes / Miguel Teixeira de Sousa, *Direito Processual Civil*, *cit.*, § 20º, II, 1, 1.2.; sobre este ponto, vejam-se, ainda, Othmar Jauernig / Burkhard Hess, *Zivilprozessrecht: ein Studienbuch*, *cit.*, pp. 70 e 71, e Antonio Carlos de Araújo Cintra / Ada Pellegrini Grinover / Cândido Rangel Dinamarco, *Teoria Geral do Processo*, *cit.*, p. 320.

[1359] *Cfr.* Piero Calamandrei, *Istituzioni di Diritto Processuale Civile...*, *cit.*, pp. 194 e 195, Crisanto Mandrioli / Antonio Carratta, *Diritto Processuale Civile*, vol. I, *cit.*, pp. 370 e 371, Manuel

Sucede, porém, que nem sempre se verifica a mencionada dualidade de partes. Casos há em que se confrontam na acção vários autores e/ou vários réus, isto é, em que o processo apresenta não uma dualidade, mas sim uma *pluralidade de partes*[1360] ou *cumulação subjectiva*[1361-1362]. Pluralidade esta que pode ser *activa* (vários autores e um réu), *passiva* (um autor e vários réus) ou *mista* (vários autores e vários réus)[1363] e que, por sua vez, pode ser *inicial* (*ab initio*, desde a propositura da acção, existe já uma pluralidade de partes) ou *sucessiva* (quando essa pluralidade tem lugar não desde o início, mas sim no decurso

de Andrade, *Noções Elementares de Processo Civil*, *cit.*, p. 75, e João de Castro Mendes / Miguel Teixeira de Sousa, *Direito Processual Civil*, *cit.*, § 20º, II, 1, 1.2.

1360 Em rigor, "pluralidade" é um termo que se opõe a unidade, abrangendo, portanto, a dualidade. Importa, todavia, salientar que a expressão "pluralidade de partes" não se contrapõe aqui a unidade, mas sim a dualidade. Ou seja, o termo pluralidade de partes é usado não no sentido de dualidade, mas sim no sentido de haver *mais do que duas partes* – *vide* João de Castro Mendes, Direito Processual Civil, vol. II, *cit.*, p. 171 (nota de rodapé nº 189), e "Breves reflexões sobre o conceito de litisconsórcio", *cit.*, p. 7, João de Castro Mendes / Miguel Teixeira de Sousa, *Direito Processual Civil*, *cit.*, § 26º, I, 1, e Adelino da Palma Carlos, *Ensaio sobre o litisconsórcio*, *cit.*, pp. 58 e 77 (nota de rodapé nº 3).

1361 *Cumulação subjectiva*, na medida em que há uma *cumulação* de partes (mais de duas) na mesma lide (*cfr.* Adelino da Palma Carlos, *Ensaio sobre o litisconsórcio*, *cit.*, pp. 49 e 50).

1362 Sobre a pluralidade de partes ou cumulação subjectiva, em geral, vejam-se, entre nós, Manuel de Andrade, *Noções Elementares de Processo Civil*, *cit.*, pp. 76 e 77, Antunes Varela / J. Miguel Bezerra / Sampaio e Nora, *Manual de Processo Civil*, *cit.*, pp. 159 a 170, Adelino da Palma Carlos, *Direito Processual Civil*, vol. I, *cit.*, pp. 331 e ss., e *Ensaio sobre o litisconsórcio*, *cit.*, pp. 57 e ss., João de Castro Mendes, Direito Processual Civil, vol. II, *cit.*, pp. 171 e ss., João de Castro Mendes / Miguel Teixeira de Sousa, *Direito Processual Civil*, *cit.*, § 26º, Miguel Teixeira de Sousa, *As partes, o objecto e a prova na acção declarativa*, *cit.*, pp. 59 a 96, Rui Pinto, "Problemas da legitimidade processual...", *cit.*, pp. 175 a 193, bem como, na doutrina estrangeira, Piero Calamandrei, *Istituzioni di Diritto Processuale Civile...*, *cit.*, pp. 194 e ss., Crisanto Mandrioli / Antonio Carratta, *Diritto Processuale Civile*, vol. I, *cit.*, pp. 440 e ss., e *Diritto Processuale Civile*, vol. II, *cit.*, pp. 134 a 145, Christoph G. Paulus, *Zivilprozessrecht...*, *cit.*, pp. 43 a 47, Juan Montero Aroca, *El Proceso Civil. Los procesos ordinarios de declaración y de ejecución*, *cit.*, pp. 269 a 274, e Valentín Cortés Domínguez / Víctor Moreno Catena, *Derecho Procesal Civil. Parte General*, *cit.*, pp. 101 a 110.

1363 *Cfr.* Adelino da Palma Carlos, *Direito Processual Civil*, vol. I, *cit.*, pp. 331 e 332, Antunes Varela / J. Miguel Bezerra / Sampaio e Nora, *Manual de Processo Civil*, *cit.*, p. 160, e Paulo Pimenta, *Processo Civil Declarativo*, *cit.*, p. 71. A este respeito, cumpre observar que apenas consideramos aqui a chamada *pluralidade de partes por coordenação* (situação em que existem mais do que duas partes principais) e não a *pluralidade de partes por subordinação* (caso em que, além das duas partes principais, existe uma ou mais partes acessórias); sobre esta distinção, veja-se João de Castro Mendes, "Breves reflexões sobre o conceito de litisconsórcio", *cit.*, p. 8, Direito Processual Civil, vol. II, *cit.*, pp. 171 e 172, e João de Castro Mendes / Miguel Teixeira de Sousa, *Direito Processual Civil*, *cit.*, § 26º, I, 1.

do processo, como sucede nos casos de *intervenção de terceiros*)[1364]. Por outro lado, à cumulação subjectiva pode ainda somar-se a *cumulação objectiva*, isto é, a cumulação de pedidos ou de causas de pedir[1365]-[1366].

Aqui chegados, importa, todavia, introduzir uma precisão: na realidade, *nos casos em que se defrontam vários autores e/ou vários réus nem sempre teremos pluralidade de partes, mas apenas pluralidade de sujeitos ou pessoas* (mantendo-se a dualidade de partes)[1367]. Daí que alguns autores entendam que, em rigor, se deva por vezes falar em "pluralidade de sujeitos"[1368].

Neste sentido, é essencial ter presente que *parte não é o mesmo que sujeito*, isto é, "*uma parte não tem de coincidir com um sujeito processual*"[1369]. Assim se compreende a existência de processos que apresentam uma pluralidade de autores e/ou de réus e em que, no entanto, não há pluralidade de partes, mas sim dualidade; é o que sucede, desde logo, nos casos de litisconsórcio necessário[1370].

[1364] *Vide* ANTUNES VARELA / J. MIGUEL BEZERRA / SAMPAIO E NORA, *Manual de Processo Civil, cit.*, p.163, PAULO PIMENTA, *Processo Civil Declarativo, cit.*, p. 71, RITA LOBO XAVIER / INÊS FOLHADELA / GONÇALO ANDRADE E CASTRO, *Elementos de Direito Processual Civil..., cit.*, p. 192, JORGE AUGUSTO PAIS DE AMARAL, *Direito Processual Civil, cit.*, p. 122, e ANA PRATA, *Dicionário Jurídico*, vol. I, *cit.*, p. 1074.

[1365] A propósito da cumulação objectiva, vejam-se ADELINO DA PALMA CARLOS, *Ensaio sobre o litisconsórcio, cit.*, pp. 48 a 52 e *Direito Processual Civil*, vol. I, *cit.*, pp. 331 e ss. e 374, e ANTUNES VARELA / J. MIGUEL BEZERRA / SAMPAIO E NORA, *Manual de Processo Civil, cit.*, p. 160. A cumulação subjectiva pode verificar-se com ou sem cumulação objectiva, e vice-versa. Ou seja, esta última pode, nos termos do artigo 555º do CPC, ser simples (quando o mesmo autor deduz contra o mesmo réu mais de um pedido), podendo também combinar-se com a pluralidade de partes, originando a *coligação* – *cfr.* JOSÉ LEBRE DE FREITAS, *Introdução ao Processo Civil..., cit.*, p. 210, e JOSÉ ALBERTO DOS REIS, *Código de Processo Civil anotado*, vol. I, *cit.*, pp. 373 e 374, e *Comentário ao Código de Processo Civil*, vol. III, *cit.*, pp. 143 a 170.

[1366] Conforme refere Mariana França Gouveia, note-se que, tradicionalmente, na nossa doutrina, a matéria das pluralidades objectivas tem sido tratada do ponto de vista da pluralidade de *pedidos* (MARIANA FRANÇA GOUVEIA, *A Causa de Pedir na Acção Declarativa, cit.*, pp. 201 e ss.).

[1367] *Cfr.* VALENTÍN CORTÉS DOMÍNGUEZ / VÍCTOR MORENO CATENA, *Derecho Procesal Civil. Parte General, cit.*, p. 101.

[1368] RUI PINTO, "Problemas da legitimidade processual...", *cit.*, p. 175.

[1369] RUI PINTO, *Notas ao Código de Processo Civil*, vol. I, *cit.*, p. 94. Entendimento semelhante é defendido, por exemplo, no Direito Civil (em particular, no âmbito dos negócios jurídicos unilaterais, plurilaterais e contratos), por Oliveira Ascensão. Para este Autor, "*parte não é o mesmo que pessoa*", *podendo uma parte* "*ser constituída por várias pessoas*" (JOSÉ DE OLIVEIRA ASCENSÃO, *Direito Civil. Teoria Geral*, vol. II, *cit.*, p. 33; no mesmo sentido, veja-se INOCÊNCIO GALVÃO TELLES, *Manual dos Contratos em Geral, cit.*, p. 28) – muito embora, note-se, o conceito de parte não seja tomado aqui em sentido processual.

[1370] *Vide* JOSÉ LEBRE DE FREITAS, *Introdução ao Processo Civil..., cit.*, pp. 76 (nota de rodapé nº 2) e 209, e JOSÉ LEBRE DE FREITAS / ISABEL ALEXANDRE, *Código de Processo Civil anotado*, vol. I, *cit.*, pp. 103 e 104.

Com efeito, no *litisconsórcio necessário*, o facto de estarmos perante uma única acção (e um objecto processual uno)[1371] – encontrando-se os litisconsortes numa posição de dependência, isto é, "presos e vinculados uns aos outros"[1372], não sendo possível obter uma decisão definitiva sem a intervenção de todos os interessados (ou sem a sua citação) – leva a que "a pluralidade de sujeitos não afaste a dualidade de partes"[1373]. Consequentemente, teremos uma acção e duas partes (sendo, pelo menos, uma dessas partes constituída por mais de um sujeito)[1374]. Possivelmente, será essa a razão pela qual, aliás, na 1ª parte do artigo 35º do CPC (o litisconsórcio e a acção) se evita a designação "pluralidade de partes", adoptando-se a expressão "pluralidade de sujeitos"[1375]–[1376]. De forma diferente, no *litisconsórcio voluntário* (tal como na coligação) há várias acções – mantendo os vários litisconsortes uma posição de independência entre si[1377], uma "liberdade de movimentos"[1378] – "e, portanto, várias partes ocupando o mesmo lado da relação jurídica processual"[1379]; neste caso, em princípio, cada litisconsorte constituirá uma parte processual[1380].

1371 Artigo 35º, 1ª parte, do CPC.

1372 José Alberto dos Reis, *Código de Processo Civil anotado*, vol. I, *cit.*, pp. 102 e 103.

1373 José Lebre de Freitas / Isabel Alexandre, *Código de Processo Civil anotado*, vol. I, *cit.*, p. 104.

1374 *Cfr.* José Lebre de Freitas, *Introdução ao Processo Civil...*, *cit.*, p. 209.

1375 Na verdade, conforme observa Miguel Teixeira de Sousa por referência ao artigo 29º do anterior CPC (correspondente, *ipsis verbis*, ao actual artigo 35º), "enquanto no litisconsórcio necessário as partes se apresentam externamente como uma *única parte* (artº 29º 1ª parte), no litisconsórcio voluntário, em contrapartida, as partes mantêm uma posição de autonomia (artº 29º 2ª parte)" – Miguel Teixeira de Sousa, *As partes, o objecto e a prova na acção declarativa*, *cit.*, p. 74; do mesmo Autor, veja-se, ainda, *Estudos sobre o Novo Processo Civil*, *cit.*, pp. 169 e 171.

1376 De modo diferente, no artigo 266º, nº 4, do CPC (relativo à possibilidade de o pedido reconvencional envolver outros sujeitos, que se possam associar ao reconvinte ou ao reconvindo), a "pluralidade de partes" é expressamente referida.

No que respeita à LAV, e em particular ao artigo 11º (constituição do tribunal arbitral em caso de pluralidade de partes inicial), é de salientar que tanto se faz referência à "pluralidade de demandantes ou de demandados" (nº 1) como à "pluralidade de partes" (nº 4); sendo também de registar, por sua vez, as duas menções feitas a "todas as partes" nos nºs6 e 7 do artigo 36º (intervenção de terceiros). Já o Regulamento de Arbitragem do CAC refere sempre (e só) "pluralidade de partes" (artigos 9º, 25º, nº 3, e 26, nº 3).

1377 Artigo 35º, 2ª parte, do CPC.

1378 José Alberto dos Reis, *Código de Processo Civil anotado*, vol. I, *cit.*, p. 103.

1379 José Lebre de Freitas, *Introdução ao Processo Civil...*, *cit.*, p. 209.

1380 José Lebre de Freitas / Isabel Alexandre, *Código de Processo Civil anotado*, vol. I, *cit.*, p. 104. Daqui resulta que, ao contrário do que sucede no litisconsórcio necessário, cada litisconsorte (voluntário) possa, por exemplo, livremente desistir do pedido, confessar ou transigir (artigo 288º do CPC) ou que o recurso interposto por um não aproveite, em princípio, aos restantes (artigo 634º do CPC) – *vide* José Lebre de Freitas, *Introdução ao Processo Civil...*, *cit.*, pp. 209 e 210, José

Dizemos "em princípio", pois a verdade é que será também possível pensar em casos de *litisconsórcio voluntário* em que, não obstante a pluralidade de sujeitos, existe dualidade e não pluralidade de partes. Julgamos que isso se poderá verificar, por exemplo, num caso de um litisconsórcio em que o credor demande conjuntamente dois devedores solidários[1381], nos termos do artigo 517º do CC[1382].

Por fim, o mesmo poderá, ainda, eventualmente suceder se estivermos perante outros casos de *litisconsórcio unitário*[1383] (seja este voluntário ou necessário), ou seja, perante casos em que "a decisão do tribunal tem de ser uniforme para todos os litisconsortes"[1384] – uniformidade esta que pode resultar quer da identidade do objecto (caso de uma decisão proferida entre os sócios que intentaram uma acção de anulação de deliberação social), quer de uma relação de prejudicialidade entre vários objectos (pense-se, por exemplo, na "conformidade necessária entre a decisão condenatória do devedor e do fiador e entre a condenação do causador do dano e da seguradora")[1385].

LEBRE DE FREITAS / ISABEL ALEXANDRE, *Código de Processo Civil anotado*, vol. I, *cit.*, p. 104, assim como MIGUEL TEIXEIRA DE SOUSA, *As partes, o objecto e a prova na acção declarativa*, *cit.*, p. 74, e *Estudos sobre o Novo Processo Civil*, *cit.*, p. 171.

1381 Neste sentido, veja-se JEAN-LOUIS DELVOLVÉ, "L'arbitrage multipartite en 1992", *cit.*, pp. 167 e 168, "Final Report on Multi-Party Arbitrations", *cit.*, pp. 29 e 30, e "Multipartism: The Dutco Decision of the French Cour de cassation", *cit.*, pp. 200 e 201.

1382 Recorde-se que "a solidariedade é uma *faculdade* concedida aos credores ou aos devedores", não impedindo, por conseguinte, "que uns ou outros, renunciando ao benefício, accionem conjuntamente a outra parte" (PIRES DE LIMA / ANTUNES VARELA, *Código Civil Anotado*, vol. I, *cit.*, p. 533).

1383 A este respeito, defendendo que "nos casos de unidade de pessoas, de litisconsórcio necessário e de litisconsórcio unitário haverá *uma parte única, apesar da pluralidade de pessoas*" (e que, "nas restantes situações, à pluralidade de intervenientes corresponderá uma pluralidade de partes activas ou passivas"), veja-se PAULA COSTA E SILVA, *Acto e Processo...*, *cit.*, p. 213 (nota de rodapé nº 499).

1384 MIGUEL TEIXEIRA DE SOUSA, *Estudos sobre o Novo Processo Civil*, *cit.*, p. 164. O litisconsórcio unitário, no fundo, "corresponde a situações em que o objecto do processo é um interesse indivisível, pelo que sobre ele não podem ser proferidas decisões divergentes" (MIGUEL TEIXEIRA DE SOUSA, *op. cit.*, p. 164). Distingue-se, portanto, do *litisconsórcio parciário*, aquele "em que a decisão da causa pode ser distinta para cada um dos litisconsortes" (JOÃO DE CASTRO MENDES / MIGUEL TEIXEIRA DE SOUSA, *Direito Processual Civil*, *cit.*, § 26º, II, 6). Sobre o litisconsórcio unitário, veja-se, ainda, PAULA COSTA E SILVA / MARCO GRADI, "A Intervenção de Terceiros...", *cit.*, pp. 47 e 48.

1385 MIGUEL TEIXEIRA DE SOUSA, *Estudos sobre o Novo Processo Civil*, *cit.*, p. 164. Na jurisprudência, quanto a várias situações de litisconsórcio unitário, vejam-se, nomeadamente, (i) os acórdãos do Tribunal da Relação de Lisboa de 14/11/2006 (Relatora Rosa Maria Ribeiro Coelho, processo 2801/2006-7), de 30/06/2008 (Relatora Adelina Barradas Oliveira, processo 8412/2007-9) e de 31/10/2012 (Relatora Maria Amélia Ameixoeira, processo 530/09.9YXLSB.L1-8); (ii) os acórdãos do Tribunal da Relação do Porto de 12/10/2010 (Relator Rodrigues Pires, processo 10/07.7TBMAI.P1)

É essencial, por isso, termos presente que a dualidade de partes não implica que o litígio seja apenas entre um demandante e um demandado, isto é, não implica, necessariamente, que o número de sujeitos seja apenas dois: um autor e um réu[1386]. Como referimos, têm é de existir duas posições e partes contrapostas, podendo dar-se o caso de, em cada uma dessas posições contrapostas, litigarem vários sujeitos[1387]. Deste modo, conforme oportunamente salientou – na arbitragem – Jean-Louis Delvolvé[1388], importa não esquecer que, dentro do esquema bipolar que caracteriza a dualidade de partes, tanto a parte demandante, como a parte demandada, podem ser compostas por vários sujeitos ou pessoas.

De modo inverso, nem todos os casos em que nos deparamos com vários demandantes e/ou demandados serão, necessariamente, casos de pluralidade de partes (ou de "arbitragem multipartes")[1389]. Com efeito, podemos estar perante casos de dualidade de partes com pluralidade de sujeitos.

É essa a razão pela qual, seguindo a posição de Rui Pinto, definimos parte como *o sujeito ou a pluralidade de sujeitos* que deduzem a pretensão processual (parte activa) e *o sujeito ou a pluralidade de sujeitos* contra quem essa pretensão é deduzida (parte passiva)[1390].

Em suma, é preciso perceber se a pluralidade de sujeitos que exista se traduz ou não numa pluralidade de partes – algo que não é tão fácil como à

e de 25/11/2010 (Relator José Ferraz, processo 308/05.8TBMTS-A.P1; e (iii) o acórdão do Tribunal da Relação de Coimbra de 14/05/2013 (Relator Henrique Antunes, processo 9-B/1991.C1).

1386 *Vide* VALENTÍN CORTÉS DOMÍNGUEZ / VÍCTOR MORENO CATENA, *Derecho Procesal Civil. Parte General, cit.*, p. 78, e JOSÉ Mª ASENCIO MELLADO, *Derecho Procesal Civil, cit.*, p. 105.

1387 *Vide* VALENTÍN CORTÉS DOMÍNGUEZ / VÍCTOR MORENO CATENA, *op. cit.*, p. 78, e JOSÉ Mª ASENCIO MELLADO, *op. cit.*, p. 105. Em sentido contrário parece ir ADELINO DA PALMA CARLOS, *Ensaio sobre o litisconsórcio, cit.*, pp. 58 e 59.

1388 *Cfr.* JEAN-LOUIS DELVOLVÉ, "L'arbitrage multipartite en 1992», *cit.*, pp. 167 e 168, e "Final Report on Multi-Party Arbitrations", *cit.*, p. 29.

1389 *Vide* JEAN-LOUIS DELVOLVÉ, "L'arbitrage multipartite en 1992», *cit.*, p. 168, "Final Report on Multi-Party Arbitrations", *cit.*, pp. 29 e 30, e OLIVIER CAPRASSE, "The Setting up of the Arbitral Tribunal in Multi-Party Arbitration...", *cit.*, p. 197; a este propósito, veja-se, igualmente, JEAN-LOUIS DELVOLVÉ, "Multipartism: The Dutco Decision of the French Cour de cassation", *cit.*, pp. 200 e 201. Este terá sido, a nosso ver, um dos erros que o acórdão da *Cour de Cassation* francesa de 07/01/1992 cometeu no âmbito do famoso *caso Dutco*: o de imediatamente concluir, sem mais, que existe pluralidade de partes, pelo facto de os demandados serem dois (confundindo os conceitos de parte e de sujeito). Acima de tudo, é este o grande erro da solução da nomeação *automática* da totalidade dos árbitros (perante a ausência de nomeação conjunta), que encontramos presente em vários regulamentos de arbitragem, bem como na lei de arbitragem espanhola. Especificamente sobre esta questão, e sobre as críticas que referimos, veja-se ANTÓNIO PEDRO PINTO MONTEIRO, *O Princípio da Igualdade e a Pluralidade de Partes na Arbitragem, cit.*, pp. 143 e ss., e pp. 161 e ss.

1390 *Cfr.* RUI PINTO, *Código de Processo Civil Anotado*, vol. I, *cit.*, pp. 90 e 91.

partida poderia parecer, uma vez que, repita-se, nem todos os casos de pluralidade de sujeitos ou pessoas (isto é, nem todos os casos em que haja mais de um autor ou réu) serão, necessariamente, casos de pluralidade de partes. É essencial, por isso, saber diferenciar a dualidade da pluralidade de partes; a abordagem ao tema da pluralidade de partes na arbitragem tem, inevitavelmente, de começar por aqui[1391].

12.2.2. A intervenção de terceiros

I – A intervenção de terceiros na arbitragem[1392] é, desde há muito, uma questão controversa, fonte de inúmeras dúvidas e problemas (a ponto de, durante muito tempo, ter sido vista como uma fronteira que dificilmente viria a ser ultrapassada[1393]). E a verdade é que não obstante a atenção que, sobretudo nos últimos anos, tem sido dada a esta questão – quer por parte de vários legisladores[1394], quer por parte de alguma doutrina e jurisprudência –, ainda assim persistem os problemas e as dúvidas associadas a tal intervenção. Não surpreende, por isso, que, ainda hoje, muitos autores continuem a considerar a intervenção de terceiros como o grande desafio que se coloca na arbitragem internacional[1395].

São conhecidas as vantagens que, no processo civil, a intervenção de terceiros é susceptível de apresentar. Resumidamente, tal intervenção configura uma importante manifestação do *princípio da economia processual*[1396], nos termos do qual o resultado processual deverá ser atingido com a maior economia

[1391] Esta é, na verdade, uma questão que, com muita frequência, "passa ao lado" da doutrina processual/arbitral (e não poderá passar).

[1392] Sobre o tema, vejam-se as reflexões que fizemos anteriormente em António Pedro Pinto Monteiro, *O Princípio da Igualdade e a Pluralidade de Partes na Arbitragem...*, *cit.*, pp. 246 a 256, 290 e ss., "A pluralidade de partes na arbitragem: os principais equívocos que ainda subsistem", *cit.*, pp. 322 a 329, e António Pedro Pinto Monteiro / João Tornada, "A intervenção de terceiros na arbitragem: alguns problemas...", *cit.*, pp. 16 a 28 – reflexões que iremos retomar e seguir de perto.

[1393] Para vários autores, este era um tema, de certa forma, paradoxal. *Arbitragem* e *terceiros* pareciam ser dois conceitos incompatíveis. A este respeito, veja-se Bertrand Moreau, "Introduction", *cit.*, p. 431.

[1394] *Vide* Miguel Teixeira de Sousa, "A intervenção de terceiros no processo arbitral", *cit.*, pp. 152 a 156.

[1395] Neste sentido, Stavros L. Brekoulakis, *Third parties in International Commercial Arbitration*, *cit.*, p. 21.

[1396] *Cfr.* José Lebre de Freitas / Isabel Alexandre, *Código de Processo Civil anotado*, vol. I, *cit.*, pp. 591 e 592. Sobre a génese do fenómeno processual da intervenção de terceiros (onde, entre outras, avultam razões de economia processual), veja-se José Alberto dos Reis, "Intervenção de terceiros (Código de Processo Civil, artigos 325 e segs.)", *cit.*, pp. 321 a 323 (vol. XXIII).

de meios[1397]. Isto é, "deve procurar-se o máximo resultado processual com o mínimo emprego de actividade; o máximo rendimento com o mínimo custo"[1398].

Em todo o caso, não obstante as mencionadas vantagens, certo é que a intervenção de terceiros pode introduzir, também, perturbações ao processo – o que se compreende, uma vez que estamos perante uma excepção ao princípio da estabilidade da instância[1399].

Ora, se num tribunal estadual a intervenção de terceiros é susceptível de trazer, por vezes, dificuldades acrescidas e atrasos ao processo, gerando alguns problemas, a verdade é que em processo arbitral tais problemas são largamente multiplicados, atendendo a vários factores[1400].

II – Um primeiro grupo de problemas que poderemos identificar prende-se com a própria origem contratual da arbitragem voluntária[1401], nomeadamente com o *facto de os árbitros não exercerem poderes soberanos*, pois a fonte directa dos seus poderes é a convenção de arbitragem e não um acto estadual[1402]. Ou seja, tal como vimos anteriormente[1403], os tribunais arbitrais não são *órgãos de soberania* e não têm *ius imperii* – o que faz com que os árbitros não disponham dos mesmos poderes que os juízes estaduais (não podendo o tribunal arbitral, por exemplo, intimar uma testemunha a comparecer perante si)[1404].

1397 *Vide* José Lebre de Freitas, *Introdução ao Processo Civil..., cit.*, p. 205.

1398 Manuel de Andrade, *Noções Elementares de Processo Civil, cit.*, p. 385; no mesmo sentido, vejam-se Giuseppe Chiovenda, *Istituzioni di Diritto Processuale Civile, cit.*, p. 87, e Antonio Carlos de Araújo Cintra / Ada Pellegrini Grinover / Cândido Rangel Dinamarco, *Teoria Geral do Processo, cit.*, p. 79. Deste modo, cada processo deve, por um lado, resolver o máximo possível de litígios (*economia de processos*) e, por outro, comportar só os actos e formalidades indispensáveis ou úteis (*economia de actos e formalidades*) – *cfr.* Manuel de Andrade, *Noções Elementares de Processo Civil, cit.*, p. 386, José Lebre de Freitas, *Introdução ao Processo Civil..., cit.*, p. 205, e António Santos Abrantes Geraldes, *Temas da Reforma do Processo Civil*, vol. I, *cit.*, pp. 100 e 101.

1399 Neste sentido, por referência ao anterior regime de intervenção de terceiros, Heitor Martins, embora reconhecendo que "é evidente a vantagem sob o ponto de vista duma boa administração de justiça, de que se amplie o âmbito das acções", advertia já serem "de temer os abusos", pois "as causas podem ser, sem utilidade, complicadas e prolongadas pela intervenção de terceiros" (Heitor Martins, "Dos incidentes – Relatório apresentado...", *cit.*, p. 355).

1400 A este respeito, vejam-se Mariana França Gouveia, *Curso de Resolução Alternativa de Litígios, cit.*, p. 262, e Jorge Morais Carvalho / Mariana França Gouveia, "Arbitragens Complexas: questões materiais e processuais", *cit.*, p. 112.

1401 *Vide* Christophe Seraglini / Jérôme Ortscheidt, *Droit de l'arbitrage interne et international, cit.*, pp. 312 a 314.

1402 *Cfr.* Dário Moura Vicente, *Da Arbitragem Comercial Internacional..., cit.*, p. 66.

1403 Capítulo II, ponto 7.1.

1404 *Cfr.* Dário Moura Vicente, *Da Arbitragem Comercial Internacional..., cit.*, p. 66, e M. Henrique Mesquita, "Arbitragem: competência do tribunal arbitral...", *cit.*, p. 1384.

Ora, este facto traz dificuldades acrescidas à intervenção de terceiros no processo arbitral. Os tribunais arbitrais têm uma *jurisdição limitada no que toca à intervenção de terceiros*. Com efeito, diferentemente do que sucede com os tribunais estaduais, em relação aos quais, em princípio, estarão submetidas todas as pessoas a que a lei atribua personalidade judiciária (radicando a admissão da intervenção de um terceiro "nos poderes de autoridade do tribunal e na submissão de todos à sua jurisdição"), o tribunal arbitral não tem um poder jurisdicional sobre todos, mas apenas sobre aqueles que se tiverem submetido à sua jurisdição através da *convenção de arbitragem*[1405] (sendo necessário, como referiremos *infra*, que o terceiro esteja vinculado à mencionada convenção para que possa intervir no processo).

Igualmente controvertida é, a este propósito, a matéria relativa à *extensão do caso julgado* em relação ao terceiro cuja intervenção tenha sido admitida, mas que não participe na arbitragem – questão que se coloca quando exista uma intervenção provocada (a intervenção espontânea de um terceiro implicará a sujeição automática deste ao efeito de caso julgado[1406]) e que pressupõe que o terceiro esteja vinculado à convenção arbitral[1407] (tendo aceitado a composição do tribunal, nos termos do artigo 36º, nº 2, da LAV). O problema concreto que surge é o de saber se a sentença arbitral que vier a ser proferida poderá ou não fazer caso julgado em relação ao terceiro que não intervenha no processo[1408].

[1405] Paula Costa e Silva / Marco Gradi, "A Intervenção de Terceiros...", *cit.*, p. 65.

[1406] *Cfr.* Mariana França Gouveia, *Curso de Resolução Alternativa de Litígios*, *cit.*, p. 274.

[1407] Artigo 36º, nº 1, da LAV.

[1408] Defendendo a extensão do caso julgado em relação aos terceiros cuja intervenção tenha sido provocada, independentemente de estes terem ou não uma efectiva intervenção no processo, Mariana França Gouveia, *Curso de Resolução Alternativa de Litígios*, *cit.*, pp. 274 e 275, Armindo Ribeiro Mendes, *in* Dário Moura Vicente (Coordenador), *Lei da Arbitragem Voluntária Anotada*, *cit.*, pp. 117 e 118, e, na vigência da anterior LAV e do anterior CPC, Jorge Morais Carvalho / Mariana França Gouveia, "Arbitragens Complexas: questões materiais e processuais", *cit.*, pp. 146, 147, 156 e 157, e José Lebre de Freitas, "Intervenção de terceiros em processo arbitral", *cit.*, pp. 184, 189 e 190.
Sobre os problemas que o caso julgado, em geral, levanta na arbitragem, vejam-se Bernard Hanotiau, *Complex Arbitrations...*, *cit.*, pp. 239 a 255, e "The Res Judicata Effect of Arbitral Awards", *cit.*, pp. 43 a 51, Nigel Blackaby / Constantine Partasides / Alan Redfern / Martin Hunter, *Redfern and Hunter on International Arbitration*, *cit.*, pp. 559 a 563, Kaj Hobér, "Res judicata and lis pendens in international arbitration", *cit.*, pp. 99 a 405, José Luis González-Montes Sánchez, *El Control Judicial del Arbitraje*, *cit.*, pp. 157 a 171, Cândido Rangel Dinamarco, *A Arbitragem na Teoria Geral do Processo*, *cit.*, pp. 202 a 207, Kristof Cox, "Zen and the art of determining the effects of an arbitration award vis-à-vis third parties", *cit.*, pp. 175 a 213, e, entre nós, José Lebre de Freitas, "O caso julgado na arbitragem internacional...", *cit.*, pp. 647 a 664, Carla Góis Coelho, *O caso julgado arbitral: eficácia e especificidades – em especial, o efeito preclusivo*

As dificuldades não se ficam, no entanto, por aqui. A intervenção de terceiros parece também pôr em causa algumas das principais vantagens da arbitragem: por exemplo, a *confidencialidade*[1409] (a cuja importância já anteriormente aludimos) e a *celeridade*.

Em concreto, no que diz respeito à celeridade[1410], os problemas colocam-se com os *atrasos* que a intervenção de terceiros, por vezes, irá trazer ao processo arbitral, podendo com isso comprometer tal vantagem e, mais importante, frustrar as expectativas das partes que tenham recorrido ao foro arbitral com a finalidade de conseguirem uma resolução mais célere do litígio. Pense-se, desde logo, no seguinte: admitida a intervenção, o terceiro terá o direito de apresentar o seu próprio articulado (artigos 36º, nº 5, e 33º da LAV)[1411], ao

stricto sensu, *cit.*, e "Brief analysis of the res judicata effects of arbitral awards with emphasis on its particularities...", *cit.*, pp. 43 a 48, e Joana Galvão Teles, "Res judicata in arbitration", *cit.*, pp. 169 a 180; sobre o tema, vejam-se, ainda, os relatórios e recomendações da ILA, publicados na *Arbitration International*, vol. 25, nº 1 (2009), pp. 1 a 85.

1409 Neste sentido, Paula Costa e Silva, *A Nova Face da Justiça...*, *cit.*, p. 119, Miguel Teixeira de Sousa, "A intervenção de terceiros no processo arbitral", *cit.*, p. 152, e o *Anteprojecto de LAV da APA (2010)*, notas justificativas ao artigo 36º, *cit.*, p. 199, bem como Loukas A. Mistelis, "Confidentiality and Third Party Participation...", *cit.*, pp. 211 e ss., Gary B. Born, *International Commercial Arbitration*, vol. II, *cit.*, pp. 2568 e 2569, e Nathalie Voser, "Multi-party disputes and joinder of third parties", *cit.*, pp. 351 e 352.

1410 A celeridade é tradicionalmente apontada como uma das maiores vantagens da arbitragem. Na verdade, comparativamente com a justiça estadual, os processos arbitrais são, por norma, *mais expeditos*. Isso pode suceder devido a vários factores, designadamente ao facto de a justiça arbitral se revestir de um menor formalismo, bem como de uma maior flexibilidade e simplicidade (que faz com que a actuação dos árbitros não esteja dependente de circunstâncias que muitas vezes emperram os processos judiciais), ao que acresce, muitas vezes, uma maior disponibilidade do árbitro relativamente ao juiz – *cfr.* Maria Ângela Bento Soares / Rui Manuel Moura Ramos, *Contratos Internacionais...*, *cit.*, p. 321, A. Ferrer Correia, "Da arbitragem comercial internacional", *cit.*, pp. 174 e 175, Luís de Lima Pinheiro, *Arbitragem Transnacional...*, *cit.*, p. 24, e Manuel Pereira Barrocas, *Manual de Arbitragem*, *cit.*, p. 141. Por outro lado, as partes podem, ainda, ao abrigo da ampla autonomia de que dispõem, definir o prazo para ser proferida a sentença arbitral (artigo 43º, nº 1, da LAV) e assim garantir (se o desejarem) a celeridade do litígio – uma importante vantagem que não se verifica nos tribunais estaduais. A própria existência de um prazo de decisão, na ausência de disposição das partes, visa "assegurar que o litígio seja resolvido rapidamente" (Mariana França Gouveia, *Curso de Resolução Alternativa de Litígios*, *cit.*, p. 291). Note-se, em todo o caso, que a celeridade não é um princípio absoluto na arbitragem e, como é evidente, não pode levar a que sejam preteridos certos princípios fundamentais, como o princípio da igualdade das partes ou o princípio do contraditório. Para maiores desenvolvimentos sobre o papel e o alcance da celeridade na arbitragem, *vide*, entre outros, Yves Derains, "Les nouveaux principes de procédure: confidentialité, célérité, loyauté", *cit.*, pp. 98 a 100.

1411 *Cfr.* Armindo Ribeiro Mendes, *in* Dário Moura Vicente (Coordenador), *Lei da Arbitragem Voluntária Anotada*, *cit.*, p. 117.

que se seguirá, muito provavelmente, uma resposta do demandante e/ou do demandado (consoante o caso). Os atrasos que esta perturbação introduz – num processo arbitral que, muitas vezes, se quer célere – são óbvios, sobretudo se forem vários os terceiros a intervir. Facto que, só por si, justifica que a admissão da intervenção de um qualquer terceiro se deva rodear de algumas cautelas.

Por fim, a intervenção de terceiros é susceptível de comprometer a *eficiência*[1412] e de aumentar os *custos da arbitragem*[1413], sobretudo se estiver em causa não apenas a intervenção de um terceiro, mas sim de vários. Neste sentido, imagine-se, por exemplo, um processo arbitral em que sejam admitidos a intervir vinte ou trinta terceiros (terceiros que até podem ter posições divergentes entre si). É óbvio que tal intervenção será muito *difícil de gerir*, com particular destaque para a fase dos articulados e para as audiências de julgamento. Ao mesmo tempo, essa intervenção pode, ainda, *aumentar os custos da arbitragem*. Se o processo arbitral estiver a decorrer num centro de arbitragem institucionalizado, por exemplo, poderá estar prevista uma *majoração*, quer dos honorários dos árbitros, quer dos encargos administrativos, se circunstâncias excepcionais do caso concreto o justificarem[1414], como poderá suceder com a intervenção de terceiros[1415].

Tudo isto, em suma, explica a *hesitação inicial do legislador em tratar o tema*, conforme ficou demonstrado nos trabalhos preparatórios da actual LAV. Com efeito, a matéria da intervenção de terceiros não constava da versão inicial do projecto de lei apresentada por António Sampaio Caramelo aos restantes membros da APA[1416], tendo, porém, a maioria dos membros da sua Direcção

[1412] Apontando o facto de a intervenção de terceiros poder tornar o processo mais complexo e menos eficiente, veja-se, por exemplo, Miguel Teixeira de Sousa, "A intervenção de terceiros no processo arbitral", *cit.*, p. 152.

[1413] A este propósito, *vide* Barbara Helene Steindl, "The 2012 ICC Arbitration Rules...", *cit.*, p. 155.

[1414] É isso que sucede, por exemplo, com os regulamentos de arbitragem da CCI e do CAC – *cfr.* artigo 38º, nº 2, do Regulamento de Arbitragem da CCI, e artigo 2º, nºs 2 e 5, do apêndice III (Custas e Honorários da Arbitragem) de tal Regulamento, bem como os artigos 50º, nº 4, e 52º, nº 2, do Regulamento de Arbitragem do CAC. A propósito da solução da CCI, veja-se Jason Fry / Simon Greenberg / Francesca Mazza, *The Secretariat's Guide to ICC Arbitration*, *cit.*, pp. 392 a 396, bem como as pp. 363 e 364.

[1415] Com efeito, entre as mencionadas circunstâncias excepcionais contam-se, geralmente, a complexidade do processo e o tempo despendido pelos árbitros – *cfr.* artigo 2º, nº 2, do apêndice III (Custas e Honorários da Arbitragem), do Regulamento de Arbitragem da CCI, e artigo 50º, nº 4, do Regulamento de Arbitragem do CAC –, a que a intervenção de terceiros pode dar origem.

[1416] O referido Autor entendia, na altura, que "a complexidade do tema e a inadequação da transposição de grande parte do regime da intervenção de terceiros em processo civil para o processo arbitral tornavam preferível que, à semelhança do que acontecera na preparação de leis

entendido que seria conveniente incluir na LAV uma norma a este respeito, assim se chegando ao actual artigo 36º[1417]. Em todo o caso, não pode deixar de se referir que, além da hesitação inicial em abordar este assunto, a forma como a intervenção de terceiros foi regulada não se revelou, desde o início, consensual. A questão foi evoluindo nos vários projectos de lei apresentados, o que demonstra bem a dificuldade que a APA teve em lidar com o tema[1418]. Basta ver a redacção do artigo 36º do primeiro anteprojecto apresentado (de 2009)[1419] para, facilmente, constatarmos as inúmeras diferenças que se verificam face à redacção actual[1420].

III – Centrando-nos na LAV, importa começar por salientar o seguinte: se é certo que, como vimos, a noção de terceiro é comum ao processo arbitral e ao processo civil (terceiro é aquele que não é parte, isto é, todo aquele que não figura no processo como parte)[1421], a verdade é que a regulamentação legal subjacente à intervenção de terceiros é muito diferente[1422].

estrangeiras sobre arbitragem, o Projecto não tratasse tal matéria, deixando às partes a possibilidade de a regularem na convenção de arbitragem, quer directamente quer através da remissão para regulamentos de arbitragem [...]" – António Sampaio Caramelo, "A reforma da lei da arbitragem voluntária", *cit.*, p. 224.

1417 *Cfr.* António Sampaio Caramelo, *op. cit.*, p. 224.

1418 *Cfr.* Jorge Morais Carvalho / Mariana França Gouveia, "Arbitragens Complexas: questões materiais e processuais", *cit.*, p. 152, e Mariana França Gouveia, *Curso de Resolução Alternativa de Litígios*, *cit.*, p. 271. As dificuldades da APA estão, aliás, bem patentes no Anteprojecto apresentado em 2010, onde se reconhece, expressamente, que a problemática respeitante à intervenção de terceiros é *"extremamente complexa"* – *Anteprojecto de LAV da APA (2010)*, notas justificativas ao artigo 36º, *cit.*, p. 198.

1419 *Vide Anteprojecto de LAV (2009)*, *in Revista Internacional de Arbitragem e Conciliação*, APA, nº 2 (2009) p. 224.

1420 A este respeito, repare-se que, aquando da apresentação do primeiro projecto de LAV, António Sampaio Caramelo defendia já – por referência ao nº 1 do artigo 36º – que alguns aspectos da solução aí acolhida "merecem ser objecto de reflexão mais aprofundada" ("A reforma da lei da arbitragem voluntária", *cit.*, p. 226).

1421 Defendendo – por referência à arbitragem – que terceiro é "todo aquele que não é parte na acção arbitral", veja-se José Lebre de Freitas, "Intervenção de terceiros em processo arbitral", *cit.*, p. 183.

1422 Embora o regime de intervenção de terceiros da LAV se tenha inspirado, em certos pontos, na regulamentação processual do CPC – sobretudo, nas alíneas a), b), c) e d) do nº 3 do artigo 36º da LAV, inspiradas, respectivamente, nos incidentes de intervenção principal, oposição, intervenção principal provocada e intervenção acessória provocada do CPC [*vide* Armindo Ribeiro Mendes, *in* Dário Moura Vicente (Coordenador), *Lei da Arbitragem Voluntária Anotada*, *cit.*, pp. 114 a 116, Miguel Teixeira de Sousa, "A intervenção de terceiros no processo arbitral", *cit.*, p. 175, António Sampaio Caramelo, "Da condução do processo arbitral...", *cit.*, pp. 199 a

Note-se, desde logo, que, nos termos do artigo 36º, nº 1, da LAV, para que um terceiro possa intervir num processo arbitral é necessário que ele esteja *vinculado pela convenção de arbitragem* em que o processo se baseia, quer o terceiro esteja vinculado (por essa convenção) desde a respectiva conclusão, quer tenha aderido a ela subsequentemente (caso em que a adesão carece do consentimento de todas as partes na convenção de arbitragem, podendo ser realizada só para os efeitos da arbitragem em causa). Esta última hipótese merece algumas considerações adicionais.

A LAV não exige que a vinculação do terceiro à convenção de arbitragem seja *originária*, podendo ser *subsequente*, desde que todas as partes da convenção arbitral *consintam* nessa adesão (admitindo-se, ainda, a possibilidade de limitar a intervenção do terceiro para os efeitos da arbitragem em causa, isto é, o terceiro poderá intervir no litígio em questão e não em outros eventuais litígios que, porventura, venham a surgir). A exigência do mencionado consentimento é compreensível: visa, essencialmente, proteger-se o interesse das partes primitivas e evitar o risco de alguns inconvenientes que a intervenção de terceiros lhes poderá trazer[1423], designadamente ao nível da celeridade e da confidencialidade do processo. Ao mesmo tempo, esta é, também, a solução mais congruente com a origem contratual da arbitragem voluntária[1424].

Diferentemente do processo civil, na arbitragem existe, assim, um importante *requisito prévio* para que o terceiro possa intervir no processo: a vinculação à convenção arbitral[1425]. Este requisito prévio compreende-se bem, atendendo à *origem contratual* da arbitragem voluntária, que "implica uma jurisdição naturalmente restrita às partes que celebraram a convenção [de

201, Manuel Pereira Barrocas, *Lei de Arbitragem Comentada, cit.*, pp. 138 e 139, Mariana França Gouveia, *Curso de Resolução Alternativa de Litígios, cit.*, pp. 265 e 266, António Menezes Cordeiro, *Tratado da Arbitragem..., cit.*, p. 337, e Mário Esteves de Oliveira (coordenação), *Lei da Arbitragem Voluntária Comentada, cit.*, p. 427] –, as diferenças são, como veremos, muitas.

1423 *Cfr.* Armindo Ribeiro Mendes, *in* Dário Moura Vicente (Coordenador), *Lei da Arbitragem Voluntária Anotada, cit.*, p. 114.

1424 Como veremos melhor *infra*, note-se que o consentimento referido no citado preceito é o consentimento para a adesão subsequente do terceiro à convenção e não o consentimento para a sua admissão no processo arbitral. Nos termos do artigo 36º, nº 3, da LAV, a admissão da intervenção do terceiro (vinculado pela convenção de arbitragem) não depende do consentimento das partes, mas sim de decisão do tribunal arbitral. Sobre o artigo 36º da LAV, *vide*, entre outros, António Menezes Cordeiro, *Tratado da Arbitragem..., cit.*, pp. 332 a 343.

1425 *Cfr.* António Pedro Pinto Monteiro, *O Princípio da Igualdade e a Pluralidade de Partes na Arbitragem..., cit.*, pp. 249 e ss., e Artur Flamínio da Silva, *A Resolução de Conflitos Desportivos..., cit.*, p. 346.

arbitragem] e à matéria objecto da convenção e do processo"[1426]. De facto, importa não esquecer que a convenção de arbitragem delimita o âmbito subjectivo do processo arbitral[1427], pelo que se o terceiro não assinou a convenção de arbitragem, nem está, de alguma forma, vinculado pela mesma, pura e simplesmente não poderá intervir[1428]–[1429] – o tribunal arbitral não terá jurisdição em relação a esse terceiro; dir-se-á, a este propósito, que nem o terceiro pode impor às partes a sua *intervenção espontânea*, nem as partes podem forçar a sua *intervenção provocada*[1430].

A *convenção de arbitragem* é, portanto, o centro da questão. Na verdade, "só há competência do tribunal arbitral se houver convenção"[1431], pelo que se não houver convenção de arbitragem entre todos os intervenientes, não haverá arbitragem[1432]. A questão que sempre se terá de colocar é, pois, a de saber se

[1426] Jorge Morais Carvalho / Mariana França Gouveia, "Arbitragens Complexas: questões materiais e processuais", *cit.*, p. 112.

[1427] *Vide* Miguel Teixeira de Sousa, "A intervenção de terceiros no processo arbitral", *cit.*, p. 164.

[1428] Neste sentido, na vigência da anterior LAV, Paula Costa e Silva salientava já que não se devia admitir a "submissão potestativa à jurisdição arbitral de terceiro que não esteja *vinculado* pela convenção de arbitragem" (Paula Costa e Silva / Marco Gradi, "A Intervenção de Terceiros...", *cit.*, p. 56).

[1429] Por outras palavras, "para o direito português, o terceiro interveniente é um terceiro estranho ao processo arbitral e às partes iniciais, mas não à convenção arbitral que está na base daquele processo" (Miguel Teixeira de Sousa, "A intervenção de terceiros no processo arbitral", *cit.*, p. 164). Noutras jurisdições, alguns autores referem, a este propósito, que a noção de terceiros na arbitragem pode ser compreendida de duas formas. O terceiro não é parte do processo e da convenção de arbitragem (não estando vinculado pela mesma): são os chamados "*terceiros absolutos*". O terceiro não é parte do processo, mas é parte da convenção arbitral: "*terceiros imperfeitos*" (Alexis Mourre, "L'intervention des tiers à l'arbitrage", *cit.*, pp. 101 e ss., e Hakim Boularbah, "Les procédures parallèles et les tiers", *cit.*, p. 151). Ora, se seguirmos esta classificação de terceiros, vemos que a LAV (artigo 36º, nº 1), no fundo, adoptou a noção de "terceiros imperfeitos". Os "terceiros absolutos" não poderão intervir.

[1430] *Cfr.* Miguel Teixeira de Sousa, "A intervenção de terceiros no processo arbitral", *cit.*, pp. 164, 165, 167 e 168 e, na vigência da anterior LAV, Paula Costa e Silva / Marco Gradi, "A Intervenção de Terceiros...", *cit.*, pp. 53 e 54, e Manuel Botelho da Silva, "Pluralidade de Partes em Arbitragens Voluntárias", *cit.*, pp. 531 e 532. Na doutrina francesa, veja-se, em particular, Christophe Seraglini / Jérôme Ortscheidt, *Droit de l'arbitrage interne et international*, *cit.*, pp. 312 e 313.

[1431] Mariana França Gouveia, *Curso de Resolução Alternativa de Litígios*, *cit.*, p. 271 (a este respeito, veja-se, ainda, a p. 126).

[1432] *Cfr.* Manuel Pereira Barrocas, *Lei de Arbitragem Comentada*, *cit.*, p. 135. A vinculação à convenção de arbitragem é, desta forma, o "*requisito indispensável*" para que um determinado sujeito possa participar no processo arbitral e ficar submetido à sentença que vier a ser proferida (Stavros L. Brekoulakis, *Third parties in International Commercial Arbitration*, *cit.*, p. 3).

o terceiro *consentiu* ou não em se submeter à jurisdição arbitral. Conforme se costuma salientar, *o consentimento é a "pedra angular da arbitragem"*[1433] – esta é, de facto, uma das mais importantes (e indiscutíveis) máximas deste meio de resolução alternativa de litígios. Deste modo, para que qualquer sujeito possa litigar no foro arbitral, é necessário que o mesmo *consinta* em se submeter à jurisdição arbitral. Caso não o faça, esse sujeito não estará vinculado pela convenção de arbitragem e, consequentemente, não poderá intervir no processo arbitral[1434].

Não obstante o que referimos, importa ressalvar que o facto de o terceiro estar vinculado pela convenção de arbitragem não significa, automaticamente, que a sua intervenção venha a ser admitida no processo[1435]; essa decisão caberá (apenas) ao tribunal arbitral, nos termos do nº 3 do artigo 36º da LAV. Quer dizer, para que o terceiro intervenha é necessário que esteja – originária ou subsequentemente – vinculado pela convenção de arbitragem (*pré-requisito* imprescindível), mas a inversa não é verdadeira, isto é, a vinculação à convenção de arbitragem não significa que o mesmo venha a intervir no processo arbitral. A admissão da intervenção do terceiro não depende, portanto, do

[1433] *"Cornerstone of arbitration"* ou *"pierre angulaire de l'arbitrage"* são as expressões frequentemente usadas por vários autores para salientar a importância do consentimento das partes na arbitragem. A este respeito, vejam-se, por exemplo, Fernando Mantilla-Serrano, "Multiple parties and multiple contracts: divergent or comparable issues?", *cit.*, p. 25, Karim Youssef, "The limits of consent: the right or obligation to arbitrate of non-signatories in group of companies", *cit.*, p. 72, Bernard Hanotiau, *Complex Arbitrations...*, *cit.*, pp. 32 e 33, W. Laurence Craig, "Introduction", *cit.*, p. lvii, William W. Park, "Non-signatories and international contracts: an arbitrator's dilemma", *cit.*, pp. 3 e 4, David D. Caron / Lee M. Caplan, *The UNCITRAL Arbitration Rules...*, *cit.*, p. 54, Andrea Marco Steingruber, *Consent in International Arbitration*, *cit.*, p. 1, Ousmane Diallo, *Le consentement des parties à l'arbitrage international*, *cit.*, p. 7, Nigel Blackaby / Constantine Partasides / Alan Redfern / Martin Hunter, *Redfern and Hunter on International Arbitration*, *cit.*, p. 71, Ana Caetano, "Emergency arbitrator – is he or she a true arbitrator? The single...", *cit.*, p. 41, e António Pedro Pinto Monteiro / José Miguel Júdice, "Class Actions & Arbitration in the European Union...", *cit.*, p. 202.

[1434] *Cfr.* Didier Matray / Gautier Matray, "La rédaction de la convention d'arbitrage", *cit.*, p. 25, e Philippe Fouchard / Emmanuel Gaillard / Berthold Goldman, *Fouchard Gaillard Goldman On International Commercial Arbitration*, *cit.*, p. 280. O consentimento das partes é, assim, poderemos considerar, uma condição prévia *da arbitragem* (*vide* Nigel Blackaby / Constantine Partasides / Alan Redfern / Martin Hunter, *Redfern and Hunter on International Arbitration*, *cit.*, p. 85), cuja importância nunca deverá ser subestimada (*cfr.* Ousmane Diallo, *Le consentement des parties à l'arbitrage international*, *cit.*, p. 7).

[1435] É importante distinguir as noções de parte da convenção de arbitragem e parte do processo arbitral (*cfr.* Elena Zucconi Galli Fonseca, *La convenzione arbitrale rituale rispetto ai terzi*, *cit.*, pp. 231 a 233).

consentimento das partes; essa decisão caberá ao tribunal arbitral, nos termos do mencionado nº 3 do artigo 36º[1436].

Para além da necessidade da vinculação do terceiro à convenção de arbitragem, existem, ainda, outras importantes diferenças ao nível do regime da intervenção de terceiros, entre o Direito Processual Civil e a LAV, dignas de registo.

Destacamos, sobretudo, o facto de, nos termos da LAV, tal intervenção poder ocorrer quer *antes*, quer depois de constituído o tribunal arbitral (artigo 36º, n.ºs 2 e 6)[1437]. Algo que, à partida, se afigura de difícil compreensão à luz do conceito de terceiros que conhecemos do processo civil. Na verdade, se não existe sequer tribunal constituído, como é que alguém se pode considerar *terceiro* ou *parte*[1438]? Facto que, mais uma vez, demonstra que estamos a lidar com um regime de intervenção de terceiros diferente na arbitragem.

Outro ponto que merece referência, por fim, é a circunstância de a LAV parecer qualificar a intervenção de terceiros como intervenção de uma *parte principal*. Conforme observam alguns autores, é isso que se depreende da remissão feita do nº 5 do artigo 36º para o artigo 33º, preceito que regula a apresentação dos articulados das partes (e que terão, necessariamente, de ser *partes principais*, uma vez que apenas estas podem apresentar articulados)[1439].

[1436] Com efeito, "uma coisa é a vinculação à arbitragem de todos os interessados, outra bastante distinta é a relevância do assentimento dos interessados na própria intervenção do terceiro"; quanto a este último ponto, importa ter presente que "é sempre ao tribunal arbitral que compete admitir ou rejeitar a intervenção do terceiro" (Miguel Teixeira de Sousa, "A intervenção de terceiros no processo arbitral", *cit.*, p. 168). A necessidade ou não do consentimento das partes para a intervenção de terceiros é uma matéria controvertida, que foi discutida antes e aquando da aprovação da actual LAV. Enquanto para alguns autores tal consentimento era exigível (Manuel Botelho da Silva, "Pluralidade de Partes em Arbitragens Voluntárias", *cit.*, pp. 531 e 532), para outros era dispensável (José Lebre de Freitas, "Intervenção de terceiros em processo arbitral", *cit.*, p. 188). A LAV optou por abdicar do consentimento das partes, ao contrário da primeira versão do anteprojecto (2009) que, no então artigo 36º, nº 1, alínea a), exigia esse consentimento. Sobre esta questão, vejam-se, particularmente, Mariana França Gouveia, *Curso de Resolução Alternativa de Litígios*, *cit.*, pp. 272 e 273, e António Sampaio Caramelo, "Da condução do processo arbitral...", *cit.*, pp. 194 e 195. Diferente é o caso, por exemplo, da lei italiana, que exige o consentimento das partes, embora com algumas excepções, designadamente em caso de *litisconsórcio necessário* (artigo 816º-*quinquies* do CPC italiano) – nesta última hipótese, não é preciso esse consentimento, sendo, porém, necessário que o terceiro esteja vinculado à convenção de arbitragem [*cfr.* Filippo Corsini, "L'intervento del litisconsorte necessario nel procedimento arbitrale", *cit.*, pp. 589 a 607, e Crisanto Mandrioli / Antonio Carratta, *Diritto Processuale Civile*, vol. III, *cit.*, p. 431 (nota de rodapé nº 84)].

[1437] Veja-se, a este respeito, o que oportunamente dissemos no capítulo V, ponto 11.2

[1438] Manifestando, também, algumas críticas a este respeito, Mário Esteves de Oliveira (coordenação), *Lei da Arbitragem Voluntária Comentada*, *cit.*, p. 437.

[1439] *Vide* Miguel Teixeira de Sousa, "A intervenção de terceiros no processo arbitral", *cit.*, p. 175, e António Sampaio Caramelo, "Da condução do processo arbitral...", *cit.*, p. 201.

Em conclusão, no que a esta matéria diz respeito, mais uma vez constatamos a existência de diferenças relevantes entre o Direito Processual Civil e a arbitragem, diferenças estas que não deverão ser ignoradas.

12.2.3. A extensão da convenção de arbitragem a não signatários ou a terceiros; as arbitragens multicontratos

No ponto anterior, entre várias questões, vimos que a premissa essencial para que o terceiro possa intervir no processo arbitral é a *vinculação à convenção de arbitragem*.

Intrinsecamente ligada a esta premissa essencial, a questão seguinte (e diferente) que se poderá colocar é a de saber *como se deverá manifestar o referido consentimento*, para que um determinado sujeito se possa considerar parte da convenção de arbitragem e, consequentemente, se possa entender vinculado a tal convenção (podendo vir a ser considerado terceiro no processo arbitral)[1440]. A este respeito, note-se que *não é necessário que uma pessoa seja signatária da convenção de arbitragem*, para que se possa entender que está vinculada pela mesma (a LAV não o exige).

Com efeito, o artigo 36º, nº 1, não se refere a terceiros *signatários* da convenção de arbitragem em que o processo arbitral se baseia, mas sim a terceiros *vinculados* pela convenção. O que se compreende, uma vez que, nos termos da LAV, não é necessária a *assinatura* das partes para que estas se possam considerar vinculadas pela convenção de arbitragem – à semelhança, aliás, do que se verificava na anterior LAV[1441] e à semelhança do que sucede em muitas leis estrangeiras[1442].

O nº 5 do artigo 36º visa, essencialmente, demonstrar que o interveniente tem direito a um articulado próprio para expor a sua pretensão, existindo, como é evidente, contraditório por quem tenha legitimidade para se opor à pretensão deduzida [*cfr.* ARMINDO RIBEIRO MENDES, *in* DÁRIO MOURA VICENTE (Coordenador), *Lei da Arbitragem Voluntária Anotada*, *cit.*, p. 117]. Ou seja, a intervenção do terceiro vai acabar por produzir efeitos na marcha do processo arbitral, uma vez que "há que garantir ao terceiro que intervém como parte *principal* a possibilidade de fazer valer a sua pretensão contra uma ou ambas as partes iniciais e há que assegurar a estas partes a possibilidade de se defenderem daquela pretensão"; é isto que, no fundo, justifica a mencionada remissão (MIGUEL TEIXEIRA DE SOUSA, "A intervenção de terceiros no processo arbitral", *cit.*, pp. 176 e 177).

1440 Sobre este ponto, veja-se, em geral, DÁRIO MOURA VICENTE, "A manifestação do consentimento na convenção de arbitragem", *cit.*, pp. 987 a 1004, e ELENA ZUCCONI GALLI FONSECA, *La convenzione arbitrale rituale rispetto ai terzi*, *cit.*, pp. 206 e ss.

1441 *Cfr.* DÁRIO MOURA VICENTE, "A manifestação do consentimento na convenção de arbitragem", *cit.*, p. 991.

1442 *Vide* JEAN-FRANÇOIS POUDRET / SÉBASTIEN BESSON, *Comparative Law of International Arbitration*, *cit.*, p. 211, WILLIAM W. PARK, "Non-signatories and international contracts...", *cit.*, pp. 8 e 9, ALAN SCOTT RAU, " 'Consent' to arbitral jurisdiction: disputes with non-signatories", *cit.*,

Conforme observa Dário Moura Vicente, é certo que a vontade de cometer a árbitros a resolução de litígios tem de ser devidamente exteriorizada. Razão pela qual se exige que a convenção de arbitragem adopte *forma escrita* (artigo 2º, nº 1, da LAV). Face à importância que tal convenção reveste (retirando jurisdição aos tribunais estaduais), compreende-se que assim seja; por outro lado, o requisito da forma escrita permite, ainda, que as partes possam ponderar melhor a sua opção e evita incertezas quanto à jurisdição competente[1443]. Em todo o caso, a necessidade de a convenção de arbitragem revestir forma escrita não implica, nos termos da LAV, que a mesma tenha de ser assinada pelas partes[1444]_[1445].

Assim se compreende a existência de casos em que, não obstante determinado sujeito não ter assinado a convenção arbitral, ainda assim o mesmo intervém no processo como terceiro (por se entender estar vinculado a tal convenção). É isso que poderá suceder, desde logo, por força de uma cessão da posição contratual. O mesmo se poderá verificar, ainda, noutros casos; por exemplo: cessão de créditos, sub-rogação, contratos a favor de terceiro, garantia das obrigações, grupos de sociedades, etc.[1446]. Ora, é justamente por

pp. 105 e 106, Alexandra Muñoz, "La extensión del convenio de arbitraje sin consentimiento: ¿Una excepción francesa?", *cit.*, p. 17, e Bernard Hanotiau, *Complex Arbitrations...*, *cit.*, pp. 32, 33, 52 a 54, e "Non-signatories in International Arbitration: Lessons from Thirty Years of Case Law", *cit.*, pp. 348 a 350.

1443 *Vide* Dário Moura Vicente, *in* Dário Moura Vicente (Coordenador), *Lei da Arbitragem Voluntária Anotada*, *cit.*, pp. 33 e 34, e "A manifestação do consentimento na convenção de arbitragem", *cit.*, pp. 991 a 993; sobre este ponto, vejam-se, ainda, Didier Matray / Gautier Matray, "La rédaction de la convention d'arbitrage", *cit.*, pp. 27 a 31, e Jean-François Poudret / Sébastien Besson, *Comparative Law of International Arbitration*, *cit.*, pp. 147 e ss.

1444 Diferente era o que sucedia no anterior Decreto-Lei nº 243/84, de 17 de Julho, cujo artigo 2º, nº 1, exigia, expressamente, que a convenção de arbitragem fosse "reduzida a escrito, *assinado pelas partes*"; sobre o regime então consagrado, Raúl Ventura, "Convenção de arbitragem e cláusulas contratuais gerais", *cit.*, pp. 26 a 30.

1445 Por outro lado, importa também notar que um determinado sujeito pode ter assinado, formalmente, a convenção de arbitragem e, ainda assim, não ser considerado parte da referida convenção ou, pelo menos, não ser considerado a única parte da convenção – a este respeito, vejam-se Bernard Hanotiau, *Complex Arbitrations...*, *cit.*, pp. 8, 32 e ss., William W. Park, "Non-signatories and international contracts...", *cit.*, p. 8 (nota de rodapé nº 12), e Jean-François Poudret / Sébastien Besson, *Comparative Law of International Arbitration*, *cit.*, p. 211. Tal poderá suceder, por exemplo, em situações de grupos de sociedades, bem como se estivermos perante um vício da vontade (*cfr.* Carlos Mota Pinto, *Teoria Geral do Direito Civil*, *cit.*, pp. 498 e ss.), designadamente perante um erro-vício nos termos do artigo 251º do CC (*vide* António Pinto Monteiro, *Erro e Vinculação Negocial*, *cit.*, pp. 16 e ss.).

1446 Sobre estas e outras possibilidades de se verificar uma extensão da convenção de arbitragem a não signatários ou a terceiros, veja-se, entre outros, Jorge Morais Carvalho / Mariana

referência a estes casos que, muitas vezes, se utiliza a terminologia *extensão da convenção de arbitragem a não signatários ou a terceiros*[1447]. A mencionada extensão merece algumas considerações adicionais.

A terminologia *extensão da convenção de arbitragem a não signatários ou a terceiros* tem sido (e bem) criticada, na medida em que, em rigor, não existe qualquer *extensão* da convenção arbitral (nem existe uma intervenção de terceiros). Com efeito, acima de tudo estamos perante casos em que um determinado sujeito aparenta não estar vinculado pela convenção de arbitragem (por não a ter formalmente subscrito), mas na realidade está. Na verdade, esse sujeito não é terceiro em relação à convenção, mas sim parte da mesma – ele

França Gouveia, "Arbitragens Complexas: questões materiais e processuais", *cit.*, pp. 114 a 143.

[1447] Relativamente a este complexo tema, vejam-se, entre outros, Gary B. Born, *International Commercial Arbitration*, vol. I, *cit.*, pp. 1410 e ss., Bernard Hanotiau, *Complex Arbitrations...*, *cit.*, Andrea Marco Steingruber, *Consent in International Arbitration*, *cit.*, pp. 144 a 164, Nathalie Voser, "Multi-party disputes and joinder of third parties", *cit.*, pp. 370 a 381, Nigel Blackaby / Constantine Partasides / Alan Redfern / Martin Hunter, *Redfern and Hunter on International Arbitration*, *cit.*, pp. 33 e 85 a 91, Laura Weiller, "Transmission et extension de la clause compromissoire en droit français de l'arbitrage international: etat des lieux", *cit.*, pp. 269 a 280, Andrea Meier, *Einbezug Dritter vor internationalen Schiedsgerichten*, *cit.*, pp. 55 e 56, Klaus Sachs / Tilman Niedermaier, "Zur Group of Companies Doctrine und der Auslegung der subjektiven Reichweite von Schiedsvereinbarungen – Welches Recht ist anwendbar?", *cit.*, pp. 475 a 491, e, na doutrina portuguesa, Mariana França Gouveia, *Curso de Resolução Alternativa de Litígios*, *cit.*, pp. 152 a 180, José Lebre de Freitas, "Intervenção de terceiros em processo arbitral", *cit.*, pp. 191 a 198, Miguel Teixeira de Sousa, "A intervenção de terceiros no processo arbitral", *cit.*, pp. 159 a 164, Carla Gonçalves Borges, "Pluralidade de Partes...", *cit.*, pp. 122 a 151, Carla Gonçalves Borges / Ricardo Neto Galvão, "A extensão da convenção de arbitragem a não signatários", *cit.*, pp. 119 a 135, e Tito Arantes Fontes / Nuno Salazar Casanova, "O *Equitable Estoppel* e a arbitragem imposta por terceiros não signatários", *cit.*, pp. 277 a 300; sobre a transmissão da convenção de arbitragem em geral, e os seus efeitos em relação a terceiros, vejam-se Carlos Ferreira de Almeida, "Convenção de arbitragem: conteúdo e efeitos", *cit.*, pp. 93 e 94, e Raúl Ventura, "Convenção de Arbitragem", *cit.*, pp. 395 a 398. Na jurisprudência merecem destaque, nomeadamente, o *caso Dow Chemical vs. Isover Saint Gobain* [referimo-nos à decisão da CCI de 23/09/1982 (processo 4131), publicada no *Yearbook Commercial Arbitration*, ICCA, vol. IX, Kluwer Law International, Alphen aan den Rijn, 1984, pp. 131 a 137, bem como ao acórdão da *Cour d'appel* de Paris de 21/10/1983, *in Revue de l'Arbitrage*, CFA, vol. 1984, pp. 98 a 114 (com anotação de André Chapelle)], o *caso Dallah* [acórdão do *Supreme Court* do Reino Unido de 03/11/2010 (processo 2010 UKSC 46), *in* http://www.bailii.org/, e acórdão da *Cour d'appel* de Paris de 17/02/2011 (processo 09/28533, 09/28535 e 09/28541), *in Revue de l'Arbitrage*, CFA, vol. 2011, nº 1, Paris, 2011, pp. 286 e 287], e, mais recentemente, o acórdão do *Tribunal fédéral* suíço de 07/04/2014 (processo 4A_450/2013), *in ASA Bulletin*, vol. 33, nº 1 (2015), pp. 160 a 187; em Portugal, *vide* o acórdão do Supremo de Justiça de 27/11/2008 (Relator Pires da Rosa, processo 08B3522), e os acórdãos do Tribunal da Relação de Lisboa de 11/01/2011 (Relator Abrantes Geraldes, processo 3539/08.6TVLSB.L1-7) e de 24/03/2015 (Relatora Isabel Fonseca, processo 7666/13.0TBOER.L1-1).

é, poder-se-á assim dizer, um "*falso terceiro*" perante a convenção arbitral[1448]. Deste modo, a questão que se deverá sempre colocar é a de saber *quem é parte da convenção de arbitragem*. Não é um caso de "extensão", uma vez que a referida convenção não se estende[1449].

O problema é, portanto, contratual e não processual[1450], ou seja, não é um problema de intervenção de terceiros propriamente dito; verdadeiramente, nem é um problema específico da arbitragem, ou melhor, é um "falso problema"[1451]. Neste sentido, saber se e quando um não signatário se pode considerar vinculado pela convenção de arbitragem (ou por qualquer contrato) é algo que, muitas vezes, exigirá um cuidadoso esforço de interpretação do caso concreto – em particular, da vontade das partes e do não signatário aquando da celebração da convenção de arbitragem, bem como em momento posterior à mesma, designadamente na execução do contrato. Conforme acertadamente referem vários autores, não existe, assim, uma solução única para este problema (não sendo possível proceder a generalizações); ele é "*fact specific*", isto é, tem de ser determinado *caso a caso*, podendo a resposta variar em função das circunstâncias de cada situação concreta[1452].

O mesmo se poderá dizer, aliás, por referência ao problema das *arbitragens multicontratos*[1453]. Entre as muitas hipóteses abrangidas por estes casos,

1448 Miguel Teixeira de Sousa, "A intervenção de terceiros no processo arbitral", *cit.*, pp. 159 e 160.

1449 Sobre as mencionadas críticas, vejam-se Jean-François Poudret / Sébastien Besson, *Comparative Law of International Arbitration*, *cit.*, p. 211, Gary B. Born, *International Commercial Arbitration*, vol. I, *cit.*, p. 1414, Bernard Hanotiau, *Complex Arbitrations...*, *cit.*, p. 5, Nathalie Voser, "Multi-party disputes and joinder of third parties", *cit.*, pp. 370 a 372, Claire Debourg, *Les contrariétés de décisions dans l'arbitrage international*, *cit.*, pp. 515 e 516, e António Pedro Pinto Monteiro, *O Princípio da Igualdade e a Pluralidade de Partes na Arbitragem...*, *cit.*, pp. 253 e 254 (nota de rodapé nº 1061).

1450 *Cfr.* Mariana França Gouveia, *Curso de Resolução Alternativa de Litígios*, *cit.*, p. 153.

1451 Bernard Hanotiau, "Les groupes de sociétés dans l'arbitrage commercial international", *cit.*, p. 139.

1452 *Vide* Bernard Hanotiau, "Les groupes de sociétés dans l'arbitrage commercial international", *cit.*, p. 139, "Multiple parties and multiple contracts in international arbitration", *cit.*, pp. 47 e 68, e "Non-signatories in International Arbitration...", *cit*, pp. 351 e 358, Anne Marie Whitesell, "Non-signatories in ICC Arbitration", *cit.*, pp. 373 e 374, Carla Gonçalves Borges / Ricardo Neto Galvão, "A extensão da convenção de arbitragem a não signatários", *cit.*, p. 135, e Manuel Pereira Barrocas, *Manual de Arbitragem*, *cit.*, p. 195.

1453 A respeito desta controversa temática, vejam-se Bernard Hanotiau, *Complex Arbitrations...*, *cit.*, pp. 101 a 162, Andrea Marco Steingruber, *Consent in International Arbitration*, *cit.*, pp. 161 a 164, Fernando Mantilla-Serrano, "Multiple parties and multiple contracts...", *cit.*, pp. 11 a 33, Elena Zucconi Galli Fonseca, *La convenzione arbitrale rituale rispetto ai terzi*, *cit.*, pp. 220 a 230, Mariana França Gouveia, *Curso de Resolução Alternativa de Litígios*, *cit.*, pp. 171 a 179, e

incluem-se, designadamente, aquelas em que um determinado sujeito está vinculado não pela *mesma* convenção de arbitragem das restantes partes, mas sim por uma convenção de arbitragem *compatível*, levantando-se então a questão de saber se o terceiro pode intervir nestas situações.

Tal intervenção é prevista e aceite em alguns regulamentos de arbitragem: caso do artigo 25º, nº 1, alínea b), do Regulamento de Arbitragem do CAC (admite a intervenção, em função do que for demonstrado pelas *circunstâncias do caso concreto*). Diferentemente, a nossa LAV é omissa, não admitindo, mas também não excluindo, a intervenção de terceiros nestas hipóteses. Na ausência de uma disposição expressa da LAV, julgamos que não é de excluir, à partida, a possibilidade de intervenção de um terceiro vinculado por uma convenção de arbitragem compatível, sobretudo se, também aqui, as circunstâncias do caso concreto não deixarem dúvidas de que as partes aceitaram que o mesmo processo arbitral pudesse decorrer com a presença de todos[1454].

Note-se que, à semelhança do que referimos para a *extensão da convenção de arbitragem a não signatários ou a terceiros*, também nesta matéria das *arbitragens multicontratos* se afigura essencial atender às *circunstâncias do caso concreto*. Em muitos destes casos será, pois, necessário proceder a uma *análise casuística*, avessa a generalizações, isto é, a uma análise que se centre na *interpretação da vontade das partes*[1455].

Manuel Pereira Barrocas, *Manual de Arbitragem*, *cit.*, pp. 212 a 215. Na jurisprudência nacional, *vide* os acórdãos do Supremo de Justiça de 23/10/2003 (Relator Quirino Soares, processo 03B3145) e de 10/03/2011 (Relator Lopes do Rego, processo 5961/09.1TVLSB.L1.S1) [anotado por Mariana França Gouveia / Jorge Morais Carvalho, "Convenção de arbitragem em contratos múltiplos – Acórdão do Supremo Tribunal de Justiça de 10.3.2011, Proc. 5961/09", *cit.*, pp. 36 a 49, os acórdãos do Tribunal da Relação de Lisboa de 13/01/2010 (Relatora Paula Sá Fernandes, processo 373/09.0TTLSB.L1-4), de 30/09/2010 (Relator António Valente, processo 5961/09.1TVLSB.L1-8), de 16/04/2015 (Relatora Maria de Deus Correia, processo 2545-11.8TVLSB.L1) e de 05/11/2015 (Relator Carlos Marinho, processo 2672-14.0T8LSB.L1-6), e o acórdão do Tribunal da Relação de Coimbra de 19/12/2012 (Relatora Albertina Pedroso, processo 477/11.8TBACN.C1).

[1454] Sobre esta questão concreta, e em sentido próximo ao que defendemos, veja-se, na vigência da anterior LAV, José Lebre de Freitas, "Intervenção de terceiros em processo arbitral", *cit.*, pp. 185 a 190, e, na vigência da actual LAV, Mariana França Gouveia, *Curso de Resolução Alternativa de Litígios*, *cit.*, pp. 264 e 265 (Autora que admite a formulação de pedidos reconvencionais que resultem de "convenção de arbitragem *compatível*").

[1455] *Cfr.* Mariana França Gouveia, *Curso de Resolução Alternativa de Litígios*, *cit.*, pp. 172 a 174, Jorge Morais Carvalho / Mariana França Gouveia, "Arbitragens Complexas: questões materiais e processuais", *cit.*, pp. 136 e 137, e Bernard Hanotiau, *Complex Arbitrations...*, *cit.*, pp. 105 e 160 a 162.

Deste modo, e em suma, quer a extensão da convenção de arbitragem a não signatários ou a terceiros, quer as arbitragens multicontratos), não devem ser confundidas com uma intervenção de terceiros[1456], não existindo também, em rigor, qualquer "extensão" da convenção de arbitragem.

12.2.4. A *class arbitration*

I – O tema da pluralidade de partes da arbitragem não poderia ficar encerrado sem uma referência à *class arbitration*, isto é, ao problema que resulta da combinação das *class actions* ou de outras formas de tutela colectiva (como, por exemplo, a acção popular em Portugal) com a arbitragem – casos por excelência de pluralidade de partes.

O fenómeno da *class arbitration* (por vezes também designado por "class action arbitration" ou "classwide arbitration")[1457] é, antes de mais, um problema relativamente recente e que demonstra bem que a discussão sobre a temática da pluralidade de partes na arbitragem está longe de estar acabada[1458].

Embora, em rigor, o tema tenha surgido pela primeira vez na década de 80 nos Estados Unidos da América (EUA)[1459], foi só em 2003, com o famoso caso

[1456] *Cfr.* António Sampaio Caramelo, "Da condução do processo arbitral...", *cit.*, p. 191.

[1457] *Vide* S. I. Strong, *Class, Mass and Collective Arbitration in National and International Law, cit.*, p. 6, e "Class arbitration outside the United-States: reading the tea leaves", *cit.*, p. 183, bem como Philippe Billiet, "Introduction", *cit.*, p. 12. Distinguindo a *class arbitration* das chamadas *mass arbitration* e *collective arbitration*, S. I. Strong, *Class, Mass and Collective Arbitration..., cit.*, pp. 6 e ss.

[1458] Sobre as "class actions" na arbitragem, vejam-se, particularmente, S. I. Strong, *Class, Mass and Collective Arbitration..., cit.*, Bernard Hanotiau, *Complex Arbitrations..., cit.*, pp. 257 a 279, Gary B. Born, *International Commercial Arbitration*, vol. I, *cit.*, pp. 1506 a 1524, William W. Park, "La jurisprudence américaine en matière de 'class arbitration'...", *cit.*, pp. 507 a 538, Marc Orgel, *Class Arbitration – Von der Gruppenklage zum Gruppenschiedsverfahren..., cit.*, Flavia Marisi, *Il Class Action Arbitration – La sua evoluzione negli Stati Uniti e la sua possibile introduzione nell'Unione Europea, cit.*, Ana Montesinos García, "Últimas tendencias en la Unión Europea...", *cit.*, pp. 87 a 112, Mauro Rubino-Sammartano, *International Arbitration: Law and Practice*, 3ª ed., *cit.*, pp. 181 a 185, Rômulo Greff Mariani, *Arbitragens Coletivas no Brasil, cit.*, bem como, na doutrina portuguesa, António Pedro Pinto Monteiro / José Miguel Júdice, "Class Actions & Arbitration in the European Union – Portugal", *cit.*, pp. 189 a 205, e "Class Actions and Arbitration Procedures – Portugal", *cit.*, pp. 137 a 152, António Pedro Pinto Monteiro, "Anotação ao acórdão Green Tree Financial Corp. v. Bazzle...", *cit.*, pp. 239 a 252, e António Pedro Pinto Monteiro / Joana Macedo, "Some first steps on the difficult road to a coherent class or collective arbitration regime in Europe?...", *cit.*, pp. 81 a 101.

[1459] Destacando-se particularmente o acórdão proferido pelo *Supreme Court* do Estado da Califórnia, a 10/06/1982, no conhecido caso *Keating v. Superior Court* [645 P.2d 1192 (Cal. 1982), disponível em http://www.leagle.com/decision/1982615310Cal3d584_1586.xml/KEATING%20v.%20SUPERIOR%20COURT]. Este caso representa, para muitos, a origem da *class arbitration* – neste

Green Tree Financial Corp. v. Bazzle[1460], que este assunto adquiriu uma importância assinalável nos EUA[1461], tendo a partir daí disparado o número de *class arbitrations*[1462]. O acórdão *Green Tree Financial Corp. v. Bazzle* é, nesta matéria, o *leading case*[1463], isto é, a decisão emblemática que abriu as portas à *class arbitration*[1464] (sendo, por isso, muitas vezes também apelidado de *acórdão revolucionário*, atendendo à "*revolução*" que o mesmo operou[1465]).

Para isto acontecer, muito contribuiu o papel desempenhado por alguns conhecidos centros de arbitragem americanos, como a *American Arbitration Association* (AAA) e o *Judicial Arbitration and Mediation Services* (JAMS). Adivinhando os efeitos que o acórdão *Green Tree Financial Corp. v. Bazzle* viria a ter, e antecipando o interesse das partes por esta forma de litigância, estes centros aproveitaram a oportunidade para aprovar regras especiais sobre a possibilidade de serem intentadas *class arbitrations*[1466] – facto que se traduziu num forte incremento desta figura[1467].

sentido, S. I. Strong, *Class, Mass and Collective Arbitration...*, *cit.*, p. 7. Especificamente sobre a origem e evolução histórica da *class arbitration*, S. I. Strong, *Class, Mass and Collective Arbitration...*, *cit.*, pp. 6 a 16, e "Class and Collective Relief in the Cross-Border Context...", *cit.*, pp. 121 e 122, bem como Gary B. Born, *International Commercial Arbitration*, vol. I, *cit.*, pp. 1507 e ss., Gary B. Born / Claudio Salas, "The United States Supreme Court and Class Arbitration...", *cit.*, pp. 23 e ss., Lea Haber Kuck / Gregory A. Litt, "Will Stolt-Nielsen Push Consumer, Employment and Franchise Disputes Back Into the Courts?", *cit.*, p. 16, e David S. Clancy / Matthew M. K. Stein, "An Uninvited Guest: Class Arbitration and the Federal Arbitration Act's Legislative History", *cit.*, pp. 55 a 79.

1460 Referimo-nos ao acórdão proferido a 23 de Junho de 2003 pelo *Supreme Court* dos EUA [Green Tree Financial Corp. v. Bazzle, 539 U.S. 444 (2003), disponível em https://supreme.justia.com/cases/federal/us/539/444/case.pdf]. Especificamente sobre este acórdão, veja-se, por exemplo, António Pedro Pinto Monteiro, "Anotação ao acórdão Green Tree Financial Corp. v. Bazzle...", *cit.*, pp. 239 a 252.

1461 *Vide* S. I. Strong, "Class and Collective Relief in the Cross-Border Context...", *cit.*, p. 121.

1462 *Cfr.* Eric P. Tuchmann, "The administration of class action arbitrations", *cit.*, p. 335, Gary B. Born, *International Commercial Arbitration*, vol. I, *cit.*, p. 1511, e Gary B. Born / Claudio Salas, "The United States Supreme Court and Class Arbitration...", *cit.*, p. 30.

1463 Bernard Hanotiau, *Complex Arbitrations...*, *cit.*, p. 259.

1464 *Vide* Nigel Blackaby / Constantine Partasides / Alan Redfern / Martin Hunter, *Redfern and Hunter on International Arbitration*, *cit.*, pp. 154 e 155.

1465 A este respeito, veja-se, Marc Orgel, *Class Arbitration – Von der Gruppenklage zum Gruppenschiedsverfahren...*, *cit.*, pp. 161 a 163. Com efeito, este acórdão marcou o "*início de uma nova era na class arbitration*" (Carole J. Buckner, "Due process in class arbitration", *cit.*, p. 187).

1466 *Cfr.* Bernard Hanotiau, *Complex Arbitrations...*, *cit.*, p. 277, Eric P. Tuchmann, "The administration of class action arbitrations", *cit.*, pp. 329 a 331, e Richard Chernick, "Class-wide arbitration in California", *cit.*, p. 342. Referimo-nos às "Supplementary Rules for Class Arbitrations" (em vigor desde 08/10/2003) e ao "JAMS Class Actions Procedures" (em vigor desde 01/05/2009), da AAA e do JAMS, respectivamente. De salientar que, durante algum tempo, o *National Arbitration*

Em todo o caso, não obstante o forte crescimento que a *class arbitration* conheceu a partir do citado acórdão, a verdade é que esta continua a ser vista como um *fenómeno essencialmente americano*[1468], tendo havido, até ao momento, poucos efeitos além-fronteiras[1469]. Por outro lado, mesmo nos EUA o tema da *class arbitration* continua a ser muito controverso, com a jurisprudência americana a registar um *percurso acidentado*[1470], marcado por *avanços e* (sobretudo) *recuos*, como o demonstram os casos (i) *Stolt-Nielsen S.A. v. AnimalFeeds International Corp.*, (ii) *AT&T Mobility LLC v. Concepcion*, (iii) *Oxford Health Plans LLC v. Sutter* e (iv) *American Express Co. v. Italian Colors Restaurant*[1471]. Tudo isto

Forum (*NAF*) consagrou também um conjunto de disposições sobre a *class arbitration* – conjunto de disposições que já não estão, todavia, em vigor (*vide* S. I. Strong, *Class, Mass and Collective Arbitration...*, *cit.*, pp. 35 e 69 a 74).

[1467] Veja-se Gabrielle Nater-Bass, "Class Action Arbitration: A New Challenge?", *cit.*, p. 678, e Philippe Billiet, "Introduction", *cit.*, p. 12. Especificamente sobre estas regras, e os efeitos que as mesmas tiveram, *vide* S. I. Strong, *Class, Mass and Collective Arbitration...*, *cit.*, pp. 35, 36 e 43 e ss., Bernard Hanotiau, *Complex Arbitrations...*, *cit.*, pp. 277 a 279, Eric P. Tuchmann, "The administration of class action arbitrations", *cit.*, pp. 325 a 336, Richard Chernick, "Class-wide arbitration in California", *cit.*, pp. 337 a 351, e Philippe Billiet, "Introduction", *cit.*, pp. 16 a 18.

[1468] *Vide* Gary B. Born, *International Commercial Arbitration*, vol. I, *cit.*, pp. 1523 e 1524, e Julia Mair, "Equal Treatment of Parties...", *cit.*, p. 61.

[1469] Mencionando alguns efeitos fora dos EUA, designadamente na Colômbia e no Canadá, S. I. Strong, *Class, Mass and Collective Arbitration...*, *cit.*, pp. 31 e 32. Na Alemanha, assumem particular destaque, nesta matéria, as "Ergänzende Regeln für gesellschaftsrechtliche Streitigkeiten" (regras suplementares para litígios de direito societário), criadas em 2009 pelo DIS. Embora não estejamos, verdadeiramente, perante uma combinação de "class actions" *stricto sensu* com arbitragem, as mesmas não deixam de revestir importância no âmbito deste tema. Sobre estas regras específicas, vejam-se Christian Borris, "Collective Arbitration: The European experience. Germany and the DIS Supplementary Rules...", *cit.*, pp. 80 a 87, S. I. Strong, *Class, Mass and Collective Arbitration...*, *cit.*, pp. 35, 36 e 86 a 101, "Collective Arbitration Under the DIS Supplementary Rules for Corporate Law Disputes: A European Form of Class Arbitration?", *cit.*, pp. 145 a 165, e "Class and Collective Relief in the Cross-Border Context...", *cit.*, pp. 122 e 123, Mauro Rubino-Sammartano, *International Arbitration: Law and Practice*, 3ª ed., *cit.*, p. 182 e, por referência ao ordenamento jurídico português, António Pedro Pinto Monteiro / Joana Macedo, "Some first steps on the difficult road to a coherent class or collective arbitration regime in Europe?...", *cit.*, pp. 81 a 101. Quanto ao tema da arbitragem de litígios de direito societário na Alemanha, veja-se, entre outros, Christian Duve / Philip Wimalasena, "Arbitration of Corporate Law Disputes in Germany", *cit.*, pp. 927 a 961.

[1470] A este propósito, veja-se S. I. Strong, *Class, Mass and Collective Arbitration...*, *cit.*, p. 361.

[1471] Sobre estes casos, vejam-se, por exemplo, Gary B. Born, *International Commercial Arbitration*, vol. I, *cit.*, pp. 1514 a 1523, S. I. Strong, *Class, Mass and Collective Arbitration...*, *cit.*, pp. 12 a 14, 106 a 110, 206 e ss., 361 e 362, William W. Park, "La jurisprudence américaine en matière de 'class arbitration'...", *cit.*, pp. 517 e ss., e Marc Orgel, *Class Arbitration – Von der Gruppenklage zum Gruppenschiedsverfahren...*, *cit.*, pp. 317 e ss.

faz com que, em suma, nos próprios EUA o futuro da *class arbitration* esteja, ainda hoje, em aberto[1472].

As razões para esta incerteza e para as sucessivas dificuldades que o tema tem encontrado compreendem-se. De facto, as *class actions* e a arbitragem parecem, à partida, ser *duas realidades distintas, que se excluem mutuamente*[1473]. Algumas das principais características e vantagens da arbitragem revelam, com efeito, uma certa incompatibilidade com um sistema de *class actions*, como o americano[1474].

A incompatibilidade começa, desde logo, com a própria *origem contratual da arbitragem voluntária*, marcada pela autonomia das partes. Esta origem parece, à partida, revelar-se algo desajustada com a solução de *opt-out* em que assentam as *class actions* americanas, isto é, a solução em que os interessados ficam automaticamente "abrangidos pela representação do autor da acção colectiva, excepto se expressarem o desejo de se excluírem dessa representação"[1475]. Ora,

[1472] Neste sentido, embora num tom algo pessimista, veja-se GARY B. BORN, *International Commercial Arbitration*, vol. I, *cit.*, p. 1523. Em sentido diferente, dando conta de novos processos de *class arbitration* nos EUA, veja-se JAMES H. CARTER, "Class Arbitration in the United States: Life After Death?", *cit.*, pp. 15 a 17.

[1473] *Cfr.* ERIC P. TUCHMANN, "The administration of class action arbitrations", *cit.*, p. 327. No mesmo sentido, ANTÓNIO PEDRO PINTO MONTEIRO / JOSÉ MIGUEL JÚDICE, "Class Actions & Arbitration in the European Union – Portugal", *cit.*, p. 200, e ANA MONTESINOS GARCÍA, "Últimas tendencias en la Unión Europea...", *cit.*, p. 105.

[1474] Sobre os obstáculos que se levantam quando se tenta conjugar a arbitragem com um regime de "class actions" ou com outro tipo de acções colectivas, veja-se, particularmente, ANA MONTESINOS GARCÍA, "Últimas tendencias en la Unión Europea...", *cit.*, pp. 105 e ss.

[1475] MIGUEL TEIXEIRA DE SOUSA, *A legitimidade popular na tutela dos interesses difusos*, *cit.*, p. 209. Diferentemente, num sistema de "*opt-in*" exige-se aos interessados "a manifestação de uma vontade de inclusão no grupo dos representados na acção colectiva" (*op. cit.*, p. 209). Conforme já defendemos em momento anterior, esta solução tornaria, no nosso entendimento, mais viável o regime da *class arbitration* – *vide* ANTÓNIO PEDRO PINTO MONTEIRO, "Anotação ao acórdão Green Tree Financial Corp. v. Bazzle...", *cit.*, p. 249 (nota de rodapé nº 41); no mesmo sentido, veja-se ANA MONTESINOS GARCÍA, "Últimas tendencias en la Unión Europea...", *cit.*, p. 105. Sobre as vantagens e desvantagens entre os modelos de "opt-in" e "opt-out", veja-se MIGUEL TEIXEIRA DE SOUSA, *A legitimidade popular na tutela dos interesses difusos*, *cit.*, pp. 209 e ss., e ANA MONTESINOS GARCÍA, "Últimas tendencias en la Unión Europea...", *cit.*, p. 96.
Em Portugal, o sistema de "opt-out" encontra-se consagrado, como se sabe, nos artigos 14º e 15º da Lei de Acção Popular (Lei nº 83/95, de 31 de Agosto) – a este respeito, veja-se, designadamente, JOSÉ LEBRE DE FREITAS, "A Acção Popular no Direito Português", *cit.*, pp. 215 a 219, JOSÉ DE OLIVEIRA ASCENSÃO, *Direito Civil. Teoria Geral*, vol. III, *cit.*, pp. 117 e 118, e CARLA GONÇALVES BORGES / MARIANA SERRA BAPTISTA, "Portugal", *cit.*, pp. 312 e 319. Este é um dos pontos onde mais se nota, aliás, uma certa *inspiração nas class actions americanas*; sobre esta inspiração, *vide* JOSÉ LEBRE DE FREITAS, "A Acção Popular no Direito Português", *cit.*, pp. 215 a 219, LUÍS SOUSA FÁBRICA, "A Acção Popular no Projecto de Código de Processo nos Tribunais Administrativos", *cit.*,

sabendo que o *consentimento* é, como vimos antes, a "pedra angular da arbitragem", poder-se-á, neste caso, subentender que os interessados *consentiram* em submeter-se à jurisdição arbitral? A questão é pertinente, sendo que não podemos, pura e simplesmente, fechar os olhos à necessidade do consentimento.

Outro grande problema que se coloca é o de saber como se deverá proceder à efectiva *notificação* dos interessados[1476] (momento fundamental, sobretudo num sistema em que esteja consagrada a solução de "*opt-out*"[1477]), sem pôr em causa a *confidencialidade* do processo arbitral (uma das grandes vantagens da arbitragem). De facto, em princípio, parece que tal vantagem ficará comprometida[1478].

As dificuldades não acabam, no entanto, aqui. Problemas adicionais levantam-se, igualmente, por exemplo, ao nível do regime do *caso julgado*[1479], do *respeito pelo direito ao processo equitativo* ("*due process*")[1480] e do reconhecimento e execução de decisões arbitrais estrangeiras[1481].

Tudo isto justifica, em suma, que a *class arbitration* continue a ser, ainda hoje, um fenómeno que está longe de se considerar consolidado nos EUA.

II – Vistas as dificuldades que o tema enfrenta nos EUA, será viável pensar num sistema combinado de *class actions* com arbitragem em Portugal?

pp. 17 e 18, António Payan Martins, *Class Actions em Portugal...*, *cit.*, p. 26, e Ada Pellegrini Grinover, "A ação popular portuguesa: uma análise comparativa", *cit.*, pp. 246 e ss.

1476 A propósito desta notificação, veja-se S. I. Strong, *Class, Mass and Collective Arbitration...*, *cit.*, pp. 289 a 293, e "From Class to Collective: The De-Americanization of Class Arbitration", *cit.*, pp. 536 a 540, bem como Ana Montesinos García, "Últimas tendencias en la Unión Europea...", *cit.*, pp. 97 e 98.

1477 *Cfr.* S. I. Strong, "From Class to Collective: The De-Americanization of Class Arbitration", *cit.*, p. 513.

1478 *Vide* Gabrielle Nater-Bass, "Class Action Arbitration: A New Challenge?", *cit.*, p. 685, Ana Montesinos García, "Últimas tendencias en la Unión Europea...", *cit.*, pp. 106 e 107, e S. I. Strong, *Class, Mass and Collective Arbitration...*, *cit.*, pp. 319 a 321, e "From Class to Collective: The De-Americanization of Class Arbitration", *cit.*, pp. 513 a 516 e 533 a 535. A este respeito, a AAA, por exemplo, optou, expressamente, por abdicar da vantagem da confidencialidade (artigo 9º das "Supplementary Rules for Class Arbitrations") – *cfr.* Nigel Blackaby / Constantine Partasides / Alan Redfern / Martin Hunter, *Redfern and Hunter on International Arbitration*, *cit.*, p. 147 (nota de rodapé nº 361), e Ana Montesinos García, "Últimas tendencias en la Unión Europea...", *cit.*, p. 107 (nota de rodapé nº 64).

1479 *Cfr.* Ana Montesinos García, "Últimas tendencias en la Unión Europea...", *cit.*, pp. 105 e 106.

1480 *Cfr.* Bernard Hanotiau, *Complex Arbitrations...*, *cit.*, pp. 274 a 276, e Gabrielle Nater-Bass, "Class Action Arbitration: A New Challenge?", *cit.*, pp. 684 e 685.

1481 *Vide* Gabrielle Nater-Bass, "Class Action Arbitration: A New Challenge?", *cit.*, p. 686, e S. I. Strong, *Class, Mass and Collective Arbitration...*, *cit.*, pp. 345 e ss.

A *class arbitration* é uma questão complexa que já anteriormente analisámos no âmbito do ordenamento jurídico português, tendo sido concluído que existem muitas dificuldades em combinar as *class actions* (ou melhor, a *acção popular*) com a arbitragem[1482]. Em todo o caso, tal como o fizemos antes, também agora não excluímos, totalmente, a possibilidade de a *class arbitration* ou uma outra forma de *collective arbitration* virem a conquistar o seu lugar no futuro[1483].

Neste sentido, é essencial ter presente a discussão que se encontra a ser feita ao nível da União Europeia. Dois instrumentos normativos merecem aqui particular destaque: (i) a Recomendação da Comissão Europeia, de 11 de Junho de 2013, sobre os princípios comuns que devem reger os mecanismos de tutela colectiva inibitórios e indemnizatórios dos Estados-Membros aplicáveis às violações de direitos garantidos pelo direito da União (2013/396/EU) (*collective redress*)[1484]; e, mais recentemente, (ii) a Proposta de Directiva do Parlamento Europeu e do Conselho relativa a acções colectivas para proteger os interesses colectivos dos consumidores, de 11 de Abril de 2018 [COM(2018) 184 final] (*representative actions*).

Na Recomendação é dada uma particular ênfase aos procedimentos alternativos de resolução de litígios (parágrafo 16 dos considerandos e artigo 26º), onde naturalmente se inclui a arbitragem. Este facto parecia revelar alguma

[1482] *Cfr.* António Pedro Pinto Monteiro / José Miguel Júdice, "Class Actions & Arbitration in the European Union – Portugal", *cit.*, pp. 189 a 205, e "Class Actions and Arbitration Procedures – Portugal", *cit.*, pp. 137 a 152. Para uma perspectiva comparativa entre o regime da acção popular e as *class actions* americanas, veja-se, ainda, Mariana França Gouveia / Nuno Garoupa, "Class Actions in Portugal", *cit.*, pp. 342 a 350.

[1483] Em tom igualmente optimista, vejam-se S. I. Strong, "From Class to Collective: The De-Americanization of Class Arbitration", *cit.*, pp. 494 a 496, 547 e 548, Gabrielle Nater-Bass, "Class Action Arbitration: A New Challenge?", *cit.*, pp. 687 a 689, e Ana Montesinos García, "Últimas tendencias en la Unión Europea...", *cit.*, p. 107. Para isso suceder, julgamos que a adopção de um sistema de "opt-in" (por oposição a uma solução de "opt-out") poderá vir a revelar-se um factor decisivo.

[1484] A *tutela colectiva* é, na definição da Comissão Europeia, "um mecanismo processual que permite, por razões de economia processual e/ou eficiência da execução, que muitas ações judiciais semelhantes sejam agrupadas numa única ação judicial", facilitando o "acesso à justiça, em especial nos casos em que os danos individuais são tão baixos que os requerentes potenciais não pensariam valer a pena intentar uma ação individual" [Comunicação "Rumo a um quadro jurídico horizontal europeu para a tutela colectiva", *cit.*, p. 4 (ponto 1.2.)]. Sobre a evolução que se tem verificado ao nível da União Europeia (anterior à Recomendação), veja-se, entre outros, Ana Montesinos García, "Últimas tendencias en la Unión Europea...", *cit.*, pp. 91 e 92, bem como Philippe Billiet (Coordenador), *Class Arbitration in the European Union, cit.*, e "Collective Redress and Class Arbitration in the EU", *cit.*, pp. 58 a 79.

abertura da Comissão Europeia para um sistema que permita combinar a tutela colectiva com a arbitragem, o que torna o problema que aqui tratamos particularmente interessante. Em todo o caso, a Recomendação fracassou e a actual Proposta de Directiva não é clara nesta matéria.

A possibilidade de, em Portugal, assistirmos a um fenómeno de *class arbitration* (à semelhança do que se verificou nos EUA) é, desta forma, incerta. A evolução que se verificar ao nível da União Europeia nos próximos anos poderá ser determinante num sentido ou noutro.

12.3. A apensação

I – Por vezes denominada na arbitragem de *consolidação* (proveniente da terminologia inglesa, *consolidation*), a apensação é, resumidamente, o mecanismo processual através do qual várias acções que foram propostas separadamente são reunidas (apensadas) num único processo, uma vez verificados determinados requisitos. É uma importante manifestação do *princípio da economia processual*. No fundo, a apensação visa "permitir que no mesmo processo se resolva o maior número possível de litígios, impedindo a multiplicação evitável de processos judiciais" ou arbitrais[1485].

Embora a apensação surja muitas vezes associada à *pluralidade de partes* (e tratada nesse âmbito[1486]), a verdade, porém, é que nem sempre existirá essa pluralidade. Ou seja, da apensação de processos arbitrais pode resultar a pluralidade de partes, mas também pode não resultar. Se, por exemplo, as partes dos vários processos a apensar forem as mesmas (existindo dualidade de partes), não haverá pluralidade com a apensação[1487].

[1485] José Lebre de Freitas / Isabel Alexandre, *Código de Processo Civil Anotado*, vol. I, *cit.*, p. 541; no mesmo sentido, vejam-se António Santos Abrantes Geraldes, *Temas da Reforma do Processo Civil*, vol. II, *cit.*, pp. 48 e 49, António Santos Abrantes Geraldes / Paulo Pimenta / Luís Filipe Pires de Sousa, *Código de Processo Civil Anotado*, vol. I, *cit.*, p. 309, e, por referência à arbitragem, António Menezes Cordeiro, *Tratado da Arbitragem...*, *cit.*, p. 270.

[1486] No Regulamento de Arbitragem da CCI, por exemplo, a apensação ou consolidação (artigo 10º) está inserida no capítulo atinente à "Pluralidade de Partes, Pluralidade de Contratos e Consolidação".

[1487] *Vide* Manuel Botelho da Silva, "Pluralidade de Partes em Arbitragens Voluntárias", *cit.*, p. 523, e Daniel Proença de Carvalho / António Abreu Gonçalves, "A apensação de processos arbitrais", *cit.*, p. 182. O mesmo se poderá dizer, aliás, por referência à apensão de acções prevista no CPC. Com efeito, nos termos do artigo 267º, nº 1, as acções que forem propostas separadamente podem, eventualmente, ser apensadas se se verificarem os pressupostos do litisconsórcio, da coligação, da oposição ou da *reconvenção*. Ora, no caso da reconvenção não é forçoso que estejamos perante uma pluralidade de partes.

À semelhança do que sucede no Direito Processual Civil, a apensação pode apresentar *vantagens e desvantagens* na arbitragem, que importa ter presente[1488]. Neste sentido, como vantagens geralmente apontadas à apensação contam-se, desde logo, razões de economia processual (uma vez que contribui para a redução dos custos da arbitragem, tais como encargos administrativos do processo se estivermos no âmbito de uma arbitragem institucionalizada, honorários e despesas dos árbitros, despesas com a produção de prova, honorários dos advogados, etc.), bem como o facto de poder evitar decisões contraditórias. Ao mesmo tempo, e não obstante a importância das vantagens referidas, a apensação pode apresentar também desvantagens. Por exemplo, a apensação pode levantar problemas com a constituição do tribunal arbitral[1489], podendo ainda comprometer a celeridade na obtenção de uma decisão (sobretudo se a mesma for admitida numa fase muito avançada do processo que tenha sido instaurado em primeiro lugar) e a confidencialidade do processo arbitral (em particular, se as partes não forem as mesmas).

II – Vista a noção, bem como as vantagens e desvantagens da apensação, importa centrarmo-nos no problema.

A apensação levanta, na arbitragem, várias questões controvertidas: em particular, a questão de saber se é ou não possível a apensação e, em caso afirmativo, como se deverá a mesma processar (e em que termos). A isto acresce, ainda, a questão de saber se as partes terão necessariamente de estar de acordo na apensação ou se a mesma poderá ser feita à revelia da vontade das partes[1490].

Ao contrário do que se verifica no Direito Processual Civil (onde o artigo 267º do CPC regula os termos e condições em que a apensação pode ser admitida, cabendo essa decisão aos tribunais estaduais), a apensação não está prevista na LAV. É isso que sucede também na maioria dos ordenamentos jurídicos e na própria Lei-Modelo da UNCITRAL[1491]. Na verdade, só muito

[1488] Sobre as vantagens e desvantagens da apensação de processos arbitrais, veja-se, por exemplo, Emmanuel Gaillard, "The Consolidation of Arbitral Proceedings and Court Proceedings", *cit.*, pp. 36 e 37, Gary B. Born, *International Commercial Arbitration*, vol. II, *cit.*, pp. 2567 a 2570, e Daniel Proença de Carvalho / António Abreu Gonçalves, "A apensação de processos arbitrais", *cit.*, pp. 183 a 185.

[1489] *Cfr.* Mauro Rubino-Sammartano, *International Arbitration: Law and Practice*, 3ª ed., *cit.*, pp. 394 e 395.

[1490] No que se refere a esta questão específica, vejam-se Emmanuel Gaillard, "The Consolidation of Arbitral Proceedings and Court Proceedings", *cit.*, pp. 37 a 39, e Manuel Botelho da Silva, "Pluralidade de Partes em Arbitragens Voluntárias", *cit.*, pp. 523 e ss.

[1491] *Cfr.* Jean-François Poudret / Sébastien Besson, *Comparative Law of International Arbitration*, *cit.*, pp. 204 a 210, Andrea Marco Steingruber, *Consent in International Arbitration*,

excepcionalmente encontramos a apensação regulada em leis de arbitragem (caso, por exemplo, na Holanda[1492]). Facto que dificulta a obtenção de uma resposta consensual às questões que enunciámos.

Situação diferente verifica-se ao nível dos regulamentos de arbitragem dos principais centros de arbitragem institucionalizada. Neste último caso, é mais frequente encontrarmos normas sobre a apensação. É isso que sucede, designadamente, nos regulamentos de arbitragem da CCI[1493], do CEPANI[1494], do CIETAC[1495], do SIAC[1496] e, em Portugal, no CAC[1497]. Nestes casos, a apensação será possível e será regida pelas regras que aí se encontram previstas.

Dito isto, à semelhança da posição defendida por Mariana França Gouveia, entendemos que a apensação só será possível se houver um acordo prévio das partes nesse sentido (na convenção de arbitragem ou em momento posterior, quando se deparem com a questão da apensação) ou se isso resultar do regulamento de arbitragem que as partes tiverem definido ser aplicável ao caso[1498].

III – A apensação não está regulada na LAV, referimo-lo no ponto anterior. Em todo o caso, a apensação de processos arbitrais não é desconhecida do nosso ordenamento jurídico. Como vimos também, o Regulamento de Arbitragem do CAC contém uma norma específica sobre o tema (artigo 26º)[1499]. Vejamos, então, em concreto, como lidou o CAC com este tema controvertido.

Nos termos do artigo 26º (apensação de processos) do Regulamento de Arbitragem do CAC:

> "1 – Qualquer das partes pode requerer ao Presidente do Centro a apensação de processos pendentes quando ocorra alguma das seguintes circunstâncias:

cit., p. 171, e Mariana França Gouveia, *Curso de Resolução Alternativa de Litígios*, *cit.*, p. 276.

1492 Artigo 1046º do *Wetboek van Burgerlijke Rechtsvordering*.

1493 Artigo 10º do Regulamento de Arbitragem da CCI.

1494 Artigo 13º do Regulamento de Arbitragem do CEPANI.

1495 Artigo 19º do Regulamento de Arbitragem do CIETAC.

1496 Artigo 8º do Regulamento de Arbitragem do SIAC. No final de 2017, o SIAC emitiu um memorando onde apresentou, inclusivamente, uma proposta inovadora para permitir a apensação de processos arbitrais sujeitos a diferentes regulamentos de arbitragem ("Memorandum Regarding Proposal on Cross-Institution Consolidation Protocol").

1497 Artigo 26º do Regulamento de Arbitragem do CAC.

1498 *Cfr.* Mariana França Gouveia, *Curso de Resolução Alternativa de Litígios*, *cit.*, pp. 277 e 278. Não nos parece que seja possível (ou conveniente) a aplicação analógica do regime da intervenção de terceiros (artigo 36º da LAV) à apensação, conforme defendido por Miguel Teixeira de Sousa, "A intervenção de terceiros no processo arbitral", *cit.*, pp. 169 e 170.

1499 Note-se, a este respeito, que a apensação de processos já se encontrava prevista no anterior Regulamento de Arbitragem do CAC de 2008 (artigo 24º).

a) Haja identidade de partes;

b) Se verifiquem os requisitos da intervenção de terceiros.

2 – O Presidente do Centro, ouvidas as partes requeridas e os árbitros já designados, recusa a apensação se a necessidade de reconstituir o tribunal, o estado dos processos ou outra qualquer razão especial a tornar inconveniente.

3 – Sendo determinada a apensação, mantém-se o tribunal já constituído; caso não seja possível, designadamente em virtude de resultar da apensação pluralidade de partes, ele é reconstituído de acordo com as regras aplicáveis.

4 – É motivo legítimo de escusa de árbitro o alargamento do âmbito da arbitragem por via da apensação, devendo a escusa ser apresentada no prazo de dez dias contado da notificação ao árbitro da mesma apensação".

O nº 1 do artigo 26º do Regulamento de Arbitragem do CAC começa por estabelecer a legitimidade para requerer a apensação de processos. Nos termos desta disposição, essa legitimidade cabe às partes e só poderá ser requerida quando ocorra alguma destas circunstâncias: a) haja *identidade de partes* b) ou se se verifiquem os *requisitos da intervenção de terceiros*.

A alínea b) afigura-se congruente com o regime da intervenção de terceiros, encontrando-se, assim, prevista para aqueles casos em que não há identidade de partes, mas se verificam os requisitos da intervenção de terceiros constantes das alíneas a) e b) do nº 1 do artigo 25º[1500]. Ou seja, as partes não são idênticas, mas estão vinculadas pela mesma convenção de arbitragem ou por uma convenção de arbitragem compatível (nos termos da alínea b) do nº 1 do artigo 25º); tal será suficiente para que, segundo o Regulamento de Arbitragem do CAC, a apensação seja possível.

Competindo a legitimidade para requerer a apensação de processos às partes, cumpre agora salientar que essa decisão caberá, nos termos do nº 2 do artigo 26º, ao presidente do Centro; presidente que irá ouvir as partes requeridas e os árbitros já designados, não sendo necessário o consentimento das partes. Acrescente-se, ainda, que o presidente do Centro recusará a apensação se, porventura, "a necessidade de reconstituir o tribunal, o estado dos processos ou outra qualquer razão especial a tornar inconveniente"[1501].

[1500] A alínea b) do nº 1 do artigo 26º apenas remete para os requisitos da intervenção de terceiros previstos nas alíneas a) e b) do nº 1 do artigo 25º, não se verificando, assim, uma remissão geral para o regime da intervenção de terceiros constante desse artigo.

[1501] Esta referência, do nº 2 do artigo 26º, ao facto de a apensação dever ser recusada caso "o estado dos processos ou outra qualquer razão especial a tornar inconveniente", parece ter sido inspirada no nº 1 do artigo 267º do CPC, atendendo à similitude de redacção dos dois preceitos.

É particularmente neste momento que o presidente do Centro deverá ponderar as vantagens e desvantagens que a apensação poderá ou não apresentar no caso concreto.

Sendo determinada a apensação, a 1ª parte do nº 3 do artigo 26º diz-nos que se manterá "o *tribunal já constituído*". Note-se que se parece aqui pressupor que existe apenas um tribunal arbitral constituído. Ou seja, o nº 3 parece estar previsto para o caso de, por exemplo, existindo três processos arbitrais, só num deles (que terá sido, possivelmente, o primeiro, isto é, aquele que foi instaurado em primeiro lugar) é que o tribunal arbitral está constituído. O segundo e o terceiro processo – que se pretende que sejam apensados ao primeiro – não têm tribunal constituído. Neste caso, o nº 3 vem-nos, portanto, dizer que, sendo determinada a apensação, o tribunal já constituído manter-se-á (a menos que se verifique o disposto na segunda parte do nº 3, que será *infra* referido).

Quid juris, porém, se, seguindo o exemplo que referimos, no segundo e no terceiro processo estiver também já constituído o tribunal arbitral? Qual dos tribunais arbitrais é que, nos termos da 1ª parte do nº 3 do artigo 26º, se deverá manter constituído?

Embora o teor literal da referida disposição não seja totalmente esclarecedor quanto a este ponto, parece-nos, claramente, que a ideia desta 1ª parte do nº 3 é a de se manter o tribunal arbitral que se constituiu em primeiro lugar. De forma semelhante, no fundo, à regra que se verifica no instituto da apensação previsto no CPC de, por norma, os processos serem apensados àquele que tiver sido instaurado em primeiro lugar[1502].

Em todo o caso, ainda a respeito do exemplo que apresentámos, importa observar que, caso já haja mais do que um tribunal arbitral constituído, o presidente do Centro poderá sempre recusar a apensação, se, eventualmente, entender que tal constitui uma "razão especial" que torna inconveniente a apensação (artigo 26º, nº 2).

Dito isto, importa agora atentar na 2ª parte do nº 3 do artigo 26º. Esta 2ª parte da norma reconhece que pode não ser possível manter a constituição do tribunal arbitral, exemplificando-se com o facto de, em virtude da apensação, se verificar uma pluralidade de partes. Ora, não sendo possível manter a constituição do tribunal, este será então "reconstituído de acordo com as regras aplicáveis".

[1502] *Cfr.* Artigo 267º, nº 2, do CPC. Neste sentido, veja-se também, por exemplo, o último parágrafo do artigo 10º do Regulamento de Arbitragem da CCI.

A razão de ser desta necessidade de reconstituir o tribunal, havendo pluralidade de partes, reside na necessidade de respeitar o princípio da igualdade das partes; as partes do processo que vai ser apensado deverão participar, igualmente, na medida do possível, na constituição do tribunal arbitral[1503]. E daí que este deva ser reconstituído, seguindo-se as "regras aplicáveis" (leia-se, no caso de pluralidade de partes, o artigo 9º do Regulamento de Arbitragem, sobretudo) – a lógica do CAC parece ser esta.

Por fim, o nº 4 do artigo 26º considera ser "motivo legítimo de *escusa de árbitro* o alargamento do âmbito da arbitragem por via da apensação, devendo a escusa ser apresentada no prazo de dez dias contado da notificação ao árbitro da mesma apensação". Compreende-se que assim seja, sobretudo se não houver identidade de partes. Neste último caso, pode, aliás, verificar-se uma situação de conflito de interesses superveniente, isto é, em relação a uma determinada parte do processo que será apensado, que antes não se verificava (o que justifica ainda mais que o árbitro possa pedir escusa).

12.4. As providências cautelares na arbitragem

I – O tema das providências cautelares é, de há muito, um tema controvertido na arbitragem. Era controvertido no âmbito da anterior LAV (totalmente omissa nesta matéria)[1504] e continua a sê-lo na actual LAV (pese embora os vários artigos que foram inseridos a este respeito e que, em parte, clarificaram o problema[1505]).

As dificuldades começam, desde logo, com a própria natureza dos tribunais arbitrais e com as muitas especificidades que diferenciam a justiça estadual da justiça arbitral. Embora exerçam a função jurisdicional, os tribunais arbitrais não são órgãos de soberania e não têm *ius imperii*. Como vimos antes[1506], o Estado partilha a *jurisdictio*, mas não o *imperium*. Ou seja, os tribunais arbitrais têm o poder de *dizer o Direito*, mas não têm *ius imperii*, não dispondo dos

[1503] Veja-se, a este respeito, o que oportunamente dissemos em momento anterior para a intervenção de terceiros (capítulo V, ponto 11.2).

[1504] Sobre o problema das providências cautelares na vigência da anterior LAV, vejam-se, particularmente, Paula Costa e Silva, "A Arbitrabilidade de Medidas Cautelares", *cit.*, pp. 211 a 235, João Calvão da Silva, "Tribunal Arbitral e Providências Cautelares", *cit.*, pp. 99 a 107, e "Convenção de arbitragem – algumas notas", *cit.*, pp. 547 a 549, Armindo Ribeiro Mendes, "As medidas cautelares e o processo arbitral (Algumas notas)", *cit.*, pp. 57 a 113, Gonçalo Malheiro, *Os poderes concorrenciais dos Tribunais Arbitrais...*, *cit.*, Maria João Mimoso, *Arbitragem do Comércio Internacional...*, *cit.*, e José Miguel Júdice, "As providências cautelares e a arbitragem: em que estamos?", *cit.*, pp. 657 a 679.

[1505] *Cfr.* Artigos 7º, 20º a 29º da LAV.

[1506] *Vide* capítulo II, ponto 7.

mesmos poderes que assistem aos juízes estaduais. Esta é a maior dificuldade do tema e a principal razão para, desde cedo, existirem muitas dúvidas nesta matéria, abstendo-se a anterior LAV de a regular.

Não obstante o que referimos no parágrafo anterior, à partida poderia pensar-se que, se a sentença arbitral tem o mesmo carácter obrigatório que a sentença de um tribunal estadual transitada em julgado (caso julgado), e a mesma força executiva (artigo 42º, nº 7, da LAV), por maioria de razão o tribunal arbitral terá também o poder de decretar providências cautelares. A questão, porém, não é assim tão simples.

A equiparação da sentença arbitral à sentença de um tribunal estadual, por si só, não significa que os tribunais arbitrais tenham poderes cautelares. Conforme observa Mariana França Gouveia, importa ter presente que o decretamento de uma providência cautelar representa uma maior expressão de autoridade (o que se compreende atendendo ao facto de estarmos perante uma decisão tomada com base num *fumus boni juris* e, por vezes, sem o contraditório do requerido)[1507].

Por outro lado, existem diferenças entre a justiça arbitral e a justiça estadual que tornam o tema das providências cautelares na arbitragem mais complexo: em particular, o facto de o "tribunal arbitral que decreta a medida cautelar ser o mesmo que decide a final"[1508], para além das limitações que existem quanto a possíveis efeitos em relação a terceiros, atendendo à origem contratual da arbitragem voluntária[1509].

Referida a complexidade do tema, no presente capítulo iremos centrar-nos em duas questões que as providências cautelares colocam na arbitragem. A primeira (e mais óbvia) é a de saber se os tribunais arbitrais podem ou não decretar providências cautelares, e em que termos. Antes, porém, existe uma questão prévia que se prende com o papel dos tribunais estaduais nesta matéria – em concreto, com a chamada *competência concorrente* entre os tribunais arbitrais e os tribunais estaduais para decretar providências cautelares, que iremos ver de seguida.

II – Existindo uma convenção de arbitragem, a questão prévia que, por vezes, se levanta é a de saber se essa convenção é, ou não, compatível com o pedido e o decretamento de medidas cautelares por um tribunal estadual,

1507 *Cfr.* Mariana França Gouveia, *Curso de Resolução Alternativa de Litígios, cit.*, pp. 208 e 209.

1508 Mariana França Gouveia, *Curso de Resolução Alternativa de Litígios, cit.*, p. 209.

1509 *Vide* Gary B. Born, *International Commercial Arbitration*, vol. II, *cit.*, pp. 2445 e 2446, e Pedro Caetano Nunes, "Arbitragem e medidas cautelares: algumas notas", *cit.*, p. 106.

antes ou depois de iniciado o processo arbitral. Neste sentido, poderá o tribunal estadual decretar uma providência cautelar, não obstante a convenção de arbitragem celebrada e, portanto, não obstante as partes terem escolhido a jurisdição arbitral para resolver os seus litígios?

Em princípio, dir-se-ia que não. Na verdade, como vimos antes, é isso que decorre do *efeito negativo da convenção de arbitragem* (artigo 5º da LAV). Dir-se-á, deste modo, que a parte que requeira uma providência cautelar ao tribunal estadual estará com isso a violar a convenção de arbitragem (preterição de tribunal arbitral), o que é susceptível de configurar uma excepção dilatória de incompetência absoluta do tribunal (nos termos dos artigos 577º, alínea a), e 96º, alínea b), do CPC) e conduzir à absolvição da instância.

A LAV dá, porém, uma resposta diferente, abrindo uma excepção ao efeito negativo da convenção de arbitragem[1510]. No artigo 7º (convenção de arbitragem e providências cautelares decretadas por tribunal estadual) estabelece, expressamente, que "não é incompatível com uma convenção de arbitragem o requerimento de providências cautelares apresentado a um tribunal estadual, antes ou durante o processo arbitral, nem o decretamento de tais providências por aquele tribunal". Esta norma é depois completada com o artigo 29º (providências cautelares decretadas por um tribunal estadual) que volta a reafirmar, no seu nº 1, que "os tribunais estaduais têm poder para decretar providências cautelares na dependência de processos arbitrais, independentemente do lugar em que estes decorram, nos mesmos termos em que o podem fazer relativamente aos processos que corram perante os tribunais estaduais"[1511].

A resposta da LAV é comum à de outros ordenamentos jurídicos e da própria Lei-Modelo da UNCITRAL (artigo 9º)[1512]. Por outro lado, note-se que, apesar de a anterior LAV ser totalmente omissa nesta matéria, esta solução

[1510] Este efeito "não impede que os tribunais estaduais funcionem, em determinadas situações, como jurisdições de apoio ao tribunal arbitral", que é justamente o caso [Dário Moura Vicente, *in* Dário Moura Vicente (Coordenador), *Lei da Arbitragem Voluntária Anotada, cit.*, p. 41].

[1511] *Cfr.* Armindo Ribeiro Mendes, *in* Dário Moura Vicente (Coordenador), *Lei da Arbitragem Voluntária Anotada, cit.*, p. 98. Note-se que quer no artigo 7º, quer no artigo 29º, nº 1, faz-se referência às providências cautelares e não às *ordens preliminares* (consagradas nos artigos 22º e 23º da LAV, que veremos mais à frente), uma vez que estas não estão processualmente previstas no CPC.

[1512] Sobre a solução paralela do artigo 9º da Lei-Modelo da UNCITRAL, vejam-se Peter Binder, *International Commercial Arbitration..., cit.*, pp. 153 a 161, Maria Ângela Bento Soares / Rui Manuel Moura Ramos, *Contratos Internacionais..., cit.*, pp. 357 e 358, e Ana Paula Matos Martins, "A tutela cautelar na Lei-Modelo da CNUDCI e a revisão da Lei de Arbitragem Voluntária", *cit.*, pp. 66 e 67.

era, na altura, pacificamente aceite na doutrina e jurisprudência[1513] e chegou, aliás, a estar consagrada no Decreto-Lei nº 243/84, de 17 de Julho[1514].

A lei consagra, desta forma, uma *competência concorrente* entre os tribunais arbitrais e os tribunais estaduais para decretar providências cautelares[1515]. Não obstante a existência da convenção de arbitragem, as partes poderão, assim, *escolher* entre requerer uma providência cautelar num tribunal arbitral ou num tribunal estadual[1516].

Embora esta competência concorrente entre tribunais estaduais e arbitrais não seja usual[1517], são várias as razões que a justificam na matéria das providências cautelares. Neste sentido, argumenta-se, desde logo, que a constituição de um tribunal arbitral pode ser lenta e morosa (sobretudo numa arbitragem *ad hoc*), o que não se compadece, de todo, com a natureza urgente de um procedimento cautelar. Daí que se entenda que a convenção de arbitragem não possa impedir o requerimento a um tribunal estadual de uma providência cau-

1513 *Vide* LUÍS DE LIMA PINHEIRO, *Arbitragem Transnacional..., cit.*, p. 87, PAULA COSTA E SILVA, "A Arbitrabilidade de Medidas Cautelares", *cit.*, p. 234, JOÃO CALVÃO DA SILVA, "Convenção de arbitragem – algumas notas", *cit.*, p. 549, e "Tribunal Arbitral e Providências Cautelares", *cit.*, pp. 103 e 104, ARMINDO RIBEIRO MENDES, "Balanço dos Vinte Anos de Vigência da Lei de Arbitragem Voluntária (Lei nº 31/86, de 29 de Agosto)...", *cit.*, pp. 51 e 52, e "As medidas cautelares e o processo arbitral (Algumas notas)", *cit.*, p. 81, MARIA JOÃO MIMOSO, *Arbitragem do Comércio Internacional..., cit.*, pp. 303, 327 a 329, 336 e 337, GONÇALO MALHEIRO, *Os poderes concorrenciais dos Tribunais Arbitrais..., cit.*, pp. 11, 49 a 62, e ANA PAULA MATOS MARTINS, "A tutela cautelar na Lei-Modelo da CNUDCI...", *cit.*, pp. 82 e 83.
Por sua vez, na jurisprudência merecem destaque: (i) os acórdãos do Tribunal da Relação de Lisboa de 02/12/2003 (processo nº 6985/2003-7), de 26/09/2000 (processo nº 0006361) e de 03/02/1998 [o terceiro encontra-se em *BMJ*, 474, 542]; (ii) o Acórdão do Tribunal da Relação de Coimbra de 09/04/2002, *in CJ*, 2002, Tomo II, pp. 14 e 15; e (iii) os Acórdãos do Tribunal da Relação de Évora de 16/12/2003, *in CJ*, 2003, Ano XXVIII, tomo V, pp. 263 a 266, de 12/07/1984, *in CJ*, 1984, Ano IX, tomo IV, pp. 286 e 187, e de 29/01/2009 (processo 2985/08-2). Neste âmbito, afigura-se igualmente relevante o acórdão do Tribunal de Justiça da União Europeia de 17 de Novembro de 1998 (caso Van Uden), referido em JOSÉ MIGUEL JÚDICE, "As providências cautelares e a arbitragem: em que estamos?", *cit.*, p. 662.

1514 Nos termos do artigo 5º (procedimentos cautelares requeridos no tribunal judicial) do Decreto-Lei nº 243/84, de 17 de Julho, "não implica renúncia à convenção de arbitragem o requerimento de qualquer procedimento cautelar dirigido ao tribunal judicial". Por razões que se desconhecem, porém, esta norma não chegou a transitar para a anterior LAV.

1515 *Vide* ANTÓNIO MENEZES CORDEIRO, *Tratado da Arbitragem..., cit.*, p. 260, e PEDRO CAETANO NUNES, "Arbitragem e medidas cautelares: algumas notas", *cit.*, p. 99.

1516 Note-se que a competência é *concorrente* e não *subsidiária*, não conferindo a LAV "qualquer competência a título primário aos árbitros para decretarem providências cautelares" (ARMINDO RIBEIRO MENDES, *in* DÁRIO MOURA VICENTE (Coordenador), *Lei da Arbitragem Voluntária Anotada, cit.*, p. 98).

1517 *Cfr.* GARY B. BORN, *International Commercial Arbitration*, vol. II, *cit.*, pp. 2446 e 2457.

telar, não havendo preterição do tribunal arbitral, sob pena de denegação de Justiça (artigo 20º da CRP)[1518]. Por outro lado, mesmo quando o tribunal arbitral já está constituído, existem razões adicionais que justificam o recurso ao tribunal estadual, como, por exemplo, o facto de existir uma maior facilidade de execução das providências decretadas por este[1519] e de não existirem limitações no que se refere a efeitos em relação a terceiros. Poderá ainda suceder que o tribunal arbitral, pura e simplesmente, não tenha competência em matéria cautelar, caso em que a única hipótese será recorrer ao tribunal estadual.

A mencionada competência concorrente é, no fundo, e acima de tudo, um exemplo do relevante papel de apoio e assistência que, por vezes, os tribunais estaduais podem ser chamados a desempenhar na arbitragem. Como vimos antes[1520], "*os tribunais estaduais poderiam existir sem a arbitragem, mas a arbitragem não poderia existir sem os tribunais estaduais*"[1521]. Existe uma relação necessária que se estabelece entre os tribunais arbitrais e os tribunais estaduais, onde estes últimos exercem uma função de controlo e podem vir a prestar apoio e assistência aos tribunais arbitrais. A possibilidade de os tribunais estaduais decretarem providências cautelares é, justamente, um exemplo desse papel de apoio e assistência.

Por fim, conforme salienta António Menezes Cordeiro, importa ressalvar que existem excepções à referida competência concorrente, seja por força da lei (os tribunais arbitrais não poderão decretar providências cautelares relativas a matérias que não sejam arbitráveis), seja por força da convenção de arbitragem (as partes poderão definir que os tribunais arbitrais não terão competência cautelar ou terão uma competência limitada)[1522_1523].

1518 *Vide* ALI YESILIRMAK, *Provisional Measures in International Commercial Arbitration, cit.*, pp. 113 e ss. É esta a razão pela qual, recentemente, os principais centros de arbitragem institucionalizada têm vindo a consagrar nos seus regulamentos de arbitragem a figura do chamado *árbitro de emergência*, que actua antes da constituição do tribunal arbitral podendo decretar providências cautelares (*cfr.* GARY B. BORN, *International Commercial Arbitration*, vol. II, *cit.*, pp. 2450 a 2454). Neste sentido, vejam-se, por exemplo, o Regulamento de Arbitragem da CCI (anexo V) e, em Portugal, o Regulamento de Arbitragem do CAC (anexo I).

1519 *Cfr.* DÁRIO MOURA VICENTE, *in* DÁRIO MOURA VICENTE (Coordenador), *Lei da Arbitragem Voluntária Anotada, cit.*, p. 41, e GEORGIOS PETROCHILOS, *Procedural Law in International Arbitration, cit.*, p. 101.

1520 Capítulo II, ponto 7.1.2.

1521 NIGEL BLACKABY / CONSTANTINE PARTASIDES / ALAN REDFERN / MARTIN HUNTER, *Redfern and Hunter on International Arbitration, cit.*, p. 416.

1522 *Vide* ANTÓNIO MENEZES CORDEIRO, *Tratado da Arbitragem..., cit.*, p. 260. Admitindo, igualmente, a possibilidade de as partes convencionarem que os tribunais arbitrais não terão competência para decretar providências cautelares (ou que apenas o poderão fazer em certas

III – Referida a questão prévia (competência concorrente entre os tribunais arbitrais e os tribunais estaduais para decretar providências cautelares), importa agora centrarmo-nos na questão principal que enunciámos: o problema de saber se os tribunais arbitrais podem ou não decretar providências cautelares, e em que termos.

A questão era muito controvertida no âmbito da anterior LAV (na doutrina e na jurisprudência), que nada estabelecia a respeito desta possibilidade[1524]. As dificuldades do tema tinham, de resto, paralelo noutros ordenamentos jurídicos, onde a questão era igualmente controvertida. De facto, historicamente, existiam proibições (ou muitos limites) a respeito da possibilidade de os tribunais arbitrais decretarem providências cautelares (sendo que, mesmo quando os tribunais arbitrais tinham esses poderes, hesitavam muito na utilização dos mesmos)[1525]. A razão de ser desta controvérsia residia, como vimos antes, na diferente natureza dos tribunais arbitrais, em particular no facto de estes não terem *ius imperii*[1526].

Nas últimas décadas, porém, esta tendência inverteu-se. Progressivamente, as leis de arbitragem de vários países começaram a prever, expressamente, a

circunstâncias), GARY B. BORN, *International Commercial Arbitration*, vol. II, *cit.*, pp. 2455 e 2456, ANTÓNIO MENEZES CORDEIRO, *Tratado da Arbitragem...*, *cit.*, p. 230, e MÁRIO ESTEVES DE OLIVEIRA (coordenação), *Lei da Arbitragem Voluntária Comentada*, *cit.*, p. 281.

1523 Mais controversa é a hipótese contrária, isto é, poderão as partes definir que *os tribunais estaduais não terão competência cautelar*? Em sentido afirmativo, ANTÓNIO MENEZES CORDEIRO, *Tratado da Arbitragem...*, *cit.*, p. 260; em sentido contrário, ARMINDO RIBEIRO MENDES, *in* DÁRIO MOURA VICENTE (Coordenador), *Lei da Arbitragem Voluntária Anotada*, *cit.*, p. 80, e MÁRIO ESTEVES DE OLIVEIRA (coordenação), *Lei da Arbitragem Voluntária Comentada*, *cit.*, pp. 281 e 282; veja-se, ainda, o acórdão do Tribunal Central Administrativo Sul de 06/03/2014 (Relator Rui Pereira, processo 10845/14), nos termos do qual se decidiu que "nenhum preceito da lei da arbitragem voluntária, e muito menos os preceitos do Cód. Civil invocados pela decisão recorrida – artigos 236º, nº 1 e 238º, nº 1 – consentem a conclusão de que as partes quiseram que a competência do tribunal arbitral fosse *exclusiva*, pelo menos no que toca à possibilidade de submeter à apreciação dum tribunal estadual um pedido de adopção de providências cautelares visando a suspensão da eficácia da decisão de aplicação de multas contratuais". Não obstante a ampla autonomia das partes na arbitragem, entendemos que estas não poderão convencionar a competência exclusiva dos tribunais arbitrais para decretarem providências cautelares, excluindo a jurisdição estadual. Recorde-se, aliás, que se o tribunal arbitral não estiver constituído, atendendo à demora na sua constituição as partes poderão ver-se numa situação em que a única hipótese possível será recorrerem ao tribunal estadual, sob pena de denegação de justiça.

1524 Neste sentido, vejam-se JOSÉ MIGUEL JÚDICE, "As providências cautelares e a arbitragem: em que estamos?", *cit.*, pp. 669 a 671, e ANTÓNIO MENEZES CORDEIRO, *Tratado da Arbitragem...*, *cit.*, pp. 224 e 225.

1525 *Cfr.* GARY B. BORN, *International Commercial Arbitration*, vol. II, *cit.*, p. 2427.

1526 *Cfr.* GARY B. BORN, *International Commercial Arbitration*, vol. II, *cit.*, p. 2432.

possibilidade de os tribunais arbitrais decretarem providências cautelares[1527] (embora, ainda hoje, existam excepções, caso significativo da Itália que proíbe a competência cautelar dos tribunais arbitrais[1528]). Para esse efeito, muito contribuiu a Lei-Modelo da UNCITRAL, sobretudo após as (profundas) alterações que introduziu, em 2006, ao seu artigo 17º e que muito influenciaram os legisladores de outros países, entre os quais se inclui o legislador português[1529].

A actual LAV acabou, assim, com as dúvidas: os tribunais arbitrais podem decretar providências cautelares. Diferentemente da lei anterior (totalmente omissa nesta matéria), a actual LAV – para além do citado artigo 7º – consagrou um capítulo dedicado ao tema das providências cautelares e das ordens preliminares (o capítulo IV, artigos 20º a 29º), onde estabelece os seus requisitos e regula diversos aspectos do seu regime, prevê o reconhecimento ou a execução coerciva das providências cautelares, reafirma a possibilidade de os tribunais estaduais decretarem providências cautelares, etc.

Não obstante várias questões terem encontrado resposta na actual lei (desde logo, a competência cautelar dos tribunais arbitrais), os artigos inseridos nesta matéria suscitam também outros problemas. Nos parágrafos seguintes iremos apenas dar conta de algumas das principais inovações e particularidades que o regime das providências cautelares apresenta na LAV.

IV – Como nota prévia, importa começar por salientar que a questão de saber se, num determinado caso concreto, o tribunal arbitral pode ou não decretar providências cautelares (e em que termos) dependerá, antes de mais, do que tiver sido previsto pelas partes a este respeito. Neste sentido, para além da lei aplicável, é importante atender à convenção de arbitragem, isto é, ao que as partes possam ter definido[1530], aqui se incluindo o regulamento de arbitragem para o qual as partes tenham remetido[1531]. Feito este esclarecimento, iremos centrar-nos nas principais regras introduzidas pela LAV nesta matéria.

[1527] *Cfr.* Gary B. Born, *International Commercial Arbitration*, vol. II, *cit.*, pp. 2433 e 2434.

[1528] Artigo 818º do CPC italiano. Sobre esta norma específica, vejam-se, na doutrina italiana, Massimo V. Benedettelli / Claudio Consolo / Luca G. Radicati di Brozolo, *Commentario breve al diritto dell'arbitrato nazionale ed internazionale, cit.*, pp. 319 a 325, e Giovanni Verde, *Diritto processuale civile*, vol. 3, *cit.*, p. 310.

[1529] *Vide* António Menezes Cordeiro, *Tratado da Arbitragem...*, *cit.*, pp. 227 e 228.

[1530] Recorde-se, por exemplo, que as partes podem ter definido que os tribunais arbitrais não poderão decretar providências cautelares (ou que apenas o poderão fazer em certos casos e com determinados limites), pelo que é essencial ver o que as partes estipularam a este respeito.

[1531] Neste sentido, veja-se Gary B. Born, *International Commercial Arbitration*, vol. II, *cit.*, p. 2429.

Uma das maiores inovações da actual LAV foi, sem dúvida, a introdução da figura das *ordens preliminares* – figura que é desconhecida da dogmática jurídica portuguesa e foi consagrada por clara influência da Lei-Modelo da UNCITRAL[1532]. A LAV não define o que são as ordens preliminares, apenas estabelecendo que "qualquer das partes pode pedir que seja decretada uma providência cautelar e, *simultaneamente*, requerer que seja dirigida à outra parte uma ordem preliminar, *sem prévia audiência dela, para que não seja frustrada a finalidade da providência cautelar solicitada*" (artigo 22º, nº 1, da LAV).

Desta disposição, é possível extrair três notas essenciais: as ordens preliminares (i) são proferidas sem a audiência prévia da parte contrária (*ex parte*), (ii) são requeridas de forma simultânea com a providência cautelar[1533], e (iii) visam evitar que seja frustrada a finalidade da providência cautelar[1534]. Neste sentido, as ordens preliminares são, no fundo, "medidas pré-cautelares"[1535] destinadas "a 'acautelar' uma providência cautelar requerida"[1536]. Do regime consagrado na LAV é possível, ainda, concluir que as ordens preliminares não são passíveis de execução coerciva por um tribunal estadual (artigo 23º, nº 5, da LAV).

Outra particularidade que é, igualmente, de assinar prende-se com a definição de providência cautelar constante do nº 2 do artigo 20º da LAV e as quatro alíneas dessa norma, que nos mostram que existem diferenças em relação ao CPC[1537] (desde logo, o facto de não existir uma separação entre o procedimento cautelar comum e os procedimentos cautelares especificados[1538]). Algumas das alíneas aqui enumeradas suscitam, ainda, reflexões adicionais. É o caso, particularmente, da alínea b), nos termos da qual se estabelece a

[1532] *Cfr.* Mariana França Gouveia, "Providências Cautelares sem contraditório decretadas por Tribunal Arbitral", *cit.*, pp. 159 e 160, e Mário Esteves de Oliveira (coordenação), *Lei da Arbitragem Voluntária Comentada, cit.*, p. 300.

[1533] Não é possível, portanto, requerer (apenas) uma ordem preliminar sem requerer, em simultâneo, uma providência cautelar [*cfr.* Armindo Ribeiro Mendes, *in* Dário Moura Vicente (Coordenador), *Lei da Arbitragem Voluntária Anotada, cit.*, p. 86].

[1534] Conforme salienta Mariana França Gouveia, esta dependência das ordens preliminares em relação à providência cautelar "leva-nos ao elenco do artigo 20º LAV, porque não se pode admitir ordens preliminares de fim diverso ou maior que a providência que visa acautelar" (Mariana França Gouveia, *Curso de Resolução Alternativa de Litígios, cit.*, p. 212).

[1535] Armindo Ribeiro Mendes, *in* Dário Moura Vicente (Coordenador), *Lei da Arbitragem Voluntária Anotada, cit.*, p. 86.

[1536] António Menezes Cordeiro, *Tratado da Arbitragem..., cit.*, p. 239.

[1537] *Vide* Armindo Ribeiro Mendes, *in* Dário Moura Vicente (Coordenador), *Lei da Arbitragem Voluntária Anotada, cit.*, p. 81.

[1538] *Cfr.* Mariana França Gouveia, *Curso de Resolução Alternativa de Litígios, cit.*, p. 213.

possibilidade de o tribunal arbitral ordenar a uma parte que "pratique actos que previnam ou se *abstenha* de praticar actos que provavelmente causem dano ou prejuízo relativamente ao processo arbitral". A dúvida que, em concreto, a citada alínea b) do nº 2 do artigo 20º da LAV suscita é a de saber se são ou não admissíveis, na arbitragem, as chamadas *anti-suit injunctions*.

Comum nas ordens jurídicas inglesa e norte-americana[1539], a *anti-suit injunction* é, resumidamente, "uma ordem proferida pelo tribunal e dirigida a uma parte de *abstenção judicial*"[1540]. É particularmente útil para impedir uma parte de propor uma acção com finalidades meramente dilatórias, quando se suspeite que esta "terá a intenção de propor uma ação noutro tribunal para suspender, atrasar ou de alguma forma complicar o decurso do primeiro processo"; neste caso, requer-se ao tribunal que ordene a essa parte que se *abstenha* de intentar, noutro tribunal, uma acção com essa finalidade[1541].

Neste sentido, será possível requerer ao tribunal arbitral que ordene a uma das partes que se abstenha de propor uma acção, nos tribunais estaduais, que cause "dano ou prejuízo relativamente ao processo arbitral"[1542]? Embora a questão seja muito controvertida, o texto da LAV parece admitir tal possibilidade[1543].

A hipótese inversa das *anti-arbitration injunctions* (requerimento ao tribunal estadual de uma ordem para que uma das partes se abstenha de propor a acção arbitral), porém, já não parece ser possível, face ao artigo 5º, nº 4, da LAV[1544].

Para além das inovações e particularidades que brevemente referimos, o regime das providências cautelares consagrado na LAV suscita, ainda, outras questões adicionais[1545]. Na presente edição, porém, não iremos desenvolver tais questões, ficando a promessa de retomarmos este tema em futuras edições.

[1539] *Vide* Miguel Teixeira de Sousa, "A incompatibilidade das anti-suit injunctions com o Regulamento (CE) nº 44/2001...", *cit.*, p. 199, e Georgios Petrochilos, *Procedural Law in International Arbitration, cit.*, p. 105.

[1540] Mariana França Gouveia, *Curso de Resolução Alternativa de Litígios, cit.*, p. 226.

[1541] Mariana França Gouveia, *Curso de Resolução Alternativa de Litígios, cit.*, p. 226 (veja-se, ainda, a pg. 216).

[1542] Artigo 20º, nº 2, alínea b), da LAV.

[1543] Sobre esta questão, vejam-se Mariana França Gouveia, *Curso de Resolução Alternativa de Litígios, cit.*, pp. 226 a 233, e António Menezes Cordeiro, *Tratado da Arbitragem..., cit.*, pp. 234 e 235.

[1544] *Vide* Dário Moura Vicente, *in* Dário Moura Vicente (Coordenador), *Lei da Arbitragem Voluntária Anotada, cit.*, p. 40, e Mariana França Gouveia, *Curso de Resolução Alternativa de Litígios, cit.*, p. 228; a respeito das *anti-arbitration injunctions* na arbitragem internacional, veja-se Mauro Rubino-Sammartano, *International Arbitration: Law and Practice*, 3ª ed., *cit.*, pp. 573 e ss.

[1545] Para maiores desenvolvimentos sobre o tema das providências cautelares na arbitragem (na vigência da actual LAV), vejam-se, entre outros, António Menezes Cordeiro, *Tratado da*

12.5. Os custos da arbitragem

O capítulo do processo arbitral não podia terminar sem referência a um tema que, não sendo um tema "nobre" da arbitragem, tem grande aplicação e interesse prático: os custos da arbitragem.

O recurso aos tribunais arbitrais é tradicionalmente visto como mais dispendioso face à litigância dos tribunais estaduais. Embora esse entendimento seja tendencialmente correcto (e compreensível, atendendo a que estamos perante um tribunal privado), nem sempre assim é.

Neste contexto, face a alguma confusão que, por vezes, existe nesta matéria, importa: (i) diferenciar a arbitragem voluntária da arbitragem necessária; (ii) atender às especificidades de certas modalidades de arbitragem (caso, por exemplo, da *arbitragem de consumo*, que é pouco onerosa ou tendencialmente gratuita); e (iii) ter em consideração os elevados montantes que, muitas vezes, o pagamento do chamado *remanescente da taxa de justiça* implica num processo estadual[1546]. Estes factores (entre outros) têm necessariamente de ser ponderados quando se estabelece uma comparação entre a jurisdição arbitral e estadual em matéria de custos.

Para além do que referimos, o tema dos custos da arbitragem convoca outros problemas, muito controvertidos. É esse caso, por exemplo, da *insuficiência económica das partes numa arbitragem*[1547] e do *third party funding*[1548].

Arbitragem..., cit., pp. 217 a 261, Mariana França Gouveia, *Curso de Resolução Alternativa de Litígios, cit.*, pp. 208 a 233, e "Providências Cautelares sem contraditório...", *cit.*, pp. 156 a 225, e Pedro Caetano Nunes, "Arbitragem e medidas cautelares: algumas notas", *cit.*, pp. 99 a 118.

1546 *Cfr.* Artigo 6º, nº 7, do Regulamento das Custas Processuais.

1547 Referimo-nos ao problema que resulta da impossibilidade de uma das partes suportar os encargos da arbitragem, por *insuficiência económica de meios*. Neste âmbito, e atendendo à falta de apoio judiciário nas arbitragens comerciais, a questão principal que se coloca é a de saber se essa parte poderá recorrer ao tribunal estadual competente, não obstante a celebração da convenção de arbitragem. Sobre o tema, vejam-se, na doutrina, Vital Moreira, "Tribunais arbitrais e direito de acesso à justiça...", *cit.*, pp. 123 a 151, António Sampaio Caramelo, "Obrigatoriedade da Convenção de Arbitragem e Direito de Acesso à Justiça", *cit.*, pp. 223 a 290, Rita Gouveia, "Convenção de arbitragem em caso de insuficiência económica", *cit.*, pp. 305 e ss., Armindo Ribeiro Mendes, "A Arbitragem na Jurisprudência do Tribunal Constitucional", *cit.*, pp. 130 e ss., José Miguel Júdice, "Anotação ao Acórdão 311/08 do Tribunal Constitucional", *cit.*, pp. 161 a 190, Joaquim Shearman de Macedo, "Sobre a qualificação civil da incapacidade suportar os custos do processo arbitral por uma das partes", *cit.*, pp. 225 a 244, Catarina Serra, "Arbitragem e insolvência. Os efeitos da declaração de insolvência sobre a arbitragem...", *cit.*, pp. 612 a 655, Pedro Metello de Nápoles, "Efeitos da insolvência na convenção de arbitragem. Insuficiência económica...", *cit.*, pp. 139 a 158, Manuel Pereira Barrocas, *Manual de Arbitragem, cit.*, pp. 234 a 238, 379 e 380, e Francisco da Cunha Matos / Maria Beatriz Brito, "A superveniente insuficiência económica das partes como alegado fundamento...", *cit.*, pp. 29 a 41; na

Entre os vários (e interessantes) problemas que se levantam, na presente edição iremos apenas tratar: (i) da inconstitucionalidade das custas na arbitragem necessária (e o caso particular do Tribunal Arbitral do Desporto); e (ii) da especificidade de certos tipos de arbitragem, como são os casos da arbitragem no Direito Administrativo (regime do CAAD) e da arbitragem de consumo.

12.5.1. A inconstitucionalidade das custas na arbitragem necessária

12.5.1.1. Enquadramento

A consagração legal de um recurso para os tribunais estaduais em sede de mecanismos arbitrais necessários não é suficiente para impedir que os mesmos estejam imunes a um juízo de inconstitucionalidade sobre o seu regime jurídico. Com efeito, o que está em causa no âmbito da análise da inconstitucionalidade das custas na arbitragem necessária não é uma ponderação ou um confronto entre os benefícios e as desvantagens da arbitragem e da jurisdição estadual, concluindo pela menorização desta última.

doutrina internacional, *vide* Georgios Petrochilos, *Procedural Law in International Arbitration, cit.*, pp. 125 a 129. Na jurisprudência, veja-se o acórdão do Tribunal Constitucional nº 311/08, de 30/05/2008 (Relator Joaquim de Sousa Ribeiro, processo nº 753/07), bem como os acórdãos (i) do Supremo Tribunal de Justiça de 18/01/2000 (Relator Aragão Seia, processo 99A1015), de 09/10/2003 (Relator Pires da Rosa, processo 03B1604), de 06/10/2011 (Relator Álvaro Rodrigues, processo 454/09.0TVLSB.L1.S1) e de 26/04/2016 (Relatora Ana Paula Boularot, processo 1212/14.5T8LSB.L1.S1), (ii) do Tribunal da Relação de Lisboa de 06/05/2001 (Relator Lopes Bento, processo 00110641), e (iii) do Tribunal da Relação do Porto de 24/04/2001 (Relator Ferreira de Seabra, processo 0120301), de 11/01/2007 (Relator Amaral Ferreira, processo 0636141) e de 03/02/2009 (Relator M. Pinto dos Santos, processo 0826756).

[1548] Sobre o *third party funding*, isto é, o financiamento de litígios por um terceiro, vejam-se Ricardo Silva Pereira, "Third Party Funding e implicações éticas na relação com os árbitros", *cit.*, pp. 86 a 122, Duarte Gorjão Henriques, "Third party funding ou o financiamento de litígios por terceiros em Portugal", *cit.*, pp. 573 a 624, "A regulação de 'third-party funding'", *cit.*, pp. 55 a 81, e "Third-party funding: a protected investment?", *cit.*, pp. 109 a 158, Iñaki Carrera, "O financiamento do direito litigioso como opção de gestão: em particular os non-recourse funding agreements", *cit.*, pp. 689 a 724, José Miguel Júdice, "Some notes about third-party funding: a work in progress", *cit.*, pp. 55 a 71, António Pinto Leite, "Third party funding as a joint venture and not as a mere finance agreement...", *cit.*, pp. 105 a 113, Leonor van Lelyveld, "Third-Party Funding: algumas notas sobre o dever de revelação", *cit.*, pp. 163 a 177, e, mais recentemente, Alexandra Mendes Gonçalves, *Third Party Funding na Arbitragem Comercial – A aplicabilidade do financiamento de litígios por terceiros e a possibilidade da sua regulação, cit.*; na doutrina internacional, *vide*, entre outros, Lisa Bench Nieuwveld / Victoria Shannon Sahani, *Third-Party Funding in International Arbitration, cit.*, 2017, e Jonas von Goeler, *Third-Party Funding in International Arbitration and its Impact on Procedure, cit.*, 2016.

O que se deve discutir, a respeito deste tema, é, precisamente, se a jurisdição arbitral necessária ao ser mais onerosa do que a jurisdição estadual, permite concluir pela violação do artigo 20º da CRP[1549].

12.5.1.2. O caso muito particular das custas do Tribunal Arbitral do Desporto

O problema da onerosidade das custas tem sido tratado, em larga maioria, a propósito da opção legislativa que postula um mecanismo de arbitragem necessária, como aquele que foi introduzido pela Lei nº 74/2013, de 6 de Setembro[1550] (LTAD), que se assumiu como muito controverso no que concerne à sua constitucionalidade[1551]-[1552]. Aliás, um dos motivos para que aquele mecanismo arbitral ainda não tenha logrado recolher a confiança generalizada por parte dos operadores a que se destina reside, precisamente, na onerosidade das custas.

Sucede, porém, que, além disso, a solução da LTAD em sede de custas[1553] resulta na inconstitucionalidade do mecanismo de arbitragem necessária[1554].

[1549] *Cfr.*, em geral, sobre o tema, Artur Flamínio da Silva, "A arbitragem necessária no Direito Administrativo tem o preço da inconstitucionalidade. Anotação ao Acórdão...", *cit.*, pp. 199 e ss., bem como, do mesmo autor, *A Resolução de Conflitos Desportivos..., cit.*, pp. 472 e ss.

[1550] Alterada, posteriormente, pela Lei nº 33/2014, de 16 de Junho. cfr., genericamente, Artur Flamínio da Silva / Daniela Mirante, *O Regime Jurídico do Tribunal Arbitral do Desporto, cit.*, e Artur Flamínio da Silva, "O Novo Regime Jurídico da Resolução de Conflitos Desportivos no Direito Administrativo...", *cit.*, pp. 395 e ss., e, em particular, Artur Flamínio da Silva, *A Resolução de Conflitos Desportivos..., cit.*

[1551] V. o acórdão nº 230/2013 (sobre este acórdão, cfr. Artur Flamínio da Silva, "A arbitragem desportiva em Portugal: uma realidade sem futuro?", *cit.*, pp. 68 e ss.) e o acórdão nº 781/2013. Para uma análise crítica desta jurisprudência, cfr. Artur Flamínio da Silva, *A Resolução de Conflitos Desportivos..., cit.*, pp. 348 e ss., 448 e ss., e Rui Medeiros, "Arbitragem e Constituição", *cit.*, pp. 1312 e ss.

[1552] V., a este respeito, Artur Flamínio da Silva, *A Resolução de Conflitos Desportivos..., cit.*, pp. 64 e ss., quando afirma que decorre um "potencial lesivo da regulação desportiva", o que, por sua vez, implica "que se encontrem previstos meios internos de resolução de conflitos adequados a assegurar a tutela jurídica dos lesados, mas também que sejam configurados mecanismos judiciais céleres e pouco dispendiosos, uma vez que os meios jurisdicionais existentes podem não ser apropriados para antecipar a tutela da elevada lesividade resultante da aplicação de uma sanção disciplinar. Com efeito, inexistindo esta tutela, é possível constatar que se verifica uma tendencial irreparabilidade dos danos que tenham impacto na competição desportiva, produzindo-se imediatamente, na medida em que os danos reconduzíveis a uma sanção disciplinar ilegal com impacto no resultado desportivo são de reconstituição quase impossível".

[1553] As custas encontram-se, actualmente, fixadas pela Portaria nº 301/2015, de 22 de Setembro, a qual foi alterada pela Portaria nº 314/2017 (Portaria TAD)

[1554] Na jurisprudência do TC entende-se que "o direito de acesso aos tribunais ou à tutela jurisdicional implica a garantia de uma proteção jurisdicional eficaz ou de uma tutela judicial

De facto, para proceder à análise da constitucionalidade do regime jurídico que rege um tribunal arbitral necessário é indispensável realizar sempre um teste da conformidade concreta do mesmo com as garantias exigidas aos tribunais estaduais, segundo as coordenadas do artigo 20º da CRP[1555]. Deste modo, a provável inconstitucionalidade da instituição legal de um tribunal arbitral necessário deve ser sempre aferida em concreto, verificando se este cumpre, porventura, as garantias que a CRP prevê também para os tribunais estaduais[1556].

Um dos maiores problemas, no que respeita à constitucionalidade do regime da LTAD, diz respeito à regulamentação das custas que se encontra previsto nos artigos 76º a 79º da LTAD. Integram-se no conceito de custas[1557] (i) a taxa de arbitragem, que se assume como "o montante devido pelo impulso processual do interessado"[1558]; (ii) os encargos do processo arbitral, que se reconduz a "todas as despesas resultantes da condução do mesmo, designadamente os honorários dos árbitros e as despesas incorridas com a produção da prova, bem como as demais despesas ordenadas pelos árbitros". Da submissão do processo arbitral ao TAD podem ainda resultar custos relacionados com actos avulsos[1559].

Vejamos, com maior detalhe, os argumentos que justificam a conclusão da incompatibilidade do regime jurídico do TAD com o quadro normativo constitucional, nomeadamente do direito fundamental à tutela jurisdicional efectiva[1560].

efetiva, cujo âmbito normativo abrange nomeadamente: (a) o direito de ação, no sentido do direito subjetivo de levar determinada pretensão ao conhecimento de um órgão jurisdicional; (b) o direito ao processo, traduzido na abertura de um processo após a apresentação daquela pretensão, com o consequente dever de o órgão jurisdicional sobre ela se pronunciar mediante decisão fundamentada; (c) o direito a uma decisão judicial sem dilações indevidas, no sentido de a decisão haver de ser proferida dentro dos prazos pré-estabelecidos, ou, no caso de estes não estarem fixados na lei, dentro de um lapso temporal proporcional e adequado à complexidade da causa; (d) o direito a um processo justo baseado nos princípios da prioridade e da sumariedade, no caso daqueles direitos cujo exercício pode ser aniquilado pela falta de medidas de defesa expeditas". Cfr., a síntese, com amplas referências jurisprudenciais, o acórdão nº 462/2016 do TC.

[1555] Sobre este problema e neste preciso sentido, v. ARTUR FLAMÍNIO DA SILVA, *A Resolução de Conflitos Desportivos...*, *cit.*, pp. 354 e ss.

[1556] Acrescentou o TC no acórdão nº 230/2013 que "a criação de tribunais arbitrais não pode deixar de se encontrar pré-ordenada a outros princípios constitucionais e, de entre estes, à garantia de acesso aos tribunais e à garantida de reserva de jurisdição".

[1557] *Cfr.* o artigo 76º, nº 1, da LTAD.

[1558] *Cfr.* o artigo 76º, nº 2, da LTAD.

[1559] V. o artigo 79º da LTAD.

[1560] Muito do que se dissertar seguidamente tem por base o texto e as conclusões de ARTUR FLAMÍNIO DA SILVA, "A arbitragem necessária no Direito Administrativo tem o preço da inconstitucionalidade. Anotação ao Acórdão...", *cit.*, pp. 199 e ss.

O primeiro aspecto a ponderar no que concerne ao juízo de inconstitucionalidade da LTAD – e que é transponível para todos os mecanismos arbitrais necessários que se desenvolvam obrigatoriamente através de arbitragem institucionalizada[1561] – reside precisamente na ideia de que "os encargos da justiça arbitral são mais elevados do que as custas num tribunal estadual, podendo dessa forma representar um desequilíbrio no acesso à justiça, colocando em situação desigual quem recorre à justiça estadual e à justiça arbitral, neste caso sem opção"[1562].

É que, ao contrário do que sucede na arbitragem voluntária, e tal como já tivemos oportunidade de referir, no domínio da arbitragem necessária a jurisdição é imposta por lei, não podendo as partes optar livremente pela via arbitral em detrimento da jurisdição estadual. Por conseguinte, esta situação tem naturalmente consequências no âmbito das custas que as partes têm que suportar no acesso à justiça e na situação de desigualdade em relação aos restantes cidadãos.

A doutrina[1563] e o TC no acórdão nº 123/2015 reconheceram, neste contexto, que será inconstitucional a previsão legislativa de um mecanismo arbitral necessário que imponha custas substancialmente superiores às que comparativamente se encontram previstas nos tribunais estaduais.

O Tribunal Central Administrativo Sul (TCA Sul) teve oportunidade de se pronunciar[1564] sobre este problema, em particular sobre a LTAD e num sentido que reputamos ser o mais acertado. Nesta decisão, estava em causa

[1561] Com efeito, o TC exclui a hipótese de inconstitucionalidade, conforme jurisprudência fixada no acórdão nº 123/2015, na arbitragem necessária ad hoc, uma vez que aí existe a possibilidade de as partes negociarem os honorários directamente com os árbitros por elas escolhidos.

[1562] V. acórdão nº 123/2015 do TC.

[1563] *Cfr.*, por exemplo, como fora defendido por Paulo Otero (em parecer inédito citado por Rui Medeiros) afirmando que "o mecanismo de arbitragem necessária cria um desequilíbrio no acesso à justiça, pois os custos do seu funcionamento são, por via de regra, muito superiores aos custos processuais nos tribunais do Estado. Neste último entendimento, a imposição da arbitragem necessária conduz imediata e inevitavelmente, a um privilégio a favor dos intervenientes particulares que possuem mais recursos financeiros, enquanto, em sentido contrário, uma solução envolvendo a intervenção dos tribunais do Estado garante, à partida, uma justiça economicamente mais acessível a todos" e, mais recentemente, por Rui Medeiros, "Arbitragem e Constituição", *cit.*, p. 1308, Artur Flamínio da Silva, "Revisitando a constitucionalidade da arbitragem necessária em Portugal...", *cit.*, pp. 375 e ss., e Artur Flamínio da Silva, *A Resolução de Conflitos Desportivos...*, *cit.*, pp. 490 e ss.

[1564] V. o acórdão de 6 de Dezembro de 2017, processo nº 155/17.5BCLSB. Sobre esta, v. Artur Flamínio da Silva, "A arbitragem necessária no Direito Administrativo tem o preço da inconstitucionalidade. Anotação ao Acórdão...", *cit.*, pp. 199 e ss.

um recurso de uma sentença arbitral do TAD[1565] em que: (i) o colégio arbitral entendeu que o valor do processo ascendia a um total de 2678€; (ii) fixando-se, assim, o valor global das custas num total de 5104,50€ (1500€ relativos à taxa de arbitragem, 2500€ respeitantes aos honorários dos árbitros e 150€ que dizem respeito a encargos administrativos, acrescido ao total destes valores o relativo ao pagamento de IVA). No entanto, se a mesma causa tivesse sido proposta nos tribunais administrativos, conforme sintetiza o TCA Sul: "o autor eventualmente perdedor pagaria um total de 408 euros no TAC, ou seja, 9 vezes menos do que no TAD, e de 204 euros de custas neste tribunal superior (TCA Sul), mais alguns custos ou encargos administrativos (fotocópias, etc.)".

Neste sentido, a conclusão a retirar – e a que nós aderimos – é que as custas seriam inconstitucionais por serem muito mais onerosas no TAD do que nos tribunais estaduais e, por isso, claramente violadoras do direito fundamental à tutela jurisdicional efectiva.

Contra este entendimento, não se argumente de um modo falacioso, por um lado, que a existência de protecção jurídica, conforme disposto no artigo 62º da LTAD, reme- tendo para a Lei nº 34/2004, de 29 de Julho, na redacção da Lei nº 47/2007, de 28 de Agosto, permite assegurar a constitucionalidade de tal regime jurídico. É certo que a consagração expressa daquela permite evitar um reassumir da competência dos tribunais estaduais quando uma das partes se encontre em situação de insuficiência económica[1566], mas não impossibilita que, em todas as outras circunstâncias, uma potencial parte se confronte com um regime de custas "de tal modo gravoso que torne insuportável o acesso a tribunais"[1567].

A posição que se esteia neste falso argumento ignora o entendimento da jurisprudência do TC ancorada na afirmação que "[o] instituto do apoio judiciário não é, pois, um instrumento generalizado, ou pressuposto primário de acesso ao direito: é, antes, um remédio, uma solução a utilizar, de forma excepcional, apenas pelos cidadãos economicamente carenciados ou desfavorecidos, e não de forma indiscriminada pela globalidade dos cidadãos. Isto

[1565] *Cfr.* o acórdão nº 30/2017.

[1566] Sendo que nessas situações "o Estado não se demite do seu papel de garante último da realização de justiça". V. o acórdão do TC nº 311/2008.

[1567] *Cfr.* Jorge Miranda, *Direitos Fundamentais, cit.*, p. 415. Em geral, sobre o tema das partes em insuficiência económica e arbitragem, *cfr.*, com indicações, António Menezes Cordeiro, *Tratado da Arbitragem..., cit.*, pp. 116 e ss., e António Sampaio Caramelo, "Obrigatoriedade da Convenção de Arbitragem e Direito de Acesso à Justiça", *cit.*, pp. 223 e ss.

implica, necessariamente, que também o sistema das custas judiciais tenha que ser um sistema proporcional e justo, que não torne insuportável ou inacessível para a generalidade das pessoas o acesso aos tribunais"[1568].

Efectivamente, o risco que deriva de, num caso de um litígio sem valor económico ou de valor reduzido, poder resultar o pagamento de um elevado valor – muito superior ao que era pago nos tribunais estaduais – permite constatar um esforço económico que afasta decididamente as partes da tutela jurisdicional. Não se trata, por exemplo, de considerar somente os valores que envolvem a submissão de um processo no TAD, mas também saber se, no caso de uma parte vencida, a existência de custas, de tal modo elevadas, podem ser, numa primeira instância, o suficiente para levar a que aquele que necessita de tutela jurídica opte por não a obter, inclusivamente, em sede de recurso para os tribunais estaduais.

O que é constitucionalmente vedado é precisamente que se estabeleçam custas elevadas que levassem a que o recurso aos tribunais se apresentasse como um "direito formal", o qual não poderia ser exercido pelo litigante médio, mas somente por aquele que tivesse uma capacidade económica muito elevada[1569].

O esforço económico que implica a submissão de uma causa ao TAD leva a que as partes vencidas ponderem, de um modo sério, nem sequer obter, em sede de recurso, tutela jurisdicional junto dos tribunais estaduais[1570]. Temos, assim, por certo que a única função destas custas elevadas é consagrar um mecanismo dilatório inaceitável que tem "como única e exclusiva função evitar que as partes possam recorrer aos tribunais estaduais" sendo, naturalmente, de concluir que "quanto mais cara a justiça arbitral, menos litigiosidade existe, mas também pior será a tutela jurídica", pelo que a existência de custas

[1568] Neste preciso sentido, o acórdão nº 495/96 do TC.

[1569] V. Gomes Canotilho / Vital Moreira, *Constituição da República Portuguesa Anotada*, Vol. I, 4ª ed., *cit.*, 2007, p. 430, denotando que "a lei não pode (...) adoptar soluções de tal modo onerosas que, na prática, impeçam o cidadão médio de aceder à justiça. Salvaguardada a protecção jurídica para os mais carenciados, as custas não devem ser incomportáveis em face da capacidade contributiva do cidadão médio, não sendo constitucionalmente admissível a adopção de soluções em matéria de custas que, designadamente nos casos de maior incerteza sobre o resultado do processo, inibam os interessados de aceder à justiça".

[1570] Como refere António Sampaio Caramelo "aquilo que é absolutamente crucial (...) é que ninguém seja impedido de recorrer a um tribunal, para defesa dos seus direitos e interesses legalmente protegidos, por não ter os meios financeiros para efetuar os pagamentos exigidos como condição que esse tribunal se pronuncie sobre a sua pretensão". *Cfr.* "Obrigatoriedade da Convenção de Arbitragem e Direito de Acesso à Justiça", *cit.*, p. 269.

ostensivamente onerosas representa "um mero mecanismo recriminatório do exercício de um direito constitucionalmente garantido"[1571].

Por último, realce-se[1572] também o argumento relacionado com a desproporcionalidade das custas se comparadas com o valor da causa. Neste sentido, discute-se se é constitucionalmente admissível a imposição de custas que não têm uma correspondência adequada e proporcional com o valor da causa, quer este assuma um valor diminuto ou quer se reconduza a um valor elevado. Está aqui em apreciação a inexistência de uma correspondência proporcional entre o serviço prestado e a utilidade que os utentes – neste caso as partes – podem retirar da utilização do mecanismo arbitral necessário[1573].

Também aqui se deve concluir pela inconstitucionalidade das normas de mecanismos arbitrais necessários que imponham custas elevadas[1574], uma vez que, conforme reconhecido na jurisdição constitucional[1575], "se por um lado o estabelecimento de custas tem por finalidade evitar que os encargos decorrentes do funcionamento da máquina judiciária sejam subtraídos dos impostos, pondo em causa outros custos sociais relevantes (v. g. saúde e educação), não é menos verdade que o direito, constitucionalmente consagrado, do acesso ao direito e aos tribunais, não pode ser travado em função de critérios de taxação concretamente desrazoáveis ou desequilibrados".

Não se pode ignorar que "a conformação constitucional das normas que regem em matéria de custas tem de ser aferida em função de uma justiça não gratuita, mas com limites na sua onerosidade"[1576].

[1571] *Cfr.* Artur Flamínio da Silva / Daniela Mirante, *O Regime Jurídico do Tribunal Arbitral do Desporto*, *cit.*, p. 133. Sobre este assunto, *cfr.*, igualmente, Artur Flamínio da Silva, *A Resolução de Conflitos Desportivos...*, *cit.*, pp. 492 e ss.

[1572] Não se abordará aqui um outro argumento que é exclusivo do TAD, uma vez que não é transponível para as restantes arbitragens necessárias. V., em concreto, sobre a inconstitucionalidade decorrente da fixação dos valores por portaria, Artur Flamínio da Silva, "A arbitragem necessária no Direito Administrativo tem o preço da inconstitucionalidade. Anotação ao Acórdão...", *cit.*, pp. 216 e ss.

[1573] V. o acórdão nº 210/2007 do TC, aí se afirmando que a "liberdade de definição do montante das taxas terá, contudo, como limite superior o princípio constitucional estruturante da proibição do excesso, corolário do Estado de direito democrático (artigo 2º, da CRP), o qual impedirá a fixação de valores manifestamente desproporcionados ao serviço prestado, o que, a suceder, porá em causa a própria equivalência jurídica das prestações".

[1574] V., a este respeito, Artur Flamínio da Silva, "A arbitragem necessária no Direito Administrativo tem o preço da inconstitucionalidade. Anotação ao Acórdão...", *cit.*, pp. 214 e ss.

[1575] *Cfr.* o acórdão nº 210/2007 do TC.

[1576] V. o acórdão do TC nº 210/2007.

12.5.2. As custas pouco onerosas e tendencialmente gratuitas em certos tipos de arbitragem: o caso da arbitragem no Direito Administrativo e da arbitragem de consumo

12.5.2.1. Enquadramento

A contra-corrente da ideia de que a arbitragem é uma justiça para os mais abastados economicamente, convém recordar precisamente que existem certos tipos de arbitragem nos quais, tendo em conta a situação de desigualdade que se regista no direito substantivo, é imperativa a adopção de custas que não são elevadas, designadamente custas razoáveis. A opção é fundamentada, por exemplo, pela falta de cariz patrimonial (em especial, no Direito Administrativo) ou pelo baixo valor económico do litígio (no Direito do Consumo) em que, para permitir um acesso equitativo à justiça arbitral, as custas são fixadas em valores que são até inferiores aos tribunais estaduais ou, no limite, valores meramente simbólicos ou até gratuitos, como é comum na arbitragem de consumo.

Não é, portanto, verdade, convém sempre relembrar, assumir que o recurso a mecanismos arbitrais é sempre mais oneroso do que o recurso a tribunais estaduais. Com efeito, não se pode julgar o todo pela parte. São dois os exemplos que veremos seguidamente: a arbitragem no Direito Administrativo e a arbitragem de consumo.

12.5.2.2. As custas arbitrais no Direito Administrativo: o caso do CAAD

A arbitragem voluntária no Direito Administrativo quando é organizada no âmbito do CAAD beneficia, em certos casos, de custas de valor reduzido[1577]. Tal facto só possível dado que este centro de arbitragem especializada em matéria administrativa e tributária é apoiado pelo Estado, pelo que a presença do financiamento estatal permite apresentar condições mais vantajosas em termos de custas.

Existe, ainda, no caso da migração de processos em matéria tributária que se encontram pendentes nos tribunais administrativos – e que tenham dado entrada até 31 de Dezembro de 2016 – para arbitragem que se desenvolve junto do CAAD, uma atribuição de isenção de custas para os processos que as partes optem deliberadamente por cometer ao CAAD, nos termos do artigo 11º, nº 1, do Decreto-Lei nº 81/2018, de 15 de Outubro.

No que toca às custas do CAAD, cumpre efectuar duas observações: (i) as mesmas variam consoante o método de nomeação dos árbitros; (ii) variam

[1577] Além de existir a possibilidade de ser atribuído apoio judiciário.

consoante a matéria em causa. Na primeira hipótese, as custas são reduzidas – por vezes, até inferiores em relação às existentes nos tribunais estaduais – quando o Conselho Deontológico do CAAD escolhe os árbitros[1578]. Na segunda situação, encontram-se previstas custas simbólicas no caso de se tratar um litígio relacionado com o emprego público e que, consoante o valor da causa, podem oscilar entre 50€ e 450€ a serem pagos por cada parte[1579].

Em suma, a arbitragem institucionalizada que se desenvolve junto do CAAD apresenta custas razoáveis, por vezes mais acessíveis do que as existentes nos tribunais administrativos, podendo mesmo ser gratuitas[1580].

12.5.2.3. A tendencial gratuitidade das custas na arbitragem de consumo

As relações contratuais no domínio do Direito do Consumo são marcadas por um conjunto de características muito próprias e que, no essencial, as afastam da clássica ideia de igualdade dos contraentes no plano do Direito Privado. Por um lado, os consumidores apresentam-se, em regra, como a parte mais débil da relação. Esta debilidade não respeita única e necessariamente ao poder económico do consumidor, mas, para além disso, ao facto de o mesmo ter, por vezes, uma necessidade insuprível de contratar um determinado serviço e apenas existir um operador económico com a possibilidade de o prestar ou alienar[1581]. De facto, a situação material do consumidor corresponde, muitas das vezes, a exemplos de subordinação e de fragilidade, traços que, inevitavelmente, se traduzem também no plano processual.

[1578] É o exemplo da arbitragem tributária, uma vez que de acordo com o artigo 4º, nº 1, do regulamento de custas nos processos de arbitragem tributária no CAAD, se remete para a tabela I anexa ao regulamento em causa. Em regra, e consoante o valor do litígio, o valor mínimo da taxa de arbitragem é de 302€ e máximo de 4.896€ da taxa de arbitragem. Os honorários dos árbitros ascendem, no mínimo, a 306€ e, no máximo, a 4.406,40€ e as despesas administrativas podem ser gratuitas ou ascender a 489,60 €. O mesmo não sucede no caso em que as partes optam por nomear elas próprias os árbitros, pelo que, nesse caso, nos termos da remissão do artigo 5º, nº 1, do mesmo regulamento para a tabela II, as custas podem, em regra, variar entre os 6.000€ e os 120.000€ para a taxa de arbitragem, entre 4.500€ e os 90.000€ para os honorários dos árbitros e as despesas administrativas oscilam entre 1.500€ e os 30.000€.

[1579] V. a tabela I (relação jurídica de emprego público) dos encargos processuais da arbitragem administrativa do CAAD.

[1580] Não é, todavia, sempre assim no Direito Administrativo. Como vimos, a LTAD que cria a arbitragem necessária no Direito Administrativo do Desporto é, de facto, ostensivamente onerosa, padecendo de inconstitucionalidade nas suas soluções.

[1581] Pense-se, a título de exemplo, nos serviços públicos essenciais previstos na Lei nº 23/96, de 26 de Julho, tais como o fornecimento de água, electricidade, gás natural, entre outros.

Em simultâneo, o desconhecimento dos direitos que a lei lhes consagra aliado à não compreensão do formalismo judiciário, bem como aos custos inerentes aos processos judiciais, têm por efeito o afastamento dos consumidores pela tutela dos seus direitos[1582]. Por outro lado, a esta situação acresce que os litígios resultantes destas relações não assumem, geralmente, valores muito elevados[1583], o que não só afasta os consumidores da procura pela sua tutela, bem como gera algum preconceito aos operadores judiciários na sua resolução, pois consideram que não são conflitos de grande importância.

Neste contexto, a arbitragem[1584] surge como a via de resolução de conflitos de consumo por excelência no ordenamento jurídico português[1585], permitindo ao consumidor buscar uma tutela jurídica célere, de proximidade e pouco dispendiosa ou mesmo gratuita. A regra no que concerne às custas da arbitragem é a da tendencial gratuitidade do procedimento, conforme estabelecido no artigo 10º, nº 3, da Lei 144/2015[1586]. Assim, pese embora o objectivo pretendido pelo legislador nesta matéria seja a existência de procedimentos gratuitos, admite-se, no entanto, que alguns deles possam comportar custos. Todavia, quando estes existam, os mesmos devem ser reduzidos e não podem traduzir-se numa correspondência directa com o efectivo valor do serviço prestado. Em suma, têm de apresentar-se como proporcionais, no sentido de não terem efeito um bloqueio no acesso à justiça[1587]. É este o sentido que deve atribuir-se à regra constante no artigo 10º, nº 3, da referida lei, bem como à locução "são gratuitos ou estão disponíveis para os consumidores contra o pagamento de uma taxa de valor reduzido": serão gratuitos sempre que possível, comportando algumas excepções, nas quais pode existir lugar ao paga-

1582 A este propósito, Carlos Ferreira de Almeida, *Os Direitos dos Consumidores, cit.*, p. 155.

1583 Sobre a matéria, cfr. Jorge Morais Carvalho / João Pedro Pinto-Ferreira / Joana Campos Carvalho, *Manual de Resolução Alternativa de Litígios de Consumo, cit.*, pp. 13 e ss.

1584 Aliada a outros meios de resolução alternativa de litígios, tais como a mediação. Sobre a origem destes meios no domínio do Direito do Consumo em Portugal, *cfr.* Jorge Morais Carvalho / João Pedro Pinto-Ferreira / Joana Campos Carvalho, *Manual de Resolução Alternativa de Litígios de Consumo, cit.*, pp. 16 e ss.

1585 Que optou pelo modelo da arbitragem institucionalizada reconhecida, e na maior parte dos casos, apoiada pelo Ministério da Justiça.

1586 Lei nº 144/2015, de 08 de Setembro.

1587 V. Artur Flamínio da Silva, *A Resolução de Conflitos Desportivos: entre o Direito Público e o Direito Privado, cit.*, pp. 293 e ss., bem como, entre outros, o Acórdão nº 731/95 do Tribunal Constitucional, o qual se pronunciou sobre esta problemática a propósito do Serviço Nacional de Saúde.

mento de custas; ainda assim, as mesmas não podem ter um valor excessivo ou impeditivo do acesso à justiça[1588].

[1588] Jorge Morais Carvalho / João Pedro Pinto-Ferreira / Joana Campos Carvalho, *Manual de Resolução Alternativa de Litígios de Consumo, cit.*, p. 125, entendem que este preceito consubstancia uma transposição directa do artigo 8º, c) da Directiva RAL, afastando-se, assim, da orientação do considerando (41) da mesma. De acordo com os Autores, esta transposição afasta a regra da tendencial gratuitidade, dando preferência a uma opção por custos reduzidos. Pelos motivos expostos, discordamos dos referidos Autores, pois considera-se que o efeito daquela regra, pese embora não use a expressão literal "tendencial gratuitidade", é exactamente a preferência pela gratuidade e, em alguns casos, pela existência de taxas reduzidas: é nisto, afinal, que se traduz a natureza tendencialmente gratuita de um serviço.

Capítulo VII
A Sentença

13. A sentença arbitral

13.1. Noção de sentença arbitral

A prolação de uma sentença que aprecie e decida sobre o mérito da causa corresponde àquele que é o final, em regra, esperado de um processo arbitral: a composição do litígio existente entre as partes através da decisão de um terceiro – seja na modalidade de árbitro único ou de colégio arbitral – que tem uma natureza vinculativa para as mesmas[1589].

Todavia, nem sempre o processo arbitral termina com uma sentença que aprecie e decida sobre o mérito da causa – ou, na terminologia da LAV, que se pronuncie sobre o fundo da causa –, sendo o que sucede, a título de exemplo, quando o mesmo é terminado com fundamento em questões processuais, como sejam a incompetência do tribunal arbitral ou a ilegitimidade das partes[1590]. Por outro lado, existem, ainda, decisões interlocutórias proferidas ao longo do processo[1591], com vista ao correcto desenrolar do mesmo ou a apreciação de incidentes processuais, como sucede com a prevista no artigo 18º, nº 8 da LAV, a propósito da apreciação pelo tribunal arbitral da sua própria competência[1592].

[1589] António Menezes Cordeiro, *Tratado da Arbitragem...*, *cit*, p. 354, Julian D. M. Lew / / Loukas A. Mistelis / et alli., *Comparative International Commercial Arbitration*, *cit.*, p. 628, Nigel Blackaby, Constantine Partasides, Alan Redfern e Martin Hunter, *Redfern and Hunter on International Arbitration*, *cit.*, p. 501, Diogo Lemos Cunha, "Da Forma, Conteúdo e Eficácia da Sentença Arbitral", *cit.*, p. 269 e Jorge Morais Carvalho, "O processo deliberativo e a fundamentação da sentença arbitral" *cit.*, p. 751.

[1590] Cfr. António Sampaio Caramelo, "Decisões interlocutórias e parciais no processo arbitral", *cit*, p. 283.

[1591] V. Armindo Ribeiro Mendes, "A nova Lei de Arbitragem Voluntária e as formas de impugnação...", cit., pp. 715 e ss.

[1592] Sobre as decisões interlocutórias e parciais no processo arbitral, V. António Sampaio Caramelo, "Decisões interlocutórias e parciais no processo arbitral", *cit.*, pp. 279 e ss.

A este pluralismo de modalidades de decisão, vem acrescer a falta de uniformidade conceptual da lei da arbitragem voluntária portuguesa, a qual utiliza a designação de sentença, mas também de decisão para se referir, por vezes à mesma realidade[1593].

Importa, por conseguinte, determinar qual a realidade que se reconduz ao conceito de sentença[1594] não só para efeitos do presente manual, mas, essencialmente, para efeitos legais, uma vez que os meios de reacção previstos na LAV são dirigidos somente à sentença arbitral *stricto sensu*, a força executiva apenas decorre da sentença que já tenha transitado em julgado, entre outros aspectos. Por outro lado, também no plano internacional, nomeadamente no que respeita ao reconhecimento e execução de sentenças arbitrais estrangeiras, é determinante saber efectivamente quais as realidades que são susceptíveis de serem qualificadas como sentença, na medida em que apenas estas podem, ao abrigo da Convenção de Nova Iorque, ser reconhecidas e executadas[1595]-[1596].

Neste sentido, concebemos como sentença somente aquela que aprecia e decide quanto ao fundo da causa ou que coloca fim ao processo, excluindo do âmbito deste conceito as decisões interlocutórias[1597] que venham sendo tomadas ao longo do processo arbitral e que não tenham por efeito colocar fim à causa[1598-1599].

[1593] Veja-se António Menezes Cordeiro, *Tratado da Arbitragem...*, *cit* p. 397.

[1594] Para uma panorâmica das diversas modalidades de sentença, Christophe Seraglini / / Jérôme Ortscheidt, *Droit de l'arbitrage interne et international*, *cit.*, pp. 371 e ss.

[1595] Cfr. artigo 1º da Convenção de Nova Iorque.

[1596] Gary B. Born, *International Commercial Arbitration*, Vol. III, *cit.*, pp. 704 e ss.

[1597] No que concerne às decisões interlocutórias, estas respeitam a decisões sobre matérias que ajudam o tribunal a prosseguir o processo, tratando de aspectos, como por exemplo, a produção de documentos, a audição de testemunhas, entre outros, pelo que não se devem confundir com a natureza definitiva e substantiva das decisões finais. V. Nigel Blackaby/ Constantine Partasides / Alan Redfern / Martin Hunter, *Redfern and Hunter on International Arbitration*, *cit.*, pp. 503-504.

[1598] Segue-se, deste modo, um conceito similar ao proposto por Luís Lima Pinheiro, quando entende por decisão final aquela "que se pronuncia definitivamente sobre o objecto do litígio ou que extingue a instância sem conhecer de mérito. Não se trata necessariamente da decisão que põe termo ao processo, visto que pode tratar-se de uma sentença parcial, i.e., uma decisão que decide definitivamente sobre uma parte do objecto do litígio", cfr. "Apontamento sobre a impugnação da decisão arbitral", *cit.*, p. 6.

[1599] Assim, o conceito de sentença adoptado aproxima-se do sustentado por Nigel Blackaby / Constantine Partasides / Alan Redfern / Martin Hunter, *Redfern and Hunter on International Arbitration*, *cit.*, pp. 503 e ss.: "o termo sentença refere-se a qualquer decisão final que decida sobre todas as matérias submetidas ao tribunal arbitral, bem como a quaisquer outras decisões do tribunal arbitral que decidam de forma final qualquer questão substancial – tal como as que apreciem a sua competência – ou processual."

Procedemos, assim, a uma equiparação entre a locução sentença e decisão final, usando os termos de forma indiferenciada e fundando a nossa destrinça somente na definitividade da decisão – quer decida sobre a causa na sua totalidade ou apenas de forma parcial[1600] – por oposição a decisões interlocutórias[1601]-[1602].

13.2. Elementos da sentença arbitral

Não existe uma fórmula universal ou um cânone imperativo no que concerne à redacção de sentenças arbitrais[1603], podendo verificar-se alguma disparidade ou flutuação nos diversos modelos adoptados pelos tribunais arbitrais[1604]-[1605].

Não obstante, de acordo com o previsto na LAV, existe um conjunto de requisitos que a decisão arbitral deve cumprir, tais como a exigência de uma

[1600] As sentenças parciais são aquelas que não decidem a causa na sua totalidade, colocando um fim no processo, mas que, pelo contrário, resolvem de forma definitiva somente uma parte do litígio, prosseguindo o processo quanto aos restantes temas controvertidos. São em tudo semelhantes à sentença ou decisão final, apenas se diferenciando das mesmas pela sua extensão: tal como o próprio nome indica, apenas decidem parcialmente ou parte da causa. V. GABRIELLE KAUFMAN-KOHLER / ANTONIO RIGOZZI, *International Arbitration: Law and Practice in Switzerland, cit.*, p. 387, JULIAN D. M. LEW, /LOUKAS A. MISTELIS / ALLI., *Comparative International Commercial Arbitration, cit.*, p. 633.

[1601] Sobre a distinção conceptual e terminológica entre sentença e decisão final, v. JORGE MORAIS CARVALHO, "O Processo Deliberativo e a Fundamentação da Sentença Arbitral", *cit.*, pp. 753 e ss.

[1602] Esta é também a posição de ANTÓNIO MENEZES CORDEIRO, *Tratado da Arbitragem..., cit.*, p. 397.

[1603] JULIAN D. M. LEW / LOUKAS A. MISTELIS / ET ALLI., *Comparative International Commercial Arbitration, cit.*, p. 638 e pp. 643 e ss.

[1604] ANTÓNIO MENEZES CORDEIRO, *Tratado da Arbitragem..., cit.*, p. 399.

[1605] Esta afirmação está essencialmente vocacionada para as arbitragens *ad hoc*, principalmente aquelas em que as partes tenham optado por não utilizar sequer os serviços administrativos de um centro arbitral. Nos casos da arbitragem institucionalizada, a maioria, se não mesmo a totalidade, dos centros, conta com modelos de decisão arbitral que, pese embora não possam uniformizar o conteúdo material da sentença (os factos e o Direito aplicável aos mesmos), garantem uma harmonia não só gráfico-estilística, mas também nos elementos essenciais da mesma, tais como a identificação das partes, do centro de arbitragem, entre outros aspectos.
Tome-se, por exemplo, o artigo 39º, nº 1 do Regulamento de Arbitragem do Centro de Arbitragem Comercial, de acordo com o qual a decisão arbitral deve conter: "a) A identificação das partes; b) A referência à convenção de arbitragem; c) A identificação dos árbitros e a indicação da forma por que foram designados; d) A menção do objecto do litígio; e) Os fundamentos da decisão; f) O valor da arbitragem e a repartição, pelas partes, dos encargos da arbitragem, incluindo, se for caso disso, a condenação no respectivo pagamento; g) O lugar da arbitragem e o local e a data em que a sentença foi proferida; h) A assinatura de, pelo menos, a maioria dos árbitros, com a indicação, se os houver, dos votos de vencido ou declarações de voto, devidamente identificados; i) A indicação dos árbitros que não puderam ou não quiseram assinar, bem como, se aplicável, a menção da razão da respectiva omissão."

determinada forma, a assinatura, a fundamentação (embora com a possibilidade de excepções quanto a este aspecto), entre outros. Esta matéria encontra-se regulada, no essencial, no artigo 42º da lei da arbitragem voluntária[1606].

13.2.1. Forma da sentença arbitral

Nos termos do previsto no artigo 42º, nº 1 da LAV, a sentença arbitral deve "ser reduzida a escrito", o mesmo é afirmar que a mesma deve ter forma escrita[1607].

Esta exigência de forma é, diríamos, natural, uma vez que a sentença arbitral, à semelhança do que sucede com a sentença judicial, consubstancia o fim do processo e decide sobre as questões submetidas à jurisdição dos árbitros. Nesse sentido, o acto pelo qual se encerra o processo deve, por razões de certeza e segurança jurídica, revestir forma escrita[1608]. Este requisito assume particular importância no domínio da execução de sentenças – na sua veste de título executivo –, bem como quanto ao reconhecimento de decisões arbitrais ao abrigo da Convenção de Nova Iorque: admitir que a sentença pudesse ser meramente oral poderia suscitar questões e dificuldades acrescidas nos planos indicados, as quais em nada contribuiriam para a dignificação da arbitragem enquanto meio de resolução de litígios[1609].

13.2.2. Assinatura dos árbitros

A sentença arbitral deve, por outro lado, ser assinada pelo árbitro (no caso em que esteja em causa uma arbitragem com árbitro único) ou pelos árbitros (quando o processo arbitral tenha corrido termos perante um colégio arbitral)[1610].

[1606] Com excepção de uma convenção das partes em sentido contrário, os árbitros podem decidir a causa com uma única sentença ou proferindo tantas sentenças parciais quantas entendam necessárias para tal. V. artigo 42º, nº 2 da LAV.

[1607] Neste sentido, o ordenamento jurídico português apresenta-se como menos permissivo à vontade das partes neste domínio do que sucede na Suíça, uma vez que aí as mesmas podem renunciar ao direito à forma escrita da sentença. Cfr. BERNHARD BERGER / FRANZ KELLERHALS, *International and Domestic Arbitration in Switzerland*, *cit.*, pp. 520 e ss.

[1608] DIOGO LEMOS CUNHA, "Da Forma, Conteúdo e Eficácia da Sentença Arbitral", *cit.*, p. 210, considera que é a própria natureza jurídica da sentença que reclama a exigência de forma escrita, uma vez que, defende o autor, só assim aquela "pode ser equiparada a uma qualquer decisão judicial proferida por um tribunal de primeira instância".

[1609] O artigo IV, al. a) da Convenção de Nova Iorque determina que, para efeito de reconhecimento e execução da decisão arbitral, a parte requerente deve instruir o seu pedido com um "original devidamente autenticado da sentença, ou uma cópia do mesmo", mencionando, por outro lado, no seu nº 2 que " no caso de a referida sentença ou convenção *não estar redigida* numa língua oficial do país (...)" [destaque nosso], parecendo resultar daqui a necessidade de a sentença revestir forma escrita para os efeitos da aplicação desta Convenção.

[1610] Artigo 42º, nº 1 da LAV.

Há, no entanto, uma excepção à regra da assinatura por todos os árbitros: quando o tribunal arbitral tenha sido constituído por mais do que um árbitro, são suficientes as assinaturas da maioria dos membros do colégio decisório (independentemente de todos terem ou não participado na tomada de decisão)[1611] ou somente a do presidente, quando a decisão deva ser proferida pelo mesmo[1612]. Em ambas as situações deve ser, todavia, indicada na sentença a razão para a omissão das assinaturas em falta[1613].

Na vigência da anterior LAV, este requisito da sentença apresentou-se como particularmente problemático, na medida em que o artigo 27º, nº 1, al. d), consagrava como fundamento de anulação da sentença arbitral a omissão da assinatura da sentença arbitral pelos árbitros, sendo difícil a sua compatibilização com os casos em que, além de faltar a assinatura do árbitro, também não fosse justificado na sentença o motivo da ausência das mesmas.

Esta situação verificou-se num processo que correu termos no Supremo Tribunal de Justiça[1614] e no qual se discutiu se a falta de assinatura de um árbitro consubstanciava fundamento de anulação da sentença arbitral proferida pela Comissão Arbitral Paritária, tal como alegado pelo autor (o qual nunca logrou em obter sucesso na anulação da sentença com esse fundamento). De acordo com a decisão do Supremo Tribunal de Justiça, "a lei não exige que o acórdão arbitral contenha a assinatura de todos os árbitros que o votaram, mas apenas do seu número correspondente ao exigível para a deliberação do sentido da decisão"[1615].

[1611] Em sentido semelhante parece seguir MARIANA FRANÇA GOUVEIA, *Curso de Resolução Alternativa de Litígios, cit.*, p. 289.

[1612] PAULA COSTA E SILVA, "Anulação e Recursos da Decisão Arbitral", *cit.*, p. 936. De acordo com ANTÓNIO MENEZES CORDEIRO, *Tratado da Arbitragem..., cit.*, p. 399, a exigência de assinatura por parte dos árbitros tem em vista preencher três finalidades distintas: (i) certificar a autoria da sentença, (ii) permitir uma maior reflexão por parte do signatário e (iii) imprimir um maior suplemento de responsabilidade. BERNARDO REIS apresenta ainda um outro fundamento para a exigência da assinatura por parte dos árbitros, alegando que a mesma radica no "dever de diligência materializado na obrigação do árbitro deliberar e participar na elaboração da decisão", v. "O estatuto dos árbitros – alguns aspectos", *cit.*, p. 48

JOSÉ ROBIN DE ANDRADE, contudo, parece retirar da lei uma interpretação distinta, fazendo radicar a necessidade de assinatura de todos os árbitros ou somente da maioria consoante a participação na decisão. Assim, se todos os árbitros tiverem participado na decisão, esta deve ser assinada por todos, mesmo o que tenha votado vencido; se a deliberação foi feita somente por maioria, apenas os árbitros que participaram na mesma devem assinar a sentença. Cfr., *in* DÁRIO MOURA VICENTE (Coordenador), *Lei da Arbitragem Voluntária Anotada, cit.*, p. 131.

[1613] Cfr. artigo 42º, nº 1 da LAV.

[1614] Processo nº 04B2190, de 22/01/2014, por vezes identificado na doutrina como *Caso Comissão Arbitral Paritária.*

[1615] Acrescentou ainda o STJ que "não há contradição entre a exigência da assinatura dos árbitros e da inserção de um número de assinaturas pelo menos igual ao da maioria dos árbitros, certo que,

Neste sentido, e atendendo às normas legais, nos termos do artigo 46º, nº 3, al. vi), constitui fundamento de anulação da sentença arbitral a omissão da assinatura do árbitro único, a omissão das assinaturas da maioria dos membros do tribunal arbitral ou, quando seja o caso de ter sido este a proferir a sentença, a do presidente do tribunal arbitral, quando combinada com a não inclusão na sentença do motivo pelo qual existe uma omissão das restantes assinaturas. Neste sentido e utilizando uma outra formulação, num processo que tenha mais de um árbitro, o requisito da assinatura da sentença considera-se cumprido quando constem desta última as assinaturas da maioria dos membros do tribunal (artigo 42º, nº 1, 1ª parte da LAV) ou a assinatura do árbitro presidente quando a sentença deva só por ele ser proferida (artigo 42º, nº 1, 2ª parte da LAV), contanto que da sentença conste, igualmente, a identificação do motivo pelo qual existe uma omissão das outras assinaturas.

13.2.3. Deliberação do colégio arbitral

Quando o tribunal arbitral seja composto por mais do que um árbitro, o critério para a tomada de decisão é o da maioria dos seus membros. Na hipótese de não ser possível formar-se uma maioria decisória, cabe ao presidente do tribunal proferir a sentença[1616]. Alguns entendem que esta norma não tem uma natureza imperativa, podendo as partes determinar na atribuição do poder decisório somente ao presidente do tribunal, afastando-se, portanto, da regra da maioria[1617]. Compreende-se que, num domínio tão profundamente marcado pela liberdade das partes, tal solução seja possível, pese embora não se compreenda a utilidade da mesma. Com efeito, se as partes pretendiam concentrar o poder decisório num só árbitro, poderiam simplesmente escolher a opção de um tribunal com árbitro único.

Pode suceder que um dos árbitros que integram o colégio arbitral se recuse a tomar parte na votação da decisão. Caso se verifique essa hipótese, e não existindo convenção das partes em sentido contrário, os outros árbitros podem proferir sentença sem aquele que se recusa a participar na decisão. A regra da

coerentemente, o que a lei expressa é a exigência de deverem assinar o acórdão arbitral os árbitros que constituíram o tribunal em número não inferior ao da maioria necessária para o efeito". Com opinião concordante, v. Mariana França Gouveia, *Curso de Resolução Alternativa de Litígios*, *cit.*, pp. 289 e ss.

[1616] V. artigo 40º, nº 1 da LAV.

[1617] António Menezes Cordeiro, *Tratado da Arbitragem...*, *cit.*, p. 383.

maioria tem, uma vez mais, aqui aplicação[1618]-[1619]. Esta é uma válvula de escape que permite que um árbitro impeça ou bloqueie o correcto desenvolvimento do processo arbitral e da respectiva tomada de decisão[1620]. Assim, o essencial é que todos os árbitros que integram o tribunal sejam correctamente convocados para participar na deliberação e tomada de decisão[1621].

Com efeito, sendo o tribunal arbitral composto por mais de um árbitro, o mesmo consubstancia um órgão colegial, de maneira que todos os seus membros devem ter a possibilidade de participar no debate quanto à decisão, bem como ainda influir no sentido da mesma[1622]. É, portanto, necessária a troca de ideias e o diálogo entre todos os membros, pois só desta forma podem decidir em conjunto[1623], além do que só desse modo se cumpre a vontade das partes de terem um tribunal efectivamente composto por mais de um membro decisor.

Parece, portanto, que a lei da arbitragem voluntária pressupõe que, num processo que corra perante um tribunal arbitral colegial, todos os árbitros devem participar na deliberação e tomada de decisão. Todavia, caso assim não suceda, terá a aplicação a regra da maioria, tal como acima analisado. Devem, no entanto, as partes ser notificadas dessa recusa do árbitro em participar na deliberação e ou na votação[1624].

1618 A excepção a esta regra da colegialidade consta no artigo 40º, nº 3 da LAV, onde se determina que o presidente do tribunal arbitral pode, caso as partes ou os outros membros do tribunal lhe tenham dado autorização para isso, decidir sozinho sobre as questões relativas à "ordenação, à tramitação ou ao impulso processual poderão ser decididas apenas pelo árbitro presidente". Tenta-se, desta forma, obviar a qualquer demora que resulte de uma deliberação e decisão colegial em matérias que não contendem directamente com o fundo da causa. V. António Menezes Cordeiro, *Tratado da Arbitragem..., cit.*, p. 383, José Robin de Andrade, *in* Dário Moura Vicente (Coordenador), *Lei da Arbitragem Voluntária Anotada, cit.*, pp. 128-129.

1619 António Menezes Cordeiro, *Tratado da Arbitragem..., cit.*, p. 383.

1620 No mesmo sentido, Manuel Pereira Barrocas, *Lei de Arbitragem Comentada, cit*, p. 150.

1621 Mário Raposo, "A sentença arbitral", p. 9.

1622 Jorge Morais Carvalho, "O processo deliberativo e a fundamentação da sentença arbitral", *cit.*, p. 758

1623 Nigel Blackaby/ Constantine Partasides/ Alan Redfern / Martin Hunter, *Redfern and Hunter on International Arbitration, cit.*, p. 538.

1624 Tem surgido na doutrina a dúvida sobre em que momento deve ser feita esta notificação das partes, nomeadamente se a mesma deve ser uma notificação autónoma ou, se pelo contrário, pode ser feita aquando da notificação da sentença prevista no artigo 42º, nº 6 da LAV. Mariana França Gouveia, *Curso de Resolução Alternativa de Litígios, cit.*, p. 289 e Jorge Morais Carvalho, "O Processo Deliberativo e a Fundamentação da Sentença Arbitral", pp. 768 e ss. consideram que a informação deve ser prestada às partes no momento da notificação da sentença final, na medida em que integrará o conteúdo da mesma. Entendem, além disso, os autores que não seria viável prestar a informação previamente às partes, desde logo porque os restantes árbitros podem só ter conhecimento da recusa no momento da deliberação ou da tomada de decisão, impossibilitando

13.2.4. Voto de vencido

Uma outra questão prende-se com os árbitros que, embora participando na deliberação e na votação da decisão, não concordam com o sentido decisório da mesma, quer na totalidade, quer apenas em parte ou na fundamentação.

Quando as partes constituem um colégio arbitral, optando por uma decisão colegial por oposição à hipótese de árbitro único, a sua expectativa é uma decisão unânime, mas isso nem sempre sucede, sendo várias sentenças votadas somente por maioria. Por conseguinte, o árbitro que não acompanha a decisão ou os fundamentos da mesma pode decidir mostrar a sua discordância, redigindo para tal um voto de vencido, mesmo que assine a sentença[1625]. Uma das questões que se coloca é saber a quem se destinam os votos de vencidos, ou seja, se visam somente mostrar aos restantes árbitros a sua discordância quanto à decisão ou, se pelo contrário, se dirigem às partes, procurando demonstrar a sua não concordância com o resto do colégio arbitral. Esta questão é particularmente interessante se se atender ao facto de a doutrina alegar que, no domínio da arbitragem internacional, os votos de vencidos são essencialmente proferidos pelos árbitros que foram nomeados pelas partes[1626].

Na anterior lei da arbitragem voluntária portuguesa previa-se, expressamente, a possibilidade de os árbitros que tivessem votado em sentido oposto ao da decisão final ou que, embora suportando a decisão, tivessem uma fundamentação diferente daquela adoptada na decisão, poderem, à semelhança do que sucede com os juízes dos tribunais estaduais, e se assim entendessem, inserir no corpo da decisão os seus votos de vencido[1627]. Sucede, porém, que na actual lei da arbitragem voluntária em momento algum se refere a possibilidade de colocação de votos de vencido no texto da sentença arbitral, suscitando, deste modo, dúvidas sobre a sua admissibilidade[1628]. Certo parece que se as partes convencionarem sobre a sua impossibilidade ou inexistência, os

qualquer comunicação prévia para informar as partes desse facto. Por outro lado, defendem igualmente que seria desnecessário dirigir uma outra comunicação às partes com essa finalidade, pois a recusa do árbitro será sempre reportada na sentença que será notificada às partes. Também assim alinha António Menezes Cordeiro, afirmando que a informação exigida pela norma da LAV se considera prestada se na decisão arbitral, ao invés da assinatura do árbitro, se indicar que este não assina por não ter participado na votação, cfr. *Tratado da Arbitragem..., cit.*, p. 385.

[1625] Alan Redfern, "The 2003 Freshfields – Lecture Dissenting Opinions ...", *cit.*, p. 225.

[1626] Bernhard Berger / Franz Kellerhals, *International and Domestic Arbitration in Switzerland, cit.*, p. 524, Manuel Arroyo, "Dealing with Dissenting Opinions in the Award...", *cit.*, pp. 437 e ss.

[1627] Cfr. artigo 23º, nº 2 da anterior LAV.

[1628] A LAV seguiu a opção já tomada na Lei-Modelo da CNUDCI, a qual, de acordo com o ponto 39 da nota explicativa do secretariado, nem exige, nem proíbe a existência de votos de vencido. Cfr.

árbitros ficarão vinculados à vontade daquelas, na medida em que a liberdade das partes lhes permitirá assim decidir.

A matéria do voto de vencido[1629] apresenta grande sensibilidade, quer no panorama nacional, quer internacional, não sendo possível encontrar uma posição unânime sobre a sua aceitabilidade ou não, existindo fundamentos apresentados em ambos os sentidos.

Independentemente dos argumentos que possam ser aduzidos a favor ou contra a inclusão de votos de vencido, devemos, desde já, clarificar um ponto essencial: mesmo que fisicamente constem do mesmo documento que a sentença – podendo equacionar-se situações nas quais os mesmos integrem ou consubstanciem um documento autónomo, ainda que anexo à sentença – os votos de vencido não são parte integrante da sentença, pelo que não têm o valor vinculativo daquela, nem transitando em julgado[1630]. Neste sentido, os votos de vencido são meramente a expressão da opinião discordante de um dos membros do colégio arbitral, não vinculando os restantes árbitros ou as partes[1631].

No sentido da admissibilidade dos votos de vencido, a doutrina costuma apresentar um argumento fundamental, segundo o qual nenhum árbitro pode ser forçado a assinar uma decisão com a qual não concorde, quer na totalidade ou em parte[1632]. Por outro lado, da existência de um texto daquela natureza pode resultar um interesse académico, pois o mesmo pode contribuir para o desenvolvimento doutrinário no campo em que se insere[1633]-[1634].

Nota explicativa do secretariado da UNCITRAL sobre a Lei-Modelo da Arbitragem Comercial Internacional, p. 23.

1629 Designado em inglês por *dissenting opinion*.

1630 Laurent Levy, "Dissenting opinions international arbitration in Switzerland", *cit.*, p. 40, Gabrielle Kaufman-Kohler /Antonio Rigozzi, *International Arbitration: Law and Practice in Switzerland, cit.*, p. 407, Bernhard Berger / Franz Kellerhals, *International and Domestic Arbitration in Switzerland, cit.*, p. 525, Dário Moura Vicente, "National Report for Portugal (2014 through 2018)", *cit.*, p. 22, Julian D. M. Lew / Loukas A. Mistelis / et alli., *Comparative International Commercial Arbitration, cit.*, p. 641, Nigel Blackaby/ Constantine Partasides/ Alan Redfern / Martin Hunter, *Redfern and Hunter on International Arbitration, cit.*, p. 545, António Menezes Cordeiro, *Tratado da Arbitragem..., cit.*, p. 405 e Mário Raposo, "A sentença arbitral", *cit.*, pp. 17 a 27.

1631 Bernhard Berger / Franz Kellerhals, *International and Domestic Arbitration in Switzerland, cit.*, p. 527 e Philippe Fouchard / Emmanuel Gaillard / Berthold Goldman, *Fouchard Gaillard Goldman On International Commercial Arbitration, cit.*, p. 768.

1632 António Menezes Cordeiro, *Tratado da Arbitragem..., cit.*, p. 405.

1633 Uma síntese sobre os efeitos positivos que podem resultar da existência de votos de vencido pode ser encontrada em Manuel Arroyo, "Dealing with Dissenting Opinions in the Award...", *cit.*, pp. 458 e ss.

1634 Gabrielle Kaufman-Kohler / Antonio Rigozzi, *International Arbitration: Law and Practice in Switzerland, cit.*, p. 408, António Menezes Cordeiro, *Tratado da Arbitragem..., cit.*, p. 404.

Por outro lado, sustentando a sua não admissibilidade, a primeira razão apresentada relaciona-se com a potencial quebra de sigilo quanto às deliberações que o voto de vencido pode provocar[1635]. Defende-se, assim, que ao demonstrar o seu desacordo com a solução ou com os fundamentos, o árbitro que votou vencido está a revelar dados que se encontravam cobertos pelo dever de sigilo que impende sobre o colégio arbitral[1636] e que, em bom rigor, consubstancia uma das características-chave da arbitragem.

Um outro aspecto negativo que se entende poder resultar da existência de um voto de vencido tem que ver com um possível enfraquecimento da decisão[1637], na medida em que esta deixa de ser apresentada como verdadeiramente colegial, sendo, pelo contrário, somente a decisão de alguns árbitros[1638]. Atenta, assim, contra a unidade que se deseja do tribunal, revelando a existência de facções, o que se pode traduzir numa tentativa da parte vencida procurar utilizar os argumentos daquele voto para fundamentar a impugnação da sentença proferida[1639]. Este risco é potenciado quando o autor do voto de vencido seja um árbitro que tenha sido nomeado pela parte vencida com a sentença arbitral, correndo-se, consequentemente, um risco de parcialidade do mesmo, o qual se alheou da sua função – resolver o litígio das partes – e se aproximou de uma actuação quase próxima daquela que se espera de um mandatário[1640]-[1641]-[1642].

1635 Entre outros, cfr. CHRISTOPHE SERAGLINI / JÉRÔME ORTSCHEIDT, *Droit de l'arbitrage interne et international, cit.*, pp. 377-378

1636 JULIAN D. M. LEW /LOUKAS A. MISTELIS /ET ALLI., *Comparative International Commercial Arbitration, cit.*, p. 641.

1637 ANTÓNIO MENEZES CORDEIRO, *Tratado da Arbitragem, cit.*, p. 404, CHRISTOPHE SERAGLINI / JÉRÔME ORTSCHEIDT, *Droit de l'arbitrage interne et international, cit.*, pp. 377-378.

1638 MÁRIO RAPOSO, "A sentença arbitral", *cit.*, pp. 17 a 27, considera que a existência de um voto de vencido afecta a colegialidade da decisão final proferida pelo tribunal arbitral.

1639 V. PHILIPPE FOUCHARD / EMMANUEL GAILLARD / BERTHOLD GOLDMAN, *Fouchard Gaillard Goldman On International Commercial Arbitration, cit.*, p. 766. Os autores afastam, no entanto, este argumento, sustentando que o uso abusivo do voto de vencido pela parte vencida não pode ser a única justificação para a proibição de emissão de uma declaração dessa natureza.

1640 Uma explicação detalhada deste argumento pode, sem compromisso do autor, ser encontrada em PHILIPPE FOUCHARD / EMMANUEL GAILLARD / BERTHOLD GOLDMAN, *Fouchard Gaillard Goldman On International Commercial Arbitration, cit.*, p. 767. Sustentando a existência deste risco, entre outros, MANUEL ARROYO, "Dealing with Dissenting Opinions in the Award...", *in cit.*, pp. 458 e ss., NIGEL BLACKABY/ CONSTANTINE PARTASIDES/ ALAN REDFERN / MARTIN HUNTER, *Redfern and Hunter on International Arbitration, cit.*, p. 549. ALAN REDFERN, "The 2003 Freshfields – Lecture Dissenting Opinions...", *cit.*, p. 229 dá um exemplo real de um caso em tal sucedeu.

1641 Sobre o problema no domínio da arbitragem de investimentos, cfr. ALBERT JAN VAN DEN BERG, "Dissenting Opinions by Party-Appointed Arbitrators in Investment Arbitration", *cit.*, pp. 821 e ss.

Sem prejuízo de compreendermos e reconhecermos a pertinência dos argumentos acima apresentados, cremos que no ordenamento jurídico português não existe qualquer óbice à introdução de votos de vencido numa decisão arbitral.

Com efeito, mesmo na elaboração de um voto de vencido, um árbitro continua adstrito aos deveres de independência e imparcialidade, não se vendo necessariamente numa argumentação discordante quanto ao sentido ou à fundamentação uma violação daqueles. Esta nossa concepção radica, ainda, no entendimento de que um voto de vencido não se assume como um texto com pretensões de verdade absoluta ou de exibicionismo académico, não estando em causa uma demonstração de superioridade de raciocínio por parte do seu autor. A finalidade de um voto desta natureza visa demonstrar o porquê do desacordo e em que medida se entende que o caminho a seguir deveria ter sido outro.

De facto, não se pode esperar que, no exercício da função jurisdicional, um árbitro subscreva um entendimento que reputa como menos acertado ou desajustado só pela aplicação da regra da maioria. Mas, igualmente devido ao exercício da função jurisdicional, um árbitro não pode sentir-se na obrigação de elaborar um voto de vencido somente porque a parte vencida foi aquela que o nomeou. É precisamente neste ponto em que a posição do árbitro pode ficar mais frágil do que a do juiz estadual[1643]: o árbitro é nomeado pelas partes, podendo sentir-se pressionado a defender os interesses da mesma, independentemente de, segundo a lei, ter o mesmo grau de independência e imparcialidade que se impõe ao árbitro presidente[1644]. O essencial é, portanto, que

[1642] Hans Smit sintentiza as vantagens da admissibilidade de votos de vencido da seguinte forma: (i) honestidade intelectual; (ii) contribuição para o desenvolvimento do Direito; (iii) promoção de uma maior responsabilidade – não no sentido técnico-jurídico do termo – arbitral e judicial; (iv) possibilitam a criação de um registo mais completo da deliberação e ponderação dos fundamentos da decisão; (v) podem ser relevantes aquando da revisão da sentença, por exemplo no âmbito da CCI onde a mesma é revista pelo secretariado antes de ser notificada às partes. Por outro lado, o autor sumariza as desvantagens decorrentes da admissibilidade de votos de vencido do seguinte modo: (i) podem consubstanciar uma plataforma para a expressão de opiniões partidárias, no sentido de defenderem os interesses de uma parte específica; (ii) podem promover a identificação de fundamentos para a impugnação da sentença (quase como a demonstração do trilho a seguir para a parte vencida); (iii) pode não corresponder à verdadeira concepção do árbitro, mas àquela que ele entende ter de defender perante a parte que o nomeou; (iv) ao assumir-se como uma via para o árbitro expressar a sua opinião, pode levá-lo a desistir de debater e chegar a acordo com os seus colegas. Cfr. "Dissenting opinions in arbitration", *cit.*, pp. 37 e ss.

[1643] Nigel Blackaby/ Constantine Partasides/ Alan Redfern / Martin Hunter, *Redfern and Hunter on International Arbitration, cit.*, p. 548.

[1644] Existe ainda quem problematize a possibilidade de proibir votos de vencido no âmbito da arbitragem, cfr. Patricia Jimenez Kwast, "Prohibition on dissenting opinions in international arbitration", *cit.*, pp. 128-153.

o árbitro jamais se alheie da sua função de julgar, mantendo-se no cumprimento dos deveres que lhe são legal e contratualmente impostos.

13.2.5. Data e local da sentença

Além da assinatura dos árbitros, da sentença arbitral deve, igualmente, constar a indicação da data e do local em que foi proferida a sentença[1645]. A indicação da data tem relevo, desde logo porque nos termos do artigo 42º, nº 6 da LAV a mesma deve ser imediatamente notificada às partes. Neste sentido, apenas será possível verificar o cabal cumprimento desse dever de notificação – ao nível da exigência da notificação imediata – se da sentença constar a data da mesma[1646].

O facto de o local em que foi proferida a sentença consubstanciar um elemento essencial da sentença tem, igualmente, uma importância significativa. Com efeito, a sentença considera-se proferida no local que seja indicado na mesma, conforme consagrado no artigo 42º, nº 4 da LAV.

Assiste às partes, tal como já referimos em momento anterior[1647], o direito de, no âmbito da sua autonomia, determinarem o lugar ou sede da arbitragem[1648], sendo que somente na falta de acordo daquelas é que o local será fixado pelo tribunal[1649].

O tribunal arbitral, por seu turno, excepto quando as partes convencionem em sentido contrário, pode reunir, deliberar ou praticar outros actos processuais em outro local que não o da sede[1650]. Procede-se, deste modo, a uma clarificação importante: o local da sentença corresponde ao da sede da arbitragem e não necessariamente ao local físico onde tem lugar a votação e deliberação dos árbitros ou mesmo aquele onde se assine a sentença.

[1645] V. artigo 42º, nº 4 da LAV.
[1646] António Menezes Cordeiro considera que este dever de indicação da data em que foi proferida a sentença se configura como meramente simbólico, dado que o respeito pelo prazo da arbitragem apenas se afere pela notificação da sentença às partes, cfr. *Tratado da Arbitragem...*, *cit.*, p. 405.
[1647] V. Ponto 10.3.4., IV.
[1648] Recorde-se que o lugar da arbitragem é muitas vezes também designado por *sede da arbitragem* (*cfr.* António Sampaio Caramelo, "Da condução do processo arbitral...", *cit.*, p. 163).
[1649] Cfr. artigo 31º, nº 1 da LAV. Conforme salienta Rui Manuel Moura Ramos, "a noção de sede permanece, como ocorre noutros sistemas jurídicos, um conceito jurídico que consagra designadamente o primado da autonomia das partes a este propósito e que impede a aplicação puramente mecânica de um critério geográfico que excluiria o papel da vontade dos contraentes" (Rui Manuel Moura Ramos, "Arbitragem estrangeira e reconhecimento de sentenças arbitrais estrangeiras...", *cit.*, p. 844).
[1650] V. artigo 31º, nº 2 da LAV.

Com a consagração legal desta distinção entre lugar/sede da arbitragem e local da arbitragem previnem-se problemas complicados, nomeadamente aqueles que poderiam resultar quanto ao tribunal competente para efeitos de impugnação e recurso da sentença arbitral, bem como no domínio do reconhecimento e execução de uma decisão arbitral internacional[1651]-[1652].

Imaginemos, no entanto, que na sentença arbitral consta uma menção a outro local que não o da sede escolhida pelas partes. Em tal situação, e caso não esteja em causa um mero lapso de escrita, a sentença pode estar ferida de anulabilidade, podendo ser impugnada pelas partes em sede de acção de anulação com fundamento no artigo 46º, nº 3, al. iv), na medida em que o processo arbitral não foi conforme à vontade das partes expressa na convenção de arbitragem, desde que essa desconformidade tenha tido influência decisiva na resolução do litígio[1653].

13.2.6. Fundamentação

I – O dever de fundamentação das sentenças tem assento no texto constitucional, contando com previsão expressa no artigo 205º, nº 1 da CRP, de acordo com o qual as "decisões dos tribunais que não sejam de mero expediente devem ser fundamentadas" segundo a forma que seja prevista na lei[1654].

[1651] Considere-se, a título de exemplo, as câmaras arbitrais *ad hoc* do Tribunal Arbitral du Sport que se constituem no âmbito dos Jogos Olímpicos para decidirem sobre os litígios que se verifiquem durante os mesmos. Estas câmaras estão fisicamente sediadas no país em que se encontram a decorrer os Jogos. Por conseguinte, seríamos forçados a concluir que, sem aquela dissociação entre local físico onde corre termos o processo e a sede da arbitragem, as instâncias competentes para o recurso ou impugnação daquelas decisões arbitrais seriam, necessariamente, os tribunais estaduais do respectivo país. Contudo, não é isso que se verifica, uma vez que o regulamento processual do TAS, ao qual as partes aderem, consagra como regra que a sede do tribunal arbitral se situa na Suíça, motivo pelo qual a instância competente para efeitos de recurso ou impugnação é o Tribunal Federal Suíço. Existe, deste modo, uma ficção jurídica da sede. Para mais desenvolvimentos, ARTUR FLAMÍNIO DA SILVA, *A Resolução de Conflitos Desportivos*..., *cit.*, pp. 408 e ss.

[1652] V. GABRIELLE KAUFMAN-KOHLER / ANTONIO RIGOZZI, *International Arbitration: Law and Practice in Switzerland, cit.*, p. 394, bem como JULIAN D. M. LEW/ LOUKAS A. MISTELIS / ET ALLI., *Comparative International Commercial Arbitration, cit.*, p. 646

[1653] Também assim consideram ANTÓNIO MENEZES CORDEIRO, *Tratado da Arbitragem*..., *cit.*, p. 405, JOSÉ ROBIN DE ANDRADE, *in Lei da Arbitragem Voluntária Anotada*, DÁRIO MOURA VICENTE (Coordenador), *cit.*, p. 133.

[1654] J. J. GOMES CANOTILHO / VITAL MOREIRA, *Constituição da República Portuguesa Anotada*, Vol. II, 4ª Edição, *cit.*, p. 526, consideram que a consagração constitucional do dever de fundamentação das decisões dos tribunais (que não sejam de mero expediente) resulta de várias razões "extraídas do princípio do Estado de Direito, do princípio democrático e da teleologia jurídico-constitucional dos princípios processuais".

A garantia da existência de fundamentação da decisão pode ser entendida como uma das concretizações do princípio do *due process*, dado que sem fundamentação não será possível às partes compreender a decisão que as vincula, nem reagir plenamente contra a mesma, se for caso disso[1655]-[1656]. De facto, apenas por via do estabelecimento de um dever de fundamentação das decisões arbitrais é que se poderá assegurar o direito de defesa das partes[1657]-[1658].

No seguimento do comando constitucional, a lei da arbitragem voluntária consagrou no seu artigo 42º, nº 3, um dever de fundamentação das sentenças arbitrais, sendo esta a regra geral. Aquela norma permite, no entanto, duas excepções em que não haverá lugar a fundamentação. Por um lado, quando as partes assim o decidam, isto é, exerçam a faculdade de dispensar a fundamentação da sentença[1659] e, por outro lado, quando se trate de uma sentença arbitral de homologação de transacção celebrada pelas partes[1660].

[1655] É, com efeito, uma garantia integrante do conceito de Estado de Direito democrático, na medida em que só através da fundamentação se permite que exista um controlo da sentença pelos tribunais superiores, bem como se verifique uma contribuição "para a própria justiça material praticada pelos tribunais". Cfr. J. J. Gomes Canotilho / Vital Moreira, *Constituição da República Portuguesa Anotada*, Vol. II, 4ª Edição, *cit.*, p. 527.

[1656] J. J. Gomes Canotilho indica três razões fundamentais para a exigência constitucional do dever de fundamentação das decisões dos tribunais: i) "controlo da administração da justiça", ii) "exclusão do carácter voluntarístico e subjectivo do exercício da actividade jurisdicional e abertura do conhecimento da racionalidade e coerência argumentativa dos juízes" e iii) "melhor estruturação dos eventuais recursos, permitindo às partes em juízo um recorte mais preciso e rigoroso dos vícios das decisões judiciais recorridas", v. *Direito Constitucional e Teoria da Constituição, cit.*, p. 663.

[1657] António Sampaio Caramelo, *A impugnação da sentença arbitral, cit.*, p. 73 e Christophe Seraglini / Jérôme Ortscheidt, *Droit de l'arbitrage interne et international, cit.*, p. 793.

[1658] Sobre as diversas funções assumidas pela fundamentação, cfr. Dário Moura Vicente, "A arbitragem de conflitos colectivos de trabalho", *cit.*, pp. 259 e ss.

[1659] Em teoria, os motivos que poderiam justificar esta opção das partes prendem-se com três ordens de razão: absoluta confidencialidade, celeridade e redução de custos com o processo arbitral. São, todavia, raros os casos em que as partes prescindem deste direito de fundamentação, na medida em que apresenta como uma opção arriscada, nomeadamente em sede de reconhecimento e execução de uma sentença ao abrigo da Convenção de Nova Iorque. Cfr. Gabrielle Kaufman-Kohler / Antonio Rigozzi, *International Arbitration: Law and Practice in Switzerland, cit.*, p. 395, bem como António Menezes Cordeiro, *Tratado da Arbitragem..., cit.*, p. 401. No mesmo sentido encontramos Bernhard Berger / Franz Kellerhals, *International and Domestic Arbitration in Switzerland, cit.*, p. 521, considerando o autor que "do ponto de vista prático, uma renúncia desta natureza implica que as partes renunciem ao seu direito a obter um título executivo, bem como a uma sentença que possa ser objecto de uma acção de anulação".

[1660] Ao abrigo da anterior LAV, e ainda num cenário meramente hipotético, na medida em que não se previa no artigo 23º da LAV a possibilidade de as partes prescindirem da fundamentação, Jorge Morais Carvalho defendia que se existisse uma renúncia ao direito de fundamentação, através de um acordo das partes nesse sentido, a sua decisão de prescindir deveria ser interpretada também

II – Quando exista lugar à fundamentação da sentença arbitral – o que se verificará, como vimos, na maioria das situações – uma das questões mais controversas que se coloca é a determinação da intensidade ou densidade desse dever de fundamentar.

Existe, por um lado, quem considere que a fundamentação da decisão deve ser de facto e de direito, ainda que seja feita em termos relativamente sumários, quanto às pretensões que as partes tenham deduzido junto do tribunal[1661]. Regista-se, no entanto, divergência quando a um aspecto: uma das orientações considera que os árbitros não têm de fundamentar a resolução de todas as questões suscitadas pelas partes[1662], enquanto que outros autores, por sua vez, sustentam que sobre o tribunal arbitral impende o dever de fundamentar todas as resoluções que tome a propósito das várias questões colocadas pelas partes[1663].

Uma outra corrente doutrinal, e seguida de perto pela maioria da jurisprudência, entende que o dever de fundamentação que impende sobre os tribunais arbitrais não pode ser configurado nos mesmos termos em que se coloca para os tribunais estaduais. É, portanto, um grau menor ou menos denso de fundamentação do aquele que se verifica no plano arbitral[1664].

A concepção que defende que, no âmbito de uma arbitragem, há lugar a uma fundamentação menos detalhada, tem consequências directas ao nível

como uma renúncia ao recurso da sentença. Cfr. "O Processo Deliberativo e a Fundamentação da Sentença Arbitral", *cit.*, p. 786. O pensamento do autor parece, assim, fundar-se na concepção de que a fundamentação da decisão tem um papel essencial para que o tribunal de recurso possa apreciar o mesmo. Cfr. p. 785.

[1661] Luís de Lima Pinheiro, *Arbitragem Transnacional...*, *cit.*, p. 153 e Dário Moura Vicente, "A arbitragem de conflitos colectivos de trabalho", *cit.*, pp. 260 e ss.

[1662] Luís de Lima Pinheiro, *Arbitragem Transnacional...*, *cit.*, p. 153. Também assim defende António Sampaio Caramelo, quando sustenta que o árbitro não tem de dar uma resposta a todos os argumentos aduzidos pelas partes, bastando que se verifique uma relação lógica entre a decisão e os respectivos fundamentos. V. *A impugnação da sentença arbitral*, *cit.*, p. 78.

[1663] Dário Moura Vicente, "A arbitragem de conflitos colectivos de trabalho", *cit.*, p. 261, entendendo que "só uma fundamentação integral e não parcial preenche as funções do dever de fundamentar".

[1664] José Robin de Andrade, *in Lei da Arbitragem Voluntária Anotada*, Dário Moura Vicente (Coordenador), *cit.*, p. 132, entende que não se reclama "nenhum tipo específico de fundamentação, nem se impõe que sejam considerados todos os argumentos jurídicos invocados pelas partes". Embora reconhecendo a tendência jurisprudencialmente dominante, Mário Esteves de Oliveira (Coordenação), *Lei da Arbitragem Voluntária..*, *cit.*, p. 502, parece-nos encarar de forma crítica a mesma, afirmando que "o processo arbitral é compatível com uma fundamentação ainda menos exigente do que aquela já pequena, e tantas vezes constitucionalmente chocante, com que os tribunais judiciais entendem dever dotar as sentenças por si proferidas".

da admissibilidade da anulação da sentença arbitral com base na falta de fundamentação da decisão, fundamento que se encontra consagrado no artigo 46º, nº 3, al. a), vi). Com efeito, quem assim entenda, considerará que uma decisão arbitral apenas pode ser anulada com base em falta de fundamentação nas hipóteses em que não são enunciadas quaisquer das razões que justificam a decisão[1665]-[1666].

Por conseguinte, mesmo que a argumentação decisória seja deficiente ou errada, ainda assim não consideram como preenchido o requisito de anulação[1667]. Ainda que a motivação da decisão fosse "deficiente, medíocre ou errada", sempre estaríamos perante uma sentença fundamentada desde que fosse possível[1668] compreender o raciocínio do árbitro.

Um entendimento desta natureza é, segundo nos parece, de rejeitar. De facto, admitir que uma fundamentação contraditória ou obscura não seja equiparada à falta de fundamentação, equivale a admitir que exista uma fundamentação meramente formal e que, nessa medida, se furte ao cumprimento do objectivo que lhe é exigido[1669]-[1670].

1665 Luís de Lima Pinheiro, "Apontamento sobre a impugnação da decisão arbitral", *cit.*, p. 2.

1666 Neste sentido também caminha a jurisprudência, tomando-se como exemplo o acórdão do Supremo Tribunal de Justiça de 17/06/2016, processo nº 660/15.8YRLSB.L1.S1, no qual se diz no sumário que "[n]um litígio em que os factos essenciais alegados como causa de pedir são factos plenamente provados por documento, não tendo sido produzida prova sujeita a livre apreciação do tribunal, deve considerar-se suficientemente fundamentado o acórdão arbitral quando –apesar de, na sua estrutura lógico argumentativa, se não ter autonomizado formalmente um capítulo em que se enunciam os factos considerados provados e não provados –se tomou posição clara e perfeitamente inteligível sobre a questão da existência e significado dos factos essenciais articulados pelo A.". Outro exemplo pode ser encontrado no acórdão do Tribunal de Relação de Lisboa de 28/01/2016, processo nº 660.15.8YRLSB-2, que foi objecto de recurso na decisão do STJ acima referida, no qual se decidiu que "as meras insuficiências de fundamentação de facto não são fundamento de anulação".

1667 Luís de Lima Pinheiro, "Apontamento sobre a impugnação da decisão arbitral", *cit.*, p. 2. Procura-se, deste modo, que as partes vencidas no âmbito de um processo arbitral não tentem inviabilizar a eficácia das sentenças arbitrais com fundamento em erros na apreciação da prova dos factos ou na aplicação do direito", v. Luís de Lima Pinheiro, "Apontamento sobre a impugnação da decisão arbitral", *cit.*, p. 3.

1668 Cfr. Paula Costa e Silva, "Anulação e recursos da decisão arbitral", *cit.*, p. 938. A autora retirava a mesma conclusão quando a motivação da sentença se apresentasse como contraditória. Cfr. p. 939. Contudo, e no que respeita a fundamentações contraditórias da sentença, a autora modificou o seu pensamento, vindo a sustentar que quando exista uma contradição naquele contexto, a mesma deve equivaler a uma falta de fundamentação, dado que os árbitros falham o preenchimento da finalidade da fundamentação: demonstrar às partes que a decisão proferida é a correcta. V. Paula Costa e Silva, "Os meios de impugnação de decisões proferidas...", *cit.*, p. 185.

1669 Como sustenta Mariana França Gouveia, para a aferição da existência de fundamentação é necessário que se analise a mesma, "não bastando a mera constatação de que estão escritas

A exigência de fundamentação e o respectivo preenchimento carece de verificação e análise casuística, analisando, designadamente, se entre os motivos apresentados como razão para a adopção daquela decisão e conclusão deles retirada existe uma relação de interdependência e coerência. Não se considera, portanto, a nosso ver, como preenchido o requisito da fundamentação quando exista uma motivação da sentença em termos contraditórios ou na qual se não se justifique, ou seja omissa sobre[1671], o que fundou a convicção dos árbitros sobre um facto estar ou não provado[1672].

Consideramos, pois, estar correcto o critério proposto por alguma doutrina quando se afirma que o padrão a seguir na fundamentação é o da inteligibilidade da decisão, ou seja, que as partes tenham a possibilidade de conseguir compreender o *leitmotiv* em que se ancorou a decisão do tribunal arbitral[1673]. Consequentemente, haverá vício de fundamentação da sentença quando não seja possível, atendendo ao texto apresentado pelo tribunal, compreender o que motivou a decisão do tribunal[1674]-[1675].

III – O tribunal arbitral julga o litígio de acordo com o Direito constituído, excepto quando as partes, por acordo, lhes confiram a missão de julgar

algumas frases. É que, se assim fosse, poderia chegar-se a resultados aberrantes, como o de se entender que há fundamentação se se escrevesse qualquer coisa, designadamente algo que nada tem a ver com o processo em discussão", v. *Curso de Resolução Alternativa de Litígios, cit.*, p. 307.

1670 Também Stefan Kröll / Peter Kraft consideram que uma fundamentação contraditória pode consubstanciar uma violação do dever de fundamentação, cfr. "§1059 – Application for Setting Aside", *cit.*,, p. 409.

1671 V. acórdão do Tribunal da Relação do Porto, de 25/11/2014, processo nº 245/14.6YRPRT.

1672 Foi este também o sentido decisório no acórdão de Tribunal da Relação de Lisboa, 17/06/2014, processo nº 27984/12.3T2SNT.L1-1.

1673 Mariana França Gouveia, *Curso de Resolução Alternativa de Litígios, cit.*, p. 307.

1674 António Sampaio Caramelo acrescenta um elemento ao critério acima previsto: apenas relevará para o preenchimento do fundamento de anulação previsto no artigo 46º, nº 3, al. a), vi) uma contradição entre fundamentos e decisão que "pela sua gravidade, ponha em causa a inteligibilidade da decisão". Este requisito, pese embora a boa finalidade com que o autor o adopta, não tem apoio directo na letra da lei, a qual o prevê expressamente a propósito de outros fundamentos, mas não neste caso concreto, Cfr. *A impugnação da sentença arbitral, cit...*, p. 83.

1675 A exigência de fundamentação mantém-se mesmo nas hipóteses em que as partes tenham autorizado os árbitros a decidir de acordo com a equidade. V. Paula Costa e Silva, "Anulação e Recursos da Decisão Arbitral", *cit.*, p. 941. Por sua vez, Mariana França Gouveia, *Curso de Resolução Alternativa de Litígios, cit.*, p. 308, considera que o dever de fundamentação é ainda mais exigente quando esteja em causa uma decisão de acordo com a equidade, dado que os critérios de decisão não se encontram publicamente escritos, pelo que a fundamentação da sentença é essencial ao nível das garantias das partes".

de acordo com a equidade ou composição amigável[1676]. Esta última hipótese é objecto de análise no ponto seguinte, pelo que, neste momento, apenas nos deteremos no Direito constituído.

A regra geral do ordenamento jurídico nacional é, portanto, que a decisão seja proferida em conformidade com o Direito constituído. Alguns autores qualificam esta regra como uma norma de remissão[1677], convocando a aplicação do artigo 52º da LAV.

Com efeito, a determinação do Direito materialmente aplicável ao litígio depende da escolha feita pelas partes: no âmbito de uma arbitragem internacional, aquelas podem decidir qual o Direito material que pretendem que regule o seu litígio. Na falta de uma designação das partes, "o tribunal arbitral aplica o direito do Estado com o qual o objecto do litígio apresente uma conexão mais estreita"[1678-1679].

O Direito constituído, por seu turno, é composto pelo Direito estrito, afastando-se a equidade, e pelo Direito substantivo ou material vigente[1680-1681].

13.2.7. Repartição dos custos

Quando as partes nada tenham determinado sobre a matéria, é na sentença arbitral que o tribunal se deve pronunciar sobre a repartição dos encargos processuais pelas partes[1682].

Por outro lado, assiste igualmente ao tribunal arbitral a possibilidade de determinar que uma parte compense a outra pela parte ou totalidade dos custos e despesas razoáveis "que demonstrem ter suportado por causa da sua intervenção na arbitragem[1683]." O juízo em que se funda a decisão do tribunal é no entendimento dos próprios árbitros sobre se aquela repartição se apresenta como justa e razoável.

A finalidade desta regra parece ser permitir ao tribunal que introduza alguma justiça na distribuição dos custos, na medida em que se atende ao

1676 Cfr. artigo 39º, nº 1 da LAV.

1677 António Menezes Cordeiro, *Tratado da Arbitragem..., cit.*, p. 361.

1678 Assim, dispõe o artigo 52º, nº 2 da LAV.

1679 Sobre o Direito aplicável ao mérito da causa na arbitragem internacional, cfr. Luís de Lima Pinheiro, "Direito aplicável ao mérito da causa...", *cit.*, pp. 1 e ss.

1680 António Menezes Cordeiro, *Tratado da Arbitragem..., cit.*, p. 361.

1681 A opção pelo Direito constituído como critério de decisão corresponde, na generalidade dos casos, "ao modelo e à filosofia hoje predominantes no nosso ordenamento", sendo a escolha da equidade cada vez mais reduzida. Cfr. Mário Esteves de Oliveira (Coordenação), *Lei da Arbitragem Voluntária..., cit.*, p. 456.

1682 Cfr. artigo 42º, nº 5 da LAV.

1683 Artigo 42º, n. º 5, *in fine.*

comportamento processual das partes e se pretende compensar uma delas pelos custos a que o comportamento da outra deu origem[1684].

13.2.8. A equidade e a composição amigável como critérios de decisão

O tema da equidade e, em geral, do papel da mesma enquanto critério de decisão assume uma importância que não pode neste local obter o desenvolvimento merecido (o qual não corresponde ao objecto ao presente trabalho), mas cujos problemas essenciais decorrentes da solução consagrada na legislação portuguesa não podem deixar de ser abordados, desde logo, na sua relação com a composição amigável[1685].

Todas as observações que se seguem têm somente como objectivo apurar os problemas – e as soluções que se devem extrair dos dados normativos – que decorrem do artigo 39º, nºs 1, 2 e 3 da LAV.

I – Sem prejuízo de se reconhecer que a equidade representa na arbitragem um critério metodológico-decisório[1686] jurisdicional que pode conter variações consoante a concepção e construção que se tenha do Direito[1687], a verdade é que a distinção entre a equidade e a composição amigável tem sido, mesmo nos ordenamentos onde não se encontra prevista nos regimes jurídicos aplicáveis à arbitragem[1688], assente na intensidade do afastamento relativamente à aplicação do Direito constituído passível de ser atribuído pelas partes aos árbitros.

[1684] José Robin de Andrade, *in Lei da Arbitragem Voluntária Anotada*, Dário Moura Vicente (Coordenador), *cit.*, p. 134.

[1685] V., por todos, relativamente à história da equidade, Fritz Guillis, *Die Billigkeit. Eine Grundform des Freien Rechts*, *cit.*, pp. 8 e ss. e, no que concerne ao apuramento crítico de um conceito de equidade, Werner Gramsch, *Die Biligkeit im Recht*, *cit.*, pp. 9 e ss. e Max Rümelin, *Die Billigkeit im Recht*, *cit.*, pp. 39 e ss.

[1686] V. sobre a equidade como problema metodológico, Castanheira Neves, *Metodologia Jurídica. Princípios Jurídicos*, *cit.*, pp. 17 e ss. e Alexandre Dias Pereira, "Da Equidade (Fragmentos)", *cit.*, pp. 347 e ss. Especificamente, sobre o problema metodológico na arbitragem, Manuel Carneiro da Frada, "A equidade (ou a "justiça com coração")", *cit.*, pp. 109 e ss.

[1687] Não se pode, porém, deixar de reconhecer que mesmo o positivismo jurídico, corporizado pela obra de Hans Kelsen, reconhecia a importância da equidade no ordenamento jurídico. V., por referência, aos tribunais internacionais, o importante texto "Compulsory Adjudication of International Disputes", *cit.*, p. 406. Com outros desenvolvimentos sobre o tema, v. Jochen Bernstoff, "Specialized Courts and Tribunals as the Guardian of International Law?...", *cit.*, pp. 9 e ss.

[1688] V., por exemplo, o ordenamento alemão, no qual o § 1151º, nº 3, do ZPO refere somente a equidade. O mesmo se passa no sistema jurídico suíço, conforme o disposto no artigo 187º, nº 2, da LDIP.

Antes de avançarmos, cumpre, desde logo, assumir que a importância prática da equidade e da composição amigável como critério decisório na arbitragem é muito reduzida, quer no plano transnacional[1689], quer no plano nacional[1690]. A imprevisibilidade, que decorre, com maior ou menor intensidade, da natureza de ambos os critérios decisórios, promove uma desconfiança das partes face ao risco de incerteza que implica a adjudicação a árbitros do poder de decidir segundo critérios diferentes do que aqueles que decorrem do Direito estrito[1691].

II – Começando pela equidade, deve-se mencionar que se distingue entre a equidade em sentido forte e equidade em sentido fraco[1692].

A primeira noção abrange uma total libertação da aplicação do Direito estrito, justificando-se a criação do Direito através de critérios de justiça aplicáveis ao caso concreto. Estes critérios individuais de justiça concreta (criados pelos árbitros), que se desvinculam do Direito formalmente aplicável ao caso concreto – não houvesse a convenção das partes que permitisse ser a equidade o critério de decisão aplicável –, devem, como é óbvio, respeitar, desde logo, o quadro constitucional instituído, podendo a sentença arbitral que desrespeite os princípios fundamentais do Estado onde é proferida ou é reconhecida ser anulada por se verificar que o seu resultado viola a ordem pública[1693].

A segunda noção tem apenas correspondência num efeito correctivo que se reconduz, num primeiro momento, a uma potencial aplicação do Direito estrito, para que, num segundo momento, seja possível, revelando-se necessário à luz de critérios de equidade, alterar o resultado dessa aplicação, mas

1689 Neste sentido, com indicações, GARY B. BORN, *International Commercial Arbitration*, Vol. II, *cit.*, pp. 2770 e ss. Note-se, todavia, no plano transnacional, a solução inovadora do *Basketball Arbitral Tribunal* que, de modo a garantir celeridade nas suas decisões, estabeleceu que os árbitros deverão, nos termos do artigo 15º, nº 1, do regulamento processual, julgar, como regra e a menos que as partes decidam pela aplicação do direito estrito, de acordo com a equidade.

1690 Destacando este facto, MARIANA FRANÇA GOUVEIA, *Curso de Resolução Alternativa de Litígios*, *cit.*, p. 287, bem como MÁRIO ESTEVES DE OLIVEIRA (coordenação), *Lei da Arbitragem Voluntária...*, *cit.*, p. 456.

1691 Cfr., por exemplo, GARY B. BORN, *International Commercial Arbitration*, Vol. II, *cit.*, p. 2776.

1692 Em geral, entre nós, relativamente a esta distinção, ANTÓNIO MENEZES CORDEIRO, "A decisão segundo equidade", *cit.*, pp. 261 e ss. e, especialmente, pp. 267 e 271. Sobre esta distinção no domínio da arbitragem, v., por todos, ANTÓNIO MENEZES CORDEIRO, *Tratado da Arbitragem...*, *cit.*, p. 369. Cfr., igualmente, ANTÓNIO MENEZES CORDEIRO, *Da Boa Fé no Direito Civil*, *cit.*, pp. 1197 e ss.

1693 Não é inteiramente líquida a determinação dos limites da equidade em qualquer uma destas duas vertentes, sobre o tema, v. CHRISTOPHE ALBIGUES, *De L'Équite em Droit Privé*, *cit.*, pp. 169 e ss.

sempre com um mínimo de correspondência no primeiro critério de aplicação, ou seja, do Direito estrito[1694].

Em ambos os casos, não se permite a arbitrariedade, exigindo-se, todavia, a fundamentação da decisão arbitral[1695].

A doutrina vem alertando para os perigos que rodeiam a escolha deste critério de decisão pelas partes[1696] no caso da primeira noção, manifestando, portanto, uma evidente preferência para com o segundo conceito[1697].

As dúvidas em torno do conteúdo da equidade não se encontram totalmente resolvidas[1698]. Em todo o caso, a inexistência de uma distinção no artigo 39º, nº 1, da LAV permitiria concluir que tanto poderia existir como critério de decisão a equidade em sentido forte, bem como a equidade em sentido fraco, tudo dependeria do consenso alcançado, a este respeito, pelas partes.

O acordo das partes para convencionar a equidade como critério decisório é, portanto, um pressuposto do artigo 39º, nº 1, da LAV, uma vez que este tem como efeito o afastamento do critério decisório segundo o Direito estrito (ou de acordo com o estabelecido na LAV: "o direito constituído"). Este acordo não é obrigatoriamente coincidente com a celebração da convenção de arbitragem – ainda que, caso o seja, o acordo siga obrigatoriamente a forma escrita[1699] –, podendo ocorrer também após a aceitação de um dos árbitros, mas, nesta hipótese, a eficácia de tal acordo "depende de aceitação por parte do tribunal arbitral", nos termos do disposto do artigo 39º, nº 2[1700].

1694 Cfr., admitindo que a equidade não corresponde um "Freischein" (um cheque em branco) para a arbitrariedade, MARCO STACHER, *Einführung in die internationale Schiedsgerichtsbarkeit der Schweiz, cit.*, p. 202.

1695 Cfr. ANTÓNIO MENEZES CORDEIRO, *Tratado da Arbitragem..., cit.*, p. 373, denunciando precisamente que a equidade envolve (i) uma exteriorização linguística; (ii) uma decisão jurídica e (iii) uma decisão científica.

1696 MARIANA FRANÇA GOUVEIA, *Curso de Resolução Alternativa de Litígios, cit.*, p. 287, reconhecendo que: "[s]erá difícil (...) que as partes confiem aos árbitros a decisão segundo critérios tão fora do seu controlo e, ao mesmo tempo, tão prováveis de gerar discussão a nível de impugnação da sentença arbitral. Se é difícil determinar o que é decidir segundo a composição amigável, será seguramente fácil impugnar uma sentença arbitral que, tendo de seguir este critério de decisão, o fez de uma das suas possíveis formas".

1697 ANTÓNIO MENEZES CORDEIRO, *Tratado da Arbitragem..., cit.*, p. 372.

1698 V. MARIANA FRANÇA GOUVEIA, *Curso de Resolução Alternativa de Litígios, cit.*, p. 282, admitindo que: "[é] difícil saber qual a noção de equidade que o Direito Português adotou".

1699 Defendendo sempre a forma escrita e a assinatura das partes, v. ANTÓNIO MENEZES CORDEIRO, *Tratado da Arbitragem..., cit.*, p. 376.

1700 Note-se que nada impede que as partes convencionem "autorizar" os árbitros a decidir potencialmente segundo a equidade, podendo estes últimos optar entre o Direito estrito e a

O contexto da menção que a LAV faz relativamente à composição amigável (*amiable composition*) assume dificuldades. Com efeito, a solução do artigo 39º, nº 3, da LAV[1701] tem sofrido críticas na doutrina pelo pressuposto errado de que partiu a previsão da composição amigável como critério de decisão[1702]. A composição amigável resume-se, em regra, a um meio de resolução de litígios, de origem francesa[1703], em que se presume a aplicação da equidade como critério de decisão, mas em que o árbitro, liberto das "amarras" do critério decisão decorrente do Direito estrito[1704], se aproxima mais do papel de um conciliador[1705].

O que se pode, a este respeito, perspectivar com alguma complexidade reconduz-se à determinação do alcance que se deva atribuir ao sentido da norma do artigo 39º, nº 3, da LAV. A doutrina tem entendido, não sem criticar a solução que decorre da LAV, que está aqui em causa a atribuição da equidade em sentido forte[1706], uma vez que, numa interpretação sistemática, o artigo 39º da LAV assume um crescendo (aplicação do Direito estrito ou

equidade, quando assim se justificar ou nos circunstancialismos acordados pelas partes, v., neste sentido, José Robin de Andrade, *in Lei da Arbitragem Voluntária Anotada*, Dário Moura Vicente (Coordenador), *cit*, p. 122.

1701 A previsão da composição amigável como critério de decisão estava na LAV de 1986 somente prevista para a arbitragem internacional, nos termos do artigo 35º. Segundo Luís Lima Pinheiro, a composição amigável reconduzir-se-ia uma equidade em sentido fraco, *A Arbitragem Transnacional...*, *cit.*, pp. 164 e ss. e, especialmente, p. 166. É esta a posição da doutrina suíça, v., por todos, Bernhard Berger / Franz Kellerhals, *International and Domestic Arbitration in Switzerland, cit.*, pp. 504 e ss.

1702 Cfr., entre nós, as críticas de Mário Raposo, "Art. 35 da LAV ("composição amigável"): o Grande Equívoco", *cit.*, pp. 371 e ss. e António Menezes Cordeiro, *Tratado da Arbitragem...*, *cit.*, pp. 377. A noção é tudo menos unívoca, sendo que, uma vez que se trata de uma concepção doutrinal, varia de jurisdição para jurisdição, v., a este respeito, Regis Bonnan, "Different Conceptions of Amiable Composition...", *cit.*, pp. 528 e ss.

1703 Sobre este mecanismo no Direito francês, cfr. Christophe Albigues, *De L'Équite em Droit Privé, cit.*, pp. 242 e ss.

1704 O que não exclui, por exemplo, que os árbitros deixem de fundamentar, nesta situação, as suas decisões, v., por exemplo, Eric Loquin, "Note – Cour d'appel de Paris (1re Ch. C) 28 novembre 1996", *cit.*, p. 394. Sobre os limites da composição amigável, v., mais recentemente, Christophe Albigues, *De L'Équite em Droit Privé, cit.*, pp. 252 e ss.

1705 Cfr., com indicações, Luís Lima Pinheiro, *A Arbitragem Transnacional...*, *cit.*, p. 164.

1706 Conforme denotou, entre nós, no contexto da LAV, António Sampaio Caramelo, "Arbitration in Equity and Amiable Composition under Portuguese Law", *cit.*, pp. 575 e ss. Posteriormente, v., ainda, José Robin de Andrade, *in Lei da Arbitragem Voluntária Anotada*, Dário Moura Vicente (Coordenador), *cit*, p. 124. Cfr. defendendo, em momento, anterior, ser este o sentido a dar à composição amigável, Dário Moura Vicente, *Da Arbitragem Comercial Internacional, cit.*, p. 32

da equidade [em sentido fraco] ou, eventualmente, da composição amigável [equidade em sentido forte])[1707] em sede de "desvinculação" ao Direito estrito.

Certo é que a aplicação deste critério decisório, nos termos do artigo 39º, nº 3, da LAV, pressupõe que as partes tenham "confiado essa missão" ao tribunal arbitral, que, assim, poderá "decidir o litígio por apelo à composição das partes na base do equilíbrio dos interesses em jogo".

Não é, neste contexto, a norma inteiramente esclarecedora da questão de saber qual o momento em que as partes possam decidir e escolher este critério decisório, por oposição aos restantes, leia-se: o Direito estrito e a equidade (em sentido fraco). Ainda que se entenda que estamos perante realidades diferentes, não se vislumbra razões para que não se possa aplicar por analogia o previsto no artigo 39º, nº 2, podendo as partes convencionar a composição amigável enquanto critério decisório mesmo após a aceitação do árbitro[1708]. Na verdade, o mais polémico não é tanto o momento, mas antes a interpretação da declaração negocial das partes, que deve ser sempre lida de uma forma restritiva, exigindo-se que a remissão para a composição amigável seja inequívoca[1709].

Por último, note-se, em todo o caso, que o campo de aplicação destas normas são profundamente reduzidas, desde logo, no domínio fiscalização da legalidade de actos administrativos por tribunais arbitrais no Direito Administrativo, visto que, nos termos do artigo 185º, nº 2, do CPTA, "*[n]os litígios sobre questões de legalidade, os árbitros decidem estritamente segundo o direito constituído*, não podendo pronunciar-se sobre a conveniência ou oportunidade da atuação administrativa, *nem julgar segundo a equidade*" (itálico nosso)[1710].

[1707] Neste preciso sentido, António Menezes Cordeiro, *Tratado da Arbitragem...*, *cit.*, p. 378. Noutro sentido, v. Manuel Carneiro da Frada, "A equidade (ou a "justiça com coração")", *cit.*, p. 136, admitindo que: "a equidade (...) intersecciona-se com a composição amigável, sem que, todavia, nenhuma delas absorva a outra".

[1708] Cfr. Mário Esteves de Oliveira (Coordenação), *Lei da Arbitragem Voluntária...*, *cit.*, p. 469.

[1709] Neste sentido, pressupondo uma interpretação restritiva, António Menezes Cordeiro, *Tratado da Arbitragem...*, *cit.*, pp. 378 e 371.

[1710] É certo que a norma padece de algumas dificuldades interpretativas que não é nosso propósito desenvolver, mas a verdade é que as limitações ao acordo que permite "autorizar" a equidade (ou a composição amigável), enquanto critério decisório dos árbitros, surgem delimitadas pela existência de um litígio relacionado com a legalidade, o que no Direito Administrativo implica reconhecer que "por a[c]ção do princípio da legalidade, toda a conduta administrativa e todas as decisões tomadas sobre estas condutas podem, em tese, ser decantadas à luz de um critério de legalidade, aqui entendido no sentido amplo de critério decisório que pressuponha a aplicação de normas *legais*". V., explorando as várias hipóteses interpretativas do artigo 185º, nº 2, do CPTA, José Duarte Coimbra, "O recurso à equidade nas arbitragens de Direito Administrativo", *cit.*, p. 187. Em quadro jurídico anterior, Paulo Otero reconhecia que a existência de uma admissibilidade legal para o recurso à equidade do juiz arbitral permitia sempre, mesmo no caso da equidade *contra legem*, a

Na arbitragem fiscal existe uma norma idêntica, dispondo-se no artigo 2º, nº 2, da Lei nº 10/2011, que: "Os tribunais arbitrais decidem de acordo com o direito constituído, sendo vedado o recurso à equidade".

13.3. Prazo e notificação da sentença

Às partes assiste a possibilidade de na convenção de arbitragem, quer prevendo expressamente, quer incorporando o regulamento processual de um centro de arbitragem institucionalizada, preverem um prazo para a prolação e notificação[1711] da sentença arbitral. Caso nada convencionem em sentido contrário, aplica-se o prazo supletivo de 12 meses[1712], o qual começa a contar a partir da aceitação do último árbitro. Assim, para efeitos de cumprimento do prazo é a notificação, e não a prolação, da sentença que releva, apenas se considerando cumprido se a notificação ocorrer dentro desse limite[1713].

O prazo supletivo legalmente previsto pode ser renovado, de forma sucessiva e por períodos de 12 meses, por acordo das partes ou em virtude de decisão do tribunal arbitral nesse sentido. Às partes cabe, no entanto, a faculdade de, por acordo, se oporem à prorrogação do prazo.

Por outro lado, o incumprimento do prazo da notificação da sentença arbitral tem por efeito a extinção automática do processo arbitral e da competência dos árbitros para decidirem os litígios que lhes tinham sido submetidos. Nesse sentido, a sentença que venha a ser proferida em violação daquele prazo pode ser anulada com fundamento no artigo 46º, nº 3, al. a), vii). Todavia, e contrariamente ao que sucedia no âmbito da vigência da anterior lei da arbitragem voluntária, a caducidade do prazo para a prolação e notificação da sentença arbitral não gera a caducidade da convenção de arbitragem[1714]. Assim, a convenção segue

sua admissão à luz do princípio da legalidade, "[u]ma vez que o uso da equidade encontra sempre o seu fundamento numa norma legal, isto significa que mesmo os casos de decisão arbitral *contra legem* ainda correspondem a uma vontade expressa pelo legislador, de forma directa na arbitragem necessária e de forma indirecta na arbitragem voluntária, no sentido de desonerar os árbitros a uma vinculação total ou rigorosa à legalidade, conferindo-lhes a faculdade de decidir segundo o respectivo critério de justiça aplicado ao caso concreto". V. *Legalidade e Administração, cit.*, p. 1067. Sobre a equidade ao abrigo do regime anterior da reforma de 2015, v., com referências, José Luís Esquível, *Os Contratos Administrativos e a Arbitragem, cit.*, pp. 286 e ss.

1711 De acordo com o artigo 42º, nº 6, "proferida a sentença, a mesma é imediatamente notificada através do envio a cada uma das partes de um exemplar assinado pelo árbitro ou árbitros (...) produzindo efeitos na data dessa notificação".

1712 Cfr. artigo 43º, nº 1 da LAV.

1713 Artigo 43º, nº 2, primeira parte.

1714 Na vigência da anterior LAV, vejam-se, a este respeito, Raúl Ventura, "Convenção de Arbitragem", *cit.*, pp. 407 a 409, Luís de Lima Pinheiro, *Arbitragem Transnacional..., cit.*, pp. 87 e 88, Frederico Bettencourt Ferreira, "O prazo para a decisão arbitral", *cit.*, pp. 172 a 180,

válida e as partes, caso pretendam resolver o seu litígio, devem constituir novo tribunal arbitral, na medida em que apenas se extingue a competência daquele tribunal arbitral em concreto[1715]. Consequentemente, a jurisdição comum não se torna numa hipótese viável para partes dado que a convenção não caducou.

13.4. Efeitos da sentença

I – Uma sentença arbitral de que não caiba recurso[1716] e que já não seja susceptível de alteração[1717] tem o mesmo carácter obrigatório entre as partes que a sentença de um tribunal estadual transitada em julgado, tendo a mesma força executiva que a sentença de um tribunal estadual, assim dispõe o artigo 42º, nº 7.

Deste modo, quando se verifique o preenchimento de todos estes requisitos, a sentença é plenamente eficaz e produz caso julgado[1718]-[1719]. A sentença arbitral consubstancia, ainda e naturalmente, um título executivo[1720].

Por outro lado, a prolação da sentença tem por efeito o encerramento do processo arbitral – artigo 44º, nº 1 – e a extinção do poder dos árbitros[1721], nos termos do artigo 44º, nº 3 da LAV[1722].

e José Miguel Júdice / António Pedro Pinto Monteiro, "Da suspensão da instância arbitral e do prazo para a decisão arbitral – Comentários ao Recurso 458, Revista 734/2008, do Supremo Tribunal de Justiça português", *cit.*, pp. 272 a 310.

1715 José Robin de Andrade, *in Lei da Arbitragem Voluntária Anotada*, Dário Moura Vicente (Coordenador), *cit.*, p. 137, António Menezes Cordeiro, *Tratado da Arbitragem...*, *cit.*, p. 440, Mariana França Gouveia, *Curso de Resolução Alternativa de Litígios*, *cit.*, p. 291, Mário Esteves de Oliveira (Coordenação), *Lei da Arbitragem Voluntária...*, *cit.*, p. 517.

1716 Este ponto será abordado em momento próprio desde manual, remetendo para o ponto 14 do capítulo VII.

1717 Cfr. artigo 45º da LAV.

1718 Mariana França Gouveia, *Curso de Resolução Alternativa de Litígios*, *cit.*, p. 293. José Robin de Andrade considera que este preceito da LAV dá execução legislativa ao princípio da equiparação dos tribunais arbitrais aos estaduais, conforme previsto no artigo 209º da CRP, v. *in Lei da Arbitragem Voluntária Anotada*, Dário Moura Vicente (Coordenador), *cit.*, p. 135, bem como Bernhard Berger / Franz Kellerhals, *International and Domestic Arbitration in Switzerland*, *cit.*, p. 573. V., ainda, Nigel Blackaby/ Constantine Partasides/ Alan Redfern / Martin Hunter, *Redfern and Hunter on International Arbitration*, *cit.*, pp. 559 e ss.

1719 Como afirma António Menezes Cordeiro, a decisão arbitral "assume a natureza de uma decisão do tribunal do Estado", constituindo caso julgado para as partes quer nas instâncias arbitrais, quer junto dos tribunais estaduais. V. *Tratado da Arbitragem*, *cit.*, p. 407.

1720 António Menezes Cordeiro, *Tratado da Arbitragem...*, *cit.*, p. 407 e Paula Costa e Silva, "A execução em Portugal de decisões arbitrais...", *cit.*, p. 160.

1721 Philippe Fouchard / Emmanuel Gaillard / Berthold Goldman, *Fouchard Gaillard Goldman On International Commercial Arbitration*, *cit.*, 1999, p. 775 e Jeffrey Waincymer, *Procedure and Evidence in International Arbitration*, *cit.*, pp. 1271.

1722 Sem prejuízo do disposto no artigo 45º e no nº 8 do artigo 46º.

II – Com efeito, e em princípio, após a prolação da sentença arbitral verifica-se a extinção do poder jurisdicional dos árbitros, tornando-se o tribunal *functus officio*[1723]. Neste sentido, os árbitros não podem, após terem proferido a sentença, rever a decisão que proferiram, ou seja, não têm a possibilidade de decidir novamente o caso[1724].

O princípio do tribunal se tornar *functus officio* é um reflexo directo, por um lado, do facto de o tribunal ter cumprido a função[1725] para o qual foi constituído e, por outro lado, da necessidade de ter uma decisão final e inalterável – pelo menos pelo tribunal arbitral – sobre aquele litígio que as partes submeteram à sua apreciação[1726]. Significa, portanto, que o seu poder jurisdicional findou em virtude da completude da sua missão por ter proferido uma sentença final[1727].

Na anterior LAV, o poder jurisdicional do tribunal findava com a notificação do depósito da decisão que terminou o litígio ou, nos casos em que não existisse lugar a depósito, com a notificação da sentença às partes, não se prevendo naquela lei a possibilidade de rectificação, integração ou interpretação da decisão[1728]. Não obstante, na doutrina existia quem defendesse que, ainda assim, aos tribunais arbitrais cabia, tal como aos tribunais estaduais, a faculdade de rectificarem, integrarem e interpretarem a sua decisão[1729].

Sucede, porém, que na vigência da lei da arbitragem voluntária actual não existe uma completa extinção dos poderes dos árbitros por mero efeito da prolação da decisão arbitral. Com efeito, consagra-se expressamente, no artigo 45º, a possibilidade de prolação de decisões pós-finais[1730] com vista à recti-

[1723] Alexandra Valpaços Gomes de Campos, "O esgotamento do poder jurisdicional dos árbitros...", *cit.*,p. 1382.

[1724] Alexandra Valpaços Gomes de Campos, "O esgotamento do poder jurisdicional dos árbitros...", *cit.*, p. 1383, Mariana França Gouveia, *Curso de Resolução Alternativa de Litígios, cit.*, p. 293, Christophe Seraglini / Jérôme Ortscheidt, *Droit de l'arbitrage interne et international, cit.*, p. 389 e Philippe Fouchard / Emmanuel Gaillard / Berthold Goldman, *Fouchard Gaillard Goldman On International Commercial Arbitration, cit.*, p. 775.

[1725] Christophe Seraglini / Jérôme Ortscheidt, *Droit de l'arbitrage interne et international, cit.*, p. 389.

[1726] Gary B. Born, *International Commercial Arbitration*, Vol. III, *cit.*, p. 3114.

[1727] Stuart L. Isaacs, "Life after Death: The Arbitral Tribunal's Role Following Its Final Award", *cit.*, p. 358.

[1728] Artigo 24º da LAV 86, Cfr. Luís de Lima Pinheiro, *Arbitragem Transnacional...*, *cit.*,, p. 153.

[1729] Neste sentido, Luís de Lima Pinheiro, *Arbitragem Transnacional...*, *cit.*, p. 154, António Menezes Cordeiro, *Tratado da Arbitragem...*, *cit.*, p. 419 e Daniela Mirante, *Os efeitos da anulação da sentença arbitral, cit.*, p. 91.

[1730] A qualificação é de Armindo Ribeiro Mendes, "A nova Lei de Arbitragem Voluntária e as formas de impugnação...", *cit.*, p. 717 e ss.

ficação e esclarecimento da sentença ou mesmo a emissão de uma sentença adicional, o que traduz uma opção legislativa por uma manutenção limitada do poder jurisdicional dos árbitros[1731].

No que respeita às correcções materiais, e excepto quando tenham acordado outro prazo, qualquer uma das partes pode, no limite temporal de 30 dias após a recepção da notificação da sentença, requerer ao tribunal arbitral a rectificação de qualquer "erro de cálculo, erro material ou tipográfico ou qualquer erro de natureza idêntica" da sentença"[1732]. O tribunal pode, ainda, oficiosamente proceder a este tipo de correcções[1733]-[1734]. Por seu turno, o esclarecimento que venha a ser produzido faz parte integrante da sentença, devendo, nessa medida, respeitar o previsto no artigo 42º da LAV[1735]. Abrangidos por estas correcções de cariz material encontram-se os erros tipográficos, frases mal redigidas que não permitam a sua compreensão, erros nos nomes das partes, erros de cálculo, na indicação de datas, entre outros[1736].

Por outro lado, e salvo convenção em contrário, assiste a qualquer uma das partes a faculdade de solicitar ao tribunal arbitral, no prazo de 30 dias seguintes ao recebimento da notificação da sentença, que profira uma sentença adicional, na qual aprecie e decida

partes do pedido ou dos pedidos apresentados no decurso do processo arbitral e que não foram objecto de decisão na sentença final[1737].

Esta opção legislativa apresenta-se como completamente favorável à arbitragem, permitindo que, na hipótese de o tribunal ter deixado de analisar alguma questão, possa conhecer e decidir sobre a mesma, afastando – ou pelo

[1731] José Robin de Andrade, *in Lei da Arbitragem Voluntária Anotada,* Dário Moura Vicente (Coordenador), *cit.*, p. 137 refere-se a um "poder jurisdicional para certos efeitos limitados".

[1732] Cfr., artigo 45º, nº 1 da LAV. Caso entenda que o requerimento é justificado, o tribunal procede em conformidade nos 30 dias seguintes à recepção do mesmo. Cfr. António Menezes Cordeiro, *Tratado da Arbitragem, cit.*, p. 419 e Mário Esteves de Oliveira (Coordenação), *Lei da Arbitragem Voluntária..., cit.*, pp. 528 e ss., considerando este último autor que a possibilidade de corrigir erros inclui não só o texto da sentença, bem como a sua fundamentação, p. 530.

[1733] Artigo 45º, nº 4 da LAV.

[1734] A LAV prevê que quando uma das partes solicite a correcção de erros e esclarecimentos da sentença, deve dar conhecimento desse requerimento à sua contraparte. Contudo, excepto quando estejam em causa correcções claras e óbvias, por exemplo o que sucede com gralhas e erros de escrita, o tribunal deve, em respeito ao princípio do contraditório e do *due process*, dar a hipóteses às partes de se pronunciarem. V. Jeffrey Waincymer, *Procedure and Evidence in International Arbitration, cit.* p. 1335.

[1735] V. artigo 45º, n.ºs 3 e 7.

[1736] Stuart L. Isaacs, "Life after Death: The Arbitral Tribunal's Role Following Its Final Award", *cit.*, pp. 360 e ss.

[1737] Artigo 45º, nº 5 da LAV.

menos dando outra alternativa – a via da impugnação imediata pelas partes, com fundamento em omissão de pronúncia[1738]. Os árbitros têm assim a faculdade, quando entendam que se justifica e que o requerimento da parte é justificado, de proferir uma sentença adicional[1739]. Sucede, porém, que ao colocar o poder de solicitar a sentença adicional somente na esfera jurídica das partes, não prevendo, à semelhança do que se fez quanto à correcção de erros, a possibilidade de o próprio tribunal, por sua iniciativa, proferir uma sentença adicional, a probabilidade de a parte vencida avançar imediatamente para o plano da impugnação da decisão final é elevado[1740]. De facto, da legislação portuguesa não resulta que o pedido de uma sentença adicional, quando se verifique que o tribunal arbitral teve omissão de pronúncia quanto a alguma pretensão, seja um requisito para requerer a anulação[1741].

No entanto, e como sustenta – e bem a nosso ver – em alguma doutrina, a sentença adicional que venha a ser proferida não pode entrar em rota de colisão com decisão final que já havia sido proferida quanto ao litígio, nem com os fundamentos de facto e de direito desta última[1742].

III – Uma outra excepção ao princípio do esgotamento do poder jurisdicional dos árbitros após a prolação da sentença arbitral surge consagrada a propósito da acção de anulação. No âmbito de uma acção de anulação de uma sentença arbitral, o tribunal estadual pode, caso entenda adequado e se isso lhe for solicitado por uma das partes, "suspender o processo de anulação durante o período de tempo que determinar, em ordem a dar ao tribunal arbitral a possibilidade de retomar o processo arbitral ou de tomar qualquer outra medida que o tribunal arbitral julgue susceptível de eliminar os fundamentos da anulação"[1743]. É, portanto, necessário que se verifique o preenchimento de dois requisitos cumulativos: (i) esta não é uma determinação oficiosa do tribunal estadual, dependendo sempre da iniciativa de uma das

[1738] António Menezes Cordeiro, *Tratado da Arbitragem..., cit.*, pp. 422-423 considera que estão aqui enquadradas hipóteses de *"infra petitum"* e que têm, nesta sede, a possibilidade de serem "reparadas". V., também, Mariana França Gouveia, *Curso de Resolução Alternativa de Litígios, cit.*, p. 294.

[1739] Mário Esteves de Oliveira (Coordenação), *Lei da Arbitragem Voluntária..., cit.*, p. 534, entende que apenas haverá possibilidade de proferir uma sentença adicional quando tenha existido a prolação de uma sentença final do processo, não sendo possível requerer uma sentença adicional quando se estiver perante sentenças parcelares.

[1740] Jeffrey Waincymer, *Procedure and Evidence in International Arbitration, cit.*, p. 1342.

[1741] Mariana França Gouveia, *Curso de Resolução Alternativa de Litígios, cit.*, p. 294.

[1742] V. Mário Esteves de Oliveira (Coordenação), *Lei da Arbitragem Voluntária..., cit.*, p. 536.

[1743] Cfr. artigo 46º, nº 8 da LAV.

partes[1744] e (ii) o tribunal estadual deve considerar que este mecanismo se apresenta como adequado à eliminação daqueles vícios nos quais se funda o pedido de anulação.

Este preceito consubstancia uma novidade no ordenamento jurídico português[1745], permitindo, nas hipóteses em que os requisitos se encontrem preenchidos, que a sentença arbitral não seja anulada, na medida em que o tribunal arbitral corrija os vícios que fundamentaram o pedido de anulação[1746]. Pode, no entanto, ser uma norma problemática, na medida em que entre o tribunal estadual e o arbitral não existe uma relação hierárquica, pelo que este último não fica obrigado a seguir a sugestão do primeiro[1747]. Caso assim suceda, a sentença poderá vir a ser anulada.

14. Mecanismos de reacção à sentença arbitral

A possibilidade de controlo estadual da arbitragem, designadamente ao nível da impugnação da sentença arbitral, é um dos requisitos essenciais para o reconhecimento da eficácia jurisdicional à decisão proferida por árbitros[1748]. A equiparação de uma sentença proferida por privados às decisões dos tribunais estaduais requer que o Estado[1749] possa ter algum controlo sobre a

1744 Em posição concordante, José Robin de Andrade, *in Lei da Arbitragem Voluntária Anotada*, Dário Moura Vicente (Coordenador), *cit.*, p. 154.

1745 Na vigência da anterior LAV já assim escrevia Daniela Mirante: "[p]ortanto, não deve admitir-se um juízo de tudo ou nada, de anulação ou não anulação. A conjugação dos interesses das partes, da missão do tribunal judicial e do princípio do aproveitamento dos actos processuais conduzem à admissibilidade do reenvio do processo para o tribunal arbitral para a correcção de vícios, interpretação ou complemento da sentença. A resolução do litígio é um interesse superior aos outros.", cfr. *Os efeitos da anulação da sentença arbitral*, *cit.*, pp. 95-96.

1746 Surgem, no entanto, diversas questões relacionadas com este preceito: e se o prazo máximo para a prolação da sentença já tiver decorrido? Pode o tribunal arbitral, ainda assim, proceder em conformidade com o sugerido pelo tribunal estadual? Quer-nos parecer que nessas hipóteses o tribunal estadual não procederá à aplicação deste mecanismo, uma vez que não será uma via adequada à resolução daquele problema. Quanto a esta dúvida, e com bastante detalhe cfr. Mário Esteves de Oliveira (Coordenação), *Lei da Arbitragem Voluntária...*, *cit.*, pp. 577 e ss., bem como António Menezes Cordeiro, *Tratado da Arbitragem...*, *cit.*, pp. 459 e ss.

1747 José Robin de Andrade, *in Lei da Arbitragem Voluntária Anotada*, Dário Moura Vicente (Coordenador), *cit.*, pp. 153 e ss.

1748 Luís de Lima Pinheiro qualifica o controlo estadual como contrapartida da atribuição de efeito jurisdicional, cfr. "Apontamento sobre a impugnação da decisão arbitral", *cit.*, p. 1. Como bem afirma Paula Costa e Silva, "o sistema de vias de impugnação é o teste último a que se deve sujeitar a arbitragem voluntária", v. Paula Costa e Silva, "Meios de impugnação de decisões...", *cit.*, p. 180.

1749 Tal como resulta inequivocamente da lei, a decisão arbitral é equiparada à sentença de um tribunal estadual, cfr. artigo 42º, nº 7 da LAV. Na doutrina, v. Paula Costa e Silva, "Meios de impugnação de decisões...", *cit.* p. 182.

arbitragem, designadamente no que respeita ao controlo da legalidade da mesma[1750]-[1751].

Esta possibilidade de controlo estadual das sentenças arbitrais – não tomando, desde já, posição quanto ao limite ou extensão daquele – deriva ainda do imperativo do Estado de Direito[1752].

A nova redacção da lei da arbitragem voluntária veio alterar substancialmente o panorama da impugnação das sentenças, tendo operado uma aproximação às regras da Lei-Modelo[1753], o que se reflectiu, desde logo, em alterações no que concerne ao recurso das decisões arbitrais depender agora de convenção expressa das partes nesse sentido[1754], bem como na introdução de novos fundamentos de anulação da decisão arbitral.

Ainda assim, e sem prejuízo das alterações introduzidas, a lei da arbitragem voluntária continua a consagrar três mecanismos de impugnação da sentença proferida pelo tribunal arbitral: a acção de anulação, o recurso (no qual se inclui o recurso para o Tribunal Constitucional) e a oposição à execução. Cada uma destas vias será objecto de uma análise individual nos pontos que se seguem, procurando-se destacar os principais problemas e características de cada uma delas, ainda que sem quaisquer pretensões de exaustividade.

1750 Paula Costa e Silva, "Meios de impugnação de decisões...", *cit.*, p. 180, Christophe Seraglini / Jérôme Ortscheidt, *Droit de l'arbitrage interne et international*, *cit.*, p. 419, António Pedro Pinto Monteiro, "Do recurso de decisões arbitrais para o Tribunal Constitucional", *cit.*, p. 188 e Luís de Lima Pinheiro, *Arbitragem Transnacional...*, *cit.*, p. 195.

1751 Mariana França Gouveia considera que é precisamente no facto de o Estado necessitar de poder controlar o respeito pelas "regras mínimas do processo justo" que radica a irrenunciabilidade o direito à anulação da sentença arbitral, conforme consagrado no artigo 46º, nº 5 da LAV. Cfr. *Curso de Resolução Alternativa de Litígios*, *cit.*, p. 294.

1752 António Menezes Cordeiro, *Tratado da Arbitragem...*, *cit.*, p. 434. Como bem afirma Mário Esteves de Oliveira (Coordenação), *Lei da Arbitragem Voluntária...*, *cit.*, p. 545, daquilo que se trata na impugnação é de verificar se os árbitros, no uso da "delegação (...) do poder soberano de julgar" procederam de acordo com os princípios base da soberania do Estado, nomeadamente o do direito a um processo justo [acrescentamos nós]. Não está em causa um controlo do mérito, mas, isso sim, "de verificar se a fatia da jurisdição de que foram [os tribunais estaduais] privados foi ou não bem 'delegada' e exercida".

1753 Mariana França Gouveia, *Curso de Resolução Alternativa de Litígios*, *cit.*, p. 296.

1754 Tal como resulta da nota explicativa da Lei-Modelo, a matéria da reacção às sentenças arbitrais comporta várias especialidades consoante o ordenamento jurídico onde se encontre regulada, existindo, em muitos casos, uma tentativa de equiparação das vias de recurso da sentença arbitral às existentes para as decisões dos tribunais estaduais. Face a este contexto e numa tentativa de melhorar a situação, a Lei-Modelo sugere que se consagre somente uma via de reacção da sentença arbitral, designadamente a acção de anulação, a qual atende a fundamentos meramente formais (sem prejuízo dos outros mecanismos que sejam previstos na lei processual de cada Estado). Cfr. Nota explicativa do secretariado da UNCITRAL sobre a Lei-Modelo relativa à Arbitragem Comercial Internacional, p. 23.

14.1. Acção de anulação

14.1.1. Decisões passíveis de anulação

I – A primeira questão que se coloca quanto à anulação da sentença arbitral passa pela determinação do objecto da mesma, o que equivale a delimitar quais as decisões passíveis de uma acção de anulação. A problemática tem-se suscitado, essencialmente, no que concerne às sentenças parciais[1755]. Neste sentido, aquilo que se questiona é se uma sentença parcial se apresenta como imediatamente impugnável ou, se pelo contrário, as partes apenas podem prosseguir a via da impugnação uma vez que se encontrem proferidas e notificadas todas as sentenças parciais e/ou a sentença final que o tribunal entenda proferir.

Esta é, portanto, uma questão diferente da que surge quanto à impugnabilidade de decisões interlocutórias. Com efeito, a nossa lei da arbitragem voluntária identifica expressamente os casos[1756] em que as partes podem impugnar imediatamente uma decisão interlocutória, pense-se, a título de exemplo, na decisão do tribunal arbitral sobre a sua competência (artigo 18º, nº 9 da LAV) e na decisão que confirma a não recusa do árbitro (artigo 14º nº 3 da LAV). Estas hipóteses estão, portanto, perfeitamente, identificadas.

II – No que concerne às sentenças parciais, a dúvida surge porque da letra da lei não parece resultar qualquer distinção entre a sentença final e uma sentença parcial, na medida em que o artigo 46º se refere, de forma genérica, a "sentença arbitral", pelo que este conceito pode ser preenchido por qualquer uma daquelas realidades. Alguns autores consideram, neste sentido, que o artigo 42º, nº 6 da LAV não distingue entre sentença final e sentenças parciais, pelo que, uma vez operada a notificação das mesmas às partes, os efeitos produzidos pelas duas categorias são idênticos. Por conseguinte, a contagem do prazo para a impugnação da sentença parcial desenvolve-se como se de uma sentença final se tratasse[1757]. Neste sentido, Armindo Ribeiro Mendes não considera que possa retirar-se da letra da lei uma interpretação que conduza à existência de uma "mera possibilidade" da impugnação imediata da sentença parcial ou da obrigatoriedade da impugnação somente a final da sentença[1758].

[1755] As quais os árbitros estão, salvo acordo das partes em sentido contrário, autorizados a proferir, nos termos do artigo 42º, nº 2 da LAV.

[1756] Armindo Ribeiro Mendes, "A nova Lei de Arbitragem Voluntária e as formas...", *cit.*, p. 725.

[1757] Armindo Ribeiro Mendes, *op. cit.*, p. 727.

[1758] Armindo Ribeiro Mendes, *op. cit.*, p. 728. No mesmo sentido, se bem entendemos a posição do autor, José Robin de Andrade, *in Lei da Arbitragem Voluntária Anotada*, Dário Moura Vicente (Coordenador), *cit.*, p. 146.

Por outro lado, há autores que sustentam um entendimento diferente quanto à impugnação imediata das sentenças parciais[1759]. De acordo com esta orientação, o sentido da lei não é inequívoco, permitindo compreender uma outra interpretação, nomeadamente no sentido de não ser admissível a impugnabilidade imediata das sentenças parciais. Estas respeitam, na maior parte dos casos, a matérias incidentais à decisão final, a qual ainda não foi proferida. Consequentemente, admitir a impugnabilidade das mesmas pode levar a um acréscimo dos custos com o processo, bem como a decisões inúteis a título superveniente, por serem proferidas pelos tribunais estaduais já depois do final do processo arbitral[1760]. Não se vislumbra, assim, uma utilidade inquestionável na impugnação imediata das mesmas.

Neste contexto, esta posição doutrinária entende que a LAV apenas regula a impugnação da sentença final[1761], motivo pelo qual existiu uma opção legislativa pela concentração dos fundamentos de impugnação do processo arbitral na impugnação somente da sentença final[1762]. Tendemos a concordar com esta posição, ainda que a sentença parcial produza os mesmo efeitos que a sentença final, ainda assim, apenas devemos contar o prazo para a impugnação a partir da data da notificação da sentença final que aprecie o mérito ou coloque fim à causa. Apenas neste momento as partes estão no pleno conhecimento do decidido pelo tribunal, pelo que só aí podem exercer os seus direitos de reacção contra a sentença. Mais se acrescenta que, ainda que se considere que existe uma possibilidade de impugnabilidade imediata da sentença parcial, não se pode retirar da conduta processual da parte que opte por não proceder dessa forma, uma qualquer preclusão de impugnar a sentença final com base nos fundamentos que foram decididos na sentença parcial[1763]-[1764].

Na vigência da anterior LAV, António Sampaio Caramelo sustentava, a propósito da impugnação de sentenças parciais, que a propositura imediata de uma acção de anulação de sentença parcial seria meramente facultativa para as partes e nunca obrigatória. No mesmo contexto, considerava que nos casos em que existisse lugar a recurso de apelação da sentença, as partes poderia propor o mesmo imediatamente, sem necessidade de aguardar pela sentença final que viesse a decidir o restante mérito da causa. Cfr. "Decisões interlocutórias e parciais no processo arbitral", *cit.*, pp. 292 e ss.

[1759] Mariana França Gouveia, *Curso de Resolução Alternativa de Litígios, cit.*, p. 296.

[1760] Argumentos apresentados por Mariana França Gouveia, *op. cit*, p. 296.

[1761] Também Luís de Lima Pinheiro assim entendia na vigência da LAV anterior, excluindo desse âmbito as decisões interlocutórias, mas não se referindo às sentenças parciais, dado que na anterior lei essa questão não se colocava. V. "Apontamento sobre a impugnação da decisão arbitral", cit., p. 6.

[1762] V. Mariana França Gouveia, *Curso de Resolução Alternativa de Litígios, cit.*, p. 296.

[1763] Em sentido concordante, António Menezes Cordeiro, *Tratado da Arbitragem..., cit.*, p. 436, afirmando, a propósito dos casos em que há bifurcação, que "[n]ão vemos, contudo, que o prazo

14.1.2. Prazo e tramitação da acção de anulação

O prazo para a apresentação do pedido de anulação é de 60 dias. A contagem do prazo inicia-se na data em que a parte que pretende a anulação tenha recibo a notificação da sentença. Todavia, quando tenha havido lugar a requerimento solicitando a rectificação e esclarecimento da sentença ou prolação de sentença adicional, o prazo para a impugnação só se conta a partir da data em que tribunal tomou uma decisão sobre esse requerimento[1765].

O pedido de anulação deve ser apresentado em conformidade com o disposto no artigo 46º, nº 2, ao Tribunal da Relação ou Tribunal Central Administrativo competente[1766], sendo instruído com os elementos que aí se indicam.

Uma vez proposta a acção de anulação, a parte requerida é citada para, se assim entender, se opor ao pedido e apresentar a prova que entenda por conveniente[1767]-[1768]. Caso o requerido deduza excepções no seu articulado, pode o requerente apresentar um articulado com defesa àquelas[1769]. A esta fase de articulados segue-se a instrução do processo, seguindo-se a tramitação do recurso de apelação prevista no Código de Processo Civil.

Deve ainda acrescentar-se que a impugnação da sentença por via de acção de anulação não tem efeito suspensivo, tem efeito puramente de devolutivo, nos termos do artigo 47º, nº 3, primeira parte[1770]. Todavia, prevê o artigo 47º,

para a ação de anulação comece, desde logo, a correr. Todavia, a parcela já decidida é impugnável, nos termos legais, admitindo-se, contudo, que possa sê-lo apenas no final". Ainda assim, o mesmo autor considera que, sempre que possível, se deve obstar à prática de proferir sentenças parciais ou, quando inevitável, que os árbitros tentem condensar os autos de modo a notificar tudo junto, em bloco. Cfr. p. 437.

1764 No ordenamento suíço a questão coloca-se em moldes distintos. De acordo com GABRIELLE KAUFMAN-KOHLER / ANTONIO RIGOZZI, *International Arbitration: Law and Practice in Switzerland*, *cit.*, p. 426, as sentenças parciais (no sentido de sentenças que decidem sobre matérias que são independentes de outras questões que ainda não foram objecto de decisão final ou que colocam fim à causa para algumas das partes) devem ser imediatamente impugnadas, sob pena de preclusão do direito à acção de anulação. No mesmo sentido escrevem BERNHARD BERGER / FRANZ KELLERHALS, *International and Domestic Arbitration in Switzerland*, *cit.*, p. 591.

1765 V. artigo 46º, nº 6 da LAV.

1766 Artigo 59º, nºs 1 e 2 da LAV.

1767 Cfr. artigo 46º, nº 2, al. b) da LAV.

1768 No que respeita à defesa da parte recorrida, existe na doutrina alguma incerteza sobre qual o prazo de que a mesma dispõe para apresentar o seu articulado. Sobre o assunto, cfr. MARIANA FRANÇA GOUVEIA, *Curso de Resolução Alternativa de Litígios*, *cit.*, pp. 299 e ss., ARMINDO RIBEIRO MENDES, "A nova Lei de Arbitragem Voluntária e as formas...", *cit.*, pp. 746 e ss., JOSÉ ROBIN DE ANDRADE, *in Lei da Arbitragem Voluntária Anotada*, DÁRIO MOURA VICENTE (Coordenador), *cit.*, pp. 147 e ss.

1769 Cfr. artigo 46º, nº 2, al. c) da LAV.

1770 ANTÓNIO MENEZES CORDEIRO, *Tratado da Arbitragem...*, *cit.*, p. 438, MÁRIO ESTEVES DE OLIVEIRA (Coordenação), *Lei da Arbitragem Voluntária...*, *cit.*, p. 596.

nº 3, segunda parte, da LAV, a possibilidade de o impugnante requerer a produção do efeito suspensivo da execução da sentença desde que preste caução, ficando, naturalmente, a atribuição desse efeito condicionada à efectiva prestação de caução no prazo fixado pelo tribunal[1771].

Um outro ponto que implica clarificação é a relação que se estabelece entre a acção de anulação e o recurso, nomeadamente se há possibilidade de cumulação de ambas as vias de reacção à sentença arbitral. Na nova redacção da LAV, apenas haverá recurso da decisão arbitral quando as partes expressamente o prevejam, pelo que na ausência dessa declaração de vontade a regra é da inexistência de recurso[1772]. Por outro lado, não consta da actual redacção da lei uma norma idêntica ao artigo 27º, nº 3 da anterior LAV, nos termos do qual se dispunha que "se da sentença arbitral couber recurso e ele for interposto, a anulabilidade só poderá ser apreciada no âmbito desse recurso".

Consequentemente, nos casos em que as partes consagrem expressamente esta possibilidade, é preciso determinar se podem lançar mão[1773] dos dois mecanismos em simultâneo ou se existe um primado de um sobre o outro[1774]. A doutrina diverge quanto a este ponto. Uma posição considera que, embora não sendo a solução ideal, às partes assiste a possibilidade de propor um recurso, propor uma acção de anulação da sentença arbitral ou utilizar os dois meios em simultâneo, na medida em que da lei não parece resultar nenhuma compressão da autonomia das partes neste sentido[1775]. Existe, no entanto, outra corrente, a qual considera que nos casos em que a possibilidade de recurso tenha sido prevista e as partes pretendam recorrer, os fundamentos de anulação devem ser invocados nessa sede. Neste sentido, fica a acção de anulação numa situação de subsidiariedade, apenas tendo lugar se não existir recurso, quer pelo mesmo não ter sido contratualmente previsto pelas partes ou pelo simples facto de as partes terem deixado decorrer o prazo sem lançarem mão dessa via[1776].

1771 Sobre esta norma, MÁRIO ESTEVES DE OLIVEIRA *Lei da Arbitragem Voluntária..., cit.*, p. 596

1772 Artigo 39º, nº 4. Este tema será retomado no ponto 14.4.

1773 O que, como explica PAULA COSTA E SILVA, se traduziria numa multiplicação de impugnações, alegando e reproduzindo sucessivamente os mesmos fundamentos de ilegalidade. Cfr. "Os Meios de Impugnação de Decisões Proferidas...", *cit.*, (1996).

1774 Para uma resenha das hipóteses possíveis remete-se para ANTÓNIO MENEZES CORDEIRO, *Tratado da Arbitragem..., cit.*, p. 437.

1775 Assim defende para ANTÓNIO MENEZES CORDEIRO, *Tratado da Arbitragem..., cit*, p. 437.

1776 MARIANA FRANÇA GOUVEIA, *Curso de Resolução Alternativa de Litígios, cit.*, p. 298, PAULA COSTA E SILVA, "Anulação e recursos da decisão arbitral", *cit.*, p. 993, ARMINDO RIBEIRO MENDES, "A nova Lei de Arbitragem Voluntária e as formas...", *cit.*, pp. 721, ANTÓNIO SAMPAIO CARAMELO, *A impugnação da sentença arbitral, cit.*, p. 15.

Consideramos, com efeito, que esta posição se apresenta como a mais consentânea ao equilíbrio entre o previsto na lei e a vontade das partes, cabendo a estas, em última análise, a definição da sua estratégia processual e, nesse sentido, a escolha pela via da anulação ou do recurso de mérito da decisão. Se pretenderem somente proceder à invocação da anulabilidade, devem seguir a via da acção de anulação; se, por outro lado, entenderem que se apresenta como mais consentâneo com os seus interesses não só a invocação da anulabilidade, como também uma reapreciação do mérito, a opção deve passar pelo recurso[1777].

14.1.3. A irrenunciabilidade do direito à acção de anulação

I – O direito de impugnar uma sentença arbitral por via de uma acção de anulação é, no ordenamento jurídico português, irrenunciável, assim dispõe o artigo 46º, nº 5 da LAV[1778].

Com efeito, e tal como já vimos em momento anterior, esta irrenunciabilidade resulta directamente do facto de o Estado, uma vez que concede à sentença arbitral eficácia jurisdicional idêntica à das sentenças dos tribunais estaduais, ter necessidade de garantir que houve um respeito pelas "regras mínimas do processo justo"[1779]. Consequentemente, admitir que por mero efeito da vontade das partes se pudesse afastar esse reduto mínimo de controlo da legalidade (e não do mérito)[1780], equivaleria a admitir a consolidação de potenciais resultados contrários à lei no nosso ordenamento jurídico[1781]. Na doutrina encontra-se, inclusivamente, quem entenda que mesmo que esta

1777 Já assim defendia Paula Costa e Silva, "Os Meios de Impugnação de Decisões Proferidas...", *cit.*, p.194 e da mesma autora Paula Costa e Silva, "Anulação e recursos da decisão arbitral", *cit.*, p. 993.

1778 Na anterior LAV a mesma regra encontrava assento no artigo 28º, nº 1.

1779 Mariana França Gouveia, *Curso de Resolução Alternativa de Litígios, cit.*, p. 294 e Stefan Kröll / Peter Kraft, "§1059 – Application for Setting Aside", *cit.*, p. 385.

1780 Cfr. artigo 46º, nº 9 da LAV, no qual se dispõe que "[o] tribunal estadual que anule a sentença arbitral não pode conhecer do mérito da questão ou questões por aquela decididas, devendo tais questões, se alguma das partes o pretender, ser submetidas a outro tribunal arbitral para serem por este decididas".

1781 Esta tem sido a orientação da generalidade dos ordenamentos jurídicos, cfr. António Sampaio Caramelo, *A impugnação da sentença arbitral, cit.*, p. 21 e Luís de Lima Pinheiro, *Arbitragem Transnacional..., cit.*, p.168. Pode, no entanto, referir-se a excepção que se verifica num caso muito particular no ordenamento suíço, o qual permite a renúncia do direito à anulação da sentença arbitral quando se preencham os seguintes requisitos cumulativos: seja uma arbitragem internacional, as partes não tenham domicílio nem estabelecimento na Suíça e a renúncia respeite a forma legalmente exigida. Cfr. Gabrielle Kaufman-Kohler / Antonio Rigozzi, *International Arbitration: Law and Practice in Switzerland, cit.*, pp. 437 e ss.

norma da LAV não dispusesse neste sentido, ainda assim a irrenunciabilidade da impugnação resultaria sempre dos imperativos constitucionais que reconhecem os tribunais arbitrais como tribunais, submetendo-os, desse modo, às garantias processuais que a estes se aplicam, designadamente as relativas ao processo justo[1782].

Conforme já defendeu ANTÓNIO PEDRO PINTO MONTEIRO, "[o] direito à acção de anulação é, em suma, um direito irrenunciável e inegociável, porque "provém de normas de interesse e ordem pública", não podendo o Estado demitir-se do controlo último da legalidade dos actos do procedimento arbitral. A natureza contratual privada tem, assim, como necessária contrapartida esta possibilidade de controlo pelos tribunais estaduais"[1783].

II – Importa analisar, porém, a dimensão dessa irrenunciabilidade, uma vez que a norma da LAV dispõe que o direito de requerer a anulação é irrenunciável "sem prejuízo do disposto no número anterior". A norma anterior é o nº 4 do artigo 46º, o qual determina situações de suposta renúncia ao direito à impugnação. Analisemos o preceito antes de poder concluir pela qualificação da figura aí prevista.

Em primeiro lugar, a doutrina refere que a irrenunciabilidade do direito à acção que se proíbe é a antecipada, ou seja, aquela que tenha lugar no momento prévio à prolação da sentença arbitral, a qual é o facto que dá lugar à possível anulação[1784].

Por outro lado, não há lugar a um exercício forçado do direito[1785]. Isto significa que, no plano prático, as partes não são obrigadas a propor uma acção com vista à anulação, podendo optar pelo não exercício do seu direito, caso em que não estamos perante uma renúncia, mas face a uma decisão das partes de se conformarem com a situação jurídica actual e, nessa medida, não exercerem um direito que a lei lhes confere[1786]. O que se proíbe é, portanto, que por via de um acto prévio à sentença – a qual ainda nem se sabe se conterá

[1782] ANTÓNIO SAMPAIO CARAMELO, *A impugnação da sentença arbitral*, *cit.*, p. 22.

[1783] ANTÓNIO PEDRO PINTO MONTEIRO, "Da Ordem Pública no Processo Arbitral", *cit.*, p. 637.

[1784] ANTÓNIO MENEZES CORDEIRO, *Tratado da Arbitragem...*, *cit.*, p. 455, ANTÓNIO SAMPAIO CARAMELO, *A impugnação da sentença arbitral*, *cit.*, p. 25, PAULA COSTA E SILVA, "Anulação e recursos da decisão arbitral", *cit.*, p. 969, JOSÉ ROBIN DE ANDRADE, *in Lei da Arbitragem Voluntária Anotada*, DÁRIO MOURA VICENTE (Coordenador), *cit.*, p. 152, MÁRIO ESTEVES DE OLIVEIRA (Coordenação), *Lei da Arbitragem Voluntária...*, *cit.*, p. 570 e STEFAN KRÖLL E PETER KRAFT, "§1059 – Application for Setting Aside", *cit*, p. 387.

[1785] STEFAN KRÖLL E PETER KRAFT, "§1059 – Application for Setting Aside", *cit.*, p. 385.

[1786] V. PAULA COSTA E SILVA, "Anulação e recursos da decisão arbitral", *cit.*, p. 969.

vícios dado que ainda não existe na ordem jurídica, sendo uma mera possibilidade – as partes possam prescindir do direito de anulação, colocando-se numa situação de fragilidade inescapável.

Importa, assim, determinar em que medida as excepções previstas no artigo 46º, nº 4, configuram um afastamento à regra da impossibilidade de renunciar o direito à impugnação.

De acordo com a norma, para que verifique a suposta "renúncia" ao direito de impugnar a decisão arbitral é necessário que se preencha de forma cumulativa o seguinte conjunto de elementos: (i) a parte tem conhecimento efectivo[1787] de que foi desrespeitada uma das disposições da LAV que as partes podem derrogar ou uma qualquer condição enunciada na convenção de arbitragem, (ii) prossegue o processo arbitral e (iii) não deduz de imediato[1788], nos casos em que há prazo esse efeito, oposição quanto àquela violação. Em suma, para que lhe seja vedada a possibilidade de impugnar a sentença, em sede de anulação, é preciso que a parte agora impugnante tenha tido conhecimento e possibilidade de invocar o vício, sem que nada tenha feito nesse sentido e que o mesmo respeite a disposições supletivas ou contratuais.

Deste modo, encontram-se excluídas do escopo da norma quaisquer violações de regras imperativas da LAV[1789], ficando no seu âmbito somente aquelas matérias sobre as quais as partes podem dispor, pense-se a título de exemplo nas qualificações exigidas para o árbitro que tinham estipulado na convenção de arbitragem[1790].

Ora, do texto legal não parece resultar uma renúncia no sentido técnico-jurídico do termo, mas tão-somente a caducidade ou preclusão[1791] do direito a propor uma acção de anulação da sentença com base naquele fundamento em concreto.

[1787] João Pedro Pinto-Ferreira, "A Alegação Oportuna da Incompetência e da Irregularidade na Constituição do Tribunal...", *cit.*, p. 803.

[1788] De acordo com António Menezes Cordeiro, *Tratado da Arbitragem...*, *cit.*, p. 456, por o conceito de "oposição imediata" deve ser entendido como protesto "feito aquando da primeira intervenção processual do visado, depois de conhecer o óbice".

[1789] Mariana França Gouveia, *Curso de Resolução Alternativa de Litígios*, *cit.*, p. 301, João Pedro Pinto-Ferreira, "A Alegação Oportuna da Incompetência e da Irregularidade na Constituição do Tribunal...", *cit.*, p. 804 e Mário Esteves de Oliveira (Coordenação), *Lei da Arbitragem Voluntária...*, *cit.* Exemplos de fundamentos de anulação que visem normas imperativas: todos os relativos ao artigo 30º, nº 1 da LAV, bem como a inarbitrabilidade dos litígios ou a violação da ordem pública).

[1790] A qual é enquadrável no artigo 46º, nº 3, al. a), iv) da LAV.

[1791] Mariana França Gouveia, *Curso de Resolução Alternativa de Litígios*, *cit.*, p. 300.

Não se vislumbra, deste modo, uma compressão do direito de requerer a anulação da sentença arbitral: este mantém-se, apenas fica vedado o acesso a alguns fundamentos em virtude de ter precludido a possibilidade da sua invocação em virtude de inércia da parte[1792].

14.2. Fundamentos da acção de anulação

Os fundamentos para a anulação da sentença arbitral encontram-se consagrados no artigo 46º, nº 3 da LAV, tendo o elenco aí apresentado uma natureza taxativa, o que impede, portanto, que as partes procurem anular a sentença com outros fundamentos que não aqueles legalmente previstos[1793]. A mesma solução constava da norma congénere da anterior lei de arbitragem voluntária, o então artigo 27º. Todavia, o novo preceito legal apresenta um conteúdo que se afasta do disposto na anterior LAV, estando, pelo contrário, muito próximo do consagrado na Lei-Modelo.

Dividem-se em dois grupos os fundamentos para a acção de anulação: um relativo aos que dependem de alegação e demonstração pela parte interessada – previstos no artigo 46º, nº 3, al. a) – e um outro que congrega os fundamentos de conhecimento oficioso pelo tribunal estadual – constante do artigo 46º, nº 3, al. b).

Deste modo, a nossa análise seguirá o mesmo esquema. Devemos, no entanto, acrescentar que muito pode ser dito sobre os fundamentos da anulação da sentença arbitral, mas que neste local apenas se fará uma breve exposição e descrição sobre o conteúdo dos mesmos.

14.2.1. Fundamentos dependentes de invocação das partes

I – O primeiro fundamento, previsto no artigo 46º, nº 3, al. a), i)[1794], reúne no seu âmbito duas situações, ainda que uma seja parte da outra. Em primeiro lugar, refere-se a incapacidade de uma das partes contratantes da convenção de arbitragem. Esta incapacidade que aqui se refere relaciona-se não só

[1792] António Menezes Cordeiro, *Tratado da Arbitragem..., cit.*, p. 456.

[1793] Neste sentido, Mariana França Gouveia, *Curso de Resolução Alternativa de Litígios, cit.*, p. 300, Paula Costa e Silva, "Anulação e recursos da decisão arbitral", *cit.*, p. 921, José Robin de Andrade, *in Lei da Arbitragem Voluntária Anotada*, Dário Moura Vicente (Coordenador), *cit.*, p. 148, Mário Esteves de Oliveira (Coordenação), *Lei da Arbitragem Voluntária..., cit.,*, p. 554, Manuel Pereira Barrocas, *Lei de Arbitragem Comentada, cit.*, p. 171. Parece seguir a mesma posição Luís de Lima Pinheiro, "Apontamento sobre a impugnação da decisão arbitral", *cit*, p. 2. No panorama internacional ver por todos, Stefan Kröll e Peter Kraft, "§1059 – Application for Setting Aside", *cit.*, p. 386.

[1794] Corresponde ao artigo 27º, nº 1, al. b) da anterior LAV.

com a questão da arbitrabilidade subjectiva[1795] – nomeadamente com a possibilidade de uma pessoa colectiva de direito público poder celebrar convenções de arbitragem[1796] –, mas também com situações de incapacidade de exercício de pessoas singulares, as quais devem ser aferidas nos termos gerais[1797].

Por outro lado, prevê-se a invalidade da convenção de acordo com a lei a que as partes a sujeitaram ou, quando nada tenham acordado em sentido contrário, nos termos da própria LAV. Estão aqui compreendidas, portanto, causas de invalidade objectiva da própria convenção, com excepção da arbitrabilidade objectiva, uma vez que esta é prevista num fundamento específico. Por conseguinte, correspondem ao previsto neste fundamento os vícios da vontade, o desrespeito pelos elementos ou requisitos essenciais da convenção de arbitragem, bem como a violação de uma norma imperativa[1798].

II – O fundamento de anulação apresentado no artigo 46º, nº 3, al. a), ii)[1799] respeita à violação de algum dos princípios fundamentais consagrados no artigo 30º da LAV[1800], contanto que esta violação tenha tido influência decisiva na resolução do litígio.

Neste sentido, o que importa determinar, em primeiro lugar, é se existiu uma violação de alguma das regras relativas ao princípio do processo justo ou *due process*[1801]-[1802]. Uma vez que se conclua pela violação de uma das regras respeitantes ao processo justo, é necessário concretizar um segundo passo: deter-

1795 Mariana França Gouveia, *Curso de Resolução Alternativa de Litígios, cit.*, p. 302.

1796 António Sampaio Caramelo, *A impugnação da sentença arbitral, cit.*, p. 43.

1797 José Robin de Andrade, *in Lei da Arbitragem Voluntária Anotada*, Dário Moura Vicente (Coordenador), *cit.*, p. 148.

1798 A este propósito, José Robin de Andrade, *in Lei da Arbitragem Voluntária Anotada*, Dário Moura Vicente (Coordenador), *cit.*, p. 148, Mário Esteves de Oliveira (Coordenação), *Lei da Arbitragem Voluntária..., cit.*, pp. 556 e ss., António Sampaio Caramelo, *A impugnação da sentença arbitral, cit.*,, pp. 46 e ss. com uma análise detalhada sobre as realidades que se devem reconduzir ao conceito de "validade" da convenção de arbitragem, Stefan Kröll e Peter Kraft, "§1059 – Application for Setting Aside", *cit.*, pp. 402 e ss.

1799 Corresponde ao artigo 27º, nº 1, al c) da anterior LAV.

1800 Remete-se a este propósito para a análise feita no Capítulo VI.

1801 Mariana França Gouveia, *Curso de Resolução Alternativa de Litígios, cit.*, pp. 302 e ss.

1802 De acordo com o artigo 30º, nº 1 da LAV, "a) O demandado é citado para se defender; b) As partes são tratadas com igualdade e deve ser-lhes dada uma oportunidade razoável de fazerem valer os seus direitos, por escrito ou oralmente, antes de ser proferida a sentença final; c) Em todas as fases do processo é garantida a observância do princípio do contraditório, salvas as excepções previstas na presente lei."

minar se essa violação teve influência decisiva na composição do litígio[1803]. Não basta, portanto, que identifique a violação[1804], é, ainda assim, imperativo que entre a mesma e o resultado do litígio exista uma ligação[1805].

Consequentemente, há quem na doutrina sustente que no âmbito deste fundamento de anulação se deve operar uma análise casuística, atendendo à situação concreta e verificando se o desrespeito por um daqueles princípios teve por efeito o comprometimento "da justiça processual da acção"[1806]-[1807].

III – O fundamento previsto no artigo 46º, nº 3, al. a), iii), respeita à incompetência do tribunal arbitral em virtude de, na sentença, se ter pronunciado sobre um litígio ou decidido sobre questões que se encontram fora do âmbito da convenção de arbitragem.

Esta é inequivocamente uma questão de incompetência[1808] do tribunal arbitral, na medida em que proferiu uma decisão que excede o limite da sua jurisdição, a qual se delimita nos termos do contrato celebrado pelas partes, no qual se identifica precisamente o litígio ou a relação contratual ou extracontratual da qual podem emergir as questões submetidas à jurisdição do tribunal arbitral. Toda as matérias que se encontrarem fora desta delimitação não se compreendem no âmbito da competência do tribunal arbitral.

Consequentemente, a sentença é anulável porque o tribunal conheceu de questões para as quais não tinha jurisdição, ou se se preferir outro termo, para as quais não tinha competência.[1809].

[1803] Julian D. M. Lew / Loukas A. Mistelis / et alli., *Comparative International Commercial Arbitration, cit.*, p. 675 afirmam que a irregularidade tem de passar o teste da "injustiça significativa" com relevância para a decisão final.

[1804] José Robin de Andrade, *in Lei da Arbitragem Voluntária Anotada*, Dário Moura Vicente (Coordenador), *cit.*, p. 149.

[1805] António Sampaio Caramelo, *A impugnação da sentença arbitral, cit.*, pp. 52 e ss. Mário Esteves de Oliveira (Coordenação), *Lei da Arbitragem Voluntária..., cit.*, p. 558, defende, no entanto, que a formulação utilizada pela lei deve ser interpretada de um modo flexível, sob pena de a prova da influência na decisão do litígio ser particularmente onerosa ou mesmo impossível. Assim, considera o autor que para efeitos do preenchimento do requisito legalmente previsto é suficiente que um resultado diferente fosse possível, ou seja, basta a possibilidade de tal ter sucedido. Com mais desenvolvimentos, ver Mário Esteves de Oliveira (Coordenação), *Lei da Arbitragem Voluntária..., cit.*, pp. 558 e ss.

[1806] Mariana França Gouveia, *Curso de Resolução Alternativa de Litígios, cit.*, p. 304.

[1807] Sobre as críticas a esta norma, António Sampaio Caramelo, *A impugnação da sentença arbitral, cit.*, pp. 53 e ss.

[1808] António Menezes Cordeiro, *Tratado da Arbitragem..., cit.*, p. 440.

[1809] Mariana França Gouveia, *Curso de Resolução Alternativa de Litígios, cit.*, p. 304, bem como, da mesma autora, "A novíssima acção executiva. Análise das mais importantes alterações", *cit.*, p. 591, afirmando nesse local ser uma das "desvantagens da arbitragem (...) a impossibilidade de

A lei portuguesa optou – e a nosso ver numa solução de louvar – por autonomizar duas questões que, embora relacionadas, não são indissociáveis: este fundamento de anulação respeita à ausência de jurisdição, sendo os casos de excesso ou omissão de pronúncia previstos na al. v) do nº 3 do artigo 46º. Com efeito, os casos aqui enquadrados não se confundem com a al. v), dado que nessa alínea não estamos perante um problema de falta de jurisdição, mas, isso sim, face a uma violação do princípio do dispositivo[1810]-[1811].

IV – A desconformidade da composição do tribunal arbitral ou do processo arbitral com a convenção de arbitragem (excepto quando esta contrarie normas imperativas) ou, caso as partes nada tenham convencionado, a desconformidade com a lei, consubstancia o fundamento previsto no artigo 46º, nº 3, al. a), iv[1812]. Em suma, contemplam-se aqui irregularidades quanto às normas – convencionais[1813] ou legais – aplicáveis à composição do tribunal arbitral ou ao desenrolar do processo arbitral[1814].

Todavia, tal como previsto na al. ii), também aqui não basta que se tenha verificado uma desconformidade para que o tribunal estadual possa proceder à anulação da sentença arbitral. É, além disso, necessário que essa desconformidade tenha tido influência decisiva na resolução do mesmo[1815]. Nessa medida, vale aqui o que se disse nesse momento[1816].

ter competência para além daquilo que as partes delimitaram como seu objecto de actuação na convenção de arbitragem".

1810 António Sampaio Caramelo, *A impugnação da sentença arbitral*, *cit.*, p. 60 e pp. 69 e ss.

1811 José Robin de Andrade, *in Lei da Arbitragem Voluntária Anotada*, Dário Moura Vicente (Coordenador), *cit.*, p. 149., sugere que nestes casos, e sempre que possível, se deve anular somente a parte da sentença que se encontra afectada pelo vício, nos termos do artigo 46º, nº 7 da LAV.

1812 Equivale, em parte, ao artigo 27º, nº 1, al. b) da anterior LAV.

1813 Incluindo-se na categoria de normas convencionais também os regulamentos dos centros de arbitragem a que as partes tenham aderido.

1814 Mariana França Gouveia, *Curso de Resolução Alternativa de Litígios*, *cit.*, p. 304.

1815 Mário Esteves de Oliveira (Coordenação), *Lei da Arbitragem Voluntária...*, *cit.*, p. 560, remete neste ponto o que já sustentava a propósito do fundamento de anulação consagrado na al. a), ii). Assim, entende que a formulação utilizada pela lei deve ser interpretada de um modo flexível, sob pena de a prova da influência na decisão do litígio ser particularmente onerosa ou mesmo impossível. Deste modo, o texto legal deve ser lido no sentido de influência potencial ou resultado possível. António Menezes Cordeiro, *Tratado da Arbitragem...*, *cit.*, p. 44, por seu turno, discorda desta interpretação, dado que a admiti-la, bastaria uma qualquer desconformidade para que se gerasse a anulação da sentença. Considera, deste modo, ser imprescindível a "prova de resistência" assente na ponderação se a decisão teria sido diversa caso a falta não tivesse existido.

1816 É, por outro lado, necessário que o direito à invocação deste fundamento não tenha precludido, nos termos em que analisámos anteriormente. Cfr. António Menezes Cordeiro, *Tratado da Arbitragem...*, *cit.*, p. 441.

V – A lei da arbitragem voluntária consagra, igualmente, como fundamentos de anulação da sentença arbitral as situações em que o tribunal tenha condenado em quantidade superior ou em objecto diverso do pedido e ainda os casos em que tenha conhecido de questões que não podia conhecer ou tenha deixado de se pronunciar sobre questões que deveria analisar (artigo 46º, nº 3, al. a), v)[1817].

Estão aqui previstos os casos de excesso (*ultra petita*) ou omissão de pronúncia (*infra petita*), os quais se reconduzem a violações do princípio do dispositivo, na medida em que o tribunal na sua decisão vai além ou fica aquém do pedido deduzido pelas partes[1818].

Com efeito, sendo a arbitragem um processo voluntário que tem origem na escolha das partes em celebrar uma convenção de arbitragem e, nessa medida, subtrair um conjunto de litígios ao conhecimento dos tribunais estaduais, seria paradoxal considerar que no seu âmbito não teria aplicação o princípio do dispositivo[1819]. Resulta precisamente deste último princípio a possibilidade de as partes conformarem o objecto do processo – em atenção à pretensão que dirigem aos árbitros – e assim identificarem as questões que pretendem ver decididas[1820].

VI – O penúltimo fundamento de anulação dependente de invocação das partes está previsto no artigo 46º, nº 3, al. a), vi) e respeita à sentença que tenha sido proferida com desrespeito pelos requisitos previstos no artigo 42º,[1821] nºs 1 e 3, a saber: (i) forma escrita e assinada pelos árbitros; (ii) fundamentação[1822]; (iii) indicação de data e local da arbitragem[1823].

VII – O último fundamento de anulação que se encontra dependente da invocação das partes tem a sua previsão no artigo 46º, nº 3, al. a), vii) e está rela-

[1817] artigo 27º, nº 1, al. e) da anterior LAV.

[1818] Cfr. Mariana França Gouveia, *Curso de Resolução Alternativa de Litígios*, *cit.*, p. 305.

[1819] Paula Costa e Silva, "Anulação e Recursos da Decisão Arbitral", *cit.*, p. 943. Afirma a autora, com a qual concordamos, que "esta autonomia seria anulada pela faculdade de o árbitro não conhecer apenas daquelas questões, que as partes desejam ver solucionadas, mas de todas as outras relacionadas". A mesma orientação é partilhada pelo acórdão do Tribunal Central Administrativo Sul, de 16/02/2017, processo nº 03153/07.

[1820] Com bem defende Mariana França Gouveia, "[o] princípio dispositivo é o sucedâneo da proteção constitucional da propriedade privada, da autonomia privada, da liberdade das partes", cfr. "O princípio dispositivo e a alegação de factos em processo civil...", *cit.*, p. 617.

[1821] Remete-se, neste momento, para o ponto 13.2.

[1822] Cfr. o ponto 13.2.6. relativo ao dever de fundamentação, tendo aqui aplicação o que aí se debateu.

[1823] Cfr. o ponto 13.2.5. dedicado à data e local da sentença.

cionado com o facto de a sentença arbitral ter sido notificada às partes depois do decurso do prazo máximo fixado de acordo com o artigo 43º da LAV[1824].

Tal como já tivemos oportunidade de afirmar, o incumprimento do prazo da notificação da sentença arbitral tem por efeito a extinção automática do processo arbitral e da competência dos árbitros para decidirem os litígios que lhes tinham sido submetidos. O que se extingue é a jurisdição do tribunal arbitral, nenhum efeito se produzindo sobre a convenção de arbitragem[1825]. Consequentemente, caso o pedido de anulação da sentença arbitral seja procedente, a competência para apreciar uma nova acção com vista a resolver o litígo das partes não pertence aos tribunais estaduais, mas, isso sim, ao tribunal arbitral que se constituirá nos termos da convenção de arbitragem já celebrada pelas partes.

14.2.2. Fundamentos de conhecimento oficioso[1826]

I – O primeiro dos fundamentos de anulação da sentença arbitral que não depende de alegação das partes, sendo de conhecimento oficioso do tribunal estadual, respeita ao facto de o objecto do litígio não ser susceptível de ser decidido por arbitragem, ou seja, quando se verifique um caso de inarbitrabilidade objectiva[1827]. Encontra-se este fundamento previsto no artigo 46º, nº 3, al. b), i) da LAV[1828].

Consequentemente, para que a acção de anulação de uma sentença possa proceder, com fundamento em inarbitrabilidade objectiva, é necessário que o objecto do litígio não respeite os requisitos do artigo 1º, nºs 1 e 2 da LAV. De acordo com esta norma, são arbitráveis os litígios que preencham cumulativamente um critério positivo e um negativo. São arbitráveis (i) todos os litígios que respeitem a interesses de natureza patrimonial (artigo 1º, nº 1 da LAV) ou que, embora não envolvendo interesses de natureza patrimonial, possam ser objecto de transacção pelas partes, isto é, direitos disponíveis[1829]

1824 V. o ponto 13.3. deste manual.

1825 Cfr. Mariana França Gouveia, *Curso de Resolução Alternativa de Litígios, cit.*, p. 308.

1826 Pese embora da formulação da norma legal resulte de forma inequívoca que os fundamentos previstos no artigo 46º, nº 3, al. b), i) e ii) da LAV são de conhecimento oficioso para o tribunal estadual, é preciso esclarecer que, ainda assim, a possibilidade desse conhecimento não dispensa que uma das partes proponha uma acção de anulação da sentença arbitral. A diferença, no que a estes fundamentos diz respeito, é que independentemente da fundamentação apresentada pela parte, o tribunal tem sempre o dever de verificar e analisar estes fundamentos em específico. Cfr. António Menezes Cordeiro, *Tratado da Arbitragem..., cit.*, p. 443.

1827 A matéria da arbitrabilidade objectiva consta do capítulo IV, ponto 13.1., para onde se remete.

1828 Corresponde ao artigo 27º, nº 1, al. a) da anterior LAV.

1829 A mesma regra se aplica à resolução por via arbitral de litígios laborais.

e que (ii) não se encontrem exclusivamente submetidos à jurisdição tribunais do Estado ou submetidos a arbitragem necessária.

II – O último fundamento de anulação consagrado na LAV, também ele de conhecimento oficioso pelo tribunal estadual, diz respeito aos casos em que o conteúdo da sentença arbitral ofenda os princípios da ordem pública *internacional* do Estado português (artigo 46º, nº 3, al. b), ii), da LAV).

A consagração da violação da ordem pública, como justificação para a anulação de uma sentença arbitral, consubstancia uma alteração de relevo nos fundamentos de anulação. Este foi um dos pontos mais inovadores e polémicos. *Inovador*, na medida em que a anterior LAV não continha um preceito de conteúdo idêntico (muito embora a doutrina já, nessa altura, entendesse que a ofensa à ordem pública constituía fundamento de anulação da sentença arbitral)[1830]. *Polémico*, uma vez que a redacção adoptada afigura-se muito criticável (conforme foi defendido na doutrina, a melhor solução teria sido incluir, simplesmente, "ordem pública" no referido catálogo de fundamentos, à semelhança, de resto, da Lei-Modelo UNCITRAL e do que, em geral, se verifica em sede de direito comparado[1831]).

A ofensa aos "princípios da ordem pública internacional do Estado português" – referida no artigo 46º, nº 3, al. b), ii), da LAV – é um dos fundamentos de anulação mais difíceis de concretizar, atendendo, desde logo, ao carácter indeterminado da ordem pública. Conforme salientou João Baptista Machado, recorde-se que "a ordem pública é indefinível conceitualmente, como indefinível é o 'estilo' ou a 'alma' de uma ordem jurídica"[1832], assim se compreendendo as dificuldades que existem, a este respeito, na prática[1833].

1830 *Vide* António Pedro Pinto Monteiro, "Da ordem pública no processo arbitral", *cit.*, p. 641 (com indicações de doutrina e jurisprudência nesse sentido).

1831 *Vide* António Pedro Pinto Monteiro, "Da ordem pública no processo arbitral", *cit.*, pp. 649 e ss. (em particular, a p. 660); sobre as referidas críticas à redacção legal, veja-se particularmente António Sampaio Caramelo, *A impugnação da sentença arbitral*, *cit.*, pp. 90 e ss.

1832 João Baptista Machado, *Lições de Direito Internacional Privado*, *cit.*, p. 259.

1833 Para maiores desenvolvimentos sobre a ordem pública no processo arbitral, veja-se António Pedro Pinto Monteiro, "Da ordem pública no processo arbitral", *cit.*, p. 589 a 673 (e a doutrina e jurisprudência aí indicadas); mais recentemente, *vide* Afonso Patrão, "Ordem pública internacional e arbitragens submetidas à lei portuguesa...", *cit.*, pp. 41 a 67, e Rute Alves / Iñaki Carrera, "(Des)ordem pública internacional. Acórdão do Tribunal da Relação de Lisboa de 2 de Junho de 2016", *cit.*, pp. 52 a 65.

14.3. Efeitos da anulação da sentença arbitral

Contrariamente ao que sucedia na vigência da anterior lei, introduziu-se na nova redacção da lei da arbitragem voluntária uma norma – artigo 46º, nº 10 – que dispõe especificamente sobre quais os efeitos que a anulação da sentença produz na convenção de arbitragem. Excepto quando as partes tenham, no âmbito da sua autonomia, convencionado em sentido contrário, "com a anulação da sentença a convenção de arbitragem volta a produzir efeitos relativamente ao objecto do litígio"[1834].

Com efeito, esta parece ser a solução que se apresenta como correcta e mais consentânea com os efeitos da anulação: tudo retroage ao momento anterior à constituição do tribunal arbitral[1835]. Por outro lado, apresenta-se como a solução mais protectora da liberdade das partes, na medida em que, tendo estas inicialmente decidido submeter o seu litígio à apreciação e decisão de um tribunal arbitral, se impede que, por mero efeito da anulação da decisão arbitral, venha o tribunal estadual "recuperar" jurisdição sobre aquele litígio[1836]-[1837].

Esta opção é ainda mais justificada se atendermos aos poderes que o tribunal estadual tem no âmbito da acção de anulação[1838], o qual apenas pode anular ou confirmar a decisão, não lhe assistindo a possibilidade de reapreciar o mérito e proferir uma decisão sobre o mesmo, substituindo a anulada[1839].

Há, no entanto, a possibilidade, nos termos do artigo 46º, nº 7, de anular apenas parcialmente a decisão, sendo para que tal é necessário que seja possível dissociar do restante a parte da sentença quanto à qual se verificam os fundamentos de anulação.

[1834] Concordamos com MARIANA FRANÇA GOUVEIA quando esta afirma que se devem ressalvar, quanto a este efeito da anulação, as hipóteses em que esta última "se ficou a dever a vícios da própria convenção, caso em que esta também não se aproveita. V. *Curso de Resolução Alternativa de Litígios, cit.*, p. 314. V. ainda, STEFAN KRÖLL E PETER KRAFT, "§1059 – Application for Setting Aside", *cit.* p. 418.

[1835] ANTÓNIO MENEZES CORDEIRO, *Tratado da Arbitragem..., cit.*, p. 460, fala numa "repristinação" da convenção de arbitragem, a qual, em princípio, teria deixado de produzir efeitos quanto àquele litígio, mas que por efeito da anulação volta a ter eficácia.

[1836] JOSÉ ROBIN DE ANDRADE, *in Lei da Arbitragem Voluntária Anotada*, DÁRIO MOURA VICENTE (Coordenador), *cit.*, p. 155.

[1837] Esta era já a solução defendida por LUÍS DE LIMA PINHEIRO, "Apontamento sobre a impugnação da decisão arbitral", *cit.*, p. 5 e DANIELA MIRANTE, *Os efeitos da anulação da sentença arbitral, cit.*, p. 94.

[1838] Cfr. artigo 46º, nº 9 da LAV.

[1839] Cfr. ANTÓNIO MENEZES CORDEIRO, *Tratado da Arbitragem..., cit.*, p. 460, LUÍS DE LIMA PINHEIRO, "Apontamento sobre a impugnação da decisão arbitral", *cit.*, p. 5, DANIELA MIRANTE, *Os efeitos da anulação da sentença arbitral, cit.*, p. 90, e IÑAKI CARRERA, "Anotação ao acórdão Chromalloy", *cit.*, pp. 165 a 185. Na verdade, é isso que resulta do artigo 46º, nº 9, da LAV.

14.4. Recurso

14.4.1. A regra da irrecorribilidade no artigo 39º, n. º 4, da LAV

Nos termos do artigo 39º, nº 4, da LAV, determina-se que uma sentença arbitral[1840] "(...) só é susceptível de recurso para o tribunal estadual competente no caso de as partes terem expressamente previsto tal possibilidade na convenção de arbitragem e desde que a causa não haja sido decidida segundo a equidade ou mediante composição amigável".

O recurso pode, neste contexto, ser admissível quando se verificarem dois requisitos cumulativos: (i) existir uma manifestação "expressa" das partes nesse sentido na convenção de arbitragem; (ii) o tribunal arbitral não tenha decidido segundo a equidade ou de acordo com a composição amigável.

A regra mencionada afasta-se da solução da anterior LAV[1841] que, no artigo 29º, nº 3, consagrava o recurso como regra ao determinar que: "[s]e as partes não tiverem renunciado aos recursos, da decisão arbitral cabem para o tribunal da relação os mesmos recursos que caberiam da sentença proferida pelo tribunal de comarca"[1842].

Em princípio, a norma do artigo 39º, nº 4, da LAV não contraria qualquer disposição constitucional, designadamente o direito fundamental à tutela jurisdicional (estadual) efectiva[1843], tendo um único propósito: garantir o cumprimento

[1840] Sobre o conceito de sentença, v. o ponto 13.1.

[1841] V. a Lei nº 31/86, de 29 de Agosto. Nos termos do artigo 53º da LAV "[t]ratando-se de arbitragem internacional, a sentença do tribunal arbitral é irrecorrível, a menos que as partes tenham expressamente acordado a possibilidade de recurso para outro tribunal arbitral e regulado os seus termos". A norma em causa assume uma linha de continuidade com a que se encontrava no artigo 34º da LAV de 86. Existe, a este respeito, uma nota de particularidade reside na impossibilidade da existência de recurso, neste caso particular da arbitragem internacional, para os tribunais estaduais, pelo que, quando convencionado pelas partes, o tribunal competente para o recurso é "outro tribunal arbitral". A solução tem merecido muitas críticas da doutrina, v. António Menezes Cordeiro, *Tratado da Arbitragem...*, *cit.*, pp. 524 e ss.

[1842] Esta solução legal recebeu críticas da doutrina, na síntese de Paula Costa e Silva, "Os Meios de Impugnação de Decisões Proferidas...", *cit.*, p. 188 e 189, reconhecia-se precisamente que: "(...) a admissibilidade irrestrita de controlo da decisão proferida por árbitros pelo tribunal judicial determina uma perda dos benefícios da arbitragem voluntária em sede de recurso. Se as partes têm o poder de escolher aqueles que que julgam ser as pessoas mais aptas a proferir a decisão correcta, mal se compreende que possam depois questionar a solução efectivamente encontrada para o caso concreto".

[1843] Dizemos que, por princípio, não é contrária ao artigo 20º da CRP, uma vez que pode ser ponderado se algumas áreas específicas, como por exemplo o Direito Administrativo, exigem a existência de um recurso para os tribunais estaduais. Na mesma medida se exige, segundo a jurisprudência do TC, a consagração legal de um recurso no caso da arbitragem necessária, sob pena de violação do direito fundamental à tutela jurisdicional efectiva. É também, conforme

de um princípio fundamental na arbitragem, que é o princípio – ainda que, por vezes, meramente tendencial – da definitividade da sentença arbitral[1844].

Note-se que, embora por referência aos tribunais estaduais, mas que é plenamente aplicável aos tribunais arbitrais, o próprio TC reconhece, como regra, que "não existe um direito ao recurso que imponha a possibilidade de recorrer de todas as decisões judiciais, estando aliás em causa uma matéria em que é concedida ao legislador ampla margem de liberdade de conformação"[1845].

Por esse mesmo motivo, também não é de estranhar, neste contexto, a conclusão do TC quando assume precisamente que: "é admissível que o direito de recurso, para os tribunais comuns, das decisões proferidas pelos tribunais arbitrais possa ser mais intensamente restringido e até mesmo alvo de supressão, desde que mediante renúncia livre e voluntária dos respetivos titulares"[1846].

Em todo o caso, sendo convencionada pelas partes a possibilidade de existência de recurso, estas tanto podem servir-se dos recursos ordinários[1847], bem como dos recursos extraordinários[1848]. A doutrina tem, ainda, entendido que o raio de alcance da inexistência de recurso como regra geral, conforme prevista

veremos seguidamente, uma imposição constitucional a existência de recurso para o Tribunal Constitucional.

1844 V., por todos, Clive M. Schmitthoff, "Finality of arbitral awards and judicial review", *cit.*, pp. 230 e ss.

1845 V. o acórdão nº 414/2016. Em todo o caso, admite-se, desde o acórdão nº 40/2008, ser "sustentável que, sendo constitucionalmente assegurado o acesso aos tribunais contra quaisquer actos lesivos dos direitos dos cidadãos (*maxime* dos direitos, liberdades e garantias), sejam esses actos provenientes de particulares ou de órgãos do Estado, forçoso é que se garanta o direito à impugnação judicial de actos dos tribunais (sejam eles decisões judiciais ou actuações materiais) que constituam a causa primeira e directa da afectação de tais direitos. Considera-se, pois, que quando uma actuação de um tribunal, por si mesma, afecta, de forma directa, um direito fundamental de um cidadão, mesmo fora da área penal, a este deve ser reconhecido o direito à apreciação judicial dessa situação".

1846 V. o acórdão nº 256/2012.

1847 São recursos ordinários os recursos de *apelação* (artigos 644º e ss. do CPC) e de *revista* (artigos 671º e ss. do CPC) na jurisdição comum. Sobre os recursos no CPC, v. António Abrantes Geraldes, *Recursos no Novo Código de Processo Civil, cit.* Na jurisdição administrativa os recursos congéneres encontram-se previstos no artigo 140º (*apelação*) e nos artigos 150º e 159º (*revista*) do CPTA. V., em geral, sobre os recursos no CPTA, José Carlos Vieira de Andrade, *A Justiça Administrativa*, 16ª Edição, *cit.*, pp. 411 e ss., Mário Aroso de Almeida, *Manual de Processo Administrativo*, 3ª Edição, *cit.*, 2017, pp. 403 e ss. e Mário Aroso de Almeida e Carlos Cadilha, *Comentário ao Código de Processo nos Tribunais Administrativos, cit.*, pp. 1130 e ss.

1848 Os recursos extraordinários são os recursos para a *uniformização de jurisprudência* (artigos 688º e ss. do CPC) e a *revisão* (artigo 696º do CPC). Na jurisdição administrativa os mesmos encontram-se previstos nos artigos 152º e ss. (*uniformização da jurisprudência*) e no artigo 154º do CPTA.

no artigo 39º, nº 4, da LAV, abrange somente os recursos ordinários, devendo concluir-se que os recursos extraordinários são sempre admissíveis[1849].

O prazo de interposição de recurso é de 30 dias[1850], ao contrário da acção de anulação que tem um prazo de propositura mais alargado e que ascende a 60 dias[1851]. Coloca-se, a este respeito, a questão de saber se é de admitir a propositura da acção de anulação decorrido o prazo para a interposição de recurso (sem que as partes tenham utilizado o recurso).

A resposta não pode deixar de ser positiva[1852]. Com efeito, a acção de anulação é irrenunciável[1853], nos termos do artigo 46º, nº 5, da LAV, pelo que o facto de as partes convencionarem a existência de recurso não impede que as mesmas possam, em alternativa[1854], socorrer-se da acção de anulação para obter tutela jurisdicional. Importa, no entanto, recordar que a acção de anulação não produz, neste contexto, os mesmos efeitos que, em regra, se regista no recurso[1855], tendo um efeito meramente cassatório[1856].

[1849] V., neste preciso sentido, no regime da LAV de 1986, PAULA COSTA E SILVA, "Anulação e Recursos da Decisão Arbitral", *cit.*, p. 991 e LUÍS DE LIMA PINHEIRO, "Recurso e anulação da decisão arbitral: admissibilidade, fundamento e consequências", *cit.*, p. 191. No mesmo sentido no âmbito da LAV, cfr. ARMINDO RIBEIRO MENDES, "A Nova Lei de Arbitragem Voluntária e as Formas...", *cit.*, p. 752. e ANTÓNIO MENEZES CORDEIRO, *Tratado da Arbitragem*, *cit.*, p. 380, admitindo que o recurso de revisão é sempre admitido. Cfr., ainda, por exemplo, que, embora manifestando dúvidas, admite que devem sempre existir recursos extraordinários, JOSÉ ROBIN DE ANDRADE, *in Lei da Arbitragem Voluntária Anotada*, DÁRIO MOURA VICENTE (COORDENADOR), *cit*, p. 106. No que concerne à jurisdição arbitral administrativa, por todos, VASCO MOURA RAMOS, "Algumas considerações sobre a arbitragem de litígios respeitantes à validade de actos administrativos..." *cit.*, pp. 276 e 277 e, igualmente, VASCO MOURA RAMOS, "Que fundamentos específicos de impugnação e que recursos se devem admitir?", *cit.*, pp. 200 e ss.

[1850] Cfr. o artigo 638º, nº 1, do CPC e o artigo 144º, nº 1, do CPTA.

[1851] Os quais são, nos termos do artigo 46º, nº 6, da LAV, contados a partir da notificação da sentença à parte que a queira impugnar ou a partir do momento em que exista uma decisão sobre o requerimento de rectificação da sentença, nos termos do artigo 45º da LAV.

[1852] Neste sentido, v. MARIANA FRANÇA GOUVEIA, *Curso de Resolução Alternativa de Litígios*, *cit.*, p. 298.

[1853] Não é assim noutros ordenamentos, designadamente no sistema jurídico suíço, tal como já se refriu anteriormente. Cfr. GABRIELLE KAUFMAN-KOHLER / ANTONIO RIGOZZI, *International Arbitration: Law and Practice in Switzerland*, *cit.*, pp. 437 e ss.

[1854] Conforme reconhece ARMINDO RIBEIRO MENDES, "A Nova Lei de Arbitragem Voluntária e as Formas...", *cit.*, p. 720, estas vias de impugnação são "vias alternativas".

[1855] Não se ignora que nem sempre os recursos têm efeitos substitutivos, sendo, por exemplo, o caso do recurso para o TC quem tem efeitos meramente cassatórios. Sobre a distinção entre estes efeitos dos recursos, v., por todos, ARMINDO RIBEIRO MENDES, *Recursos em Processo Civil. Reforma de 2007*, *cit.*, pp. 136 e ss.

[1856] Cfr., por exemplo e entre nós, PAULA COSTA E SILVA, "Os meios de impugnação de decisões proferidas...", *cit.*, p. 187.

Cumpre mencionar, igualmente, que os tribunais competentes para a interposição de recurso são: (i) nos litígios da competência dos tribunais judiciais, o Tribunal da Relação em cujo distrito se situe a sede da arbitragem; (ii) no caso de litígios da competência dos tribunais administrativos, o Tribunal Central Administrativo em cuja circunscrição se situe a sede da arbitragem, de acordo com o disposto no artigo 59º, nº 1, alínea e) e nº 2, da LAV e, acrescendo no caso dos tribunais administrativos, o artigo 37º, alínea b), do ETAF.

Destaque-se, por último, que as partes não podem renunciar ao recurso das sentenças arbitrais para o TC. Com efeito, nos termos do artigo 204º da CRP, não podem os tribunais (incluindo-se aqui também os tribunais arbitrais voluntários e necessários)[1857], nos feitos submetidos a julgamento, aplicar *normas* que infrinjam o disposto na Constituição ou os princípios nela consignados, sendo inconstitucionais as *normas* que não respeitarem esta máxima (artigo 277º, nº 1, CRP)[1858].

Em face do nº 1 do artigo 280º CRP, cabe assim recurso para o TC das decisões dos tribunais que recusem a aplicação de qualquer norma com fundamento na sua inconstitucionalidade ou que apliquem norma cuja inconstitucionalidade haja sido suscitada durante o processo[1859].

Deste artigo podem ser extraídos três tipos de decisões recorríveis: (i) as *decisões positivas de inconstitucionalidade ou decisões de acolhimento*, ou seja, quando o tribunal recusa a aplicação de qualquer norma com fundamento na sua inconstitucionalidade (artigos 280º, nº 1, a), nº 2, alíneas a) a c) e nº 3 CRP e 70º, nº 1, alíneas a) e i) LTC); (ii) as *decisões negativas de inconstitucionalidade ou decisões de rejeição*, isto é, quando o tribunal aplica uma norma cuja inconstitucionalidade ou ilegalidade qualificada haja sido suscitada durante o processo (artigo 280º, nº 1, alínea b), nº 2, alínea d), e nº 4 CRP); e (iii) as decisões dos tribunais que apliquem norma anteriormente julgada inconstitucional ou ilegal pelo próprio Tribunal Constitucional (artigo 280º, nº 5, CRP).

A existência do recurso para o TC é, além de uma imposição constitucional, um postulado amplamente consensual que por este motivo não é possível a renúncia das partes a este mesmo recurso, existindo alguns regimes legais

[1857] V., por exemplo, afirmando-o explicitamente, entendendo que a Comissão Arbitral da Liga Portuguesa de Futebol Profissional podia ser considerada um tribunal, para efeitos de controlo da constitucionalidade, o acórdão nº 181/2007.

[1858] Sobre esta questão, v., por todos, António Pedro Pinto Monteiro, "Do Recurso de Decisões Arbitrais para o Tribunal Constitucional", *cit.*, p. 201.

[1859] Em conformidade com esta norma constitucional, não podem, com efeito, nos termos do artigo 73º da LTC, renunciar a este recurso.

específicos de certo tipo de arbitragens[1860] que determinam expressamente a existência de um recurso para o TC[1861].

14.4.2. A manifestação "expressa" das partes e o recurso

A menção que consta do artigo 39º, nº 4, da LAV a uma manifestação "expressa" das partes permite, desde logo, afastar a possibilidade de se extrair de uma declaração tácita das mesmas a consagração de recurso da decisão arbitral. Esta solução legislativa tem o intuito de proteger a definitividade das sentenças arbitrais e não a de proteger os declarantes (as partes), o que tem suscitado reservas na doutrina, que tem proposto uma interpretação restritiva, reduzindo o alcance da norma a uma manifestação declarativa das partes que demonstre uma intenção razoavelmente apreensível e não numa intenção que seja manifesta ou "inequívoca"[1862].

Isto significa que as partes podem, portanto, declarar que pretendem a existência de recurso da decisão arbitral ou que o façam com expressa remissão para o regulamento de um centro de arbitragem no qual o mesmo se encontre previsto[1863]. A este respeito, importa, desde logo, esclarecer que, em regra, a mera remissão na convenção de arbitragem para um regulamento de um centro de arbitragem implica a aceitação das partes das regras que nele se estabeleçam relativamente aos recursos, em expresso cumprimento do artigo 6º da LAV, ao dispor que: "[t]odas as referências feitas na presente lei ao estipulado na convenção de arbitragem ou ao acordo entre as partes abrangem não apenas o que as partes aí regulem directamente, mas também o disposto em regulamentos de arbitragem para os quais as partes hajam remetido".

Vejamos um exemplo prático – e que se tem colocado nos tribunais portugueses – que permite apreender o problema que a norma do artigo 39º, nº 4, da LAV tem suscitado.

1860 Cfr. o artigo 8º, nº 4, da LTAD, dispondo que: "[f]ica salvaguardada, em todos os casos, a possibilidade de recurso para o Tribunal Constitucional e de impugnação da decisão com os fundamentos e nos termos previstos na LAV".

1861 O tema coloca, no entanto, alguns problemas muito particulares, v., por todos, António Pedro Pinto Monteiro, "Do Recurso de Decisões Arbitrais para o Tribunal Constitucional", *cit.*, pp. 185 e ss.

1862 V., defendendo uma interpretação restritiva e, nessa medida, propondo uma solução interpretativa que admita que perante uma "cláusula, menos clara, que permita antever a possibilidade razoável do recurso, deve ser interpretada nesse sentido mais favorável aos direitos das partes", António Menezes Cordeiro, *Tratado da Arbitragem...*, *cit.*, p. 379.

1863 Cfr. José Robin de Andrade, *in Lei da Arbitragem Voluntária Anotada*, Dário Moura Vicente (Coordenador), *cit*, pp. 124 e 126.

Nenhum problema se colocará, numa primeira situação, quando os regulamentos negam expressamente a existência de um recurso para os tribunais estaduais[1864]. O mesmo já não se dirá na segunda situação, isto é, no caso em que os regulamentos de um centro de arbitragem para os quais as partes remetam estipulem a inexistência de recurso quando as mesmas declararam na convenção arbitragem que admitiam recurso da sentença arbitral. A jurisprudência do TRL admitiu que, em caso de contradição entre a declaração de vontade das partes e o conteúdo de um regulamento de arbitragem, prevalecerá o conteúdo da estipulação das partes na convenção de arbitragem em relação ao estabelecido no regulamento de arbitragem, nomeadamente, se proibir o recurso – posição com a qual concordamos[1865]. Uma terceira hipótese consiste no silêncio das partes relativamente à existência dos recursos numa situação em que aderiram a um regulamento de um centro de arbitragem que o consagra. A compreensão do que se deve entender por manifestação expressa das partes neste último caso concreto tem sido, a este respeito, complexa na jurisdição administrativa[1866].

Entendeu-se, por exemplo, que a mera escolha de um centro de arbitragem não implica reconhecer expressamente a existência de recurso, mesmo que o regulamento desse mesmo centro estabeleça explicitamente que das decisões arbitrais haverá recurso.

Com efeito, argumentou o STA que: "a existência de expressa manifestação da vontade das [partes] quanto [à] possibilidade ou a admissibilidade de existência de recurso jurisdicional duma decisão arbitral a realizar-se (...) na convenção de arbitragem celebrada ou, então, nos articulados produzidos no processo arbitral por cada um dos seus intervenientes, [constitui] a existência duma tal manifestação expressa das partes, [a qual é] condição de verificação necessária para o assegurar da recorribilidade de tal decisão"[1867].

1864 Cfr. o acórdão do TRL de 18 de Junho de 2015, processo nº 77-15.4YRLSB-6, reconhecendo precisamente que: "não constando expressamente da convenção de arbitragem, nem posteriormente, a possibilidade de recurso dessa decisão, a aceitação das partes, proposta pelos árbitros, à aplicação à arbitragem do regime previsto no aludido regulamento, no qual se prevê claramente a renúncia ao recurso, terá de prevalecer".
77-15.4YRLSB-6.

1865 V. o acórdão do TRL de 17 de Dezembro de 2013, processo nº 659/13.9YRLSB-2.

1866 Este caso não é controverso nos tribunais judiciais. V., a este respeito, o paradigmático acórdão do TRP de 25 de Fevereiro de 2014, processo 47/14.0YRPRT, no qual se concluiu que a adesão das partes ao regulamento do CIMPAS, que consagrava o recurso para os tribunais estaduais, permitia considerar cumprida a manifestação "expressa" das partes no sentido de consagrar a existência de recurso da decisão arbitral. V., igualmente, neste sentido, os acórdãos do TRC de 27 de Setembro de 2016, processo nº 141/16.2YRCBR e de 25 de Outubro de 2016, processo nº 140/16.4YRCBR.C1.

1867 V. o acórdão do STA de 30 de Maio de 2018, processo 066/18.

A contrariar frontalmente esta jurisprudência, veio o STA, muito recentemente, admitir que, com a submissão de um litígio ao tribunal arbitral, as partes aceitaram o regulamento do centro de arbitragem[1868], o qual determinava a existência de recurso. Esta circunstância permitia abandonar a ideia de que não existe, neste caso, uma manifestação expressa das partes, concluindo que é "totalmente coerente a ideia de que será parte integrante das convenções o disposto nos regulamentos de arbitragem que as partes aceitam quando resolvem submeter um litígio que os envolve a tribunal constituído no CAAD. Neste último caso, poderá falar-se da manifestação implícita ou indirecta de uma vontade".

14.4.3. A inexistência de recurso de decisões segundo a equidade ou composição amigável

Outra limitação legal, que decorre do artigo 39º, nº 4, da LAV, em sede de recursos (ordinários), reside nos casos em que o critério decisório se reconduz à equidade ou à composição amigável. Argumenta-se, a este respeito, com a existência de uma limitação ontológica do controlo por outros tribunais que decorre do julgamento dos árbitros, em que o critério de decisão é a equidade/composição amigável, não se reconduz a uma aplicação de "normas gerais e abstractas"[1869], o que justifica a inexistência de recurso.

Sucede, no entanto, que esta norma tem de ser lida e contextualizada, bem como sem prejuízo do recurso para o TC, que, como vimos, não pode ser vedado pelo legislador, sob pena de inconstitucionalidade[1870]. A este respeito, importa esclarecer que não existe uma impossibilidade lógica da existência de recurso por dois motivos já identificados pela doutrina: (i) no critério decisório assente na equidade em sentido fraco existe sempre uma correspondência, ainda que mínima, com a solução legal, pelo que a argumentação só procederia, eventualmente, relativamente à composição amigável[1871]; (ii) o recurso para os tribunais estaduais pode ter por objecto uma disputa sobre os factos

[1868] O regulamento de arbitragem determinava que "[a] submissão do litígio a tribunal constituído no CAAD pressupõe a aceitação do presente Regulamento, bem como das demais normas que regulam a sua atividade".

[1869] V. esta argumentação de José Robin de Andrade, *in Lei da Arbitragem Voluntária Anotada*, Dário Moura Vicente (Coordenador), *cit*, p. 124.

[1870] Cfr. referindo que este recurso é uma excepção à regra geral do artigo 39º, nº 4, da LAV, Mário Esteves de Oliveira (Coordenação) *Lei da Arbitragem Voluntária..., cit.*, p. 470 e ss.

[1871] Recordando que mesmo na composição amigável pode existir uma sentença que se baseia em normas jurídicas e que, mesmo nesse caso, pode existir um controlo dos tribunais, Mário Esteves de Oliveira (Coordenação), *Lei da Arbitragem Voluntária..., cit.*, p. 472.

ou a interpretação do sentido atribuído à equidade ou à composição amigável, pelo que nem sempre estamos perante questões exclusivamente relacionadas com a aplicação de "normas gerais e abstractas"[1872].

Por último, recorde-se que, como vimos, no Direito Administrativo, de acordo com o artigo 184º, nº 2, do CPTA, ao excluir de forma abrangente a aplicação da equidade no campo da legalidade, permite-se, geralmente, a consagração de recurso, desde que as partes o convencionem.

14.4.4. O problema na arbitragem necessária: a inconstitucionalidade da inexistência de recurso

Tal como já referiu em momento anterior desta obra, a arbitragem necessária tem sido controversa do ponto de vista da respectiva constitucionalidade. O tema da necessidade de recurso para garantir potencialmente a compatibilidade da arbitragem necessária com o quadro constitucional tem sido discutido na jurisprudência do TC.

Destaque-se, a este respeito, o acórdão nº 230/2013[1873], que abordou a questão de saber se a inexistência de recurso para os tribunais estaduais na arbitragem necessária no Direito Administrativo do Desporto poderia ser considerada inconstitucional, nele se afirmando elucidativamente que existe uma reserva de jurisdição "sempre que estejam em causa direitos de particular importância jurídico-constitucional a cuja lesão deve corresponder uma efetiva proteção jurídica, poderá admitir-se que o direito de acesso aos tribunais seja assegurado apenas em via de recurso, permitindo-se que num momento inicial o litígio possa ser resolvido por intervenção de outros poderes, caso em que se poderá falar numa reserva relativa de jurisdição ou reserva de tribunal".

Neste sentido, seria de concluir que estando "implicados poderes de autoridade que resultam de uma transferência de responsabilidade no exercício de uma certa tarefa pública, de que o Estado é ainda o titular e por cuja execução continua a ser o garante, justifica que se invoque uma reserva relativa de juiz que proporcione aos tribunais estaduais a última palavra na resolução de litígios que resultem dessa intervenção administrativa delegada"[1874].

Com efeito, segundo a jurisprudência do TC, "a irrecorribilidade das decisões arbitrais (...) representa uma clara violação do direito de acesso aos tribunais" sempre que "(...) se tratar de decisões adotadas no âmbito de uma arbi-

[1872] V. a elucidativa síntese de António Menezes Cordeiro, *Tratado da Arbitragem...*, *cit.*, p. 380.

[1873] Sobre a validade das premissas deste acórdão, v. Artur Flamínio da Silva, *A Resolução de Conflitos Desportivos...*, *cit.*, pp. 448 e ss.

[1874] Cfr. acórdão nº 230/2013.

tragem necessária" ou quando "natureza dos direitos e interesses em jogo" ou justifique ou estiver "em causa o exercício de poderes de autoridade delegados".

Deve-se, além disso, denotar que, conforme ficou evidente no acórdão nº 781/2013, a jurisprudência do TC, analisando a constitucionalidade de normas que instituíam o Tribunal Arbitral do Desporto, concluiu que ainda que esse recurso para os tribunais estaduais exista em termos limitados (no caso concreto discutia-se se a existência de um recurso de revista é suficiente para assegurar a constitucionalidade da arbitragem necessária), não é suficiente para garantir a constitucionalidade face ao artigo 20º da CRP, a menos que se encontrem garantidos todos os recursos ordinários existentes na jurisdição estadual[1875].

Uma última consideração merece a circunstância de que muitos regimes de arbitragem necessária[1876] já reflectem esta imediata necessidade para assegurar a constitucionalidade deste tipo de arbitragens, mas a verdade é que o recurso – por si só – pode não ser suficiente, será necessário que o regime legal em causa não condicione excessivamente esse recurso, por exemplo, com custas excessivas, sob pena de violação do artigo 20º da CRP[1877].

14.4.5. O recurso na arbitragem de Direito Administrativo e na arbitragem fiscal

Nos termos do artigo 185º-A do CPTA, estabelece-se que: "as decisões proferidas pelo tribunal arbitral podem ser impugnadas nos termos e com os fundamentos estabelecidos na lei de Arbitragem Voluntária", o que permite concluir pela aplicabilidade da solução prevista no artigo 39º, nº 4, da LAV também na arbitragem de Direito Administrativo.

No entanto, da jurisprudência anteriormente referida que versa sobre a arbitragem necessária, ficou a dúvida se dessa jurisprudência do TC se poderia extrair a existência de uma "reserva de jurisdição" também na arbitragem voluntária administrativa[1878] e, neste sentido, concluir pela inadmissibilidade constitucional da inexistência de recurso neste domínio.

[1875] No sentido de que a jurisprudência do TC se refere aos recursos ordinários, v. RUI TAVARES LANCEIRO, "Necessidade da arbitragem e arbitragem necessária – uma análise à luz da jurisprudência Constitucional", *cit.*, p. 75.

[1876] Cfr. o artigo 8º, nº 1, da LTAD, na qual se dispõe que: "[a]s decisões dos colégios arbitrais são passíveis de recurso para o Tribunal Central Administrativo [Sul]".

[1877] V. neste preciso sentido, ARTUR FLAMÍNIO DA SILVA, *A Resolução de Conflitos Desportivos...*, *cit.*, pp. 472 e ss.

[1878] A dúvida foi, desde logo, deixada pelo voto de vencido de PEDRO MACHETE, no acórdão nº 230/2013 do TC, no qual afirmou discordar da decisão precisamente por este motivo, admitindo que: "considerar que, nos casos em que é constitucionalmente admissível a decisão de litígios por

Por outro lado, na arbitragem (voluntária) fiscal inexistem recursos ordinários, não sendo, portanto, uma solução inédita no nosso ordenamento a arbitragem voluntária que prescinde de recursos ordinários. O que, por sua vez, não implica, desde logo, concluir que são excluídos os recursos extraordinários, como aquele que se encontra previsto no regime jurídico da arbitragem fiscal (que segue o regime do recurso para a uniformização de jurisprudência), no qual se determina que "[a] decisão arbitral sobre o mérito da pretensão deduzida que ponha termo ao processo arbitral é ainda susceptível de recurso para o Supremo Tribunal Administrativo quando esteja em oposição, quanto à mesma questão fundamental de direito, com acórdão proferido pelo Tribunal Central Administrativo ou pelo Supremo Tribunal Administrativo"[1879].

A contra-corrente da solução prevista para a arbitragem fiscal, importa, neste contexto, mencionar que, no domínio dos contratos públicos, o artigo 476º, nº 5, do CCP adoptou, recentemente, o recurso como regra, em certos condicionalismos concretos, dispondo que "[n]os litígios de valor superior a (euro) 500 000, da decisão arbitral cabe recurso para o tribunal administrativo competente"[1880].

14.5. Oposição à execução

A oposição à execução consubstancia a terceira via de reacção a uma sentença arbitral[1881], encontrando-se prevista no artigo 48º da LAV[1882].

Em resultado da previsão legal (artigo 42º, nº 7 da LAV) de equiparação da decisão arbitral a uma sentença de um tribunal estadual, resulta que aquela

arbitragem voluntária – incluindo os litígios emergentes de relações jurídicas administrativas e fiscais, em geral, e, em particular, daqueles litígios em que intervenham entidades privadas no exercício de poderes de autoridade pública –,a «última palavra» não tem de pertencer aos tribunais estaduais. Nesses casos, justamente porque os tribunais arbitrais exercem a função jurisdicional mencionada no artigo 202º, nº 2, da Constituição, a decisão de um tribunal arbitral voluntário pode ser final e definitiva".

[1879] Cfr. o artigo 25º, nº 2, da Decreto-Lei nº 10/2011, de 20 de Janeiro.

[1880] Reconhecendo que a solução é organicamente inconstitucional por violar a reserva relativa de competência legislativa da Assembleia da República, v. Rui Medeiros, "Stress tests à revisão do CCP", *cit.*, pp. 60 e 61. Defendendo a inconstitucionalidade da inexistência, nesta situação, de um recurso para todas as situações (de valor igual ou inferior a 500 000€), v., por exemplo, Marco Caldeira, "A arbitragem no CCP revisto", *cit.*, pp. 316 e 317.

[1881] Paula Costa e Silva, "Meios de impugnação de decisões proferidas...", *cit.*, p. 190, Mariana França Gouveia, *Curso de Resolução Alternativa de Litígios*, *cit.*, p. 297, António Sampaio Caramelo, *A impugnação da sentença arbitral*, *cit.*, p. 17.

[1882] O Capítulo VIII da LAV, dedicado à execução da sentença arbitral, não encontra paralelo na Lei-Modelo. Com efeito, o Capítulo VIII da Lei-Modelo, relativo ao reconhecimento e execução de sentenças foi acolhido no Capítulo X da LAV.

primeira consubstancia um título executivo (artigo 705º, nº 2, do CPC)[1883], no qual pode, necessariamente, fundar-se uma execução.

De acordo com o artigo 48º da LAV, quando haja lugar à execução da sentença arbitral por via judicial, o executado por opor-se à mesma através da invocação de qualquer um dos fundamentos de anulação que se encontram previstos no artigo 46º, nº 3 da LAV[1884]. Existem, todavia, duas limitações.

Por um lado, é necessário que, na data em que se deduz a oposição, não tenha tido lugar a rejeição de um pedido de anulação apresentado com o mesmo fundamento que o executado agora invoca[1885].

Por outro lado, também no domínio da oposição à execução se verificam questões relativas à preclusão dos fundamentos invocados quando os mesmos não sejam de conhecimento oficioso, dependendo da invocação das partes. Assim, determina o artigo 48º, nº 2, da LAV, que o executado não pode proceder à invocação, em sede de oposição à execução, de qualquer um dos fundamentos de conhecimento não oficioso – artigo 46º, nº 3, a) – seja tiver decorrido o prazo previsto[1886] para a apresentação do pedido de anulação da sentença arbitral sem que nenhuma das partes tenha proposto um pedido de anulação[1887]. É, neste sentido, que se entende que, sem prejuízo das regras aplicáveis à preclusão do direito à impugnação com fundamento no desrespeito do prazo, pelo facto de o agora executado não ter impugnado ou recor-

[1883] Paula Costa e Silva, "A execução em Portugal de decisões arbitrais nacionais e estrangeiras", *cit.*, pp 142 e ss., António Menezes Cordeiro, *Tratado da Arbitragem...*, *cit.*, p. 407, Manuel Pereira Barrocas, *Manual de Arbitragem*, *cit.*, p. 541. Note-se que, ao contrário do que sucede, por exemplo, em França (artigos 1487º e 1488º do CPC) e na Alemanha (§ 1060 do ZPO), não é necessário requerer o *exequatur*.

[1884] Nos termos do artigo 730º (anterior artigo 815º) do Código de Processo Civil, são fundamentos de oposição à execução não só os previstos no artigo 48º da LAV, mas, também, os consagrados no artigo 729º do mesmo código. Cfr. artigo 48º, nº 4 da LAV. V., ainda ao abrigo da anterior LAV, Paula Costa e Silva, "A execução em Portugal de decisões arbitrais nacionais e estrangeiras", *cit.*, pp. 160 e161 ss.

[1885] V. artigo 48º, nº 1 da LAV. V. Mário Esteves de Oliveira (Coordenação) *Lei da Arbitragem Voluntária...*, *cit.*, p. 600. Neste sentido, entende o mesmo autor que se na pendência da oposição for proferida decisão no sentido da improcedência da anulação da sentença, a oposição fundada nos argumentos que sustentaram a acção de anulação cai, excepto se forem invocados outros fundamentos para além daqueles. Cfr. pp. 600-601.

[1886] Prazo de 60 dias, tal como previsto no artigo 46º, nº 6, a contar "da data em que a parte que pretenda essa anulação recebeu a notificação da sentença ou, se tiver sido feito um requerimento no termos do artigo 45º, a partir da data em que o tribunal arbitral tomou uma decisão sobre esse requerimento".

[1887] Já assim defendia Manuel Pereira Barrocas, "Contribuição para a reforma da lei de arbitragem voluntária", *cit.*, p. 15.

rido da sentença arbitral, não fica impedido de alegar, em sede de oposição à execução, os fundamentos que se consagram para acção de anulação[1888].

A contrario, os fundamentos de conhecimento oficioso podem ser sempre invocados pelo executado, mesmo que já tenha decorrido o prazo de anulação[1889]. Caso assim não se permitisse, poderia haver lugar à execução de sentença arbitral que se afigura como "intolerável face ao ordenamento jurídico português"[1890].

A oposição à execução consubstancia, nesta medida, um mecanismo de defesa[1891] para a parte que tenha sido vencida na acção de anulação da sentença arbitral ou no recurso, buscando, assim, uma forma de impedir que a sentença arbitral produza os efeitos que normalmente decorrem da mesma.

15. O reconhecimento e a execução das sentenças arbitrais estrangeiras

15.1. Enquadramento

A relação do Estado (e da jurisdição estatal) com a arbitragem não se encontra, como vimos, assente numa ideia de antinomia, não se podendo corroborar a ideia de que a arbitragem é independente de um qualquer Estado. Com efeito, registando-se inúmeros pontos de contacto da jurisdição arbitral com a jurisdição estadual, e sem prejuízo de existir uma necessária autonomia da primeira em relação à segunda, a verdade é que, como já estudado, o estatuto da arbitragem não é regulado com a mesma intensidade com que se verifica, paralelamente, com o exercício do poder jurisdicional (público) pelos tribunais estaduais[1892].

Por outro lado, é indesmentível que existe também um espaço de autonomia em relação à jurisdição estadual no domínio da arbitragem internacional (ou transnacional[1893]) – o que, todavia, não significa independência – com fundamento evidente na autonomia das partes[1894] que a maioria dos Estados reco-

[1888] Manuel Pereira Barrocas, *Manual de Arbitragem*, *cit.*, p. 543-544.

[1889] V. Mariana França Gouveia, *Curso de Resolução Alternativa de Litígios*, *cit.*, p. 315.

[1890] Mariana França Gouveia, *Op. Cit.*, p. 315.

[1891] Manuel Pereira Barrocas refere a oposição à execução como uma "válvula de escape". Cfr. *Manual de Arbitragem*, *cit.*, 2013, p. 544.

[1892] Sobre este ponto 7.1.2.

[1893] Entre nós, usando – e bem – a expressão transnacional, uma vez que estaríamos, nesta hipótese, perante uma arbitragem em que o "objecto do litígio ou a própria arbitragem apresentam laços juridicamente relevantes com mais de um Estado, v. Luís de Lima Pinheiro, *A Arbitragem Transnacional...*, *cit.*, p. 28. Em todo o caso, prescindindo de algum rigor, mantemos a expressão "internacional" que é aquela que se encontra mencionada no artigo 49º, nº 1, da LAV, para designar a realidade de que nos iremos ocupar.

[1894] O conceito permite abranger a situação em que as partes podem escolher o Direito materialmente aplicável à sua relação jurídica e determinar qual o tribunal competente para julgar os litígios que decorram dessa mesma relação contratual. Cfr., com amplas referências sobre o

nhece e que permite trazer vantagens que são determinantes para o comércio internacional, como por exemplo, *a existência de um foro neutro, a uniformização do Direito* ou mesmo *a promoção da definitividade das sentenças arbitrais*[1895]. No entanto, ainda que esta autonomia exista, o Estado (ou os Estados) não prescindem de manter um poder de controlo, mesmo que mínimo, relativamente a este exercício do poder jurisdicional privado[1896].

A existência de um reconhecimento e da possibilidade de execução permite a síntese entre estas duas realidades[1897]. Por um lado, a compatibilização entre a autonomia das partes corporizada na existência de um mecanismo arbitral e, por outro, o controlo pelo Estado do exercício do poder jurisdicional privado escolhido pelas partes tem no reconhecimento e na execução o seu um momento fundamental[1898].

Em conformidade com esta ideia, um dos mais relevantes instrumentos legais neste domínio é a Convenção de Nova Iorque sobre o reconhecimento e a execução de sentenças arbitrais estrangeiras, de 10 de Junho de 1958 (CNI)[1899], a qual consagra um sistema de duplo controlo: (i) um primário; (ii) outro secundário. Com efeito, existe assim (i) um controlo primário no Estado em que se sedia o tribunal arbitral, regido pela *lex arbitri* e, nos termos da qual, a sentença pode ser anulada e (ii) um controlo secundário nos ordenamentos nos quais se procure o reconhecimento e a execução por um tribunal de outro Estado (que não aquele da *lex arbitri*), podendo o reconhecimento ser recusado ou a sentença reconhecida e, eventualmente, executada[1900].

tema, Mathäus Mogendorf, *Der strukturell unterlegene Unternehmer im Internationalen Privat- und Verfahrensrecht, cit.*, pp. 59 e ss.

1895 V., desenvolvidamente e com referências, Gary B. Born, *International Commercial Arbitration*, Vol. I, *cit.*, pp. 70 e ss. Mais recentemente, sobre o tema da autonomia da arbitragem, v. Dolores Bentolila, *Arbitrators as Lawmakers, cit.*, pp. 7 e ss.

1896 Sobre este problema, v. o ponto 14.1.3.

1897 Como é sabido, a autonomia das partes no plano transnacional não é, nem nunca poderia ser, ilimitada. Sobre o ambiente de pluralismo jurídico e o confronto entre a normatividade que pode ser construída com base na jurisprudência arbitral e a normatividade estadual, v., com indicações, Artur Flamínio da Silva, *A Resolução de Conflitos Desportivos..., cit.*, pp. 535 e ss.

1898 Não se explora, neste contexto, o problema da existência ou não de uma ordem normativa arbitral, v., por todos, admitindo esta possibilidade, Emmanuel Gaillard, *Aspects philosophiques du droit de l'arbitrage international, cit*, pp. 60 e ss. V., igualmente, Philippe Fouchard / Emmanuel Gaillard / Berthold Goldman, *Fouchard Gaillard Goldman On International Commercial Arbitration, cit.*, pp. 218 e ss.

1899 Em geral, sobre o contexto histórico da CNI, v. Pieter Sanders, "The New York Convention of 1958", *cit.*, pp. 67 e ss.

1900 Conforme reconhece precisamente William Michael Reismann, este sistema tem uma função delimitada e de síntese equilibrada entre a autonomia da arbitragem e a competência de

15.2. A distinção entre a noção de reconhecimento e a de execução

Como é sabido, o respeito pelo conteúdo de uma sentença arbitral é a regra na arbitragem internacional[1901]. Em todo o caso, é perfeitamente plausível que uma das partes não se conforme com a decisão arbitral. É nessa situação – ou para a acautelar – que o reconhecimento e a execução têm a função de garantir a eficácia das sentenças arbitrais estrangeiras[1902]. Antes de analisar com mais detalhe os termos em que podem ser reconhecidas e, quando necessário, executadas as sentenças arbitrais estrangeiras, cumpre analisar de que forma e em que medida se distinguem estes dois conceitos fundamentais.

O reconhecimento deve ser definido como a situação em que as partes pretendem conceder eficácia (o efeito de caso julgado) a uma sentença arbitral que foi proferida num Estado diferente. Estamos perante um mecanismo "defensivo"[1903] que tem como finalidade encerrar a discutibilidade do conteúdo de uma sentença arbitral estrangeira, promovendo que os efeitos desta última se produzam num Estado diferente do Estado em que a mesma foi proferida. É o "reconhecimento" operado pelos tribunais do foro do reconhecimento que garante a eficácia dessa decisão arbitral estrangeira[1904].

A comprovar a natureza do reconhecimento pode ser apresentado um exemplo prático que decorre do efeito de caso julgado que é consequência do reconhecimento. Pense-se no caso em que a parte A, na sequência de uma sentença arbitral – proferida por um tribunal arbitral sediado na Suíça – que condenou B ao pagamento de uma indemnização, pretende reconhe-

controlo por tribunais estaduais: por um lado, permite afastar eventuais abusos que ocorreriam se não existisse um controlo estadual; por outro lado, consegue manter um poder decisório considerável no próprio tribunal arbitral. V. *System of Control in International Adjudication and Arbitration, cit.*, pp. 113 e ss.

1901 Cfr. sobre este tema, por todos, Quentin Tannock, "Judging the Effectiveness of Arbitration through the Assessment ...", *cit.*, pp. 71 e ss.

1902 V. António Sampaio Caramelo, *O Reconhecimento e Execução de Sentenças Arbitrais Estrangeiras, cit.*, p. 22.

1903 Cfr. Blackaby, Nigel / Constantine Partasides / Alan Redfern / Martin Hunter, *Redfern and Hunter on International Arbitration, cit.*, pp. 610 e 611.

1904 Na verdade, o que sucede é precisamente que as sentenças arbitrais estrangeiras "ficam sujeitas a um a[c]to formal de reconhecimento emitido por um tribunal estadual português, sem o que não poderão produzir efeitos no nosso país os efeitos próprios dos a[c]tos jurisdicionais, nomeadamente, o efeito de caso julgado e a força executiva" v., neste sentido, António Sampaio Caramelo, *O Reconhecimento e Execução de Sentenças Arbitrais Estrangeiros, cit.*, p. 22; veja-se também Rui Manuel Moura Ramos, "Arbitragem estrangeira e reconhecimento de sentenças arbitrais estrangeiras...", *cit.*, pp. 853 e 854.

cer a sentença arbitral em causa em Portugal para que se produza o efeito de caso julgado e, bem assim, se impeça que B venha a tentar obter uma solução contraditória a essa mesma sentença arbitral nos tribunais portugueses[1905]. Havendo um reconhecimento da sentença arbitral por parte de A, o tribunal estadual irá, portanto, ter que recusar a apreciação do fundo da causa de qualquer acção proposta por B. É este o efeito "defensivo" que de decorre da existência de caso julgado das sentenças arbitrais estrangeiras.

Neste sentido, parece óbvio que o reconhecimento não se confunde com a execução[1906], podendo mesmo existir reconhecimento de uma sentença arbitral sem que tenha havido lugar à execução dessa mesma sentença, designadamente quando, por razões de estratégia processual, a intenção seja alcançar a produção de efeitos (a obtenção do caso julgado da sentença arbitral) noutro Estado que não aquele em que foi proferida a sentença arbitral ou desde que se registe um cumprimento voluntário da parte opositora daquela que pede o reconhecimento da sentença arbitral.

No entanto, o reconhecimento também pode ser considerado um meio "ofensivo" – e não puramente defensivo como sucede quando é requerido isoladamente –, o que sucederá quando seja requerido com vista à execução da sentença arbitral estrangeira. Com efeito, se o momento do reconhecimento pode não coincidir com o momento da execução, já a execução nunca pode ser desligada da fase prévia que é o reconhecimento.

Em suma, e num exemplo sugestivo[1907], deve considerar-se que, regra geral, o reconhecimento é um "escudo" que visa o bloqueio de se suscitarem nos tribunais de outro Estado que não aquele em que foi proferida a sentença arbitral as questões já decididas pelo tribunal arbitral (estrangeiro). A execução pode considerar-se como a "espada", visto que tem como função obrigar a contraparte daquele que requer a execução a adequar a sua conduta ao que foi decidido pelo tribunal arbitral "estrangeiro". A "espada" nunca pode, todavia, ser usada sem que se use o "escudo"[1908].

[1905] Cfr., dando um exemplo próximo, CHRISTIAN STEGER, *Die Präklusion von Versagungsgründen bei der Vollstreckung ausländischer Schiedssprüche, cit.*, p. 77.

[1906] V. ANTÓNIO SAMPAIO CARAMELO, *O Reconhecimento e Execução de Sentenças Arbitrais Estrangeiras, cit.*, p. 25

[1907] Apresentado por BLACKABY, NIGEL / CONSTANTINE PARTASIDES / ALAN REDFERN / MARTIN HUNTER, *Redfern and Hunter on International Arbitration, cit.*, p. 612.

[1908] Neste preciso sentido, CHRISTIAN STEGER, *Die Präklusion von Versagungsgründen bei der Vollstreckung ausländischer Schiedssprüche, cit.*, p. 78.

15.3. O conceito de sentença arbitral estrangeira

O conceito de "sentença" encontra-se pressuposto e não é definido nas normas da CNI[1909]. Trata-se, em princípio, de um conceito autónomo do Direito nacional[1910], mas que, na maioria dos casos, resulta de uma ampla margem concedida ao Estado onde se pretende reconhecer a decisão arbitral para decidir se a mesma integra ou não o conceito de sentença arbitral para efeitos da CNI, ainda que sem deixar de ter em conta o próprio texto da convenção[1911]. Neste contexto, deve reter-se que é totalmente irrelevante a qualificação dada pelo tribunal arbitral, sendo, pelo contrário, imperativo adoptar um conceito material (princípio da matéria a prevalecer sobre a forma[1912]).

Nos termos do artigo I (2), da CNI determina-se que se podem considerar, para efeitos desta convenção internacional, "sentenças arbitrais" aquelas que são "proferidas por árbitros nomeados para determinados casos" e "as que foram proferidas por órgãos de arbitragem permanentes aos quais as partes se submeteram".

Deste artigo resultam, desde logo, dois elementos interpretativos essenciais: por um lado, as sentenças devem ser proferidas por "árbitros" e, por outro lado, exige-se a voluntariedade do mecanismo arbitral, uma vez que a CNI estabelece o requisito da "submissão" das partes em litígio à jurisdição do tribunal arbitral[1913].

As indicações da CNI são, no entanto, insuficientes para apurar o conceito material de "sentença" deste instrumento de Direito Internacional Público.

[1909] Cfr., por exemplo, TARKAN GÖKSU, *Schiedsgerichtsbarkeit, cit.*, pp. 728 e ss.

[1910] Em termos um pouco diferentes, mas com o mesmo resultado, ANTÓNIO SAMPAIO CARAMELO reconhece que deve ser adoptada "uma abordagem pragmática que permita a consideração de todos esses critérios, conferindo, porém, um papel preponderante (...) ao terceiro deles, não só por causa da prevalência das normas dessa convenção sobre o direito interno, mas também em atenção ao objectivo de se conseguir uniformidade de soluções dos diversos Estados", cfr. *O Reconhecimento e Execução de Sentenças Arbitrais Estrangeiras, cit.*, p. 27. Não pode ser ignorado, neste contexto, que a interpretação da CNI é efectuada nos termos da Convenção de Viena sobre o Direito dos Tratados de 1969, designadamente de acordo com os artigos 31º e ss. V., a este respeito, MARIKE PAULSSEN, *The 1958 New York Convention in Action, cit.*, pp. 31 e ss. Sobre a interpretação da noção de sentença arbitral, v., em geral, BERND EHLE, "Article I", *cit.*, pp. 34 e ss.

[1911] Destacando precisamente a necessidade de uma interpretação uniforme, v., por exemplo, ALBERT JAN VAN DEN BERG, *The New York Arbitration Convention of 1958, cit.*, p. 1.

[1912] V. BERND EHLE, "Article I", *cit.*, p. 35.

[1913] O que é confirmado também pelo disposto no artigo II (1) da CNI, ao estabelecer-se a obrigação do Estado a reconhecer "a convenção escrita pela qual as Partes se comprometem a submeter a arbitragem todos os litígios ou alguns deles que surjam ou possam surgir entre elas relativamente a uma determinada relação de direito, contratual ou não contratual, respeitante a uma questão susceptível de ser resolvida pela via arbitral".

Em sentido material, estaremos perante uma sentença arbitral, para efeitos da CNI, sempre que se preencham dois requisitos cumulativos: (i) quando exista uma decisão de um tribunal arbitral[1914], (ii) que resolve o litígio de um modo final[1915].

Numa delimitação pela negativa e em síntese admitida pela doutrina[1916], não podem, a este respeito, ser consideradas sentenças arbitrais as decisões que se reconduzam a: (i) *decisões de simples ordenação processual*; (ii) *sentenças interlocutórias respeitantes a questões processuais e sentenças que não conhecem do mérito da causa*; (iii) *decisões que tenham decretado medidas cautelares*; (iv) *outras decisões que não se possam reconduzir a decisões de tribunais (e, em particular, em que não exista convenção de arbitragem) ou, em geral, decisões proferidas por tribunais arbitrais necessários, bem como decisões provenientes de tribunais estaduais, ainda que versem sobre sentenças arbitrais.*

Por último, exige-se, nos termos do artigo I (1) e (2) da CNI, que a sentença seja (i) proferida no "território de um Estado que não aquele em que são pedidos o reconhecimento e a execução de sentenças"; (ii) ou que se trate de sentenças arbitrais que "não forem consideradas sentenças nacionais no Estado em que são pedidos o seu reconhecimento ou execução"[1917].

15.4. Princípios do reconhecimento e da execução de sentenças arbitrais estrangeiras

Explorados que se encontram os conceitos fundamentais da CNI, importa agora perceber a que princípios obedece o reconhecimento e a execução das sentenças arbitrais estrangeiras[1918].

O primeiro princípio digno de menção reside no *princípio da taxividade* dos fundamentos de recusa do reconhecimento e da execução das sentenças arbi-

[1914] Recorde-se que a CNI faz uma menção a "árbitros".

[1915] Desenvolvidamente, cfr. Bernd Ehle, "Article I", *cit.*, p. 34.

[1916] V., por todos, António Sampaio Caramelo, *O Reconhecimento e Execução de Sentenças Arbitrais Estrangeiras*, *cit.*, pp. 27 e 28.

[1917] A CNI rejeita, portanto, a existência de sentenças arbitrais "anacionais". Com efeito, é sabido que qualquer arbitragem tem que ter uma sede num qualquer país. Sobre o tema, v. Aida B. Avanessian, "The New York Convention and Denationalized Arbitral Awards...", *cit.*, pp. 5 e ss., Jan Paulsson, "Arbitration Unbound: award detached from the law of its country of origin", *cit.*, pp. 358 e ss. Thilo Rensmann, "Anational Arbitral Awards – Legal Phenomenon or Academic Phantom?", *cit.*, pp. 37 e ss. e, igualmente, Thilo Rensmann, *Anationale Schiedssprüche.: Eine Untersuchung zu den Wirkungen anationaler Schiedssprüche im nationalen Recht, cit., passim.*

[1918] Não se explorando com detalhe todos esses princípios, analisam-se aqueles que, na economia da presente obra, são os mais relevantes. Sobre o conceito de "arbitragem estrangeira", *vide* Rui Manuel Moura Ramos, "Arbitragem estrangeira e reconhecimento de sentenças arbitrais estrangeiras...", *cit.*, pp. 842 e ss.

trais estrangeiras[1919]. Com efeito, não podem os Estados contratantes da CNI aumentar os fundamentos de recusa de reconhecimento e da execução, uma vez que a própria CNI determina no artigo III que os Estados contratantes se encontram obrigados a garantir que "[o] reconhecimento e a execução da sentença só serão recusados"[1920] quando cumprido um dos fundamentos previstos no artigo V da CNI[1921].

O segundo princípio assenta no *favor arbitrandum*[1922] *que perpassa toda a CNI, mas que se manifesta, em particular, na leitura integrada do artigo V (1) e (2) da CNI, não se devendo ignorar que o reconhecimento e a execução das sentenças arbitrais "poderão (...) ser recusados"*[1923]*, mas a verdade é que a CNI, mesmo que exista um fundamento para negar o reconhecimento ou a execução, não impõe que os tribunais do Estado tenham que exercer obrigatoriamente o poder de recusa*[1924].

O terceiro princípio reside na inexistência de uma revisão de mérito (proibição da *révision au fond*) pelos tribunais estaduais que se confrontem com a possibilidade de negar o reconhecimento e a execução das sentenças arbitrais estrangeiras[1925]. Na verdade, o que aqui importa reter não é que o mérito da sentença arbitral não possa ter relevância no âmbito da violação da ordem pública enquanto fundamento de recusa de reconhecimento e execução, mas, antes, que "o juiz, ao apreciar a sentença arbitral cujo reconhecimento lhe é pedido, não tem o dever (intelectual) de julgar novamente o litígio decidido pelos árbitros para verificar se chegaria ao mesmo resultado a que chegaram aqueles", em suma, o juiz apenas deve "verificar se tal sentença, pelo resultado a que conduz, ofende algum princípio considerado como essencial pela ordem jurídica do foro"[1926].

[1919] V., de entre a unânime doutrina, GABRIELLE KAUFMANN-KOHLER / ANTONIO RIGOZZI, *International Arbitration in Switzerland, cit.*, p. 523.

[1920] Cfr. artigo V (1).

[1921] Não podemos também ignorar que "[o] direito dum Estado Contratante pode dispensar um dos fundamentos listados no artigo V da CNI, indo além desta facilitação da exequibilidade das sentenças arbitrais estrangeiras, conforme prevê o artigo VII, mas *não pode acrescentar* outros fundamentos de recusa de reconhecimento aos contemplados no artigo V". Cfr. ANTÓNIO SAMPAIO CARAMELO, *O Reconhecimento e Execução de Sentenças Arbitrais Estrangeiras, cit.*, pp. 129 e 130.

[1922] Em geral, sobre este princípio fundamental da arbitragem, v. FABIEN GÉLINAS, "Favor arbitrandum et favor validitatis", *cit.*, pp. 34 e ss.

[1923] Artigo V (2).

[1924] Sobre as diversas teorias, cfr. ANTÓNIO SAMPAIO CARAMELO, *O Reconhecimento e Execução de Sentenças Arbitrais Estrangeiras, cit.*, pp. 130 e ss.

[1925] V., com referências doutrinais e jurisprudenciais, D. SOLOMON, "Interpretation of the New York Convention in Germany", *cit.*, pp. 360 e ss.

[1926] ANTÓNIO SAMPAIO CARAMELO, *O Reconhecimento e Execução de Sentenças Arbitrais Estrangeiras, cit.*, p. 128.

Outro princípio igualmente relevante é o de que *o ónus da prova pertence à parte contra quem se pretende reconhecer e executar a sentença arbitral estrangeira*. Com efeito, nos termos do artigo V (1), da CNI, cabe, em regra, à parte que se pretenda opor ao reconhecimento e à execução demonstrar que não se encontram preenchidos os pressupostos (taxativos da CNI) para a rejeição do reconhecimento e da execução. A única excepção reside nos fundamentos previstos no artigo V (2) – a arbitrabilidade e a ordem pública – que são passíveis de ser conhecidos oficiosamente pelo tribunal estadual competente para o reconhecimento e execução da sentença arbitral estrangeira.

15.5. Fundamentos de recusa do reconhecimento e de execução das sentenças arbitrais estrangeiras

Antes de analisar os fundamentos de recusa do reconhecimento e de execução das sentenças arbitrais estrangeiras[1927], cumpre recordar dois aspectos essenciais nesta matéria.

Em primeiro lugar, aquando da interpretação destes fundamentos, devemos ter sempre em consideração que estes são taxativos, não sendo possível negar o reconhecimento e execução com base em outros fundamentos. Em segundo lugar, impõe-se destacar que os tribunais estaduais, quando confrontados com a necessidade de avaliar a possibilidade de reconhecimento e de execução de uma sentença arbitral estrangeira, dispõem de uma certa margem de livre de apreciação na interpretação dos fundamentos. Não obstante, esta margem de liberdade deve desenvolver-se de acordo com o "espírito" da própria CNI, mantendo sempre presente, nomeadamente, o princípio do *favor arbitrandum*.

15.5.1. A incapacidade das partes e a invalidade da convenção de arbitragem (artigo V (1), alínea a) da CNI)

O artigo V (1), alínea a) integra dois fundamentos de recusa do reconhecimento e da execução de sentenças arbitrais, os quais analisamos, por razões práticas e sistemáticas, de um modo conjunto. Cabe, em primeiro plano, deixar, desde logo, claro que este artigo comporta dois elementos essenciais, que se reconduzem (i) à incapacidade de uma das partes; (ii) à invalidade da convenção de arbitragem.

O primeiro fundamento – a incapacidade das partes – encontra-se previsto no artigo V (1), alínea a), primeira parte, da CNI, no qual se dispõe que

[1927] Deixe-se, como é evidente, esclarecido que não se abordará com profundidade o alcance material de cada fundamento, procurando somente destacar os principais traços de cada um.

"as partes da convenção de arbitragem estarem feridas de incapacidade, em virtude da lei que lhe seja imputável".

Na interpretação desta norma deve, em primeiro lugar, concluir-se que a incapacidade em causa pode dizer respeito a ambas as partes e não somente à hipótese em que se regista uma incapacidade[1928] de uma parte[1929]. Em segundo lugar, o aspecto mais problemático desta norma concerne em saber qual a lei materialmente aplicável à incapacidade das partes. Face a esta dúvida, a doutrina tem entendido que se aplica a lei que regula o estatuto pessoal das partes e não a lei aplicável à sentença arbitral[1930].

O segundo fundamento – a invalidade da convenção de arbitragem – é referido no artigo V (1), alínea a) da CNI, admitindo-se aí que o tribunal recuse o reconhecimento e a execução de sentença arbitral estrangeira quando exista uma invalidade da convenção de arbitragem celebrada pelas partes. A matéria da validade ou invalidade da convenção arbitral será avaliada "ao abrigo da lei a que as partes a sujeitaram" ou, caso as partes não o façam, "ao abrigo da lei do país em que for proferida a sentença".

A primeira observação que entendemos por conveniente destacar encontra-se relacionada com a invalidade substantiva da convenção de arbitragem. Neste domínio – da invalidade substantiva – incluem-se todas as questões relacionadas com a formação da convenção de arbitragem (por exemplo, a validade da declaração negocial)[1931]-[1932].

A segunda observação consiste na conclusão de que a invalidade aí referida se refere a uma validade material e formal da convenção de arbitragem. Sucede, no entanto, que a validade formal se encontra expressamente regu-

[1928] Sobre o conceito de incapacidade neste artigo, v., por exemplo, PHILIPPE FOUCHARD / EMMANUEL GAILLARD / BERTHOLD GOLDMAN, *Fouchard Gaillard Goldman On International Commercial Arbitration, cit,*, pp. 984 e ss., bem como ALBERT JAN VAN DEN BERG, *The New York Arbitration Convention of 1958, cit.*, pp. 277 e ss.

[1929] ANTÓNIO SAMPAIO CARAMELO, *O Reconhecimento e Execução de Sentenças Arbitrais Estrangeiras, cit.*, pp. 138 e ss.

[1930] Cfr., por exemplo, CHRISTOPHE SERAGLINI / JÉRÔME ORTSCHEIDT, *Droit de l'arbitrage interne et international, cit.*, p. 903 e, entre nós, ANTÓNIO SAMPAIO CARAMELO, *O Reconhecimento e Execução de Sentenças Arbitrais Estrangeiras, cit.*, pp. 139 e 140.

[1931] Cfr. sobre este tema, BERGER / FRANZ KELLERHALS, *International and Domestic Arbitration in Switzerland, cit.*, pp. 724 e ss. Entre nós, neste sentido, v. ANTÓNIO SAMPAIO CARAMELO, *O Reconhecimento e Execução de Sentenças Arbitrais Estrangeiras, cit.*, pp. 145 e ss.

[1932] Não se inclui neste fundamento a situação em que não existe convenção de arbitragem, uma vez que esta hipótese é avaliada nos termos do artigo V (1), alínea c) da CNI. V., por exemplo, TARKAN GÖKSU, *Schiedsgerichtsbarkeit, cit.*, pp. 739 e ss.

lada no artigo II (1) e (2) da CNI[1933]. A este respeito, tem a doutrina concluído que se os requisitos de forma da lei a que as partes sujeitaram a convenção de arbitragem forem mais exigentes do que os previstos na CNI, então devem aplicar-se os requisitos de forma menos exigentes da CNI. Se, pelo contrário, a lei do Estado em que é pedido o reconhecimento e execução revelar um critério de validade formal menos exigente, seria de concluir que se aplicaria, neste contexto, o artigo VII (1) da CNI[1934].

15.5.2. Os princípios fundamentais do processo equitativo (artigo V (1), alínea b) da CNI)

O fundamento assente na violação dos princípios fundamentais do processo equitativo coloca dois problemas essenciais. Em primeiro lugar, deve afastar-se uma concepção que entenda os pressupostos previstos no artigo V (1), alínea b) da CNI como taxativos, designadamente, podendo esta recusa relativa aos princípios fundamentais do processo equitativo ter lugar somente nas situações em que uma (i) parte "não foi devidamente informada quer da designação do árbitro quer do processo de arbitragem" ou que (ii) a uma parte "foi impossível, por outro motivo, deduzir a sua contestação".

Em segundo lugar, e sem prejuízo de poder discutir se, neste contexto, não se deve adoptar uma interpretação extensiva deste fundamento de reconhecimento e execução[1935], julgamos que nos casos que não se encontram expressamente previstos, mas que ainda assim constituem um princípio fundamental do processo equitativo, a solução passará, numa lógica de especialidade em relação ao artigo V (1), alínea b) da CNI, pela aplicação do fundamento previsto no artigo V (2), alínea b), verificando sempre se existe uma violação da ordem pública processual.

15.5.3. A incompetência ou inexistência de jurisdição do tribunal arbitral (artigo V (1), alínea c) da CNI)

Outro fundamento que ainda merece a nossa atenção é o que se encontra previsto no artigo V (1), alínea c) da CNI[1936]. Este fundamento tem como

[1933] Admitindo que é esta a base normativa para a validade formal, v. Tarkan Göksu, *Schiedsgerichtsbarkeit, cit.*, pp. 739 e 740.

[1934] António Sampaio Caramelo, *O Reconhecimento e Execução de Sentenças Arbitrais Estrangeiras, cit.*, p. 146.

[1935] Defendendo a interpretação extensiva para abranger, por exemplo, o princípio do tratamento igualitário das partes, v. António Sampaio Caramelo, *O Reconhecimento e Execução de Sentenças Arbitrais Estrangeiras, cit.*, pp. 154 e ss., e, especialmente, pp. 175 e ss. para a relação deste fundamento com a ordem pública.

[1936] No qual se determina, por um lado, que será de recusar uma sentença arbitral estrangeira quando esta disser "respeito a um litígio que não foi objecto nem da convenção escrita nem da

objecto fundar a possibilidade de recusar o reconhecimento e a execução de sentença arbitral quando esta exceda os limites *subjectivos* e *objectivos* da convenção de arbitragem[1937].

Ao primeiro caso (*limites objectivos*) reconduzem-se as situações em que o tribunal conhece e se pronuncia na sentença sobre questões que não são abrangidas pela convenção de arbitragem. Integram-se no segundo caso (*limites subjectivos*) as situações em que sujeitos que não são abrangidos pela convenção de arbitragem e, ainda assim, figuram como partes na sentença arbitral a reconhecer e a executar. Estamos, pois, perante uma questão de apurar a competência (e a respectiva jurisdição) do tribunal arbitral[1938].

Realce-se, a este respeito, que a última parte do artigo V (1), alínea c) da CNI permite que "se o conteúdo da sentença referente a questões submetidas à arbitragem puder ser destacado do referente a questões não submetidas à arbitragem, o primeiro poderá ser reconhecido e executado". O alcance desta norma abrange a hipótese em que existe *um reconhecimento e execução parcial* da sentença arbitral estrangeira.

15.5.4. A irregularidade na composição do tribunal arbitral ou no processo (artigo V (1), alínea d) da CNI)

Este fundamento visa essencialmente garantir a recusa do reconhecimento e da execução de sentenças arbitrais que violem regras processuais relacionadas com (i) a composição[1939] do tribunal arbitral ou com (ii) o processo que deu lugar à sentença arbitral que se pretende reconhecer e executar.

Entre os exemplos que se integram no primeiro caso encontramos, nomeadamente, questões relacionadas com a violação de normas relacionadas com a nomeação ou a recusa de árbitros, a existência de um desequilíbrio entre as partes na escolha do colégio arbitral, do número de árbitros ou da imparcialidade dos árbitros. Por outro lado, são exemplos que se reconduzem à segunda

cláusula compromissória" ou, por outro lado, quando "contém decisões que extravasam os termos da convenção escrita ou da cláusula compromissória".

[1937] A doutrina tem, no entanto, reconhecido que aqui também se inclui a hipótese em que o tribunal arbitral se pronuncia excessivamente (casos de excesso de pronúncia), posição com a qual tendemos a discordar, v., por exemplo e com amplas indicações, António Sampaio Caramelo, *O Reconhecimento e Execução de Sentenças Arbitrais Estrangeiras*, *cit.*, pp.168 e ss. Cfr. igualmente, Bernhard Berger / Franz Kelleshals, *International and Domestic Arbitration in Switzerland*, *cit.*, pp. 728 e ss.

[1938] No sentido de que estes são os únicos dois motivos que fundamentam o não reconhecimento na CNI, Tarkan Göksu, *Schiedsgerichtsbarkeit*, *cit.*, p. 745.

[1939] Não é esta a expressão prevista na CNI, aludindo-se no artigo V (1), alínea d) à "constituição do tribunal arbitral".

situação a violação das normas processuais aplicáveis ou das normas regulamentares escolhidas pelas partes e, ainda, a violação de disposições (ou princípios fundamentais) relacionadas com a prova[1940].

Do artigo V (1), alínea d) da CNI, resulta que a lei aplicável será aquela que resulte do acordo das partes ou, quando não exista escolha partes, a lei da sede da arbitragem, pelo que será de acordo com esta lei que serão apurados os requisitos que podem levar à violação das regras processuais aqui em causa.

15.5.5. A inexistência de uma sentença arbitral obrigatória (artigo V (1), alínea e) da CNI)

Um dos últimos três fundamentos reside na constatação de que a sentença arbitral não é obrigatória[1941]. Os requisitos reconhecidos para que se constate que a sentença arbitral não é obrigatória, nos termos do artigo V (1), al. e) da CNI,[1942] são, em regra, os seguintes: (i) a inexistência da produção de caso julgado da sentença arbitral; (ii) a sentença arbitral estrangeira foi anulada por um tribunal do Estado onde se sediou o tribunal arbitral, ainda que em momento anterior tenha produzido efeitos e não tenha existido efeito automático desse mesmo recurso[1943]; (iii) a situação em que o tribunal do Estado em que se sedia o tribunal arbitral tenha "suspenso" a produção de efeitos da sentença arbitral[1944].

15.5.6. A inarbitrabilidade do objecto do litígio (artigo V (2), alínea a) da CNI)

O fundamento da inarbitrabilidade do objecto do litígio[1945], que é de conhecimento oficioso, a par do fundamento da ordem pública, resume-se, em síntese, à situação em que, nos termos da lei do foro do reconhecimento e execução da sentença arbitral estrangeira, o "objeto de litígio não é susceptível de ser

[1940] Desenvolvidamente sobre estes e acrescentado outros exemplos, v. BORRIS / HENNECKE, "Artigo V", *in New York Convention*, *cit.*, pp. 335 e ss.

[1941] Sobre este conceito, v. BERNHARD BERGER / FRANZ KELLERHALS, *International and Domestic Arbitration in Switzerland*, *cit.*, p. 731.

[1942] V. a síntese de TARKAN GÖKSU, *Schiedsgerichtsbarkeit*, *cit.*, pp. 749 e ss.

[1943] Cfr. artigo V (1), alínea e), da CNI, que menciona a possibilidade de uma sentença que "não se tornou obrigatória para as partes", uma vez que "foi anulada ou suspensa por uma autoridade competente do país (...)" em que "a sentença foi proferida".

[1944] Sobre estes temas, v. ANTÓNIO SAMPAIO CARAMELO, *O Reconhecimento e Execução de Sentenças Arbitrais Estrangeiras*, *cit.*, pp. 177 e ss.

[1945] Não se deve confundir esta inarbitrabilidade (material) com a inarbitrabilidade (subjectiva) sobre a qual versa o artigo II (1) da CNI. Sobre a arbitrabilidade na CNI, v., por todos, LOUKAS A. MISTELIS, "Arbitrability – International and Comparative Perspectives", *cit.*, pp. 1 e ss.

resolvido por via arbitral", nos termos do artigo V (2), alínea a) da CNY. Nestes termos, quando se coloque nos tribunais estaduais portugueses um processo de reconhecimento e execução de sentenças arbitrais estrangeiras haverá que averiguar sempre se, de acordo com o ordenamento jurídico português, é possível submeter o mesmo litígio a uma decisão proferida por árbitros.

15.5.7. A incompatibilidade com a ordem pública internacional (artigo V (2), alínea b) da CNI)

De conhecimento oficioso é também, conforme adiantámos, o último fundamento para ser recusado o reconhecimento e a execução da sentença arbitral estrangeira na CNI, reconduzindo-se, nos termos do artigo V (2), alínea a) da CNI, esta incompatibilidade com a ordem pública[1946] (na sua dimensão processual e substancial) a uma decorrência da sentença arbitral[1947].

Destaque-se que, tal como o fundamento da inexistência da arbitrabilidade do objecto do litígio[1948], a incompatibilidade da sentença arbitral com a ordem pública, tem que ser apreciada de acordo com a noção de ordem pública (internacional) da lei do foro do reconhecimento e execução dessa mesma sentença. Com efeito, esta noção acaba por ser muito próxima, em geral, do conceito de ordem pública internacional do foro do reconhecimento da sentença arbitral estrangeira, mas haverá que ponderar a necessária ligação entre a violação da ordem pública internacional e a proximidade que o conteúdo da sentença apresenta com o Estado do foro do reconhecimento[1949].

[1946] V. sobre a ordem pública, o ponto 14.2. Em geral, sobre este fundamento na CNI, cfr., por exemplo, ANTON G. MAURER, *Public Policy Exception Under The New York Convention*, *cit.*, pp. 11 e ss. HOMAYOON ARFAZADEH, "In the Shadow of the Unruly Horse: International Arbitration and the Public Policy Exception", *cit.*, pp. 43 e ss. e NADIA DARWAZEH e FRIVEN YEOH, "Recognition and Enforcement of Awards under the New York Convention", *cit.*, pp. 837 e ss.

[1947] Sobre o cariz limitado enquanto fundamento de recusa de reconhecimento e execução, v. CHRISTOPHE SERAGLINI / JÉRÔME ORTSCHEIDT, *Droit de l'arbitrage interne et international*, *cit.* p. 816.

[1948] Sobre a relação entre a arbitrabilidade e a ordem pública, v. BERNARD HANOTIAU / OLIVIER CAPRASSE, "Arbitrability, Due Process, and Public Policy...", *cit.*, pp.721 e ss.

[1949] V. ANTÓNIO SAMPAIO CARAMELO, *O Reconhecimento e Execução de Sentenças Arbitrais Estrangeiras*, *cit.*, pp. 205 e 206.

Capítulo VIII
Responsabilidade e Arbitragem

16. Responsabilidade e arbitragem
16.1. Enquadramento

Um último ponto que nos propomos tratar assume contornos complexos, *maxime* pela sensibilidade[1950] que revestem os problemas que envolvem a responsabilidade dos centros de arbitragem institucionalizada, dos árbitros, dos secretários e, finalmente, do Estado.

Não se pense, porém, que a possibilidade de responsabilizar alguns dos "operadores" arbitrais se revela como uma novidade. Realce-se, de todo o modo, que, sem prejuízo da existência de um número considerável de contributos[1951], as questões em torno da responsabilidade na arbitragem necessitam, ainda, de uma reflexão abrangente[1952], desde logo, se considerado o plano nacional[1953].

[1950] Denotando precisamente a "delicadeza" do tema, Cfr. GUY KEUTGEN / GEORGES-ALBERT DAL, *L'arbitrage en droit belge...*, *cit.*, p. 323.

[1951] A temática da responsabilidade tem recebido a atenção da comunidade arbitral internacional, v., entre outros e em geral, JENS GAL, *Die Haftung des Schiedsrichter...*, *cit.*, *passim* e SUSAN D. FRANCK, "The Liability of International Arbitrators...", *cit.*, pp. 1 e ss., MAUREEN A. WESTON, "Reexamining Arbitral Immunity...", *cit.*, pp. 449 e ss., ASIF SALAHUDDIN, "Should arbitrators...", *cit*, pp. 571 e ss., CLAUDIA ROSU, "The Liability of Arbitrators...", *cit.*, pp. 172 e ss. Não se ignora que também entre a doutrina portuguesa tem recebido alguma atenção, Cfr. M. HENRIQUE MESQUITA, "Arbitragem: competência do tribunal arbitral...", *cit.*, pp. 1381 e ss., MAFALDA MIRANDA BARBOSA, "Responsabilidade Civil do Árbitro", *cit.*, pp. 115 e ss. e RICARDO PEDRO, "A responsabilidade civil dos árbitros...", *cit.*, pp. 663 e ss.

[1952] Veja-se, por exemplo, JENS GAL que defende que os problemas jurídicos relacionados com a responsabilidade, no caso concreto dos árbitros, têm sido considerados um "parente pobre", uma vez que não teriam qualquer relevância prática, *Die Haftung des Schiedsrichter...*, *cit.*, 2009, p. 2.

[1953] Note-se, a este respeito, que se privilegiará uma abordagem que beneficie uma sistematização e análise crítica das dificuldades da relação entre a responsabilidade e a arbitragem que se colocam no ordenamento jurídico português, bem como uma selecção dos pontos, que neste domínio, sejam de maior relevo.

16.2. A administração de justiça arbitral: fundamentos da "imunidade" na arbitragem

Não sendo nosso propósito desenvolver a noção de função jurisdicional ou retomar o problema da admissibilidade constitucional do exercício de funções jurisdicionais por privados[1954], cumpre dar conta que na administração de justiça por tribunais arbitrais, admissível genericamente nos termos do artigo 209º, nº 2, da CRP, muitos problemas que se constatam no domínio da responsabilidade não se distanciam, na maioria dos casos, dos existentes na administração de justiça do Estado, exceptuando quando estão em causa as necessárias especificidades decorrentes da origem contratual da arbitragem[1955].

Com efeito, não se pode ignorar que, para efeitos da responsabilidade civil do Estado, o conceito de administração de justiça, num sentido amplo, inclui toda a actividade que rodeia o exercício da função materialmente jurisdicional, mas abrange também todas as outras actividades que tanto podem ser materialmente administrativas[1956], bem como todas as restantes que sejam colaterais ao acto de julgar[1957].

É, neste contexto, sabido que, nos termos do artigo 22º da CRP, "[o] Estado e as demais entidades públicas são civilmente responsáveis, em forma solidária com os titulares dos seus órgãos, funcionários ou agentes, por ações ou omissões praticadas no exercício das suas funções e por causa desse exercício, de que resulte violação dos direitos, liberdades e garantias ou prejuízo para outrem", incluindo-se, naturalmente, aqui a responsabilidade do Estado pelos danos decorrentes da administração de justiça[1958].

Coloca-se, a este respeito, a questão de saber qual o alcance da responsabilidade do Estado, mas principalmente dos restantes "participantes" na administração de justiça arbitral. Saliente-se que, em certos ordenamentos, a "imunidade" dos árbitros e dos centros de arbitragem, concebida como um

[1954] Sobre a configuração constitucional da função jurisdicional pelo TC, v. ARTUR FLAMÍNIO DA SILVA, *A Resolução de Conflitos Desportivos...*, *cit.*, pp. 299 e ss.

[1955] V. LUÍS FÁBRICA, "Artigo 12º...", *cit.*, p. 336, admitindo que: "[a] responsabilidade em que os árbitros incorram tem natureza contratual e não grava sobre o Estado, sendo-lhe inaplicável o Regime da Responsabilidade Civil Extracontratual dos Entes Públicos".

[1956] A questão é, no entanto, controversa no que concerne aos centros de arbitragem, visto que se pode discutir se exercem ou não poderes públicos de autoridade.

[1957] Sobre este problema, v. RICARDO PEDRO, *Responsabilidade Civil do Estado*, *cit.*, pp. 206 e ss. Por esse mesmo motivo, a administração de justiça em sentido amplo assume-se como um "superconceito", conforme admite LUÍS FÁBRICA, "Artigo 12º...", *cit.*, p. 327.

[1958] Sobre esta disposição e as suas dificuldades de interpretação, v., por todos e com amplas indicações, JORGE SILVA SAMPAIO, "A Lei nº 67/2007 e a Constituição da República Portuguesa...", *cit.*, pp. 41 e ss.

estatuto de inexistência de responsabilidade, é encarada como um princípio quase absoluto que cede em casos muito particulares[1959].

A "imunidade" do árbitro[1960] assenta, neste contexto, em diversos argumentos, tais como: (i) *a necessidade de proteger a independência e imparcialidade do árbitro*; (ii) *evitar que o árbitro se torne receoso em relação a potenciais acções de responsabilidade civil, o que poderia frustrar a importância da dedicação do árbitro a elaborar uma boa decisão de mérito*; (iii) *a possibilidade do pedido de responsabilidade civil poder representar um ataque paralelo à sentença arbitral*; (iv) *pela equiparação da função jurisdicional dos árbitros à desenvolvida pelos juízes dos tribunais estaduais.*

Na primeira hipótese, realça-se a importância da existência de uma "imunidade" do árbitro que reside, primacialmente, na hipótese de, com o receio de uma acção de responsabilidade civil, o árbitro se sinta constrangido a adoptar uma conduta que seja confortável para as partes (ou para uma delas), colocando em causa a sua independência ou imparcialidade[1961].

No segundo caso, o que está em causa, ainda que indirectamente relacionado com a anterior questão, é precisamente a possibilidade de a existência de uma responsabilidade muito lata redundar numa situação em que o árbitro se preocupa mais em evitar a sua eventual responsabilidade do que a elaborar uma decisão de qualidade[1962]. Paralelamente, a qualidade da arbitragem

[1959] Cfr., a este propósito, a nota introdutória das regras da IBA relativas à ética dos árbitros datadas de 1987, denotando que aos árbitros deve "em princípio, conceder-se a imunidade de qualquer acção de responsabilidade segundo as leis nacionais, a menos que, em casos extremos, tenha existido uma conduta que desconsiderou grosseiramente as suas responsabilidades legais". Num sentido idêntico, releva a solução do artigo 29º, nº 1, do *English Arbitration Act* ao determinar que os árbitros não são responsáveis pela sua conduta no exercício de funções, excepto quando esta se revele contrária à boa-fé. Esta imunidade também abrange quem auxilie o árbitro na sua função, nos termos do artigo 29º, nº 2, do *English Arbitration Act*. Admite-se, no entanto, no artigo 29º, nº 3, do *English Arbitration Act*, a existência da responsabilidade decorrente da renúncia ao encargo do exercício da função de árbitro. A imunidade estende-se, em termos particularmente idênticos, às instituições arbitrais (ou a quem tem o poder de nomear um árbitro) que só em situações em que a sua actuação se venha a revelar contrária à boa-fé se admite a sua responsabilidade, sendo que não serão, igualmente, responsáveis pela conduta dos árbitros nomeados, de acordo com o disposto no artigo 74º, nº 1 e 2, do *English Arbitration Act*. Sobre as disposições referidas, cfr. Bruce Harris, Rowan Planterose / Jonathan Tecks, *The Arbitration Act 1996*, *cit.*, pp. 148 e ss. e pp. 365 e ss.

[1960] Estes argumentos a favor da existência de uma "imunidade" destes intervenientes na arbitragem são sempre aplicáveis independentemente do alcance que se atribua a essa mesma "imunidade".

[1961] Cfr., neste sentido, Gary B. Born, *International Commercial Arbitration*, Vol. II, *cit.*, p. 2039. V., igualmente, António Menezes Cordeiro, *Tratado da Arbitragem...*, *cit.*, p. 137.

[1962] V. Gary B. Born, *International Commercial Arbitration*, Vol. II, *cit*, p. 2038. Conforme sintetiza António Menezes Cordeiro, *Tratado da Arbitragem...*, *cit.*, p. 137, "[a] irresponsabilidade é uma condição tradicional de independência. O árbitro sabendo-se responsabilizável, poderia pender para a parte mais litigante ou subscrever as decisões mais neutras e isso em detrimento da saída

também seria mais limitada se, com o receio de serem sujeitos a acções de responsabilidade civil, os árbitros mais qualificados não estivessem dispostos a assumir o risco que envolveria assumir o encargo do exercício da função jurisdicional na arbitragem[1963].

O terceiro argumento coloca em evidência o facto de a responsabilidade do árbitro poder representar um perigo para a própria definitividade – e, bem assim, da celeridade da arbitragem – da sentença arbitral e, quando for caso disso, dos efeitos decorrentes do reconhecimento e execução da sentença arbitral estrangeira num dado território. Neste sentido, a abrangente responsabilidade do árbitro seria um meio de tutela – acrescido ao eventual recurso para os tribunais estaduais e, em condições limitadas, da acção de anulação – que permitia controlar o conteúdo da decisão jurisdicional proferida por árbitros. Sem prejuízo de não se discutir – por ora – o seu alcance, a existência de "imunidade" dos árbitros permite, portanto, garantir uma confiança das partes na solução que é adoptada pelo exercício da função jurisdicional que se manifesta na sentença arbitral[1964].

Em quarto lugar, admite-se que, pelo menos no que concerne ao exercício da função jurisdicional, não existe nenhuma razão objectiva que permita concluir pela existência de um tratamento diferenciado em sede de imunidade pelo exercício da função jurisdicional por árbitros em relação aos juízes de tribunais estaduais – que, nos termos do artigo 216º, nº 2, da CRP são irresponsáveis a menos que excepcionalmente previsto em acto legislativo[1965] –, visto que, materialmente[1966], se trata da mesma actividade e, como tal, exige-

correta". Contra esta argumentação alega Mafalda Miranda Barbosa, "Responsabilidade Civil do Árbitro", *cit.*, p. 166 que "o árbitro, sabendo-se responsabilizável, poderia acautelar uma eventual quebra do dever, sendo, por isso, mais diligente na fundamentação da sua decisão".

[1963] Cfr. Nigel Blackaby/ Constantine Partasides / Alan Redfern / Martin Hunter, *Redfern and Hunter on International Arbitration, cit.*, p. 324.

[1964] Desenvolvendo este argumento, cfr., por exemplo, Angela Obrist, *Die Haftung des Schiedsrichters, cit.*, p. 36.

[1965] Conforme reconhece, a este respeito, o STJ nas conclusões do acórdão de 8 de Setembro de 2009, processo nº 368/09.3YFLSB, a verdade é que: "[p]ara que não se corra o perigo de entorpecer o funcionamento da justiça e perturbar a independência dos juízes, impõe-se aqui um regime particularmente cauteloso, afastando, desde logo, qualquer responsabilidade por actos de interpretação das normas de direito e pela valoração dos factos e da prova. Certo, ainda, que nesta perspectiva, o sistema de recursos, e a hierarquia dos instâncias, contribuem, desde logo, para o sucessivo aperfeiçoamento da decisão, reduzindo substancialmente a possibilidade de uma sentença injusta".

[1966] Sem prejuízo de se reconhecerem especificidades decorrentes do fundamento contratual da arbitragem.

-se, assim, uma solução legal análoga para a função arbitral privada sempre que estiver em causa a *jurisdictio* em sentido próprio[1967].

Por seu turno, o argumento principal que funda a "imunidade" das instituições arbitrais reside na necessidade de proteger a função jurisdicional que estas entidades se destinam a administrar e que, portanto, existe uma relação desta com a garantia da independência e da integridade do processo arbitral que se desenvolve junto da instituição arbitral[1968].

Destaque-se, neste contexto, que noutros sistemas jurídicos, como o português, existe uma visão mais moderada da "imunidade" na arbitragem[1969]. A LAV tipifica[1970] algumas situações que podem dar lugar à responsabilidade do árbitro, encontrando-se entre estas a hipótese em que: (i) o árbitro, após ter aceite o encargo, se escusar injustificadamente a exercer a sua função (artigo 12º, nº 3); (ii) o árbitro que, por um motivo em que o deva fazer, não se desincumbe, em prazo razoável, das suas funções (artigo 15º, nº 2) ou que obste, em geral, injustificadamente a que a sentença seja proferida dentro do prazo contratualmente ou legalmente fixado (artigo 43º, nº 4).

A LAV não esgota, porém, o regime jurídico aplicável à responsabilidade dos árbitros[1971], visto que, desde logo, o artigo 9º, nº 4, dispõe que "[o]s árbitros não podem ser responsabilizados por danos decorrentes das decisões por eles proferidas, salvo nos casos em que os magistrados judiciais o possam ser", operando uma evidente remissão para a Lei nº 67/2007, de 31 de Dezembro (RRCEE)[1972].

1967 Cfr., enunciando os limites da responsabilidade do juiz estadual e da respectiva transposição para a actividade dos árbitros, Jens Gal, *Die Haftung des Schiedsrichter...*, *cit.*, pp. 161 e ss.

1968 V. Matthew Rasmussen, "Overextending Immunity...", *cit.*, p. 1848.

1969 Sem prejuízo de se ignorar especificamente qualquer menção relativamente à "imunidade" dos centros de arbitragem.

1970 Tem-se entendido que as partes podem convencionar com os árbitros um alargamento da responsabilidade destes, pelo que o artigo 9º, nº 4, da LAV é somente "*uma garantia mínima*". V. Ricardo Pedro, "Anotação ao artigo 13º", *cit.*, p. 782.

1971 Existem, por outro lado, certos regimes especiais, como o existente no regime jurídico do TAD, que contêm algumas regras relacionadas com a responsabilidade dos árbitros, mas que pouco acrescentam em relação à LAV, embora coloquem certos problemas interpretativos no domínio da arbitragem necessária. V., por exemplo, o artigo 20º, nº 6, da LTAD, que determina que "[o]s árbitros não podem ser responsabilizados por danos decorrentes das decisões por eles proferidas, salvo nos casos em que os magistrados judiciais o possam ser" ou o artigo 23º, nº 3, da LTAD ao dispor que "[o] árbitro que, tendo aceitado o encargo, se escusar injustificadamente ao exercício da sua função responde pelos danos a que der causa".

1972 Na redacção da Lei nº 31/2008, de 17 de Junho.

16.3. A responsabilidade civil dos árbitros

Tendo presente que se aplicará também aos árbitros o regime jurídico previsto no RRCEE relativo ao apuramento dos pressupostos da responsabilidade dos juízes, não se pode ignorar que se colocam ainda algumas dúvidas em sede de aplicação desse mesmo diploma.

Realce-se, em primeiro lugar, que a remissão genérica da LAV para o RRCEE sofre, desde logo, uma restrição que assume uma particularidade da arbitragem: nos termos do artigo 9º, nº 5, da LAV "[a] responsabilidade dos árbitros (...) só tem lugar perante as partes"[1973].

Por outro lado, e antes de explorarmos o alcance do reenvio normativo operado pela LAV, cumpre explorar e contextualizar brevemente os artigos 12º e ss. do RRCEE[1974].

A aplicação do RRCEE permite, desde logo, deixar claro que existem dois planos de análise que devem ser autonomizados: (i) um primeiro, relacionado com os problemas jurídicos relacionados com a aplicação do artigo 13º do RRCEE e que se reportam ao regime da conduta ilícita e danosa que dá lugar ao "erro judiciário"; (ii) um segundo, em que se consideram todos os restantes problemas que consubstanciam uma conduta ilícita danosa (e que não é reconduzível a "erro judiciário") e que se encontre relacionada com a administração de justiça arbitral, os quais implicam uma interpretação do artigo 12º do RRCEE. Neste contexto, deve-se considerar, ainda, o regime de "responsabilidade indirecta" dos juízes previsto no artigo 14º, nº 1, do RRCEE[1975].

[1973] A razão de ser desta norma surge justificada na doutrina pela própria natureza da arbitragem, pelo que uma vez que a convenção de arbitragem só produz efeitos entre as partes não será oponível a "terceiros". Acresce que se invoca que a inexistência de publicidade, como regra geral, impede que os "terceiros" à convenção de arbitragem possam conhecer das questões que lhes digam respeito. V. Guy Keutgen e Georges-Albert Dal, *L'arbitrage em droit belge..., cit.*, p. 327. Entre nós, reconhece José Miguel Júdice, *in* Dário Moura Vicente (coordenador), *Lei de Arbitragem Voluntária Anotada, cit.*, p. 46, que existe uma "ontológica impossibilidade" no sentido de concluir "que terceiros possam ser lesados *per se* por decisões" e que, portanto, esta norma impede também que "o Estado possa demandar árbitros, no âmbito do regime do direito de regresso (...), pois as partes não podem exigir indemnização ao Estado por actos ou omissões dos árbitros" Em sentido contrário a esta posição, António Menezes Cordeiro, *Tratado da Arbitragem..., cit.*, p. 138, entende que este preceito deve ser interpretado de um modo restritivo com vista a evitar a respectiva inconstitucionalidade, pelo que "ele apenas se aplica às situações de responsabilidade contratual dos árbitros, prevista designadamente, nos [artigos] 12º/3, 15º/2 e 43º/2. Para o *error iudicando*, funciona o regime aplicável aos juízes: de resto, como manda o nº 4 [do artigo 9º da LAV].

[1974] Para uma síntese da relação entre o conceito de administração de justiça e o regime jurídico do "erro judiciário" no RRCEE, v., colocando as dúvidas essenciais, Ricardo Pedro, *Responsabilidade Civil do Estado..., cit.*, pp. 149 e ss.

[1975] No sentido de que o artigo 14º do RRCEE se aplica tanto ao apuramento da responsabilidade decorrente do erro judiciário, bem como ao mau funcionamento dos serviços de justiça, v. Carlos Alberto Fernandes Cadilha, *Regime da Responsabilidade Civil..., cit.*, pp. 231 e 232.

A doutrina tem, a este respeito, entendido relativamente à natureza desta responsabilidade que, no caso do "erro judiciário", a mesma corresponde a uma responsabilidade extracontratual do árbitro – uma vez que esta diz respeito ao exercício efectivo da função jurisdicional – e que, no segundo caso, devemos conceber essa responsabilidade como assumindo uma natureza contratual, estando relacionada com os restantes danos que se produzam no domínio da administração de justiça arbitral[1976].

Vejamos brevemente como se materializam estas duas responsabilidades.

16.3.1. A responsabilidade civil contratual do árbitro

A responsabilidade contratual reside no incumprimento de deveres decorrentes do *contrato de árbitro* (*Schiedsrichtervertrag* ou *receptum arbitri*)[1977] que se autonomiza da convenção de arbitragem[1978] e não se reconduz ao *contrato de colaboração arbitral* (celebrado entre o árbitro e o centro de arbitragem), nem ao *contrato de organização de arbitragem* (celebrado entre as partes e o centro de arbitragem)[1979].

A celebração deste contrato pressupõe a existência de uma *designação*, que se manifesta no "a[c]to unilateral, a realizar por cada uma das partes relativamente ao árbitro ou a[c]to conjunto, a concretizar por cada um dos árbitros de parte, relativamente ao presidente; a designação pode caber ao tribunal ou a terceiros, conforme acordado na convenção de arbitragem ou o disposto em normas supletivamente aplicáveis"[1980].

Só após este momento se pode falar no contrato de árbitro que se reconduz ao "negócio jurídico bilateral concluído entre o(s) árbitro(s) nomeado(s) e as partes, que define a missão, a retribuição e outros elementos"[1981].

1976 Neste sentido, António Menezes Cordeiro, *Tratado da Arbitragem...*, *cit.*, pp. 138 e ss. No quadro da anterior LAV, Pedro Romano Martinez, "Análise do vínculo jurídico árbitro...", *cit.*, pp. 839 e ss. e M. Henrique Mesquita, "Arbitragem: competência do tribunal arbitral...", *cit.*, pp. 1389 e ss. No entanto, v., mais recentemente, em sentido um pouco diferente, Mafalda Miranda Barbosa, "Responsabilidade Civil do Árbitro", *cit.*, pp. 130 e ss. Sobre o problema no sistema jurídico alemão, cfr. Andreas Götz, "Der Schiedsrichter zwischen Dienstleistungerbringung und Richtertätigkeit...", *cit.*, pp. 311 e ss.

1977 V., por exemplo, sobre este contrato, entre a abundante bibliografia, Tarkan Göksu, *Schiedsgerichtsbarkeit, cit.*, pp. 334 e ss. Leo Rosenberg, Karl Heinz Schwab e Peter Gottwald, *Zivilprozessrecht, cit.*, pp. 1118 e ss. Thomas Clay, *L'arbitre, cit.*, pp. 739 e ss.

1978 A convenção de arbitragem é autónoma do contrato de árbitro e dos diversos contratos de árbitros celebrados entre as partes e dos árbitros individualmente considerados, neste sentido, Tarkan Göksu, *Schiedsgerichtsbarkeit, cit*, pp. 335 e 336.

1979 V. reconhecendo a distinção entre estes contratos, Mafalda Miranda Barbosa, "Responsabilidade Civil do Árbitro", *cit.*, p. 45. Cfr., ainda, Thomas Clay, *L'arbitre, cit.*, pp. 795 e ss.

1980 Como bem sintetiza António Menezes Cordeiro, *Tratado da Arbitragem...*, *cit.*, p. 129.

1981 António Menezes Cordeiro, *Tratado da Arbitragem...*, *cit.*, p. 129.

Não se pode, no entanto, concluir que estamos perante um contrato de mandato[1982], reconduzindo-se o contrato de árbitro a um contrato de prestação de serviços atípico, em que o árbitro se compromete, através da sua participação e condução eficiente do processo arbitral, a resolver, de forma diligente, o litígio entre as partes[1983].

A primeira conclusão, genérica e a necessitar de concretização das respectivas excepções, é a de que o Estado não seria, por princípio, responsável pela conduta danosa dos árbitros sempre que estivesse em causa danos decorrentes da sua responsabilidade contratual, que seriam indemnizáveis nos termos do estabelecido no artigo 799º do CC, presumindo-se, este respeito, a culpa do árbitro.

Seria, *maxime*, o caso das situações previstas nos artigos 12º, nº 3, 15º, nº 2 e 43º, nº 2, da LAV. Haveria, assim, uma responsabilidade directa dos árbitros[1984], ao contrário do que sucede com os juízes dos tribunais estaduais, que respondem indirectamente (nos termos do artigo 14º do RRCEE), sendo de concluir pela irresponsabilidade do Estado pelos danos causados pelos árbitros quando decorram da respectiva responsabilidade contratual[1985].

[1982] Assim, António Menezes Cordeiro, *Tratado da Arbitragem...*, *cit.*, p. 129. Excluindo que a sua natureza jurídica se reconduza a um contrato de mandato, deve mencionar-se que o mandatário – ao contrário do árbitro – tem de actuar por conta e no interesse do mandante. Alguns autores consideram ser uma ideia correcta, embora diminuta, afirmar que estamos perante uma actuação por conta de alguém quando se verifique uma repercussão, directa ou indirecta, dos efeitos resultantes do acto jurídico objecto do mandato e praticado pelo mandatário na esfera jurídica do mandante. V. Manuel Januário da Costa Gomes, *Contrato de Mandato*, *cit.*, pp. 16 e ss. Em sentido próximo, Carlos Ferreira de Almeida, *Contratos II...*, *cit.*, p. 191. Neste sentido, exercendo os árbitros uma função jurisdicional, estão adstritos aos deveres de imparcialidade e independência, não sendo possível conceber – nem mesmo num plano meramente teórico – que os árbitros possam estar a agir por conta e interesse das partes, principalmente porque o demandante e o demandado têm interesses conflituantes entre si. Com efeito, não seria possível agir no interesse de ambas em simultâneo; por outro lado também não poderiam agir no interesse de apenas uma delas, pois isso traduzir-se-ia numa violação da imparcialidade a que os árbitros estão obrigados. Para além de actuar por conta, o mandatário deve, igualmente, agir no interesse do seu mandante. Quer isto significar que aquele que se encontra a praticar o acto está a agir em benefício ou em vantagem do mandante e, nessa medida, busca alcançar aquilo que se sabe ou pensa ser o interesse dessa pessoa, cfr. Fernando Pessoa Jorge, *O Mandato sem representação*, *cit.*, p. 184. Este elemento tipificador do mandato é mais um argumento que impede a qualificação do contrato de árbitro como mandato, desde logo pelos argumentos anteriormente apresentados.

[1983] Sobre esta questão, Cfr. Helwig Torggler et alli, *Handbuch Schiedsgerichtsbarkeit*, *cit.*, p. 331.

[1984] V. Ricardo Pedro, "A responsabilidade civil dos árbitros...", *cit.*, pp. 669.

[1985] A questão coloca-se em termos globalmente diferentes se considerarmos, desde logo, os problemas específicos que se colocam na arbitragem necessária.

16.3.2. A responsabilidade civil extracontratual do árbitro

O problema já se pode colocar em termos diferentes se olharmos para a actividade jurisdicional em sentido estrito, ou seja, se considerarmos os danos que decorrem do acto de julgar (a *jurisdictio*), visto que não está aqui em causa uma responsabilidade civil contratual, mas antes extracontratual que se deduz do cariz jurisdicional da actividade dos árbitros[1986].

É neste contexto que a "imunidade" garantida pelo artigo 9º, nº 4, da LAV, ganha sentido e consegue atingir a respectiva concretização. O alcance da remissão da LAV para o artigo 14º, nº 1, do RRCEE[1987] deve ser lido no sentido de que este artigo só se aplicará aos árbitros sempre que se verifique dolo ou culpa grave dos mesmos, mas já não será esta a solução, pelo contrário, a aplicar nas restantes situações relacionadas com o exercício em concreto da função jurisdicional[1988], gerando-se, assim, uma "imunidade" do árbitro.

Não pode, a este respeito, deixar de se mencionar que se aplicará para o apuramento da responsabilidade dos árbitros, portanto, o regime do "erro judiciário" previsto no artigo 13º, nº 1, do RRCEE[1989], com as devidas adaptações exigidas pela LAV, não se discutindo a responsabilidade do Estado[1990], mas as situações do "erro judiciário" que podem reconduzir-se a uma situação de "erro" culposa e, eventualmente, constituir os árbitros em responsabilidade.

O conceito de erro, conforme surge configurado no artigo 13º, nº 1, do RRCEE, não é legalmente definido[1991], mas pressuposto, limitando-se o legislador a identificar as situações em que esse erro pode ser título de imputação de responsabilidade. Em todo o caso, o erro previsto no artigo 13º do RRCEE pode ser definido como "um erro de direito ou de facto (...)" que se traduz no "sentido dada à questão jurídica ou à forma como foram adquiridas as bases fácticas dessa solução"[1992].

[1986] O que, como vimos, não é muito controverso na doutrina.

[1987] Dispõe este artigo que: "(...) os magistrados judiciais e o Ministério Público não podem ser directamente responsabilizados pelos danos decorrentes dos actos que pratiquem no exercício das respectivas funções, mas quando tenham agido com dolo ou culpa grave, o Estado goza de direito de regresso contra eles".

[1988] V., neste sentido, RICARDO PEDRO, "A responsabilidade civil dos árbitros...", *cit.*, pp. 668 e ss.

[1989] No qual se determina que "(...) o Estado é civilmente responsável pelos danos decorrentes de decisões jurisdicionais manifestamente inconstitucionais ou ilegais ou injustificadas por erro grosseiro na apreciação dos respectivos pressupostos de facto".

[1990] Cfr. RICARDO PEDRO, "A responsabilidade civil dos árbitros...", *cit.*, p. 670, que defende ser de "aplicar extensivamente o requisito do erro judiciário aos árbitros".

[1991] Acentuando a falta de um conceito de erro judiciário, v. RICARDO PEDRO, "Anotação ao artigo 13º", *cit.*, p. 776.

[1992] Cfr. LUÍS FÁBRICA, "Artigo 13º", *cit.*, p. 350.

No entanto, não se reconduz a um erro qualquer, mas antes uma qualificação do erro que se exterioriza, por um lado, no erro de direito "manifestamente inconstitucional ou ilegal (não basta a mera existência de inconstitucionalidade ou ilegalidade, devendo tratar-se de erro evidente, crasso, indesculpável, que o magistrado tem a obrigação de não cometer") e, por outro lado, deve entender-se que "[o] erro na apreciação da matéria de facto deve ser grosseiro e, por isso, também indesculpável, inadmissível e sem justificação, que só por desatenção ou desleixo foi cometido"[1993].

Um exemplo paradigmático dessa circunstância é uma conduta que revele um total desconhecimento do Direito, conforme tem sido reconhecido pelos nossos tribunais[1994].

Também se encontram algumas dificuldades que decorrem da potencial aplicação à arbitragem da regra prevista no artigo 13º, nº 2, do RRCEE ao exigir que: "[o] pedido de indemnização dever ser fundado na prévia revogação da decisão danosa pela jurisdição competente".

O fundamento para a existência deste mecanismo reside numa "razão dogmático-institucional, ligada à própria natureza da função judicial, na medida em que não se configura que deva uma decisão jurisdicional consolidada, independentemente de ter sido apreciada em recurso, ser objeto de uma desautorização, ainda que com efeitos limitados à verificação de um caso de erro, por um outro tribunal, de possível diversa espécie, ou mesmo grau inferior, num verdadeiro ilogismo institucional, consubstanciado na subversão do princípio da divisão dos poderes, enquanto também aplicável à organização da ordem judiciária"[1995].

Sem querermos retomar a polémica que existe, em geral, no caso da aplicabilidade desta norma no que concerne à responsabilidade dos juízes, cumpre deixar a nota de que existe um argumento decisivo que milita a favor da não aplicabilidade deste preceito à arbitragem, desde logo, porque as especificidades em relação aos tribunais estaduais – inexistência de um controlo estadual abrangente das sentenças arbitrais como regra[1996] – não permitem uma interpretação que desconsidera que o direito fundamental à tutela jurisdicional

[1993] V. a síntese, do acórdão do STJ de 24/02/2015, processo nº 2210/12.9TVLSB.L1.S1.

[1994] Cfr., por exemplo, o acórdão do TRP de 3/07/2003, processo nº 0333155, assumindo a necessidade de existir uma decisão jurisdicional que reside na existência de "um desconhecimento do Direito ou uma falta de cuidado que a leve para fora do campo dentro do qual é natural a incerteza sobre qual vai ser o comando emitido".

[1995] Cfr., a síntese do acórdão do TRL de 29/10/2013, processo nº 1668/12.0TVLSB.L1-7.

[1996] Sobre estes mecanismos v. o Capítulo VII.

efectiva (artigo 20º da CRP)[1997] impõe que a tutela secundária (tutela indemnizatória) não seja limitada legalmente e desproporcionada – aplicando-se aqui o artigo 18º, nº 2, da CRP como padrão interpretativo – principalmente nas situações em que a tutela primária (de impugnação jurisdicional) é, de alguma forma, menos ampla, como acontece do domínio da arbitragem[1998].

16.3.3. A responsabilidade "disciplinar"

No domínio da arbitragem não existe uma responsabilidade disciplinar[1999] nos mesmos moldes da que se encontra legalmente configurada no Estatuto dos Magistrados Judiciais (EMJ)[2000] para a magistratura judicial, cabendo, neste contexto, ao Conselho Superior da Magistratura exercer a acção disciplinar[2001] no caso dos tribunais judiciais e, por outro lado, no caso dos juízes dos tribunais administrativos esta competência é exercida pelo Conselho Superior dos Tribunais Administrativos e Fiscais[2002].

Inexistindo uma entidade com competência legal para exercer o poder disciplinar, esta função tem sido assumida pelos centros de arbitragem aplicando os regulamentos que disciplinam a arbitragem (incluindo aqui todos os aspectos imediata e mediatamente relacionados com o processo arbitral) cuja competência lhes cabe organizar.

Ressalve-se, no entanto, que a potencial existência de uma responsabilidade disciplinar dos árbitros é muito controversa, desde logo, quanto à sua natureza. Assumindo-se os centros de arbitragem como entidades privadas

[1997] Note-se que, em sentido contrário e genericamente referindo-se à responsabilidade dos juízes, o TC decidiu no acórdão nº 363/2015, que: "[s]e à partida, e de modo constitucionalmente legítimo, o direito à indemnização em causa é delimitado negativamente em função da possibilidade legal de reapreciação judicial pelo tribunal competente antes do trânsito em julgado da decisão tida como danosa, também não se coloca qualquer problema de acesso ao direito. Este último, enquanto direito-garantia, pressupõe um direito material, que, no caso, inexiste. Finalmente, as referidas exigências orgânico-funcionais relacionadas com o sistema judiciário explicam satisfatoriamente a solução legal, afastando a ideia de que a mesma seja arbitrária".

[1998] Em sentido idêntico, cfr., com referências doutrinais relativamente aos problemas genéricos desta disposição, Ricardo Pedro, "A responsabilidade civil dos árbitros...", *cit.*, pp. 673 e ss.

[1999] Cfr., a este respeito, Thomas Clay, *L'arbitre*, *cit.*, pp. 714 e ss., reconhecendo, ainda, que se trata de uma responsabilidade menos comum (p. 704).

[2000] Lei nº 21/85, 30 de Julho, na redacção da Lei nº 114/2017, de 29 de Dezembro. A responsabilidade disciplinar dos magistrados encontra-se prevista nos artigos 81º e ss.

[2001] V. o artigo 217º, nº 1, da CRP e o artigo 149º, alínea a) do EMJ.

[2002] V. o artigo 217º, nº 2, da CRP e o artigo 74º, nº 2, alínea a) do Estatuto dos Tribunais Administrativos e Fiscais (Lei nº 13/2002, de 19 de Fevereiro, na redacção do Decreto-Lei nº 214-G/2015, de 14 de Maio).

que exercem funções públicas[2003], coloca-se a questão de saber se é possível qualificar o acto concreto de que deriva o exercício do poder disciplinar – a que se encontrariam sujeitos os árbitros – como um acto administrativo praticado por estas entidades ou, pelo contrário, como uma sanção legitimada pela relação contratual que se estabelece entre o árbitro e o centro de arbitragem institucionalizada regida, assim, exclusivamente pelo Direito Privado.

Pense-se na hipótese prática paradigmática que ocorre quando um árbitro é suspenso preventivamente ou afastado da lista de árbitros na sequência do incumprimento de um ou mais deveres deontológicos que estava obrigado a respeitar[2004].

Em princípio, sendo qualificados como entidades que exercem funções públicas, em tese, os centros de arbitragem poderiam emitir regulamentos com eficácia externa[2005], pelo que, de acordo com o artigo 2º, nº 1, do CPA[2006], existindo uma equivalência funcional da entidade privada à Administração Pública, poderia o centro de arbitragem, à luz do princípio do inquisitório, previsto no artigo 58º do CPA[2007], deter uma posição activa na busca da verdade material (e concomitantemente prosseguir o interesse público), sem depender de qualquer iniciativa do árbitro[2008], socorrendo-se de *medidas administrativas provisórias*[2009], que devem ser qualificadas como actos (administrativos e

[2003] V., a este respeito, o Capítulo I.

[2004] A possibilidade de exclusão de um árbitro das listas está, por exemplo, expressamente consagrada no regulamento de selecção de árbitros do centro de arbitragem conhecido como ARBITRARE, designadamente quando dispõe, no artigo 6º, nº 1, que: "[o] árbitro que violar a lei ou os deveres previstos no Protocolo de Cooperação pode ser excluído da Lista de Árbitros do ARBITRARE".

[2005] Com efeito, no domínio disciplinar, exceptuando nalguns aspectos muito marginais, os regulamentos administrativos devem ser qualificados como externos, uma vez que produzem efeitos na esfera dos seus destinatários.

[2006] No qual se determina que: "[a]s disposições do presente Código respeitantes aos princípios gerais, ao procedimento e à atividade administrativa são aplicáveis à conduta de quaisquer entidades, independentemente da sua natureza, adotada no exercício de poderes públicos ou regulada de modo específico por disposições de direito administrativo".

[2007] Aí se dispõe precisamente que: "[o] responsável pela dire[c]ção do procedimento e os outros órgãos que participem na instrução podem, mesmo que o procedimento seja instaurado por iniciativa dos interessados, proceder a quaisquer diligências que se revelem adequadas e necessárias à preparação de uma decisão legal e justa, ainda que respeitantes a matérias não mencionadas nos requerimentos ou nas respostas dos interessados". Sobre o princípio do inquisitório no procedimento administrativo, Paulo Otero, *Direito do Procedimento Administrativo, cit.*, pp. 85 e ss.

[2008] O que não invalida, por exemplo, numa situação em que possam existir contra-interessados ou em que o próprio "administrado" pretende a abertura de um procedimento disciplinar, o solicite de acordo com o estabelecido no artigo 53º do CPA.

[2009] Sobre o tema, v., desenvolvidamente, Artur Flamínio da Silva, "Medidas provisórias e suspensões preventivas...", *cit.*, pp. 1 ss., texto que se seguirá de perto.

normativos)[2010] temporários que têm como função assegurar a utilidade do procedimento administrativo principal, protegendo os interesses públicos e privados envolvidos, encontrando uma expressa legitimação no artigo 89º do CPA[2011].

Esta base legal poderia fundar, desde logo, a aplicação de uma *suspensão preventiva* ou um afastamento de um árbitro de um dado processo arbitral[2012].

Neste contexto, o decretamento de *suspensões preventivas* assume a aplicação de uma medida gravosa – porque impede o exercício uma determinada actividade – com intenção de assegurar a efectividade de uma potencial decisão sancionatória que poderá vir a ser aplicada no final de um procedimento disciplinar (ou do eventual arquivamento deste)[2013], mas desde que respeitados os princípios da presunção de inocência, da audiência e da proporcionalidade, é genericamente admissível[2014].

Sucede, no entanto, que nem do artigo 6º da LAV[2015] ou do Decreto-Lei nº 425/86 parece ser possível retirar[2016] a existência de uma atribuição genérica ou especial de um poder regulamentar e, em particular, um poder disciplinar no domínio da administração de justiça arbitral institucionalizada aos centros "autorizados". Por outro lado, ainda que se pudesse falar numa responsabilidade disciplinar sujeita aos princípios e normas do Direito sancio-

[2010] V. a noção apresentada por Sandra Lopes Luís, "As medidas provisórias...", *cit.*, p. 741.

[2011] Que é aplicável também, nos termos do artigo 2º, nº 5, do CPA, "subsidiariamente aos procedimentos administrativos especiais", nomeadamente os procedimentos disciplinares administrativos. Não se pode, igualmente, ignorar que o próprio particular pode requerer a adopção de medidas provisórias nos termos do artigo 89º, nº 1, do CPA.

[2012] Conforme reconhece, em geral, Filipa Urbano Calvão, *Os Actos Precários e os Actos Provisórios...", cit.*, p. 62, nota 96, "[o] exemplo de escola de uma medida provisória é o da suspensão preventiva do funcionário no âmbito de um procedimento disciplinar". Referindo-se à suspensão preventiva como uma realidade próxima com as medidas provisórias, v. Mário Esteves de Oliveira / Pedro Costa Gonçalves / João Pacheco Amorim, *Código de Procedimento Administrativo..., cit.*, p. 402.

[2013] Denotando precisamente que as medidas provisórias assumem essencialmente uma função de assegurar a eficácia de uma decisão final, v. José Gorberí Llobergat e Guadalupe Buitrón Ramírez, *El Procedimento Administrativo Sancionador, cit.*, p. 1570.

[2014] Sobre esta questão, cfr. Artur Flamínio da Silva, "Medidas provisórias e suspensões preventivas...", *cit.*, pp. 13 e ss.

[2015] Aí se dispõe que "[t]odas as referências feitas na presente lei ao estipulado na convenção de arbitragem ou ao acordo entre as partes abrangem não apenas o que as partes aí regulem directamente, mas também o disposto em regulamentos de arbitragem para os quais as partes hajam remetido".

[2016] Cfr. António Menezes Cordeiro, *Tratado da Arbitragem..., cit.*, p. 363, assumindo que "[a] sua natureza não levanta dúvidas: eles [os regulamentos dos centros de arbitragem] nascem e conformam-se fora de quaisquer poderes de soberania estaduais". Em sentido contrário, Cfr. João Pacheco de Amorim / Bárbara M. Soares, "Algumas considerações...", *cit.*, pp. 215 e ss.

natório público, não é admissível que um regulamento administrativo possa, exclusivamente, fundar a responsabilidade disciplinar, sob pena de inconstitucionalidade, desde logo, porque se exige que a sanção disciplinar se encontre suficientemente determinada por acto legislativo[2017].

Em todo o caso, inexistindo essa atribuição legal de exercício de poderes públicos regulamentares e disciplinares aos centros de arbitragem[2018], parece ser de concluir que a eventual responsabilidade disciplinar dos árbitros só poderá ser reconduzida a uma responsabilidade "disciplinar" contratual[2019].

16.4. A responsabilidade civil contratual dos centros de arbitragem institucionalizada

Delimitada que está a potencial responsabilidade dos árbitros, cumpre analisar em que medida se reparte a responsabilidade quando existe um outro interveniente bem relevante no domínio da administração de justiça arbitral. Na arbitragem institucionalizada, os problemas relacionados com a responsabilidade dos centros de arbitragem complexificam-se, uma vez que existe uma relação contratual (ou se quisermos ser rigorosos uma pluralidade de contratos) "triangular"[2020], designadamente entre o centro de arbitragem, o árbitro e as partes[2021].

[2017] Deve duvidar-se da compatibilidade desta solução com a reserva relativa de competência legislativa da Assembleia da República prevista no artigo 165º, nº 1, alínea *d)*, da CRP, exigindo-se, a este respeito, a determinação legal das sanções, se ativermos à jurisprudência do Tribunal Constitucional no acórdão nº 574/95. Com efeito, tem este Tribunal o "entendimento de que o *princípio da legalidade das sanções*, o *princípio da culpa* e, bem assim, o *princípio da proibição de sanções de duração ilimitada ou indefinida* valem, na sua ideia essencial, para todo o direito público sancionatório". Por outro lado, conforme refere o Tribunal Constitucional no acórdão nº 472/97, a reserva exige a "definição da natureza do ilícito, dos tipos (ou de modalidades) de sanções e os seus limites", pretendendo-se uma definição do regime comum ou normal desta matéria sancionatória, mas não se exige uma "reserva de regulação total" pelo Parlamento.

[2018] Não se pode, neste contexto, concluir pela inconstitucionalidade (e eventual ilegalidade) dos regulamentos em apreciação. Com efeito, conforme explicou, entre nós, PEDRO GONÇALVES: "[o] poder público regulamentar das entidades privadas tem o seu fundamento exclusivo na delegação; sem delegação ou fora dela, tais entidades não detêm competências públicas, não devendo, por isso, qualificar-se como públicos os actos praticados a descoberto de uma delegação. As normas que editem neste domínio poderão, eventualmente, considerar-se normas produzidas ao abrigo de um poder normativo privado, se preencherem os pressupostos de juridicidade das normas de origem privada". Cfr. *Entidades Privadas com Poderes Públicos*, *cit.*, p. 1055.

[2019] Sobre as sanções de natureza disciplinar no Direito Privado, cfr., com amplas referências, ANTÓNIO PINTO MONTEIRO, *Cláusula Penal e Indemnização*, *cit.*, pp. 139 e ss.

[2020] Cfr., entre os muitos autores, ARMINDO RIBEIRO MENDES, "Contrato entre as Partes e o Centro de Arbitragem", *cit.*, pp. 695 e ss.

[2021] Cfr., relativamente à responsabilidade dos centros de arbitragem, THOMAS CLAY, *L'arbitre*, *cit.*, pp. 723 e ss.

No nosso ordenamento inexiste, todavia, uma norma específica[2022] que se ocupe de regulação do problema da responsabilidade dos centros de arbitragem, ao contrário do que sucede com a responsabilidade civil dos árbitros[2023], o que dificulta a concepção e defesa da existência de uma "imunidade" dos centros de arbitragem.

Sucede, além disso, que o Estado, nesta situação, concede uma "autorização", "validando" o funcionamento do centro de arbitragem institucionalizada e investe, assim, os utilizadores do centro de arbitragem na confiança de que este se adequa aos princípios básicos de um *due process*. Deixando de lado a hipótese de responsabilizar o Estado pelo mau funcionamento[2024] da administração de justiça por centros de arbitragem por este autorizados, não existem, desde logo, razões para não admitir, tal como se concede no caso da responsabilidade contratual dos árbitros, que exista uma responsabilidade directa do centro de arbitragem em relação às partes pelo mau funcionamento da justiça arbitral[2025].

16.5. A responsabilidade civil contratual do secretário

Não se pode ignorar também a possibilidade de, em tese, o próprio secretário poder causar danos às partes através de uma conduta lesiva que tenha impacto no processo arbitral. O que se deve ter presente neste caso é que, exceptuando o caso (muito pouco comum e pouco provável de suceder) de serem as partes a escolher celebrar um contrato com o secretário, a inexistência de um vínculo contratual com as partes e sendo certo que àquele não podem ser atribuídas funções jurisdicionais – as quais cabem, em exclusivo, ao árbitro – não parece ser possível configurar uma responsabilidade contratual (e muito menos extracontratual) do secretário em relação às partes[2026].

[2022] Em sentido diverso, em Espanha, o artigo 21º, nº 1, da Lei nº 60/2013, de 23 de Dezembro, admite que as instituições arbitrais possam ser responsabilizadas pelos danos e prejuízos causados com uma conduta violadora da má-fé, imprudente ou dolosa, respondendo directamente por esses mesmos prejuízos. Para garantir o cumprimento destas responsabilidades são, ainda, exigidos seguros de responsabilidade civil, os quais se exigem também aos árbitros. Sobre esta norma, v., por exemplo, Jesús Remón Peñalver, "Ley de Arbitraje, Artículo 21", *cit.*, pp. 379 e ss.

[2023] Na jurisprudência existem alguns casos dignos de menção, v., no que concerne a um elenco das disputas relacionadas com a possível responsabilização de centros de arbitragem, Maria França Gouveia e Ana Coimbra Trigo, "L'affaire Garoubé: Responsabilidade das instituições arbitrais e impecuniosidade das partes", *cit.*, pp. 75 e ss.

[2024] Sobre o conceito de mau funcionamento, v. Ricardo Pedro, *Responsabilidade Civil do Estado...*, *cit.*, pp. 287 e ss.

[2025] Com as consequências de regime jurídico que já mencionámos.

[2026] Cfr., neste sentido e por todos, J. Ole Jensen, *Tribunal Secretaries in International Arbitration*, *cit.*, pp. 114 e 115.

Existindo uma relação contratual com as partes, tem sido admitida, ainda assim, dentro de certos limites, a existência de uma "imunidade"[2027], em sede de responsabilidade, do secretário em relação às partes, que se pode, desde logo, retirar pela natureza da actividade do secretário (o de mero auxiliar do árbitro)[2028].

O problema já se pode, no entanto, colocar noutros termos se considerada a relação entre o árbitro e o secretário para efeitos de responsabilidade contratual. Com efeito, existindo um contrato entre o árbitro e o secretário, e sendo certo que o árbitro "delega"[2029] funções no secretário, os danos que o mesmo provoque na esfera jurídica do árbitro – pense-se, designadamente, na violação do dever de confidencialidade – podem ser indemnizáveis[2030].

16.6. A responsabilidade civil extracontratual do Estado pela administração de justiça e arbitragem

Por último, analisada que está a responsabilidade dos mais diversos "operadores" no domínio da administração de justiça na arbitragem, cumpre, ainda, verificar as condições em que pode ocorrer a responsabilidade do Estado por essa mesma administração de justiça desenvolvida por privados.

Sublinhe-se, face ao que foi anteriormente dito, que a resposta mais imediata poderia residir no argumento de que a existência de um fundamento contratual da arbitragem implicaria concluir que o Estado nunca poderia ser responsabilizado pelos danos que decorram desse exercício jurisdicional num sentido amplo.

Não pode, porém, deixar-se de reconhecer que o Estado possa vir a ser responsabilizado – sem prejuízo de se discutir se estamos sempre perante uma responsabilidade indirecta[2031] – pelos danos que se produzam no âmbito da administração de justiça arbitral, desde logo, no âmbito da arbitragem institucionalizada e no domínio da arbitragem necessária, aplicando-se, nesta situação, o artigo 12º do RRCEE[2032].

[2027] É esta, por exemplo, a solução do artigo 29º, nº 2, do *English Arbitration Act*.

[2028] V. J. Ole Jensen, *Tribunal Secretaries in International Arbitration*, *cit.*, p. 115.

[2029] Sobre o fenómeno de "delegação" no domínio do Direito Privado, v., por todos, Jens Kleinschmidt, *Delegation von Privatautonomie auf Dritte*, *cit.*, pp. 101 e ss.

[2030] Assim, J. Ole Jensen, *Tribunal Secretaries in International Arbitration*, *cit.*, p. 118.

[2031] Ricardo Pedro defende que, a existir, será sempre uma responsabilidade subsidiária do Estado em relação à responsabilidade do centro de arbitragem, *Responsabilidade Civil do Estado...*, *cit.*, p. 562.

[2032] A responsabilidade que daí decorre, de acordo com o estabelecido neste artigo, resume-se aos "danos ilicitamente causados" que seguem "o regime da responsabilidade por factos ilícitos

Com efeito, conforme vimos[2033], face à existência de um acto autorizativo que precede a criação dos centros de arbitragem institucionalizada que se sediem em Portugal – e que permite o funcionamento dos centros de arbitragem até ao incumprimento dos pressupostos da atribuição da "autorização" –, não pode deixar de se concluir que cabe ao Estado responsabilizar-se, ainda que exista um vínculo contratual entre os centros e as partes, pela conduta danosa que decorra do funcionamento de administração de justiça arbitral, uma vez que, ao validar a compatibilidade dessa forma de administração de justiça com os princípios básicos do Estado de Direito, não pode o Estado eximir-se da responsabilização pelos danos que decorram dessa actividade[2034].

No mesmo sentido, não se pode deixar de admitir que, no caso da arbitragem necessária, o Estado tenha que assumir-se como responsável pelos danos que ocorram no âmbito da administração de justiça "arbitral", visto que, se estamos perante tribunais arbitrais em "sentido aparente"[2035], não podemos deixar de reconhecer um dever estadual de reparar os danos que decorram das condutas ilícitas neste domínio.

cometidos no exercício da função administrativa", numa clara remissão para os artigos 7º a 10º do RRCEE.

2033 Cfr. o já analisado no Capítulo I a propósito da autorização dos centros de arbitragem, ponto 4.4.

2034 Discordamos, assim, de Ricardo Pedro quando reconhece que o Estado só poderá ser *excepcionalmente* responsável por esta administração de justiça arbitral, designadamente nos centros de arbitragem de mão pública ou quando, por outro lado, seja o Estado o responsável pela nomeação do árbitro, *Responsabilidade Civil do Estado...*, *cit.*, pp. 558 e ss.

2035 Conforme procurou demonstrar Artur Flamínio da Silva, *A Resolução de Conflitos Desportivos...*, *cit.*, pp. 351 e pp. 354 e ss., deve exigir-se a equiparação constitucional dos tribunais arbitrais necessários aos tribunais estaduais, que só serão constitucionalmente admissíveis se cumpridas as mesmas coordenadas constitucionais aplicáveis aos tribunais estaduais. Assumindo a dificuldade de transposição do argumento do fundamento contratual para a arbitragem necessária, v. Mafalda Miranda Barbosa, "Responsabilidade Civil do Árbitro", *cit.*, p. 153, nota 93.

BIBLIOGRAFIA

AALL, JORGEN, "Waiver of Human Rights: Waiver of Procedural Rights according to Article 6 ECHR", *in Nordic Journal of Human Rights*, Vol. 29, nº 2 (2011), pp. 206 a 290.

ABRAMSON, HAROLD I., "Protocols for International Arbitrators Who Dare to Settle Cases", *in The American Review Of International Arbitration*, Nº 1 (1999), pp. 1 a 19

ABRANTES, JOSÉ JOÃO, *A vinculação das entidades privadas aos direitos fundamentais*, AAFDL, Lisboa, 1990

— *Contrato de Trabalho e Direitos Fundamentais*, Coimbra Editora, Coimbra, 2005

ABREU, MIGUEL CANCELLA DE / FILIPE LOBO D'AVILA / ARAFAM MANÉ / CLARA MOREIRA CAMPOS, *A Arbitragem Voluntária e a Mediação de Conflitos. Legislação Comentada dos Espaços de Língua Portuguesa (Angola, Brasil, Cabo Verde, Guiné-Bissau, Macau, Moçambique, Portugal, S. Tomé e Príncipe e Timor)*, Almedina, Coimbra, 2008

ADOLPHSEN, JENS, *Internationale Dopingstrafen*, Tubinga, Mohr Siebeck, 2003

— "Aktuelle Fragen des Verhältnis von EMRK und Europäisches Zivilprozessrecht", *in Die EMRK im Privat-, Straf- und Öffentlichen Recht: Grundlagen einer Europäischen Rechtskultur*, Zurique, Schultess, 2004

AKSELI, ORKUN, "Appointment of Arbitrators as Specified in the Agreement to Arbitrate", *in Journal of International Arbitration*, Vol. 20, nº 3 (2003), pp. 247 a 254

ALARCÃO, RUI DE, *Direito das Obrigações*, Coimbra, 1983

ALEXANDRE, ISABEL, "O tribunal estadual competente, segundo a Lei da Arbitragem Voluntária", *in Revista de Direito Civil*, Ano I (2016), nº 1, pp. 117 a 139

ALFONSO, JESÚS M. DE, "¿Mantiene el arbitraje sus ventajas hoy en día? Lo que pueden hacer las partes para asegurarlas", *in El arbitraje: nueva regulación y práctica arbitral*, Tirant lo Blanch, Valência, 2013, pp. 19 a 49

ALMEIDA, CARLOS FERREIRA DE – *Os Direitos dos Consumidores*, Coimbra, Almedina, 1982

— *Contratos II: Conteúdo. Contratos de Troca*, 3ª Edição, Coimbra, Almedina, 2007

— "Convenção de Arbitragem: Conteúdos e Efeitos", *in I Congresso do Centro de Arbitragem da Câmara de Comércio e Indústria Portuguesa – Intervenções*, Coimbra, Almedina, 2008, pp. 81 a 95

— *Contratos IV – Funções. Circunstâncias. Interpretação*, Coimbra, Almedina, 2014

ALMEIDA, DANIELA VICENTE DE, *O Dever de Revelação como Problema de Independên-*

cia e Imparcialidade dos Árbitros, Almedina, Coimbra, 2018

Almeida, Mário Aroso de, "Sobre o âmbito das matérias passíveis de arbitragem de direito administrativo em Portugal", *in Estudos em Homenagem a Miguel Galvão Teles*, Vol. II, Coimbra, Almedina, 2012, pp. 7 a 26

— "Arbitragem e Tribunais Administrativos", *in Revista Internacional de Arbitragem e Conciliação*, Vol. VII (2014), pp. 47 a 64

— *Manual de Processo Administrativo*, 2ª Edição, Coimbra, Almedina, 2016

— *Manual de Processo Administrativo*, 3ª Edição, Coimbra, Almedina, 2017

Almeida, Mário Aroso de / Carlos Cadilha, *Comentário ao Código de Processo nos Tribunais Administrativos*, 4ª Edição, Coimbra, Almedina, 2018

Alves, Rute / Iñaki Carrera, "(Des) ordem pública internacional. Acórdão do Tribunal da Relação de Lisboa de 2 de Junho de 2016", *in Revista PLMJ Arbitragem*, Jurisprudência comentada (2016), nº 1, 2017, pp. 52 a 65

Amado, João Leal, "Arbitrabilidade dos litígios emergentes do contrato de trabalho desportivo", *in Questões Laborais*, Ano VI (1999), pp. 109 a 112

— *Contrato de Trabalho*, 2ª Edição, Coimbra, Coimbra Editora, 2010

Amaral, Diogo Freitas do, *Uma Introdução à Política, com a participação de* Maria da Glória Garcia e de Pedro Machete, Lisboa, Bertrand Editora, 2014

Amaral, Jorge Augusto Pais de, *Direito Processual Civil*, 12ª ed., Almedina, Coimbra, 2015

Amorim, João Pacheco de / Bárbara M. Soares, "Algumas considerações em torno dos Centros de Arbitragem Voluntária institucionalizada e dos respectivos regulamentos arbitrais", *in A Arbitragem Administrativa e Tributária. Problemas e Desafios*, 2ª Edição, Coimbra, Almedina, 2013, pp. 203 a 220

Andrade, José Carlos Vieira de, *Os Direitos Fundamentais na Constituição Portuguesa de 1976*, 5ª Edição, Almedina, Coimbra, 2012

— *A Justiça Administrativa*, 13ª Edição, Coimbra, Almedina, 2014

— *Justiça Administrativa*, 16ª Edição, Coimbra, Almedina, 2016

Andrade, José Robin de, "Publicidade e Impugnação de decisões arbitrais em matéria administrativa (O Projecto de revisão do Código de Processo dos Tribunais Administrativos e a nova LAV)", *in Revista Internacional de Arbitragem e Conciliação*, APA, nº 7 (2014), pp. 18 a 28

— *in* Dário Moura Vicente (coordenador), *Lei da Arbitragem Voluntária Anotada*, 3ª Edição, Almedina, Coimbra, 2017

Andrade, Manuel de, *Noções Elementares de Processo Civil*, com a colaboração de Antunes Varela, edição revista e actualizada por Herculano Esteves, Coimbra, Coimbra Editora, 1976

Andrews, Neil, "Global Perspectives on Commercial Arbitration", *in Procedural Justice – XIV. IAPL World Congress / XIVème Congrès mondial de l'AIDP Heidelberg 2011*, Veröffentlichungen der Wissenschaftlichen Vereinigung für Internationales Verfahrensrecht e.V., Vol. 20, Gieseking-Verlag, Bielefeld, 2014, pp. 537 a 613

Arfazadeh, Homayoon, "In the Shadow of the Unruly Horse: International Arbitration and the Public Policy Exception", *in The American Review of International Arbitration*, nº 43 (2002), pp. 43 e 65

Aristóteles, *Política*, tradução de António Campelo Amaral e Carlos de

Carvalho Gomes, Colecção Vega Universidade / Ciências Sociais e Políticas, Vega, Lisboa, 1998

Arntz, Thomas, "Die missglückte Eskalationsklausel", *in SchiedsVZ – German Arbitration Journal*, Vol. 12, nº 5 (2014), pp. 237 a 244

Aroca, Juan Montero, *El Proceso Civil. Los procesos ordinarios de declaración y de ejecucióni*, 2ª Edição, Valência, Tirant lo Blanch, 2016

Aroca, Juan Montero / Juan Luis Gómez Colomer / Silvia Barona Vilar, *Derecho Jurisdiccional I. Parte General*, 23ª Edição, Valência, Tirant lo Blanch, 2015

Aroca, Juan Montero / Juan Luis Gómez Colomer / Silvia Barona Vilar / María Pía Calderón Cuadrado, *Derecho Jurisdiccional II. Proceso Civil*, 23ª ed., tirant lo blanch, Valência, 2015

Arroyo, Manuel, "Dealing with Dissenting Opinions in the Award: Some Options for the Tribunal", *in ASA Bulletin*, Vol. 26, n. º 3 (2008)

Ascensão, José de Oliveira, "Interpretação das leis. Integração das lacunas. Aplicação do princípio da analogia", *in Revista da Ordem dos Advogados*, Ano57, Vol. III, (1997), pp. 913 a 941

— *Direito Civil. Teoria Geral*, Vol. III, Coimbra Editora, Coimbra, 2002

— *Direito Civil. Teoria Geral*, vol. II, 2ª ed., Coimbra Editora, Coimbra, 2003

— *O Direito. Introdução e Teoria Geral*, 13ª Edição, Coimbra, Almedina, 2005

Avanessian, Aida B., "The New York Convention and Denationalized Arbitral Awards: (With Emphasis on the Iran-United States Claims Tribunal", *in Journal of International Arbitration*, nº 1 (1991), pp. 5 a 29

Bamforth, Richard / Katerina Maidment, " 'All join in' or not? How well does international arbitration cater for disputes involving multiple parties or related claims?", *in ASA Bulletin*, Vol. 27, nº 1 (2009), pp. 3 a 25

Bangert, Jan, "Die Bindung privater Schiedsgerichte an Art. 6 Abs. 1 EMRK", *in Menschenrecht, Demokratie und Rechtsstat – Liber amicorum Lenzius Wildhaber*, Stephan Breitenmoser et alli (Ed.), Baden-Baden, Nomos, 2007

Barbosa, Mafalda Miranda, "Responsabilidade Civil do Árbitro", *in Estudos de Direito do Consumidor*, nº 11 (2016), pp. 75 a 131

Baron, Patrick M. / Stefan Liniger, "A Second Look at Arbitrability: Approaches to Arbitration in the United States, Switzerland and Germany", *in Arbitration International*, Vol. 19, nº. 1 (2003), pp. 27 a 54

Barreto, Ireneu Cabral, "Direito ao exame da causa publicamente", *in BMJ*, Documentação e Direito Comparado, nºs 75/76 (1998), pp. 151 a 170

— *A Convenção Europeia dos Direitos do Homem*, 5ª Edição, Almedina, Coimbra 2015

Barrocas, Manuel Pereira, "Contribuição para a reforma da lei de arbitragem voluntária", *in Revista da Ordem dos Advogados*, Ano 67, Vol. I (2007), pp. 1 a 34

— *Manual de Arbitragem*, 2º Edição, Coimbra, Almedina, 2010

— "A razão por que não são aplicáveis à arbitragem nem os princípios nem o regime legal do processo civil", *in Revista da Ordem dos Advogados*, Ano 75, vols. III e IV (2015), pp. 625 a 630

— "Poderes do Árbitro. Extensão e Limites", *in Estudos de Direito da Arbitragem em Homenagem a Mário Raposo*, Universidade Católica Editora, Lisboa, 2015, pp. 145 a 160

— *Lei de Arbitragem Comentada*, Coimbra, Almedina, 2013

Barros, João Miguel, *Sistema Judiciário Anotado*, AAFDL, Lisboa, 2015

Bartolomeo, Maria Di, *Microconflittualitá e arbtritato obbligatorio*, Nápoles, Edizioni Scientifiche Italiane, 1996

Basedow, Jürgen, "EU Law in International Arbitration: Referrals to the European Court of Justice", *in Journal of International Arbitration*, nº 4 (2015), pp. 367 a 386

Bastos, Filipe Brito, "A arbitragem em Direito Administrativo e o direito fundamental de acesso ao Direito nos tribunais portugueses", *in Arbitragem e Direito Público*, Lisboa, AAFDL, 2015, pp. 75 a 98

Batista, J. Pereira, *Reforma do Processo Civil – Princípios Fundamentais*, Lex, Lisboa, 1997

Baumbach, Adolf / Wolfgang Lauterbach / Jan Albers / Peter Hartmann, *Zivilprozessordnung*, 72ª Edição, Munique, Verlag C. H. Beck, 2014

Ben Steinbrück, *Die Unterstützung ausländischer Schiedsverfahren durch staatliche Gerichte*, Mohr Siebeck, Tubinga, 2009

Benedettelli, Massimo V. / Claudio Consolo / Luca G. Radicati di Brozolo, *Commentario breve al diritto dell'arbitrato nazionale ed internazionale*, 2ª Edição, Cedam, Pádua, 2017

Bentolila, Dolores, *Arbitrators as Lawmakers*, Aalphen aan den Rijn, Kluwer Law International, 2017

Berg, Albert Jan van den, *The New York Arbitration Convention of 1958*, Kluwer Law and Taxation Publishers, Haia, 1981

— "Dissenting Opinions by Party-Appointed Arbitrators in Investment Arbitration", *in Looking to the Future: Essays on International Law in Honor of W. Michael Reisman*, Haia, Brill| Nijhoff, 2010, pp. 821 a 843

Berger, Bernhard / Franz Kellerhals, *International and Domestic Arbitration in Switzerland*, 3ª Edição, Berna, Stämpfli Publishing, 2014

Berger, Klaus Peter, "Law and practice of escalation clauses", *in Arbitration International*, Vol. 22, nº 1 (2006), pp. 1 a 18

— "The Arbitrator Dr. Martin Regli: Pierre Karrer's Alter Ego", *in The Powers and Duties of an Arbitrator: Liber Amicorum Pierre A. Karrer*, (Eds. Patricia Shaughnessy and Sherlin Tung) Alphen aan den Rijn, Kluwer Law International, 2017, pp. 25 a 38

— *Private Dispute Resolution in International Business: Negotiation, Mediation, Arbitration*, Vol. II, 3ª Edição, Kluwer Law International, Alphen aan den Rijn, 2015

Berger, Klaus Peter / J. Ole Jensen, "Due process paranoia and the procedural judgment rule: a safe harbour for procedural management decisions by international arbitrators", *in Arbitration International*, vol. 32, nº 3 (2016), pp. 415 a 435

Bernardini, Piero, "Arbitrato commerciale internazionale", *in Enciclopedia del Diritto – Aggiornamento*, Vol. I, Giuffrè Editore, Milão, 1997, pp. 89 a 99

— *L'arbitrato nel commercio e negli investimenti internazionali*, 2ª ed., Giuffrè Editore, Milão, 2008

Bernstoff, Jochen, "Specialized Courts and Tribunals as the Guardian of International Law? The Nature of Function of Judicial Interpretation in Kelsen and Schmitt", *in The Judicialization of International Law: A Mixed Blessing*, Andreas Follesdal e Geir Ulfstein (Coord.), Oxford, Oxford University Press, 2018, pp. 9 a 25

Besson, Sébastian, "Arbitration and Human Rights", *in ASA Bulletin*, Vol. 24, nº 3, (2006), pp. 395 a 416

BETTERMANN, KARL AUGUST, "Die rechtsprechende Gewalt", *in Handbuch des Staatrechtes*, Tomo II, JOSEF INSEE e PAUL KIRCHHOF (Ed.), Heidelberg, C.F. Müller, 1996, pp. 775 a 814

BIAMONTI, LUIGI, "Arbitrato - Diritto processuale civile", *in Enciclopedia del diritto*, Vol. II, Milão, Giuffrè Editore, 1958, pp. 899 a 958

BILLIET, PHILIPPE, "Collective Redress and Class Arbitration in the EU", *in Class and Group Actions in Arbitration*, Dossiers - ICC Institute of World Business Law, Paris, 2016, pp. 58 a 79

— "Introduction", *in Class Arbitration in the European Union*, Maklu, Antuérpia, 2013, pp. 137 a 152

BINDER, PETER, *International Commercial Arbitration and Conciliation in UNCITRAL Model Law Jurisdicitons*, 3ª Edição, Beccles, Sweet & Maxwell, 2010

— *International Commercial Arbitration and Mediation in UNCITRAL Model Law Jurisdictions*, 4ª Edição, Alphen aan den Rijn, Kluwer Law International International, 2019

BLACKABY, NIGEL / CONSTANTINE PARTASIDES / ALAN REDFERN / MARTIN HUNTER, *Redfern and Hunter on International Arbitration*, 6ª Edição, Nova Iorque, Oxford, 2015

BLACKSHAW, IAN, *Sport, Mediation and Arbitration*, Haia, TMC Asser Press, 2009

BLEIBTREU, HOFMANN e HENNECKE, *GG - Kommentar zum Grundgesetz*, 13ª Edição, Carl Heymanns, Colónia, 2014

BOCKSTIEGEL, KARL-HEINZ, "Public Policy and Arbitrability", *in Comparative Arbitration Practice and Public Policy in Arbitration*, Pieter Sanders (Ed.), Alphen aan den Rijn, Kluwer Law International, 1987, pp. 177 e ss.

— "Party Autonomy and Case Management - Experiences and suggestions of an Arbitrator", *in SchiedsVZ*, nº 1 (2013), pp. 1 a 5

BÖCKSTIEGEL, KARL-HEINZ / STEFAN MICHAEL KRÖLL / PATRICIA NACIMIENTO (Eds.), *The Model Law in Practice*, 2ª Edição, Alphen aan den Rijn, Kluwer Law International, 2015

BOND, STEPHEN R. / ABBY COHEN SMUTNY, "How to Commence an International Arbitration", *in* DANIEL M. KOLKEY / RICHARD CHERNICK / BARBARA REEVES NEAL (coordenadores), *Practitioner's Handbook on International Arbitration and Mediation*, 3ª Edição, Juris, Nova Iorque, 2012, pp. 59 a 119

BOND, STEPHEN R., "The ICC Arbitrator's Statement of Independence: A Response to Prof. Alain Hirsch", *in ASA Bulletin*, Vol. 8, nº 3 (1990), pp. 226 a 234

— "The International Arbitrator: From the Perspective of the ICC International Court of Arbitration", *in Northwestern Journal Of International Law & Business*, Vol. 12, nº 1 (1991), pp. 1 a 22

BONNAN, REGIS, "Different Conceptions of Amiable Composition in International Commercial Arbitration: A Comparison in Space and Time", *in Journal of International Dispute Settlement*, Vol. 6, nº 3 (2015), pp. 522 a 545

BORGES, CARLA GONÇALVES, "Pluralidade de Partes e Intervenção de Terceiros na Arbitragem", *in Themis - Revista da Faculdade de Direito da UNL*, Ano VII, nº 13 (2006), pp. 109 a 153.

BORGES, CARLA GONÇALVES / MARIANA SERRA BAPTISTA, "Portugal", *in World Class Actions. A Guide to Group and Representative Actions around the Globe*, Oxford University Press, Nova Iorque, 2012, pp. 312 a 319.

BORGES, CARLA GONÇALVES / RICARDO NETO GALVÃO, "A extensão da convenção de arbitragem a não signatários", *in VI Congresso do Centro de Arbitragem Comercial – Intervenções*, Almedina, Coimbra, 2013, pp. 119 a 135

Borges, Marco António de Aço e, *A Demanda Reconvencional*, Quid Juris, Lisboa, 2008

Born, Gary B., *International Commercial Arbitration*, Vol. I, 2ª Edição, Kluwer Law International, Alphen aan den Rijn, 2014

— *International Commercial Arbitration*, Vol. II, 2ª Edição, Kluwer Law International, Alphen aan den Rijn, 2014

Born, Gary B. / Claudio Salas, "The United States Supreme Court and Class Arbitration: A Tragedy of Errors", *in Journal of Dispute Resolution*, University of Missouri School of Law, vol. 2012, nº 1, pp. 21 a 48

Borris, Christian, "Collective Arbitration: The European experience. Germany and the DIS Supplementary Rules for Corporate Law Disputes (DIS-SRCoLD)", *in Class and Group Actions in Arbitration*, Dossiers – ICC Institute of World Business Law, Paris, 2016, pp. 80 a 87

Borris, Christian /Hennecke, Rudolf "Artigo V", *in New York Convention*, Reinmar Wolff (coord.), C.H. Beck, Munique, 2012, pp. 239 a 267

Boularbah, Hakim, "Les procédures parallèles et les tiers", *in L'arbitrage et les tiers – Arbitrage en derden*, Actes du colloque du CEPANI 40 du 28 novembre 2008, nº 10, Bruylant, Bruxelas, 2008, pp. 151 a 174

Brandão, Manuel Cavaleiro / Pedro Ferreira de Sousa, "Anotação à decisão do Tribunal Europeu dos Direitos do Homem de 27 de novembro de 1996 (Nordström v The Netherlands)", *in 100 Anos de Arbitragem – os casos essenciais comentados*, Coleção PLMJ, nº 9, Coimbra Editora, Coimbra, 2015, pp. 187 a 204

Brekoulakis, Stavros L., "On Arbitrability: Persisting Misconceptions and New Areas of Concern", *in Arbitrability: International and Comparative Perspectives*, Alphen aan den Rijn, Kluwer Law International, 2009, pp. 19 a 46

— *Third parties in International Commercial Arbitration*, Oxford International Arbitration Series, Oxford University Press, Oxford, 2010

— "Systemic Bias and the Institution of International Arbitration: A New Approach to Arbitral Decision-Making", *in Journal of International Dispute Settlement*, Vol. 4, N. º 3 (2013), pp. 553 a 585

— "Introduction: The Evolution and Future of International Arbitration', in *The Evolution and Future of International Arbitration*, Alphen aan den Rijn, Kluwer Law International, 2016, pp. 1 a 20

Briner, Robert / Fabian von Schlabrendorff, "Article 6 of the European Convention on Human Rights and its Bearing upon International Arbitration", *in Law of International Business and Dispute Settlement in the 21st Century – Liber Amicorum Karl-Heinz Bockstiegel*, Robert Briner *et alii* (Ed.), Colónia, Carl Heymanns, 2001, pp. 89 a 109

Brito, Maria Helena, "Arbitragem internacional. A propósito da nova Lei da Arbitragem Voluntária", *Themis – Revista da Faculdade de Direito da UNL*, Ano XII, nºs 22 e 23 (2012), pp. 103 a 143

— "As novas regras sobre a arbitragem internacional. Primeiras reflexões", *in Estudos em Homenagem a Miguel Galvão Teles*, vol. II, Almedina, Coimbra, 2012, pp. 27 a 49

Brito, Miguel Nogueira de, "O princípio do juiz natural e a nova organização judiciária", *in Julgar*, nº 20 (2013), pp. 19 a 37

BRONZE, FERNANDO JOSÉ, *Lições de Introdução ao Direito*, 2ª Edição, Coimbra Editora, Coimbra, 2006

BU, RUI, "Emergency Arbitrator Procedure and Open-List Arbitrator Appointment Under the New China (Shanghai) Pilot Free Trade Zone Arbitration Rules: Dawn of a New Era?", *in University of Pennsylvania East Asia Law Review*, nº 10 (2014), pp. 66 a 100.

BUCKNER, CAROLE J., "Due process in class arbitration", *in Florida Law Review*, vol. 58, nº 1, 2006, pp. 186 a 263

BURN, GEORGE / ALISON PEARSALL, "Exceptions to Confidentiality in International Arbitration", *in Confidentiality in Arbitration: Commentaries on Rules, Statutes, Case Law and Practice*, ICC International Court of Arbitration Bulletin – Special Supplement, Paris, 2009, pp. 23 a 38

CABRAL, MARGARIDA OLAZABAL, "A arbitragem no projecto de revisão do CPTA", *in Julgar*, nº 26 (2015), pp. 99 a 119

CADILHA, CARLOS ALBERTO FERNANDES, *Regime da Responsabilidade Civil Extracontratual do Estado e Demais Entidades Públicas Anotado*, Coimbra, Coimbra Editora, 2008

CAETANO, ANA, "Emergency arbitrator – is he or she a true arbitrator? The single row consent of parties and Portuguese overview", *in Young Arbitration Review*, ano 3, nº 12 (Janeiro de 2014), pp. 40 a 52

CAETANO, MARCELLO, *Manual de Direito Administrativo*, Tomo II, 18ª Edição, 5ª Reimpressão, Coimbra, Almedina, 1994

CAHALI, FRANCISCO JOSÉ, "Arbitragem e o Projeto de Código de Processo Civil", *in* JOSÉ ANCHIETA DA SILVA (organizador), *O Novo Processo Civil*, Colégio de Presidentes dos Institutos dos Advogados do Brasil, Lex Editora, São Paulo, 2012, pp. 275 a 291

CALADO, DIOGO / MANUEL DA SILVA GOMES, "Publicidade das decisões arbitrais administrativas: ponto de situação e algumas interrogações conexas", *in A arbitragem administrativa em debate: problemas gerais e arbitragem no âmbito do Código dos Contratos Públicos*, AAFDL Editora, Lisboa, 2018, pp. 169 a 193

CALAMANDREI, PIERO, *Istituzioni di Diritto Processuale Civile*, Parte Segunda, Pádova, CEDAM, 1944

CALDAS, FRANCISCO DE CASTRO, *Portugal e a Arbitragem Internacional*, Lisboa, 1935

CALDEIRA, MARCO, "A arbitragem no Código dos Contratos Públicos revisto", *in A arbitragem administrativa em debate: problemas gerais e arbitragem no âmbito do Código dos Contratos Públicos*, Lisboa, AAFDL, 2018, pp. 277 a 322

CALMON, ELIANA, "A arbitragem e o Poder Público", *in Revista de Arbitragem e Mediação*, Ano 7, Vol. 24 (2010), pp. 9 a 16

CALVÃO, FILIPA URBANO, *Os Actos Precários e os Actos Provisórios no Direito Administrativo*, Porto, Católica Editora, 1998

CAMPOS, ALEXANDRA VALPAÇOS GOMES DE, "O esgotamento do poder jurisdicional dos árbitros: Correcção, interpretação e integração da sentença arbitral", *in Revista da Ordem dos Advogados*, Ano 72, nº 4 (2012), pp. 1379 a 1421

CAMPOS, DIOGO LEITE DE, "A arbitragem voluntária, jurisdição típica do Estado-dos-direitos e dos-cidadãos", *in A evolução do Direito no século XXI – Estudos de Homenagem ao Professor Arnoldo Wald*, Almedina, Coimbra, 2007, pp. 39 a 53

— A Arbitragem Voluntária (jurisdição dos cidadãos) nas relações tributárias", *in I Congresso do Congresso do Centro de Arbi-

tragem Comercial – Intervenções, Almedina, Coimbra, 2008, pp. 223 a 233

CAMPOS, JOANA PAIXÃO, *A Conciliação Judicial*, Dissertação de Mestrado apresentada à Faculdade de Direito da Universidade Nova de Lisboa, *policopiado*, 2009, *disponível on-line*

CANARIS, CLAUS-WILHELM, *Direitos fundamentais e direito privado*, tradução de INGO SARLET / PAULO MOTA PINTO, Almedina, Coimbra, 2006

CANO, ANDRÉS TALAVERA, "Combatiendo la Due Process Paranoia. Asegurando un ejercicio de la discrecionalidad arbitral con razonabilidad", *in Revista Ecuatoriana de Arbitraje*, nº 8, 2016, pp. 75 a 90

CANOTILHO, GOMES e VITAL MOREIRA, *Constituição da República Portuguesa Anotada*, 1ª Edição, Coimbra, Coimbra Editora, 1978

— *Constituição da República Portuguesa Anotada*, vol. II, 3ª Edição, Coimbra, Coimbra Editora, 1997

— *Constituição da República Portuguesa Anotada*, vol. I, 4ª Edição, Coimbra Editora, Coimbra, 2007

— *Constituição da República Portuguesa Anotada*, Vol. II, 4ª Edição, Coimbra, Coimbra Editora, 2010

CANOTILHO, J. J. GOMES, *Direito Constitucional e Teoria da Constituição*, 7ª ed., Almedina, Coimbra, 2003

— "Dogmática de direitos fundamentais e direito privado", *in Estudos em Homenagem ao Prof. Doutor Inocêncio Galvão Telles*, Vol. V, Almedina, Coimbra, 2003, pp. 63 a 83

— *Parecer* de 15 de Março de 2012, *policopiado*

CAPELO, MARIA JOSÉ, "A lei de arbitragem voluntária e os centros de arbitragem de conflitos de consumo (breves considerações)", *in Estudos de Direito do Consumidor*, nº 1, Centro de Direito do Consumo, Faculdade de Direito da Universidade de Coimbra, Coimbra, 1999, pp. 101 a 116

— *Interesse processual e legitimidade singular nas acções de filiação, in Boletim da Faculdade de Direito da Universidade de Coimbra*, Stvdia Ivridica, nº 15, 1996

— *A Sentença entre a Autoridade e a Prova. Em busca de traços distintivos do caso julgado civil*, Coimbra, Almedina, 2015

CAPRASSE, OLIVIER, "The Setting up of the Arbitral Tribunal in Multi-Party Arbitration – La constitution du tribunal arbitral en cas d'arbitrage multipartite", *in Revue de Droit des Affaires Internationales / International Business Law Journal*, nº 2, 2006, pp. 197 a 215

CARAMELO, ANTÓNIO SAMPAIO, "A disponibilidade do direito como critério de arbitrabilidade do litígio", *in Revista Ordem dos Advogados*, Ano 66, Vol. III (2006), pp. 1 a 19

— "Arbitration in Equity and Amiable Composition under Portuguese Law", *in Journal of International Arbitration*, nº 5 (2008), pp. 569 a 581

— "A "Autonomia" da Cláusula Compromissória e a Competência da Competência do Tribunal Arbitral", *in Revista da Ordem dos Advogados*, Ano 68, Vol. I (2008), pp. 1 a 15

— "Decisões interlocutórias e parciais no processo arbitral", *in Themis – Revista da Faculdade de Direito da UNL*, Ano IX, nº 16 (2009), pp. 279 a 318

— "Critérios de arbitrabilidade dos litígios. Revisitando o tema", *in Revista de Arbitragem e Mediação*, nº 27 (2010), pp. 129 a 161

— "Anulação de sentença arbitral contrária à ordem pública", *in Revista do Ministério Público*, Ano 32, nº 126 (Abril-Junho 2011), pp. 155 a 159

— "A reforma da lei da arbitragem voluntária", *in Temas de Direito da Arbitragem*,

Coimbra, Coimbra Editora, 2013 pp. 201 a 253
— "Jurisprudência comentada: questões de arbitragem comercial (Tribunal da Relação de Lisboa, Acórdão e 18 de Maio de 2004)", *in Temas de Direito da Arbitragem*, Coimbra, Coimbra Editora, 2013, pp. 9 a 48
— *O Reconhecimento e Execução de Sentenças Arbitrais Estrangeiras*, Coimbra, Almedina, 2016
— "A Competência da Competência e a Autonomia do Tribunal Arbitral", *in Direito da Arbitragem - Ensaios*, Almedina, Coimbra, 2017, pp. 45 a 85
— "Da Condução do Processo Arbitral (Comentário aos arts. 30º a 38º da Lei da Arbitragem Voluntária)", *in Direito da Arbitragem - Ensaios*, Almedina, Coimbra, 2017, pp. 149 a 222
— "O Estatuto dos Árbitros e a Constituição do Tribunal na Lei da Arbitragem Voluntária, *in Direito da Arbitragem - Ensaios*, Almedina, Coimbra, 2017, pp. 87 a 147
— "Obrigatoriedade da Convenção de Arbitragem e Direito de Acesso à Justiça", *in Direito da Arbitragem. Ensaios*, Almedina, Coimbra, 2017, pp. 223 a 290
— *A Impugnação da Sentença Arbitral*, 2ª Edição, Coimbra, Almedina, 2018
Cardoso, António de Magalhães / Sara Nazaré "A escolha dos árbitros pelas partes", *in VIII Congresso do Centro de Arbitragem Comercial - Intervenções*, Almedina, Coimbra, 2015, pp. 11 a 28
— "A arbitragem necessária - natureza e regime: breves contributos para o desbravar de uma (também ela) necessária discussão", *in Estudos de Direito da Arbitragem - em Homenagem a Mário Raposo*, Agostinho Pereira Miranda et alli (org.), Lisboa, Católica Editora, 2015, pp. 33 a 55
Cardoso, Augusto Lopes, "Da Deontologia do Árbitro", *in Boletim do Ministério da Justiça (BMJ)*, nº 452, 1996, pp. 31 a 45
Cardoso, Miguel Pinto / Carla Gonçalves Borges, "Constituição do Tribunal Arbitral em Arbitragens Multipartes", *in III Congresso do Centrode Arbitragem da Câmara de Comércio e Indústria Portuguesa - Intervenções*, Coimbra, Almedina, 2010, pp. 139 a 149
Carlevaris, Andrea, "The Enforcement of Interim Measures ordered by International Arbitrators: Different Legislative Approaches and Recent Developments in the Amendment of the UNCITRAL Model Law", *in Interim Measures in International Commercial Arbitration*, Maklu, Antuérpia, 2007, pp. 13 a 26
Carlos, Adelino da Palma, *Ensaio sobre o litisconsórcio*, Centro Tip. Colonial, Lisboa, 1956
— *Direito Processual Civil*, vol. I, AADFL, Lisboa, 1964
Carmona, Carlos Alberto, *Arbitragem e Processo. Um Comentário à Lei nº 9.307/96*, 3ª Edição, Editora Atlas, São Paulo, 2009
— "Arbitragem e Jurisdição", *in* Arnoldo Wald (organizador), *Arbitragem e Mediação*, Vol. I (A Arbitragem. Introdução e Histórico), Editora Revista dos Tribunais, São Paulo, 2014, pp. 833 a 844
— "O processo arbitral", *in* Arnoldo Wald (organizador), *Arbitragem e Mediação*, Vol. III (Processo Arbitral), Editora Revista dos Tribunais, São Paulo, 2014, pp. 133 a 144
Caron, David D. / Lee M. Caplan, *The UNCITRAL Arbitration Rules - A Commentary*, 2ª Edição, Oxford, Oxford University Press, 2013
Carpi, F. / M. Taruffo, *Commentario breve al Codice di Procedura Civile*, 8ª Edição, Cedam, Pádua, 2015

Carrera, Iñaki, "Anotação ao acórdão Chromalloy", *in 100 Anos de Arbitragem – os casos essenciais comentados*, Coleção PLMJ, nº 9, Coimbra Editora, Coimbra, 2015, pp. 165 a 185

— "O financiamento do direito litigioso como opção de gestão: em particular os non-recourse funding agreements", *in Revista de Direito das Sociedades*, Ano X (2018), nº 4, pp. 689 a 724

Carter, James H., "The selection of arbitrators", *in Worldwide Forum on the Arbitration of Intellectual Property Disputes*, World Intellectual Property Organization, Genebra, 1994, pp. 147 a 165

— "Issues arising from integrated dispute resolution clauses", *in New Horizons in International Commercial Arbitration and Beyond*, (Coord. Albert Jan van den Berg) Alphen aan den Rjin, Kluwer International Law, 2005, pp. 446 a 469

— "Class Arbitration in the United States: Life After Death?", *in Class and Group Actions in Arbitration*, Dossiers – ICC Institute of World Business Law, Paris, 2016, pp. 15 a 17

Carvalho, Daniel Proença de / António Abreu Gonçalves, "A apensação de processos arbitrais", *in V Congresso do Centro de Arbitragem Comercial – Intervenções*, Almedina, Coimbra, 2012, pp. 81 a 195

Carvalho, Jorge Morais, "A Consagração Legal da Mediação em Portugal", *in Julgar*, nº 15 (2011), pp. 271 a 290

— "O processo deliberativo e a fundamentação da sentença arbitral", *in O Direito*, ano 143º, IV (2011), pp. 751 a 791

— *Os Limites à Liberdade Contratual*, Almedina, Coimbra, 2016

— "O critério da disponibilidade na arbitragem, na mediação e noutros negócios jurídicos processuais", *in Estudos em Homenagem ao Prof. Doutor José Lebre de Freitas*, Vol. II, Coimbra, Almedina, 2013, pp. 830 a 860

Carvalho, Jorge Morais / João Pedro Pinto-Ferreira / Joana Campos Carvalho, *Manual de Resolução Alternativa de Litígios de Consumo*, Almedina, Coimbra, 2017

Carvalho, Jorge Morais / Mariana França Gouveia, "Arbitragens Complexas: questões materiais e processuais", *in Revista Internacional de Arbitragem e Conciliação*, nº 4 (2011), pp. 111 a 161

Casanova, Nuno Salazar, "Reflexões Práticas sobre a Ética na Arbitragem. Uma Introdução ao Tema", *in VI Congresso do Centro de Arbitragem Comercial – Intervenções*, Almedina, Coimbra, 2013, pp. 63 a 74.

Cate, Irene M. Ten, "Multi-Party and Multi-Contract Arbitrations: Procedural Mechanisms and Interpretation of Arbitration Agreements under U.S. Law", *in The American Review of International Arbitration*, vol. 15 (2004), pp. 133 a 159

Catena, Víctor Moreno / Valentín Cortés Domínguez, *Introducción al Derecho Procesal*, 8ª Edição, Tirant lo Blanch, Valência, 2015

Caupers, João, *Os direitos fundamentais dos trabalhadores e a Constituição*, Coimbra, Almedina, 1985

Cebola, Cátia, *La mediación*, dissertação de doutoramento apresentada à Faculdade de Direito da Universidade de Salamanca, *policopiado*, 2011

Cerrato, Stefano a., "Ambito di applicazione degli artt. 34 ss., d.lg. 17.1.2033, n. 5", *in* Guido Alpa / Vincenzo Vigoriti (coordenadores), *Arbitrato. Profili di diritto sostanziale e di diritto processuale*, UTET Giuridica, Milão, 2013, pp. 1018 a 1056

Chapman, Simon, "Multi-tiered Dispute Resolution Clauses: Enforcing Obligations to Negotiate in Good Faith Multi-tiered Dispute Resolution Clauses", *in Journal of International Arbitration*, Vol. 27, Nº 1 (2010), pp. 89 a 98

Chernick, Richard, "Class-wide arbitration in California", *in Multiple Party Actions in International Arbitration*, Permanent Court of Arbitration, Oxford University Press, Oxford, 2009, pp. 337 a 351

China, Sergio La, *L'arbitrato: il sistema e l'esperienza*, 4ª Edição, Milão, Giuffrè Editore, 2011

Chiovenda, Giuseppe, *Istituzioni di Diritto Processuale Civile*, vol. I, 2ª Edição (6ª reimpressão), Casa Editrice Dott. Eugenio Jovene, Nápoles, 1957

Cintra, Antonio Carlos de Araújo / Ada Pellegrini Grinover / Cândido Rangel Dinamarco, *Teoria Geral do Processo*, 27ª ed., Malheiros Editores, São Paulo, 2011

Clancy, David S. / Matthew M. K. Stein, "An Uninvited Guest: Class Arbitration and the Federal Arbitration Act's Legislative History", *in The Business Lawyer*, American Bar Association, vol. 63, nº 1, 2007, pp. 55 a 79

Clay, Thomas, *L'arbitre*, Paris, Dalloz, 2001

— "Le secrétaire arbitral", *in Revue de l'arbitrage*, nº 4 (2005), pp. 931-957

Coelho, Carla Góis – "Brief analysis of the res judicata effects of arbitral awards with emphasis on its particularities vis-à-vis the traditional res judicata effects of a court decision", *in Young Arbitration Review*, ano 4, nº 13 (Abril de 2014), pp. 43 a 48

— *O caso julgado arbitral: eficácia e especificidades – em especial, o efeito preclusivo stricto sensu*, FDUL, versão académica, Lisboa

Coimbra, José Duarte, "O recurso à equidade nas arbitragens de Direito Administrativo", *in Arbitragem e Direito Público*, Lisboa, AAFDL, 2015, pp. 133 a 193

Cole, Sarah Rudolph / Kristen M. Blankley, "Arbitration", *in The Handbook of Dispute Resolution*, (Michael L. Moffitt / Robert C. Bordone, Eds.), São Francisco, Jossey-Bass, 2015, pp. 319 e ss.

Collaço, Isabel de Magalhães, « L'arbitrage international dans la récente loi portugaise sur l'arbitrage volontaire (Loi nº 31/86, du 29 août 1986). Quelques réflexions", *in Droit international et droit communautaire*, Actes du colloque – Paris, 5 et 6 Avril 1990, Fondation Calouste Gulbenkian, Centre Culturel Portugais, Paris, 1991, pp. 55 a 66

Cordeiro, António Menezes, "A decisão segundo equidade", *in O Direito*, Ano 122, nº 2 (1990), pp. 261 a 280

— "Tribunal arbitral – falta de advogado – princípio do contraditório", anotação ao acórdão do Tribunal da Relação de Lisboa de 16/09/2008, *in Revista da Ordem dos Advogados*, Ano 69, vols. I e II (2009) pp. 367 a 375

— *Da Boa Fé no Direito Civil*, 6ª reimpressão, Coimbra, Almedina, 2015

— *Tratado da Arbitragem – Comentário à Lei 63/2011, de 14 de Dezembro*, Coimbra, Almedina, 2015

Corrado, Carola, "L'arbitrato commerciale", *in* Carmine Punzi, *Disegno Sistematico dell' Arbitrato*, Vol. III, 2ª Edição, Cedam, Pádua, 2012, pp. 153 a 175

Correia, A. Ferrer, "Da arbitragem comercial internacional", *in Temas de Direito Comercial e de Direito Internacional Privado*, Coimbra, Almedina, 1989

— "O problema da lei aplicável ao fundo ou mérito da causa na arbitragem comercial internacional", *in Temas de Direito Comercial e Direito Internacional Privado*, Almedina, Coimbra, 1989

CORREIA, JOÃO / PAULO PIMENTA / SÉRGIO CASTANHEIRA, *Introdução ao Estudo e à Aplicação do Código de Processo Civil de 2013*, Almedina, Coimbra, 2013

CORREIA, JOSÉ MANUEL SÉRVULO, "A Arbitragem Voluntária nos Contratos Administrativos", *in Estudos em Memória do Prof. Doutor João de Castro Mendes*, Lisboa, Lex, 1995

— *Legalidade e Autonomia Contratual nos Contratos Administrativos*, Coimbra, Almedina, 2003 (reimpressão)

— *Direito do Contencioso Administrativo I*, Lisboa, Lex, 2005

CORSINI, FILIPPO, "L'intervento del litisconsorte necessario nel procedimento arbitrale", *in Rivista di Diritto Processuale*, ano LXVIII, segunda série, nº 3 (Maio-Junho 2013), pp. 589 a 607

CORTEZ, FRANCISCO, "A arbitragem voluntária em Portugal: dos 'ricos homens' aos tribunais privados", *in O Direito*, Ano 124º, III (1992), pp. 365 a 404

— "A arbitragem voluntária em Portugal: dos 'ricos homens' aos tribunais privados", *in O Direito*, Ano 124º, IV, (1992), pp. 541 a 587

COSTA, AMÉRICO DE CAMPOS, "5º Inquérito acerca da Reforma do Código de Processo Civil", *in BMJ*, nº 324, 1983, pp. 266 a 331

COSTA, JOSÉ MANUEL CARDOSO DA, *A Jurisdição Constitucional em Portugal*, 3ª ed., Almedina, Coimbra, 2007

COSTA, MÁRIO JÚLIO DE ALMEIDA, *Direito das Obrigações*, 12ª Edição, Almedina, Coimbra, 2014

COSTA, SALVADOR DA – *Os Incidentes da Instância*, 7ª Edição, Almedina, Coimbra, 2014

COSTA, SALVADOR DA / LUÍS LAMEIRAS, *Lei da Organização do Sistema Judiciário Anotada e Comentada*, 3ª Edição, Almedina, Coimbra, 2017

COUTINHO, FRANCISCO PEREIRA, *Os Tribunais Nacionais na Ordem Jurídica da União Europeia: o Caso Português*, Coimbra, Coimbra Editora, 2013

COX, KRISTOF, "Zen and the art of determining the effects of an arbitration award vis-à-vis third parties", *in L'arbitrage et les tiers – Arbitrage en derden*, Actes du colloque du CEPANI 40 du 28 novembre 2008, nº 10, Bruylant, Bruxelas, 2008, pp. 175 a 213

CRORIE, BENEDITA FERREIRA DA SILVA MAC, *A Vinculação dos Particulares aos Direitos Fundamentais*, Coimbra, Almedina, 2005

CUNHA, ANTÓNIO JÚLIO, *Limites Subjectivos do Caso Julgado e a Intervenção de Terceiros*, Quid Juris, Lisboa, 2010

— *Direito Processual Civil Declarativo à luz do Novo Código de Processo Civil*, 2ª ed., Quid Juris, Lisboa, 2015

CUNHA, DIOGO LEMOS, "Da Forma, Conteúdo e Eficácia da Sentença Arbitral", *in Themis – Revista da Faculdade de Direito da UNL*, Ano XV, nº 26/27 (2014), pp. 207 a 243

DANOVI, FILIPPO, "Per uno statuto giuridico del mediatore", *in Rivista di Diritto Processuale*, nº 4 (2011), pp. 771 a 790

DARWAZEH, NADIA / FRIVEN YEOH, "Recognition and Enforcement of Awards under the New York Convention", *in Journal of International Arbitration*, nº 6 (2008), pp. 837-856

DARWAZEH, NADIA / KRISTA ZEMAN, "Joint Nominations in Multiparty Arbitration: The Exercise of the ICC Court's Discretionary Power to Appoint the Entire Arbitral Tribunal Post-Dutco", *in ICC International Court of Arbitration Bulletin*, Vol. 23, nº 1, Paris, 2012, pp. 29 a 35

DASSER, FELIX, "International Arbitration and setting aside proceedings in Switzerland: A statistical analysis", *in ASA Bulletin*, Vol. 25, nº 3 (2007), pp. 444 a 472

DEANE, PATRICK / WOILF KUMBERG / ET ALLI, "Making Mediation Mainstream", *in ADR in Business: Practice and issues across countries and cultures II*, Alphen aan den Rijn, Kluwer Law International, 2010, pp. 49 a 59

DEBOURG, CLAIRE, *Les contrariétés de décisions dans l'arbitrage international*, Bibliothèque de droit privé - Tome 540, Lextenso éditions, Paris, 2012

DELVOLVÉ, JEAN-LOUIS, "L'arbitrage multipartite en 1992", *in ASA Bulletin*, Vol. 10, nº 2 (1992), pp. 154 a 197

— "Multipartism: The Dutco Decision of the French Cour de cassation", *in Arbitration International*, Vol. 9, nº 2 (1993), pp. 197 a 202

— "Final Report on Multi-Party Arbitrations", *in ICC International Court of Arbitration Bulletin*, Vol. &, nº 1 (1995), pp. 26 a 50

DERAINS, YVES, "The Limits of the Arbitration Agreement in Contracts Involving More Than Two Parties", *in Complex Arbitrations. Perspectives on their Procedural Implications*, ICC International Court of Arbitration Bulletin - Special Supplement, Paris, 2003, pp. 25 a 34

— "Is there a group of companies doctrine?", *in Multiparty Arbitration*, Dossier VII, Câmara de Comércio Internacional, Paris, 2010, pp. 91 a 104

— "Les nouveaux principes de procédure: confidentialité, célérité, loyauté", *in Le nouveau droit français de l'arbitrage*, Lextenso éditions, Paris, 2011, pp. 98 a 100.

DERAINS, YVES / ERIC A. SCHWARTZ, *A Guide to the ICC Rules of Arbitration*, 2ª Edição,Haia, Kluwer Law International, 2005

DERAINS, YVES / LAURENT LÉVY, "Introduction", *in Is Arbitration Only As Good as the Arbitrator? Status, Powers and Role of the Arbitrator*, Dossier VIII, CCI, Paris, 2011, pp. 7 a 12

DIALLO, OUSMANE, *Le consentement des parties à l'arbitrage international*, Paris, Presse Universitaires de France, 2010

DIAMVUTU, LINO, "A constituição do tribunal arbitral e o papel dos árbitros", *in Revista Internacional de Arbitragem e Conciliação*, nº 6 (2013), pp. 167 a 109

— *A Convenção de Arbitragem no Direito Angolano*, Almedina, Coimbra, 2016

DIAS, JORGE DE FIGUEIREDO, "Sobre o sentido do princípio jurídico-constitucional do 'juiz natural' ", *in Revista de Legislação e Jurisprudência*, Ano111, nº 3615, 1978, p. 82 a 88

DINAMARCO, CÂNDIDO RANGEL / BRUNO VASCONCELOS CARRILHO LOPES, *Teoria Geral do Novo Processo Civil*, São Paulo, Malheiros Editores, 2006

DINAMARCO, CÂNDIDO RANGEL, *A Arbitragem na Teoria Geral do Processo*, São Paulo, Malheiros Editores, 2013

— *Vocabulário do Processo Civil*, 2ª Edição, São Paulo, Malheiros Editores, 2014

DOMÍNGUEZ, VALENTÍN CORTÉS / VÍCTOR MORENO CATENA, *Derecho Procesal Civil. Parte General*, 8ª Edição, tirant lo blanch, Valência, 2015

DRAY, GUILHERME, *O Princípio da Igualdade no Direito do Trabalho. Sua aplicabilidade no domínio específico da formação de contratos individuais de trabalho*, Coimbra, Almedina, 1999

— *O Princípio da Proteção do Trabalhador*, Coimbra, Almedina, 2015

DUARTE, PAULO, "Intervenção do tribunal judicial no processo de constituição do tribunal arbitral e o princípio do contraditório", *in RFDULP*, Vol. 1, nº 1 (2012), pp. 1 a 44

DUARTE, TIAGO, "Lá vem o caso Yukos, que tem muito que contar", *in Revista Internacional de Arbitragem e Conciliação*, nº 9 (2016), pp. 323 a 336

DUARTE, TIAGO E CLÁUDIA SAAVEDRA PINTO, "O caso Achmea e a Arbitragem de Investimentos: e depois do fim?", *in Revista Internacional de Arbitragem e Conciliação*, Ano IX (2018), pp. 299 e 322

DUVE, CHRISTIAN / PHILIP WIMALASENA, "Arbitration of Corporate Law Disputes in Germany", *in* KARL-HEINZ BÖCKSTIEGEL / STEFAN MICHAEL KRÖLL / PATRICIA NACIMIENTO (coordenadores), *Arbitration in Germany: The Model Law in Practice*, 2ª edição, Kluwer Law International, Alphen aan den Rijn, 2015, pp. 927 a 961.

EHLE, BERND, "Article I", *in New York Convention*, REINMAR WOLFF (coord.), C.H. Beck, Munique, 2012, pp. 26 a 85

EICHSTÄDT, JAN OLE, *Der schiedsrechtliche Acquis communautaire*, *s. l.*, JWV, 2013

EIDENMÜLLER, HORST, "Obligatorische außergerichtliche Streitbeilegung: Eine contradictio in adiecto?", *in JZ*, nº 11 (2015), pp. 539 a 547

EISENBERG, MELVIN ARON, "Private Ordering Through Negotiation: Dispute-Settlement And Rulemaking", *in Harvard Law Review*, V. 89, Nº 4 (1986), pp. 637-681

EMBERLAND, MARIUS, "The Usefulness of Applying Human Rights Arguments in International Commercial Arbitration", *in Journal of International Arbitration*, vol. 20, nº 4 (2003), pp. 355 a 363

ESPLUGUES, CARLOS, "General Report: New Developments in Civil and Commercial Mediation – Global Comparative Perspectives", *in New Developments in Civil and Commercial Mediation*, CARLOS ESPLUGUES e LOUIS MARQUIS (Ed.), Heidelberga, Springer, 2015, pp. 1 a 88

ESQUÍVEL, JOSÉ LUÍS, *Os contratos administrativos e a Arbitragem*, Coimbra, Almedina, 2004

ESTAVILLO, FERNANDO, "Ethics in Arbitration", *in Liber Amicorum Bernardo Cremades*, Wolters Kluwer España, La Ley, 2010, pp. 387 a 411

FÁBRICA, LUÍS SOUSA, "A Acção Popular no Projecto de Código de Processo nos Tribunais Administrativos", *in Cadernos de Justiça Administrativa*, nº 21 (2000), pp. 16 a 22

— "Artigo 12º – Regime geral", *in Comentário ao Regime da Responsabilidade Civil Extracontratual do Estado e demais Entidades Públicas*, Lisboa, Católica Editora, 2013, pp. 319 a 339

FARIA, PAULO RAMOS DE / ANA LUÍSA LOUREIRO, *Primeiras Notas ao Novo Código de Processo Civil*, vol. I, 2ª ed., Almedina, Coimbra, 2014

FARINHO, DOMINGOS SOARES, "As políticas públicas de resolução alternativa de litígios: da alternatividade rumo à seleção apropriada", *in 40 Anos de Políticas de Justiça em Portugal*, Almedina, Coimbra, 2017, pp. 331 a 368

FAURTE, MICHAEL / TON HARTLIEF, "Introduction", *in Financial Compensation for Victims of Catastrophes*, Viena/Nova Iorque, Springer, 2006

FEIJÓ, CARLOS, *A Coexistência Normativa entre o Estado e as Autoridades Tradicionais na Ordem Jurídica Plural Angolana*, Almedina, Coimbra, 2012

FEIT, MICHAEL / CHLOÉ TERRAPON CHASSOT, "The Swiss Federal Supreme Court Provides Guidance on the Proper Use of Arbitral Secretaries and Arbitrator Consultants under the Swiss lex arbitri: Case Note on DFC 4A_709/2014 dated 21 May 2015", *in ASA Bulletin*, Vol. 33, nº 4 (2015), pp. 897 a 917

FERNANDES, LUÍS ALBERTO DE CARVALHO, *Cláusula compromissória e compromisso arbitral – Capacidade. Forma. Objecto. Conteúdo*, policopiado, 1960

FERNANDEZ, ELIZABETH, "A (pretensa) reforma da acção executiva", *in Cadernos de Direito Privado*, nº 26 (2009), pp. 18 a 34

FERREIRA, FERNANDO AMÂNCIO, *Curso de Processo de Execução*, 12ª Edição, Coimbra, Almedina, 2010

FERREIRA, FREDERICO BETTENCOURT, "O prazo para a decisão arbitral", *in Themis – Revista da Faculdade de Direito da UNL*, Ano IX, nº 16 (2009), pp. 145 a 184

FERREIRA, J. O. CARDONA, "Arbitragem: Caminho da Justiça? Perspectiva de um magistrado judicial. Breves referências ao recurso à anulação da sentença arbitral", *in O Direito*, Ano 141, nº II (2009), pp. 271 a 287

FERZ, SASCHA, *Mediation im öffentlichen Bereich*, Viena, Verlag Österreich, 2013

FIALHO, ANTÓNIO JOSÉ, *Conteúdo e Limites do Princípio Inquisitório na Jurisdição Voluntária*, Petrony, Lisboa, 2017

FISHER, ROGER / WILLIAM URY / BRUCE PATTON, *Getting to YES: Negotiating Agreement Without Giving In*, 2ª Edição, Nova Iorque, Penguin, 1991

FLÉCHAUX, GEORGES, "L'arbitrage du bâtonnier – Un exemple d'arbitrage force", *in Revue de l'Arbitrage*, nº 1 (1990), pp. 63 a 74

FLUJA, VICENTE GUZMÁN, "Artículo 7. Intervención judicial", *in* SILVIA BARONA VILAR (coordenadora), *Comentarios a la Ley de Arbitraje: Ley 60/2003, de 23 de diciembre, tras la reforma de la Ley 11/2011, de 20 de mayo de 2011*, 2ª Edição, Civitas e Thomson Reuters, Pamplona, 2011, pp. 286 a 306

FONSECA, ELENA ZUCCONI GALLI – *La convenzione arbitrale rituale rispetto ai terzi*, Giuffrè Editore, Milão, 2004

FONSECA, GUILHERME DA / INÊS DOMINGOS, *Breviário de Direito Processual Constitucional (recurso de constitucionalidade)*, 2ª ed., Coimbra Editora, Coimbra, 2002

FONSECA, ISABEL CELESTE M. – *Processo Temporalmente Justo e Urgência – Contributo para a autonomização da categoria da tutela jurisdicional de urgência na Justiça administrativa*, Coimbra Editora, Coimbra, 2009

— "A arbitragem administrativa: uma realidade com futuro?", *in A arbitragem administrativa e tributária*, Isabel Celeste Fonseca (Ed.), 2ª Edição, Coimbra, Almedina, 2013, pp. 159 a 178

FONSECA, TIAGO SOARES DA, *A transação civil na litigância extrajudicial e judicial*, Coimbra, Gestlegal, 2018

FONTES, TITO ARANTES / NUNO SALAZAR CASANOVA, "O *Equitable Estoppel* e a arbitragem imposta por terceiros não signatários", *in Estudos de Direito da Arbitragem em Homenagem a Mário Raposo*, Universidade Católica Editora, Lisboa, 2015, pp. 277 a 300

FOUCHARD, PHILIPPE, "L'autonomie de l'arbitrage comercial international", *in Revue de l'arbitrage* (1965), pp. 99-110

— "Où va l'arbitrage international?", *in McGill Law Journal*, Vol. 34 (1989), pp. 435 a 453

FOUCHARD, PHILIPPE / EMMANUEL GAILLARD / BERTHOLD GOLDMAN, *Fouchard Gaillard Goldman On International Commercial Arbitration*, Kluwer Law International, Haia, 1999

FRADA, MANUEL CARNEIRO DA, "A equidade (ou a "justiça com coração")", *in*

Revista da Ordem dos Advogados, Ano 72, nº 1 (2012), pp. 109 a 145

FRANCK, SUSAN D., "The Liability of International Arbitrators: A Comparative Analysis and Proposal for Qualified Immunity", *in New York Law School Journal of International and Comparative Law*, nº 1 (2000), pp. 1 a 59

FRASER, HENRY S., "Sketch of the History of International Arbitration", *in Cornell Law Review*, Vol. 11, nº 2 (1926), pp. 179 a 208

FREITAS, JOSÉ LEBRE DE, "Algumas implicações da natureza da convenção de arbitragem", *in Estudos em Homenagem à Professora Doutora Isabel de Magalhães Collaço*, Vol. II, Coimbra, Almedina, 2002, pp. 549 a 566

— "A Acção Popular no Direito Português", *in Estudos sobre Direito Civil e Processo Civil*, vol. I, 2ª edição, Coimbra Editora, Coimbra, 2009, pp. 205 a 228

— "A causa de pedir na acção declarativa (arguição da tese de doutoramento de Mariana Gouveia)", *in Estudos sobre Direito Civil e Processo Civil*, Vol. I, 2ª Edição, Coimbra Editora, Coimbra, 2009, pp. 613 a 633

— "Alcance da determinação pelo tribunal judicial do objecto do litígio a submeter a arbitragem", *in Estudos sobre Direito Civil e Processo Civil*, Vol. II, 2ª Edição, Coimbra Editora, Coimbra, 2009, pp. 567 a 587

— "O caso julgado na arbitragem internacional que tem lugar em território português", *in Estudos sobre Direito Civil e Processo Civil*, Vol. II, 2ª Edição, Coimbra, Coimbra Editora, 2009, pp. 647 a 664

— "Anulação de sentença arbitral. Legitimidade derivada de contrato com prestação a terceiro. Condenação genérica", in *Estudos sobre Direito Civil e Processo Civil*, Vol. II, 2ª Edição, Coimbra Editora, Coimbra, 2009, pp. 611 a 633

— "Intervenção de terceiros em processo arbitral", *in III Congresso do Centro de Arbitragem da Câmara de Comércio e Indústria Portuguesa*, Coimbra, Almedina, 2010, pp. 183 a 198

— "O princípio do contraditório na nomeação de árbitro pelo presidente do Tribunal da Relação", *in Themis – Revista da Faculdade de Direito da UNL*, Ano X, nº 18 (2010), pp. 33 a 45

— "Sobre o novo Código de Processo Civil (uma visão de fora)", *in Revista da Ordem dos Advogados*, Ano 73, Vol. I (2013), p. 23 a 61

— *A Ação Declarativa Comum à luz do Código de Processo Civil de 2013*, 4ª Edição, Gestlegal, Coimbra, 2017

— *Introdução ao Processo Civil: conceito e princípios gerais à luz do novo código*, 4ª edição, Gestlegal, Coimbra, 2017

FREITAS, JOSÉ LEBRE DE / ISABEL ALEXANDRE, *Código de Processo Civil Anotado*, Vol. I, 4ª Edição, Almedina, Coimbra, 2018

FREYER, DANA H., "Practical Considerations in Drafting Dispute Resolution Provisions in International Commercial Contracts: A US Perspective", *in Journal of International Arbitration*, Vol. 15, N. º 4 (1998), pp. 7 a 46

FROWEIN/PEUKERT, *EMRK-Kommentar*, 3ª Edição, Berlim, NP. Engel, 2009

FRY, JASON / SIMON GREENBERG / FRANCESCA MAZZA, *The Secretariat's Guide to ICC Arbitration*, Paris, Câmara de Comércio Internacional, 2012

GAILLARD, EMMANUEL, "The Consolidation of Arbitral Proceedings and Court Proceedings", *in Complex Arbitrations. Perspectives on their Procedural Implications*, ICC International Court of Arbitration Bulletin – Special Supplement, Paris, 2003, pp. 35 a 43

— *Aspects Philosophiques du Droit de l'Arbitrage International*, Londres / Boston, Martinus Nijhoff Publishers, 2008

Gal, Jens, *Die Haftung des Schiedsrichter in der Internationalen Schiedsgerichtsbarkeit*, Tubinga, Mohr Siebeck, 2009

García, Ana Montesinos, "Últimas tendencias en la Unión Europea sobre las acciones colectivas de consumo. La posible introducción de fórmulas de ADR", *in REDUR* – Revista electrónica del Departamento de Derecho de la Universidad de La Rioja, nº 12 (2014), pp. 87 a 112

— "Los árbitros en el sistema español", *in Lima Arbitration – Revista del Círculo Peruano de Arbitraje*, Círculo Peruano de Arbitraje, nº 2 (2007), pp. 215 a 239

García, Elena Martínez, *El arbitraje en el marco de la Ley 1/2000, de Enjuiciamiento Civil (Novedades, lagunas jurídicas y propuestas de futuro)*, Tirant lo Blanch, Valência, 2002

Garcia, Maria Olinda, "Gestão Contratual do Risco Processual. A Mediação na Resolução de Conflitos em Direito Civil e Comercial", *in* António Pinto Monteiro (coordenação), *O contrato na gestão do risco e na garantia da equidade*, Instituto Jurídico, FDUC, Coimbra, 2015, pp. 165 a 188

Garnett, Richard / Henry Gabriel / Jeff Waincymer / Judd Epstein, *A Practical Guide to International Commercial Arbitration*, Oceana Publications Inc., Nova Iorque, 2000

Gaspar, António Henriques, "Tribunais arbitrais e tribunais estaduais", *in VIII Congresso do Centro de Arbitragem Comercial – Intervenções*, Almedina, Coimbra, 2015, pp. 115 a 119

Gélinas, Paul A., "Arbitration Clauses: Achieving Effectiveness", *in Improving the Efficiency of Arbitration Agreements and Awards: 40 Years of Application of the New York Convention*, Alphen aan den Rijn, Kluwer Law International, 1999, pp. 47 a 66

Gélinas, Fabien, "Favor arbitrandum et favor validitatis", *in D'une réforme à une autre: Regards croisés sur l'arbitrage au Québec Frédéric Bachand et Fabien Gélinas (coord.)*, Cowansville, Yvon Blais, 2013, pp. 31 a 46

Geraldes, António Santos Abrantes, *Temas da Reforma do Processo Civil*, vol. I, 2ª Edição, Coimbra, Almedina, 2010

— *Temas da Reforma do Processo Civil*, vol. II, 4ª edição, Coimbra, Almedina, 2010

— *Recursos no Novo Código de Processo Civil*, 5ª Edição Coimbra, Almedina, 2018

Geraldes, António Santos Abrantes / Paulo Pimenta / Luís Filipe Pires de Sousa, *Código de Processo Civil Anotado*, vol. I, Coimbra, Almedina, 2018

Gerbay, Rémy, "The London Court of International Arbitration", *in Arbitration in England*, Alphen aan den Rijn, Wolters Kluwers, 2013, pp. 51 a 74

— *The functions of Arbitral Institutions*, International Arbitration Law Library, Volume 38, Kluwer Law Arbitration, Alphen aan den Rijn, 2016

Gilmore, Grant, *The Death of Contract*, 2ª Edição, Ohio State University Press, Columbus, 1995

Giucciardi, Enrico, *La Giustizia Amministrativa*, 3ª Edição, Pádova, Cedam, 1957

Goeler, Jonas von, *Third-Party Funding in International Arbitration and its Impact on Procedure*, Kluwer Law International, Alphen aan den Rijn, 2016

Göksu, Tarkan, *Schiedsgerichtsbarkeit*, Zurique, Dike, 2016

GOMES, JÚLIO MANUEL VIEIRA, *Direito do Trabalho – Relações Individuais de Trabalho,* 2007, Coimbra, Coimbra Editora

GOMES, MANUEL JANUÁRIO DA COSTA, *Contrato de Mandato,* Reimpressão da Edição de 1990, Lisboa, AAFDL, 2007

GONÇALVES, ALEXANDRA MENDES, *Third Party Funding na Arbitragem Comercial – A aplicabilidade do financiamento de litígios por terceiros e a possibilidade da sua regulação,* Faculdade de Direito da Universidade Nova de Lisboa, versão académica, Lisboa, 2018

GONÇALVES, MANUEL / SOFIA VALE / LINO DIAMVUTU, *Lei da Arbitragem Voluntária Comentada,* Almedina, Coimbra, 2013

GONÇALVES, MARIA MARGARIDA ARÊLO MANSO, "Do conflito entre a publicidade e a confidencialidade na arbitragem: uma perspectiva adquirida na CIMA", Relatório de Estágio realizado na Corte Civil e Comercial de Arbitragem de Madrid, Faculdade de Direito da Universidade Nova de Lisboa, versão académica, Lisboa, 2018

GONÇALVES, PEDRO, *Entidades Privadas com Poderes Públicos,* Coimbra, Almedina, 2005

— "A "soberania limitada" das federações desportivas", *in Cadernos de Justiça Administrativa,* nº 59 (2006), pp. 41 a 61

— "Administração Pública e arbitragem - em especial, o princípio legal da irrecorribilidade de sentenças arbitrais", *in Estudos em Homenagem a António Barbosa de Melo,* Almedina, Coimbra, 2013, pp. 777 a 801

GORDON-VRBA, LUCY / DOMINIK VOCK, "Article 9 [Independence and challenge of arbitrator]", *in Arbitration in Switzerland: The Practitioner's Guide,* (Ed. Manuel Arroyo), 2ª Edição, (Alphen aan den Rjin, Kluwer Law International, 2018, pp. 558 a 570

GÖTZ, ANDREAS, "Der Schiedsrichter zwischen Dienstleistung Erbringung und Richtertätigkeit – Zum sogenannten Spruchrichterprivileg im System der Schiedsrichterhaftung", *in SchiedsVZ,* nº 6 (2012), pp. 311 a 317

GOUVEIA, JORGE BACELAR, *Manual de Direito Constitucional,* vol. II, 6ª edição, Almedina, Coimbra, 2013

— "A abolição da enfiteuse de prédios rústicos à luz da Constituição Portuguesa de 1976", *in Estudos em Homenagem ao Prof. Doutor José Lebre de Freitas,* vol. I, Coimbra Editora, Coimbra, 2013, p. 327 a 376

GOUVEIA, MARIANA FRANÇA, *A Causa de Pedir na Acção Declarativa,* Almedina, Coimbra, 2004

— "A novíssima acção executiva. Análise das mais importantes alterações", *in Revista da Ordem dos Advogados,* Ano 69, Vol. III/IV (2009), pp. 567 a 601

— "O dever de independência do árbitro de parte", *in Themis – Revista da Faculdade de Direito da UNL,* Ano IX, nº 16 (2009), pp. 319 a 326

— "Mediação e Processo Civil", *in Cadernos de Direito Privado,* nº especial 1 (2010), pp. 24 a 44

— "O princípio dispositivo e a alegação de factos em processo civil: A incessante procura da flexibilidade processual", *in Revista da Ordem dos Advogados,* Ano 73, Vol. II/III (2013), pp. 595 a 617

— *Curso de Resolução Alternativa de Litígios,* 3ª Edição, Coimbra, Almedina, 2014

— "Providências Cautelares sem contraditório decretadas por Tribunal Arbitral", *in Revista Internacional de Arbitragem e Conciliação,* Associação Portuguesa de Arbitragem, nº 10 (2017), pp. 159 e 160

GOUVEIA, MARIA FRANÇA e ANA COIMBRA TRIGO, "L'affaire Garoubé: Responsabilidade das instituições arbitrais e impecuniosidade das partes", *in Revista Internacional de Arbitragem e Conciliação*, nº 11 (2018), pp. 65 e 106

GOUVEIA, MARIANA FRANÇA / JORGE MORAIS CARVALHO, "Convenção de arbitragem em contratos múltiplos – Acórdão do Supremo Tribunal de Justiça de 10.3.2011, Proc. 5961/09", *in Cadernos de Direito Privado*, Centro de Estudos Jurídicos do Minho, nº 36 (2011), pp. 36 a 49

GOUVEIA, MARIANA FRANÇA / NUNO GAROUPA, "Class Actions in Portugal", *in The Law and Economics of Class Actions in Europe Lessons from America*, Edward Elgar Publishing, Cheltenham, 2012, pp. 342 a 350.

GOUVEIA, PAULO PEREIRA, "Arbitragem administrativa e CCP: dissidentes da boa administração do interesse público", *in Revista de Direito Administrativo*, nº 1 (2018), pp. 66 a 81

GOUVEIA, RITA, "Convenção de arbitragem em caso de insuficiência económica", *in II Congresso – Direito das Sociedades em Revista* (2012), pp. 305 e ss.

GRABENWARTER, CHRISTOPH, *Europäischer Grundrechtschutz*, Baden-Baden, Nomos, 2014

— *European Convention on Human Rights. Commentary*, Munique, C.H. Beck, 2014

GRAES, ISABEL, *O Poder e a Justiça em Portugal no Século XIX*, AAFDL, Lisboa, 2014

GRAMSCH, WERNER, *Die Biligkeit im Recht*, Estugarda, Deutsche Verlag-Anstalt, 1938

GREGER, REINHARD / HANNES UNBERATH / FELIX STEFFEK, *Recht der alternativen Konfliktlösung: Mediationsgesetz, Verbraucherstreitbeilegungsgesetz Kommentar*, Munique, C.H.Beck, 2016

GRINOVER, ADA PELLEGRINI, "A ação popular portuguesa: uma análise comparativa", *in Lusíada – Revista de Ciência e Cultura*, série de direito, número especial, Actas do I Congresso Internacional de Direito do Ambiente da Universidade Lusíada – Porto (1996), pp. 245 a 259

— "Arbitragem e litisconsórcio" *in Revista de Arbitragem e Mediação*, ano 13, vol. 50, (2016), pp. 43 a 57

GU, WEIXIA, "The China-Style Closed Panel System in Arbitral Tribunal Formation – Analysis of Chinese Adaptation to Globalization", *in Journal of International Arbitration*, nº 1 (2008), pp. 121 a 149

GUEDES, ARMANDO MARQUES, "Tribunais Arbitrais Administrativos", *in Revista da Faculdade de Direito da Universidade de Lisboa*, Vol. XIV (1960), pp. 141 a 151

GUNDEL, J., "Verfahrensrechte", *in Handbuch Grundrechte*, MERTEN/PAPIER (Ed.), Vol. VI/1, Heidelberg, C.F. Müller, 2010

GUILLIS, FRITZ, *Die Billigkeit. Eine Grundform des Freien Rechts*, Guttentag, Berlim, 1914

GUY-ECKABERT, CHRISTINE, "La médiation au Tribunal arbitral du sport, un processus à doper", *in Citius, Altius, Fortius, Mélanges en l'honneur de Denis Oswald*, Basileia, Helbing Lichtenhahn, 2012, pp. 555 a 567

HAAS, ULRICH, "International sports arbitration and the European Human Rights Convention", *in RePro*, nº 173 (2009), pp. 130 a 157

HABSCHEID, WALTHER J., "Schiedsgerichtsbarkeit und Europäische Menschenrechtskonvention", *in Festschrift für Wolfram Henckel zum 70. Geburtstag am 21. April 1995*, WALTER GERHARDT

(Ed.), Berlim, De Gruyter, 1995, pp. 341 a 352

— "Zur Kompetenz-Kompetenz nach dem neuen Schiedsrecht", *in Grenzüberschreitungen: Beiträge zum Internationalen Verfahrensrecht und zur Schiedsgerichtsbarkeit*, Tubinga, Mohr Siebeck, 2005

HANOTIAU, BERNARD, "Problems Raised by Complex Arbitrations involving Multiple Contracts-Parties-Issues – An Analysis", *in Journal of International Arbitration*, vol. 18, nº 3 (2001), pp. 253 e 254

— "The Res Judicata Effect of Arbitral Awards", *in Complex Arbitrations. Perspectives on their Procedural Implications*, ICC International Court of Arbitration Bulletin – Special Supplement, Paris, 2003, pp. 43 a 51

— *Complex Arbitrations: Multiparty, Multicontract, Multi-issue and Class Actions*, Haia, Kluwer Law International, 2005

— "Les groupes de sociétés dans l'arbitrage commercial international", *in La convention d'arbitrage, Groupes de sociétés et groupes de contrats – Arbitrageovereenkomst. Vennootschapsgroepen en groepen overeenkomsten*, Actes du colloque du CEPANI du 19 novembre 2007, nº 9, Bruxelas, Bruylant, 2007, pp. 115 a 139

— "Non-signatories in International Arbitration: Lessons from Thirty Years of Case Law", *in International Arbitration 2006: Back to Basics?*, ICCA Congress Series, nº 13, Kluwer Law International, Alphen aan den Rijn, 2008, pp. 341 a 358

— "Introduction", *in Multiparty Arbitration*, Dossier VII, Paris, 2010, pp. 7 a 10

— "Multiple parties and multiple contracts in international arbitration", *in Multiple Party Actions in International Arbitration*, Permanent Court of Arbitration, Oxford, Oxford University Press, 2009, pp. 35 a 68

HANOTIAU, BERNARD / OLIVIER CAPRASSE, "Arbitrability, Due Process, and Public Policy Under Article V of the New York Convention", *in Journal of International Arbitration*, nº (2008), pp. 721 a 741

HARRIS, BRUCE /ROWAN PLANTEROSE / JONATHAN TECKS, *The Arbitration Act 1996*, 4ª Edição, Oxford, Blackwell, 2007

HARRIS, D.J. / ET ALLI, *Law of the European Convention on Human Rights*, 3ª Edição, Oxford, Oxford University Press, 2014

HASCHER, DOMINIQUE, "Principes et pratique de procédure dans l'arbitrage commercial international", *in Recueil des cours de l'Académie de droit international de la Haye – Collected courses of the Hague Academy of International Law*, Vol. 279, BrillOnline, Leiden, 1999, pp. 51 a 193

HELLWIG TORGLLER / ET ALLI, *Handbuch Schiedsgerichtsbarkeit*, 2ª Edição, Baden-Baden, Nomos, 2017

HENRIK, MÖLLER, *Echte Schiedsgerichte im Verwaltungsrecht*, Berlim, Duncker & Humblot, 2014

HENRIQUES, DUARTE GORJÃO, "Third party funding ou o financiamento de litígios por terceiros em Portugal", *in Revista da Ordem dos Advogados*, ano 75, vols. III e IV (2015), pp. 573 a 624

— "A regulação de 'third-party funding'", *in XI Congresso do Centro de Arbitragem Comercial – Intervenções*, Almedina, Coimbra, 2018, pp. 55 a 81

— "Portugal e as 'IBA Guidelines' sobre Conflitos de Interesses: Desinvestir na virtude?", *in Revista de Direito Comercial*, Lisboa, 2018, pp. 487 a 524

— "Third-party funding: a protected investment?", *in Revista de Arbitragem e Mediação*, ano 15, Vol. 57 (Abril-Junho de 2018), pp. 109 a 158

HERRMANN, GEROLD, "The Arbitrator's Responsibilities for the Proper Conduct of Proceedings and the Role of the Courts in Providing Supervision", *in International Arbitration and National Courts: The Never Ending Story, ICCA Congress Series*, nº 10, Alphen aan den Rijn, Kluwer Law International, 2001, pp. 71 a 79

HIRSCH, ALAIN, "Les arbitres peuvent-ils connaître les avocats des parties?", *in ASA Bulletin*, Vol. 8, nº 1(1990), pp. 7 a 11

HOBÉR, KAJ, "Res judicata and lis pendens in international arbitration", *in Recueil des cours de l'Académie de droit international de la Haye – Collected courses of the Hague Academy of International Law*, vol. 366, BrillOnline, Leiden, 2014, pp. 99 a 405

HOFFMANN, ANNE K., "Duty of Disclosure and Challenge of Arbitrators: The Standard Applicable Under the New IBA Guidelines on Conflicts of Interest and the German Approach", *in Arbitration International*, Vol. 21, n. º 3 (2005), pp. 427 a 436

HORVATH, GÜNTHER J., "Schiedsgerichtsbarkeit und Mediation – Ein glückliches Paar?", *in SchiedsVZ*, nº 6 (2005), pp. 292 a 302

HORVATH, GÜNTHER J. / STEPHAN WILSKE / ET ALLI., *in Guerrilla Tactics in International Arbitration*, Alphen aan den Rijn, Kluwer Law International, 2013

HOUT, TJACO T. VAN DEN, "Preface", *in Multiple Party Actions in International Arbitration*, Permanent Court of Arbitration, Oxford University Press, Oxford, 2009, pp. v a vii

HOUTTE, VERA VAN, "Consent to Arbitration Through Agreement to Printed Contracts: The Continental Experience", *in Arbitration International*, Vol. 16, nº 1 (2000), pp. 1 a 18

ILLMER, MARTIN, *Der Arglisteinwand an der Schnittstelle von staatlicher Gerichtsbarkeit und Schiedsgerichtsbarkeit*, Mohr Siebeck, Tubinga, 2007

INZITARI, BRUNO, *Interessi: Legali, corrispettivi, moratori, usurari, anatocistici*, G. Giappichelli Editore, Turim, 2017

ISAACS, STUART L. , "Life after Death: The Arbitral Tribunal's Role Following Its Final Award", *in Jurisdiction, Admissibility and Choice of Law in International Arbitration: Liber Amicorum Michael Pryles*, NEIL KAPLAN AND MICHAEL J. MOSER (Eds.), Alphen aan den Rijn, Kluwer Law International, 2018, pp. 357-384

JAKSIC, ALEKSANDAR, *Arbitration and Human Rights*, Studien zum vergleichenden und internationalen Recht - Comparative and International Law Studies, vol. 59, Peter Lang, Frankfurt, 2002

— "Procedural Guarantees of Human Rights in Arbitration Proceedings – A still Unsettled Problem?", *in Journal of International Arbitration*, vol. 24, nº 2 (2007), pp. 159 a 171

JAPARIDZE, NANA, "Fair Enough? Reconciling the Pursuit of Fairness and Justice with Preserving the Nature of International Commercial Arbitration", *in Hofstra Law Review*, vol. 36, nº 4, (2008), pp. 1415 a 1446

JARASS / PIEROTH, *Grundgesetz für die Bundesrepublik Deutschland – Kommentar*, 13ª Edição, Munique, CH Beck, 2014

JARROSSON, CHARLES, *La notion d'arbitrage*, Paris, LGDJ, 1987

— "Arbitrage et Juridiction", *in Droits*, nº 9, (1989), pp. 107 a 117

— "La sanction du non-respect d'une clause instituant un préliminaire obligatoire de conciliation ou de médiation: Note – Cour de cassation (2e Ch. civ.) 6

juillet 2000; Cour de cassation (1re Ch. civ.) 23 janvier et 6 février 2001", *in Revue de l'Arbitrage*, Vol. 3, nº 4 (2001), pp. 752 a 764

— "A propos de l'obligation de révélation: une leçon de méthode de la Cour de cassation, note sous Cass. civ. 1re, 10 octobre 2012", *in Revue de l'Arbitrage*, Vol. 2013, nº 1 (2013), pp. 129 a 137

JARVIN, SIGVARD, "Multi-party arbitration: identifying the issues", *in N.Y. L. Sch. J. Int'l & Comp. L.*, Vol. 8, Nova Iorque, 1987, pp. 317 a 325

JAUERNIG, OTHMAR, *Zivilprozeßrecht: ein Studienbuch*, Juristische Kurz-Lehrbücher, 25ª Edição, Verlag C. H. Beck, Munique, 1998

JAUERNIG, OTHMAR / BURKHARD HESS, *Zivilprozessrecht: ein Studienbuch*, Juristische Kurz-Lehrbücher, 30ª Edição, Verlag C. H. Beck, Munique, 2011

JENSEN, J. OLE, *Tribunal Secretaries in International Arbitration*, Oxford University Press, Oxford, 2019

JOHAN BILLIET, *International Investment Arbitration – A Practical Handbook*, Maklu, Antuérpia, 2016

JORGE, FERNANDO PESSOA, *O Mandato sem representação*, Reimpressão, Coimbra, Almedina, 2001

JÚDICE, JOSÉ MIGUEL, "Arbitragem e Mediação: Separados à Nascença?", *in Revista Internacional de Arbitragem e Conciliação*, Ano I (2008), pp. 61 a 74

— "A constituição do tribunal arbitral: características, perfis e poderes dos árbitros", *in II Congresso do Centro de Arbitragem da Câmara de Comércio e Indústria Portuguesa – Intervenções*, Almedina, Coimbra, 2009, pp. 103 a 130

— "Anotação ao Acórdão 311/08 do Tribunal Constitucional", *in Revista Internacional de Arbitragem e Conciliação*, nº 2 (2009), pp. 161 a 190

— "As providências cautelares e a arbitragem: em que estamos?", *in Estudos em Homenagem ao Professor Doutor Carlos Ferreira de Almeida*, vol. III, Almedina, Coimbra, 2011, pp. 657 a 679

— "Reflexão sobre a construção de um bom laudo arbitral", *in Revista de Arbitragem e Mediação*, Ano 8, Vol. 31(2011), pp. 233 a 245

— "The New Portuguese Arbitration is on the Right Track", *in Spain Arbitration Review / Revista del Club Español del Arbitraje*, nº 15 (2012), pp. 5 a 14

— "Fixação dos honorários dos árbitros", *in Revista Internacional de Arbitragem e Conciliação*, nº 6 (2013), pp. 139 a 166

— "Reflexiones sobre la construcción de una buena sentencia arbitral", *in Arbitraje Internacional: pasado, presente y futuro*, Libro Homenaje a Bernardo Cremades e Yves Derains, Tomo II, Instituto Peruano Arbitraje, Lima, 2013, pp. 1397 a 140

— "Anotação ao acórdão Esso Australia Resources Limited and others v. The Honourable Sidney James Plowman and others", *in 100 Anos de Arbitragem – os casos essenciais comentados*, Coleção PLMJ, nº 9, Coimbra Editora, Coimbra, 2015, pp. 153 a 164

— *in* DÁRIO MOURA VICENTE (coordenador), *Lei da Arbitragem Voluntária Anotada*, 3ª Edição, Almedina, Coimbra, 2017

— "Some notes about third-party funding: a work in progress", *in Arbitraje, Revista de Arbitraje Comercial y de Inversiones*, vol. XI, nº 1 (2018), pp. 55 a 71

JÚDICE, JOSÉ MIGUEL / ANTÓNIO PEDRO PINTO MONTEIRO, "Da suspensão da instância arbitral e do prazo para a decisão arbitral – Comentários ao Recurso 458, Revista 734/2008, do Supremo Tribunal de Justiça português", *in Revista de Arbitragem e Mediação*, ano 7, Vol. 24 (Janeiro-Março de 2010), pp. 272 a 310

— "Class Actions and Arbitration Procedures - Portugal", *in Class Arbitration in the European Union*, Maklu, Antuérpia, 2013, pp. 137 a 152

Júdice, José Miguel / Duarte Gorjão Henriques, "Regras para nomeação de árbitros. O exemplo do Centro de Arbitragem Comercial da Câmara de Comércio e Indústria Portuguesa", *in Revista de Arbitragem e Mediação*, Ano 12, Vol. 46 (2015), pp. 241 a 254

Julian D. M. Lew / Loukas A. Mistelis / et alli., *Comparative International Commercial Arbitration*, Alphen aan den Rijn, Kluwer Law International, 2003

Júnior, Humberto Theodoro – "Arbitragem e terceiros", *in* Arnoldo Wald (organizador), *Arbitragem e Mediação*, vol. II (Elementos da Arbitragem e Medidas de Urgência), Editora Revista dos Tribunais, São Paulo, 2014, pp. 509 a 543

Kahlert, Heiner, *Vertraulichkeit im Schiedsverfahren. Eine Untersuchung nach deutschem Recht mit internationalen Bezügen*, Mohr Siebeck, Tubinga, 2015

Kaltenborn, Markus, *Streitvermeidung und Streitbeilegung im Verwaltungsrecht*, Baden-Baden, Nomos, 2007

Karrer, Pierre A., "Pathological Arbitration Clauses – Malpractice, Diagnosis and Therapy", *in The International Practice of Law – Liber Amicorum for Thomas Bär and Robert Karrer*, Helbing & Lichtenhahn, Basel, 1997, pp. 109 a 128

Kaster, Laura A., "Confidentiality in U.S. Arbitration", *in NYSBA – New York Dispute Resolution Lawyer*, vol. 5, nº 1 (2012), pp. 23 a 27

Kauffman-Kohler, Gabrielle, "When Arbitrators Facilitate Settlement: Towards a Transnational Standard", *in Arbitration International*, Vol. 25 (2009), Nº 2, pp. 187 a 206

— "Soft law in international arbitration: Codification and normativity", *in Journal of International Dispute Settlement*, Vol. 1, n. º 2 (2010), pp. 283 a 299

Kauffman-Kohler, Gabrielle / Antonio Rigozzi, *International Arbitration: Law and Practice in Switzerland*, Nova Iorque, Oxford, 2015

Kayali, Didem, "Enforceability of Multi-Tiered Dispute Resolution Clauses", *in Journal of International Arbitration*, Vol. 27, nº 6 (2010), pp. 551 a 577

Kelsen, Hans, "Compulsory Adjudication of International Disputes", *in The American Journal of International Law*, nº 3 (1943), pp. 397 a 406

Keutgen, Guy / Georges-Albert Dal, *L'arbitrage en droit belge et international*, Vol. I, 3ª Edição, Bruxelas, Bruylant, 2015

Kirchhof, Paul, "Der Auftrag des Grundgesetzes an die rechtsprechende Gewalt", *in Richterliche Fortbildung*, Heidelberg, C.F. Müller, 1986, pp. 11 a 37

Kleinschmidt, Jens, *Delegation von Privatautonomie auf Dritte*, Tubinga, Mohr Siebeck, 2014

Kolkey, Daniel M. / Richard Chernick, *in* "Drafting an Enforceable Arbitration Clause", *Practitioner's Handbook on International Arbitration and Mediation*, 3ª Edição, Daniel M. Kolkey / Richard Chernick / Barbara Reeves Neal (coordenadores), Juris, Nova Iorque, 2012

Kondev, Dimitar, *Multi-Party and Multi-Contract Arbitration in the Construction Industry*, Wiley Blackwell, 2017

Kovach, Kimberlee K., "Mediation", *in The Handbook of Dispute Resolution*,

Michael L. Moffitt / Robert C. Bordone (Eds.), São Francisco, Jossey-Bass, 2005, pp. 304 a 317

Kramer, Michael / Guido E. Urbach / Reto M. Jenny, "Equal Treatment in Multi-Party Arbitration and the Specific Issue of the Appointment of Arbitrators", *in Austrian Arbitration Yearbook 2009*, Manzsche Verlags, Viena, 2009, pp. 149 a 162

Kressel, Kenneth, "Mediation Revisited", *in The Handbook of Conflict Resolution*, Morton Deutsch, Coleman, Peter T. e Eric C. Marcus (Ed.), 2ª Edição, São Francisco, Jossey-Bass, 2006, pp. 726 a 756

Kröll, Stefan / Peter Kraft, "§1059 – Application for Setting Aside", *in The Model Law in Practice*, Karl-Heinz Böckstiegel, Stefan Michael Kröll e Patricia Nacimiento (Eds.), 2ª Edição, Alphen aan den Rijn, Kluwer Law International, 2015, pp. 383 a 420

Kuck, Lea Haber / Gregory A. Litt, "Will Stolt-Nielsen Push Consumer, Employment and Franchise Disputes Back Into the Courts?", *in NYSBA – New York Dispute Resolution Lawyer*, vol. 4, nº 1 (2011), pp. 81 a 101

Kurkela, Matti S. / Santtu Turunen – *Due Process in International Commercial Arbitration*, 2ª ed., University of Helsinki Conflict Management Institute (COMI), Oxford University Press, Nova Iorque, 2010

Kwast, Patricia Jimenez, "Prohibition on dissenting opinions in international arbitration", *in What's Wrong with International Law? – Liber Amicorum A.H.A. Soons*, Haia, Nijhoff, 2015, pp. 129 a 153

Lachmann, Jens-Peter, *Handbuch für die Schiedsgerichtspraxis*, 3ª Edição, Verlag Dr. Otto Schmidt, Colónia, 2008

Lalive, Pierre, "Inquiétantes dérives de l'arbitrage CCI", *in ASA Bulletin*, Vol. 13, nº 4 (1995), pp. 634 a 640

— "Un post-scriptum et quelques citations", *in ASA Bulletin*, Vol. 14, nº 1 (1996), pp. 35 a 43

— "Le choix de l'Arbitre", *in Mélanges Jacques Robert, Libertés*, Montchrestien, Paris, 1998, pp. 353 a 363

— "Un faux problème: monisme ou dualisme dans la législation arbitrale?", *in Mélanges en l'honneur de François Dessemontet*, Lucerna, Centre du droit de l'entreprise de l'Université de Lausanne, 2009, pp. 255 a 263

Lambert, Pierre, "L'arbitrage et l'article 6, 1º de la Convention européene des droits de l'homme", *in L'arbitrage et la Convention européenne des droits de l'homme*, Droit et Justice, nº 31, Bruxelas, Nemesis/Bruylant, 2001, pp. 9 a 22

Lanceiro, Rui Tavares, "Necessidade da arbitragem e arbitragem necessária – uma análise à luz da jurisprudência Constitucional", *in A Arbitragem Administrativa em Debate: Problemas Gerais e Arbitragem no Âmbito do Código dos Contratos Públicos*, Lisboa, AAFDL, 2018, pp. 45 a 81

Landolt, Phillip, "The IBA Guidelines on Conflicts of Interest in International Arbitration: An Overview", *in Journal of International Arbitration*, Vol. 22, n. º 5 (2005), pp. 409 a 418

Landrove, Juan Carlos, "European Convention on Human Rights' Input on Consensual Arbitration", *in Human Rights at the Center*, Besson, Hottelier e Werro (Ed.), Basel, Schultess, 2006, pp. 73 a 101

Larenz, Karl, *Methodenlehre der Rechtswissenschaft*, 5ª Edição, Springer, Berlim, 1983

— *Lehrbuch des Schuldrechts*, Band 1, Allgemeiner Teil, 14ª Edição, Verlag C. H. Beck, Munique, 1987

LARISMA, SUSANA, "A Prova por testemunhas na Arbitragem Internacional. A Prática internacional, as Regras IBA 1999 e a Oferta Portuguesa", *in Themis – Revista da Faculdade de Direito da UNL*, Ano IX, nº 16 (2009), pp. 95 a 144

LAWSON, DAVID A., "Impartiality and Independence of International Arbitrators – Commentary on the 2004 IBA Guidelines on Conflicts of Interest in International Arbitration'", *in ASA Bulletin*, (2005), Vol. 23, n. º 1, pp. 22 a 44

LAZAREFF, SERGE, "Confidentiality and Arbitration: Theoretical and Philosophical Reflections", *in Confidentiality in Arbitration: Commentaries on Rules, Statutes, Case Law and Practice*, ICC International Court of Arbitration Bulletin – Special Supplement, Paris, 2009, pp. 81 a 93

LEAL, LUÍS SÁRAGGA, "Instrumentos de resolução extrajudicial de litígios nos países lusófonos: cooperação e harmonização", *in III Congresso do Centro de Arbitragem da Câmara de Comércio e Indústria Portuguesa – Intervenções*, Almedina, Coimbra, 2010, pp. 75 a 94

LEANZA, PIERO / ONDREJ PRIDAL, *The Right to a Fair Trial*, Alphen aan den Rijn, Kluwer International, 2014

LEBOULANGER, PHILIPPE, "The Arbitration Agreement: Still Autonomous?", *in Improving the Efficiency of Arbitration Agreements and Awards: 40 Years of Application of the New York Convention*, Alphen aan den Rijn, KluwerLaw International, 1999, pp. 3 a 31

LEE, JOÃO BOSCO, "Palestra de Abertura: O Devido Processo Legal na Arbitragem: Entre Segurança e a Eficiência", *in Trabalhos do XVI Congresso Internacional de Arbitragem do Comitê Brasileiro de Arbitragem – CBAr: Devido Processo Legal na Arbitragem*, CBAr, São Paulo, 2018, pp. 12 e 13.

LEITÃO, LUÍS MANUEL TELES DE MENEZES, *Direito do Trabalho*, 3ª Edição, Coimbra, Almedina, 2012

LEITE, ANTÓNIO PINTO, "Independência, Imparcialidade e Suspeição de Árbitro", *in Revista Brasileira de Arbitragem*, Ano VII, nº 25 (2010), pp. 104 a 118

— "Third party funding as a joint venture and not as a mere finance agreement: the independence and impartiality of the arbitrators", *in VII Congresso do Centro de Arbitragem Comercial – Intervenções*, Almedina, Coimbra, 2015, pp. 105 a 113

LELYVELD, LEONOR VAN, "Third-Party Funding: algumas notas sobre o dever de revelação", *in Revista Internacional de Arbitragem e Conciliação*, nº 11 (2018), pp. 163 a 177

LEMES, SELMA FERREIRA, "A independência e a imparcialidade do árbitro e o dever de revelação", *in III Congresso do Centro de Arbitragem da Câmara de Comércio e Indústria Portuguesa – Intervenções*, Almedina, Coimbra, 2010, pp. 41 a 57

— "Arbitragem. Princípios jurídicos fundamentais. Direito brasileiro e comparado", *in* ARNOLDO WALD (organizador), *Arbitragem e Mediação*, Vol. I (A Arbitragem. Introdução e Histórico), Editora Revista dos Tribunais, São Paulo, 2014, pp. 215 a 245

LENAERTS, KOEN ET ALLI, *EU Procedural Law*, Oxford, Oxford University Press, 2014

LEVY, LAURENT, "Dissenting opinions international arbitration in Switzerland", *in Arbitration International*, Vol. 5, n. º 1 (1989), pp. 35 a 42

— "Les astreintes et l'arbitrage international en Suisse", *in ASA Bulletin*, Vol. 19, nº 1 (2001), pp. 21 a 36.

LEW, JULIAN D. M., "Does National Court Involvement Undermine the International Arbitration Processes?", *in American University International Law Review*, Vol. 24, nº 3 (2009), pp. 489 a 537

LEW, JULIAN D. M. / LOUKAS A. MISTELIS / STEFAN M. KRÖLL, *Comparative International Commercial Arbitration*, Kluwer Law International, Haia, 2003

LIEBMAN, ENRICO TULLIO, *Manuale di Diritto Processuale Civile. Principi*, 5ª ed., Milão, Giuffrè Editore, 1992

LIMA, PIRES DE, "Acórdão de 26 de Março de 1968" [anotação], *in Revista de Legislação e Jurisprudência*, Ano 102, nºs 3388-3389 (1969), p. 107 a 115

LIMA, PIRES DE / ANTUNES VARELA, *Código Civil Anotado*, Vol. I, 4ª Edição, Coimbra, Coimbra Editora, 1987

LLOBERGAT, JOSÉ GORBERÍ / GUADALUPE BUITRÓN RAMÍREZ, *El Procedimento Administrativo Sancionador*, Vol. II, Valência, Tirant Lo Blanch, 2016

LOMBA, PEDRO, "Artigo 110º", *in* PAULO OTERO (coordenação), *Comentário à Constituição Portuguesa*, Vol. III, Tomo 1, Princípios gerais da organização do poder político (artigos 108º a 119º), Almedina, Coimbra, 2008, pp. 37 a 54

LOPES, DULCE / AFONSO PATRÃO, *Lei da Mediação Comentada*, Coimbra, Almedina, 2014

LOPES, LUÍS SANDRA, "As medidas provisórias no (novo) CPA", *in Comentários ao Novo Código do Procedimento Administrativo*, 3ª Edição, Vol. I, Lisboa, AAFDL, 2016, pp. 737 a 772

LOQUIN, ERIC, "Note - Cour d'appel de Paris (1re Ch. C) 28 novembre 1996", *in Revue de L'arbitrage*, nº 3 (1997), pp. 390 a 394

— "L'arbitrage: entre droit et équité", *in Procedural Justice - XIV. IAPL World Congress / XIVème Congrès mondial de l'AIDP Heidelberg 2011*, Veröffentlichungen der Wissenschaftlichen Vereinigung für Internationales Verfahrensrecht e.V., Vol. 20, Gieseking-Verlag, Bielefeld, 2014, pp. 615 a 638

LOUSA, NUNO FERREIRA, "A escolha de árbitros: a mais importante decisão das partes numa arbitragem?", *in V Congresso do Centro de Arbitragem Comercial - Intervenções*, Almedina, Coimbra, 2012, pp. 15 a 35

LOWENFELD, ANDREAS F., "An Arbitrator's Declaration of Independence", *in ASA Bulletin*, Vol. 9, nº 2 (1991), pp. 85 a 89.

— "Introduction: Why Arbitrate?", *in* Daniel M. Kolkey /Richard Chernick / Barbara Reeves Neal (coordenadores), *Practitioner's Handbook on International Arbitration and Mediation*, 3ª Edição, Nova Iorque, Iuris, 2012, pp. 3 a 12

LUKOMSKI, JAN, "Arbitration clauses in Sport governing bodies' statutes: consent or constraint? Analysis from the perspective Article 6(1) of the European Convention on Human Rights", *in International Sports Law Journal*, Vol. 13, nº 1-2 (2013), pp. 60 a 70

MACEDO, JOAQUIM SHEARMAN DE, "Sobre a qualificação civil da incapacidade suportar os custos do processo arbitral por uma das partes", *in Themis - Revista da Faculdade de Direito da UNL*, ano IX, nº 16 (2009), pp. 225 a 244

— "Sanção Pecuniária Compulsória e Arbitragem. Algumas considerações", *in Estudos em Homenagem ao Prof. Doutor José Lebre de Freitas*, Vol. II, Coimbra Editora, Coimbra, 2013, pp. 811 a 829

— "Assistência dos tribunais estaduais na obtenção de prova em arbitragem internacional", *in VIII Congresso do Centro de Arbitragem Comercial - Intervenções*, Almedina, Coimbra, 2015, pp. 63 a 76

MACHADO, JOÃO BAPTISTA, *Introdução ao Direito e ao Discurso Legitimador*, Almedina, Coimbra, 1983

— *Lições de Direito Internacional Privado*, 3ª edição (reimpressão), Almedina, Coimbra, 2002

Machado, José Carlos Soares, "Cláusulas arbitrais escalonadas. Reflexões sobre a sua redacção e interpretação", *in Estudos de Direito da Arbitragem em Homenagem a Mário* Raposo, Universidade Católica Editora, Lisboa, 2015, pp. 89 a 108

Machete, Rui Chancerelle de, "O alargamento do âmbito das matérias sujeitas à arbitragem administrativa no Direito Português", *in VI Congresso do Centro de Arbitragem da Câmara de Comércio e Indústria Portuguesa – intervenções*, Almedina, Coimbra, 2013, pp. 169 a 184

Mackie, Karl, "The Future for ADR Clauses After Cable & Wireless v. IBM", *in Arbitration International*, Vol. 19, nº 3 (2003), pp. 345 a 362

Mair, Julia, "Equal Treatment of Parties in the Nomination Process of Arbitrators in Multi-Party Arbitration and Consolidated Proceedings", *in Austrian Review of International and European Law*, vol. 12, nº 1 (2007), pp. 59 a 82

Maisonneuve, Mathieu, *L'arbitrage des litiges sportifs*, Paris, LGDJ, 2011

Malheiro, Gonçalo, *Os poderes concorrenciais dos Tribunais Arbitrais e dos Tribunais Comuns para o decretamento de providências cautelares*, Vida Económica, Porto, 2008

— "Arbitration in Mozambique, São Tomé, Guinea Bissau, Cape Verde and East Timor", *in Young Arbitration Review*, Ano 0, nº 2 (Julho de 2011), Lisboa, 2011, pp. 25 a 31.

Mandrioli, Crisanto / Antonio Carratta, *Diritto Processuale Civile*, vol. I (Nozioni introduttive e disposizioni generali), 25ª ed., Turim, G. Giappichelli Editore, 2016

— *Diritto Processuale Civile*, vol. II (Il processo ordinario di cognizione), 25ª ed., Turim, G. Giappichelli Editore, 2016

— *Diritto Processuale Civile*, vol. III, Turim, G.Giappichelli Editore, 2014

Mantilla-Serrano, Fernando, *Ley de Arbitraje. Una perspectiva internacional*, iustel, Madrid, 2005

— "Multiple parties and multiple contracts: divergent or comparable issues?", *in Multuparty Arbitration*, Dossier VII, Câmara de Comércio Internacional, Paris, 2010, pp. 11 a 33

Mariani, Rômulo Greff, *Arbitragens Coletivas no Brasil*, São Paulo, Editora Atlas, 2015

Marisi, Flavia, *Il Class Action Arbitration – La sua evoluzione negli Stati Uniti e la sua possibile introduzione nell'Unione Europea*, Munique, Grin Verlag, 2011

Marques, J. P. Remédio, *Acção Declarativa à luz do Código Revisto*, 3ª Edição, Coimbra, Coimbra Editora, 2011

— "Arbitragem e multipolaridade administrativa: da necessidade de um regime específico para os contra-interessados e terceiros no processo arbitral jurídico-administrativo", *in Arbitragem Administrativa em debate*, Lisboa, AAFDL, 2018, pp. 133 a 168

Marriott, Arthur, "Conflicts of interest", *in ASA Bulletin*, Vol. 19, n. º 2 (2001), pp. 246-249

Martinez, Pedro Romano, "Análise do vínculo jurídico árbitro em arbitragem voluntária *ad hoc*", *in Estudos em Memória do Professor Doutor António Marques dos Santos*, Jorge Miranda, Luís Lima Pinheiro, Dário Moura Vicente (Coordenadores), Vol. I, Coimbra, Almedina, 2005, pp. 827 a 841

— *Direito do Trabalho*, 4ª Edição, Coimbra, Almedina, 2007

— "Soluções alternativas de resolução de litígios, em especial a arbitragem", *in Estudos em Memória do Prof. Doutor J.L. Saldanha Sanches*, Vol. II, Coimbra, Coimbra Editora, 2011, pp. 859 a 897

— "Constituição do tribunal arbitral e estatuto do árbitro", *in Revista Internacional de Arbitragem e Conciliação*, nº 5 (2012), pp. 221 a 228

— "Mediação a Arbitragem em Direito Laboral", *in Revista de Direito e de Estudos Sociais*, Ano LVI, nº 4 (2015), pp. 7 a 28

— *Direito do Trabalho*, 7ª Edição, Coimbra, Almedina, 2015

MARTINS, ANA PAULA MATOS, "A tutela cautelar na Lei-Modelo da CNUDCI e a revisão da Lei de Arbitragem Voluntária", *in Themis – Revista da Faculdade de Direito da UNL*, ano IX, nº 16 (2009), pp. 61 a 94

MARTINS, ANTÓNIO PAYAN, *Class Actions em Portugal? Para uma análise da Lei nº 83/95, de 31 de Agosto – Lei de Participação Procedimental e de Acção Popular*, Edições Cosmos, Lisboa, 1999

MARTINS, HEITOR, "Dos incidentes – Relatório apresentado à Comissão Revisora sobre o Capítulo VII, Secção 1ª, do Lº III da Parte I do Projecto – arts. 310 a 364º", *in Revista da Ordem dos Advogados*, Ano 6, Vol., nºs 3 e 4 (1946), pp. 349 a 374

MARTINS, JOÃO ZENHA, *Dos Pactos de Limitação à Liberdade de Trabalho*, Almedina, Coimbra, 2016

MARTINS, PEDRO A. BATISTA, *Arbitragem no Direito Societário*, Quartier Latin, São Paulo, 2012

— "Arbitragem e intervenção voluntária de terceiros: uma proposta", *in* ARNOLDO WALD (organizador), *Arbitragem e Mediação*, Vol. II (Elementos da Arbitragem e Medidas de Urgência), Editora Revista dos Tribunais, São Paulo, 2014, pp. 583 a 607

MARTINS, SOFIA / ANTÓNIO JÚDICE MOREIRA, "Portuguese Commercial Arbitration Centre follows suit and enacts new fast track arbitration rules. Expanding the pie or a sign the system needed mending?", *in Young Arbitration Review*, Ano 5, nº 20 (Janeiro de 2016), pp. 6 a 8

MARTINS, SOFIA / RICARDO SARAIVA – "O Regulamento do Centro de Arbitragem Comercial sobre Nomeação, Recusa e Substituição de Árbitros em arbitragens não institucionalizadas no Centro", *in Revista Internacional de Arbitragem e Conciliação*, nº 9 (2016), pp. 318 a 322.

MASSURAS, KONSTADINO, *Dogmatische Strukturen der Mehrparteienschiedsgerichtsbarkeit*, Europäische Hochschulschriften, Peter Lang, Frankfurt, 1998

MATOS, FRANCISCO DA CUNHA / MARIA BEATRIZ BRITO, "A superveniente insuficiência económica das partes como alegado fundamento de inoponibilidade da convenção de arbitragem (Acórdão do Supremo Tribunal de Justiça de 24 de Abril de 2016)", *in Revista PLMJ Arbitragem*, Jurisprudência comentada (2016), nº 1, 2017, pp. 29 a 41

MATRAY, DIDIER / GAUTIER MATRAY, "La rédaction de la convention d'arbitrage", *in La convention d'arbitrage. Groupes de sociétés et groupes de contrats – Arbitrageovereenkomst. Vennootschapsgroepen en groepen overeenkomsten*, Actes du colloque du CEPANI du 19 novembre 2007, nº 9, Bruylant, Bruxelas, 2007, pp. 23 a 77

MATSCHER, FRANZ, "L'arbitrage et la Convention", *in La Convention Européene des droits de L'Homme*, PETTITI / LOUIS-EDMOND / ET ALLII (Eds.), Paris, Economica, 1995, pp. 281 a 292

MAURÍCIO, ARTUR / DIMAS DE LACERDA / SIMÕES REDINHA, *Contencioso Administrativo*, Lisboa, Rei dos Livros, 1988

Maurer, Anton G., *Public Policy Exception Under The New York Convention*, Nova Iorque, Juris, 2013

Mayer, Pierre, "The Limits of Severability of the Arbitration Clause", *in Improving the Efficiency of Arbitration Agreements and Awards: 40 Years of Application of the New York Convention*, Alphen aan den Rijn, Kluwer Law International, 1999, pp. 261 a 267

— "Faut-il distinguer arbitrage interne et arbitrage international? (II. - L'arbitrage, Deuxième Séance)", *in Revue de l'Arbitrage*, Vol. 2005, nº 2 (2005), pp. 361-374

McEwen, Craig A. / Richard J. Maiman, "Arbitration and Mediation as Alternatives to Court", *in Policy Studies Journal*, Vol. 10, n. º 4, pp. 712 a 726

Medeiros, Rui, "Arbitragem Necessária e Constituição", *in Estudos em Memória do Conselheiro Artur Maurício*, Maria João Antunes (Ed.), Coimbra, Coimbra Editora, 2014, pp. 1301 a 1330

— "Stress tests à revisão do CCP", *in Comentários à Revisão do Código dos Contratos Públicos*, 2ª Edição, Lisboa, AAFDL, 2018, pp. 37 a 66

Medeiros, Rui / Maria João Fernandes, *Constituição Portuguesa Anotada*, Tomo III, Coimbra, Coimbra Editora, 2007

Meier, Andrea, *Einbezug Dritter vor internationalen Schiedsgerichten*, Zürcher Studien zum Privatrecht - 201, Schulthess, Zurique, 2007

Mellado, José Mª Asencio - *Derecho Procesal Civil*, 3ª Edição, tirant lo blanch, Valência, 2015

Melo, Pedro, "O Tribunal Arbitral do Desporto: subsídios para a compreensão da sua acção", *disponível online*, 2016

Mendes, Armindo Ribeiro, *Recursos em Processo Civil. Reforma de 2007*, Coimbra, Coimbra Editora, 1994

— "Balanço dos Vinte Anos de Vigência da Lei de Arbitragem Voluntária (Lei nº 31/86, de 29 de Agosto): sua importância no desenvolvimento da arbitragem e necessidade de alterações", *in I Congresso do Centro de Arbitragem da Câmara de Comércio e Indústria Portuguesa - Intervenções*, Almedina, Coimbra, 2008, pp. 13 a 70

— "As medidas cautelares e o processo arbitral (Algumas notas)", *in Revista Internacional de Arbitragem e Conciliação*, nº 2 (2009), pp. 57 a 113

— "A nova Lei de Arbitragem Voluntária e as formas de impugnação das decisões arbitrais (algumas notas)", *in Estudos em Homenagem ao Prof. Doutor José Lebre de Freitas*, Vol. II, Coimbra Editora, Coimbra, 2013, pp. 703 a 757

— "O novo Código de Processo Civil e a Lei de Arbitragem Voluntária", *in Revista Internacional de Arbitragem e Conciliação*, nº 6 (2013), pp. 265 a 269

— "O Processo Executivo no Futuro Código de Processo Civil", *in Revista da Ordem dos Advogados*, Ano 73, Vol. I (2013), pp. 87 a 147

— "A nova Lei de Arbitragem Voluntária e as formas de impugnação das decisões arbitrais (algumas notas)", *in Estudos em Homenagem ao Prof. Doutor José Lebre de Freitas*, Vol. II, Coimbra Editora, Coimbra, 2013, pp. 703 a 757

— "A Arbitragem na Jurisprudência do Tribunal Constitucional", *in Revista Internacional de Arbitragem e Conciliação*, nº 7 (2014), pp. 123 a 160

— "Os Tribunais Arbitrais são tribunais, mas não são 'Tribunais como os outros' ", *in Estudos de Direito da Arbitragem em Homenagem a Mário Raposo*, Universidade Católica Editora, Lisboa, 2015, pp. 57 a 65

— "Contrato entre as Partes e o Centro de Arbitragem", *in Revista de Direito Comercial* (2017), *disponível online*, pp. 748 a 783

— *in* Dário Moura Vicente (coordenador), *Lei da Arbitragem Voluntária Anotada*, 3ª Edição, Almedina, Coimbra, 2017

Mendes, Armindo Ribeiro / Sofia Ribeiro Mendes, "Crónica de Jurisprudência", *in Revista Internacional de Arbitragem e Conciliação*, nº 4 (2011), pp. 259 a 303

— "Crónica de Jurisprudência", *in Revista Internacional de Arbitragem e Conciliação*, nº 5 (2012), pp. 283 a 329

Mendes, João de Castro, "Subsídios para o estudo do direito de intervenção", *in Revista da Ordem dos Advogados*, ano 12, nºs 3 e 4 (1952), pp. 179 a 183

— "Breves reflexões sobre o conceito de litisconsórcio", *in Jornal do Fôro*, ano 19 (1955), separata, 1956, pp. 7 a 14

— *Manual de Processo Civil*, Coimbra Editora, Coimbra, 1963

— *Direito Processual Civil*, Vol. I, AAFDL, Lisboa, 2012 (reimpressão)

— *Direito Processual Civil*, Vol. II, AAFDL, Lisboa, 2012 (reimpressão)

Mendes, João de Castro / Miguel Teixeira de Sousa, *Direito Processual Civil* (em preparação)

Menkel-Meadow, Carrie, "Toward another view of legal negotiation: The structure of problem solving", *in UCLA Law Review*, Ano 31, Nº 754 (1983-1984), pp. 755-842

Menz, James, "Article 33 [Language of Arbitration]", *in Arbitration in Switzerland: The Practitioner's Guide*, (Ed. Manuel Arroyo), 2ª Edição, Alphen aan den Rijn, Kluwer Law International, 2018, pp. 1867-1872

Mesquita, M. Henrique, "Arbitragem: competência do tribunal arbitral e responsabilidade civil do árbitro", *in Ab Vno ad Omnes – 75 anos da Coimbra Editora*, Coimbra Editora, Coimbra, 1998, pp. 1381 a 1392

Mesquita, Miguel, *Reconvenção e Excepção no Processo Civil (o dilema da escolha entre a reconvenção e a excepção e o problema da falta de exercício do direito de reconvir)*, Almedina, Coimbra, 2009

Meyer-Ladewig, Jens, *EMRK. Handkommentar*, 3ª Edição, Baden-Baden, Nomos, 2011

Meyer, Jürgen, *Charta de Grundrechte der Europäischen Union*, 4ª Edição, Baden--Baden, Nomos, 2014

Miles, Wendy / Nelson Goh, "A Principled Approach Towards the Law Governing Arbitration Agreements", *in Jurisdiction, Admissibility and Choice of Law in International Arbitration: Liber Amicorum Michael Pryles*, Alphen aan den Rijn, Kluwer Law International, 2018, pp. 385-394

Mimoso, Maria João, *Arbitragem do Comércio Internacional – Medidas Provisórias e Cautelares*, Quid Juris, Lisboa, 2009

Miranda, Agostinho Pereira de, "Arbitragem Voluntária e Deontologia. Considerações preliminares", *in Revista Internacional de Arbitragem e Conciliação*, nº 2 (2009), pp. 115 a 124

— "O Estatuto Deontológico do Árbitro – passado, presente e futuro", *in III Congresso do Centro de Arbitragem da Câmara de Comércio e Indústria Portuguesa – Intervenções*, Almedina, Coimbra, 2010, pp. 59 a 71

Miranda, Jorge, "Constituição e Processo Civil", *in Direito e Justiça, Revista da Faculdade de Direito da Universidade Católica Portuguesa*, Ano 1994, vol. VIII, Tomo 2 (1995), pp. 9 a 26

— *Manual de Direito Constitucional*, Tomo IV (Direitos Fundamentais), 6ª edição, Coimbra Editora, Coimbra, 2015

— *Direitos Fundamentais*, Coimbra, Almedina, 2017

Miranda, Jorge / Rui Medeiros, *Constituição Portuguesa Anotada*, Tomo

III, Coimbra Editora, Coimbra, 2007, pp. 117 e 118

— *Constituição Portuguesa Anotada*, Tomo I, 2ª Edição, Coimbra Editora, Coimbra, 2010

Mirante, Daniela, *Os Efeitos da Anulação da Sentença Arbitral, Dissertação de mestrado apresentada na Faculdade de Direito da Universidade Nova de Lisboa*, policopiado, 2009, *disponível online*

— "A Arbitragem Laboral Desportiva em Portugal: Um Jogo de Espelhos?", *em curso de publicação*

Mistelis, Loukas A., "Confidentiality and Third Party Participation: UPS v. Canada and Methanex Corporation v. United States", *in Arbitration International*, vol. 21, nº 2 (2005), pp. 211 a 231

— *Arbitrability: International and Comparative Perspectives*, Alphen aan den Rijn, Kluwer Law International, 2009

Mogendorf, Mathäus, *Der strukturell unterlegene Unternehmer im Internationalen Privat- und Verfahrensrecht*, Tubinga, Mohr Siebeck, 2016

Moitry, Jean-Hubert, "Right to a fair trial and the European Convention on Human Rights: some remarks on the République de Guinée case", *in Journal of International Arbitration*, vol. 6, nº 2 (1989), pp. 115 a 122

Moncada, Luís Cabral de, "Modelos alternativos de justiça: a arbitragem no direito administrativo", *in O Direito*, Ano 142, nº 3 (2010), pp. 481- 495

Monteiro, António Pedro Pinto, "Do recurso de decisões arbitrais para o Tribunal Constitucional", *in Themis – Revista da Faculdade de Direito da UNL*, nº 16 (2009), pp. 185 a 224

— "Do Caso Julgado nas Questões de Estado", *in Themis – Revista da Faculdade de Direito da UNL*, ano X, nº 18 (2010), pp. 77 a 130

— "Da ordem pública no processo arbitral", *in Estudos em Homenagem ao Prof. Doutor José Lebre de Freitas*, vol. II, Coimbra Editora, Coimbra, 2013, pp. 589 a 673

— *O Princípio da Igualdade e a Pluralidade de Partes na Arbitragem: os Problemas na Constituição do Tribunal Arbitral*, Almedina, Coimbra, 2017

— "Anotação ao acórdão Green Tree Financial Corp. v. Bazzle, Supreme Court of the United States, 23/06/2003 – class arbitration", *in 100 Anos de Arbitragem – os casos essenciais comentados*, Coleção PLMJ, nº 9, Coimbra Editora, Coimbra, 2015, pp. 239 a 252

— "O due process na arbitragem desportiva do TAS/CAS – sentido alcance e (frequentes) confusões na matéria (acórdão do Tribunal Federal Suíço de 25 de Julho de 2017)", *in Revista PLMJ Arbitragem, Jurisprudência comentada* (2017), nº 2, 2018, pp. 75 a 92

— "A pluralidade de partes na arbitragem: os principais equívocos que ainda subsistem", *in Revista de Arbitragem e Mediação*, ano 15, Vol. 58 (Julho-Setembro de 2018) pp. 315 a 317

Monteiro, António Pedro Pinto / João Tornada, "A intervenção de terceiros na arbitragem: alguns problemas (Acórdão do Tribunal da Relação do Porto de 8 de Março de 2016)", *in Revista PLMJ Arbitragem*, Jurisprudência comentada (2016), nº 1, 2017, pp. 16 a 28

Monteiro, António Pedro Pinto / Joana Macedo, "Some first steps on the difficult road to a coherent class or collective arbitration regime in Europe? Portugal's upcoming shareholder dispute regime", *in X Congresso do Centro de Arbitragem Comercial – Intervenções*, Almedina, Coimbra, 2017, pp. 81 a 101

Monteiro, António Pedro Pinto / José Miguel Júdice, "Class Actions & Arbitration in the European Union

– Portugal", *in Estudos em Homenagem a Miguel Galvão Teles*, vol. II, Almedina, Coimbra, 2012, pp. 189 a 205

MONTEIRO, ANTÓNIO PINTO, *Cláusulas Limitativas e de Exclusão de Responsabilidade Civil*, Almedina, Coimbra, 1985 (2ª reimpressão, 2011)

— *Cláusula Penal e Indemnização*, Almedina, Coimbra, 1990

— *Erro e Vinculação Negocial*, Almedina, Coimbra, 2002

— "O contrato na gestão do risco e na garantia da equidade", *in* ANTÓNIO PINTO MONTEIRO (coordenação), *O contrato na gestão do risco e na garantia da equidade*, Instituto Jurídico, FDUC, Coimbra, 2015, pp. 9 a 29

— "Resolução alternativa de litígios de consumo: breve apresentação", *in Actas: Colóquio Resolução Alternativa de Litígios de Consumo*, Centro de Direito do Consumo – Instituto Jurídico da Faculdade de Direito de Coimbra, 2016, pp. 7 a 11

MORAIS, CARLOS BLANCO DE, *Curso de Direito Constitucional: teoria da Constituição em tempo de crise do Estado Social*, Tomo II, vol. II, Coimbra Editora, Coimbra, 2014

MOREAU, BERTRAND, "Introduction", *in Revue de l'Arbitrage*, vol. 1988, nº 3 (1988) pp. 431 a 432

MOREIRA, ANTÓNIO JÚDICE, "Did you ask for fast track arbitration?", *in Arbitration Newsletter* (Fevereiro de 2016), IBA Legal Pratice Division, pp. 59 a 61

MOREIRA, VITAL, "Tribunais arbitrais e direito de acesso à justiça: Uma perspetiva constitucional", *in Revista Internacional de Arbitragem e Conciliação*, nº 9 (2016), pp. 123 a 151

MOREIRA, VITAL / CARLA DE MARCELINO GOMES (coordenação), *Compreender os direitos humanos – manual de educação para os direitos humanos*, Coimbra Editora, Coimbra, 2014

MORENO, FAUSTINO CORDÓN, *Arbitraje y jurisdicción: algunas cuestiones polémicas*, Cuadernos Civitas, Civitas e Thomson Reuters, Pamplona, 2010

MORENO, JUAN ROSA, *El arbitraje administrativo*, Madrid, McGraw-Hill, 1998

MOSES, MARGARET L., *The Principles and Practice of International Commercial Arbitration*, Cambridge, Cambridge University Press, 2008

MOTA, CARLOS ESPLUGUES, "Artículo 1. Ámbito de aplicación", *in* SILVIA BARONA VILAR (coordenadora), *Comentarios a la Ley de Arbitraje: Ley 60/2003, de 23 de diciembre, tras la reforma de la Ley 11/2011, de 20 de mayo de 2011*, 2ª Edição, Civitas e Thomson Reuters, Pamplona, 2011, pp. 97 a 122

MOURA, RUI BARROSO DE, "Anotação ao acórdão Yukos", *in 100 Anos de Arbitragem – os casos essenciais comentados*, Coleção PLMJ, nº 9, Coimbra Editora, Coimbra, 2015, pp. 385 a 411

MOURA, SÓNIA, "A arbitragem executiva", *in As Recentes Reformas na Acção Executiva e nos Recursos*, Coimbra Editora, Coimbra, 2010, pp. 79 a 109

MOURRE, ALEXIS, "Réflexions sur quelques aspects du droit à un procès équitable en matière d'arbitrage après les arrêts des 6 novembre 1998 et 20 février 2001 de la Cour de cassation française", *in L'arbitrage et la Convention européenne des droits de l'homme*, Droit et Justice, nº 31, Nemesis / Bruylant, Bruxelas, 2001, pp. 26 e 30

— "Le droit français de l'arbitrage international face à la Convention européenne des droits de l'homme", *in Les Cahiers de l'Arbitrage*, numéro spécial, édition Juillet 2002, pp. 25 a 34

— "L'intervention des tiers à l'arbitrage", *in Les Cahiers de l'Arbitrage*, numéro spécial, édition Juillet 2002, pp. 100 a 109

MULLERAT, RAMÓN, "The IBA Guidelines on Conflicts of Interest Revisited Another Contribution to the Revision of an Excellent Instrument, Which Needs a Slight Daltonism Treatment", *in Spain Arbitration Review / Revista del Club Español del Arbitraje*, Vol, 2012, n. º 14 (2012), pp. 61-99

MUÑOZ, ALEXANDRA, "La extensión del convenio de arbitraje sin consentimiento: ¿Una excepción francesa?", *in Anuario Latino-americano de Arbitraje – Aplicación del convenio arbitral a partes no signatarias. Intervención de terceros en el arbitraje*, nº 2 (2012), pp. 15 a 20

NABAIS, JOSÉ CASALTA, "Reflexões sobre a introdução da arbitragem tributária", *in Revista de Legislação e Jurisprudência*, Ano140º, nº 3967 (Março-Abril 2011), pp. 239 a 258

— "Reflexão breve sobre a introdução da arbitragem tributária", *in* Nuno de Villa-Lobos / Mónica Brito Vieira, *Mais Justiça Administrativa e Fiscal – Arbitragem*, Coimbra Editora, Coimbra, 2010, pp. 83 a 102

NÁPOLES, PEDRO METELLO DE, "Efeitos da insolvência na convenção de arbitragem. Insuficiência económica das partes em processo arbitral", *in V Congresso do Centro de Arbitragem Comercial – Intervenções*, Almedina, Coimbra, 2012, pp. 139 a 158

— *in* DÁRIO MOURA VICENTE (coordenador), *Lei da Arbitragem Voluntária Anotada*, 3ª Edição, Almedina, Coimbra, 2017

NÁPOLES, PEDRO METELLO DE / CARLA GÓIS COELHO, "A arbitragem e os tribunais estaduais – alguns aspectos práticos", *in Revista Internacional de Arbitragem e Conciliação*, nº 5 (2012), pp. 195 a 219

NATER-BASS, GABRIELLE, "Class Action Arbitration: A New Challenge?", *in ASA Bulletin*, Vol. 27, nº 4 (2009), pp. 671 a 690

NEVES, ANTÓNIO CASTANHEIRA, *Metodologia Jurídica. Princípios Jurídicos*, Coimbra Editora, Coimbra, 1993

— "Da 'Jurisdição' no actual Estado-de-Direito", *in Ab Vno ad Omnes – 75 anos da Coimbra Editora*, Coimbra Editora, Coimbra, 1998, pp. 177 a 227

NIEUWVELD, LISA BENCH / VICTORIA SHANNON SAHANI, *Third-Party Funding in International Arbitration*, 2ª ed., Wolters Kluwer, Alphen aan den Rijn, 2017

NOGUEIRA, JOSÉ A. A. DUARTE, "A arbitragem na história do direito português (subsídios)", *in Revista Jurídica*, nº 20 (1996), pp. 9 a 35

NOLAN-HALEY, JACQUELINE, "Consent in Mediation", *in Dispute Resolution Magazine*, nº 14 (2007-2008), pp. 4 a 7

NUNES, PEDRO CAETANO, "Arbitragem e medidas cautelares: algumas notas", *in VI Congresso do Centro de Arbitragem Comercial – Intervenções*, Almedina, Coimbra, 2013, pp. 99 a 118

OBRIST, ANGELA, *Die Haftung des Schiedsrichters*, Berna, Editions Weblaw, 2013

OLIVEIRA, LUÍS PEDROSO DE LIMA CABRAL DE, "Arbitragem em direito público: tentativa de aproximação histórica ao caso português", *in Arbitragem e Direito Público*, AAFDL, Lisboa, 2015, pp. 17 a 75

OLIVEIRA, MÁRIO ESTEVES DE (Coordenação), *Lei da Arbitragem Voluntária*, Coimbra, Almedina, 2014

OLIVEIRA, MÁRIO ESTEVES DE/ PEDRO COSTA GONÇALVES / JOÃO PACHECO AMORIM, *Código de Procedimento Administrativo. Comentado*, Coimbra, Almedina, 1997

OPPETIT, BRUNO, *Théorie de l'arbitrage*, Presses Universitaires de France, Paris, 1998

ORGEL, MARC, *Class Arbitration – Von der Gruppenklage zum Gruppenschiedsverfahren und zurück? Eine Untersuchung zum U.S.--amerikanischen Schiedsverfahrensrecht*, Mohr Siebeck, Tubinga, 2013

ORLANDO, V. E., *Primo Tratatto Completo di Diritto Ammistrativo Italiano*, Vol. II, Milão, Cietá Editrice Libraria, 1907

OTERO, PAULO, "Os contra-interessados em contencioso administrativo: fundamento, função e determinação do universo em recurso contencioso de acto final de procedimento concursal", *in Estudos em Homenagem ao Prof. Doutor Rogério Soares*, Coimbra, Coimbra Editora, 2001, pp. 1073 a 1102

— *Legalidade e Administração*, Coimbra, Almedina, 2003

— "'Exercício de poderes públicos de autoridade por entidades privadas com funções administrativas' – arguição da dissertação de doutoramento do mestre Pedro Gonçalves", *in Revista da FDUL*, Vol. XLVI, nº 1 (2005), pp. 841 a 851

— "Admissibilidade e Limites da Arbitragem Voluntária nos Contratos Públicos e nos Actos Administrativos", *in II Congresso do Centro de Arbitragem da Câmara de Comércio e Indústria Portuguesa*, Coimbra, Almedina, 2009, pp. 81 a 91

— *Direito Constitucional Português*, vol. I (Identidade Constitucional), Almedina, Coimbra, 2010

— *Direito Constitucional Português*, Vol. II (Organização do Poder Político), Almedina, Coimbra, 2010

— Parecer de 12 de Julho de 2012, *policopiado, Apud* RUI MEDEIROS, "Arbitragem Necessária e Constituição", *in Estudos em Memória do Conselheiro Artur Maurício*, MARIA JOÃO ANTUNES (Ed.), Coimbra, Coimbra Editora, 2014

— *Direito do Procedimento Administrativo*, Vol. I, Coimbra, Almedina, 2016

PALLIERI, GIORGIO BALLADORE, "Introduzione ai lavori del convegno", *in Studi Parmensi*, Vol. XVIII, L'eguaglianza delle armi nel processo civile, atti del convegno 10 dicembre 1976, Università di Parma, Giuffrè Editore, Milão, 1977, p. XII a XVII

PARK, WILLIAM W., "The Nature of Arbitral Authority: A Comment on Lesotho Highlands", *in Arbitration International*, Vol. 21, nº 4 (2005), pp. 483 a 491

— "Non-signatories and international contracts: an arbitrator's dilemma", *in Multiple Party Actions in International Arbitration*, Permanent Court of Arbitration, Oxford University Press, Oxford, 2009, p. lvii e pp. 3 a 33

— "La jurisprudence américaine en matière de 'class arbitration': entre débat politique et technique juridique", *in Revue de l'Arbitrage*, vol. nº 3 (2012) pp. 507 a 538

PARTASIDES, CONSTANTINE, "The Fourth Arbitrator? The Role of Secretaries to Tribunals in International Arbitration", *in Arbitration International*, Vol. 18, nº 2 (2002), pp. 147 a 164

— "Secretaries to Arbitral Tribunals", *in Players' interaction in International Arbitration*, Dossier IX, CCI, Paris, 2012, pp. 84 a 88.

PARTASIDES, CONSTANTINE / NIUSCHA BASSIRI / ULRIKE GANTENBERG / LEIGHLA BRUTON / ANDREW RICCIO, "Arbitral Secretaries", *in International Arbitration: The Coming of a New Age?*, ICCA Congress Series, nº 17, Kluwer Law International, Alphen aan den Rijn, 2013, pp. 327 a 368

PASCHALIDIS, PASCHALIS, "Arbitral tribunals and preliminary references to the EU Court of Justice", *in Arbitration International*, nº 4 (2017), pp. 663 a 685

PASSINHAS, SANDRA, *Propriedade e Personalidade no Direito Civil Português*, Almedina, Coimbra, 2017

PATTON, BRUCE, "Negotiation", *in The Handbook of Dispute Resolution*, (Michael L. Moffitt / Robert C. Bordone, Eds.), São Francisco, Jossey-Bass, 2015, pp. 279-303

PATRÃO, AFONSO, "Ordem pública internacional e arbitragens submetidas à lei portuguesa – Acórdão do Supremo Tribunal de Justiça de 26/9/2017, Revista nº 1008/14.4YRLSB.L1.S1", *in Cadernos de Direito Privado*, nº 62 (2018), pp. 41 a 67

PAULSSEN, MARIKE, *The 1958 New York Convention in Action*, Alphen aan den Rijn, Kluwer Law International, 2016

PAULSSON, JAN, "Arbitration Unbound: award detached from the law of its country of origin", *in International and Comparative Law Quarterly*, nº 2 (1981), pp. 358 a 387

— "The Decision of the High Court of Australia in Esso/BHP v. Plowman", *in Arbitration International*, vol. 11, nº 3 (1995), pp. 231 a 234

— "The Timely Arbitrator: Reflections on the Böckstiegel Method", *in Arbitration International*, Vol. 22, nº 1 (2006), pp. 19 a 26

— *The Idea of Arbitration*, Oxford University Press, Oxford, 2013

PAULSSON, JAN / NIGEL RAWDING, "The Trouble with Confidentiality", *in Arbitration International*, vol. 11, nº 3 (1995), pp. 303 a 320

PAULUS, CHRISTOPH G. – *Zivilprozessrecht – Erkenntnisverfahren, Zwangsvollstreckung und Europäisches Zivilprozessrecht*, 5ª ed., Springer, Berlim, 2013

PEDRO, RICARDO, "A responsabilidade civil dos árbitros e o regime aprovado pela Lei nº 67/2007, de 31 de dezembro: entre a responsabilidade e a imunidade", *in O Direito*, nº III (2013), pp. 663 a 675

— *Responsabilidade Civil do Estado pelo Mau Funcionamento da Justiça*, Coimbra, Almedina, 2016

— "Anotação ao artigo 13º", *in O Regime de Responsabilidade Civil Extracontratual do Estado e Demais Entidades Públicas: Comentários à Luz da Jurisprudência*, CARLA AMADO GOMES ET ALLI (coordenadores), 2ª Edição, 2018, pp. 767 a 785

PENA, RUI, "O(s) equívoco(s) da Confidencialidade na Arbitragem", *in Estudos de Direito da Arbitragem em Homenagem a Mário Raposo*, Universidade Católica Editora, Lisboa, 2015, pp. 235 a 266

PEÑALVER, JESÚS REMÓN, "Ley de Arbitraje, Artículo 21", *in Carlos Gonzales-Bueno, Comentarios a la Ley de Arbitraje*, Madrid, Consejo General del Notariado, 2014

PEREIRA, ALEXANDRE DIAS, "Da Equidade (Fragmentos)", *in Boletim da Faculdade de Direito da Universidade de Coimbra*, vol. 80(2004), pp. 347 a 402

PEREIRA, FERNANDA DA SILVA, *Arbitragem voluntária nacional – Impugnação de sentenças arbitrais: o tortuoso e longo caminho a percorrer*, Livraria Petrony, Lisboa, 2009

PEREIRA, JOEL TIMÓTEO RAMOS, *Prontuário de Formulários e Trâmites*, vol. III – Excepções da Instância, Quid Juris, Lisboa, 2008

PEREIRA, PATRÍCIA DA GUIA, "Fundamentos de anulação da sentença arbitral: perspectivas de iure condito e de iure condendo", *in O Direito*, Ano 142º, V (2010), pp. 1057 a 1110

PEREIRA, RICARDO SILVA, "Third Party Funding e implicações éticas na relação com os árbitros", *in Revista Internacional de Arbitragem e Conciliação*, nº 9 (2016), pp. 86 a 122

PEREIRA, RUI SOARES, *A Responsabilidade por Danos Não Patrimoniais do Incumpri-*

mento das Obrigações no Direito Civil Português, Coimbra Editora, Coimbra, 2009

PÉREZ, MARTA GARCÍA, *Arbitraje y Derecho Administrativo*, Cizur Menor, Aranzadi, 2011

PETROCHILOS, GEORGIOS, *Procedural Law in International Arbitration*, Oxford Private International Law Series, Oxford University Press, Oxford, 2004

PIERS, MAUD / DIRK DE MEULEMEESTER, "The New Arbitration Law – Belgium Adopted the UNCITRAL Model Law", *in Asian International Arbitration Journal*, Vol. 9, n. º 2 (2013), pp. 147 a 183

PIMENTA, PAULO, *Processo Civil Declarativo*, Almedina, Coimbra, 2014

PIMPÃO, CÉLINE ROSA, *A tutela do trabalhador em matéria de segurança, (higiene) e saúde no trabalho*, Coimbra Editora, Coimbra, 2011

PINA, PEDRO, "Arbitragem e Jurisdição", *in Julgar*, nº 6 (2008), pp. 135 a 160

PINHEIRO, LUÍS DE LIMA, "Direito aplicável ao mérito da causa na arbitragem transnacional", *in Revista da Ordem dos Advogados*, Ano 63, Vol. I / II (2003), pp. 1 a 35

— "Convenção de arbitragem (aspectos internos e transnacionais)", *in Revista da Ordem dos Advogados*, Ano 64, Vol. I/II (Nov. 2004), pp. 1 a 50, disponível on-line

— *Arbitragem Transnacional – A Determinação do Estatuto da Arbitragem*, Almedina, Coimbra, 2005

— "Apontamento sobre a impugnação da decisão arbitral", *in Revista da Ordem dos Advogados*, Ano 63, Vol. III (Dez. 2007), pp. 1 a 15, disponível *on-line*

— "Recurso e anulação da decisão arbitral: admissibilidade, fundamento e consequências", *in I Congresso do Centro de Arbitragem da Câmara de Comércio e Indústria Portuguesa*, Coimbra, Almedina, 2008, pp. 181 a 195

— "Uma Lei de Arbitragem para o Séc. XXI", *disponível on-line*, pp. 1 a 10

PINNA, ANDREA, "Réflexions sur l'arbitrage forcé", *in Gazette du Palais*, nº 14-16 (2008), pp. 1 a 8

PINTO, ALEXANDRE MOTA, "As políticas de promoção da arbitragem", *in 40 Anos de Políticas de Justiça em Portugal*, Almedina, Coimbra, 2017, pp. 369 a 389

PINTO, CLÁUDIA SAAVEDRA, "Os BITs e a União Europeia", *in XI Congresso do Centro de Arbitragem Comercial – Intervenções*, Almedina, Coimbra, 2018, pp. 83 a 123

PINTO-FERREIRA, JOÃO PEDRO, "A Alegação Oportuna da Incompetência e da Irregularidade na Constituição do Tribunal Arbitral na Jurisprudência", *in Estudos Em Homenagem ao Prof. Doutor José Lebre De Freitas*, Vol. II, Coimbra, Coimbra Editora, 2013, pp. 761 a 811

PINTO, CARLOS ALBERTO DA MOTA, *Teoria Geral do Direito Civil*, 4ª Edição, por ANTÓNIO PINTO MONTEIRO / PAULO MOTA PINTO, Coimbra, Coimbra Editora, 2012

PINTO, PAULO MOTA, "O direito ao livre desenvolvimento da personalidade", *in BFDUC*, Stvdia Ivridica, nº 40 (Portugal-Brasil Ano2000), Coimbra Editora, Coimbra, 1999, pp. pp. 149 a 246

— "Autonomia privada e discriminação – algumas notas", *in Estudos em Homenagem ao Conselheiro José Manuel Cardoso da Costa*, vol. II, Coimbra Editora, Coimbra, 2005, pp. 313 a 363

— "A influência dos direitos fundamentais sobre o direito privado português", *in* ANTÓNIO PINTO MONTEIRO / JÖRG NEUNER / INGO SARLET (organizadores), *Direitos fundamentais e direito privado. Uma perspectiva de direito comparado*, Almedina, Coimbra, 2007, pp. 145 a 163

— *Interesse Contratual Negativo e Interesse Contratual Positivo*, Vol. I, Coimbra Editora, Coimbra, 2008

Pinto, Rui, "Problemas da legitimidade processual – à luz das reformas introduzidas pelos Decretos-Lei nº 329-A/95, de 12 de Dezembro, e nº 180/96, de 25 de Setembro", *in Aspectos do novo Processo Civil*, Lex, Lisboa, 1997, pp. 175 a 193

— *A Questão de Mérito na Tutela Cautelar. A Obrigação Genérica de não Ingerência e os Limites da Responsabilidade Civil*, Coimbra Editora, Coimbra, 2009

— *Notas ao Código de Processo Civil*, vol. I, 2ª Edição, Coimbra Editora, Coimbra, 2015

— *Código de Processo Civil Anotado*, vol. I, Almedina, Coimbra, 2018

— *Código de Processo Civil Anotado*, vol. II, Almedina, Coimbra, 2018

Pires de Lima / Antunes Varela, *Código Civil Anotado*, Vol. I, 4ª Edição, Coimbra Editora, Coimbra, 1987

Pires, Cândida da Silva Antunes, "Do Processo Arbitral Em Geral: Formalismo Elástico Ou Informalismo Ordenado? Princípios Fundamentais", ambos os artigos publicados *in Direito de Macau – reflexões e estudos*, Fundação Rui Cunha / CRED-DM, Macau, 2014, pp. 236 e 495

— "Noções Gerais De Direito Processual Civil", *in Direito de Macau – reflexões e estudos*, Fundação Rui Cunha / CRED-DM, Macau, 2014, pp. 226 a 243

— "O Monopólio Estadual da Jurisdição: Relatividade Ou Crise", *in Direito de Macau – reflexões e estudos*, Fundação Rui Cunha / CRED-DM, Macau, 2014, pp. 181 a 189

— *Lições de Processo Civil de Macau*, 2ª Edição, Almedina, Coimbra, 2015

Platte, Martin, "When should an arbitrator join cases?", *in Arbitration International*, Vol. 18, nº 1 (2002), pp. 67 a 82

Polkinghorne, Michael / Charles B Rosenberg, "The Role of the Tribunal Secretary in International Arbitration: A Call for a Uniform Standard", *in Dispute Resolution International*, Vol. 8, nº 2 (2014), pp. 107 a 128

Pomiès, Olivier, *Dictionnaire de l'arbitrage*, Rennes, Presses Universitaires de Rennes, 2011

Poudret, Jean-François / Sébastien Besson, *Droit comparé de l'arbitrage international*, Bruxelas, Bruylant, 2002

— *Comparative Law of International Arbitration*, 2ª Edição, Sweet & Maxwell, Londres, 2007

Prata, Ana, *Dicionário Jurídico*, Vol. I, 4ª Edição, Coimbra, Almedina, 2005

— *Contratos de Adesão e Cláusulas Contratuais Gerais*, Coimbra, Almedina, 2010

Prata, Ana / Catarina Veiga / José Manuel Vilalonga, *Dicionário Jurídico*, Vol. II, 2ª Edição, Almedina, Coimbra, 2009

Prazeres, Manuel Augusto Gama, *Da Intervenção de Terceiros na Relação Processual*, Livraria Athena, Porto, 1972

Proença, André, "Os contrainteressados e a arbitragem de Direito Administrativo", *in Arbitragem e Direito Público*, Lisboa, AAFDL, 2015, pp. 195 a 237

Pryles, Michael, "Multi-tiered dispute resolution clauses", *in Journal of International Arbitration*, Vol 18, nº 2 (2001), pp. 159 a 176

Quadros, Fausto de, "Arbitragem 'necessária', 'obrigatória', 'forçada': breve nótula sobre a interpretação do artigo 182º do Código de Processo nos Tribunais Administrativos", *in Estudos em Homenagem a Miguel Galvão Teles*, Vol. II, Almedina, Coimbra, 2012, pp. 257 a 265

— "Linhas gerais da reforma do Código de Processo nos Tribunais Administrativos em matéria de arbitragem", *in Revista Internacional de Arbitragem e Conciliação*, nº 7 (2014) pp. 7 a 14

RACINE, JEAN-BABTISTE, "Réflexons sur l'autonomie de l'arbitrage comercial international", *in Revue de l'Arbitrage*, Vol. 2005, nº 2 (2005), pp. 305 a 360

RAESCHKE-KESSLER, HILMA R, "The Arbitrator as Settlement Facilitator", *in Arbitration International*, Vol. 21 (2005), Nº 4, pp. 523 a 536

RAMALHO, MARIA DO ROSÁRIO PALMA, *Do Fundamento do Poder Disciplinar Laboral*, Coimbra, Almedina, 1993

— *Da Autonomia Dogmática do Direito do Trabalho*, Coimbra, Almedina, 2000

— *Tratado de Direito do Trabalho – Parte I: Dogmática Geral*, 3ª Edição, Coimbra, Almedina, 2012

RAMOS, JOSÉ LUÍS BONIFÁCIO, "Questões relativas à reforma do Código de Processo Civil", *in Estudos em Homenagem ao Prof. Doutor José Lebre de Freitas*, vol. I, Coimbra Editora, Coimbra, 2013, pp. 917 a 956

RAMOS, RUI MANUEL MOURA, "Arbitragem estrangeira e reconhecimento de sentenças arbitrais estrangeiras no novo direito português da arbitragem", *in Estudos em Homenagem a António Barbosa de Melo*, Almedina, Coimbra, 2013, pp. 839 a 859

— "Despacho do Tribunal de Justiça (Oitava Secção) 13 de Fevereiro de 2014. (Tribunais Arbitrais Necessários, Formulação de Questões Prejudiciais ao Tribunal de Justiça e Duração Máxima da Exclusividade das Patentes na União Europeia)", *in Revista de Legislação e de Jurisprudência*, nº 3988 (2014), pp. 65 a 79

RAMOS, VASCO MOURA, "Algumas considerações sobre a arbitragem de litígios respeitantes à validade de actos administrativos (à luz do regime resultante do CPTA)", *in Arbitragem e Direito Público*, Lisboa, AAFDL, 2015, pp. 239 a 288

— "Que fundamentos específicos de impugnação e que recursos se devem admitir?", *in A Arbitragem Administrativa em Debate: Problemas Gerais e Arbitragem no Âmbito do Código dos Contratos Públicos*, Lisboa, AAFDL, 2018, pp. 195 a 213

RANGEL, PAULO CASTRO, *Repensar o Poder Judicial – Fundamentos e Fragmentos*, Porto, Publicações Universidade Católica, 2001

RAPOSO, JOÃO, "A intervenção do tribunal judicial na arbitragem: nomeação de árbitros e produção de prova", *in I Congresso do Centro de Arbitragem Comercial – Intervenções*, Almedina, Coimbra, 2008, pp. 109 a 127

RAPOSO, MÁRIO, "Os árbitros", *in Estudos em Homenagem ao Prof. Doutor José Lebre de Freitas*, Vol. II, Coimbra Editora, Coimbra, 2013, pp. 893 a 918

— "Tribunais Arbitrais e Medidas Cautelares", *in Estudos sobre Arbitragem Comercial e Direito Marítimo*, Almedina, Coimbra, 2006, pp. 37 a 49

— "A Sentença Arbitral", *in Estudos sobre Arbitragem Comercial e Direito Marítimo*, Almedina, Coimbra, 2006, pp. 5 a 36

— "Art. 35 da LAV ('composição amigável'): o grande equívoco", *in Revista da Ordem dos Advogados*, Ano71, Vol. II (2011), pp. 371 a 390

— "Imparcialidade dos Árbitros", *in Estudos sobre Arbitragem Comercial e Direito Marítimo*, Almedina, Coimbra, 2006, pp. 75 a 87

RASMUSSEN, MATTHEW, "Overextending Immunity: Arbitral Institutional Liability in the United States, England, and France", *in Fordham International Law Journal*, nº 6 (2002), pp. 1824 a 1875

RAU, ALAN SCOTT, " 'Consent' to arbitral jurisdiction: disputes with non-signatories", *in Multiple Party Actions in International Arbitration*, Permanent Court of

Arbitration, Oxford University Press, Oxford, 2009, pp. 69 a 147

RECHBERGER, WALTER H., "Zur Rechtsnatur der Anfechtung von Schiedssprüchen", *in Recht ohne Grenzen: Festschrift für Athanassion Kaissis zum 65. Geburtstag*, REINHOLD GEIMER e ROLF SCHÜTZE (Ed.), Selier, Munique, 2012, pp. 523 a 536

REDFERN, ALAN, "The 2003 Freshfields - Lecture Dissenting Opinions in International Commercial Arbitration: The Good, the Bad and the Ugly", *in Arbitration International*, Vol. 20, n. º 3 (2004), pp. 223 a 242

REED, LUCY, "Ab(use) of due process: sword vs shield", *in Arbitration International*, vol. 33, nº 3 (2017), pp. 361 a 377

REGO, CARLOS LOPES DO, *Comentários ao Código de Processo Civil*, vol. I, 2ª ed., Almedina, Coimbra, 2004

REICHOLD, KLAUS, *in* THOMAS / PUTZO, *Zivilprozessordnung: FamFG, Verfahren in Familiensachen, GVG, Einführungsgesetze, EU-Zivilverfahrensrecht, Kommentar*, 36ª Edição, Verlag C. H. Beck, Munique, 2015

REIF, LINDA C., "Conciliation as Mechanism for the Resolution of International Economic and Business Disputes", *in Fordham International Law Journal*, Vol. 14, nº 3 (1990), pp. 578-638

REIS, BERNARDO, "O estatuto dos árbitros - alguns aspectos", *in Themis - Revista da Faculdade de Direito da UNL*, Ano IX, nº 16 (2009), pp. 7 a 59

— "Reflexões Práticas sobre a Ética na Arbitragem: Perspetiva de Árbitro", *in VI Congresso do Centro de Arbitragem Comercial - Intervenções*, Almedina, Coimbra, 2013, pp. 75 a 97

REIS, JOÃO LUÍS LOPES DOS, "A excepção da preterição do tribunal arbitral (voluntário)", *in Revista da Ordem dos Advogados*, Ano 58, Vol. III (1998), pp. 115 a 1132

— "Questões de arbitragem ad-hoc - Constituição do tribunal arbitral. Colegiabilidade dos árbitros. Forma do processo. Prazo para a decisão. Caducidade da convenção. Honorários dos árbitros", *in Revista da Ordem dos Advogados*, Ano 58, Vol. I (1998), pp. 467 a 513

— "Questões de arbitragem *ad hoc* II - Determinação do objecto do litígio, impugnação de decisões arbitrais interlocutórias meramente processuais, recusa de árbitro", *in Revista da Ordem dos Advogados*, Ano5 9, Vol. I (1999), pp. 217 a 320

REIS, JOSÉ ALBERTO DOS, *Comentário ao Código de Processo Civil*, vol. III, Coimbra Editora, Coimbra, 1946

— "Intervenção de terceiros (Código de Processo Civil, artigos 325 e segs.)", *in BFDUC*, vols. XXIII e XXIV (1948), pp. 313 a 395 (vol. XXIII) e pp. 1 a 78 (vol. XXIV)

— *Código de Processo Civil anotado*, vol. I, 3ª ed., Coimbra Editora, Coimbra, 2004 (reimpressão)

— *Código de Processo Civil anotado*, vol. IV, 3ª ed., Coimbra Editora, Coimbra, 2012 (reimpressão)

REISMANN, WILLIAM MICHAEL, *System of Control in International Adjudication and Arbitration, s.l.*, Duke University Press, 1992

RENSMANN, THILO, *Anationale Schiedssprüche: Eine Untersuchung zu den Wirkungen anationaler Schiedssprüche im nationalen Recht*, Berlim, Duncker & Humblot, 1997

— "Anational Arbitral Awards - Legal Phenomenon or Academic Phantom?", *in Journal of International Arbitration*, nº 2 (1998), pp. 37 a 65

RIBEIRO, JOAQUIM DE SOUSA, "Constitucionalização do Direito Civil", *in Direito dos Contratos - Estudos*, Coimbra Editora, Coimbra, 2007, pp. 7 a 33

ROBERTS, SIMON / MICHAEL PALMER, *Dispute Processes*, Cambridge, Cambridge University Press, 2005

RODRIGUES, FERNANDO PEREIRA, *Noções Fundamentais de Processo Civil*, Almedina, Coimbra, 2015

— *O Novo Processo Civil. Os Princípios Estruturantes*, Almedina, Coimbra, 2013

ROGERS, ANDREW / RACHEL LAUNDERS, "Separability – The Indestructible Arbitration Clause", *in* Arbitration International, Vol. 10, nº. 1 (1994), pp. 77 a 90

ROOS, CRISTIÁN CONEJERO, "Multi-party Arbitration and Rule-making: Same issues, Contrasting Approaches", *in 50 Years of the New York Convention, ICCA Congress Series*, nº 14, Kluwer Law International, Alphen aan den Rijn, 2009, pp. 411 a 433

ROSENBERG, LEO/ KARL HEINZ SCHWAB / PETER GOTTWALD, *Zivilprozessrecht*, 18ª Edição, Munique, C.H. Beck, 2018

ROSU, CLAUDIA, "The Liability of Arbitrators in Civil Litigation", *in Curentul Juridic – Juridical Current*, nº 1 (2018), pp. 172-183

RÖTHEMAYER, PETER, *Mediation*, Estugarda, Kohlhammer, 2015

ROZAS, JOSÉ CARLOS FERNÁNDEZ, "Le rôle des juridictions étatiques devant l'arbitrage commercial international", *in Recueil des cours de l'Académie de droit international de la Haye – Collected courses of the Hague Academy of International Law*, Vol. 290, BrillOnline, Leiden, 2001, pp. 9 a 224

— "Clearer Ethics Guidelines and Comparative Standards for Arbitrators", *in Liber Amicorum Bernardo Cremades*, Madrid, La Ley, 2010, pp. 413 a 449

RUBINO- SAMMARTANO, MAURO, *International Arbitration – Law and Practice*, 2ª Ed., Haia, Kluwer Law International, 2001

— "Trois médiations, dont une obligatoire (ombres et lumières de l'example italien), *in Journal du Droit International – Clunet*, Abril-Maio-Junho, nº 2 (2011), pp. 365 a 374

— *International Arbitration: Law and Practice*, 3ª Edição, Nova Iorque, Juris, 2014

RÜMELIN, MAX, *Die Billigkeit im Recht*, Tubinga, Mohr Siebeck, 1921

SACHS, KLAUS / TILMAN NIEDERMAIER, "Zur Group of Companies Doctrine und der Auslegung der subjektiven Reichweite von Schiedsvereinbarungen – Welches Recht ist anwendbar?", *in Festschrift für Siegfried H. Elsing zum 65. Geburtstag*, Fachmedien Recht und Wirtschaft, 2015, pp. 475 a 491

SALAHUDDIN, ASIF, "Should arbitrators be immune from liability?", *in Arbitration International*, nº 4 (2017), pp. 571 a 581

SALVADOR, JOÃO DE FIGUEIREDO, *A Arbitragem Institucionalizada na Acção Executiva*, Chiado Editora, Lisboa, 2013

SALVANESCHI, LAURA, *L'arbitrato con pluralità di parti, Processo e Giudizio – Collana diretta da Giuseppe Tarzia*, Cedam, Pádua, 1999

SAMPAIO, JORGE SILVA, "A Lei nº 67/2007 e a Constituição da República Portuguesa – o recorte normativo da norma constitucional de responsabilidade civil extracontratual do Estado e a jurisprudência constitucional", *in O Regime de Responsabilidade Civil Extracontratual do Estado e Demais Entidades Públicas: Comentários à Luz da Jurisprudência*, CARLA AMADO GOMES ET ALLI (coordenadores), 2ª Edição, 2018, pp. 39 a 75

SÁNCHEZ, JOSÉ LUIS GONZÁLEZ-MONTES, *El Control Judicial del Arbitraje*, La Ley, Madrid, 2008

SANDERS, PIETER, "Trends in the field of international commercial arbitration", *in Recueil des cours de l'Académie de droit inter-*

national de la Haye – Collected courses of the Hague Academy of International Law, vol. 145, BrillOnline, Leiden, 1975, pp. 205 a 296

— "The New York Convention of 1958", *in Quo Vadis Arbitration?:Sixty Years of Arbitration Practice*, Haia, Kluwer Law International, 1999

Santos, António Marques dos, "Nota sobre a nova lei portuguesa relativa à arbitragem voluntária. Lei nº 31/86, de 29 de Agosto", *in Estudos de Direito Internacional Privado e de Direito Processual Civil Internacional*, Almedina, Coimbra, 1998, pp. 255 a 306

Santos, Boaventura de Sousa, *Para uma Revolução Democrática da Justiça*, Reimpressão, Almedina, Coimbra, 2015

Santos, Rita Nunes dos, "A obtenção de documentos em poder da parte contrária em processo arbitral", *in O Direito*, Ano149º, I (2017), pp. 223 a 259

Sanz-Pastor, Juan Antonio Cremades, *El Arbitraje de Derecho Privado en España*, Tirant lo Blanch, Valência, 2014

Satta, Salvatore / Carmine Punzi, *Diritto Processuale Civile*, 13ª Edição, Cedam, Pádua, 2000

Scherer, Matthias, "The IBA Guidelines on Conflicts of Interest in International Arbitration: The First Five Years 2004–2009", *in Dispute Resolution International*, Vol. 4, n. º 1 (2010), pp. 5 a 53

Scherer, Maxi/ Lisa Richman / et alli, *in Arbitrating under the 2014 LCIA Rules: A User's Guide*, Alphen aan den Rjin, Kluwer Law International, 2015

Schlosser, Peter, *Das Recht der internationalen privaten Schiedsgerichtsbarkeit*, 2ª Edição, Tubinga, Mohr Siebeck, 1989

— *in* Stein / Jonas (coordenadores), *Kommentar zur Zivilprozessordnung*, vol. 10, 23ª ed., Mohr Siebeck, Tubinga, 2014, pp. 239 a 241

Schmitthoff, Clive M., "Finality of arbitral awards and judicial review", *in Contemporary Problems in International Arbitration*, Julian Lew (Ed.) Dordrecht, Springer, 1987, pp. 230 a 237

Schroeder, Hans-Patrick / Wiebke Wortmann, "§ 1063 – General Provisions", *in* Karl-Heinz Böckstiegel / Stefan Michael Kröll / Patricia Nacimiento (coordenadores), *Arbitration in Germany: The Model Law in Practice*, 2ª Edição, Kluwer Law International, Alphen aan den Rijn, 2015, pp. 532 a 537

Schroeter, Ulrich G., "Ad Hoc or Institutional Arbitration. A Clear-Cut Distinction? A Closer Look At Borderline Cases", *in Contemporary Asia Arbitration Journal*, Vol. 10, nº 2 (2017), pp. 141 a 199

Schütze, Rolf, *Schiedsgericht und Schiedsverfahren*, 6ª Edição, Munique, C. H. Beck, 2016

Schwab / Walter, *Schiedsgerichtsbarkeit*, 7ª Edição, Munique, C.H. Beck e Helbing & Lichtenhain, 2005

Schwartz, Eric A., "Multi-Party Arbitration and the ICC – In the Wake of Dutco", *in Journal of International Arbitration*, vol. 10, nº 3 (1993), pp. 5 a 20

— "On the subject of 'Administrative Secretaries': A Reply by Mr. Eric Schwartz, Secretary General of the ICC Court", *in ASA Bulletin*, Vol. 14, nº 1 (1996), pp. 32 a 34

Schwebel, Stephen M. / Susan G. Lahne, "Public Policy and Arbitral Procedure", *in Comparative Arbitration Practice and Public Policy in Arbitration, ICCA Congress Series*, nº 3, Kluwer Law International, Alphen aan den Rijn, 1987, pp. 205 a 266

Seraglini, Christophe e Jérôme Ortscheid, *Droit de l'arbitrage interne et international*, Paris, Montchrestien, 2013

SERGES, GIOVANNI, "La "mediazione civile" e la Costituzione", *in Diritto e Societá*, nº 2-3 (2011), pp. 569-594

SERRA, CATARINA, "Arbitragem e insolvência. Os efeitos da declaração de insolvência sobre a arbitragem (Direitos português e internacional)", *in Revista de Direito Comercial* (2017), pp, 612 a 655

SERRÃO, TIAGO, "A subsidiariedade da tutela jurisdicional conferida pelo TEDH no âmbito do direito à obtenção de uma decisão em prazo razoável", *in O Direito*, ano 143º, IV (2011), pp. 793 a 838

— "A arbitragem no CPTA revisto: primeiras impressões", *in Comentários à Revisão do ETAF e do CPTA*, 3ª. Edição, Lisboa, AAFDL, 2017, pp. 475 a 499

— "A arbitragem no CCP revisto", *in Comentários à Revisão do Código dos Contratos Públicos*, 2ª Edição, Lisboa, AAFDL, 2018, pp. 1243 a 1274

SERRÃO, TIAGO / MARCO CALDEIRA, "A publicidade das decisões arbitrais administrativas: algumas reflexões", *in Estudos Jurídicos em Comemoração do Centenário da AAFDL. Contributo para o presente e futuro dos meios de resolução alternativa de litígios*, volume I, AAFDL Editora, Lisboa, 2018, pp. 157 a 182

SIIG, KRISTINA MARIA, "Multi-party arbitration in international trade: problems and solutions", *in International Journal Liability and Scientific Enquiry*, vol. I, nºs 1 e 2 (2007), pp. 72 a 84

SILVA, ARTUR FLAMÍNIO DA, "A arbitragem desportiva em Portugal: uma realidade sem futuro? – anotação ao Acórdão nº 230/2013 do Tribunal Constitucional", *in Desporto & Direito*, nº 28 (2012), pp. 61 a 85

— "O Novo Regime Jurídico da Resolução de Conflitos Desportivos no Direito Administrativo: sobre a Arbitragem Necessária e a Mediação no Tribunal Arbitral do Desporto", *in Arbitragem e Direito Público*, Lisboa, AAFDL, 2015, pp. 395 a 436

— "Revisitando a constitucionalidade da arbitragem necessária em Portugal: reflexões sobre o Acórdão nº 123/2015 do Tribunal Constitucional", *in Revista de Arbitragem e Mediação*, nº 47 (2015), pp. 375 a 475

— *A Resolução de Conflitos Desportivos em Portugal: entre o Direito Público e o Direito* Privado, Coimbra, Almedina, 2017

— "Arbitragem e Jurisdição no Direito Administrativo: interrogações em torno dos seus limites. Anotação ao Acórdão do Supremo Tribunal Administrativo de 8 de Fevereiro de 2018", *in Revista de Direito Administrativo*, nº 4 (2019), pp. 90 a 95

— "A arbitragem necessária no Direito Administrativo tem o preço da inconstitucionalidade. Anotação ao Acórdão do Tribunal Central Administrativo Sul de 6 de Dezembro de 2017", *in O Direito*, nº 1 (2019), pp. 199 a 219

— "Medidas provisórias e suspensões preventivas no direito disciplinar administrativo", *in Julgar online* (Janeiro de 2019), pp. 1 a 27

— "Arbitragem (de investimentos) e a noção de órgão jurisdicional no Direito da União Europeia, para efeitos do artigo 267º do TFUE. Anotação ao acórdão do Tribunal de Justiça da União Europeia (Grande Secção) de 6 de Março de 2018, "Slowakische Republik contra Achmea BV", C-284/16", *em curso de publicação.*

SILVA, ARTUR FLAMÍNIO DA / DANIELA MIRANTE, "Algumas notas sobre o estatuto dos árbitros do Tribunal Arbitral do Desporto: uma análise à luz do relatório e do projecto da comissão para a justiça desportiva", *in Desporto & Direito*, Ano IX, nº 26 (Janeiro/Abril 2012), pp. 279 a 299

— *Regime Jurídico do Tribunal Arbitral do Desporto*, Lisboa, Petrony, 2016

— "Arbitragem voluntária e contrato de trabalho desportivo", *in Julgar Online*, Setembro (2018), pp. 1 a 20

Silva, Artur Flamínio da / António Pedro Pinto Monteiro, "Confidentiality in Portuguese Sports Arbitration: what lessons can we learn from CAS", *in Young Arbitration Review* ano 5, nº 21 (Abril de 2016), 2016, pp. 58 a 61

— "Publicidade vs. confidencialidade na arbitragem desportiva transnacional", *in Revista de Direito Civil*, nº 3 (2016), pp. 701 - 722

Silva, João Calvão da, *Cumprimento e Sanção Pecuniária Compulsória*, 4ª Edição, Almedina, Coimbra, 2002

— "Convenção de Arbitragem - algumas notas", *in Homenagem da Faculdade de Direito de Lisboa ao Professor Doutor Inocêncio Galvão Telles - 90 Anos*, Coimbra, Almedina, 2007, pp. 533 a 549

— "Tribunal Arbitral e Providências Cautelares", *in I Congresso do Centro de Arbitragem da Câmara de Comércio e Indústria Portuguesa - Intervenções*, Almedina, Coimbra, 2008, pp. 99 a 107

Silva, Jorge Pereira da, *Deveres do Estado de Protecção de Direitos Fundamentais*, Lisboa, Universidade Católica Editora, 2015

Silva, Lucinda Dias da, "Os Custos da Justiça à luz dos Princípios Processuais" *in* João Álvaro Dias (coordenador), *Os Custos da Justiça - Actas do Colóquio Internacional, Coimbra, 25-27 de Setembro de 2002*, Almedina, Coimbra, 2003, pp. 303 a 334

— "Arbitragem e *Iuris Laboris Alma*", *in Questões Laborais*, Ano XII, nº 27 (2006), pp. 91-128

— *Processo Cautelar Comum. Princípio do contraditório e dispensa de audição prévia do requerido*, Coimbra Editora, Coimbra, 2009

Silva, Manuel Botelho da, "Pluralidade de Partes em Arbitragens Voluntárias", *in Estudos em Homenagem à Professora Doutora Isabel de Magalhães Collaço*, vol. II, Almedina, Coimbra, 2002, pp. 499 a 538

Silva, Paula Costa e, "Anulação e Recursos da Decisão Arbitral", *in Revista da Ordem dos Advogados*, Ano 52, Volume III (1992), pp. 894 a 1018

— "Os meios de impugnação de decisões proferidas em arbitragem voluntária no direito interno português", *in Revista da Ordem dos Advogados*, Ano 56, Vol. I (1996), pp. 179 a 207

— "A Arbitrabilidade de Medidas Cautelares", *in Revista da Ordem dos Advogados*, ano 63, vols. I e II, (2003), pp. 211 a 235

— *Acto e Processo. O dogma da irrelevância da vontade na interpretação e nos vícios do acto postulativo*, Coimbra, Coimbra Editora, 2003

— "A execução em Portugal de decisões arbitrais nacionais e estrangeiras", *in I Congresso do Centro de Arbitragem da Câmara de Comércio e Indústria Portuguesa - Intervenções*, Almedina, Coimbra, 2008, pp. 131 a 180

— *A Litigância de Má Fé*, Coimbra Editora, Coimbra, 2008

— *A Nova Face da Justiça - Os Meios Extrajudiciais de Resolução de Controvérsias*, Coimbra Editora, Coimbra, 2009

— *Um Desafio à Teoria Geral do Processo. Repensando a Transmissão da Coisa ou Direito em Litígio. Ainda um Contributo para o Estudo da Substituição Processual (Uma segunda Edição?)*, Coimbra Editora, Coimbra, 2009

— "Preterição do contraditório e irregularidade de constituição de tribunal arbitral", *in Revista de Processo (RePro)*, ano 37, vol. 212 (2012), pp. 301 a 334

Silva, Paula Costa e / Marco Gradi, "A Intervenção de Terceiros no Procedimento Arbitral no Direito Português e no Direito Italiano", *in Revista Brasileira de Arbitragem*, ano VIII, nº 28 (2010), pp. 41 a 92

Silva, Paula Costa e / Nuno Trigo dos Reis, "A natureza do procedimento judicial de nomeação de árbitro", *in Estudos em Homenagem ao Prof. Doutor José Lebre de Freitas*, Vol. II, Coimbra Editora, Coimbra, 2013, pp. 951 a 1004

Silva, Vasco Pereira da, "A vinculação das entidades privadas pelos direitos, liberdades e garantias", *in RDES*, Ano XXIX (II da 2ª série), nº 2 (1987), pp. 259 a 274

Silveira, João Tiago, "A arbitragem e o artigo 476º na revisão do CCP", *in Revista de Direito Administrativo*, nº 1 (2018), pp. 60 a 65

Simões, Fernando Dias, *Commercial Arbitration between China and the Portuguese-Speaking World*, Kluwer Law International, Alphen aan den Rijn, 2014

Smellie, Richard, "Is arbitration confidential?", *in International Quarterly*, nº 5, 2013

Smeureanu, Ileana M., *Confidentiality in International Commercial Arbitration*, Kluwer Law International, Alphen aan den Rijn, 2011

Smit, Hans, "Confidentiality in Arbitration", *in Arbitration International*, vol. 11, nº 3 (1995), pp. 337 a 340

— "Dissenting opinions in arbitration", *in ICC International Court of Arbitration Bulletin*, Vol. 15, n. º 1 (2004), pp. 37 a 42

Soares, António Quirino Duarte, "Impugnação de decisões arbitrais. A acção anulatória", *in Cadernos de Direito Privado* nº 27 (2009), pp. 3 a 18

Soares, Maria Ângela Bento / Rui Manuel Moura Ramos, *Contratos Internacionais – compra e venda, cláusulas penais, arbitragem*, Almedina, Coimbra, 1986

Solomon, D., "Interpretation of the New York Convention in Germany", *in Recognition and Enforcement of Foreign Arbitral Awards*, George A. Bermann (coord.), Nova Iorque, Springer, 2017

Sousa, Jorge Lopes de, "Comentário ao Regime Jurídico da Arbitragem Tributária", *in* Nuno De Villa-Lobos / Mónica Brito Vieira (coordenação), *Guia da Arbitragem Tributária*, Almedina, Coimbra, 2013, pp. 95 a 240

Sousa, Marcelo Rebelo de, "As indemnizações por nacionalização e as comissões arbitrais em Portugal", *in Revista da Ordem dos Advogados*, Vol. II (1989), pp. 369 a 415

Sousa, Marcelo Rebelo de / José de Melo Alexandrino, *Constituição da República Portuguesa comentada*, Lex, Lisboa, 2000

Sousa, Miguel Teixeira de, *A competência declarativa dos tribunais comuns*, Lex, Lisboa, 1994

— *As partes, o objecto e a prova na acção declarativa*, Lex, Lisboa, 1995

— *Estudos sobre o Novo Processo Civil*, 2ª edição, Lex, Lisboa, 1997

— *Introdução ao Processo Civil*, 2ª edição, Lex, Lisboa, 2000

— *A legitimidade popular na tutela dos interesses difusos*, Lex, Lisboa, 2003

— "A incompatibilidade das anti-suit injunctions com o Regulamento (CE) nº 44/2001 – Anotação ao Acórdão do Tribunal de Justiça de 10/2/2009 (C-185/07, Allianz e Generali v. West Tankers)", *in Revista Internacional de Arbitragem e Conciliação*, nº 2 (2009), pp. 191 a 204

— "Sobre a qualidade de parte processual", *Estudos em Homenagem ao Prof. Doutor Inocêncio Galvão Telles*, vol. I, Almedina, Coimbra, 2002, pp. 823 a 834

— *Introdução ao Direito*, Almedina, Coimbra, 2012

— "A intervenção de terceiros no processo arbitral", *in Revista Internacional de Arbitragem e Conciliação*, nº 5 (2012), pp. 149 a 177

STACHER, MARCO, *Einführung in die internationale Schiedsgerichtbarkeit der Schweiz*, Zurique, Dike, 2015

STAVROS BREKOULAKIS, "Multiparty and Multicontract Arbitration", *in QFINANCE*, disponível em http://www.financepractitioner.com/home, p. 1 a 5

— *Third parties in International Commercial Arbitration*, Oxford International Arbitration Series, Oxford University Press, Oxford, 2010

STEGER, CHRISTIAN, *Die Präklusion von Versagungsgründen bei der Vollstreckung ausländischer Schiedssprüche*, Tubinga, Mohr Siebeck, 2015

STEINBRÜCK, BEN, *Die Unterstützung durch Staatliche Gerichte*, Tubinga, Mohr Siebeck, 2009

STEINDL, BARBARA HELENE, "The 2012 ICC Arbitration Rules - Origin, Development and Practicability", *in Austrian Yearbook on International Arbitration 2012*, Manzsche Verlags, Viena, 2012, pp. 131 a 161

STEINGRUBER, ANDREA MARCO, *Consent in International Arbitration*, Oxford International Arbitration Series, Oxford University Press, Oxford, 2012

STRONG, S. I., "Intervention and Joinder as of Right in International Arbitration: An Infringement of Individual Contract Rights or a Proper Equitable Measure?", *in Vanderbilt Journal of Transnational Law*, vol. 31(1998), pp. 915 a 996

— "From Class to Collective: The De-Americanization of Class Arbitration", *in Arbitration International*, Vol. 26, nº 4 (2010), pp. 493 a 548

— "Class and Collective Relief in the Cross-Border Context: A Possible Role for the Permanent Court of Arbitration", *in Hague Yearbook of International Law – Annuaire de la Haye de Droit International*, vol. 23 (2010), pp. 113 a 140

— "Class arbitration outside the United-States: reading the tea leaves", *in Multiparty Arbitration*, Dossier VII, Câmara de Comércio Internacional, Paris, 2010, pp. 183 a 213

— "Collective Arbitration Under the DIS Supplementary Rules for Corporate Law Disputes: A European Form of Class Arbitration?", *in ASA Bulletin*, vol. 29, nº 1 (2011), pp. 145 a 165

— *Class, Mass and Collective Arbitration in National and International Law*, Oxford University Press, Nova Iorque, 2013

STUMPF, CHRISTOPH, *Alternative Streitbeilegung im Verwaltungsrecht*, Tubinga, Mohr Siebeck, 2006

TANNOCK, QUENTIN, "Judging the Effectiveness of Arbitration through the Assessment of Compliance with and Enforcement of International Arbitration Awards", *in Arbitration International*, nº 1 (2005), pp.71 a 90

TARASCHI, CESARE, *Manuale di Diritto Processuale Civile*, 24ª ed., Simone, Nápoles, 2014

TELES, JOANA GALVÃO, "A arbitrabilidade dos litígios em sede de invocação de excepção de preterição do tribunal arbitral voluntário", *in Análise de Jurisprudência sobre Arbitragem*, Coimbra, Almedina, 2011, pp. 59 a 133

— "Res judicata in arbitration", *in VII Congresso do Centro de Arbitragem Comercial – Intervenções*, Almedina, Coimbra, 2014, pp. 169 a 180

TELES, MIGUEL GALVÃO, "Recurso para o Tribunal Constitucional das decisões dos tribunais arbitrais", *in III Congresso do Centro de Arbitragem Comercial – Intervenções*, Almedina, Coimbra, 2010, pp. 199 a 220

— "Addition of Parties: a vacuum left by the Model Law in need of internationally approved Rules", *in Revista Internacional de Arbitragem e Conciliação*, nº 3 (2010), pp. 45 a 62

— "A independência e imparcialidade dos árbitros como imposição constitucional", *in Estudos em Homenagem ao Professor Doutor Carlos Ferreira de Almeida*, Vol. III, Almedina, Coimbra, 2011, pp. 251 a 283

Telles, Inocêncio Galvão, "Cláusula compromissória – Oposição ao respectivo pedido de efectivação", *in O Direito*, Ano LXXXIX (1957), pp. 213 a 221

— *Manual dos Contratos em Geral*, 4ª ed., Coimbra Editora, Coimbra, 2002

Tochtermann, Peter, *Die Unabhängigkeit des Mediators*, Tubinga, Mohr Siebeck, 2008

Torggler, Helwig et alli, *Handbuch Schiedsgerichtsbarkeit*, 2ª Edição, Viena, Verlag Österreich, 2017

Trabuco, Cláudia e Mariana França Gouveia, "A arbitrabilidade das questões de concorrência no Direito Português: the meeting of two black arts", *in Estudos em Homenagem ao Professor Doutor Carlos Ferreira de Almeida*, Vol. I, Coimbra, Almedina, 2011, pp. 443 a 496

Trakman, Leon E., "Confidentiality in International Commercial Arbitration", *in Arbitration International*, vol. 18, nº 1 (2002), pp. 1 a 18

Trayter, Juan Manuel, "El Arbitraje de Derecho Administrativo", *in Revista de Administración Pública*, nº 143 (1997), pp. 75 a 106

Trigo, Ana Coimbra, "Expedited procedures: A party autonomy paradox in the making? Shanghai no. 1 intermediate people's court judgement of 11 August 2017", *in Revista PLMJ Arbitragem*, Jurisprudência comentada (2017), nº 2, 2018, pp. 94 a 107

Trittmann, Rolf / Inka Hanefeld, "§1029", *in* Karl-Heinz Böckstiegel / Stefan Michael Kröll / Patricia Nacimiento (Eds.), *The Model Law in Practice*, 2ª Edição, Alphen aan den Rijn, Kluwer Law International, 2015, pp. 79 e 93

Tucci, José Rogério Cruz e, *Limites Subjetivos da Eficácia da Sentença e da Coisa Julgada Civil*, Editora Revista dos Tribunais, São Paulo, 2007

Tuchmann, Eric P., "The administration of class action arbitrations", *in Multiple Party Actions in International Arbitration*, Permanent Court of Arbitration, Oxford University Press, Oxford, 2009, pp. 325 a 336

Ugarte, Ricardo / Thomas Bevilacqua, "Ensuring Party Equality in the Process of Designating Arbitrators in Multiparty Arbitration: An Update on the Governing Provisions", *in Journal of International Arbitration*, Vol. 27, nº 1 (2010), pp. 9 a 49

Vaiano, Diego, *La Riserva di Funzione Admministrativa*, Milão, Giuffrè Editore, 1996

Varela, Antunes / J. Miguel Bezerra / Sampaio e Nora, *Manual de Processo Civil*, 2ª edição, Coimbra Editora, Coimbra, 1985

Varela, João de Matos Antunes, *Das Obrigações em Geral*, Vol. I, 10ª Edição, Almedina, Coimbra, 2000

Vargas, Lúcia Dias, *Julgados de Paz e Mediação*, Coimbra, Almedina, 2006

Veillard, Guillaume, *La contribution de la Commission des Nations Unies pour le Droit Commercial International (CNUDCI) à l'harmonisation et l'uniformisation du droit commercial international,* Thèse pour l'obtention du grade de Docteur de l'Université de Bourgogne, 2014

VENTURA, RAÚL, "A arbitragem voluntária nos conflitos individuais de trabalho", *in Revista da Faculdade de Direito da Universidade de Lisboa,* Vol. XVIII (1964), pp. 187 a 197

— "Convenção de Arbitragem", *in Revista da Ordem dos Advogados,* Ano 46, Vol. II (1986), pp. 289 a 413

— "Convenção de arbitragem e cláusulas contratuais gerais", *in Revista da Ordem dos Advogados,* Ano 46, Vol. I (1986), pp. 5 a 48

VERDE, GIOVANNI, *Lineamenti di diritto dell'arbitrato,* 4ª edição, Giappichelli Editore, Turim, 2013

— *Diritto processuale civile,* Vol. 1 (Parte generale), 4ª Edição, Zanichelli Bologna, Bolonha, 2015

— *Diritto processuale civile,* Vol. 3 (Processo di esecuzione. Procedimenti speciali), 4ª Edição, Zanichelli Bologna, Bolonha, 2015

VICENTE, DÁRIO MOURA, *Da Arbitragem Comercial Internacional – direito aplicável ao mérito da causa,* Coimbra, Coimbra Editora, 1990

— "A manifestação do consentimento na convenção de arbitragem", *in Revista da Faculdade de Direito da Universidade de Lisboa,* Vol. XLIII, nº 2 (2002), pp. 987 a 1004

— *Direito Internacional Privado,* Vol. I, Coimbra, Almedina, 2002

— "Arbitragem OHADA", *in Direito Internacional Privado – Ensaios,* vol. II, Almedina, Coimbra, 2005, pp. 355 a 368

— "A directiva sobre a mediação em matéria civil e comercial e a sua transposição para a ordem jurídica portuguesa", *in Estudos em Homenagem ao Professor Doutor Paulo de Pitta e Cunha,* Coimbra, Almedina, 2010, pp. 99 a 116

— "Arbitragem de Conflitos Individuais de Trabalho", *in Estudos do Instituto de Direito do Trabalho,* Coimbra, Almedina, 2012, pp. 33 a 48

— "A arbitragem de conflitos colectivos de trabalho", *in Estudos do Instituto de Direito do Trabalho,* Vol. VI, Coimbra, Almedina, pp. 249 a 257

— (Coordenador), *Lei da Arbitragem Voluntária Anotada,* 3ª Edição, Coimbra, Almedina, 2017

— "National Report for Portugal (2014 through 2018)", *in ICCA International Handbook on Commercial Arbitration,* Lise Bosman (Ed.), Alphen aan den Rijn, Kluwer Law International, 2019, pp. 1 a 40

VIEIRA, MARTA ALVES, "A competência dos tribunais estaduais na arbitragem. Anotação ao artigo 59º da lei da arbitragem voluntária", *in Themis – Revista da Faculdade de Direito da UNL,* AnoXVII, nºs 30 e 31 (2016), pp. 137 a 225

VIEIRA, PEDRO SIZA, *in* DÁRIO MOURA VICENTE (Coordenador), *Lei da Arbitragem Voluntária Anotada,* 3ª Edição, Coimbra, Almedina, 2017

VIEIRA, PEDRO SIZA / NUNO FERREIRA LOUSA, *in* DÁRIO MOURA VICENTE (Coordenador), *Lei da Arbitragem Voluntária Anotada,* 3ª Edição, Coimbra, Almedina, 2017

VIOLANTE, TERESA, "A arbitragem tributária e o recurso de constitucionalidade", *in Revista do Ministério Público,* Ano 37, nº 145 (Janeiro-Março 2016), pp. 105 a 152

VOSER, NATHALIE, "Multi-party disputes and joinder of third parties", *in 50 Years of the New York Convention, ICCA Congress Series,* nº 14, Kluwer Law International, Alphen aan den Rijn, 2009, pp. 343 a 410

VOSER, NATHALIE / ANDREA MEIER, "Joinder of Parties or the Need to (Sometimes) Be Inefficient", *in Austrian*

Arbitration Yearbook 2008, Manzsche Verlags, Viena, 2008, pp. 115 a 123

VOSER, NATHALIE / ANGELINA M. PETTI, "The Revised IBA Guidelines on Conflicts of Interest in International Arbitration", *in ASA Bulletin*, Vol. 33, n.º 1(2015), pp. 6 a 36

VOSS, JAN OLE, "Schiedsklauseln in bilateralen Investitionsschutzabkommen verstoßen gegen EU-Recht", *in InfrastrukturRecht*, nº 5 (2018), pp. 142 a 143

WAGNER, GERHARD, "Obligatorische Streitschlichtung im Zivilprozeß: Kosten, Nutzen, Alternativen", *in JZ*, nº 17 (1998), pp. 836-846

WAINCYMER, JEFFREY, *Procedure and Evidence in International Arbitration*, Alphen aan den Rijn, Kluwer Law International, 2012

WALD, ARNOLDO, *Obrigações e Contratos, Curso de Direito Civil Brasileiro*, 5ª Edição revista e atualizada com a colaboração de SEMY GLANZ, Editora Revista dos Tribunais, São Paulo, 1979

WAUTELET, PATRICK, "Confidentiality and third parties in international commercial arbitration: some preliminary reflections", *in L'arbitrage et les tiers – Arbitrage en derden*, Actes du colloque du CEPANI 40 du 28 novembre 2008, nº 10, Bruylant, Bruxelas, 2008, pp. 105 a 148

WEIDEMANN, HELMUT, *Schiedsgerichtsbarkeit in Verwaltungsrechtlichen Streitsachen, policopiado*, 1968

WEILLER, LAURA, "Transmission et extension de la clause compromissoire en droit français de l'arbitrage international: etat des lieux", *in* ARNOLDO WALD (organizador), *Arbitragem e Mediação*, vol. II (Elementos da Arbitragem e Medidas de Urgência), Editora Revista dos Tribunais, São Paulo, 2014, pp. 269 a 280

WESTON, MAUREEN A., "Reexamining Arbitral Immunity in an Age of Mandatory and Professional Arbitration", *in Minnesota Law Review*, Vol. 88 (2004), pp. 449 a 517

WHITESELL, ANNE MARIE, "The 1998 ICC Rules of Arbitration Today", *in Global Reflections on International Law, Commerce and Dispute Resolution: Liber Amicorum in honour of Robert Briner*, CCI, Paris, 2005, pp. 919 a 932

— "Non-signatories in ICC Arbitration", *in International Arbitration 2006: Back to Basics?*, ICCA Congress Series, nº 13, Kluwer Law International, Alphen aan den Rijn, 2008, pp. 366 a 374

— "Multiparty Arbitration: the ICC International Court of Arbitration perspective", *in Multiple Party Actions in International Arbitration*, Permanent Court of Arbitration, Oxford University Press, Oxford, 2009, pp. 203 a 212

WHITESELL, ANNE MARIE / EDUARDO SILVA ROMERO, "Multiparty and Multicontract Arbitration: Recent ICC Experience", *in Complex Arbitrations. Perspectives on their Procedural Implications*, ICC International Court of Arbitration Bulletin – Special Supplement, Paris, 2003, pp. 7 a 18

WILLIAMS, RYAN C., "The One and Only Substantive Due Process Clause", *in The Yale Law Journal*, vol. 120, nº 3 (2010), pp. 428 a 434

WILSKE, STEPHAN / MICHAEL STOCK, "Rule 3.3.7 of the IBA Guidelines on Conflicts of Interest in International Arbitration – The Enlargement of the Usual Shortlist?", *in ASA Bulletin*, Vol. 23, nº 1 (2005), pp. 22 a 44

WINSTANLEY, ADRIAN, "Multiple parties, multiple problems: a view from the London Court of International Arbitration", *in Multiple Party Actions in International Arbitration*, Permanent Court of Arbitration, Oxford University Press, Oxford, 2009, pp. 213 a 220

WOLF, MANFRED / JÖRG NEUNER, *Allgemeiner Teil des Bürgerlichen Rechts*, 10ª Edição, Verlag C. H. Beck, Munique, 2012

XAVIER, BERNARDO DA GAMA LOBO / PEDRO FURTADO MAIA, "A transacção em Direito do Trabalho: direitos indisponíveis, direitos inderrogáveis e direitos irrenunciáveis", *in Liberdade e compromisso: estudos dedicados ao Professor Mário Fernando de Campos Pinto*, Lisboa, Universidade Católica Editora, 2008, pp. 443 a 497

XAVIER, BERNARDO DA GAMA LOBO, *Curso de Direito do Trabalho*, 2ª Edição, Lisboa, Verbo, 1993

XAVIER, RITA LOBO / INÊS FOLHADELA / GONÇALO ANDRADE E CASTRO, *Elementos de Direito Processual Civil – Teoria Geral, Princípios, Pressupostos*, 2ª Edição, Universidade Católica Editora, Porto, 2018

YESILIRMAK, *Provisional Measures in International Commercial Arbitration*, Kluwer Law International, Alphen aan den Rijn, 2005

YOUSSEF, KARIM ABOU, "The Death of Inarbitrability", *in Arbitrability: International and Comparative Perspectives*, Alphen aan den Rijn, Kluwer Law International, 2009, pp. 47 a 68

— "The limits of consent: the right or obligation to arbitrate of non-signatories in group of companies", *Multiparty Arbitration*, Dossier VII, CCI, Paris, 2010, pp. 25 e 72

ZADO, JULIAN, *Privatisierung der Justiz*, Berlim, Duncker & Humblot, 2014

ZÁVODNÁ, MARTINA, *The European Convention on Human Rights and Arbitration, Faculty of Law Masaryk University, in http://is.muni.cz/th/325836/pravf_m/Zavodna_Final.pdf*, 2014

ZEILER, GEROLD / ALFRED SIWY, *The European Convention on International Commercial Arbitration: A Commentary*, Alphen aan den Rijn, Kluwer Law International, 2018

ÍNDICE